AF617755

DEL PAPEL A LAS NUEVAS TECNOLOGÍAS

DEL PAPEL A LAS NUEVAS TECNOLOGÍAS:

EL CATASTRO DE ENSENADA Y OTRAS FUENTES GEOHISTÓRICAS PARA LA INVESTIGACIÓN EN LAS CIENCIAS SOCIALES

Mª Soledad Gómez Navarro
Concepción Camarero Bullón
Ángel Ignacio Aguilar Cuesta
Sara Cortés Dumont
(EDS.)

Esta obra se ha realizado en el marco del Proyecto de Investigación I+D+i PID2019-106735GB-C22 del Ministerio de Ciencia e Innovación (AEI/10.13039/501100011033), titulado: *Avanzando en la modelización: Fuentes catastrales y paracatastrales en el Antiguo Régimen. Territorio, población, recursos, funciones* (PID2019-106735GB-C22), del que es IP Mª Soledad Gómez Navarro, subproyecto del proyecto coordinado *Las fuentes geohistóricas, elemento para el conocimiento continuo del territorio: retos y posibilidades de futuro a través de su complementariedad*, del que es IP Concepción Camarero Bullón.

Editor: Ramiro Domínguez Hernanz

C/ San Gregorio, 8, 2, 2ª Madrid
España
www.silexediciones.com

ISBN: 978-84-10267-60-2
Depósito Legal: M-18762-2024
Colección: Sílex Universidad

Impreso y encuadernado en España

CONTENIDO

PRESENTACIÓN

Mª Soledad Gómez Navarro
Universidad de Córdoba

Concepción Camarero Bullón
Universidad Autónoma de Madrid

Todos hemos tenido ocasión alguna vez en nuestra vida académica de constatar que hay temáticas o cuestiones de las que parece difícil saber más y, sin embargo, así es: siempre hay algo más por descubrir o por conocer. Es lo que ocurre con el Catastro de Ensenada. Porque, cuando se aprobó el real decreto de 10 de octubre de 1749, para llevar a cabo una *Magna averiguación fiscal para alivio de los vasallos y mejor conocimiento de los Reinos (1749-1756)*, que debería ser la pieza clave del ambicioso proyecto reformista de Fernando VI de establecer una *única contribución* en sustitución de las denominadas *rentas provinciales*, pocos podían siquiera imaginar que nos legaría un conjunto de algo más de 80.000 gruesos libros y legajos manuscritos, que hoy conocemos como *Catastro de Ensenada*. Y mucho menos que, ese afán del "ministro de todo" de saberlo "todo de todos" habría de legar a la posteridad una documentación con la que se podría investigar tanto y de temáticas tan ricas y variadas. Ese gran conjunto documental se ha conservado bastante completo y se custodia en archivos de muy distinto tipo (nacionales, provinciales, municipales) de las zonas que conformaron la Corona de Castilla.

Como es sobradamente conocido, el fin del proyecto de Ensenada era implantar un nuevo régimen fiscal, más justo y equitativo, a partir de la implantación de una única contribución, universal y proporcional a la riqueza de todos y cada uno de los contribuyentes, que ahora serían todos, sin distinción de clase o estado. Ahora bien, eso pasaba por averiguar toda la riqueza y levantar un catastro inventario de la misma, cuyo antecedente español sería el catastro levantado e implantado en Cataluña en 1715-1716, conocido como Catastro de Patiño. Ahora bien, consciente Ensenada de que el esfuerzo para averiguar la riqueza de las 22 provincias de Castilla (salvo los territorios forales y Canarias por su régimen fiscal especial) era ingente, se propuso levantar un catastro que era mucho más que un catastro. El verdadero objetivo era crear lo que, en terminología actual, denominaríamos una gran base de datos, del conocimiento de las gentes y el territorio castellanos, absolutamente necesaria para llevar a cabo un gran proyecto de reforma y modernización del Estado. En ese proyecto, el catastro era solo la punta del iceberg y una herramienta necesaria. Importante es reconocer también que los Borbones no habían sido los únicos que habían demostrado su interés por *saber* y *conocer* de sus reinos y sus gentes.

Así, cuando Felipe II puso en marcha las *Relaciones topográficas de los pueblos de España* y las *Relaciones geográficas de América* –otra soberbia fuente documental, esta del Quinientos– se abrieron grandes expectativas para conocer de forma detallada las poblaciones de los reinos en los que gobernaba y constituyeron un referente para los diseñadores del proyecto catastral de Ensenada. El convencimiento del monarca de que un buen gobierno había de basarse en el conocimiento de los gobernados y los territorios, unido a las bancarrotas sucedidas, eran motivo más que suficiente para impulsar el exhaustivo conocimiento de sus dominios y *saber* el máximo sobre cuestiones demográficas, geográficas, económicas y sociológicas. Asimismo, durante el reinado de Felipe IV las propuestas del conde-duque de Olivares, entre 1620 y 1630, iban en la línea de imponer una serie de premisas comunes en los ámbitos de la fiscalidad, la administración, la milicia y el derecho. Sin embargo, la mayor parte de las propuestas reformistas no surtieron el efecto deseado, como sucedió con el intento de crear un banco nacional o formular el proyecto de la Unión de Armas, con objeto de exigir que cada reino colaborase con un número de soldados proporcional a su población. Era necesario generar nuevos recursos, pero la resistencia de algunos sectores sociales y políticos –unas veces la nobleza y el clero, otras las Cortes– lo frustraron e impidieron. Tampoco surtieron el efecto deseado algunas de las reformas preilustradas emprendidas durante el reinado del último Habsburgo español, Carlos II, para reducir la preocupante inflación y evitar el déficit permanente, mientras se creaba la Superintendencia General de la Real Hacienda y se buscaba aliviar la presión fiscal sobre los súbditos. Y es así como llegamos al siglo XVIII y a la concepción y puesta en marcha de un sistema que sirviera a los fines de un Estado ilustrado.

Después de años trabajando con el Catastro de Ensenada, un extraordinario conjunto documental, formado por documentos de distintos niveles, desde las Respuestas generales a los Memoriales, origen de los Libros de cabezas de casa y de los Libros de lo real, pasando por los Autos y diligencias, los Estados locales y provinciales y la rica correspondencia cruzada entre los responsables de la pesquisa, todavía hay multitud de elementos, preguntas, cuestiones, asuntos y temas que deben ser estudiados y/o matizados a partir de su información. Queda mucho por indagar también sobre el gran conjunto documental en sí mismo y como fuente propiamente dicha.

Es lo que aporta esta monografía, que recoge un conjunto de trabajos, avances y profundizaciones de quienes, como miembros o investigadores colaboradores, participan en el proyecto nacional de investigación que tiene como objeto de estudio las fuentes geohistóricas, en general, y el Catastro de Ensenada, en particular. Así, los estudios aquí incluidos abordan algunos aspectos del Catastro de Ensenada sobre los que aún debemos saber más o patentizar *ex novo*, como su versatilidad y la utilidad de su información para conocer "Las Castillas" del Setecientos, su complementariedad con otras fuentes, la complejidad de la fuente en sí misma, las posibilidad de abordar el estudio de la información que aporta con nuevas tecnologías y comprobación de que la empresa catastral española comparte la de otros países europeos y queda enmarcada en un movimiento internacional que se da en la Europa de la Ilustración. Son estos los ámbitos principales que aborda y a los que atienden los trabajos incluidos en el libro que el lector tiene en sus manos. Está compuesto por veintidós contribuciones, donde dominan las que inciden en la utilidad y contribuciones de la fuente ensenadista a la investigación geohistórica, frente a las que plantean el uso de nuevas tecnologías para estudio de sus datos o los que están dedicados a aspectos de internacionalización. El balance final es, sin duda, positivo porque está indicando por dónde se puede y debe seguir avanzando.

El texto de Tomás Moreno Bueno, titulado "El catastro radiante al servicio de un renovado interés general", con el que comenzamos esta glosa, da su cabal cobertura y sentido a todos los demás, sirve de pórtico y, desde la visión de la Administración general y de quien ha estado años gestionando el catastro y la real hacienda de hoy, alienta a que sigamos por la ruta emprendida, porque, para entender el hoy hay que conocer el ayer. En efecto, desde una perspectiva muy sugerente, enriquecedora y europeísta, que parte del presente y de las situaciones recientes vividas por nuestro país, pone de manifiesto la importancia de la administración catastral como elemento de equidad fiscal, de la función de lo estatal como elemento vertebrador del territorio y de la sociedad. Así, en un texto, enjundioso y preñado de ideas muy interesantes que, como olas, crece progresivamente, Tomás Moreno, en un inteligente ejercicio de ida y vuelta, analiza el catastro yendo del hoy al ayer. Hoy, porque el catastro se nos aparece como "referente capital en cualquier país" y es "uno de los grandes indicadores de calidad institucional", pues solo un "registro inmobiliario público, completo, veraz y exhaustivo", que además debe ser general, seguro y cierto, actual y disponible, puede garantizar el "ejercicio pleno, seguro y generalizado del derecho de propiedad", y un sistema tributario basado en los principios de "generalidad y justicia tributaria". Al ayer, por su conveniencia democrática para la ciudadanía y para la academia; respaldo indudable de los ramos constitutivos de la pertenencia –como en los tiempos pretéritos– y, sobre todo, colofón del devenir histórico –esto es, una realidad que tiene tiempo, y, por ende, cambiante–, en el que se inspira y apoya, y su hilo conductor, para terminar en nuestro presente, acercando al lector a las instituciones catastrales que ahora gestionan este servicio público en España.

Y es este juego del tiempo –en concreto, el pasado–, de una u otra manera, precisamente, la materia de las restantes aportaciones, porque son las reflexiones sobre el catastro histórico como fuente propiamente dicha, o sus rendimientos para el investigador y para los estudios geohistóricos, en particular, y para la sociedad, en general, por la variedad y direccionalidad de sus datos en lo demográfico, geográfico, económico, social, político e incluso cultural, lo que muestran los textos contenidos en esta monografía.

De hecho, su balance indica bien por dónde caminan y deben seguir caminando los intereses investigadores en la temática que nos ocupa, al obtenerse tres grupos bien diferenciados de trabajos: seis se centran en el estudio del Catastro de Ensenada como fuente –características, potencialidad y dificultades o gestación y construcción–, así como en el de otras fuentes geohistóricas alternativas y/o complementarias, tan ricas y útiles para el investigador; trece se centran en su aplicabilidad a distintas esferas y temáticas, desde lo geográfico a lo social, pasando por lo económico o la transferencia; y dos, a la irrenunciable e inaplazable relación a que están llamadas a entenderse fuentes geohistóricas y nuevas tecnologías.

Entrando, pues, en materia, el primer conjunto de aportaciones comprende trabajos que se centran en el análisis del catastro ensenadista como fuente propiamente dicha, y en el de otras huellas heurísticas geohistóricas que permiten comparar, contrastar o completar lo que la información de Ensenada no dijo o solo dejó apuntado. En la primera opción están los artículos de Ángel Ignacio Aguilar Cuesta, "Las Contadurías en el Catastro de Ensenada: el caso de Jaén", que aborda por primera vez el estudio de una pieza clave en la realización del catastro y la valoración de la riqueza como fueron las Contadurías de rentas provinciales, a través de la del Reino de Jaén; el trabajo de Rafael Sánchez Domingo, "Fuentes fiscales y catastrales: garantía jurídica en las colisiones entre el monasterio de Silos y la villa de Huerta del Rey por el lugar de Tormillos" y el de Javier Tinoco Domínguez, "El proceso de elaboración del Catastro de Ensenada en el Reino de Sevilla", destinados, respectivamente, a poner de manifiesto la utilidad de la correspondencia para no solo desentrañar el proceso catastral, sino también para determinar el coste del mismo. Revelar la pertenencia, adscripción y vinculación del polémico enclave de Tormillos a través de fuentes fiscales y catastrales es el objetivo de este primer trabajo; ofrecer una visión sintética de los principales hitos y rasgos diferenciales del proceso de elaboración del Catastro de Ensenada en el espacio hispalense, a través de una documentación única, como es la correspondencia cruzada entre la Real Junta de la Única Contribución y la Intendencia de Sevilla, es el objetivo del segundo, una cuestión realmente novedosa.

En una segunda línea, esto es, acercarse a otras fuentes geohistóricas para complementar la información ensenadista, se adscribe el trabajo conjunto de Miguel Borja Bernabé Crespo, Encarnación Gil-Meseguer y Jose Mª Gómez-Espín, titulado, "Fuentes geohistóricas para el estudio del paisaje cultural de la huerta de Murcia, siglo xix", y las aportaciones de Miguel Ángel Bringas Gutiérrez, "Catastrar la riqueza cordobesa, 1818-1820" y Martín Wasserman, "Información y fuentes documentales: la complementariedad de los censos consignativos para el acceso a la información patrimonial inmobiliaria en economías de Antiguo Régimen". Los primeros, utilizando fuentes secundarias, como la *Memoria sobre la población y los riegos de la Huerta de Murcia*, y *Ordenanzas y costumbres de la Huerta de Murcia*, examinan el paisaje cultural de la huerta murciana y la organización de los huertanos a fin de mantener en funcionamiento la red de aguas vivas y de aguas muertas. Los apeos de Martín de Garay ofrecen una versión actualizada de los trabajos ejecutados por la intendencia y juntas de estadística de la provincia de Córdoba entre 1818 y 1820; y la contribución de la documentación notarial apoya al conocimiento del endeudamiento privado que ofrece la magna encuesta del marqués de la Ensenada.

Por su parte, constituyen mayoría en esta monografía los trabajos que se realizan aplicando las fuentes geohistóricas, ensenadista o no, a la exploración de distintas parcelas y facetas de las ciencias sociales, desde la economía a la historia del arte, pasando por la geografía, la lingüística y, por supuesto, la historia. Es, sin duda, un resultado esperable, porque ha sido el trabajo realizado con los datos aportados por las fuentes más frecuentemente utilizadas a lo largo del tiempo.

Y por eso es por lo que aquí están las elaboraciones que aportan al conocimiento geográfico del territorio hispanoamericano –de la capital de Ecuador, concretamente– para ofrecer una geografía crítica del mismo, de forma que el resultado evidencie la utilidad de las informaciones que ofrece específicamente la obra de Tomás López para mostrar diferentes elementos del paisaje, geografía y territorio del área quiteña (Alejandro Vallina Rodríguez y Karen Martínez Vicencio, "Sociedad y territorio en la provincia de Quito del siglo xviii a través de las fuentes geohistóricas"), o de la Toscana, a través del interesante estudio sincrónico y diacrónico de su toponimia. En este caso, no es menos útil la metodología aplicada para conseguirlo: la georreferenciación de los nombres de los lugares recogidos en los catastros históricos geométrico-parcelarios del siglo xix y de otras fuentes cartográficas sucesivas permite contar con un archivo toponímico para aquella región italiana, así como la posibilidad de reconstruir su paisaje agrario, población y poblamiento a lo largo del tiempo. Esto es lo que ha hecho Giuliana Biagioli, en su trabajo, "Un patrimonio cultural: la toponimia en Toscana a través de catastros históricos".

La historia económica también se ha beneficiado de la información acopiada en la documentación catastral de Ensenada, que puede ser utilizada, y así se ha hecho, tanto para estudiar la hacienda pública, a partir de la elaboración de estadísticas inexcusables en economía (Tomás López-Guzmán, "Qué podemos aprender de la fiscalidad en el Catastro de Ensenada a través de la historia económica"), como para acercarse a diferentes expresiones o manifestaciones de la actividad económica en sus diferentes "ramos". Al sector primario se acerca Julio Fernández Portela con su trabajo, "Dibujando el territorio del siglo xviii: viñedos, bodegas y vino en una villa de Castilla según el Catastro de Ensenada", a partir de la actividad vitivinícola en una serie de localidades castellanas de la submeseta norte, para las que estudia la superficie dedicada a dicho cultivo, los procesos e instalaciones dedicadas a su transformación, su ubicación, producción y propietarios, elaborando, así, un modelo para el estudio del paisaje agrario aplicable a otros territorios El secundario también es objeto de estudio a partir de la información catastral. Así se hace, atendiendo a sus infraestructuras, para distintas localidades de la geografía cordobesa en el trabajo de Sara Cortés Dumont y Daniel David Martínez Romera, "Ingenios y artefactos industriales en el reino de Córdoba durante el siglo xviii: los casos de Aguilar de la Frontera, Lucena y Montilla en el Catastro del marqués de la Ensenada", de forma que se pueden establecerse semejanzas y diferencias dentro de ese espacio en función de las características del mismo y del tiempo. A partir del conocimiento de la producción: caso del textil, por ejemplo, planteando el interesante objetivo historiográfico de "vislumbrar hacia dónde se pueden encaminar las futuras investigaciones" sobre la misma con la documentación catastral aun poco o nada empleada, o "reutilizando de una manera sistemática la ya utilizada, aunque de forma poco coordinada", como sucede con la información que suministran los *Estados generales* ensenadistas y pone de manifiesto Ricardo Hernández García, en su trabajo "La industria textil en la Corona de Catilla según el Catastro de Ensenada", o la platería, aunque, en este caso, para abordarla desde la interesante, y aun poco explorada, perspectiva de la Historia del Arte, descubriendo no solo quiénes fueron los productores –esto es, orífices y plateros–, sino también los oficios relacionados con los metales preciosos (Yolanda Victoria Olmedo Sánchez, "Artífices de metales preciosos en la ciudad de Córdoba: una aproximación a su estudio a través del Catastro de Ensenada"). Y, por supuesto, también el sector terciario puede ser estudiado con los datos contenidos en el Catastro de Ensenada. En concreto, a través del estudio de los intercambios, de los medios de comunicación e infraestructuras, localizaciones, vías y rutas de intercambios, de las personas dedicadas al transporte y comercio, actividades íntimamente unidas, etc. Ese es el tema que aborda Raúl Ruiz Álvarez en "El transporte terrestre en el sur peninsular, siglo xviii. El modelo arriero del valle de Lecrín", un espacio rural de características propias. Y es precisamente este tipo de espacios los que están más huérfanos de estudios de este tipo.

También en este segundo gran conjunto de aportaciones se sitúan las que exploran la aplicabilidad de las fuentes geohistóricas para estudios de historia social, bien para establecer niveles de renta, fortuna y riqueza, o de su carencia –esto es, la penuria y las dificultades materiales, como quien así lo sostiene en esta monografía–, mediante la sugerente interpretación de considerar el Catastro de Ensenada la "versión siglo xviii de las declaraciones sobre el IRPF actual", lo que acerca al, por lo general, esquivo colectivo de los asalariados urbanos y rurales, como hace Fernando Ramos-Palencia, en "Rentas y unidades familiares en el Catastro de Ensenada: una mirada sobre la vulnerabilidad y la miseria". A trazar el perfil prosopográfico de quienes ejercieron tareas en relación al ámbito benéfico-asistencial y socio-sanitario en la Antequera del Setecientos, está dedicado el trabajo de Milagros León Vegas, "El archivo histórico municipal de Antequera y el Catastro de Ensenada: una aproximación a la asistencia y hospitalidad del siglo xviii". Estamos ante una actividad paraeclesiástica en ese momento por ser la atención a la salud uno más de los fines de la institución eclesiástica católica del Antiguo Régimen. Es esta una temática que ha ganado actualidad a partir de la preocupación de una sociedad, la de hoy, que, por la pandemia de la covid-19, ha tenido que afrontar situaciones semejantes a las de siglos atrás. El estudio de José Carlos Vizuete Mendoza y Karen M. Vilacoba Ramos, "El clero rural en la Tierra de Talavera, los Montes de Toledo y el partido de San Juan, 1751-7152. Aspectos jurisdiccionales y sociales", se acerca al conocimiento del número y condición de la clerecía rural, edades, titulación, distribución en el territorio y composición de hogares y familias. Se trata de un trabajo muy interesante tanto por el objeto de estudio, porque no abundan los análisis precisamente sobre aquel segmento del estamento eclesiástico –y menos aún sobre el medio en que se aborda–, como por los aspectos que con los Libros de "lo personal" (Libros de cabezas de casa) se indagan, colaborando así al desarrollo de una línea investigadora que aún debe ser mucho más roturada, y para una zona tan interesante, eclesiásticamente hablando como la toledana.

También en este segundo grupo de trabajos se insertan los que inciden en la aplicabilidad y empleo del Catastro ensenadista, elaboraciones que contribuyen a la historia cultural, como el muy sugerente trabajo que, desde la Lingüística como disciplina, aborda Salvador López Quero, "La importancia del léxico de los oficios en las Respuestas generales del Catastro de Ensenada en Córdoba, 1752, para la historia del español". Las posibilidades de la información catastral para el conocimiento de la lengua y la terminología de la época es algo que las autoras de estas líneas vienen revindicando hace años con no demasiado éxito y este trabajo demuestra que es posible sacar un importante rendimiento de esta fuente para este tipo de aspectos. Así, permite, entre otras muchas cosas, conocer los nombres de los oficios que se ejercían en la Castilla del Setecientos, lo que es importante no solo por su alto interés histórico, sino también por el enriquecimiento que supone para la semántica, pragmática y lexicografía históricas del español del siglo xviii.

Miguel Ángel Sánchez Herrador, en su trabajo "El Catastro de Ensenada al servicio de la investigación y la sociedad" pone de manifiesto el uso que de la documentación de carácter catastral se lleva a cabo por los usuarios del archivo, resaltando algo de lo que se viene hablando hace tiempo en España: es esta la documentación que, como conjunto, más se consulta en los archivos históricos provinciales, evidenciando su necesidad e interés no solo entre la investigación y la docencia –cada vez más, por cierto– o la cultura, sino también en la sociedad, en general, cuando precisa justificar lindes o pleitos o aprovechamientos, usos del suelo, etc.

En la era de las humanidades digitales, no podían faltar los trabajos que inciden en la indispensable colaboración entre las fuentes geohistóricas, en general, y el Catastro de Ensenada, en particular, y las nuevas tecnologías. Bien desde una perspectiva didáctica y docente, laborando para, mediante cartografía catastral y otras fuentes geohistóricas, como planimetrías, fotografías o huellas hemerográficas, hacer comprender a los discentes los cambios producidos en los cascos históricos –en concreto, el muy idóneo de Madrid, Villa y Corte, por ser "escenario de gran calidad" a tal fin– y que puedan adquirir y mejorar sus competencias sobre conceptos historiográficos primarios y tan fundamentales como espacio, tiempo y causalidad, tal como pone de manifiesto el trabajo de Ana Luna San Eugenio, "Aplicaciones didácticas de la cartografía catastral y otras fuentes geohistóricas: un caso práctico para la villa de Madrid durante los siglos xviii y xix". En la misma línea, pero desde la más neta óptica investigadora, de investigación primaria pura y dura, por la necesidad que tenemos de "domeñar" la a veces resistente documentación catastral ensenadista –pese a su también evidente homogeneidad, regularidad y racionalidad formal– y, sobre todo, de manejar una apabullante cantidad de datos heterogéneos, que hace prácticamente imposible la tarea de forma personal y aislada de antaño, y, por ende, absolutamente imprescindible disponer y utilizar bases de datos relacionales, que permitan avanzar sin confundir. Esa herramienta es la que recoge el capítulo elaborado por Miguel Ángel Maeso Buenasmañanas, "Ensenator, sistema informático para el registro y análisis de catastros históricos".

En definitiva, consideramos que no erramos al afirmar que estamos ante una obra importante y axial. Lo avalan la variedad, amplitud y riqueza de las fuentes manejadas, el tratamiento fino, perspicaz y profundo aplicado a las mismas, el sólido y sustancioso aparato crítico de los estudios presentados. Y los mismos argumentos que hacen de ella, desde ya, un referente indispensable y de obligada consulta en la historiografía específica y especializada en la materia, a cuyo balance y estado de la cuestión, por ende, también contribuye.

Terminemos con esperanza: son muchas las posibilidades de conocimiento que aún pueden brindarnos el catastro actual y el histórico para saberlo todo de todos, como se patentizaba al principio de estas páginas. Puesto que hay mimbres, sigamos trabajando desde la "ética, sostenibilidad, digitalización, igualdad y convergencia", como defiende Tomás Moreno en el texto con el que se abre este libro.

EL CATASTRO RADIANTE AL SERVICIO DE UN RENOVADO INTERÉS GENERAL

Tomás Moreno Bueno
Arquitecto de la Hacienda Pública
Inspector de los Servicios de Economía y Hacienda

Tan solo con echar un vistazo a lo que hemos dejado atrás y sin necesidad de mayor análisis de fondo, resulta fácil sumarse a la conciencia colectiva que apunta hacia un mundo bien distinto. Es verdad que la transformación constante de la realidad es propia de la vida misma, aunque no es menos cierto que hay momentos realmente premonitorios.

Dejo para ustedes la reflexión sobre si asistimos a un cambio de era con todas las bendiciones de la ciencia histórica. Yo solo traigo a colación esta idea como referencia circunstancial para identificar el contexto de amplio radio en la que se desenvuelve el servicio público en nuestros días: nunca como hasta ahora la humanidad se había enfrentado a un espacio-tiempo como este, dominado por la globalización y una continua aceleración del cambio, aparentemente imparable. Dos coordenadas que el ser humano asume positivamente, a pesar de algunas tensiones localistas y miradas a la tradición, y que se suma a la creciente conciencia cívica que abonan la democracia y el Estado del Bienestar; lo que no obsta para adherirse de manera inquebrantable y acrítica al patrón de valores y costumbres imperante, que no da tiempo a metabolizar naturalmente y conduce con cierta frecuencia a la incertidumbre y la contradicción: adoramos la tecnología, pero tememos a la inteligencia artificial; somos generosos y solidarios, pero el 0,7 % (insisto, el 0,7 %) de la riqueza nacional para ayuda al desarrollo parece inalcanzable, y, por supuesto, creemos a pies juntillas en la sostenibilidad medioambiental, pero siempre que no menoscabe en demasía nuestra capacidad de compra.

Se trata de una nueva coyuntura donde es imposible abordar las realidades nacionales sin tener en cuenta el escenario global, porque casi no hay fenómeno de alcance que se pueda contener en las fronteras. Basta para entenderlo una mirada a la reciente pandemia generada por la COVID-19 o a la guerra de Ucrania. Dos hechos que condicionan la economía global y susurran un reequilibrio de fuerzas en el tablero geopolítico, mientras ponen en evidencia la asimetría entre la fuerza de la internacionalización y la debilidad de la estructura institucional planetaria capaz de gestionarla. Confiemos en que no haga falta un nuevo desastre mundial a gran escala para que la humanidad asuma la importancia de dotarse de una Administración transnacional a la altura. No es el caso de Europa, uno de los referentes de este seminario internacional que tengo el privilegio de clausurar, por mucho que en estos últimos años hayan surgido voces desafectas con la construcción de un espacio político común en el continente. Paradojas de la vida, la pandemia y la guerra, han acallado a quienes abogaban por retirarse de la causa común para entender que solo se puede hacer frente a los desafíos globales y mejorar las condiciones generales de vida desde el apoyo mutuo y la unidad de acción. Algo tan elemental como profundamente humano.

Sigamos con Europa o, mejor dicho, con la Unión Europea, un proyecto de indudables beneficios colectivos, que ha despertado frente a la Guerra de Ucrania, a pesar de recaídas como la del *Brexit*, y que no ceja en su empeño por hacer del Estado del Bienestar su bandera, en un escenario donde China y Estados Unidos juegan su propio partido ante gigantes silentes, como India, o grandes naciones que reclaman su protagonismo, como Rusia.

Una Europa que entre los siglos xviii y xix terminó de abrirse al resto del mundo para ser la auténtica protagonista de la historia de la humanidad hasta más o menos nuestros días. Todo ello gracias en buena medida a su capacidad para transformar el interés general en instituciones colectivas y servicios públicos, hoy enfrentados a un triple reto: atender los desafíos de un entorno global e incierto, responder a una ciudadanía cada vez más exigente e interiorizar nuevos paradigmas transversales de gobernanza.

Sobre la incertidumbre, ya he dicho bastante. No así sobre la conciencia ciudadana que alimenta un sentido cívico y propietario del sector público demandante de una Administración participativa y eficaz. Los ciudadanos de hoy saben perfectamente que son sujetos de derechos y deberes, y exigen garantizar los primeros y facilitar el cumplimiento de los segundos; sin olvidar la exigencia de un desempeño administrativo íntegro y transparente que debe traducirse en un control efectivo de la práctica pública a través de la transparencia y la rendición de cuentas. Hoy, afortunadamente, no todo vale para alcanzar los objetivos funcionales de la Administración.

Así que, los servidores públicos deben enfrentarse a una coyuntura compleja e incierta y atender a una ciudadanía que pide de ellos lo mejor. No se acaba ahí la nómina de desafíos a los que se enfrenta el gobierno de los asuntos comunes en nuestros días. Es necesario tener muy en cuenta los grandes principios transversales de la acción pública, que me atrevo a resumir en cinco irrenunciables: ética, sostenibilidad, digitalización, igualdad y convergencia. Cinco ejes que constituyen una aspiración permanente, no exenta de grandes dificultades para alcanzarla y que, desgraciadamente, permítanme la reflexión personalísima, no es infrecuente que se queden en el embalaje. Una pena.

Pues bien, en esa coyuntura debe moverse actualmente la Administración, sin perder de vista que solo su eficacia y el respeto a los principios fundamentales anteriores pueden propiciar su necesaria legitimación social para contribuir a la construcción de un sistema democrático pleno.

Por supuesto en España, donde la Administración da cobertura a uno de los modelos de protección social más avanzados y completos del mundo, con un sector público que ronda el 40 % de la economía y para el que trabajan el 16 % del total de los trabajadores del país, por debajo de la media de la OCDE y muy lejos de la horquilla del 25-30 % en la que se sitúan los países escandinavos.

Entre esos grandes servicios públicos que distinguen a nuestro país, quiero centrarme en el catastro inmobiliario de nuestros días como colofón al repaso histórico y funcional de la institución sobre el que ha versado este encuentro de Córdoba. Sin ninguna duda, el catastro es un referente capital en cualquier país. Aún digo más: constituye uno de los grandes indicadores de calidad institucional, porque solo gracias a la disponibilidad de un registro inmobiliario público, completo, veraz y exhaustivo es posible garantizar el ejercicio pleno, seguro y generalizado del derecho de propiedad, además de propiciar un sistema tributario que atienda a los indispensables principios de generalidad y justicia tributaria.

Si me lo permiten, el catastro da certidumbre, garantiza la transparencia y devuelve en derechos al ciudadano lo que este ha entregado a la Administración como obligaciones. Todo un propulsor de ciudadanía que hoy irradia sus virtudes en servicios de todo orden para contribuir al desarrollo del bien común.

Al catastro le dedicaré el grueso de mi intervención, comenzando por una mención a sus fundamentos históricos más relevantes. No podría ser de otra manera para entender del todo su realidad contemporánea ni por coherencia con el espíritu y la letra de este seminario.

Hablar de los cimientos del catastro español es hacerlo de las operaciones de José Patiño o Antonio de Sartine en la Cataluña de principios del siglo XVIII, cuando implantaron un modelo integral de identificación de la riqueza y de tributación proporcional a la misma: esos dos fundamentos de la fiscalidad a los que antes me refería, que son el alma del artículo 31 de nuestra Constitución (Camarero Bullón y Faci Lacasta, 2006 Faci Lacasta y Camarero Bullón, 2007). Quizá sorprenda, y aún está por estudiar en todas sus dimensiones, pero aquel modelo fue una auténtica revolución por sus principios y por sus resultados: por sus principios, porque aspiraba a que nadie, incluidos nobles y eclesiásticos, quedasen excluidos de contribuir como venía siendo hasta la fecha; por sus resultados, dado que de aquellos trabajos resultaron descripciones tan exhaustivas de la riqueza que, desde un punto de vista estrictamente técnico, solo se han superado gracias a los avances tecnológicos.

Luego vino Ensenada mediado ese mismo siglo. Palabras mayores. Porque de Ensenada, todo; hasta su fracaso en la implantación de aquella averiguación territorial como fuente de una única contribución tributaria. Una derrota que el tiempo hizo victoria como valiosas lecciones para no cometer los mismos errores a la hora de constituir, por fin, un verdadero catastro nacional. Gracias a su magna y diligente obra, aspirante a una fiscalidad generalista y equitativa como la establecida en Cataluña, y extendida a 15.000 localidades de la Corona de Castilla, hoy tenemos un magnífico cuadro de la España de aquellos años. Sin él no, probablemente tampoco, hubiéramos ido asentando un modelo tributario como el que finalmente consagra la Constitución (Camarero Bullón, 2002a-b y 2007).

Con Ensenada se acaba el siglo xviii para el catastro y tendrá que pasar casi una centuria hasta que las contribuciones territoriales de Mon y Santillán vuelvan a centrar la fiscalidad inmobiliaria, superadas sin éxito operaciones de corto vuelo como el Apeo de Garay del trienio 1818-1820 (Bringas Gutiérrez, 2003). Más tarde llegarían otras iniciativas igualmente parciales, como la inspirada por Francisco Coello y su Junta General de Estadística a partir de 1861 para levantar mapas de un kilómetro de lado a escala 1:2000 de todos los municipios de España, en los que se incluía el detalle de su estructura parcelaria. Una vez más, lo mejor fue enemigo de lo bueno y el proyecto solo se llevó hasta sus últimas consecuencias en la provincia de Madrid, y no completa (Muro. Nadal, Urteaga, 1996). En otros territorios se disipó en la elaboración de cartografías no exactamente catastrales donde la componente fiscal solo se tradujo en la representación de las masas de cultivo. Tampoco la breve Escuela del Catastro de aquellos años ni el Instituto Geográfico creado en 1870 dieron la respuesta institucional efectiva que necesitaba nuestro país para la formación de un inventario catastral generalizado y completo en el más amplio sentido de la palabra (Urteaga, 2006).

Fue la Ley de 23 de marzo de 1906, mediante la que se aprueba la elaboración de un catastro topográfico parcelario, la que por fin dio respuesta a una aspiración ya por entonces bicentenaria: disponer de ese gran registro inmobiliario que España necesitaba imperativamente (Segura i Mas y Canet Rives, 1988, Pro Ruiz, 1992, Moreno Bueno, 2008).

Mucho podríamos hablar de aquella ley capital de la que soy devoto, aunque me contendré en beneficio del conjunto de mis palabras y del lector para ceñirme a lo esencial. La aprobación de la norma debe verse, como todo, a la luz de las circunstancias y de esa indispensable alineación singular de iniciativa y voluntad que exige lo grande. Entre las circunstancias, no olvidemos que España estaba sumida desde hacía unos años en la devastación moral y en la bancarrota económica por la pérdida de las últimas colonias en 1898, y necesitaba todo tipo de revulsivos. El catastro aparecía una vez más como una solución providencial: no solo permitiría resolver los problemas endémicos de la Hacienda Pública, sino que facilitaría el diseño y la ejecución de grandes infraestructuras, y, por qué no, contribuía a reconocernos como país en su patrimonio más importante: la tierra, los hogares, su gente. Por lo que se refiere a quienes fueron protagonistas de aquel proyecto, quiero destacar especialmente a Enrique Alcaraz, extraordinario ingeniero agrónomo que poco antes de aprobarse la ley exploró la implantación del nuevo modelo en el municipio de Balazote (Albacete), estableciendo un catastro basado en dos premisas irrenunciables: la parcela como unidad celular y la cartografía continua como soporte de la identificación de cada predio. Sus planteamientos fueron recogidos en la nueva norma, que estableció un modelo a dos velocidades para levantar los catastros municipales: en primer lugar, el llamado avance catastral, que definía con la mayor aproximación la estructura parcelaria sobre planos en los que se habían dispuesto con precisión topográfica los ejes estructurantes del territorio (ríos, caminos, etc.); en segundo lugar, adoptado el avance, valoradas las fincas, atribuida su titularidad y puesta la riqueza en tributación, vendría la definición exhaustiva de cada parcela. Hacer de la necesidad virtud fue el fundamento del catastro contemporáneo en España, aunque también la creación de una organización administrativa propia y especializada, nutrida entre otros profesionales de ingenieros agrónomos y de arquitectos de Hacienda, un cuerpo creado precisamente en 1906.

El resto del siglo xx catastral continuó el camino iniciado por aquella ley fundacional, alimentado por la aplicación de nuevas tecnologías y ajustado a la realidad política del país en cada momento. Solo tuvo un retroceso normativo de alcance, la ley aprobada en 1925 que volvió a recurrir a la precisión técnica y la identidad entre el catastro y la realidad registral como argumentos presuntamente bondadosos pero que, a la postre, supusieron una vez más el retraso en las operaciones catastrales en beneficio de los contribuyentes de mayor capacidad y menoscabo del interés general.

Pero, en fin, al margen de ese parón, obligado por la Guerra Civil, y del receso del *catastrazo* de finales de siglo, al que luego me referiré, la producción catastral se fue abriendo paso con la centuria en curso hasta llegar a completarse con su finalización. Siempre sobre el irrenunciable soporte de la cartografía parcelaria: primero con los levantamientos en campo, después con la incorporación de la fotografía aérea durante los años 30, más tarde con el conocido como *vuelo americano* de los 50 y al fin con las fotogrametrías de finales de siglo y hasta hoy (Moreno Bueno, 2004).

Fue también la España democrática que inaugura la Constitución de 1978 un nuevo acicate para desarrollar las operaciones catastrales y culminar las dos cuestiones pendientes en aquellos años: la valoración del catastro urbano, ya por entonces prácticamente implantado en su totalidad, y la modernización del catastro rústico pendiente de renovar. Para lo primero, fue decisivo el nuevo marco político, por cuanto los ayuntamientos requerían suficiencia financiera para la prestación de los servicios que exigía el incipiente modelo de país; para rematar lo segundo, fue decisiva la aportación de fondos comunitarios y la cooperación interadministrativa (Camarero Bullón, et. al. 2022).

En términos de producción normativa, me gustaría destacar dos normas muy relevantes: el Real Decreto-ley 11/1979 por el que se habilitan medidas extraordinarias para financiar la Hacienda Local y la Ley 39/1988 reguladora de las Haciendas Locales, con la que se crea el Impuesto sobre Bienes Inmuebles y se completa la atribución de funciones tributarias de índole catastral a los Ayuntamientos para reservar al Estado las funciones estrictamente censales.

Tras superar el bloqueo ocasionado por el *catastrazo,* que paralizó las importantes operaciones de revisión de bienes urbanos previstas para 1991, y resolverse en sede judicial las tensiones generadas por algunas reivindicaciones competenciales, el siglo xxi inaugura un catastro esencialmente completo y homogéneo en España. Tal circunstancia y la madurez alcanzada por la institución catastral dieron pie a la aprobación de una nueva regulación general y a consolidar el proceso de modernización en curso. De la Ley 48/2002 del Catastro Inmobiliario brotó el modelo de nuestros días, actualizado y multidisciplinar, soportado por una intensa y ejemplar colaboración interadministrativa.

Un catastro que emplea inteligentemente las tecnologías de la información y que sitúa al ciudadano en el centro de un entramado interadministrativo tan eficaz como eficiente.

Aquella ley, refundida mediante el Real Decreto Legislativo 1/2004, fue posteriormente iluminada con las reformas operadas por la ley 13/2015 para fortalecer la coordinación con el Registro de la Propiedad y por la ley 11/2021 que da carta de naturaleza jurídica al valor de referencia, aplicado desde entonces como base imponible de los principales tributos cedidos a las comunidades autónomas en sus hechos imponibles de raíz inmobiliaria. Con ello ha quedado dispuesto un marco legal de primer orden para atender las demandas de un nuevo interés general que, además de ser beneficiario indirecto de las políticas públicas financiadas con la actividad catastral, recibe en primera persona las prestaciones de una institución cercana, transparente, fortalecedora de la seguridad jurídica y que cada día se encuentra más coordinada con el Registro de la Propiedad (Moreno Bueno, 2018).

Hoy, el catastro español ha cumplido el encargo secular de transformar la realidad inmobiliaria de nuestro país en información estructurada como universo de datos alfanuméricos y espaciales para facilitar su gestión, y utilización; una información basada en cartografía parcelaria continua donde cada inmueble tiene un identificador oficial único, la referencia catastral, que permite localizar inequívocamente todo predio, como hace el DNI con las personas o la matrícula con los automóviles.

Se trata de un catastro de alta calidad que cumple con nota en los cuatro indicadores que definen a las mejores instituciones registrales del territorio: generalidad, actualización, disponibilidad y veracidad.

Sin ninguna duda, el catastro español resuelve con nota el atributo sobresaliente entre los catastros, que es la generalidad; porque lo primario en toda base de datos catastral es tenerlo todo, haber inscrito todos los inmuebles de su territorio competencial formando una cartografía completa que materializa su indispensable continuidad espacial. Hoy, por desgracia, la ardilla del geógrafo griego Estrabón no podría recorrer España de árbol en árbol desde los Pirineos hasta Gibraltar, aunque sí lo podría hacer correteando sobre el parcelario catastral sin miedo a caer hasta el averno por los agujeros de una España horadada de predios omitidos.

Todo ello gracias a la previsión legal de hacer obligatoria la inscripción de todo inmueble en el catastro y a la eficacia de un modelo de gestión que facilita el cumplimiento de este deber para cualquier bien urbano, rústico o de características especiales, aquellos que por su naturaleza singular cuentan con una regulación propia en la legislación catastral: aeropuertos, autopistas, centrales nucleares, etc.

Y si la generalidad tiene una vertiente genuinamente espacial en el Catastro, no es menos cierto que igualmente la tiene en términos funcionales, entendido, como se entiende en nuestros días, que sus utilidades desbordan con mucho las primitivamente fiscales y se extienden a la práctica totalidad de las políticas públicas y de las actividades propias de la esfera privada. Una generalidad que también se pone de manifiesto subjetivamente, por cuanto el Catastro, una institución pública y general, está al servicio de todos, sean ciudadanos, empresas o Administraciones públicas.

Siendo el primero de los atributos de un buen catastro la generalidad, no cabe duda de que el segundo es la actualización. Y lo es, porque si el catastro debe ser en última instancia un fiel reflejo de la realidad inmobiliaria, solo cabe cumplir con esta premisa si traduce con precisión la realidad material y jurídica vigente de la propiedad predial. De igual modo que una foto de la infancia no define al adulto, tampoco identifica con total certidumbre a un inmueble su descripción de hace unos años. Imaginemos un solar en el que se ha construido un edificio o un campo de trigo ahora cuajado de frutales cuyas alteraciones no hayan sido incorporadas a la base de datos catastral. Ni justicia tributaria, ni seguridad jurídica, ni nada: un catastro desactualizado es un seudocatastro. De nuevo aquí, la legislación catastral toma conciencia de la cuestión y obliga a que toda alteración física, jurídica o económica sobre el inmueble, que debiera estar registrado en virtud del principio de generalidad, sea incorporada a la base de datos catastral, para lo que distribuye responsabilidades entre los titulares de los bienes, fedatarios y Administraciones públicas, y da margen para una cooperación prácticamente ilimitada a fin de cumplir con la actualización.

El tercero de esos indicadores de la bondad catastral es el de la disponibilidad, porque de poco sirve un catastro completo y actualizado si se convierte en una base de datos tan virtuosa como estéril. Al margen de que hablamos de un registro público, que solo puede tener vocación de servicio. También en eso, como en las dos virtudes anteriores, el catastro español pasa el examen; diría que igualmente con nota. Hoy, la información catastral se encuentra completamente disponible, salvo aquellos datos restringidos legalmente, a los que solo pueden acceder sus titulares, las administraciones públicas y quienes se encuentran entre los supuestos tasados por su regulación legal. De este modo, en términos generales, es posible consultar cualquier dato salvo al valor catastral, el titular y sus datos personales. Y consultarlo mediante todos los canales posibles, porque no solo puede hacerse a través de internet en la Sede Electrónica del Catastro, que es de uso completamente gratuito, también es posible utilizar los servicios telefónicos que ofrece la Línea Directa del Catastro o acudiendo a los más de 4.000 Puntos de Información Catastral (PIC) distribuidos por toda España, esencialmente en ayuntamientos y otras Administraciones públicas, donde cualquiera puede consultar o certificar sus datos con la mera exhibición de su DNI. Los PIC constituyen la red de servicios presenciales al ciudadano más extensa del país y son una prueba palmaria de esa vocación inequívoca del Catastro por irradiar sus servicios hasta el último, o primero, según se mire, de los rincones y ciudadanos de España. Un ejemplo de lo que da de sí la voluntad por universalizar el acceso a la información y a los servicios públicos.

El cuarto de los principios cardinales del catastro, pero no por ello menos importante, es el de la veracidad. De poco valdría ese catastro completo, actualizado y disponible del que venimos hablando si sus datos no identificaran realmente la realidad inmobiliaria.

En esos términos, debe señalarse que tal es la veracidad de los datos inscritos y obtenidos de la base de datos catastral que su regulación le otorga una presunción de certeza frente a todo, con algunas excepciones como la referida a los datos jurídicos inscritos en el Registro de la Propiedad, y no siempre. Es decir, los datos catastrales se presumen ciertos salvo prueba en contrario y cuentan con esa protección legal, que opera para blindar la descripción de los predios y se constituye en una pieza esencial de la lucha contra el fraude inmobiliario.

Todo lo dicho hasta ahora identifica perfectamente al catastro español en su conjunto, salvo las referencias a la difusión de datos, que lo han sido a figuras más propias de la Administración catastral del Estado. Es el momento de decir que, en realidad, son cinco las instituciones catastrales que gestionan este servicio público en España: cuatro de ellas se corresponden con las tres diputaciones forales del País Vasco y el Gobierno de Navarra. La quinta, responsable del territorio fiscal común, es la Dirección General del Catastro, a la que me dedicaré desde ahora por entero, ya sentadas las bases conceptuales de lo que supone la actividad catastral (Vallina Rodríguez, et. al. 2021).

Se trata de un centro directivo adscrito al Ministerio de Hacienda y Función Pública a través de la Secretaría de Estado de Hacienda, constituido con su denominación actual en 1996 y que recoge el testigo del Centro de Gestión Catastral y Cooperación Tributaria creado en 1987.

A esta dirección general le cumple el ejercicio de las funciones propias de la formación, mantenimiento y difusión del catastro en nuestro país, en el seno de la atribución exclusiva al Estado de las competencias en materia de Hacienda general, salvadas las propias de los territorios forales. Su ámbito territorial se extiende a un total de 487.000 km2, el 96 % de la superficie de España, y a un total de 7.610 municipios. En la actualidad, figuran inscritos en su base de datos 78,6 millones de inmuebles, distribuidos prácticamente a partes iguales entre rústicos y urbanos, a los que se suman altededor de 6.300 de características especiales. Cuenta con 56 oficinas repartidas por todo su territorio competencial y algo más de 2.000 empleados públicos, si bien otros 75.000 de otras entidades públicas se cuentan como usuarios de su base de datos en tareas de gestión catastral y aprovechamiento de la información, dando forma a una red de colaboradores tan amplia como referente. Es precisamente la colaboración el principal instrumento distintivo del modelo de gestión que lidera la Dirección General del Catastro, instrumentado a través de las previsiones contenidas en la regulación catastral y de casi 750 convenios suscritos con ayuntamientos y otras administraciones supramunicipales, y de otros dos centenares de fórmulas de colaboración con otras entidades como colegios profesionales. Una colaboración basada en cuatro pilares: lealtad, flexibilidad, interoperabilidad y eficiencia. Como ya se ha dicho con anterioridad, el objetivo de esa intensidad cooperativa no es otro que el de satisfacer de la mejor manera posible las crecientes demandas ciudadanas, bien por la vía indirecta de contribuir a financiar las políticas públicas, bien por la satisfacción directa de sus necesidades. Y para ello, nada mejor que producir los servicios demandados al menor coste, aprovechando las facilidades de las tecnologías de la información y la comunicación, y atribuyendo a cada actor el papel que introduce mayor eficiencia en el sistema, de manera que la propia Dirección General del Catastro se reserva la ordenación y supervisión del modelo y la gestión de la base de datos, mientras que al resto de la Administraciones públicas y operadores en la transformación física y jurídica de la realidad territorial el modelo le reserva el encargo de gestionar la tramitación de esas alteraciones. Con ello, se consigue dar cauce cada año a 6 millones de modificaciones en la base de datos catastral y servir alrededor de 2,5 millones de consultas cada día. En conjunto, el valor catastral agregado de los bienes inmuebles inscritos en su base de datos, cuya titularidad ostentan alrededor de 29 millones de ciudadanos, se acerca a los 2,5 billones de euros.

La descripción de los bienes inmuebles en el catastro tiene vocación integral, y así lo recoge su ley rectora, e incluye datos físicos, jurídicos y económicos, además de su manifestación gráfica sobre un parcelario continuo. Ofrece, así, información como la superficie, el uso, el valor, la titularidad o la antigüedad de las construcciones si las hubiera. Todo ello en beneficio de esa cualidad suprema de todo catastro que es la generalidad, a la que debe acompañar un mantenimiento continuo, eficaz y eficiente a cuyo servicio deben escogerse únicamente los atributos esenciales para describir cada inmueble.

Gracias a ese ese catastro general y actualizado, puede ofrecerse un creciente abanico de servicios para una ciudadanía cada día más exigente y consciente de sus derechos, que de manera progresiva se acerca al catastro por voluntad propia para aprovechar sus servicios en primera persona (Camarero Bullón, et. al., 2022).

Ese es el nuevo Catastro, un poliedro de servicios radiante de utilidades para el ciudadano que conecta con ese renovado interés general en tiempos de incertidumbre, siempre apoyado sobre su genuina vertiente tributaria, la que sin ningún género de dudas le confiere la estabilidad que debe caracterizar a toda institución pública. Quede claro que la función primaria de los datos catastrales es y debe ser fiscal, y así juega su papel la Dirección General del Catastro en el engranaje del sistema tributario español.

Se trata de una información que resulta de aplicación para la exacción de tributos estatales y locales, también de algunos de los más importantes cedidos a las comunidades autónomas, y que opera en hechos imponibles correspondientes tanto a la tenencia como a la transmisión o la explotación de inmuebles. Por descontado que la principal utilidad se refiere a la determinación de la base imponible del Impuesto sobre Bienes Inmuebles (IBI), que se corresponde con el valor catastral. También resulta de gran importancia para la Hacienda de los ayuntamientos la aplicación del valor catastral del suelo como base imponible del Impuesto sobre el Incremento del Valor de los Terrenos de Naturaleza Urbana (IIVTNU), la conocida "plusvalía municipal", tan en entredicho en estos últimos años. Por lo que se refiere a la fiscalidad estatal, debe recordarse que el valor catastral también opera como base imponible para la cuantificación de una renta inmobiliaria general en el Impuesto sobre la Renta de las Personas Físicas (IRPF) que se aplica a los inmuebles urbanos, excluidos los solares, la vivienda habitual y los bienes afectos a actividades económicas. Por último, en el ámbito autonómico y tras la reforma adoptada por la Ley 11/2021, debe destacarse la utilización del llamado valor de referencia determinado por la Dirección General del Catastro como base imponible de los hechos imponibles de raíz inmobiliaria en impuestos como el de Sucesiones y Donaciones o el de Transmisiones Patrimoniales y Actos Jurídicos Documentados. Un valor que, a efectos de entenderlo y con todas las cautelas, se aproxima al valor económico del inmueble sin superarlo, mientras que el valor catastral se encuentra más alejado del valor de mercado, por cuanto resulta, también solo a efectos pedagógicos, de aplicar a este último un coeficiente multiplicador del 0,5 al tiempo de su determinación. Esa diferente aproximación al mercado entre ambos valores también resulta de su momento de cálculo, dado que el valor de referencia se obtiene anualmente a partir de toda la información sobre transacciones inmobiliarias reales obtenidas de los fedatarios públicos y el valor catastral se calcula en periodos mucho más amplios y nace con vocación de permanencia para su aplicación a tributos recurrentes como el IRPF o el IBI, a los que otorga estabilidad.

Precisamente es en el IBI, el impuesto predial por excelencia, donde la información catastral despliega sus mayores y más genuinos efectos, inyectando del orden de 14.000 millones de euros (2021) a las Haciendas locales, lo que supone el 64 % de los ingresos tributarios de los ayuntamientos y el 28 % del total de sus ingresos. Gracias en buena medida a la generalidad y recurrencia del IBI las arcas municipales gozan de la suficiencia financiera que le confiere nuestra Constitución y pueden hacer frente a los servicios públicos de mayor proximidad al ciudadano: desde el alumbrado público a la limpieza viaria. Sin el IBI, coyunturas como las de los años de crisis económica severa harían prácticamente imposible la prestación de esos servicios básicos en los que se reconoce por la ciudadanía el valor de la tributación como herramienta para satisfacer los intereses generales que hoy se extienden a la esfera de la protección de los derechos sociales en su más amplio sentido.

Además de constituirse en un instrumento esencial para la política fiscal, ya anunciaba que el catastro se ha venido desarrollando como un actor relevante en la satisfacción directa del interés general, lo que se advierte claramente en tres grandes ámbitos de actuación: protección de la propiedad, políticas públicas vinculadas al desarrollo y defensa frente a las catástrofes.

En lo que se refiere a la protección de la propiedad, el catastro presta un servicio inigualable gracias a la identificación gráfica de los predios, que permite situarlos inequívocamente sobre el territorio y determinar con precisión su alcance material. Refuerza así notablemente la seguridad jurídica que aporta la tradicional descripción literal de los predios recogida en las escrituras públicas o la que ofrecen los levantamientos topográficos resultantes de la mera observación de la realidad, que no siempre se corresponden con la estructura jurídica de la propiedad inmobiliaria inscrita en el catastro y puesta de manifiesto en su parcelario. Se evita así, por ejemplo, que cobre firmeza el desplazamiento unilateral de un lindero, circunstancia que no es del todo infrecuente en el mundo rural.

Diríamos que, a estos efectos, el Catastro cumple el papel de custodio del territorio en la España despoblada. Se trata de una protección pasiva que también se ha ampliado recientemente a las operaciones de transmisión de los inmuebles, al resultar obligatorio incorporar una certificación catastral descriptiva y gráfica a las escrituras públicas, y que se robustece día a día gracias a la creciente coordinación de fincas entre el catastro y el Registro de la Propiedad. También relacionada con la protección de la propiedad, aunque más exactamente con la seguridad y la eficiencia del mercado inmobiliario, debe señalarse la aportación del catastro en la identificación pública de inmuebles objeto de compraventa, lo que reduce los costes de transacción y dificulta el fraude.

En materia de planificación y gestión del desarrollo a través de la transformación del territorio, el catastro desempeña una tarea indispensable: no cabe pensar en la ejecución de cualquier infraestructura de transporte, una reordenación urbanística o una concentración parcelaria de explotaciones agrarias para su mejor aprovechamiento, en las que no se cuente con la información catastral a efectos de determinar la afectación material a la estructura de la propiedad, los derechos preexistentes y los resultantes. En este mismo ámbito, la información catastral resulta igualmente indispensable para la gestión de las ayudas otorgadas en el marco de la Política Agraria Común de la Unión Europea, de la que cada año se benefician millones de agricultores. De igual modo, los datos obrantes en el catastro inmobiliario adquieren una creciente importancia a la hora de valorar la capacidad económica para recibir una ayuda pública, por ejemplo, en la enseñanza o en la dependencia. Y, por supuesto, cada día son más importantes para valorarlos en otros frentes que el ciudadano aprecia de primera mano, como sucede con el acceso a la justicia gratuita. Quien diría hace 20 o 30 años que lo que era una institución polarizada en la exacción de un tributo local acabaría por ser también un escudo para garantizar la defensa jurídica de los más necesitados, por mucho que ya entonces y siempre, la política fiscal, y no me canso de repetirlo, tenga como finalidad central la satisfacción de los intereses generales. En el fondo, la Administración es una industria de transformación, que produce servicios a partir de la materia prima de los tributos en el marco de la acción política, la legalidad y los procedimientos reglados establecidos. Sin política fiscal, los derechos y deberes ciudadanos no pasarían de ser grandes declaraciones de principios y palabras sin más.

Proteger el medioambiente también es ya materia catastral. Lo es desde hace ya unos cuantos años, al menos desde que se utiliza la información obrante en el catastro para facilitar la evaluación energética de los edificios o la delimitación de áreas de especial protección, también desde que se emplea en la lucha contra incendios forestales, donde los datos catastrales sirven tanto para evaluar la carga de fuego como para diseñar operaciones de extinción y, por supuesto, para evaluar los daños y facilitar las tareas de repoblación.

En realidad, no solo en lo que se refiere a los incendios forestales el catastro se revela como una institución referente, porque no hay catástrofe natural o siniestro donde no participe de manera creciente. Incluso en las ciudades, donde los servicios de bomberos tienen muy en cuenta la morfología y la altura del inmueble que obra en la base de datos catastral para asignar los medios de extinción más adecuados y emplearlos de la mejor manera. Si me lo permiten, el catastro salva vidas. Poco más se puede decir de su vocación al servicio del interés general.

De igual modo, el catastro presta un servicio extraordinario para la prevención, la gestión y la evaluación de otras catástrofes naturales, también para facilitar la reconstrucción de los daños producidos por ellas. Por ejemplo, en terremotos, inundaciones o erupciones volcánicas. En esta materia, permite caracterizar el patrimonio inmobiliario para avanzar los daños que pueda producir el desarrollo del siniestro. Sirvan para ello tres ejemplos: consideración masiva de las características constructivas de las edificaciones para pronosticar la afectación de un terremoto, descripción de los cultivos de los márgenes de los ríos para determinar las pérdidas en zonas inundables, valoración de los inmuebles potencialmente afectados por las lenguas de lava de un volcán en erupción para cuantificar económicamente los daños que pudieran producirse. Por lo demás, la información catastral es utilizada como una fuente de datos de gran utilidad por los servicios de protección civil o por la Unidad Militar de Emergencias (UME), que la aprovechan para gestionar la catástrofe en todos los frentes: desde la localización de polideportivos u otras grandes infraestructuras en las que alojar a la población afectada, hasta la de piscinas públicas que puedan ser utilizadas como aljibes para el abastecimiento de los helicópteros destinados a la extinción de incendios. De nuevo, poco más cabe decir sobre las virtudes del catastro al servicio del interés general.

Adicionalmente, el catastro cumple un papel de servicio en el ámbito de la estadística, el análisis territorial y la geolocalización, grandes disciplinas aplicadas para la gestión contemporánea, que lo mismo se aprovechan para optimizar una cadena logística de distribución que para facilitar una malla de puntos de servicio. Y siempre teniendo muy en cuenta que la información obrante en el catastro constituye un extraordinario patrimonio documental que además de construir el futuro y gestionar el presente nos permite conocer el pasado.

En resumen, lo dicho: nuestro país dispone hoy de un catastro radiante al servicio de un nuevo interés general caracterizado por la exigencia responsable del ciudadano, que no se conforma con su condición de administrado, demanda una gobernanza pública participativa y aspira a prestaciones que equilibren su balanza fiscal.

Al fin y al cabo, no olvidemos que el catastro es la expresión más representativa de la realidad territorial de un país: su estructura de la propiedad inmueble. En él se asocian territorio y población para dar testimonio de la huella material de la sociedad. Hoy, el catastro español es, sobre todo, una plataforma de servicios para un creciente elenco de demandas de información. La calidad de su base de datos y el empeño permanente por atender el interés público, le han conferido un extraordinario valor institucional como fuente para identificar, evaluar, proteger y también para activar el patrimonio inmobiliario. No solo a través de la actuación de las Administraciones públicas, sino también de manera directa ante los ciudadanos como fuente para facilitar la protección de sus derechos y el desarrollo socioeconómico, esas dos funciones vertebrales del sector público. Un catastro de todo y para todo, de todos y para todos. Una institución radiante de servicio público que aporta certidumbre y da forma al interés general como lo que realmente es: pilar del Estado, fuente de ciudadanía y catalizador del desarrollo.

BIBLIOGRAFÍA

Bringas Gutiérrez, Miguel Ángel: Un catastro poco conocido el apeo y valuación general de Martín de Garay, 1818-1820, en *CT Catastro*, 47, (2004), pp. 143-160.

Camarero Bullón, Concepción: "El Catastro de Ensenada, 1749-1759: diez años de intenso trabajo y 80.000 volúmenes manuscritos", en *CT Catastro*, 46, (2002), pp. 61-88 (español), pp. 141-153 (inglés). www.catastro.minhac.es

—— y Faci Lacasta, Pilar: "La estructura documental del Catastro de Patiño según las reglas anexas al Real Decreto de 9 de diciembre de 1715", en *CT Catastro*, 56, (2006) pp. 89-116 www.catastro.minhac.es.

——, Moreno Bueno, Tomás, Vallina Rodríguez, Alejandro y Aguilar Cuesta, Ángel Ignacio: "La contribución del Catastro Inmobiliario a la formación y el desarrollo de la España Contemporánea que inaugura la Constitución de 1978", en Olga Volosyuk: Испания и Россия перед вызовами времени, Moscú, Международные отношения, 2022, pp. 99-106.

——: "Vasallos y pueblos castellanos ante una averiguación más allá de lo fiscal: el Catastro de Ensenada, 1749-1756", en Ignacio Durán Boo y Concepción Camarero Bullón: *El Catastro de Ensenada. Magna averiguación fiscal para alivio de los vasallos y mejor conocimiento de los reinos*, Madrid, Dirección General de Catastro, 2002, pp. 113-388 en español y 473-557 en inglés.

——: "Trois cadastres dans l'Espagne du XVIIIe siècle: prolégomènes, contexte, objectifs, méthodes et résultats", en Touzery, Mireille (edit.): *De l'estime au cadastre en Europe, XIIIe-XVIIIe siècles. Deuxième partie : l'époque moderne*, París, Comité pour l'histoire économique et financière de la France, Ministère de L'économie, des Finances et de l'Industrie, 2007, pp. 147-220

Durán Boo Ignacio y Camarero Bullón, Concepción (dir.): *El Catastro de Ensenada. Magna averiguación fiscal para alivio de los vasallos y mejor conocimiento de los reinos*, Madrid, Dirección General de Catastro, Ministerio de Hacienda, 2002.

Faci Lacasta, Pilar y Camarero Bullón, Concepción: "La legislación del catastro de Patiño", en *CT Catastro*, 59, (2007), pp. 97-145.

Moreno Bueno, Tomás: "El plano parcelario fotográfico", CT Catastro, 54, (2004), pp. 163-172.

——: "Breve crónica de un siglo de catastro en España (1906-2002)", en *CT Catastro*, 63, (2008), pp. 31-60.

——: "El catastro como plataforma de servicios para una sociedad digital", en *CT Catastro*, 92, (2018), pp. 127-143.

Muro, José Ignacia, Nadal, Francesc y Urteaga, Luis: *Geografía, estadística y catastro en España. 1856-1870*, Barcelona, El Serbal, 1996.

Pro Ruiz, Juan: *Estado, geometria y propiedad: orígenes del catastro España, 1715-1941*. Madrid, Centro de Gestión Catastral y Cooperación Tributaria, 1992.

Segura i Más, Antoni y Canet Rives, Inmaculada: *El Catastro en España*, Madrid, Centro de Gestión Catastral y Cooperación Tributaria, 1988.

Urtega, Luis: "La Escuela del Catastro", en *150 Aniversario de la creación de la Comisión de Estadística General del Reino: Jornadas científicas 150 aniversario de la creación de la Comisión de Estadística General del Reino*, Madrid, INE, pp. 267-286.

Vallina Rodríguez, Alejandro, Camarero Bullón, Concepción, García Juan, Laura y Moreno Bueno, Tomás: "El sistema catastral español: una infraestructura TIG al servicio de la sociedad", en *Actas del V Congreso Nacional de Tecnologías de la Información Geográfica y III Congreso Internacional de Tecnologías de la Información Geográfica, Modelización y TIG aplicados a procesos espaciales urbanos y regionales*, Buenos Aires, CONICET, 2021, pp. 242-244. https://ddb14c24-f630-4ad3-9cc5-fa2b99d8ac4e.filesusr.com/ugd/ca0ce1_62480c992e204ad5a62325f6b410e17a.pdf

1.
LAS CONTADURÍAS EN EL CATASTRO DE ENSENADA: EL CASO DE JAÉN

Ángel Ignacio Aguilar Cuesta[1]
Universidad de Córdoba

La *Magna averiguación fiscal para alivio de los vasallos y mejor conocimiento de los Reinos*, más conocida como Catastro de Ensenada, nombrada así por su promotor don Zenón de Somodevilla y Bengoechea (1702-1781), I marqués de la Ensenada, fue un catastro levantado en la Corona de Castilla a mediados del siglo XVIII. Estas averiguaciones habrían de ser el instrumento para una profunda reforma fiscal cuyo objetivo sería sustituir las "Rentas provinciales", un conjunto heterogéneo de impuestos complejos, por una "Única contribución" más simple, justa y equitativa en consonancia con las ideas ilustradas de la época (Matilla Tascón, 1947; Camarero Bullón, 1993).

Dicha reforma, aprobada por su majestad Fernando VI (rey entre 1746-1759) en octubre de 1749, se ha convertido *motu proprio* por su calidad, cantidad, variedad de información contenida en más de 80.000 gruesos volúmenes y estado de conservación de buena parte de los mismos, hacen de este conjunto documental catastra el más importante de la mitad del siglo XVIII a nivel europeo. Es decir, la "Única Contribución" sería la justificación necesaria para promover el catastro, gracias al cual y parafraseando a P. Vilar (2002), la Monarquía conocería "todo de todos" sus vasallos: utilidad o riqueza, bienes, cargas, rentas, estructura del hogar, etc. (Camarero Bullón, 2002c y 2003a). Todo ello atacaba abiertamente el orden natural del Antiguo Régimen pues, por primera vez, se catastraron los bienes de la Iglesia y, también, los del Rey y la nobleza siendo estos privilegiados los que verían peligrar más sus intereses ante una futura reforma fiscal que buscaba mayor equidad y proporcionalidad tributaria (Camarero Bullón, 2002a; Touzery, 2013).

Para poner en marcha una averiguación de esta magnitud y llegar a las casi 15.000 localidades en unos 370 mil km^2 hizo falta una estructura organizada en distintos niveles: estatal (Real Junta de Única Contribución, quien se comunicaba con su Majestad por

---

[1] hi2agcua@uco.es; https://orcid.org/0000-0003-3240-0810. Este trabajo se ha desarrollado en el marco del Proyecto de Investigación I+D+i PID2019-106735GB-C21 del Ministerio de Ciencia e Innovación (AEI/10.13039/501100011033), titulado: *Avanzando en el conocimiento del Catastro de Ensenada y otras fuentes catastrales: nuevas perspectivas basadas en la complementariedad, la modelización y la innovación*, subproyecto del proyecto coordinado *Las fuentes geohistórcias, elemento para el conocimiento continuo del territorio: retos y posibilidades de futuro a través de su complementariedad* (FGECCT). Resultado obtenido dentro del contrato postdoctoral en la Universidad Autónoma de Madrid: Ayudas "Margarita Salas" del Plan de Recuperación, Transformación y Resiliencia, financiado por la Unión Europea-Next Generation EU. Es miembro del Grupo de Investigación Reconocido IDE-GEOHIS, UAM.

mano del Marqués de la Ensenada), provincial (intendentes, contadurías y comisionados) y local (audiencias o equipos catastradores) (Camarero Bullón, 2018).

Este modelo organizativo se impuso a partir de que, con la *Ordenanza para el restablecimiento e instrucción de intendentes de provincias y ejército*, se establecía la figura del intendente como máxima autoridad provincial, y estructuraba las intendencias/provincias en tres bloques: diez de primera clase, con una remuneración de 50.000 reales de vellón anuales para los intendentes y 4.000 para los alcaldes mayores, que podían conseguir otros ingresos en el desempeño de su cargo. Otras seis de segunda clase, entre las que se encontraba Jaén, con 40.000 rv. para los intendentes y 3.000 para los alcaldes mayores. Otras seis, de tercera clase, con 30.000 rv. para sus intendentes y 2.000 para sus alcaldes mayores. Finalmente, las del ejército, junto con las intendencias no castellanas, tendrían un salario mayor: 60.000 rv. anuales para los intendentes y 5.000 rv. para los alcaldes mayores. De esta manera, quedaba establecida toda la autoridad provincial en manos de los intendentes, asumiendo competencias dispersas en distintos poderes de cada jurisdicción y creando un organismo efectivo entre la Corona y los corregidores, cuyo nombramiento se haría por tres años, extensibles otros tres más (Camarero Bullón, 1989b: 66-68; Ferrer *et al.*, 2000: 21).

Ahora bien, el espacio geográfico de nuestro estudio se centra en la provincia de Jaén, la cual era algo distinta a la actualidad porque, desde el punto de vista político, la parte noreste del territorio actual estaba inserta en otras provincias y tenía una forma más cuadrada, como reflejaba R. Boone en el mapa de la misma, levantado en 1762. Lo abrupto del medio físico determinaba claramente el espacio, hecho que se reflejaba en la literatura de la época. Así, Álvarez de Colmenar (1715: 396-398) escribe:

> Allant de Madrit à Séville, on traverse la Manche & l'on vient à un village nommé Elviso, situé au pié de la Sierra Morena au Sud-Est de Ciudad Real. On rencontré là ces hautes montagnes, qui forment une longue & épaisse chaine de l'Orient au Couchant, séparant l'Andalousie de la Castille (...) En quelsque endroits, comme du côté de village d'Elviso, dont je viens de parler, elles n'ont que douze lieues de largeur, em d' autres elles en ont plus ou moins, mas elles sont fort larges du côté de Cordove (...) De Linarès on passe le Guadarmena, d'où l'on va droit à Baeça.

O también Sir John Talbot Dillon (1780: 316), quien recogía los límites provinciales de la siguiente manera:

> The little fairy kingdom of Jaen, which now makes part of Andalusia, is a manner surrounded by a chain of mountains, formed by the Sierra Morena, Segura, Quesada, and Torres, separating it from the kingdoms of Cordova, Toledo, Murcia and Granada, while the river Guadalquivir divides it from kingdom of Sevilla.

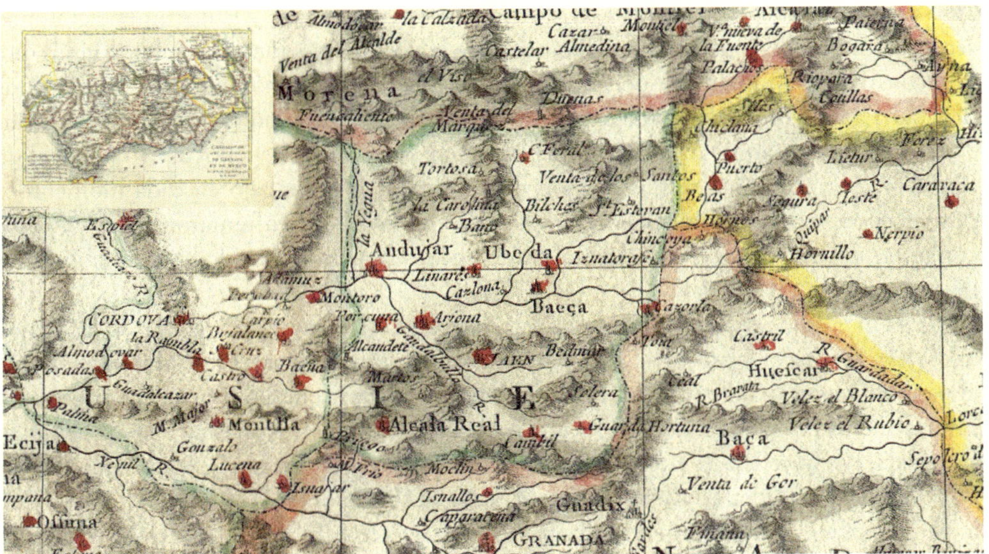

Figura 1. *L'Andalousie avec les Royaumes de Grenade et de Murcie*, de Rigobert Bonne, 1762 (Fuente: Biblioteca Virtual de Andalucía. [ca. 1:1.913.793]. Extraído de la obra *Atlas Moderne*).

LA CONTADURÍA EN EL CATASTRO DE ENSENADA: LO DOCUMENTAL Y LO ECONÓMICO

Delimitado el espacio geográfico y expuestos los niveles que vertebraron las pesquisas desde la Corte hasta las localidades, es el momento de centrarnos en la Contaduría. Este organismo dentro de la *Magna averiguación fiscal* no ha recibido, por parte de la historiografía, la atención que merece, pues, en contadas ocasiones hay trabajos sobre ella y, mucho menos, monografías o estudios específicos que permitan vislumbrar su importante papel dentro del engranaje catastral (Camarero Bullón, 1989a y 1999); Aguilar Cuesta *et al.*, 2017; Aguilar Cuesta, 2019 y 2021), a los que se suman otros que han tratado o mencionado de manera colateral estos asuntos (Cubero Garrote y Hernández García, 2017; Gómez Navarro, 2020; Dumont Cortés, 2023; Ruiz Álvarez, 2023).

Tras esta falta de análisis podrían estar dos motivos fundamentales que explicarían dicha situación. Por un lado, las contadurías quedaban fuera de la documentación elaborada por las audiencias. Esto ha hecho que la documentación digitalizada y accesible a través del Portal de Archivos Españoles (PARES) y los numerosos archivos históricos provinciales y municipales reflejen muy poco o nada sobre este organismo. Por otro lado, que la documentación referida a y generada por este organismo esté fundamentalmente en dos conjuntos documentales del corpus catastral que pocos investigadores han trabajado: la correspondencia cruzada entre las distintas instancias catastrales, a través de la cual puede analizarse la evolución y actividad las contadurías y sus personal; y la documentación que recoge los costes de la pesquisa y elaboración de la documentación catastrales, con los que se reconstruye el número de personas intervinientes en cada momento, su salario y los días trabajados (Aguilar Cuesta, 2021, 2023a y 2023b; Aguilar Cuesta y Camarero Bullón, 2023). El cruce de ambos conjuntos documentales, custodiados en el Archivo General de Simancas, permiten una reconstrucción de la intensidad de trabajo en cada momento y provincia, además de los pormenores y dificultades a los que se enfrentaron. Han sido esos conjuntos documentales el eje vertebral de los que se nos hemos nutrido para la elaboración de este trabajo.

Debemos comenzar afirmando que las contadurías no nacieron a la par de la *Magna averiguación fiscal* en octubre de 1749 y, además, sus competencias fueron aumentándo con el paso del tiempo. Sin embargo, la idea de un organismo centralizador que gestionase la información y se encargara en un futuro del cobro de impuestos sí estaba en la mente de Ensenada, como refleja la *representación* que presentó al Rey en 1747. Además de Zenón de Somodevilla, la idea también se recogió en las deliberaciones de la *Junta consultiva* y de la de *Intendentes y Regentes* que analizaron el proyecto de Única Contribución, elaborado por don Phelipe Sánchez de Valencia, para establecer el procedimiento de catastración de las Castillas (Camarero Bullón, 1993). Incluso, don Joseph Joachim de Vereterra Valdés y Quiñones, quien fuera intendente de Jaén tras la salida del marqués de Villaytre, don Francisco Varona y Rozas, que pasaría a ocupar la intendencia de Salamanca a mediados de 1753, también propuso una fórmula similar.

Sin embargo, no fue hasta la crisis ocurrida en la provincia de Burgos con el intendente Espinardo cuando se incorporarán tanto comisionados, como contadurías. Concretamente, las contadurías tienen su origen para los asuntos de la Única Contribución con la orden de 19 de abril de 1751, donde se expone que habría una en cada cabeza de partido para que allí se depositara la documentación catastral. Sin embargo, rápidamente empezaron a surgir contradicciones e hicieron que, poco tiempo después, el 9 de mayo de ese mismo año, se ordenase establecer una única contaduría en la capital de cada provincia donde, concluidas por los subdelegados las diligencias en cada pueblo "hasta la formación de libros, las remitan con todos los documentos producidos en él (...) para extender los planes particulares, y generales y los duplicados que a su tiempo han de entregarse a los pueblos". Quedaba así definida la función de guarda y custodia de toda la documentación catastral, además de la confección de la documentación de nivel provincial y de las copias de la local.

Ahora bien, el 21 de agosto de 1751, viendo el trabajo de custodia que hacían las contadurías y dada la elevada carga de trabajo de intendentes y comisionados, estos últimos se habían incorporado para aligerar las averiguaciones en las provincias más atrasadas, la Real Junta otorgó la función revisora de la documentación local a las contadurías, junto a la de comunicación directa con esta y de respuesta a las dudas o consultas que tenían los subdelegados. Dichas revisiones eran un procedimiento arduo, pues, en ocasiones, la documentación enviada por los subdelegados contenía errores graves, como en Canena y Lopera, ambas en

Jaén, que debían corregirse y quitaba un tiempo muy valioso a intendentes o comisionados para atender otras cuestiones. Lo que sí hizo la Real Junta desde un primer momento fue aclarar dos cuestiones, por un lado, los errores debían ser enmendados y, por otro, no serían las arcas regias quienes asumieran la mala praxis del personal que trabaja en la catastración. Serían, por tanto, los trabajadores quienes responderían de sus fallos con su patrimonio, siendo la bajada o retirada del salario el modo más habitual de satisfacer los yerros.

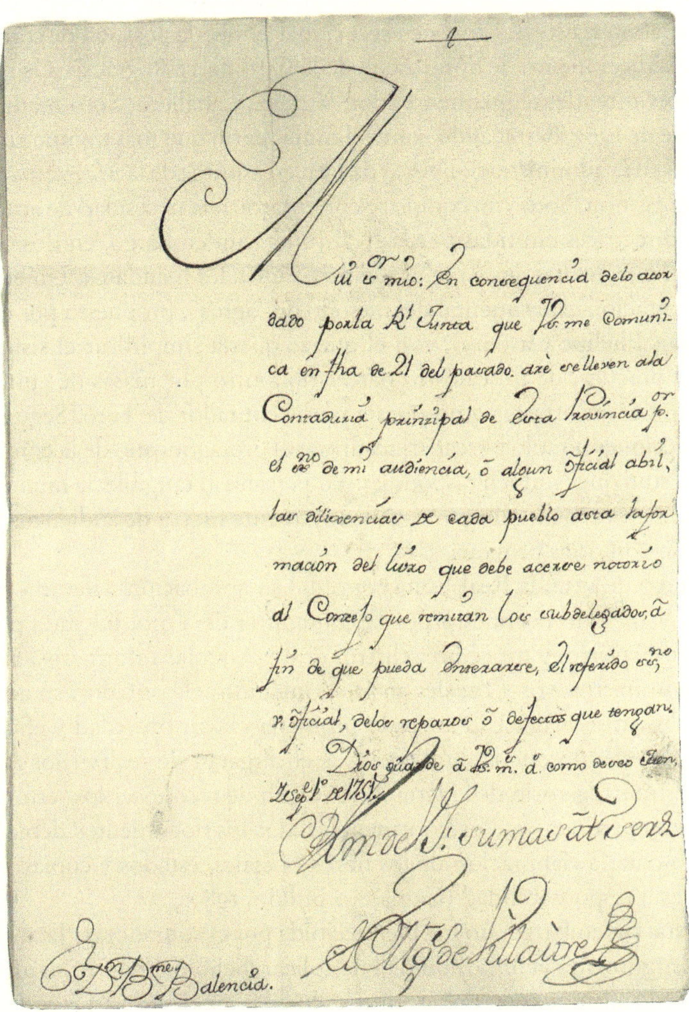

Muy Sor mio: En consequencia delo acordado por la Rl Junta que Vm me comunica en fha de 21 del pasado, dre se lleven ala Contaduria principal de esta Provincia por el esno de mi audiencia, ó algun oficial abil, las diligencias de cada pueblo asta la formacion del libro que debe acerse notorio al Concejo que remitan los subdelegados, á fin de que pueda enterarse, el referido esno u oficial, delos reparos ó defectos que tengan.

Dios guarde á Vm. m. a. como deseo Jaen, 2 de sepre 1º de 1751.

B. l. m. de V. S. su mas atto servr

Mig. de [illegible]

Sr. D. Bartme Balencia.

Figura 2. Carta enviada por el intendente de Jaén a don Bartolomé de Valencia con la queda enterado de la orden de enviar a la contaduría de la capital las diligencias de los pueblos (Fuente: Archivo General de Simancas, Dirección General de Rentas, 1ª remesa, leg. 1884).

LOS INICIOS EN LA CONTADURÍA DE LA PROVINCIA DE JAÉN

La contaduría de la provincia de Jaén recayó en la persona de don Joseph de la Cruz, un individuo distinguido tanto por su avanzada edad como por su considerable fortuna. Este, a su vez, confió como contador principal la totalidad de sus responsabilidades profesionales al diligente don Agustín Francisco de Soto, nombrado contador-acompañado. De manera efectiva, Soto asumió el liderazgo de la contaduría, demostrando una capacidad y eficiencia notables en sus labores. Este desempeño excepcional le valió la posición de contador principal interino tras el fallecimiento de don Joseph de la Cruz en 1758, gracias a la recomendación del por entonces intendente giennense, don Vicente Caballero. Soto mantuvo este cargo hasta diciembre de 1762, destacándo como el funcionario que más tiempo sirvió de manera ininterrumpida en la administración fiscal de Jaén en asuntos de la *Magna averiguación fiscal*.

Durante su gestión, Soto y su equipo se enfrentaron a la necesidad de acatar, en diversas ocasiones, las directrices emitidas por la Real Junta. Sin embargo, en dos ocasiones específicas, optaron por desatender e incluso contravenir tales mandatos. Un ejemplo notable fue la implementación experimental del método de "agros", propuesto por el comisionado de Galicia, Juan Phelipe Castaños, con el que se quería simplificar el sistema operativo, pasando, en la práctica, de un catastro parcelario a otro por masas de cultivo. Otro caso fue la adopción de una estrategia propuesta por el contador de Toro. Según C. Camarero (1989c), estas acciones no solo buscaban reafirmar el protagonismo de la contaduría frente a la intendencia, sino que también respondían a una realidad tangible: la intendencia de Toro había logrado convocar a un número significativamente mayor de audiencias y trabajadores en comparación con otras provincias.

El 14 de enero de 1752, la Real Junta concedió su aprobación a llevar a cabo, de forma experimental, el método propuesto por la contaduría de Toro, liderada por don Joseph Ramos y Diego Navarro, y procedió a distribuir una circular informativa al respecto a los responsables administrativos y fiscales en Jaén, incluidos el contador, su acompañante, el intendente y el comisionado. Este método prometía mayor brevedad y eficacia en el proceso catastral, sugiriendo que las audiencias se encargaran de realizar los Autos generales y de evacuar el Interrogatorio de la letra A, así como de reconocer los términos, anotando las rectificaciones pertinentes. Posteriormente, todos los documentos debían ser enviados a la contaduría para la elaboración de los libros oficiales, estados y copias, aliviando a las audiencias de esta responsabilidad (Camarero Bullón, 1989a).

La propuesta, sin embargo, no fue bien recibida por el contador de Jaén, don Joseph de la Cruz, quien argumentó la imposibilidad de aplicar dicho método en su provincia debido a la inexistencia de términos con poblaciones reducidas, eludiendo así la orden sin oponerse directamente a ella. Manuel Velarde, comisionado en Jaén, también expresó su desacuerdo en una carta fechada el 2 de febrero de 1752, criticando el método por su ineficacia, basándose en su experiencia práctica y señalando que este enfoque no mejoraba ni el coste ni la eficiencia del proceso catastral.

Contra la propuesta de Toro, Velarde defendió su metodología, que era la que había establecido la Instrucción anexa al Real Decreto de octubre de 1749 que ordenaba el levantamiento catastral, que implicaba la recopilación anticipada de las relaciones de los vecinos y la realización de las operaciones catastrales con un equipo reducido, logrando así un ahorro significativo de recursos. Su enfoque fue finalmente respaldado por la Real Junta en una carta del 7 de marzo de 1752, confirmando la eficacia de las prácticas ya establecidas en Jaén y descartando la realización de experimentos con el nuevo método.

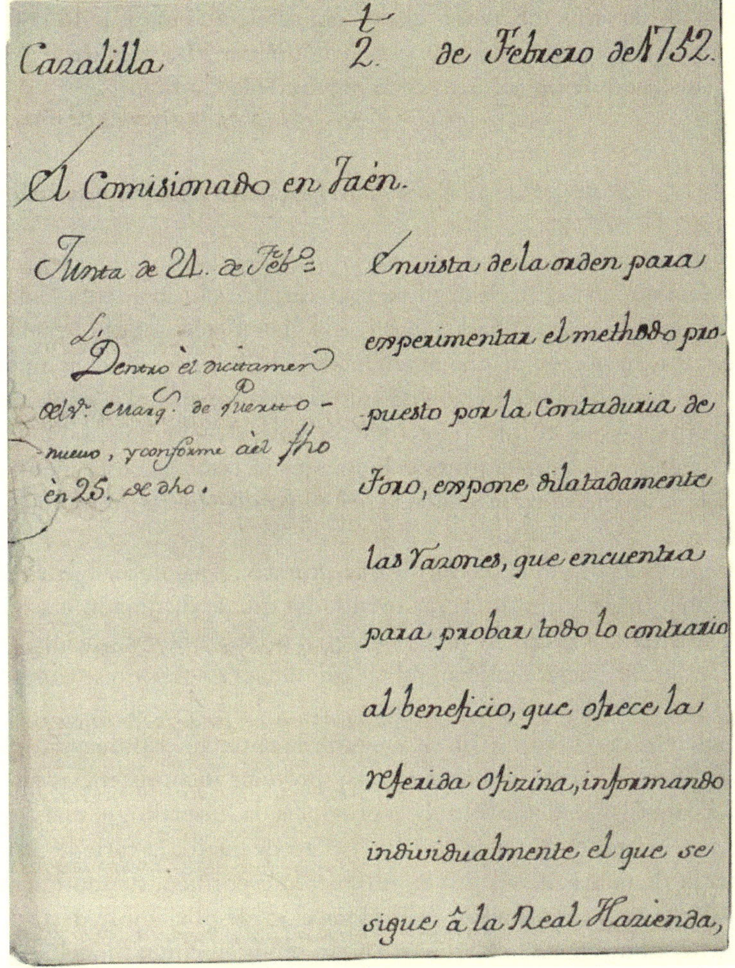

Cazalilla 2 de Febrero de 1752.

El Comisionado en Jaén.

Junta de 24. de Febº

En vista de la orden para experimentar el methodo propuesto por la Contaduria de Toro, expone dilatadamente las razones, que encuentra para probar todo lo contrario al beneficio, que ofrece la referida Ofizina, informando individualmente el que se sigue â la Real Hazienda,

Figura 3. Misiva enviada por el contador de Jaén a la Real Junta con la justificación sobre la aplicación del método propuesto en la provincia de Toro (Fuente: Archivo General de Simancas, Dirección General de Rentas, 1ª remesa, leg. 1885).

El Intendente Villaytre también se mostró crítico con la propuesta de Toro, argumentando que la centralización de la elaboración de los Libros maestros en la contaduría no garantizaba una mayor eficiencia ni reducción de errores, resaltando la importancia del trabajo directo y cuidadoso de los subdelegados y otros funcionarios directamente sobre el terreno.

A pesar de los experimentos realizados en otras provincias, como Burgos, Palencia, Salamanca, Extremadura y León, los resultados no ofrecieron conclusiones definitivas, llevando a la decisión de mantener el sistema establecido. Esta resolución resalta la complejidad y los desafíos inherentes al proceso catastral, enfatizando la necesidad de un enfoque práctico y basado en la experiencia directa para garantizar la precisión y eficiencia en la gestión de los recursos económicos de la Corona.

LA CREACIÓN DE LOS *ESTADOS* O *MAPAS PROVINCIALES*

Para analizar con minuciosidad la situación jurídica del patrimonio eclesiástico, la Real Junta emitió una circular el 16 de abril de 1751, dirigida al intendente Villaytre, con el objetivo de diferenciar en los estados locales los bienes eclesiásticos beneficiales de los patrimoniales. Esta acción evidenció una falta de coordinación entre la intendencia y la contaduría en la provincia, como se observará posteriormente. La implementación de esta directriz provocó que el intendente de Córdoba, don Fernando Valdés y Quirós, expresara su descontento ante la Junta debido a los retrasos que esta medida generaba, así como por la resistencia encontrada en el clero para justificar la naturaleza exacta de sus posesiones.

Ante la imperiosa necesidad de clarificar la situación legal de los bienes eclesiásticos, la Junta mantuvo firme su postura, insistiendo en que la distinción era indispensable y sugiriendo que, para mitigar los retrasos, se recurriera a investigaciones laicas si las declaraciones eclesiásticas presentaban dificultades. Esta resolución se comunicó a todas las provincias para su estricto cumplimiento.

El 14 de enero de 1752, con el fin de asegurar la correcta elaboración de los Estados particulares (o locales) desde las contadurías y prevenir inconsistencias en los Estados generales, que compilaban datos de toda la provincia, la Junta dirigió una comunicación al contador don Joseph de la Cruz. Recibida el 26 de enero, la carta le instaba a organizar la creación de mapas detallados de un pueblo específico, siendo Fuente el Rey el enclave escogido y cuyos resultados, finalizados el 17 de noviembre de 1751 y enviados por el intendente don Francisco Varona y Rozas, servirían como modelo para el Estado general de la provincia.

Durante el desarrollo de los estados para Fuente el Rey, el contador de Jaén fue informado por Villaytre sobre la circular del 16 de abril de 1751, lo cual generó un notable inconveniente, puesto que la notificación llegó con retraso, el 1 de marzo de 1752. Esta demora motivaría una queja formal por parte del contador de la Cruz a la Junta, evidenciando ciertas dificultades de comunicación dentro de la administración, en la misiva del 9 de octubre de 1752 se recoge:

> Como a los principios caminò esta Contaduría sin las ordenes de la Real Junta para la deducion de las operaciones y su reconocimiento, pues la de 16 de abril de 1751 que trata de la separacion de Patrimonial y Beneficial de eclesiásticos se la comunicò, con otras, por la Yntendencia en 1º de marzo de 1752 –este fallo de comunicación hizo que la Contaduría giennense no tuviera constancia del hecho hasta casi un año después–; no pudo advertir este defecto; y haviendose proseguido en la formazion de mapas particulares con la misma indistinción y reconocidos en la visita hecha por el señor don Juan Gonzalez de la Riva de orden de la Real Junta, nada previno sobre este particular, persuadiendonos que la citada orden no era respectiva a los Planes este es el sinzero hecho de que hà procedido el zitado defecto.

ESTADO DEL NUMERO DE MEDIDAS DE TIERRA
propias de Eccleſiaſticos, que exiſten en el termino del Lugar de Fuente el Rey del Reyno de Jaén, y Claſſes à que corresponden, ſegun ſu producto anual reducido à dinero.

D

PRODUCTO DE CADA MEDIDA DE TIERRA EN REALES DE VELLON

	90	80	60	34	26	20	TOTALES Fanᵃˢ tierra	TOTALES Rˢ de Vellon
Lugar de Fuente el Rey	000..2	122..7	000..0	1282..3	000..2	226..2	1632..7..½	570088..01

Figura 4. *Estado de la letra D de eclesiásticos* del lugar de Fuente el Rey (Jaén) (Fuente: AGS, DGR, 1ª remesa, leg. 1885)

La serie de desconexiones entre las entidades involucradas en el proceso catastral llevó a la necesidad de realizar ajustes en los estados eclesiásticos. Ante esta situación, el contador-acompañado solicitó a la Junta una lista detallada de los requisitos para la documentación eclesiástica, con el objetivo de evitar errores futuros. Esta solicitud resaltaba la necesidad de más tiempo y personal, dado que, en ese momento, la contaduría disponía únicamente de un oficial y un escribiente para llevar a cabo tal tarea.

Finalmente, el 3 de mayo de 1752 se completó la elaboración de los nueve mapas de Fuente el Rey, los cuales fueron enviados a la capital para que la Junta evaluara el método empleado por la contaduría, realizara las revisiones necesarias y, en su caso, emitiera las correcciones pertinentes. La respuesta de Madrid llegó el 11 de mayo e indicaba que:

> hallado arreglados los formularios a las instrucciones, y ordenes expedidas sobre estè particular: Ha apròbado a vuestra merced él methodo que ha seguido en la formacion estos estados, y acordado prevenga a vuestra merced que observe la misma regla para con los demas de las restantes operaciones de esta provincia.

Las funciones asignadas a las contadurías se extendían más allá de la mera gestión catastral, incluyendo la revisión, copia y resguardo de la documentación catastral, así como la obligación de reportar a la Real Junta. Estos reportes, entregados mediante certificados de manera mensual y, en ciertos casos, semanal, en diversas provincias, permitían monitorear la recepción y el procesamiento de documentos en las contadurías, revelando tanto el volumen de trabajo como los costes asociados, incluyendo el número de empleados contratados, sus remuneraciones y el período de su vinculación laboral.

Tabla 1. Salarios de la Contaduría giennense abonados en diciembre de 1752 (Fuente: AGS, DGR, 1ª remesa, leg. 1412)

Nombre	Oficio	Días trabajados	Salario total (rv.)	Salar./ Día (rv.)
Don Agustín Francisco de Soto1	Contador-acompañado	31	186	6
Don Miguel del Castillo	Oficial	31	325,5	10,5
Don José Antonio Adán	Oficial	31	325,5	10,5
Don José Chinchilla	Escribiente	31	186	6
Don Juan Antonio de Alcázar	Escribiente	31	186	6
Don Francisco de Lemus	Escribiente	31	186	6
Don José de Espejo	Escribiente	31	186	6
Pedro Zamorano2	Portero	181	66	0,66
Total			1.647	

En diciembre de 1752, la Real Junta implementó una serie de acciones destinadas a evaluar los puestos y el trabajo de las contadurías. Como parte de este esfuerzo, el 15 de diciembre de 1751, solicitó al intendente Villaytre un informe detallado que clasificara a los empleados de la contaduría por categorías, incluyendo sus salarios, el coste total de estos y los gastos operativos de la oficina. Villaytre remitió esta información a Madrid tras el receso navideño, específicamente el 9 de enero de 1752. Aunque esta correspondencia no se conserva en los archivos de Jaén, es plausible asumir que el reporte enviado correspondía al mes de diciembre, fechado en la víspera de Año Nuevo, donde se detallaban los nombres de los trabajadores y sus respectivas remuneraciones.

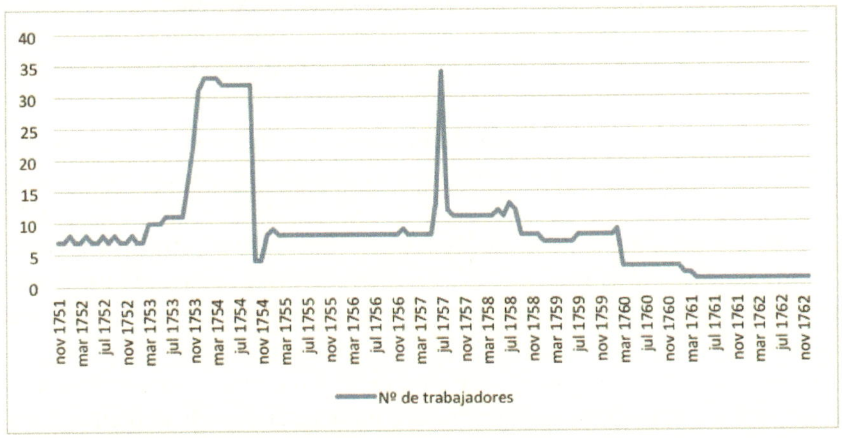

Gráfico 1. Número de trabajadores en la Contaduría desde noviembre de 1751 hasta diciembre de 1762 (Fuente: Archivo General de Simancas, Dirección General de Rentas, 1ª remesa, leg. 1412).

EL PAPEL DE LOS VISITADORES-CONTADORES

En el contexto de la administración fiscal del siglo XVIII, la Real Junta desplegó considerables esfuerzos para asegurar la uniformidad en la documentación catastral de las veintidós provincias españolas. Este empeño contó con el apoyo de intendentes, comisionados y contadores visionarios, capaces de concebir la *Magna Averiguación* como un ente cohesionado y no meramente como la suma de partes aisladas. A principios de 1752, Julián Amorim de Velasco, intendente de ejército de Mallorca, expresaba, a Sánchez de Valencia, secretario de la Junta, su preocupación por la diversidad documental quien, mediante correspondencia, intentó aplacar estas inquietudes, minimizando las diferencias como meros accidentes y no como discrepancias fundamentales.

Sin embargo, la necesidad de una supervisión más rigurosa quedó patente cuando, tras identificar graves errores en los Estados provinciales de Ávila remitidos a Madrid, la Junta instó a una revisión exhaustiva de estos documentos cruciales para la determinación del impuesto y la equitativa distribución de la carga fiscal entre provincias, ciudades, villas, lugares y aldeas. El contador de Ávila, don Fausto de Cossío y Mier, tomó la iniciativa de corregir y reenviar los estados conforme a las directrices recibidas, culminando esta tarea el 26 de abril de 1753, lo que le valió el reconocimiento de la Junta.

Orgulloso de su eficiencia y satisfecho con el resultado, Cossío se ofreció a la Junta como instructor para otras contadurías, asumiendo el papel de visitador-contador. Su misión consistía en unificar criterios en la elaboración de los estados y la estructuración de los libros mayores. En julio de 1753, la Junta comunicó a las contadurías la visita de Cossío, asignándole las provincias de Madrid, Burgos, Soria, Cuenca, Mancha, Toledo, Extremadura y Segovia para su inspección. Valladolid fue la siguiente provincia en completar sus estados, y Amorim de Velasco, comisionado de Valladolid, también se involucró en visitas similares a otras contadurías.

Juan González de la Riva, adjunto al intendente sevillano, se encargó de las inspecciones en Granada y Jaén. Tras su revisión en Granada, en septiembre de 1753, envió un informe detallado al marqués de Puertonuevo, señalando numerosas correcciones necesarias en las operaciones de localidades como Baza, Padul, Ambrós y Granada. La Junta, aunque reconoció la meticulosidad de González de la Riva, le instó a basar sus decisiones en el conocimiento práctico y a limitar sus consultas a casos de verdadera incertidumbre.

La documentación granadina revela que, de la Riva, tras instruir sobre la correcta elaboración de los Estados o Mapas generales conforme al modelo abulense, partió hacia Jaén el 26 de septiembre de 1753. Allí, proporcionó al Marqués de Campoverde, intendente de Granada, los modelos y directrices necesarios para la adecuada formación de los documentos, evidenciando un esfuerzo concertado por parte de la administración fiscal para estandarizar y mejorar la precisión en la recopilación y análisis de datos catastrales a nivel nacional.

La correspondencia entre las autoridades catastrales de Jaén y Granada revela la meticulosa supervisión realizada por el contador-visitador, González de la Riva, en su transición del Reino de Granada a Jaén. Su llegada a Jaén marcó el comienzo de una rigurosa revisión provincial, aún pendiente de resolver ciertas cuestiones de su anterior jurisdicción en Granada. Entre los documentos relevantes se halla una carta detallada, enviada el 3 de octubre, que expone con precisión las correcciones necesarias en las pesquisas de Almería, Vélez-Málaga y Serón, subrayando la profundidad y alcance del trabajo de estos visitadores catastrales.

En Almería, se enfatizó la necesidad de clarificar respuestas ambiguas en el interrogatorio inicial, abarcando desde la geografía y la demografía territorial hasta aspectos agrícolas específicos y la gestión de la ganadería. Además, se señaló la importancia de precisar la carga impositiva y los arbitrios locales, así como la operación y propiedad de embarcaciones y la rentabilidad de diversas actividades económicas.

El análisis extendió su rigor a los Libros de lo real, demandando ajustes en la representación de sueldos, la exención de ciertos trabajadores por edad y la autenticación de registros por parte de eclesiásticos y seculares. En Vélez-Málaga, las correcciones solicitadas abordaron tanto las respuestas al interrogatorio como los detalles en los Libros de lo real, incluyendo especificaciones sobre la producción agrícola, valoraciones de arriendos y la identificación precisa de comerciantes y arrieros.

Por último, en la villa de Serón, las modificaciones requeridas fueron menores, centrándose en la producción de semillas y la identificación de cosecheros de seda, lo que refleja un nivel de cumplimiento más alto con las directrices establecidas.

LA INSPECCIÓN DE GONZÁLEZ DE LA RIVA EN JAÉN

La inspección en la provincia de Jaén, llevada a cabo entre el 26 de septiembre y el 8 de octubre de 1753, incluyó la revisión de documentación en Alcalá la Real, Úbeda, Alcaudete, Campillo de Arenas y La Guardia. Aunque los hallazgos no ameritaron reparos significativos, se notificaron ciertas inexactitudes en la clasificación de tierras que requerían corrección, así como la necesidad de una mayor precisión en los planes generales.

Este riguroso proceso de revisión culminó con la propuesta de González de la Riva de añadir una sección adicional a los interrogatorios de la letra A en toda la provincia de Jaén, enfocada a esclarecer aspectos no suficientemente detallados a tenor de las tres preguntas solicitadas y añadidas en todas las operaciones giennenses:

> 1º Que digan y declaren si los repartimientos de servicio ordinario y extraordinario, paja y utensilios con que se halla cargado el común de esta villa son excesivos al número y caudales de su vezindario, o si están arreglados con el estado presente de él.
>
> 2º Digan y declaren la utilidad anual que se les puede regular a los ganados masculinos de todas especies a excepción de los que sirven en las labores y arrierías formando un prudente juicio del valor de cada cabeza al tiempo de su saca y venta, y esta cantidad se repartirá entre los años que necesita para el estado de su venta de modo que se le saque un punto fijo al año a cada cabeza de ganado masculino según sus especies.
>
> 3º Digan y declaren sobre las tierras propias de los eclesiásticos seculares o regulares que estuviesen arrendadas o puedan arrendarse a colonos o aparceros seglares, la parte que corresponda a sus dueños por su arrendamiento según sus calidades y especies, formando un prudente juicio unas con otras para declarar si están al tercio o quarto de su producción, bien sea renta o dinero o en especie.

La solicitud de González de la Riva, dirigida a las audiencias del reino de Jaén que ya habían finalizado sus pesquisas, generó la necesidad de convocar nuevamente a los representantes de los concejos y a los peritos. Este requerimiento tenía como objetivo responder a tres nuevas cuestiones e integrar dichas respuestas en la documentación previamente elaborada. En las localidades donde las operaciones catastrales aún no habían concluido o no habían comenzado, estas preguntas adicionales se incorporarían y se tratarían después de las 40 preguntas ya establecidas. Este proceso resultó en la creación de un conjunto de datos específico y uniforme para toda la provincia de Jaén, proporcionando una perspectiva singular en el Catastro sobre la percepción local de la carga fiscal, además de enriquecer la información relativa al ganado y a los arrendamientos.

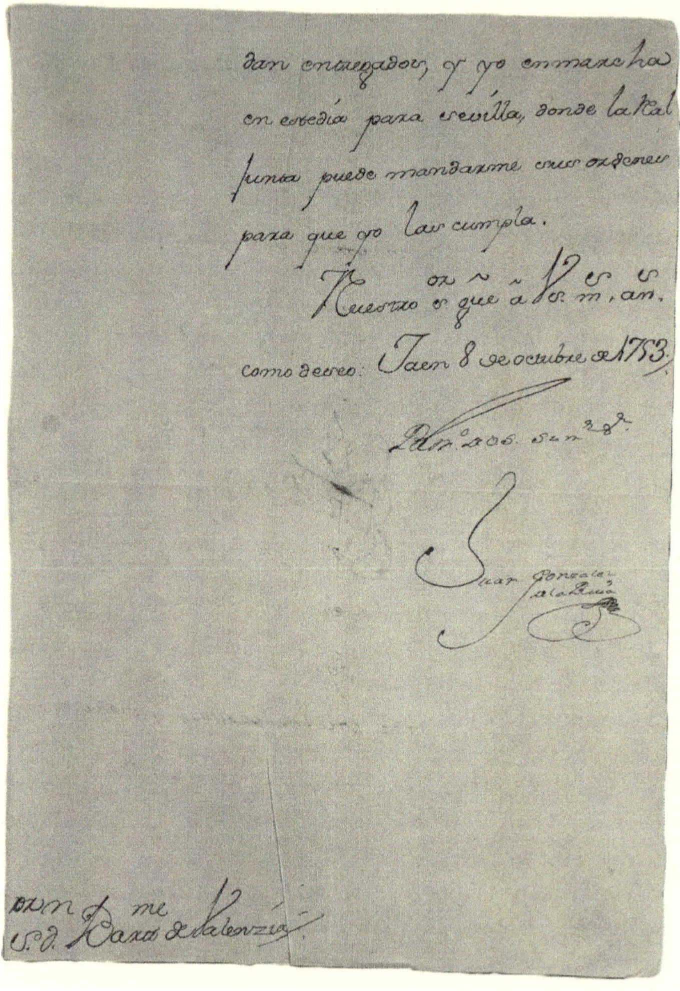

dan entregados, y yo en marcha
en este día para Sevilla, donde la Real
Junta puede mandarme sus ordenes
para que yo las cumpla.
Nuestro Señor guarde a V.S. m. añ.
como deseo. Jaén 8 de octubre de 1753.

Figura 5. Hoja final del informe de González de la Riva enviada a la Real Junta de Única Contribución el 8 de octubre de 1753 (Fuente: AGS, DGR, 1ª remesa, leg. 1885).

La primera de estas cuestiones adicionales se centraba en la carga fiscal ordinaria y extraordinaria que soportaba cada municipio, solicitando una explicación detallada de estos gravámenes. Aunque las respuestas variaron entre localidades, un análisis posterior reveló que, aunque la información específica no recogida en el Interrogatorio de la letra A, a menudo se encontraba en el memorial del concejo, no era menos cierto que la integración de estos detalles en la documentación catastral no parecía estrictamente necesaria, dado que ya estaban registrados en el Libro de lo real y en los mencionados memoriales.

Un estudio exhaustivo de estas respuestas (Camarero Bullón *et al.*, 2022) destaca la generalizada percepción de una carga fiscal desproporcionada en relación con la población y la riqueza de las localidades. Este sentimiento se ve agravado por los efectos de una severa sequía, acaecida entre 1750 y 1752, exacerbada por plagas de langosta y una consiguiente crisis agraria, lo que justifica la inclusión de esa pregunta específica sobre la carga fiscal. La intención era documentar el importe exacto de las contribuciones pagadas por cada localidad, una información previamente no mencionada, explorar la opinión pública sobre la presión fiscal y recoger datos sobre los factores considerados por los declarantes como causantes del empobrecimiento local, utilizando como referencia los datos poblacionales de 1717 del llamado *Vecindario de Campoflorido* (Bustelo García del Real, 1973; Camarero Bullón *et al.* 2018).

La segunda cuestión abordada por González de la Riva se centró en las respuestas a las preguntas 18ª y 20ª del Interrogatorio de la letra A, referentes al ganado y la rentabilidad que este proporciona a sus propietarios. La ambigüedad en la formulación de esta pregunta, particularmente el uso del término "género" que podía interpretarse tanto como tipología de ganado como el sexo del animal, propició confusión en la recopilación de datos. Esta situación llevó a la Real Junta a emitir una circular, recibida por Villaytre el 31 de marzo de 1751, instando a los intendentes a detallar las utilidades o productos derivados de todas las clases de ganado, reabriendo así la discusión sobre esta materia. La variabilidad en la captura de estos datos, incluida la omisión frecuente de información relativa a la edad del ganado y, por ende, a sus distintas utilidades, subraya la heterogeneidad identificada por González de la Riva en su revisión y la consiguiente necesidad de estandarizar la información.

La tercera y última cuestión planteada a las 74 audiencias de Jaén se enfocó a esclarecer los términos de los arrendamientos efectuados por eclesiásticos a los colonos o aparceros seglares. De la Riva solicitó que se detallara la declaración de beneficios, tanto el rendimiento obtenido por el eclesiástico del arriendo de sus tierras como el beneficio de los arrendatarios laicos de las mismas. Este enfoque buscaba diferenciar la rentabilidad obtenida por los laicos del cultivo de tierras eclesiásticas de las que obtenían los propios eclesiásticos de las mismas.

Con la finalización de su misión en Jaén, de la Riva partió hacia Sevilla el 8 de octubre, informando a la Junta de su disponibilidad para recibir nuevas instrucciones en Sevilla, recibiendo respuesta de Madrid el 19 de octubre de 1753 acerca del estado y disposición de las operaciones en la provincia. Ha que hacer notar que, en ningún momento, de la Riva indicó a los intendentes, comisionados o contadores la necesidad de distinguir entre los bienes y rentas eclesiásticas beneficiales y patrimoniales.

MÁS ALLÁ DE LO ORDINARIO: LA DOCUMENTACIÓN METACATASTRAL

La Contaduría llevó a cabo una serie de iniciativas más allá de las tareas originalmente delineadas, produciendo tres tipos de documentos que, aunque se basan en la información catastral, no se clasifican como catastrales en el sentido estricto. Estos documentos, descritos por C. Camarero como "metacatastrales" o "paracatastrales", incluyen el *Libro de mayor hacendado*, el *Censo* de 1756 y el *Vecindario* de 1759. Estos trabajos se distinguen por utilizar los datos catastrales como base, pero su propósito y estructura se desvían de los documentos catastrales que se habían previsto en el Real Decreto y la Instrucción anexa.

Inicialmente, la oficina comenzó sus operaciones con un equipo limitado, compuesto por entre siete y ocho miembros. Esta situación cambió en la primavera de 1753, cuando tanto el intendente como el contador de Jaén recibieron una circular de la Real Junta instruyéndoles sobre una nueva asignación no contemplada en las directrices iniciales. Este encargo adicional refleja la dinámica y evolutiva naturaleza del trabajo de la Contaduría, adaptándose a necesidades y requerimientos emergentes en el proceso catastral, lo que subraya la flexibilidad y el alcance ampliado de sus responsabilidades más allá de lo previamente establecido en la instrucción inicial, a saber:

> La Real Junta de Única Contribución ha resuelto que, sin pérdida de tiempo y con el posible sigilo, destine vuestra señoría uno o más oficiales a sacar una puntual noticia de el hazendado mayor que hubiere en cada pueblo, poniendo a continuación la relazión de sus bienes, efectos y productos; y que, concluydas todas las correspondientes a los pueblos de esa provincia, las dirija a mis manos, con un estado o resumen que las comprehenda con claridad. Lo que de su orden participo a vuestra Merced para su inteligencia y cumplimiento" (Camarero Bullón, 2002b: 294).

La elaboración del Libro de mayor hacendado, o más precisamente, Libro de la casa mayor dezmera (Camarero Bullón, 1987b) de cada localidad de Jaén, coincidió con la etapa final de las operaciones de campo y la subsiguiente entrega de documentación a la contaduría para su revisión, copia, y elaboración de los Estados. Este desarrollo implicó un significativo incremento del personal en marzo de 1753, alcanzando los diez empleados, cifra que se elevó a diecisiete en octubre y a treinta y dos en enero del año siguiente. Este nivel de personal, superando la treintena, se mantuvo hasta el 11 de septiembre de 1754, fecha en la cual don Martín Lozano se trasladó a la capital del Reino portando los Planes generales, las Respuestas al interrogatorio, la relación de lo enajenado, y el mencionado Libro de mayor hacendado.

El Censo de Ensenada de 1756, por otro lado, se concibió a partir de una encuesta ordenada por la Junta mediante una carta-circular fechada el 31 de julio de 1756, coincidiendo con la finalización de los Estados. La intención detrás de este censo parecía ser la de obtener una visión general sobre aspectos posiblemente insuficientemente cubiertos en estos, destacando especialmente por su detallada atención a los datos eclesiásticos, señalada como una de sus finalidades más claras (Carasa Soto, 1993; Rodríguez Espinosa y Rodríguez Domenech, 2021; Camarero Bullón *et al.* 2018).

Es importante resaltar que, a pesar de su denominación como censo, debido a que recopila información poblacional categorizada, sus criterios de clasificación tienen una marcada orientación catastral. Las categorizaciones, especialmente las relativas al género y la edad de la población seglar, se diseñaron con un enfoque hacia la identificación de las fuerzas productivas sujetas a gravámenes ordinarios y extraordinarios; en el caso de la población religiosa detalla de manera precisa la composición del clero regular y secular, así como sus sirvientes, y asignando a cada uno el edificio religioso correspondiente. Es decir, es un documento en el que la información eclesiástica, tanto en lo relativo a dicha población y a la de su entorno, como a sus edificios es de extraordinario detalle e interés.

Este meticuloso acopio de información no solo refleja un interés por la clasificación poblacional y eclesiástica con fines fiscales, sino también sugiere una necesidad de datos precisos para facilitar las negociaciones en los niveles más altos de la administración borbónica con la Santa Sede. La distinción entre bienes eclesiásticos y laicos, y la detallada enumeración de edificios y localidades, subraya la complejidad del proceso catastral y el esfuerzo por capturar una imagen completa y fiable del panorama fiscal y demográfico de la época.

El Vecindario de 1759 surgió en gran parte debido a la inviabilidad de implementar la Única Contribución (Camarero Bullón, 1990; Camarero Bullón y Campos, 1991; Camarero Bullón *et al.* 2018). Para 1759, la subrogación de las rentas provinciales parecía una meta inalcanzable, motivo por el cual, aprovechando la exhaustiva información recopilada en los Libros de cabezas de casa y en los de lo real, se decidió emprender la creación de este nuevo documento. La iniciativa fue propuesta por el contador de Burgos, Salvador de Salzedo, quien el 23 de mayo de 1759 presentó a la Real Junta la idea de formar un vecindario general basándose en la información de los Libros de cabezas de casa, que pudiera servir para la gestión de las Rentas provinciales hasta tanto se implantara la Única Contribución. Téngase presente que en gran parte las localidades castellanas seguían utilizando como base el reparto de las contribuciones el Vecindario de Campoflorido. A pesar de que inicialmente la Junta consideró que ese vecindario no era necesario, probablemente porque esperaba la muy próxima implantación de la Única Contribución, la persistencia de Salzedo, acompañada de una detallada justificación de las ventajas de dicho proyecto, consiguió su aprobación el 22 de junio, seguido por la emisión de una circular para su realización, destacando la elección de prescindir de las respuestas del Interrogatorio de la letra A en favor de la información contenida en los Memoriales y Libros de cabezas de casa.

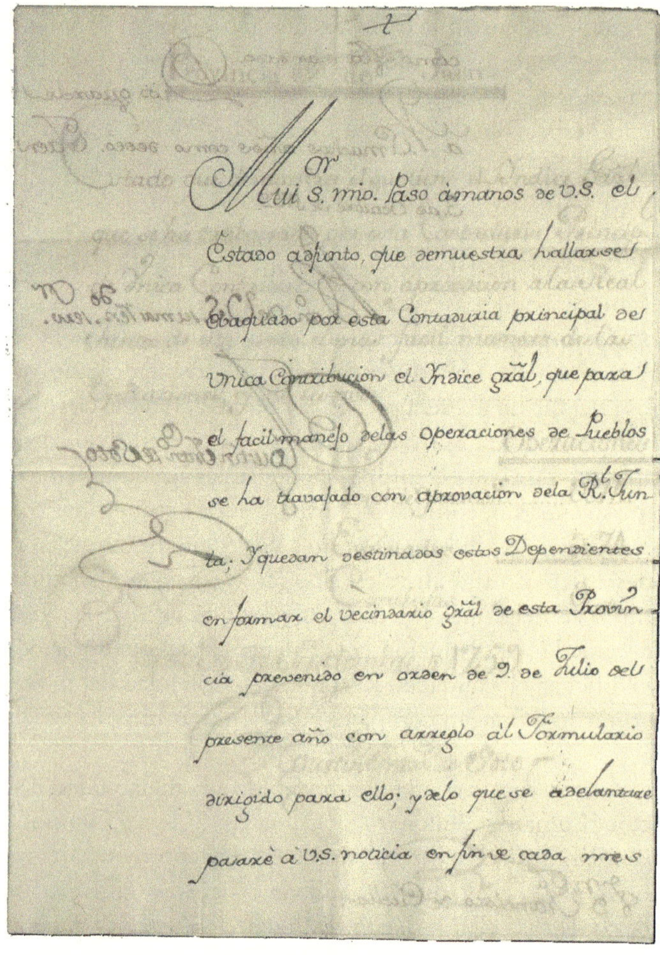

Mui S. mio. Paso á manos de V.S. el
Estado adjunto, que demuestra hallarse
trabajado por esta Contaduria principal de
Unica Contribucion el Indice gral. que para
el facil manejo delas operaciones de Pueblos
se ha trabajado con aprovacion dela Rl. Junta; y quedan destinados estos Dependientes
en formar el vecindario gral. de esta Provincia prevenido en orden de 9. de Julio del
presente año con arreglo al Formulario
dirigido para ello; y de lo que se adelantare
pasaré á V.S. noticia en fin de cada mes

Figura 6. Carta remitida por el Contador-acompañado giennense donde informa de que ha puesto a sus trabajadores a formar el Vecindario ordenado el 9 de julio de 1759 (Fuente: AGS, DGR, 1ª remesa, leg. 1886).

Actualmente, se desconoce el paradero del Vecindario original, elaborado en Madrid. La documentación que se envió a la Junta desde las contadurías provinciales, hoy custodiada en el Archivo General de Simancas, se ha conservado para todas las provincias, salvo para Jaén y Asturias. Ha sido publicada en la colección Alcabala del Viento. Los editores de la misma completaron la información para Jaén y Asturias con los datos de las Respuestas generales.

La finalización de la elaboración de estos tres documentos metacatastrales o paracatastrales y los ajustes solicitados por la Junta llevaron a una reducción de la plantilla de personal en la contaduría a un volumen semejante a la inicial. En abril de 1757, la Junta solicitó un registro detallado de los productos de las tierras, casas, diezmos y demás propiedades, un requisito no previsto inicialmente, que implicaba un considerable esfuerzo adicional para la contaduría. Ante la magnitud de esta tarea, el contador-acompañado de Jaén señaló la limitación de contar solo con seis escribientes, destacando la necesidad de dedicación exclusiva para esta labor debido a su complejidad y la precisión requerida.

La respuesta desde la Villa y Corte ante el volumen de trabajo pendiente fue aprobar el incremento de personal en mayo de 1757, lo que resultó en la incorporación de tres empleados adicionales el mes siguiente. Esta ampliación del equipo se mantuvo hasta agosto de 1758, momento en el que se finalizaba la notación de los valores de los bienes en los márgenes en los Libros de lo real y se preparaba el inicio de la elaboración del Vecindario, seguido por una reducción gradual del personal conforme se completaban los trabajos encomendados, demostrando la dinámica laboral de la contaduría en respuesta a las exigencias del proyecto catastral. A partir de abril de 1761 y en adelante, el contador Soto quedó trabajando en solitario, dejándonos un patrón de contratación y reducción de personal que refleja nítidamente las necesidades administrativas y logísticas a las que la contaduría debía enfrentarse en su esfuerzo por cumplir con las exigencias del proceso catastral, subrayando las dificultades inherentes a la gestión de un proyecto de una envergadura y exhaustividad en materia fiscal que no se volvería a repetir en el siglo XVIII en la Corona de Castilla.

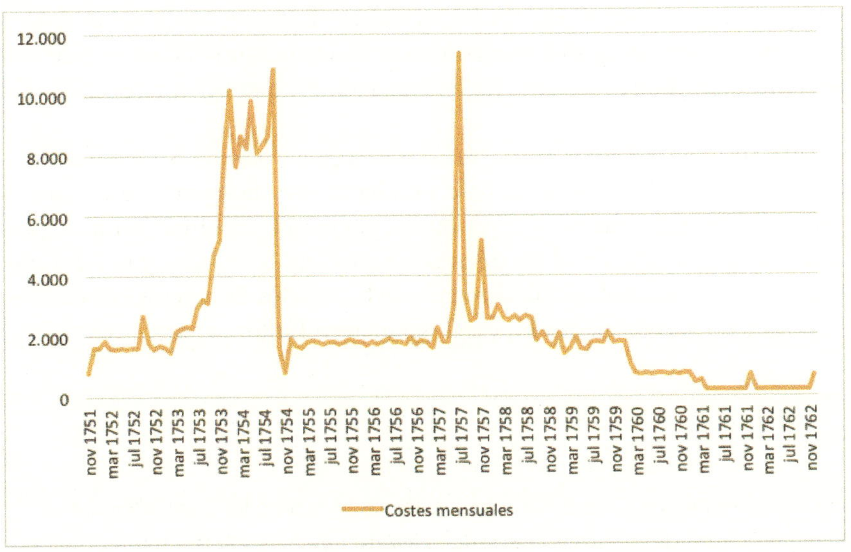

Gráfico 2. Costes mensuales de la Contaduría desde noviembre de 1751 hasta diciembre de 1762 en reales de vellón (Fuente: Archivo General de Simancas, Dirección General de Rentas, 1ª remesa, leg. 1412).

A MODO DE CONCLUSIÓN

Tras el análisis de la contaduría como uno de los organismos gestores de la *Magna averiguación fiscal* podemos afirmar que el cruce de los conjuntos documentales que contienen información sobre ella: *correspondencia* y *costes* son complementarios y permiten un análisis pormenorizado del devenir y actividad de esta. Esto supone un gran valor para la investigación sobre esta temática, pues nos permite conocer el día a día de los individuos que trabajaban en ella, la carga laboral soportadas durante toda la averiguación, cuándo y cómo afrontaron en cada provincia los hitos más significativos a los que hicieron frente e incluso los pormenores y problemas a los que se enfrentaron. En lo relativo a los salarios, podemos observar cómo se nutrió en ocasiones de personas que ya habían formado parte como miembros de las audiencias en la provincia, es decir, con experiencia en asuntos catastrales. Un elemento que sigue la lógica y el pragmatismo ensenadista dado que debían, entre otros asuntos, responder a las dudas planteadas desde las audiencias.

Además, la conjunción de estos volúmenes documentales permite rebatir un tópico repetido en demasiadas ocasiones por la historiografía, donde se ha catalogado al Catastro de Ensenada como una foto fija a partir de la información obtenida a partir del Interrogatorio de la *letra A*, es decir, las Respuestas generales. Nada más lejos de la realidad pues, tanto *costes*, como *correspondencia,* muestran quiénes trabajaron cada mes en la contaduría, el paso de algunos miembros de las audiencias a este organismo en la capital de la provincia e, incluso, conocer detalles íntimos, como las enfermedades que les impidieron proseguir trabajando durante unos días o el fallecimiento de algunos de ellos y los sucesos posteriores para darles sepultura. Todo un conjunto de información que va más allá de una foto fija, demostrando la normal movilidad en uno de los organismos más importantes durante las averiguaciones, que perduraron más allá de las operaciones de campo.

Por todo ello, entendemos como necesario seguir avanzando y profundizando en esta línea de investigación dando un paso más ha un estudio comparado con otras provincias más allá de la giennense, incorporando, además, la información que aportan sus respectivas cartas y costes con el fin de avanzar en el conocimiento y la validación de la fuente en sí misma, junto al establecimiento de los niveles de heterogeneidad de detalle en el homogéneo procedimiento catastral (Camarero Bullón, 2021).

FUENTES

Archivo General de Simancas, Dirección General de Rentas, 1ª remesa, legs. 1412, 1884-1886.

Archivo Histórico Provincial de Jaén, Catastro de Ensenada, legs. 7569 a 8421.

BIBLIOGRAFÍA

Aguilar Cuesta, Ángel Ignacio, *Catastrar las Castillas: racionalidad frente a despilfarro. El coste de la realización del Catastro de Ensenada en el Reino de Jaén* [Tesis doctoral]. Madrid, Universidad Autónoma de Madrid, 2021.

——: "El impacto del territorio y la sociedad en los costes del Catastro de Ensenada. Las "operaciones-piloto" del Reino de Jaén, en *CT Catastro*, 96, (2019), pp. 87-110.

——: "Qué y por qué los costes del Catastro de Ensenada (1750-1759)", en *Estudios Geográficos*, 84 (295), (2023a), pp. e139. https://doi.org/10.3989/estgeogr.2023144.144

——: "Как узнать стоимость кадастра в Испании в середине XVIII века? Источник, документальный корпус и данные", en И.Г. Кириллова y М. Коновалова. М. (eds.) Источниковедение в современной медиевистике. Москва, Аквилон (2023b), pp. 9–14.

—— y Camarero Bullón, Concepción: "El coste del Catastro de Ensenada (1750-1756): ¿despilfarro o buen uso de los dineros del rey?", en Camillo Berti, Tiago Luis Gil, Massimiliano Grava y Anna Guarducci (coords.): *Catasti storici. Fonti e strumenti per gli studi geografici e per la storia del territorio.* Roma, CISGE – Centro Italiano per gli Studi Storico-Geografici, 2023, pp. 19-38.

——, Vallina Rodríguez, Alejandro y García Juan, Laura: "Fuengirola a través del Catastro de Ensenada", en Juan Antonio MARTÍN RUIZ (edit.): *De Suel a Fuengirola. Arqueología y Patrimonio.* Fuengirola, Editorial La Serranía y Ayuntamiento de Fuengirola, (2019), pp. 151-187.

Álvarez de Colmenar, Juan, *Les Delices de l'Espagne & du Portugal où on voit une description exacte des Antiquitez, des Provinces, des Montagnes...* Leide, Chez Pierre Vander Aa, 1715.

Bustelo García del Real, Francisco: "El Vecindario General de España de 1712 y 1717 o Censo de Campoflorido", en *Revista Internacional de Sociología*, 2ª época, 7-8, (1973), pp. 7-35.

Camarero Bullón, Concepción, *Burgos y el Catastro de Ensenada. Burgos*, Caja de Ahorros Municipal, 1989b.

——, *El debate de la Única Contribución: Catastrar las Castillas*, Madrid, Centro de Gestión Catastral y Cooperación Tributaria y Tabapress, Colección "Alcabala del Viento", serie alfabética, libro D, 1993.

——: (2003a): "The Cadastre in 18th century in Spain", en *125th Aniversary of the International Federation of Surveyors (Fédération Internationale des Géométres)*, París, 13-17 de abril. Conferencia inaugural. http://www.eurocadastre.org/

—— (1999): "Un reto para los contadores de rentas reales: el Catastro de Ensenada, 1749-1759", en VVAA: *Quenta y Razón de los caudales públicos.* Madrid, Intervención General del Estado y Fundación Tabacalera, pp. 91-133.

——: "Averiguarlo todo de todos: el Catastro de Ensenada", en *Estudios Geográficos*, 248-239, (2002c), pp. 493-531.

——: "Catastro, equidad fiscal y conocimiento del territorio: los catastros en la España del Siglo de las Luces", en VV. AA.: *Sobre el territorio. Aspectos de la configuración histórica del espacio: fuentes para su estudio, organización y conflictividad.* Sevilla, Diputación Provincial de Sevilla, 2018, pp. 129-192.

——: "El 'Libro de Maior Hazendado', ¿una denominación equívoca?", en *Estudios Geográficos*, 48 (188), (1987b), pp. 333-358.

——: “El Catastro de Ensenada, 1749-1759: diez años de intenso trabajo y 80.000 volúmenes manuscritos”, en *CT Catastro*, 46, (2002a), pp. 61-88 (español), pp. 141-153 (inglés). Edición bilingüe.

——: “El Vecindario de la provincia de Palencia realizado en 1759 con datos del Catastro de Ensenada”, en María Valentina Calleja González (coord.): *Actas del II Congreso de Historia de Palencia*. Palencia, Diputación Provincial de Palencia, T. III, (1990a), pp. 231-250.

——: “La Contaduría de Toro y la simplificación operativa de las averiguaciones catastrales de Ensenada”, en VV.AA.: *Actas del I Congreso de Historia de Zamora. Historia Moderna*. Zamora, Diputación Provincial de Zamora e Instituto de Estudios Zamoranos “Florián de Ocampo”, T. III, 1989a, pp. 701-14.

——: “Proceso de realización del Catastro de Ensenada en las antiguas provincias de Toro y Zamora”, en VV.AA.: *Actas del I Congreso de Historia de Zamora. Fuentes documentales*. Zamora, Diputación Provincial de Zamora e Instituto de Estudios Zamoranos “Florián de Ocampo”, T. I, 1989d, pp. 405-418.

——: “Vasallos y pueblos castellanos ante una averiguación más allá de lo fiscal: el Catastro de Ensenada, 1749-1756”, en Ignacio Durán Boo y Concepción Camarero Bullón (coords.): *El Catastro de Ensenada. Magna averiguación fiscal para alivio de los vasallos y mejor conocimiento de los reinos*. Madrid, Dirección General de Catastro, Ministerio de Hacienda, 2002b, pp. 113-388.

——: “El Catastro de Ensenada: una documentación homogénea en conjunto, heterogénea en detalle”, en J.M. López Gómez e I. Rilova Pérez: *Del pasado al futuro: una colaboración permanente*. Burgos, Real Academia Burgense de Historia y Bellas Artes. Institución Fernán González, 2021, pp. 93-115.

——, Aguilar Cuesta, Ángel Ignacio, y García Juan, Laura, “El Vecindario y el Censo de Ensenada: el final de una época y el inicio de otra en los recuentos poblacionales”, en *CT Catastro*, 93, (2018), pp. 31-64.

—— y Campos Delgado, Jesús, *Vecindario de Ensenada 1759*. Madrid, Centro de Gestión Catastral y Cooperación Tributaria y Ediciones Tabapress (Grupo Tabacalera), colección Alcabala del Viento, letra B, 4 vols., 1991.

Carasa Soto, Pedro, *El Censo de Ensenada, 1756*. Madrid, Centro de Gestión catastral y cooperación tributaria y Tabapress, Colección Alcabala del Viento, serie Alfabética, libro C, 1993.

Cubero Garrote, José, y Hernández García, Ricardo: “La Tierra Y El Hombre En La Tierra De Campos Vallisoletana a Mediados Del Siglo xviii”, en *Investigaciones Históricas. Época Moderna y Contemporánea*, 37, (2017), pp. 381-420. https://doi.org/10.24197/ihemc.37.2017.381-420

Dillon, John Talbot, *Travels through Spain, with a view to illustrate the natural history and physical geography of that kingdom, in a series of letters…* Birmingham, Pearson and Rollason, 1780. http://hdl.handle.net/10481/30650

Dumont Cortés, Sara, *El medio rural a mediados del Setecientos: Un ejemplo andaluz (Aguilar de la Frontera en el catastro de Ensenada)* [Tesis doctoral]. Córdoba, Universidad de Córdoba, 2023. https://helvia.uco.es/bitstream/handle/10396/26008/2023000002713.pdf?sequence=1&isAllowed=y

Ferrer Rodríguez, Amparo, Nieto Calmaestra, José Antonio, y Camarero Bullón, Concepción: “La organización territorial de la provincia de Jaén, 1750-2000: Permanencia y cambio”, en *CT Catastro*, 39, (2000), pp. 19-50.

Gómez Navarro, María Soledad, *Iglesia parroquial y medio rural en el Antiguo Régimen. Nuestra Señora de la Asunción de Palma del Río (Córdoba)*. Madrid, Polifemo, 2020.

Manzano Ledesma, Fernando, *Las Respuestas Generales del Catastro de Ensenada en el Principado de Asturias.* Oviedo, Real Instituto de Estudios Asturianos, 2010.

Matilla Tascón, Antonio, *La Única Contribución y el Catastro de la Ensenada,* Madrid, Ministerio de Hacienda. Servicio de Estudios de la Inspección General, 1947.

Rodríguez Espinosa, Eduardo y Rodríguez Domenech, María de los Ángeles, *El Catastro de Ensenada. Nuevos planteamientos en el proceso de elaboración del Censo de 1756. La Mancha.* Valencia, Tirant lo Blanch, 2021.

Ruiz Álvarez, Raúl, *Caminos y caminantes: los carreteros del reino de Granada (s. xviii)* [Tesis doctoral]. Granada, Universidad de Granada, 2023. https://hdl.handle.net/10481/82459

Touzery, Mireille: "Los catastros, ¿documentos peligrosos? Bloqueos monárquicos a la expansión napoleónica. Una visión europea", en José Martínez Millán, Concepción Camarero Bullón y Marcelo Luzzi Traficante, (coords.): *La Corte de los Borbones. Crisis del modelo cortesano.* Madrid, Editorial Polifemo, 2013, pp. 45-75.

Vilar, Pierre: "Unas líneas de introducción al Catastro de Ensenada", en Ignacio Durán Boo y Concepción Camarero Bullón (coords.): *El Catastro de Ensenada. Magna averiguación fiscal para alivio de los vasallos y mejor conocimiento de los reinos.* Madrid, Dirección General de Catastro, Ministerio de Hacienda, 2002, pp. 19-22.

2.
FUENTES GEOHISTÓRICAS PARA EL ESTUDIO DEL PAISAJE CULTURAL DE LA HUERTA DE MURCIA (SIGLO XIX)

Miguel Borja Bernabé Crespo[1]
Universidad Autónoma de Madrid
Encarnación Gil-Meseguer[2]
José Mª Gómez-Espín[3]
Universidad de Murcia

Para el estudio de la Huerta de Murcia en el siglo XIX se han consultado dos fuentes geohistóricas: la obra de Rafael de Mancha titulada *Memoria sobre la población y los riegos de la Huerta de Murcia,* impresa en 1836, y la de Pedro Díaz Cassou, sobre *Ordenanzas y costumbres de la Huerta de Murcia,* que se acabó de imprimir en 1891. Más de medio siglo transcurre entre las dos impresiones de estudios sobre el paisaje cultural de la Huerta de Murcia y de la organización de los huertanos para mantener en funcionamiento la red de aguas vivas (acequias mayores, acequias menores, acequietas, regaderas, etc.) y la red de aguas muertas (azarbes mayores, azarbes menores, azarbetas, ladronas, meranchos, etc.).

RAFAEL DE MANCHA Y EL ESTADO DE LA POBLACIÓN Y RIEGOS DE LA HUERTA DE MURCIA EN EL PRIMER TERCIO DEL SIGLO XIX

Don Rafael de Mancha, censor de la Real Sociedad Económica de Murcia, es el autor de la *Memoria sobre la población y los riegos de la Huerta de Murcia,* la cual fue escrita según el Programa de premios de 12 de marzo de 1835 de la misma Real Sociedad (Figura 1). Fue impresa en 1836, y constituye la fuente a la que, posteriormente, acudieron estudiosos como Madoz (1855) y Díaz-Cassou.

Las sociedades económicas fueron en el siglo XIX unas organizaciones de intelectuales en las que se intentaba proporcionar a la sociedad las respuestas a los retos a los que el país hacía frente, como el desarrollo económico, mejora del bienestar y, también, la valorización de la cultura. La memoria de Rafael de Mancha fue una realidad gracias a la convocatoria de premios, esfuerzos que realizaban las sociedades en aras de profundizar en el conocimiento sobre la detección de problemas y la formulación de propuestas ante los

[1] miguelb.bernabe@uam.es ORCID: 0000-0001-7269-3270
[2] encargil@um.es ORCID: 0000-0002-4372-4127
[3] espin@um.es ORCID: 0000-0001-7287-4952

retos que suponía para el conjunto del país. En ella, pues, el objetivo era estudiar la Huerta de Murcia como lugar, la población censada y la distribución de riegos como hechos, y formular unas actuaciones para evitar o paliar las inundaciones que tan frecuentemente asolaban la ciudad y su entorno. Es indispensable conocer el medio en el que se inserta la Huerta y la sociedad que se asienta en ella. La combinación de la necesidad de obtener un mayor provecho de la tierra, adaptado a sus condiciones climáticas y recursos hídricos, es lo que favorece la génesis de un sistema agrícola complejo y bien organizado. Un espacio regado de este tipo solo puede existir en aquellos lugares con suficiente caudal regular de agua, y una llanura aluvial propicia para la distribución de las distintas canalizaciones de agua (acequias y azarbes) que deben regar y drenar los campos por gravedad; y la sociedad que lo habita debe regular su distribución y consumo, generando una cultura del agua y un patrimonio inmaterial.

MEMORIA

SOBRE LA POBLACION Y LOS RIEGOS

DE LA HUERTA DE MURCIA.

ESCRITA SEGUN EL PROGRAMA
de premios de la Real Sociedad económica de
esta capital de 12 de Marzo de 1835.

POR DON RAFAEL DE MANCHA,

CENSOR DE LA MISMA SOCIEDAD

QUIEN Á SU CONSECUENCIA OBTUVO
el premio, con diploma de Socio de mérito
y la obra del Sr. Vallejo sobre el movimiento y aplicacion de las aguas; adjudicado en la
Junta pública de 19 de Noviembre del mismo año.

Impresa de orden de la Real Sociedad.

IMPRENTA DE MARIANO BELLIDO.

AÑO 1836.

Figura 1. Reproducción de la portada de la *Memoria* de Don Rafael de Mancha sobre *La población y los riegos de la Huerta de Murcia,* en la página 59 de la edición facsimilar de Tabularium. Fuente: Mancha (1836).

Rafael de Mancha presenta en su libro el estado de la Huerta en 1836, lo que nos permite conocer cómo ha cambiado este espacio desde entonces. De igual manera, recoge y nos muestra los conocimientos y tradiciones huertanas, incluyendo una recopilación de vocabulario local, y cómo se organizan los riegos en este espacio. Conceptos como: tahúllas, cuartas, ochavas, brazas, bancal, margen medianero, margen valladar, heredamiento, azud, boquera, quijero, brazales, cola, marco, partidor, brenca, tablacho, tajamar, parada, regolfo, rafa, tanda, entandar, mondar, escurridor, azarbeta, azarbes o landronas, meranchos... son definidos y diferenciados en esta obra. Su relevancia reside en que es el primer escrito en el que se detallan minuciosamente las diferentes acequias y sus terrenos regados, lo cual sirvió de base para posteriores investigaciones. Por ejemplo, recopila por primera vez las Ordenanzas de la Huerta, que recogería Díaz Cassou cincuenta y tres años después.

La Memoria de Rafael de Mancha está dividida en cinco puntos, dedicados a: la población de Murcia y su huerta, la distribución de los riegos, los molinos y fábricas existentes en la Huerta, las obras del canal del Reguerón, una recopilación de las ordenanzas de la Huerta y una serie de propuestas de mejora para el sistema de riegos.

Realizando una aproximación a la Huerta de Murcia, Mancha la describe como "una vega sumamente feraz que se extiende desde poniente a levante a la distancia de cerca de cinco leguas de largo y sobre una y media de ancho: ciñe este valle una cordillera de montañas por la parte del medio día que traen su origen de las elevadas sierras de Alcaraz y Segura, las cuales dividiéndose en varios ramales o estribos, forman la sierra de Carrascoy que dirigiéndose al este, divide esta huerta del campo, terminando en humildes lomas cerca del Mediterráneo por bajo de Orihuela". Narra que de la sierra brotaban varias fuentes, y que únicamente se cultivaban olivos y viñas en algunas cañadas, donde se encontraban haciendas y santuarios. Por ejemplo, recoge que en la iglesia de Nuestra Señora de la Luz existía una fuente de agua "exquisita que consumen las personas acomodadas de la ciudad". También menciona que, según recoge el libro de montería del Rey don Alonso undécimo, la sierra estaba poblada de mucho monte y pinar, pero parece que por esta fecha ya Rafael de Mancha aprecia la deforestación que era común en toda España, y que había transformado a esta sierra en "peñascos estériles y abrasados, que hacen subir la temperatura y escasear las lluvias y abundantes rocíos que en la época de la seca suplen a la falta de aguas en las comarcas de grandes arboledas". Finaliza su descripción del área de estudio con un halago a la Huerta de Murcia, ya que, según el mismo Mancha, "entre cuantos parajes fértiles y deliciosos se encuentran en España, no creo que ninguno pueda compararse a la huerta de Murcia, porque no hay voces que basten a describir su amenidad, ni terreno alguno en Europa que ofrezca una perspectiva tan hermosa". Hace referencia a la belleza del paisaje, a la misma vez que deja entrever los cultivos más extendidos: "desde la elevada torre de la iglesia catedral se descubren más de veinte lugares, situados dentro de la huerta y confundidos entre los inmensos morerales y verdura de que está revestido todo el suelo". Por último, también adelanta su pretensión de ayudar a proponer mejoras en el sistema de riego, con el objetivo de aprovechar las bonanzas de la Huerta y las posibilidades excelsas que ofrecía: "cuyas tierras cultivadas sin intermisión, producen con abundancia toda clase de frutos, y si se beneficiasen con más aplicación e inteligencia darían doblados productos y sería posible aclimatar en ellas el algodón, el añil, la caña de azúcar y otras plantas y árboles de América y de otros países meridionales, que aumentarían la riqueza, regalo y delicia de este Reino".

En su capítulo sobre la población, Rafael de Mancha observa la decadencia que asolaba a todas las villas enumeradas en su memoria. A tal efecto, narra que encontraba por doquier casas arruinadas, abandonadas por sus dueños, y que la misma población residente en un poblamiento concentrado iba en retroceso, mientas que el poblamiento disperso iba ganando importancia. Ello lo atribuía a que "la mayor parte de los lugares y villas son de Señorío particular, cuyos dueños dieron a censo enfiteusis los solares para construir casas, reservándose el dominio directo, y gravando a los enfiteutas con pensiones anuales de trigo y gallinas y con el derecho de décima o luismo en la enajenación de los edificios". Ello lo conjuga con la deficiente construcción de las casas y las recurrentes inundaciones que el río Segura provocaba, lo que dificultaba la reedificación. Igualmente, en una perspectiva social, atribuye una cualidad de "indolencia" y "empobrecimiento", causado por el temor de los padres al servicio militar de sus hijos, lo que los llevaba a casar a los varones prematuramente, lo que según Mancha, empobrecía a las familias y afectaba al crecimiento de la población. De hecho, llega a concluir que "compárese el número de tahúllas de esta huerta con el de individuos que componen su población y se conocerá que a pesar de la feracidad del suelo y lo propicio del clima, no es posible que sus habitantes puedan ser alimentados suficientemente con los productos de la agricultura".

En el capítulo sobre los riegos de la Huerta de Murcia, Mancha relata las diferentes acequias, detallando las tahúllas que riegan, sus brazales, heredamientos, etc., al igual que hace referencia a los cauces de aguas muertas. En este sentido, describe su naturaleza así: "ha sido indispensable desde tiempos muy remotos abrir canales muy profundos en las tierras bajas de esta vega, cuyos cauces recibiesen no solamente las colas o sobrantes de las acequias de riego, sino igualmente las filtraciones de los bancales con las de los montes laterales que encierran la vega de regadío para impedir con esta disposición que las tierras más bajas con el transcurso del tiempo, y con la continuación de los riegos se convirtiese en prados acuosos y saladares". Las aguas muertas se reúnen en los azarbes debido a la inclinación natural de la vega, para luego convertirse de nuevo en acequias que distribuyen el agua. Mancha habla del "admirable mecanismo [con que] se han podido aprovechar las aguas que filtran unas tierras para establecer los riegos en toda la extensión de esta huerta a la de Orihuela" y subraya la importancia de su conservación, mantenimiento y limpieza, "pues de lo contrario no pudiéndose descargar las tierras de la excesiva humedad que tanto les perjudica llegarían a convertirse en marjales o saladares, inútiles para toda clase de cultivo y aun perjudiciales a la salud pública".

De igual manera, Rafael de Mancha también habla sobre la industria que existía en este espacio, impulsada por el agua. Se trataba de molinos y fábricas que existían en la Huerta, situados sobre los cauces de ambas acequias mayores, así como en varias hijuelas de estas, en algunos azarbes y sobre el río Segura. Narra la existencia de numerosos molinos harineros, que eran utilizados para el surtido de la población de la capital, la huerta y el campo. También muestra la existencia de algunas fábricas, las cuales funcionaban gracias a la energía hidráulica producida por el impulso de las aguas de estas acequias.

Un capítulo especial es el dedicado a las obras del canal del Reguerón, construido para tratar de paliar las inundaciones que repetidamente asolaban la ciudad de Murcia y su huerta. Estas eran ocasionadas cuando el río Guadalentín, que discurre por la fosa tectónica de mismo nombre, desde las inmediaciones de Lorca, descargaba sus aguas surgidas por precipitaciones copiosas en la Contraparada, donde se unían a las propias del Segura. La ciudad de Murcia y la huerta, aguas abajo, recibía los caudales de ambos ríos que originaban infaustos sucesos, como la de 1651, que destruyó gran parte de la ciudad, así como otras muchas avenidas en el siglo XVII. Ello impulsó a los cabildos eclesiástico y secular a adoptar medios para evitar estos daños, desviando el caudal del río Guadalentín (también llamado Sangonera) por el canal del Reguerón. En 1674 se hicieron diligencias en virtud de Real Orden para divertir las aguas desviándolas hacia Mazarrón. Por último, en consecuencia de los daños que ocasionó la riada del mes de Septiembre de 1733, y por disposición del Consejo Real se estableció y formó una junta compuesta del Ilmo. Obispo y de varios individuos de ambos cabildos con amplias facultades para disponer y ejecutar las obras convenientes a remediar los daños referidos. Fue encargado al ingeniero hidráulico D. Sebastián Feringán Cortés, quien era empleado en el puerto de Cartagena, quien proyectó diferentes obras incluyendo la creación del cauce artificial llamado Reguerón, el nuevo canal que recogía las aguas en la Contraparada y recorría la Huerta hasta la población de Beniel, donde las aguas se divertían en varios cauces y llegaba a la Vega Baja, en las inmediaciones de Orihuela. A pesar de esta obra, y la aprobación de Rafael de Mancha sobre su funcionamiento, que ayudó a paliar los efectos de las inundaciones, el mismo autor advierte que "mas no por esto debe suponerse que se han remediado todos los males que causaba el Reguerón; con el tiempo volverán a destruirse las motas, quedará enrunado su cauce y las aguas tomando otra dirección en las grandes avenidas, refluirán a la huerta y causarán pérdidas de difícil reparación". Su razón era reivindicar la financiación de las obras y las ayudas para los agricultores de la Huerta, única solución para evitar el abandono: "desde el año pasado de 1826 hasta el día han contribuido los propietarios de este lado de la huerta con más de medio millón de reales para las diferentes obras ejecutadas y no contando la Junta con recurso alguno permanente para las continuas reparaciones que son necesarias, resultará con el tiempo el abandono y destrucción de unas obras tan importantes".

Las Ordenanzas de la Huerta de Murcia son una serie de acuerdos realizados por el Ayuntamiento, recogidos en sus libros capitulares, las cuales no estaban agrupadas como tal en una misma edición. Cuenta Mancha que estos acuerdos eran aislados y "sin relación entre sí y que se contradicen muchas veces, como hechos por personas diferentes y en épocas muy distantes". Todas ellas iban encaminadas a gestionar los riegos de la huerta, así como para corregir los abusos y remediar la desigualdad que se experimentaba en la distribución y aprovechamiento de las aguas. Por ejemplo, recoge que: "El celebrado privilegio otorgado por el Rey Don Alonso el Sabio sobre la distribución del agua de esta huerta, dice así: Sepan cuantos esta carta vieren como yo Don Alonso por la gracia de Dios Rey de Castilla, de Toledo, de Leon, de Galicia, de Sevilla, de Córdova, de Murcia, de Jaen é del Algarve por facer bien é merced al Concejo de Murcia é por sacar contienda entre ellos, tengo por bien é mando que partan el agua entre si comunalmente, asi que cada uno aya su parte segun oviere tierra é será el dia en que la ha de tomar. Dada en Vitoria 23 dias de Enero era de 1315 años. Yo Gil Perez la fice escribir por mandado del Rey". Otras versaban sobre el nombramiento de jueces sobreacequieros, para velar por la buena distribución de las aguas; para prohibir que a los herederos que no quisieran pagar los gastos de limpieza y monda de las acequias se les diera agua para regar; la prohibición de entrar el ganado en la huerta; o instrucciones para plantar los árboles, sobre todo en las inmediaciones de las lindes o sendas públicas.

Tras realizar su extenso estudio sobre los riegos en la Huerta, Rafael de Mancha concluye que la industria agrónoma podría ser dividida en dos grandes sistemas: la crianza de la seda y el cultivo de las tierras. Sobre la primera, relata que, aunque este cultivo no llegaba a cinco siglos de establecimiento en este espacio, constituía la principal riqueza de la huerta. La crianza de la seda prescindía de toda labor de la tierra, y únicamente era necesario plantar y escardar las moreras, avivar la simiente del gusano de seda cuando empezaban a brotar, y conseguir que el gusano tejiera su capullo. Era desarrollada mayoritariamente por las mujeres, siendo los hombres los encargados de recolectar las hojas de morera. Mancha detalla que se producían "1.440.000 arrobas de hoja cada año, que a razón de 64 arrobas por onza componen 22.500 onzas, y como a cada onza de simiente de seda se le regule una de hoja podrá suponerse con bastante probabilidad que anualmente se crían en la huerta sobre 22.500 onzas de seda, las cuales reguladas a razón de ocho libras cada una, hacen un total de ciento ochenta mil libras de seda de cosecha". Además, matiza que no había contado el máximo de libras de seda que podía producir una onza de simiente, puesto que había muchas que daban nueve y diez libras. En total, estima la cosecha de seda en la Huerta de Murcia en unas 150.000 libras anuales, con un valor que se acercaba a los siete millones de reales. La seda murciana era reputada como la mejor de España.

El otro sistema era la propia agricultura de la tierra. Entre los cultivos más extendidos, señala el trigo y el maíz, y vuelve a repetir lo contradictorio de que, con todo, no se cogían granos suficientes para el consumo de estos habitantes: "el trigo es siempre de mediana calidad y no puede conservarse mucho tiempo, ya sea por la abundancia de los riegos, o porque se siega y se saca de los bancales antes de estar perfectamente seco".

De esta forma, destaca que el llamado "panizo" (maíz) era el principal alimento de los labradores. También otorga importancia al cultivo del pimentón, o pimiento molido, uno de los productos más rentables, aunque era desacreditado por las mezclas fraudulentas que se realizaban, adulterando su excelente calidad. Por último, recoge la relevancia de las hortalizas y legumbres, el lino, raíces alimenticias, alfalfa, los árboles frutales, entre otros. Concluye aportando también la visión ganadera, especialmente en la cabaña de ganado mular y las aves caseras, que eran una industria muy importante en el consumo de huevos. Para acabar, Rafael de Mancha realiza una serie de propuestas, que son:

- Un reconocimiento general de las boqueras de todas las acequias.
- Sujetar a una tanda rigorosa todas las acequias que no la tuviesen.
- Prohibir las rafas de las acequias mayores.
- Poner tablachos en las boqueras de las acequias de poca consideración.
- Volver las colas de aquellas que fuese posible a la acequia madre o a las menores de escasa dotación.
- Indemnizar a los propietarios del valor de los molinos que según la anterior disposición quedasen inutilizados en el todo o en parte.
- La prohibición absoluta de que los brazales regadores tengan cola siempre que esta no vuelva el agua a la acequia.
- Prefijar a cada molino el marco de la altura del agua de un modo visible e indeleble a fin de evitar los perjuicios que de continuo ocasionan con los regolfos.

Pedro Díaz Cassou y su labor de recopilación de ordenanzas y costumbres de la huerta de Murcia en la segunda mitad del siglo XIX

En 1889 se publica en Madrid, por el Establecimiento Tipográfico Fontanet y por encargo de la Real Academia de la Historia, la recopilación y comentarios de don Pedro Díaz Cassou sobre *Ordenanzas y costumbres de la Huerta de Murcia.* La obra cuenta con un estudio preliminar del Excmo. Sr. don Francisco Silvela de Levielleure, exministro de la Gobernación y de Gracia y Justicia. El libro se imprime con la cooperación del Ayuntamiento de Murcia, (siendo alcalde el Ex. Sr. don Julián Pagán Ayuso y secretario el Excmo. Sr. don Agustín Hernández del Águila). Al final del libro figura que se continuó la impresión en consideración del nuevo Alcalde de Murcia don Andrés Baquero Almansa (1891-1892) y se concluyó de imprimir el día 1º de septiembre de 1891.

En el año 2005, se hizo una reedición en Valladolid por Editorial Maxtor que cuenta con 167 páginas. ISBN:84-9761-212-4 y con Depósito Legal: VA-630-2005. La Junta de Hacendados de la Huerta de Murcia llevó a cabo una nueva reedición en el año 2008. Depósito Legal: MU-515-2008.

Don Pedro Díaz Cassou nace en Murcia en 1843, actuará como abogado consultor del Excmo. Ayuntamiento de Murcia y de la Comisión Representativa de su Huerta, lo que le permite recopilar ordenanzas y elaborar sus comentarios, fue Diputado en Cortes en 1899 y muere en Madrid en 1902.

LA HUERTA DE MURCIA

ORDENANZAS Y COSTUMBRES.

POR

PEDRO DÍAZ CASSOU

MADRID

ESTABLECIMIENTO TIPOGRÁFICO DE FORTANET

IMPRESOR DE LA REAL ACADEMIA DE LA HISTORIA

Calle de la Libertad, núm. 29

Figura 2. Portada del libro de Pedro Díaz Cassou *La Huerta de Murcia. Ordenanzas y costumbres*. Publicado en 1889 y acabado de imprimir en 1891.

En el contenido del estudio se observa que el lugar es la Huerta de Murcia, entre los hechos resaltar la labor del carácter jurídico de la recopilación de ordenanzas y de las actuaciones la mayor parte de los comentarios que realiza a lo largo de toda la obra.

El origen de la obra de Pedro Díaz Cassou se remonta al Libro del Agua, que desde 1332 recogía la situación de las acequias y los arbitrios para la conservación y reparaciones de las obras del regadío. El Ayuntamiento corregía los abusos y atendía a nuevas necesidades de la huerta por medio de ordenanzas aisladas que eran como un derecho especial. Todas ellas se compilaron en un libro que se comenzó el 10 de julio de 1579 por el escribano principal del Ayuntamiento de Murcia, Juan de Medina Lissón, y que continuaron sus sucesores en el cargo. Este primer libro de derecho municipal murciano lleva el título de Ordenanzas de lo que concierne a la Huerta, Acequias, Caminos, Sendas, Açarves, Ryo, Riacho, Açud, Val de la lluvia y Campos desta Ciudad de Murcia.

En 1695 se hace una impresión con el título: *Los Muy Ilustres Señores Murcia mandaron imprimir las ordenanzas que tiene el gobierno della, y de su campo, y huerta, aprobadas por la magestad católica de N. Rey, y Señor D. Carlos Segundo, y por sus antecesores.* Se hace en 1702 una revisión, corrección y arreglos de las ordenanzas de la ciudad, huerta y campo de Murcia. Copiada a la letra en 1749, estuvo vigente hasta su publicación, en 23 de junio de 1849, era el segundo libro impreso de derecho local murciano. En 1879 el Ayuntamiento de Murcia y la Comisión representativa de Hacendados de la huerta encargarían a Pedro Díaz Cassou la redacción de un proyecto de reforma de las ordenanzas de 1849. El autor se propone corregirlas y adicionarla de tiempo en tiempo, para que subsista su conformidad actual con las leyes generales y sea siempre una guía segura de propietarios y cultivadores de la Huerta de Murcia.

Si se observan los capítulos de esta obra, en el Primero habla de la delimitación de lo que se entiende por Huerta de Murcia, de sus divisiones en heredamientos y de las medidas; incorpora la población según el censo de 1887. La distribución poblacional era de 29.926 habitantes en la ciudad, de 58.608 habitantes en las pedanías huertanas, y de 9.973 habitantes en las pedanías del Campo de Murcia, es decir, un total de 98.507 habitantes. En cuanto a la delimitación: La Huerta de Murcia comprende las tierras que se riegan con el agua del río Segura y sus filtraciones desde la presa o azud mayor de la Contraparada, en donde toman las dos acequias mayores, y la de Churra la nueva, hasta la vereda llamada del Reino, que divide esta Huerta de la de Orihuela. También pertenecen a ella las tierras que riegan con las Ceñas o Norias que toman del río, a la parte arriba de la Contraparada, dentro de la antigua jurisdicción de Murcia.

En las medidas agrarias cita la obra de Francisco Cascales *Discursos históricos de la muy noble y leal ciudad de Murcia y su Reyno* (Discurso 2º, capítulo 10), para indicar que, tras la conquista cristiana de Murcia, se repartieron la huerta por tafullas, alfabas y atanes. Tras las Ordenanzas de 1849, se precisa las equivalencias entre las antiguas y las nuevas medidas agrarias de la Huerta de Murcia. Una tahúlla serían cuatro cuartas, ocho ochavas y 256 brazas; es decir, 11 áreas, 17 centiáreas y 97 décimas, en total unos 1.117,97 metros cuadrados.

El título de los siguientes capítulos indica la variedad de temas que considera en esta obra Pedro Diáz Cassou, como el río (del quijero o brenca del río), de las heredades (de las márgenes y divisiones de las heredades), caminos (de los caminos), cauces (de los cauces de aguas vivas y muertas), de su limpieza (de las mondas), ganados (de los ganados), industrias (de los molinos y fábricas), otras industrias (de las almazaras). Los últimos capítulos son temas relativos a la gestión del agua como el undécimo (de los procuradores y demás empleados), el duodécimo (de los repartos), décimotercero (de los juntamentos), décimocuarto (de la distribución y aprovechamiento del agua), etcétera.

El capítulo décimoséptimo (del Consejo de Hombres Buenos) lo dedica a la labor de un tribunal consuetudinario declarado en el 2009, por la UNESCO, como Patrimonio Cultural Inmaterial de la Humanidad. Díaz Cassou señala que el Artículo 164 define lo que es El Consejo de Hombres Buenos, que es el que falla y resuelve todas las cuestiones y demandas que se presenten sobre los perjuicios que se causen á tercero y demás abusos é infracciones determinadas en estas Ordenanzas, siendo nulo é ilegal todo cuanto acuerde, que no esté comprendido en las facultades que se le señalan por las mismas. En conjunto, conforman esta obra 17 capítulos y 4 apéndices.

Figura 3. Reedición en el 2003 por Tabularium.

CONCLUSIONES

Las dos fuentes analizadas permiten observar la distribución de la población en la ciudad, huerta y campo de Murcia (a nivel de entidades como las pedanías) y la evolución de los riegos y su ordenamiento jurídico. Relación ciudad-huerta, base de una agrociudad (Murcia) y de un paisaje cultural (la huerta).

Transcurridos casi dos siglos desde que Mancha y Díaz Cassou redactaran esas Memorias, la población ha aumentado (más de 360.000 habitantes), pero la distribución es semejante (las pedanías huertanas superan a la ciudad y el campo apenas reúne algo más de un 10 % de la población total del término municipal). La ciudad se ha expansionado a costa de la huerta (apenas quedan unas 8.000 hectáreas), el ritmo de pérdida del suelo huertano es de unas 80 ha/año debido a desarrollos urbanísticos, al establecimiento de industrias y servicios y a las redes de grandes infraestructuras de transporte y comunicaciones. Más de 22.000 herederos (huertanos) asumen el mantenimiento de las redes de aguas vivas y muertas, organizados en Junta de hacendados de la Huerta de Murcia. La Huerta de Murcia reúne un elevado valor patrimonial (material e inmaterial) y es observable como una huerta viva en el área más oriental del llano de inundación en la Depresión Prelitoral.

BIBLIOGRAFÍA

Gil Meseguer, Encarnación y Gómez Espín, José: "El paisaje de la Huerta de Murcia. La pérdida de un paisaje rural periurbano de escaso valor económico, pero de alto valor patrimonial", en *Atlas de los paisajes agrarios de España,* Tomo II. Madrid, MAGRAMA, pp. (2014). 533-542. Disponible en red: https://dialnet.unirioja.es/servlet/articulo?codigo=6015598

Cascales, Francisco: *Discursos históricos de la muy noble y leal ciudad de Murcia y su Reyno,* Edita Librería Miguel Torre y Olmos, 566 pp.

Madoz, Pascual: *Diccionario Geográfico-Histórico-Estadístico de España y sus Posesiones de Ultramar,* Madrid, 1855.

Muñoz Garre, Paula y Goméz Espín, José María: "Poblamiento y espacio regado en el sector sureste de la Huerta de Murcia. Efectos de la DANA de los días 12 y 13 de septiembre de 2019". *Papeles de Geografía,* 66, 2020, 47-67. http://doi.org/10.6018/geografía.439441

Díaz Cassou, Pedro*: Ordenanzas y costumbres de la Huerta de Murcia,* 1889, reedición de 2008, 268 p. Edita Junta de Hacendados de la Huerta de Murcia.

Mancha, Rafael de: *La población y los riegos de la Huerta de Murcia,* Murcia, 1836 (reedición de 2003). Edición facsimilar de 88 páginas, más 58 páginas de tres estudios. Edita Tabularium.

3.
UN PATRIMONIO CULTURAL: LA TOPONIMIA EN TOSCANA A TRAVÉS DE CATASTROS HISTÓRICOS

Giuliana Biagioli

INTRODUCCIÓN

Este trabajo se basa en los resultados de una investigación realizada hace unos años por un equipo de estudiosos de las tres universidades toscanas, las de Pisa, Florencia y Siena, bajo la dirección científica de quien escribe, y cofinanciada por la Región de Toscana y Leonardo-IRTA (Istituto di Ricerca sul Territorio e l'Ambiente). La investigación, encaminada al estudio sincrónico y diacrónico de la toponimia toscana, ha llevado a la creación de un archivo toponímico de la Toscana mediante la digitalización georreferenciada de topónimos encontrados en los catastros geométricos históricos del siglo XIX y en otras fuentes cartográficas posteriores (hojas del Istituto Geográfico Militare [IGM], catastro actual y mapa técnico regional). Tras presentar los estudios sobre catastros realizados en Italia en las últimas décadas y las fuentes utilizadas, se aborda la metodología seguida para la creación de la base de datos y se exponen los resultados obtenidos. Por último, se ilustrarán algunos posibles campos de intervención con el uso de los catastros, la toponimia y los SIG, tales como la reconstrucción del paisaje agrario con sus características más específicas y sus cambios a lo largo del tiempo, la conquista de nuevas zonas de poblamiento y cultivo, la densidad de topónimos en las distintas épocas, o la identificación y rastreo de fenómenos de gran importancia en siglos pasados, como la trashumancia del ganado ovino.

UN PATRIMONIO A SALVAR: LOS NOMBRES DE LOS LUGARES Y LAS FUENTES CATASTRALES

La toponimia, subgrupo de la onomástica, es una ciencia predominantemente lingüística que estudia los nombres propios de los lugares en su origen e historia. La tarea de quienes se dedican a la toponimia consiste en dar un significado al nombre de un lugar e interpretarlo en términos tanto lingüísticos como histórico-geográficos. A continuación, los topónimos se subdividen en macrocategorías nomenclatoras, como hidrónimos, orónimos y odónimos. Su carácter principalmente lingüístico permite rastrear las bases y reconstruir las estratificaciones lingüísticas presentes en una determinada zona geográfica. En el caso toscano, las estratificaciones lingüísticas pueden agruparse en tres macro áreas:

etrusca, latina y germánica. Además, el estudio de la toponimia permite reconstruir una imagen paisajística que ya no es perceptible, como es el caso de las especies vegetales desaparecidas, el cambio del curso de un río o acontecimientos catastróficos, como los terremotos. En cualquier caso, la toponimia constituye una herramienta insustituible para el conocimiento del territorio, ya que conserva la memoria fosilizada de las características de los lugares y sus modificaciones a lo largo de los siglos.

La lectura de la toponimia de un mapa que representa cualquier parte de Italia es, solo aparentemente, una operación sincrónica. Los topónimos que están al mismo nivel, uno junto al otro, tienen, en muchos casos, orígenes distintos debido a la diferencia cronológica y pertenencia cultural: por lo tanto, deben interpretarse de acuerdo con una lectura estratigráfica que identifique el período histórico, la sociedad y la etnia que los fijó. En el caso de Italia, se trata de una operación complejizada por casi tres milenios de historia y los topónimos representan a menudo el único testimonio aún visible de etnias y culturas hoy borradas por el tiempo. El papel que puede jugar esta fuente para cualquier tipo de investigación histórica del territorio es, por tanto, fundamental, en particular en el contexto de la historia del paisaje y de la economía.

Se trata de un patrimonio encomendado en gran parte a la memoria y, por tanto, sujeto a una rápida desaparición con la pérdida de una cultura atenta a las realidades locales y con el abandono de las actividades tradicionales que obligaban a frecuentar los lugares. Hoy muchos lugares han perdido su nombre por diversas razones, que van, desde el despoblamiento de las montañas y el campo hasta el avance de las ciudades que se "comen" los territorios y sus nombres originales, imponiendo los nuevos nombres de calles, plazas, edificios. Cada vez más, la memoria de los topónimos se confía a la memoria de los supervivientes o a las fuentes históricas y geohistóricas. Entre estas –muchas veces fiscales– son particularmente valiosas, ya desde la Edad Media, con las estimaciones municipales (*Estimi comunali*), las fuentes que describen los territorios, dando nombre a los campos, pero también a los bosques y tierras baldías, y luego, sobre todo a partir del siglo xviii, además de describirlos, suelen medirlos, parcela a parcela, hasta llegar a los modernos catastros que, de hecho, reciben el nombre de "geométrico-parcelarios".

Principales líneas de la investigación sobre los catastros en la historiografía italiana de los últimos cincuenta años

El estudio de los catastros en Italia tiene una larga tradición historiográfica, que, sin embargo, ha privilegiado durante mucho tiempo la época medieval. También por eso, a menudo los encontramos combinados con los censos, porque las contribuciones, desde la Edad Media hasta bien entrada la Edad Moderna, se imponían simultáneamente sobre los bienes y las personas y se tardó mucho en distinguir entre impuesto personal y real. (Zangheri, 1980: 3).

Los años 70 y 80 del siglo pasado marcaron un punto de inflexión en las investigaciones catastrales respecto a la historiografía anterior. La obra de referencia es sin duda el ensayo *I Catasti* de 1973 de Renato Zangheri (Zangheri, 1973), quien vinculó la empresa catastral a los nuevos principios dieciochescos de libertad de mercado, privatización y libre propiedad de la tierra, y al intento de los soberanos en diferentes momentos y de distintas formas de poner un límite a las exenciones fiscales a partir de antiguos privilegios a los eclesiásticos y a la propiedad señorial, abriendo efectivamente el camino a la abolición del feudalismo y al surgimiento de nuevas clases propietarias de origen burgués.

Al estudio de Zangheri le siguió, a mediados de la década, otra investigación, publicada por la autora de este trabajo, sobre agricultura y población en la Toscana en el siglo XIX, basada en datos de un catastro (Biagioli, 1975). Un elemento importante de este estudio es que se utilizó el procedimiento informático, entonces en sus inicios, para el procesamiento de datos y la construcción de toda la base de datos. El trabajo se organizó en dos partes. En la primera, se siguieron las modalidades de formación del catastro: desde el período de la anexión de la Toscana al Imperio napoleónico hasta la recuperación y finalización bajo la restauración lorenense, con los criterios adoptados para vencer la oposición de los grandes terratenientes. En el segundo, se combinan los datos catastrales sobre el uso de la superficie agrícola y forestal con los datos contemporáneos sobre la distribución de la población, con el fin de tener una mejor comprensión de los diferentes sistemas agrícolas. El estudio tuvo un marcado carácter interdisciplinar, con datos sobre el uso del suelo y la distribución de la población, interpretados con la ayuda de las ciencias agrícolas y demográficas.

También en las últimas décadas del siglo XX, otra importante línea de investigación sobre los catastros decimonónicos anteriores a la unificación fue la realizada para la zona de Lombardía-Véneto por los numerosos estudiosos vinculados al Instituto milanés “Mario Romani” de Ciencias Económicas y Sociales, con especial atención al tema de los impuestos y la distribución de la propiedad.

A partir del mismo periodo, los estudios sobre catastros en Italia se han multiplicado, con una aceleración desde la década de 1990. La anterior tradición de estudios se ha enriquecido y ampliado con el recurso, también para líneas de estudio anteriores, a nuevas herramientas informáticas, desde las primeras geodatabases hasta los Sistemas de Información Geográfica (SIG), que permiten adquisiciones más rápidas y complejas.

Las investigaciones geohistóricas sobre la reconstrucción del espacio llevadas a cabo por de geógrafos supusieron un punto de gran innovación (Guarducci, 2009; Azzari y Spagnoli, 2010; Spagnoli, 2014). En los últimos veinte años, en conjunto, el avance de las tecnologías de la información ha permitido la creación de bases de datos impensables hasta entonces, y su traducción a elaboraciones cartográficas con diversas aplicaciones, entre ellas el mencionado SIG. La reciente conferencia CISGE celebrada en junio de 2022 en Pisa (*Los catastros históricos desde finales de la Edad Media hasta hoy, una herramienta siempre presente para los estudios geográficos y la historia del territorio*) fue una oportunidad para hacer un balance de la investigación realizada sobre este tema en Italia, en particular, y en Europa, en general. Los temas más tratados en las ponencias tuvieron un predominio de los catastros y el territorio/paisaje agrario, como era de esperar de una jornada promovida por una sociedad geográfica; seguidas de las relativas a las tipologías catastrales y a las políticas fiscales asociadas, así como a las geotecnologías aplicadas a las fuentes geohistóricas.

El catastro entre políticas y técnicas: cómo y dónde los registros de la tierra en Toscana entre los siglos XVIII y XIX

En el siglo XVIII, en toda Europa, los catastros son uno de los signos más importantes de la época. Catastros diseñados, construidos, combatidos; victorias a medias, derrotas más frecuentes que victorias, en la búsqueda de una modernización de los Estados que se hizo más patente, en las líneas de planificación, a lo largo del siglo y en la marcha de las propias operaciones catastrales.

El siglo XVIII vio aflorar demandas y necesidades de transformación de los regímenes tributarios, que se habían ido configurando durante el siglo anterior. De hecho, la cuestión catastral no era nueva. El problema de rehacer la obra, de los criterios a seguir es una línea continua, que traza cada cambio en la organización político-territorial de los Estados desde el Renacimiento en adelante con hitos: basta recordar uno de los primeros ejemplos, el catastro florentino de 1427 (Biagioli, 1990).

El catastro de 1427 y la posterior *Décima*, tanto el republicano (1494-95) como el gran ducal, cuyos trabajos se iniciaron en 1532, distan técnicamente (todos son descriptivos) del catastro geométrico-parcelario, que se levantará en los mismos territorios a principios del siglo XIX. Se diferencian sobre todo en las relaciones entre el Estado y sus ciudadanos, cada uno de los cuales se sitúa en su lugar particular, en el ámbito de las contribuciones a las arcas estatales. Según su estatus –generalmente colectivo, de grupo– hay quienes pagan y quienes no pagan, y quienes pagan más o menos teniendo igual cantidad de ingresos.

La situación, desde el punto de vista legislativo, cambió poco en los siglos siguientes, en lo que respecta al catastro. Por otro lado, el equilibrio de poder entre los diversos grupos sociales dentro de los estados cambia con el tiempo y las necesidades de los propios estados cambian en términos de organización fiscal. Entre los años 1600 y 1700, los "Estados modernos" en construcción o instaurados se encontraron ante necesidades económicas no solo ligadas a sus políticas exteriores y compromisos militares, sino también a la asunción de tareas más amplias en materia de desarrollo económico y también, en algunas áreas, de salvaguardia del equilibrio social. El mismo ámbito de intervención de los gobiernos se dirige ahora a un "usuario" más amplio entre los sujetos, ya se trate de una cuestión de recuperación y del control general del agua, de carreteras o de salud pública. Está surgiendo la necesidad de ingresos tributarios más sustanciales y regulares, pero al mismo tiempo hay una creciente conciencia de que no se puede confiar en los sistemas tributarios vigentes para la obtención esos ingresos. En ese momento son irracionales, discontinuos y ya no responden a la lógica de la relación entre las fuerzas políticas y económicas dentro de los Estados que los originaron. De ahí la aparición, entre finales del siglo XVII y principios del XVIII, en el debate político y económico, de los temas de una tributación estable y continua, de una base impositiva universal, con la eliminación de exenciones y privilegios, y con un sistema recaudatorio más ágil y productivo. Todo esto se basa en el supuesto de que los habitantes de un estado se sienten tanto contribuyentes como beneficiarios de la parte del excedente de lo que todos pagan al Estado. En este punto, los ciudadanos que contribuyen a los ingresos estatales con una parte "igualitaria" de los ingresos propios (es decir, desligados de cualquier privilegio extraeconómico) pueden reclamar de aquel un trato igual en términos impositivos.

La intención era reducir la fuerza de los antiguos órganos constituidos –los parlamentos, las corporaciones, los senados– y de todos los diversos poderes judiciales que, con diversos títulos, constituían un diafragma y un sistema intermedio de poder entre el Estado absoluto en gestación y sus súbditos, los ciudadanos, a quienes los gobernantes del nuevo estado tendían a considerar, en sus intervenciones, como iguales. En la labor de saneamiento tributario se entrecruzan apremiantes problemas financieros, que los estados están llamados a resolver, y de cada vez más atenta reflexión teórica por parte de funcionarios, políticos y economistas. Durante el siglo XVIII, el debate sobre los nuevos catastros y sobre la reforma económico-financiera a realizar gracias a ellos se entrelaza también con la idea de los nuevos códigos, que debían garantizar una reforma de las leyes civiles similar a la tributaria.

Los registros de la Propiedad y los códigos eran dos aspectos especulares de un mismo proyecto de renovación institucional en la Europa del siglo XVIII. Ambos tenían por objeto la unificación del sujeto de derecho mediante la eliminación de los estatus personales.

Por otro lado, el poder central tenía, en muchos casos y en muchos estados, elementos de indudable debilidad ante la perspectiva de un catastro sobre bases científicamente nuevas. La burocracia, con su aparato periférico estaba en los inicios; los medios económicos que se ponían a disposición de la empresa eran generalmente escasos, y la capacidad técnica, en términos de personal y herramientas, aún estaba en gran medida por crear, excepto en unas pocas islas felices. Este complejo de empujes y contragolpes a nivel político y económico, de insuficiencias técnicas de partida, así como avances formidables y bien publicitados en el mismo sector, de grandes principios que siguen, desde el punto de vista cronológico de su enunciación, un trabajo empírico hecho en el campo marca los diversos caminos de la creación y realización de los catastros de los siglos XVIII y XIX.

Los catastros que se hicieron o rehicieron en la península durante los siglos XVIII y XIX son muy diferentes en cuanto a normativa, técnicas de ejecución, resultados en relación con el fin último que se perseguía: una tributación más equitativa de las rentas (generalmente inmobiliarias) sometidos a la investigación. En términos generales, las diferencias fundamentales en el método de ejecución de los registros de la propiedad se encuentran entre los registros de propiedad descriptivos y los registros de propiedad de parcelas geométricas. Estos últimos son catastros realizados con los métodos técnicamente más avanzados. En la Italia unida, en el momento del ajuste del impuesto territorial de 1864, esta categoría incluía el catastro Teresiano de Milán y el catastro de Mantua, el nuevo catastro lombardo-véneto del siglo xix, el catastro de tierras continentales e insulares de Toscana, el antiguo catastro papal, Lucchese, Parma, Massese, Sardo, más los catastros llevados a cabo por los franceses en la época napoleónica en el territorio ligur-piamontés y, parcialmente, también algunos catastros piamonteses antiguos. Se habían iniciado otros catastros parcelarios, pero aún no se habían completado, como el nuevo catastro piamontés y el catastro de Módena. Luego había una multitud de municipios, repartidos por toda Italia, que tenían sus catastros completos con planos. Messedaglia, autor del informe parlamentario post unitario sobre la equiparación del impuesto territorial recordó, en aquella ocasión, cómo de las 28.374.185 hectáreas que en 1871 componían la superficie catastrable total del Reino de Italia, la parte formada por los catastros geométricos fue de 14.710.185 ha. De estas, 12.285.520 ha estaban representadas en catastros geométrico-parcelarios y 2.424.665 en el de Cerdeña, que no era geométrico-parcelario. Todo el resto del país, equivalente a 13.663.999 ha, aproximadamente la mitad del territorio del Reino, concentrado en su mayoría en la parte sur, tenía catastros descriptivos, sin mapas y sin un levantamiento geométrico regular (Messedaglia, 1886).

El catastro en Toscana después de la Restauración (1817-1835) y los documentos para la toponimia

En el momento de la caída del Imperio, las operaciones de agrimensura se habían emprendido o concluido en unas cuarenta comunidades de las 245 del antiguo Gran Ducado, y todavía se libraba una batalla sobre la cuestión de las valoraciones, con una serie de disputas (como, por ejemplo, los años base que debían elegirse para la identificación de los precios de los productos agrícolas, o la tributación o no de las casas de los aparceros) que habían retrasado el inicio de las mismas.

A primera vista, podría parecer que los franceses, al abandonar el Gran Ducado tras la caída de Napoleón, no habían dejado ningún legado significativo en materia catastral. La realidad era muy distinta. En primer lugar, su intervención había conducido a un fortalecimiento de la dirección política central del país, en detrimento de los grupos dirigentes locales. Pero este fortalecimiento se había pactado a su vez con los elementos dirigentes de estos grupos. Las antiguas clases dirigentes y los nuevos representantes del gobierno imperial encontraron un sistema de alianzas. En el catastro se abrieron espacios de negociación, en lugar de zonas de conflicto. Al fin y al cabo, la vieja estructura económica de los estados era ahora reconocida como demasiado antigua por muchos grupos sociales. En el centro-norte de Italia se acelera un proceso de cambio en la distribución de la riqueza mobiliaria e inmobiliaria; se crean nuevas fortunas a partir del comercio, que revierten en inversiones en tierras que deben realizarse sobre una nueva base, vinculada a una visión del beneficio más que a la de la simple consecución de un estatus social más elevado. Los privilegiados o los exentos de pagar impuestos por antiguos derechos gozaban ciertamente de poca simpatía por parte de esta nueva clase, que se acercaba de forma importante a la propiedad de la tierra.

En Toscana, lo que quedaba de privilegios y exenciones ya había sido anulado casi por completo por el reformismo de Pietro Leopoldo Absburgo-Lorena (1765-1790). A estas alturas, la conciencia de que un nuevo catastro habría servido para establecer sobre bases más justas la cantidad con la que debía contribuir cada propietario, fuera cual fuera la clase social a la que perteneciera, era un hecho muy extendido en la conciencia colectiva, aunque no aceptado por todos.

Quizá por esta misma razón la decisión de Fernando III, anunciada en 1817, de reanudar las operaciones catastrales iniciadas por los franceses no provocó reacciones negativas, al menos públicas, entre los propietarios.

La *Deputazione per il catasto* se creó en 1817 y concluyó su labor en 1835. Los métodos seguidos para la realización del catastro toscano marcan al mismo tiempo los logros más complejos de los catastros del siglo XIX, tanto desde el punto de vista de la realización técnica como de la mediación entre el poder central y los intereses privados. Impecables desde el punto de vista de la representación cartográfica, presentan un aspecto mucho menos neutral en lo que se refiere a la valoración de la tierra y, por tanto, al fin último del catastro: el reparto equitativo de los impuestos. De hecho, un estudio atento de sus resultados muestra que los criterios de valoración dejaban un margen no gravado a las unidades de producción mayores y organizadas (granjas y fincas) frente a los propietarios de pequeñas parcelas dispersas, que eran numéricamente la mayoría. No se trataba, pues, de un instrumento neutro, sino que, una vez aplicado, se convirtió en un nuevo instrumento de poder para los grandes terratenientes, en detrimento de las capas más débiles y marginales de la sociedad.

Las Instrucciones, publicadas en 1819, contenían todos los detalles sobre la realización de las operaciones de medición y casi todos para las operaciones de valoración. La medición debía ser geométrico-parcelaria, con los mismos criterios para los mapas, las escalas (1: 5.000 o 1: 2.500 para las secciones y las hojas, salvo si se representaban castillos, ciudades, etc.), los límites de tolerancia y los documentos de acompañamiento, los ya previstos por los franceses. Solo cambió la unidad de medida: el *braccio* florentino sustituyó al *arpento* (*arpende*) francés, como consecuencia lógica del abandono del Sistema Métrico Decimal decidido por los Grandes Duques tras la Restauración. El trabajo de medición no fue tan fácil como podría parecer hoy en día; salvo para pequeñas porciones de territorio, el Gran Ducado no disponía de mapas modernos de la comunidad, ni de todo el territorio, que sirvieran de base segura para el catastro. Los levantamientos realizados en la época de Pietro Leopoldo no solo se compilaron de forma incoherente, sino que además carecían del apoyo de buenos mapas del Gran Ducado. La tarea de realizar una triangulación general del Gran Ducado recayó en Giovanni Inghirami: el territorio elegido fue el comprendido entre Pisa y Livorno, precisamente la distancia entre el campanario de San Pietro a Grado y el palacio de los Médicis en Ponti di Stagno. La base resultó tener 14.989,79 brazas de longitud y sirvió para construir el primer triángulo de la gran red primaria, utilizada más tarde para el catastro. Después de haber casi completado la red de coordenadas de latitud y longitud y mientras supervisaba las operaciones del catastro, Inghirami se dedicó a determinar las altitudes del Gran Ducado, hasta entonces poco conocidas. En 1822 había medido la altitud de unas 200 localidades.

Las operaciones de medición, así implantadas, tuvieron lugar entre 1819 y 1825. Mientras los agrimensores realizaban sobre el terreno la medición propiamente dicha de cada parcela y sección en que se había dividido la comunidad, los resultados se transferían tanto a los mapas como a los cuadernos (*Quaderni indicativi*) en los que se indicaban las propiedades y calidades del suelo, unas y otras clasificadas sección por sección. Al final de los trabajos, las 242 comunidades del Gran Ducado estaban oficialmente representadas en el catastro con 242 hojas de conjunto; a continuación, se dividían en 3.150 secciones, representadas a veces en una sola hoja, más a menudo en dos o tres, para un total de 8.567 hojas (Biagioli, 1975: 53).

Los mapas parciales de las comunidades se construyeron "sin tener en cuenta la esfericidad del terreno" (Inhirami, 1831: 78), porque abarcaban territorios pequeños; pero, como el levantamiento topográfico de cada comunidad no era independiente, sino que estaba vinculado a los resultados de la triangulación secundaria y esta a su vez a la primaria, los datos de los mapas pudieron utilizarse para construir un mapa general del Gran Ducado, terminado en 1829 a escala 1: 200.000.

La superficie catastrada ascendía a un total de 6.372.967 m², es decir, 2.124.000 ha, divididas, a efectos topográficos, en 2.266.967 parcelas. El número de propietarios era muy inferior a estas cifras: 147.973, lo que puede justificarse por el hecho de que se trata de un país con una gran concentración de la propiedad de la tierra (Biagioli, 1975: 54).

Los documentos del catastro de Toscana se pueden dividir en dos grupos: del primero forman parte los "actos preparatorios". En lo que se refiere a la medición, consisten en las *Tablas indicativas originales* (*Tavole indicative originarie*), de particular importancia a efectos de la búsqueda de topónimos, mapas, transparencias y cuadernos de topógrafos. También están los diversos documentos elaborados para la valoración. Los mapas se convirtieron en documentos definitivos una vez efectuadas las correcciones correspondientes a las reclamaciones de los propietarios; cada comunidad recibió su propio mapa de las distintas secciones y el mapa de conjunto; también se facilitó una copia no auténtica a las distintas diputaciones de ríos y acequias. Los resultados finales del resto del material preparatorio se resumieron en las "Muestras de las comunidades" (*Campioni delle comunità*), las "Tablas de propietarios" (*Tavole indicative dei proprietari*) y los "Repertorios alfabéticos" de los mismos (*Repertori alfabetici degli stessi).* Muestras, Tablas y Repertorios sirvieron en cada cancillería de comunidad para el reparto del impuesto territorial durante más de un siglo.

Las "Tablas indicativas de propietarios" y sus fincas eran una por cada comunidad, las secciones catastrales estaban ordenadas alfabéticamente: eran, por tanto, una especie de descripción de las parcelas de cada sección y relacionaban las parcelas y los mapas con la "Muestra" (*Campione delle comunità*), en la que estaban inscritos los propietarios o un grupo de propietarios. En las "Tablas", cada parcela se clasifica según diversos datos: el número que tiene en el mapa, clase fiscal a la que pertenece, la página de la "Muestra" en la que aparece. A continuación, figura el nombre del propietario, el tipo de cultivo de la misma y su superficie en brazas cuadradas. Falta información en las "Tablas" sobre el resultado de su valoración, es decir, la base imponible con la que está gravada. Esta solo consta en la página de la "Muestra", a la que refiere.

Las citadas "Muestras" de las comunidades incluyen, por orden alfabético, a todos los propietarios, como ya se ha dicho, dan para cada parcela, pero en distinto orden, los mismos datos que las "Tablas indicativas", y además añaden los de su base imponible. Son registros de doble entrada, los titulares de las parcelas catastrales eran los verdaderos perceptores de rentas. El planteamiento de estas "Muestras" nunca se modificó, ni se realizó una revisión general del estado de los cultivos y de las rentas derivadas de ellos, que sin duda cambiaron; se propuso muchas veces en las décadas siguientes, pero nunca se completó durante el siglo XIX.

LAS FUENTES Y BASES DE DATOS DEL PROYECTO DE TOPONIMIA: DE CASTORE A RETORE

El objetivo principal del proyecto RETORE (*Repertorio Toponomastico Toscano:* "Repertorio Toponímico Toscano") era establecer una base de información oficial de la toponimia toscana como referencia para los estudios histórico-geográficos y lingüísticos e iniciar una revisión/integración de la toponimia presente en el Mapa Técnico Regional (*Carta Tecnica Regionale*, en adelante CTR). El Mapa Técnico Regional, edición de 1997 en dos escalas, 1:10.000 y 1:2.000, es nuestro documento original.

El objetivo de la investigación era localizar y recopilar los topónimos en las fuentes, digitalizar los nombres siguiendo el orden cronológico de la cartografía utilizada y normalizar la base de datos geográfica global.

El proyecto se inició con la transcripción de los topónimos registrados en la cartografía histórica georreferenciada dentro del proyecto CASTORE (acrónimo de *Catasti Storici Regionali*: Catastros Históricos Regionales) (Grava *et al.*, 2017), que tuvo su origen en un convenio de colaboración para la informatización y difusión de los catastros históricos regionales, entre la Región de Toscana y el Ministerio de Bienes y Actividades Culturales, firmado en 2004. Sobre la base de este acuerdo, la Región, en colaboración con los archivos estatales, llevó a cabo el proyecto entre 2004 y 2006, que supuso la reproducción digital en alta resolución de más de 12.000 planos catastrales del siglo XIX, su archivo y georreferenciación. Los objetivos de CASTORE, además de valorizar el importante patrimonio cartográfico toscano, eran proporcionar a las autoridades territoriales toscanas una base cartográfica histórica homogénea para la aplicación de los marcos cognitivos de los instrumentos de planificación, facilitar el acceso a las representaciones cartográficas a los ciudadanos, los técnicos, las escuelas y las universidades, mediante la consulta a través de la web, y salvaguardar el estado los documentos originales, mejorando al mismo tiempo el acceso a los mismos en las estructuras archivísticas donde se conservan las fuentes históricas.

CASTORE ha dado lugar a la reproducción digital, indexación y georreferenciación de tres catastros geométrico-parcelarios realizados en la primera mitad del siglo XIX en tres estados de los que entonces formaba parte la actual región de Toscana: el Catastro lorenés (*Catasto lorenese*) del Gran Ducado de Toscana, establecido por Fernando III, continuado y completado por su hijo Leopoldo II d'Asburgo-Lorena; el *Catastro borbónico de Lucca* y el Catastro "Estense" de Massa y Carrara. En total, son más de 12.000 los mapas catastrales que la Región de Toscana pone gratuitamente a disposición de todos los usuarios a través de WebGIS o como Web Map Service (WMS): un ejemplo único en Italia al que, como era objetivo del proyecto, acceden las más variadas categorías de usuarios. Sin esta base de datos inicial habría sido impensable una investigación tan compleja y amplia como la que aquí se propone, que abarca la toponimia de toda una región a una escala, en la mayoría de los casos, de 1:2.500 a 1:5.000. De hecho, también existen fuentes históricas coetáneas del mismo tipo (catastros geométrico-parcelarios) para otras regiones italianas, con planos que podrían restaurar un patrimonio toponímico similar, pero no existe un compromiso en vigor para recuperar la cartografía catastral histórica y ponerla a disposición de los usuarios como el realizado para la Región de Toscana. Los 12.000 mapas que constituyen el archivo histórico digital regional ofrecen, por tanto, un contenido toponímico inédito hasta la fecha, ya que ninguna otra región italiana, y mucho menos europea, puede disponer de una serie cartográfica histórica digital tan amplia que se remonte al siglo XIX.

Los catastros geométricos también fueron revolucionarios por la técnica adoptada: ya no se trataba de autodeclaraciones de los propietarios, sino de ingenieros y tasadores enviados por el gobierno central, que por primera vez acompañaban la descripción de la propiedad y del uso del suelo –como se había hecho durante siglos en el pasado en los países donde existía una fiscalidad sobre la propiedad de la tierra– con planos geométricos levantados con criterios científicos: cada parcela descrita en los catastros se dibujaba en un plano a una escala predeterminada.

En cuanto a las fuentes históricas de CASTORE con más detalle, la más relevante en cuanto a amplitud de territorio y documentación es el *Catastro lorenese* ya mencionado. La segunda fuente es el *Catastro de la Isla de Elba* (*Catasto dell'isola d'Elba*), decretado el

27 de febrero de 1840 por Leopoldo II, "con las normas generales del Catastro ya vigentes en el territorio continental del Gran Ducado..."[1]. El tercero es el *Catastro del Ducado de Lucca* (*Catasto per il Ducato di Lucca*), decretado el 17 de noviembre de 1829 por el duque Carlo Ludovico de Borbón. El decreto inició una operación masiva de triangulación de la que surgió la primera cartografía científica del territorio de Lucca, mientras que los levantamientos catastrales solo fueron completados por los Saboya tras la unificación italiana, en 1869. La última fuente catastral histórica es la del territorio del Ducado de Massa y Carrara, donde las operaciones catastrales se iniciaron con un decreto de la duquesa Maria Beatrice d'Este, de 30 de mayo de 1820, que se pusieron en marcha con un edicto de 27 de noviembre de 1824, también con trazado geométrico (fig. 1)

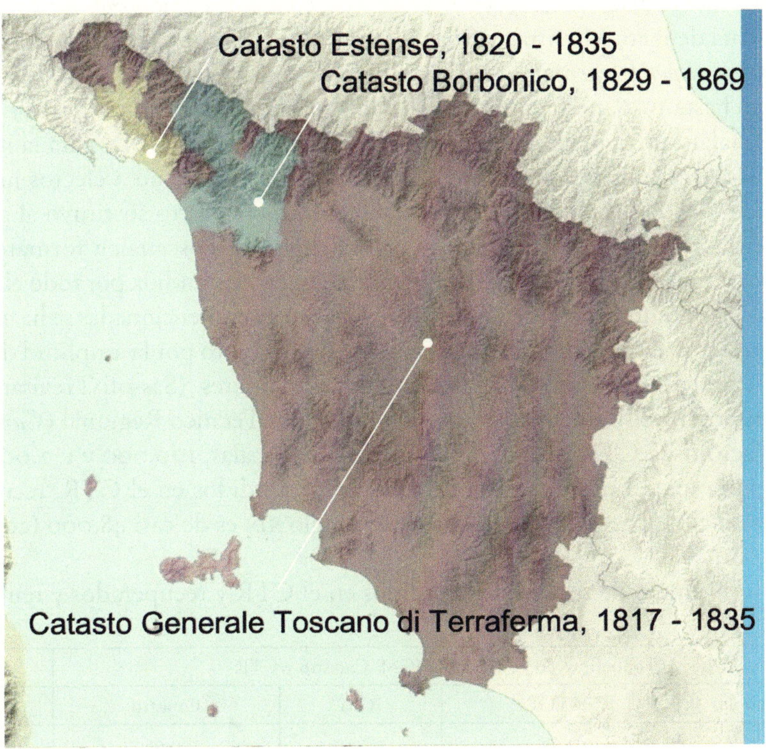

Fig. 1. CASTORE, Catastro histórico de la región de Toscana (*Catasti storici della Regione Toscana*).

La actividad de investigación continuó con la consulta y recuperación de los topónimos contenidos en las hojas del Instituto Geográfico Militar (IGM), elaboradas a escala 1:25.000 en varias ediciones, de las cuales, a efectos de este trabajo, se eligió la edición

[1] *Leggi del Granducato di Toscana pubblicate...per ordine di tempi*, t. XXVI, parte I, pp. 53/55.

más reciente. Para la Toscana, el intervalo cronológico de la geodatabase va de 1924 a 1985. Se trata, pues, de una fuente mucho más diacrónica que CASTORE, lo que no deja de tener consecuencias sobre la antigüedad de los topónimos presentes. Además, la pobreza de la carga informativa y la escala de esta cartografía difieren considerablemente de las elaboradas por el proyecto CASTORE. Sin embargo, el contenido de los levantamientos del IGM reviste una importancia considerable, ya que ofrece una gran riqueza de información debido a la distancia cronológica con respecto a las fuentes de CASTORE y a los diferentes fines para los que fueron elaborados, que, por lo tanto, proporcionan información no siempre presente en las otras fuentes.

El trabajo de transcripción continuó con el análisis del Catastro actual, conservado actualmente en el Registro de la Propiedad (*Agenzia del Territorio*). El Catastro actual es también una fuente diacrónica. La ley fundacional, conocida como *Legge della perequazione fondiaria*, data de 1886. Mientras que las Instrucciones para las Operaciones Trigonométricas (*Istruzioni per le operazioni trigonometriche*) se publicaron en 1889. El catastro no se completó hasta 1956, pero en 1914 ya se había levantado el 43% del territorio italiano. Hay que señalar que, a pesar de dos leyes de principios del siglo XX para la inscripción de la propiedad, el catastro actual sirve a efectos fiscales, pero no a efectos jurídicos de determinación de la propiedad. En Toscana, el nuevo catastro sustituyó al antiguo en 1939. En este caso, los datos facilitados por la Región de Toscana en formato vectorial muestran una riqueza de nombres bastante homogénea y extendida por todo el territorio.

El archivo toponímico construido a partir de las fuentes mencionadas se ha convertido, a todos los efectos, en una infraestructura digital única, tanto por la amplitud de los datos como por el potencial de uso en ámbitos multidisciplinares. (Sassoli-Trevisani, 2016).

Por último, nuestro documento original: el Mapa Técnico Regional (*Carta Tecnica Regionale*, acrónimo CTR), edición de 1997, en dos escalas, 1:10.000 y 1: 2.000, incluye 97.648 topónimos. El número total de topónimos perdidos en el CTR, recuperados y reubicados en el mapa a través de la fuente del siglo XIX es de casi 48.000 (cuadro 1).

Cuadro 1. Número de topónimos perdidos en el CTR y recuperados y reubicados.

Topónimos en CASTORE, IGM, Catastro y CTR					
Topónimos		CASTORE	IGM	Catastro	CTR
		92.631	56.347	100.969	97.648
Topónimos perdidos en el CTR respecto a CASTORE y Catastro					
		47.689		39.124	

Es innegable que la base de datos del Mapa Técnico Regional (CTR) ya tiene en sí misma un importante valor para la preservación del patrimonio toponímico de nuestra región. Sin embargo, la nueva geodatabase se configura a partir de un modelo conceptual que también permite relacionar los datos con información o bases de datos externas, lo que la convierte en un sistema con un elevado potencial relacional para dar soporte a las operaciones de los distintos sectores disciplinares y, en particular, a las herramientas de gestión del territorio. La base de datos geográfica se estructura según una arquitectura en capas, caracterizada por la independencia de las fuentes cartográficas y sigue una lógica de archivo de datos en la que cada elemento registrado se codifica según un criterio de clasificación referido a la entidad geométrica (puntual, lineal y superficial) y de permanencia basado en la variación lingüística, espacial y funcional del propio topónimo. Más concretamente, los topónimos se clasificaron en función de su entidad geométrica con tres códigos: *A* para los topónimos relativos a un área o superficie (como un bosque), *P* para los topónimos relativos a un punto (como un edificio) y *L* para los topónimos lineales (una carretera, un curso de agua). Se ha dedicado un campo especial y particularmente importante a la relación entre los topónimos presentes en el Mapa Técnico Regional (MTC) y los presentes en CASTORE. Se han utilizado códigos para indicar si un topónimo está presente en ambas fuentes, si solo está en una de las dos, si existe en ambas, pero ha cambiado de grafía, de ubicación espacial o de función.

Para ello, se prepararon tres formularios distintos correspondientes a cada uno de los recursos cartográficos analizados (CASTORE, IGM y Catastro vigente) y campos tabulares específicos en los que introducir los topónimos presentes en cada fuente y las variaciones traducidas a códigos alfanuméricos (fig. 2)

Matrice: **CTR**

DBT ricerca

FID	Shape	id	codtoponim	codtipo	angoloorie	FLD_1	FLD_2	FLD_3	testostrin	coddenomin	codcaratte	num_elemen
0	Point	1	RT0802010000000001	1001	0,000	0,000	3,000	0	COLLE DI VAL D'ELSA	02	01	4
1	Point	2	RT0802010000000002	1001	0,000	0,000	3,000	0	PONTE MENSOLA	02	01	2
2	Point	3	RT0802010000000003	1001	0,000	0,000	3,000	0	MONTELUPO FIORENTINO	04	01	2
3	Point	4	RT0802010000000004	1002	0,000	0,000	2,500	0	MONTEGUFONI	02	01	1
4	Point	5	RT0802010000000005	1003	0,000	0,000	2,000	0	PODERE ABATE	02	01	2
5	Point	6	RT0802010000000016	1003	0,000	0,000	2,000	0	VILLA CORSINI DI MEZZOMONTE	02	01	4

CASTORE				IGM					CATASTO ATTUALE				INCONGRUENZE CTR		
PERMANENZA	ENTITA' GEOMETRICA	TESTO TOPONIMO	NOTE	PERMANENZA	ENTITA' GEOMETRICA	TESTO TOPONIMO	DATA RILIEVO	NOTE	PERMANENZA	ENTITA' GEOMETRICA	TESTO TOPONIMO	NOTE	PROPOSTA	SCR_P	SCR_G
1	A	Poderi bassi		0					0					0	
2	A	Paganella		0					0					0	
3	L	Valle di Terrighi		0					0					0	
4	P	Casa di Stefanone		0					0					0	
5	A	Poggio al Bacio		0					0					0	
6	P	P:e di Volta di Sacco		0					0					0	

Fig. 2 Estructura de la geodatabase toponímica de la región de Toscana con otros tres módulos añadidos, uno para cada serie cartográfica.

A continuación, la geodatabase se dividió en tres capas de información destinadas a albergar familias de nombres relativos a objetos puntuales y superficiales, orónimos e hidrónimos. Para las capas temáticas de carácter lineal, los métodos de almacenamiento de datos difieren ligeramente respecto a la entidad de información que recoge los objetos puntuales y superficiales, para los que ya se dispone de una base interpretativa, codificada con seis códigos numéricos distintos basados en la permanencia y la propiedad geométrica (fig. 3)

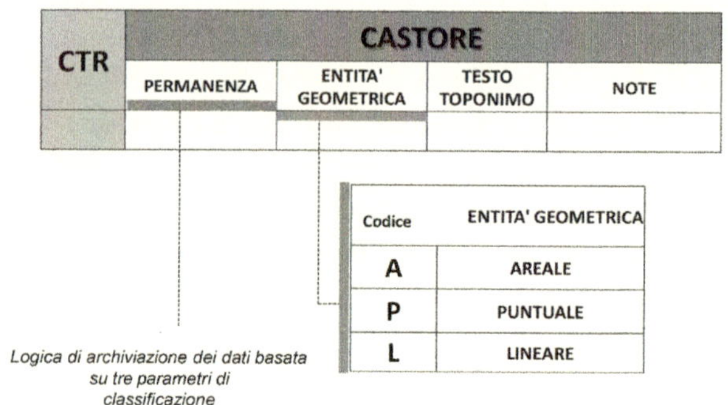

Codice	PERMANENZA	
0	TOPONIMI PRESENTI SOLO NELLA CTR	Il valore 0 indica un toponimo presente solo del dbt CTR
1	NESSUNA MODIFICA	Il valore 1 indica un toponimo immutato rispetto alla fonte analizzata (per la sua localizzazione e grafia) e i toponimi del dbt CTR **[Pod: Malposto-Pod: Malposto]**
2	MODIFICA GRAFIA O FUNZIONE	Il valore 2 indica un toponimo, che fra la fonte e il Dbt, cambia nella sua grafia o funzione ma non cambia localizzazione **[Poggio la Quercia -Poggio alle Querce]**
3	MODIFICA LOCALIZZAZIONE	Il valore 3 indica un toponimo, che fra la fonte e il Dbt, muta nella sua localizzazione (rispetto al punto del Dbt supera una distanza indicativa di 500 m), ma non nella sua grafia
4	MODIFICA LOCALIZZAZIONE E GRAFIA	Il valore 4 indica un toponimo, che fra una fonte e il Dbt, muta sia per localizzazione (rispetto al punto del Dbt supera una distanza indicativa di 500 m), che per grafia
5	TOPONIMIO "STORICO"	Il valore 5 indica un toponimo esistente nella fonte e non presente sul Dbt
6	MODIFICA RADICALE GRAFIA O FUNZIONE	Il valore 6 indica un toponimo, che fra la fonte e il Dbt, cambia nella sua grafia o funzione in modo radicale pur non cambiando localizzazione **[Mulino a Vento-Casa Piccioli]**

Fig. 3. Estructura de la base de datos de topónimos toscanos y su clasificación según las fuentes originales.

El resultado final dio 205.625 topónimos georreferenciados (Lucchesi *et al.*, 2014).

La distribución de los topónimos no es homogénea. En el siglo xix, la concentración era mayor cerca de los centros urbanos y menor en el interior, menos poblado y cultivado. Históricamente, las zonas de montaña estaban mucho más pobladas y eran más activas económicamente que en la actualidad. El suroeste de la región, en la parte costera, estaba escasamente poblado por ser un espacio pantanoso y por la presencia de la malaria.

Las variaciones en la distribución de los topónimos entre 1835 y finales del siglo xx son las siguientes:

- La mayor variación se produjo en la parte occidental y suroccidental de la Toscana, con un mayor aumento de los nombres debido, por un lado, a la bonificación de tierras y, por otro, al turismo costero.
- Las zonas interiores de los Apeninos, Lunigiana y Garfagnana perdieron topónimos debido a la despoblación.
- Los suburbios de Florencia, Prato y Pisa han perdido topónimos como resultado de la expansión urbana.

Las variaciones en la supervivencia, desaparición y cambio de topónimos entre las distintas fuentes de referencia arrojan los siguientes resultados:

- Entre CASTORE (1835) y el CTR (1997) se perdieron 47.601 topónimos. El 57% de ellos eran superficiales. Los topónimos de este tipo tienden a desaparecer por razones distintas: en las montañas y colinas del interior debido a la despoblación, en otros lugares, y especialmente en la costa, debido a la urbanización.
- Entre CASTORE y el CTR, 11.162 topónimos permanecieron absolutamente idénticos.

LOS TOPÓNIMOS Y LA HISTORIA DEL TERRITORIO: LA ORGANIZACIÓN DEL ESPACIO RURAL

El estudio de la toponimia derivada de las fuentes catastrales puede arrojar mucha luz sobre la organización y la evolución de los paisajes rurales y los espacios agrarios. A continuación, se exponen dos temas abordados en relación con la región de Toscana. El primero se refiere a la organización de los espacios agrarios: fincas, villas y *fattorie.*

La finca (*podere*) era la unidad productiva típica del centro de Italia, desde la Toscana hasta las Marcas. La Toscana, con los territorios en aparcería de Florencia y Siena, era una especie de epicentro de una estructura agraria que, nacida en la Edad Media, alcanzó su apogeo en la primera mitad del siglo XX, abarcando el 80% de las tierras cultivadas entre el mar Tirreno y el Adriático. Los elementos básicos de los contratos de aparcería en Italia, así como los del *métayage* en Francia y la *masoveria* en Cataluña, son siempre los mismos: la familia y la explotación a la que se confía: el *podere* en Italia, el *mas* en Cataluña, de nuevo el *mas*, la *métairie*, la *borde*, la *closerie* en Francia, con sus tierras cultivadas y no cultivadas de tamaño variable en el espacio y en el tiempo. En todos los casos mencionados, la aparcería no es solo una colonia parcial con reparto de frutos. Es una forma de organizar los espacios rurales, y también de crear un determinado tipo de familia que debe disponer de mano de obra suficiente para trabajar las tierras de la explotación. Solo se establece tras inversiones de capital en la adquisición de tierras por parte del propietario, que vive en las ciudades manufactureras y comerciales. El propietario entrega unas tierras que ya están en disposición de producir, muy a menudo, desde el principio, con una vivienda para el aparcero y su familia, y que también proporciona ganado de trabajo. El *podere* se forma a menudo, sobre todo en sus orígenes, de forma progresiva, por la transformación de realidades anteriores. En Toscana, los *estimi* medievales nos cuentan historias de fincas conformadas a base de comprar pacientemente a los propietarios del pueblo durante décadas o de permutar trozos de tierra en el "campo" para crear una explotación compacta. Tras la Peste Negra y el consiguiente descenso de la población, fue más fácil crear fincas desde cero, debido a la reagrupación de las propiedades que se habían dividido a raíz del crecimiento demográfico posterior al año 1.000. Una característica común de los contratos de división de productos, que se extendieron en la Europa mediterránea, es la de combinar sistemas agrícolas dominados por el policultivo, en particular la arboricultura con predominio de la vid y el olivo, y la presencia de ganado de trabajo y pequeñas explotaciones de ovejas o cerdos. Esto justifica el empleo de una familia en la empresa durante todo el año, ya que los trabajos no son predominantemente estacionales, como, por ejemplo, en las empresas exclusivamente cerealeras.

El peso de la propiedad urbana en Toscana en la época del Catastro lorenés, terminado en 1835, puede calcularse exactamente a partir de sus registros: los habitantes de las ciudades pagaban el 55% del total de los impuestos sobre la tierra. El 0,9% de todos los propietarios inscritos en el catastro poseían el 41,5% de la superficie catastrada en el Gran Ducado de Toscana. El peso de los grandes latifundios era igualado, en el otro extremo de la escala, por una multitud de muy pequeños propietarios, cuyas escasas parcelas eran en gran medida insuficientes para mantener a una familia.

Los *poderi* son un elemento central en cualquier representación del territorio y su presencia en los planos catastrales es de absoluta importancia. La toponimia es útil para determinar su difusión en el espacio y en el tiempo. En CASTORE encontramos varias formas de indicarlas. Las más frecuentes son: *p./p:re/pod/pod:/pode/poder/podere/poderino/*. La indicación se coloca generalmente antes del nombre, pero a veces también después. A través de los topónimos se ha intentado contabilizarlos, localizarlos y comprobar su persistencia o desaparición en fuentes cartográficas posteriores. Un primer dato que tienen en común es el de la altimetría: solo el 5% de las explotaciones se sitúa por encima de los 600 metros, es decir, por encima del límite altimétrico de la vid y el olivo, lo que demuestra la importancia de ambos cultivos para la propia existencia de la explotación.

En CASTORE hay 8.329 topónimos relativos a *poderi*, en las hojas IGM 7835, en el Catastro vigente 14.232, en el CTR 14.050. Estas cifras harían suponer un aumento de la superficie ocupada por explotaciones tipo *podere* entre la primera mitad del siglo XIX y la segunda mitad del siglo XX, y ciertamente así ocurrió durante un largo periodo. Durante el siglo XIX y las primeras décadas del XX se crearon nuevos *poderi*, bien por el fenómeno de la bonificación de tierras pantanosas, especialmente en la Maremma, en el suroeste de la Toscana, bien por la división de *poderi* anteriores en unidades menores. Pero el problema de cuántas fincas había realmente al principio del periodo aquí considerado es difícil de resolver, porque la decisión política adoptada antes de la operación catastral lorenesa, para favorecer su realización, fue precisamente la de "ignorar" en lo posible la presencia de *poderi,* para no tener que considerarlas a efectos fiscales como unidades productoras de una renta superior a la de las tierras que no formaban parte de un *podere*, como de hecho lo eran. Algunas investigaciones por muestreo realizadas comparando el número de explotaciones agrícolas señaladas como *poderi* en CASTORE con fuentes empresariales y demográficas contemporáneas que cubren la misma zona revelan una grave infravaloración de los *poderi* en el catastro, así como de los demás elementos que componían el tejido productivo de la campiña toscana, las *villas* y las *fattorie*, de las que se hablará más adelante. En cualquier caso, si no podemos llegar a contabilizar todas las fincas que existían realmente en 1835, sí podemos contar cuántas de las que figuraban oficialmente en el Catastro General entonces finalizado sobrevivieron, o desaparecieron, en nuestra base de datos de referencia, el CTR. El número de las que desaparecieron supera las 2.500 (Biagioli, 2016: 127) (fig. 4)

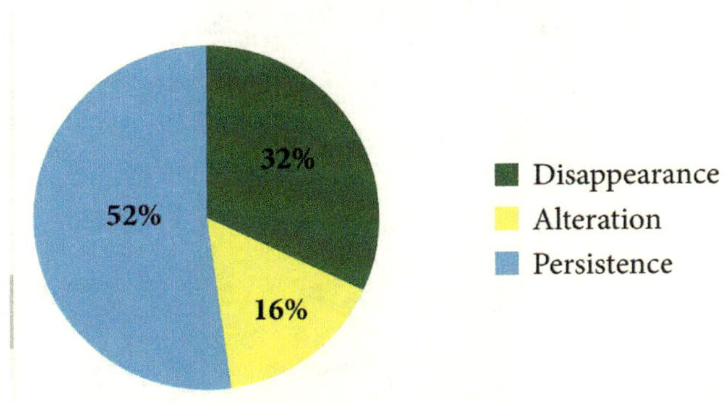

Figura 4. Topónimos agrícolas persistentes, desaparecidos y alterados (CASTORE-CTR).

La desaparición es más acentuada en el interior de la Toscana, en las colinas, que eran también las menos dinámicas para el cambio económico y el crecimiento demográfico (fig. 5).

El segundo elemento constitutivo del espacio rural toscano vinculado a la organización de la alquería es lo que en las encuestas de los siglos xv-xvi se denomina *casa da signore* o *casa da padrone*, que muy a menudo va acompañada de una *casa da lavoratore*, la casa del aparcero, situada en el mismo lugar. En el siglo xix, la casa del señor se llamaba comúnmente "villa", y la casa del trabajador se designaba por el nombre de la finca de la que formaba parte.

La "villa", o "casa del señor" o "casa del amo", en el centro-norte de Italia era, al igual que el *podere* una creación de la ciudad mercantil y manufacturera donde residían los burgueses o nobles propietarios, que muy a menudo lo eran en virtud de la riqueza que habían acumulado tanto en la manufactura y el comercio como en la inversión en fincas. Muy a menudo se utilizaban edificios preexistentes, como castillos, para la creación de casas señoriales. Una vez convertidos en villas, perdían su carácter militar y se embellecían con escaleras monumentales, nuevas fachadas y jardines. A partir de finales del siglo XV, en la Toscana, como en el resto del centro-norte de Italia, se hizo cada vez más común construir villas desde cero; un ejemplo de ello son las catorce villas de la familia Médicis, Grandes Duques de la Toscana, que entraron a formar parte de la Lista del Patrimonio Mundial de la UNESCO en 2013 (fig. 6)

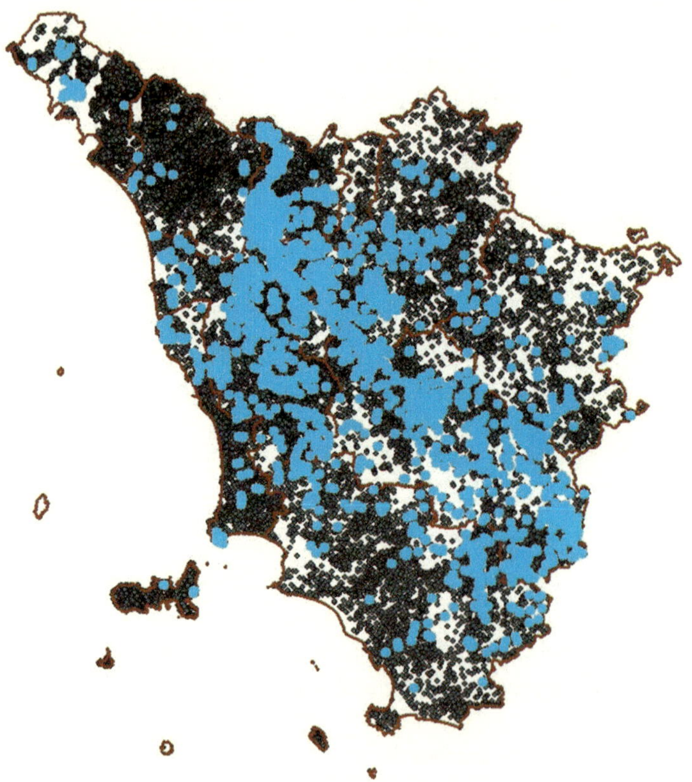

Figura. 5. Topónimos finca (*podere*) presentes en CASTORE y desaparecidos en el CTR.

Entre finales del siglo XV y el siglo XVI se produce un considerable desarrollo de las tipologías de villas y jardines. Cada una de ellas se define con creciente detalle, mientras que las soluciones compositivas, los materiales, los colores y las formas se enriquecen como nunca lo habían hecho. Al igual que las anteriores casas señoriales, las villas están, sin embargo, siempre vinculadas a la propiedad de la tierra por parte del propietario en el mismo lugar donde se construye la villa, y con la presencia de contratos de aparcería con los campesinos. En la fuente CASTORE, y por tanto en la primera mitad del siglo XIX, el topónimo "villa" abarca más de mil casos, aunque habría que afinar la investigación para distinguir entre edificios aislados y pequeños asentamientos que incluyen una villa. El mayor número de casos se encuentra en la franja de territorio comprendida entre las provincias de Florencia, Pistoia y Lucca, y en torno la campiña de Siena: no es de extrañar que se trate de los lugares de asentamiento más antiguo del sistema de aparcería agrícola en Toscana (fig. 7).

Figura 6. Villa Medicea, más tarde Niccolini, en Camugliano (PI) en CASTORE y en la actualidad.

El cambio más radical en la historia de la villa se produjo en el siglo XIX, cuando la ideología de este tipo arquitectónico se democratizó y se hizo accesible a los miembros de las clases medias y bajas urbanas en crecimiento económico. Las villas adosadas actuales atestiguan el deseo de alcanzar un modelo de vivienda de alta categoría, muy codiciado.

El tercer elemento del espacio rural, la *fattoria* está siempre vinculada al sistema de aparcería. A partir del siglo XVI, los propietarios de numerosos *poderi* situados en un mismo lugar introdujeron cada vez más un centro de administración del complejo agrícola, la *fattoria* (granja), residencia del *fattore,* empleado del propietario, punto de recogida de los productos del propietario y de elaboración del vino. Desde ahí, los cereales, el vino y el aceite emprendían el camino hacia la casa señorial o el mercado para su venta. A menudo, los edificios de la granja estaban cerca de la casa señorial o formaban parte de ella, por lo que no se señalaban por separado. En CASTORE aparecen unas 90 *fattorie* como topónimos, pero eran mucho más numerosas. De hecho, la *fattoria* fue adquiriendo cada vez más importancia con el paso de los siglos, y muchos de los edificios antiguos siguen siendo reconocibles en su estructura en la campiña toscana (fig. 8).

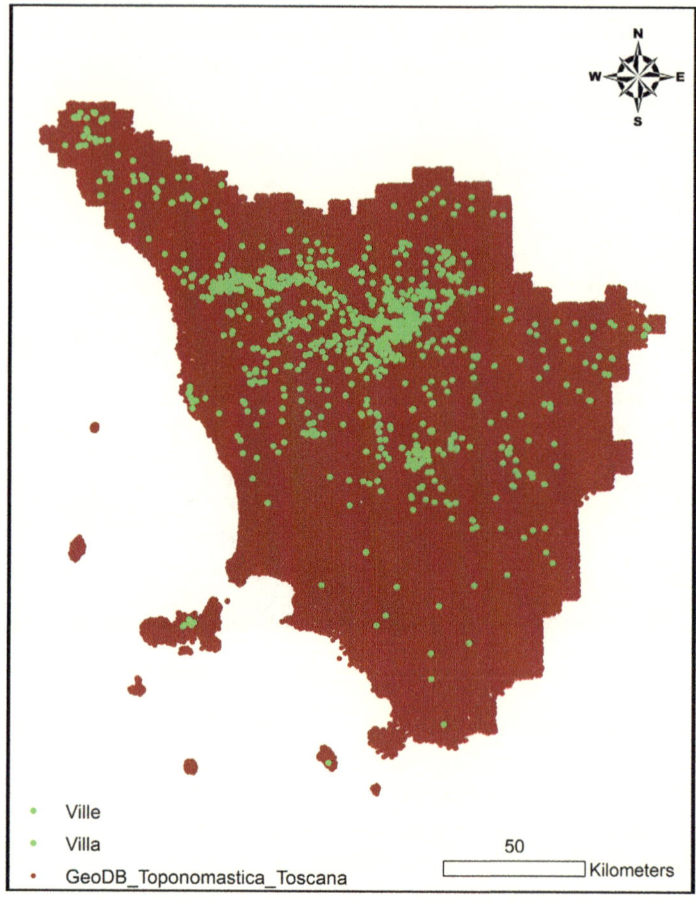

Figura 7. La toponimia "villa" y "villas" en Toscana.

Figura 8. La *fattoria* Calappiano (Vinci, FI) en CASTORE y en la actualidad. Cerca, en los mapas históricos, el *podere* Monastero, que formaba parte de la *fattoria*.

LA TRASHUMANCIA A TRAVÉS DE LA TOPONIMIA

El segundo tema presentado aquí, en cuanto al uso de la toponimia catastral, se refiere al fenómeno de la trashumancia. A través de la fuente catastral y sus topónimos, se ha intentado investigar cómo el paisaje toscano fue moldeado por la práctica de la trashumancia, reconstruyendo las rutas y los lugares de los rebaños y pastores (Grava, 2016). En el marco del proyecto marítimo Italia-Francia "*CamBio-VIA – Cammini e BIOdiversità: Valorizzazione Itinerari e Accessibilità per la Transumanza*", se ha realizado una encuesta sobre la toponimia de las rutas en las provincias costeras de Massa Carrara, Lucca, Pisa, Livorno y Grosseto.

Las rutas, como en el resto de Europa, eran de dos tipos:

- el ascendente del periodo estival, que lleva a los rebaños de ovejas (y vacas) desde los pueblos del fondo del valle o de media altitud hasta los pastos de montaña,
- el de descenso de los rebaños desde dichos pueblos hasta las llanuras, que es también el más largo del año.

Las dos tipologías corresponden a fuentes en parte similares y en parte diferentes, de las cuales la toponimia se encuentra entre las más importantes. El instrumento RETORE también ha demostrado ser muy útil en este ámbito. Desde su base de datos es posible identificar topónimos significativos para la trashumancia y ver su difusión y ubicación en el territorio regional. Por ejemplo, los distintos topónimos "*Diaccio*" y sus derivados (*diacci, diacce, diacceroni, diacceti, diaccialine, diaccialone*, etc.), presentes en muchas partes de Toscana, nos permiten reconstruir las distintas direcciones de las rutas de trashumancia en Toscana. De hecho, *diaccio* era el término utilizado para designar el descanso y las zonas de descanso de los animales, que de hecho dormían "al aire libre". Buscando por ejemplo en RETORE, la palabra *Diacci* o *Diaccialone* vemos que se trata de topónimos muy extendidos en nuestra región (43 veces *Diacci* y 71 *Diaccialone*) y, en particular, muy presentes en las zonas de Campiglia Marittima, Castagneto Carducci, Capalbio, Scansano, Grosseto, todos, lugares de paso o llegada de rebaños trashumantes procedentes de Garfagnana, Lunigiana o Amiata hacia los pastos invernales (fig. 9).

Las zonas de salida de los rebaños se encuentran al norte de Toscana, las de las montañas de Lunigiana y Garfagnana: "zonas de caminos" históricas caracterizadas por sus importantes puertos de montaña. Garfagnana corresponde al valle superior del río Serchio, entre los Alpes Apuanos y los Apeninos; Lunigiana corresponde al valle del río Magra. Hacia el S-E, otra importante zona de partida hacia los pastos invernales en la costa de la Maremma es la del Casentino. A través de un estudio de los distintos topónimos relacionados con la trashumancia, hemos podido rastrear la red de rutas de la Región en el siglo xix (figs. 10 y 11).

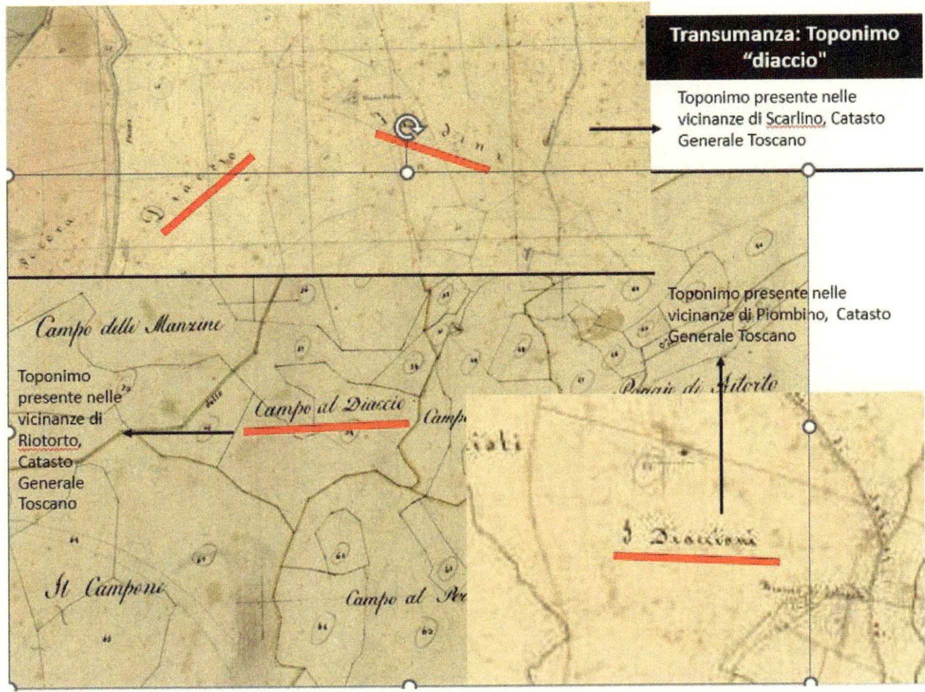

Figura 9. Topónimos de trashumancia en las comunidades de Scarlino y Piombino, Catastro General de la Toscana.

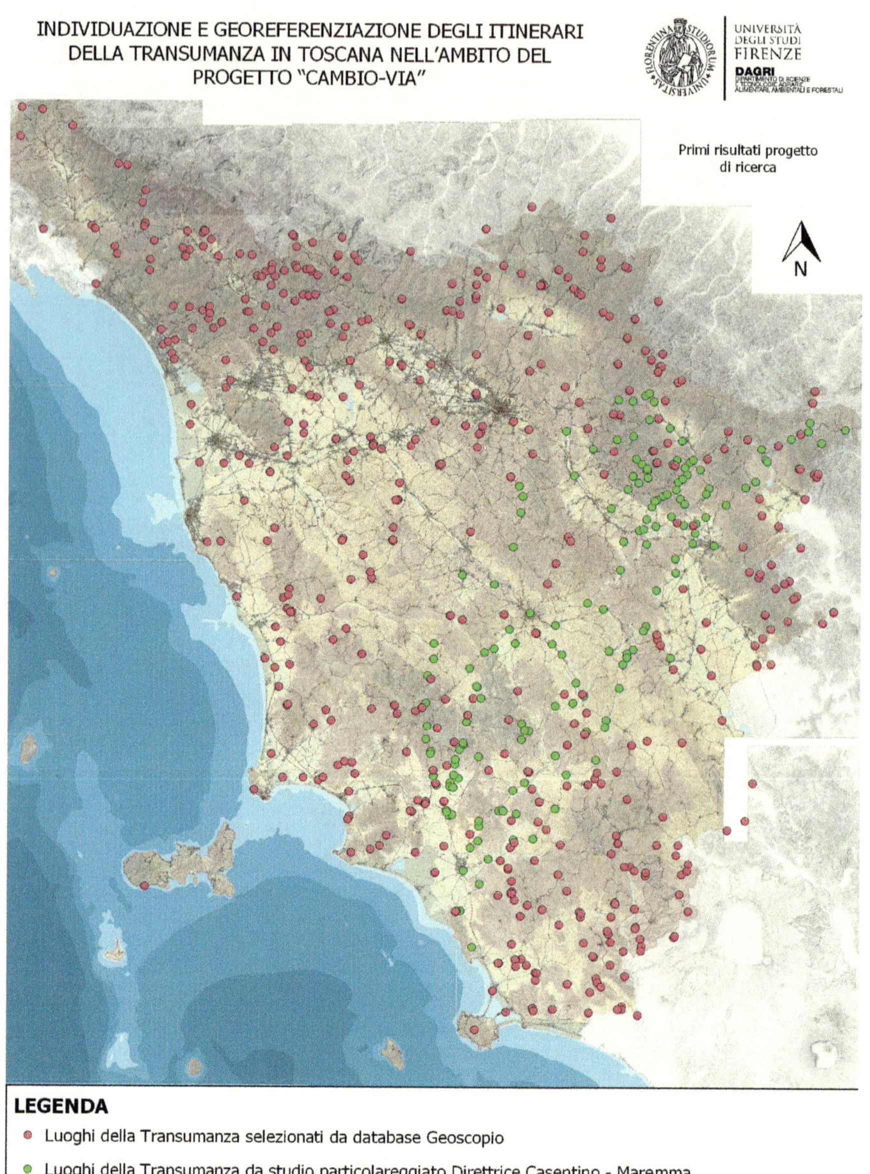

Figura 10. Topónimos de la trashumancia en RETORE identificados en el proyecto "CamBio-VIA".

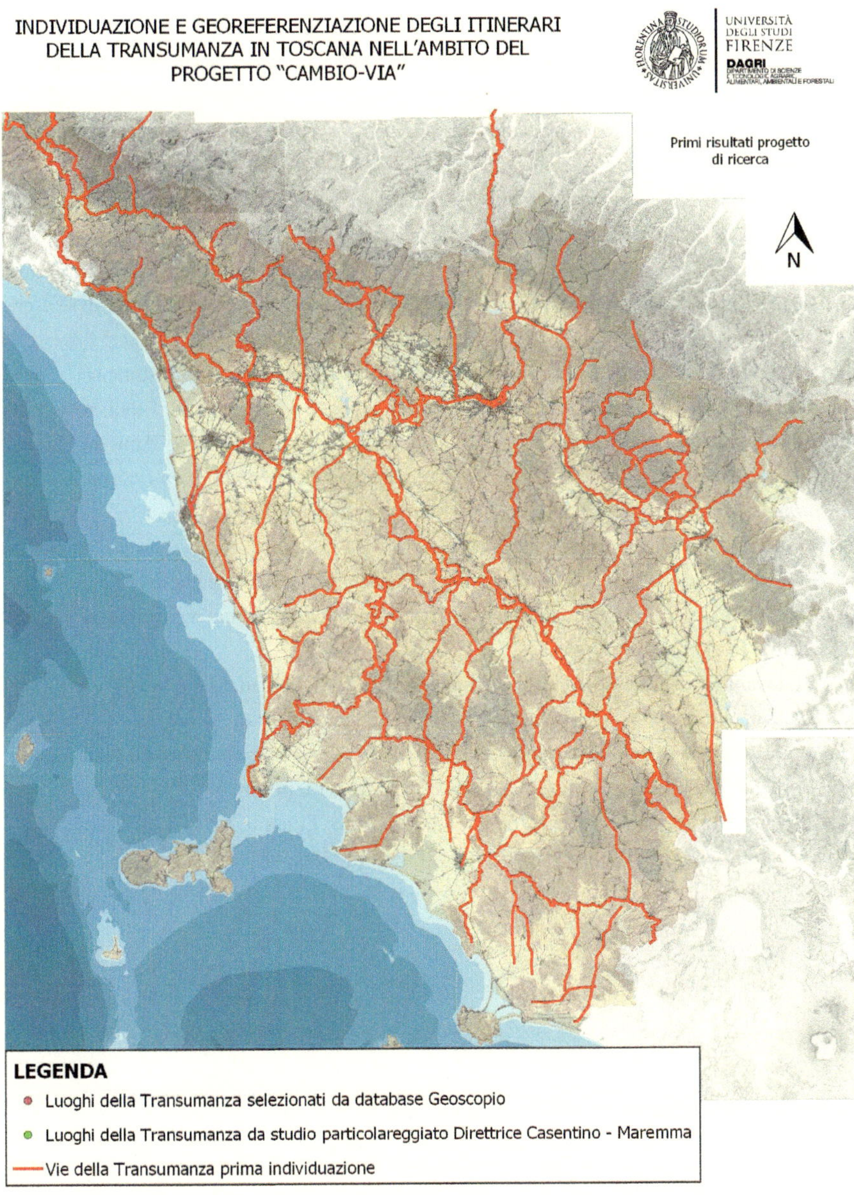

Fig. 11. Rutas de la Trashumancia identificadas en el proyecto "CamBio-VIA".

BIBLIOGRAFÍA

Azzari, Margherita: "Dalla china al web. Produrre, documentare, esporre cartografie", en M. Carta y L. Spagnoli: *La ricerca e le istituzioni tra interpretazione e valorizzazione della documentazione cartografica*, Roma, Gangemi, 2010, pp. 53-63.

Biagioli, Giuliana: *L'agricoltura e la popolazione in Toscana all'inizio dell'Ottocento. Un'indagine sul catasto particellare*, Pisa, Pacini, 1975.

——: *"I catasti"*, *Ambiente e società alle origini dell'Italia contemporanea,1700-1850*, (Vita civile degli Italiani. Società, economia, cultura materiale, vol. IV), Torino, Electa, 1990, pp. 26-39.

——: "A cultural heritage: toponymy in Tuscany. An historical, geographical and linguistic enquiry with GIS support", in A. Cantile y H. Kerfoot (eds.): *Place names as intangible cultural heritage*, IGMI, Firenze, 2016, pp. 117-132.

Grava, Massimiliano: "Nuova tecnologia per una pratica antica. La carta della transumanza", en A. Martinelli: *Montagna e Maremma. Il paesaggio della transumanza in Toscana*, Pisa, Felici, 2016, pp. 204-211.

——, Trevisani, Maurizio, Sassoli, Umberto, Peri, Andrea y Lucchesi, Fabio: "Aims and Actual Outcomes of Tuscany Castore Project: A Final Balance", *Cadastre: Geo-Information Innovations in Land Administration*, Springer International Publishing, 2017, pp. 159-165.

Guarducci, Anna: *L'utopia del catasto nella Toscana di Pietro Leopoldo. La questione dell'estimo geometrico-particellare nella seconda metà del Settecento*, Borgo San Lorenzo, All'Insegna del Giglio, 2009.

Lucchesi, Fabio *et alii.*: "I nomi e luoghi. Densità toponomastica e struttura territoriale in Toscana tra xix e xxi secolo", en *ASITA 2014*.

Inghirami, Giovani (1831), "Discorso intorno alla geografia della Toscana", en *Antologia*, t. XLII.

Messedaglia, Angelo, *Il catasto e la perequazione*, Relazione parlamentare, 1886.

Spagnoli, Luisa *Il catasto in Italia: da strumento a testimonianza geo-storica*, in Arturo Gallia (edit.): *Studi storico-cartografici. Dalla mappa al GIS*. Genova, Brigati, 2014, pp. 9-29.

Zangheri, Renato: "I catasti", en *Storia d'Italia*, vol. 5, Torino, Einaudi, 1973, pp. 761-806.

——: *Catasti e storia della proprietà terriera*, Torino, Einaudi, 1980.

4.
CATASTRAR LA RIQUEZA CORDOBESA, 1818-1820

Miguel Ángel Bringas Gutiérrez[1]
Universidad de Cantabria

Durante el reinado de Fernando VI, y por iniciativa del ministro de hacienda el marqués de la Ensenada, se va a poner en marcha el proceso administrativo que concluirá con la elaboración del Catastro de Ensenada (1749-1756). Esta fuente geohistórica se ha convertido por muchos motivos en la documentación catastral más relevante de la Corona de Castilla del siglo XVIII y en un referente a escala europea. Setenta años después, otro ministro de hacienda, Martín de Garay y ante las mismas necesidades y en un contexto histórico aun más caótico, pondrá en funcionamiento los mecanismos que deberían haber dado como resultado la realización de la Estadística General del Reino en todo el territorio nacional entre 1818 y 1820.

En este capítulo perseguimos ofrecer una versión actualizada de los trabajos ejecutados por la intendencia y las juntas de estadística en la provincia de Córdoba durante esos años, y que han permitido localizar los cuadernos generales de la riqueza de un tercio de los actuales municipios cordobeses.

LA ESTADÍSTICA GENERAL DEL REINO DE MARTÍN DE GARAY, 1818-1820

Con el real decreto de 30 de mayo de 1817, Martín de Garay y sus sucesores (José Imaz y Antonio González) pretendían implementar una reforma fiscal que solucionase los graves problemas por los que estaba atravesando la hacienda real. El nuevo sistema consistía en hacer contribuir a las capitales de provincia y los puertos habilitados mediante un impuesto indirecto sobre el consumo o "Derechos de Puertas" y establecer en la España agraria un impuesto directo sobre el valor del producto neto o "Contribución General del Reino". La idea era que todos súbditos no urbanos, sin distinción de su condición social, contribuyeran al pago de los impuestos de forma proporcional por el total de sus ingresos

[1] Este trabajo se ha realizado en el marco del Proyecto de Investigación I+D+i PID2019-106735GB-C21 del Ministerio de Ciencia e Innovación: *Avanzando en el conocimiento del Catastro de Ensenada y otras fuentes catastrales: nuevas perspectivas basadas en la complementariedad, la modelización y la innovación*, subproyecto del proyecto coordinado: *Las fuentes geohistóricas, elemento para el conocimiento continuo del territorio: retos y posibilidades de futuro a través de su complementariedad* y en el del Proyecto FUAM-465026 de Transferencia del Conocimiento de la Fundación de la Universidad Autónoma de Madrid y la Dirección General del Catastro de España: *Nuevos métodos y enfoques para la transferencia en ciencias sociales y humanidades en materia catastral: una historia que merece ser contada*. Es miembro del Grupo de Investigación Consolidado IDE-GEOHIS, UAM.

netos anuales, lo que implicaba la necesidad de conocer el producto y los salarios brutos y netos de los sujetos e instituciones afincadas en todas las villas y pueblos de España.

En el decreto de mayo de 1817 se disponía que debía formarse una Estadística General del Reino, y en un posterior desarrollo de este decreto se concretaría la estructura y el contenido de la nueva estadística, que estaría compuesta por un *Apeo y valuación general de capital y productos específicos de todas las tierras, edificios y propiedades* y un *Cuaderno general de la riqueza* de cada lugar (esquema 1). Los apeos fueron concebidos como unos catastros textuales, o paracatastro, en los que se detallarían las propiedades rústicas y urbanas de todos los vecinos e instituciones existentes en cada pueblo, mientras que en los cuadernos de la riqueza se recogería una completa descripción estadística de las producciones y los ingresos generados por todas las actividades económicas en cada uno de los núcleos de población.

Ambos documentos complementaban sus contenidos constituyendo una fuente geohistórica de especial interés para abordar diferentes investigaciones desde distintos ángulos de la historia y la geografía (historia económica, historia agraria, geografía histórica, etc.) en la España de principios del siglo XIX.

Esquema 1. Origen y composición de la Estadística General del Reino de Martín de Garay, 1817-1820

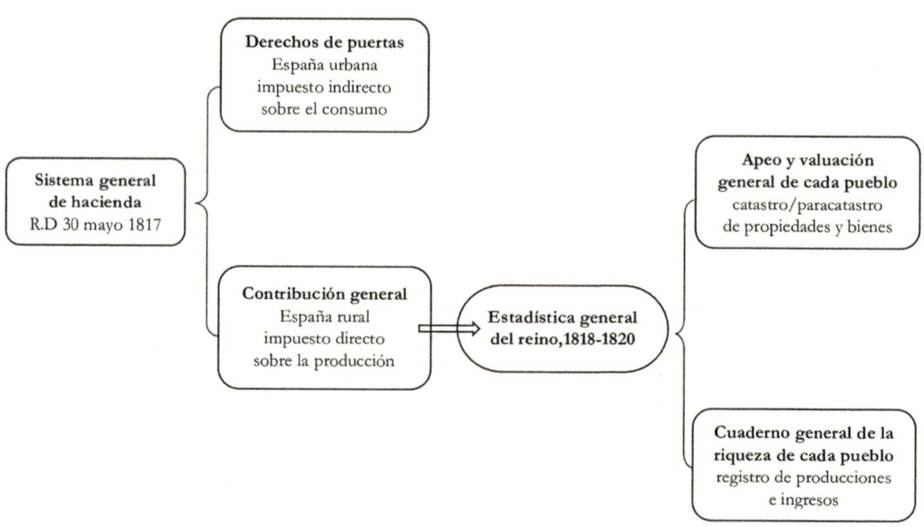

(Fuente: elaboración propia)

CATASTRAR TIERRAS Y REGISTRAR PRODUCCIONES EN CÓRDOBA, 1818-1820

En la sección de hacienda del archivo histórico provincial de Córdoba está depositada una de las mejores colecciones que conocemos hasta el momento, referida a la documentación catastral y estadística originada por la reforma fiscal de Martín de Garay entre 1817 y 1820. En 28 libros –del 702 al 7029– se han localizado el apeo y valuación general de la villa de Posadas (figura 1)[2] y los cuadernos generales de la riqueza con sus respectivos resúmenes (modelo 3) de 19 pueblos de la provincia de Córdoba: Alcaracejos, Aguilar de la Frontera, Añora, Bélmez, Cinco Aldeas, Conquista, El Guijo, Monturque, Pedroche, Posadas, Pozoblanco (figura 2), Torrecampo, Torrefranca, Torremilano, Villanueva de Córdoba, Santa Eufemia (figura 3), Villanueva del Rey, Villaralto y El Viso. A esto debemos añadir el modelo 1 o "tarifa de los precios medios de todos los productos", el modelo 2 o "porcentaje a deducir por los costes de producción" y los cálculos realizados por los peritos para determinar los rendimientos medios de cada cosecha por unidad de superficie según las calidades y los tipos del terreno, aplicados en las circunscripciones de los partidos de Lucena, Palma del Río y Pozoblanco.

El libro 708 contiene la copia del acta de la junta de repartimiento y estadística del partido de Lucena, de enero a diciembre de 1818 y los oficios enviados por el intendente y la junta provincial a la del partido y de esta a las juntas locales de su jurisdicción (Cabra, Aguilar de la Frontera, Rute, Iznájar, Priego de Córdoba, Carcabuey, Monturque, Benamejí, Lucena y La Puente de Don Gonzalo –hoy, Puente Genil–). Son numerosas las comunicaciones en las que se instaba a las juntas de estos pueblos a la pronta y exacta finalización de las operaciones estadísticas. El 30 de agosto de 1818, el intendente afirmaba que solo los pueblos de Rute y Carcabuey habían ejecutado sus apeos, mientras que todos los demás "observan un profundo silencio", por lo que nombró comisionados para acelerar la ejecución del catastro y la estadística, al tiempo que, resolvía toda clase de dudas, litigios y agravios, como el presentado por el contador del duque de Medinaceli a la junta de la villa de Aguilar de la Frontera el 5 de septiembre de 1818.

Estos cuadernos hallados en el archivo provincial fueron concluidos por los peritos encargados de su redacción entre septiembre y noviembre de 1819, y cinco de ellos, durante el invierno de 1820 antes de que Fernando VII fuera obligado a jurar la constitución de 1812, poniendo fin al Sexenio Absolutista, pero es probable que, alguno de estos cuadernos, se trate en realidad de duplicados posteriores a los que se les había modificado la fecha o de nuevas copias con los datos rectificados por los comisionados principales y subalternos de las juntas de partido. En cuanto a su distribución geográfica, junto con los hallados en otros archivos, son mayoría los cuadernos de la riqueza que se corresponden con

[2] Este apeo contiene la descripción y valoración de sus edificios –urbanos y rústicos–, y sus tierras en 1819. Al comienzo del mismo se dice que Mariano Portichuelo Bonilla, agrimensor y apreciador público de heredades, con la ayuda de cuatro peritos, levantaron un plano territorial de Posadas. Y a continuación, Portichuelo Bonilla redacta de forma minuciosa toda la operación de deslindar las tierras pertenecientes a este término. Estos trabajos fueron dispuestos por Antonio Alfaro, comisionado principal en la junta de partido de Palma del Río.

localidades situadas al norte de la provincia de Córdoba en la comarca de Los Pedroches y, en menor número, los ubicados en la campiña y en la zona penibética. De los 23 municipios que forman la comarca de Los Pedroches disponemos de los cuadernos del 60 % de estos términos. Hay que aclarar que las poblaciones de Torrefranca y Torremilano formaron, a partir de 1839, el municipio de Dos Torres y que las aldeas de Valsequillo, Los Blázquez, La Granjuela, Los Prados y Esparragosa se separaron de Fuente Obejuna en 1817 para formar el municipio de Cinco Aldeas. A su vez, en 1842 las tres primeras aldeas se segregaron para constituir municipios independientes, mientras que desaparecieron Esparragosa y Los Prados (mapa 1). Resulta complicado estimar la extensión de estos pueblos por separado, pero una idea de su tamaño nos la proporciona el repartimiento de Cinco Aldeas de 1820. En esta relación de vecinos contribuyentes el 47 % corresponden a Valsequillo, el 22 % a La Granjuela, el 18 % a Los Blázquez, y tan solo, el 9 % y el 4% a la Esparragosa y Los Prados.

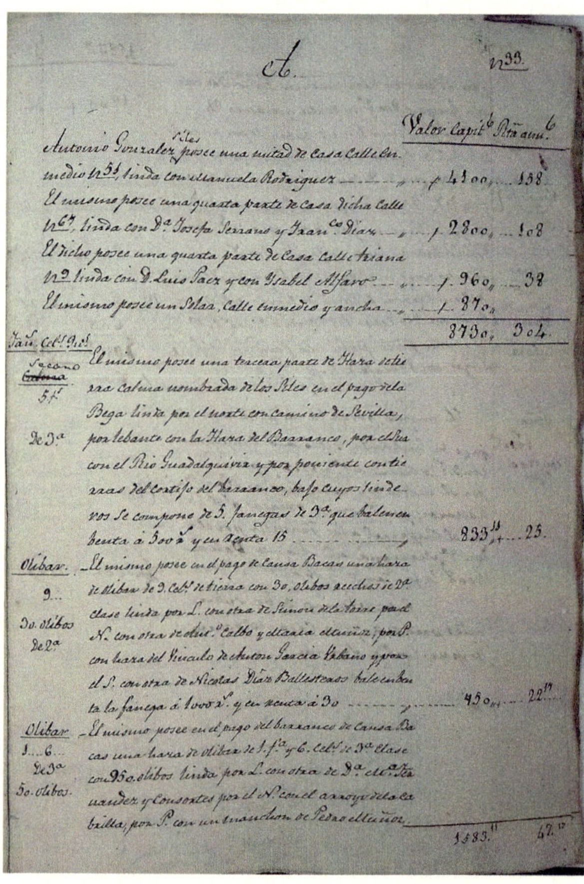
A. n.º 33.

Valor capit.l Rta. anu.l

Antonio Gonzalez Sales posee una mitad de Casa Calle Enmedio n.º 51, linda con Manuela Rodriguez ... 4100 ... 158
El mismo posee una quarta parte de Casa dicha Calle n.º 67, linda con D.ª Josefa Serrano y Fran.co Diaz ... 2800 ... 108
El dicho posee una quarta parte de Casa Calle Triana n.º linda con D. Luis Paez y con Ysabel Alfaro ... 960 ... 38
El mismo posee un Solar, Calle enmedio y ancha ... 870
8730 304

Fan.s Cel.s Q.s — Secano 5 f.s De 3.ª — El mismo posee una tercera parte de Haza de tierra calma nombrada de los Sotos en el pago de la Bega linda por el norte con camino de Sevilla, por levante con la Haza del Barranco, por el Sur con el Rio Guadalquivir y por poniente con tierras del Cortijo del Barranco, bajo cuyos linderos se compone de 5 fanegas de 3.ª que balen en benta a 300 r.s y en renta 15 ... 833 ... 25

Olibar 9 ... 30 olibos De 2.ª — El mismo posee en el pago de Cansa Bacas una haza de olibar de 9 Cel.s de tierra con 30 olibos hechos de 2.ª clase linda por L. con otra de Simon de la Torre por el N. con otra de [illegible] Calbo y Maria Muñoz, por P. con haza del Vinculo de Anton Garcia Urbano y por el S. con otra de Nicolas Diaz Ballesteros bale en benta la fanega a 1000 r.s y en renta a 30 ... 450 ... 22

Olibar 1 ... 6 ... De 3.ª 50 olibos — El mismo posee en el pago del barranco de Cansa Bacas una haza de olibar de 1 f.ª y 6 Cel.s de 3.ª clase con 950 olibos linda por L. con otra de D.ª M.ª Fernandez y Consortes por el N. con el arroyo de la Cabrilla, por P. con un manchon de Pedro Muñoz
1583 67

Figura 1. Apeo de la villa de Posadas, 1819. (Fuente: AHP Córdoba, libro 718).

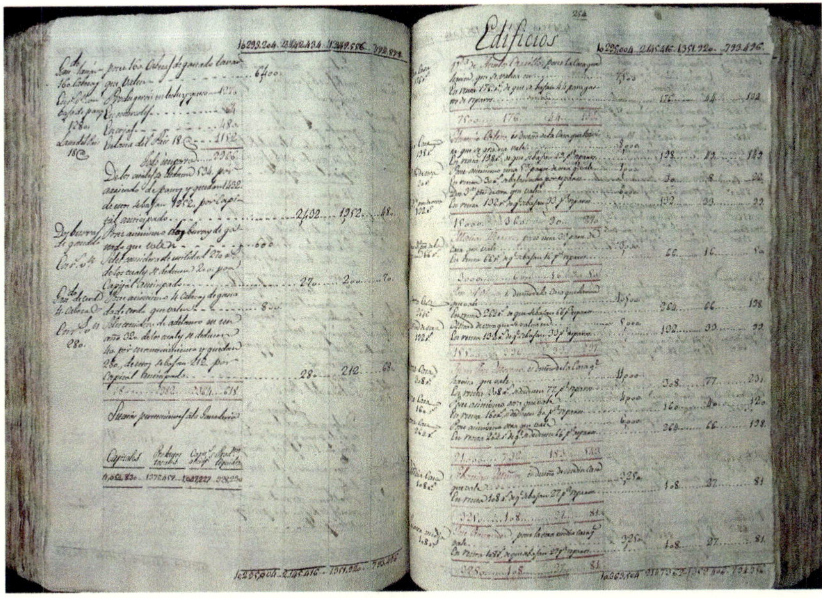

Figura 2. Cuaderno general de la riqueza de Pozoblanco, 1819 (Fuente: AHP Córdoba, libro 715).

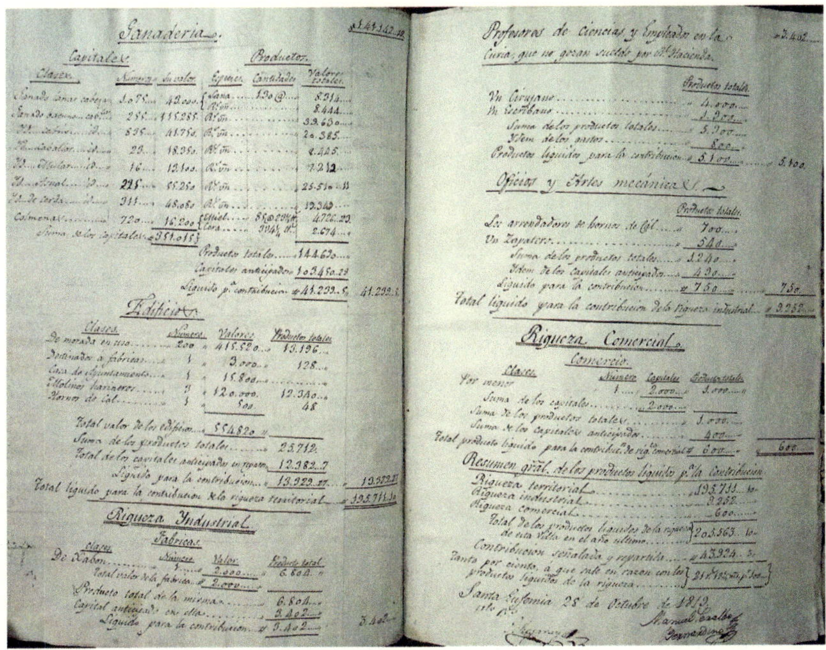

Figura 3. Resumen general de Santa Eufemia, 1819. (Fuente: AHP Córdoba, libro 722).

Las superficies agrarias registradas con valor fiscal en estos cuadernos de la riqueza suman 154.001 hectáreas, de la cuales el 42 % se dedican a tierras de labor. En el total de estas tierras están incluidas las 18.743 hectáreas (29.109 fanegas) de la Dehesa de la Jara de aprovechamiento mancomunado entre los vecinos de las Siete Villas de Los Pedroches (mapa 1)[3], aunque computadas en el cuaderno de Pozoblanco por decisión de Dionisio Echegaray, comisionado general de estadística del partido. En 1752, el Catastro de Ensenada calcula la extensión de esta dehesa en 17.723 hectáreas (27.524 fanegas).

Mapa 1. Mapa del reino y obispado de Córdoba: con los partidos de Córdoba, el Carpio, los Pedroches y Santa Eufemia, 1797. (Fuente: Dirección General del Instituto Geográfico Nacional. Tomás López. https://www.ign.es/web/catalogo-cartoteca/apibadasid/cartoteca/searchbyObraMadre/28439.

[3] Las Siete Villas es una comunidad de origen medieval, formada por los municipios de Alcaracejos, Añora, Pedroche, Pozoblanco, Torremilano, Torrecampo y Villanueva de Córdoba.

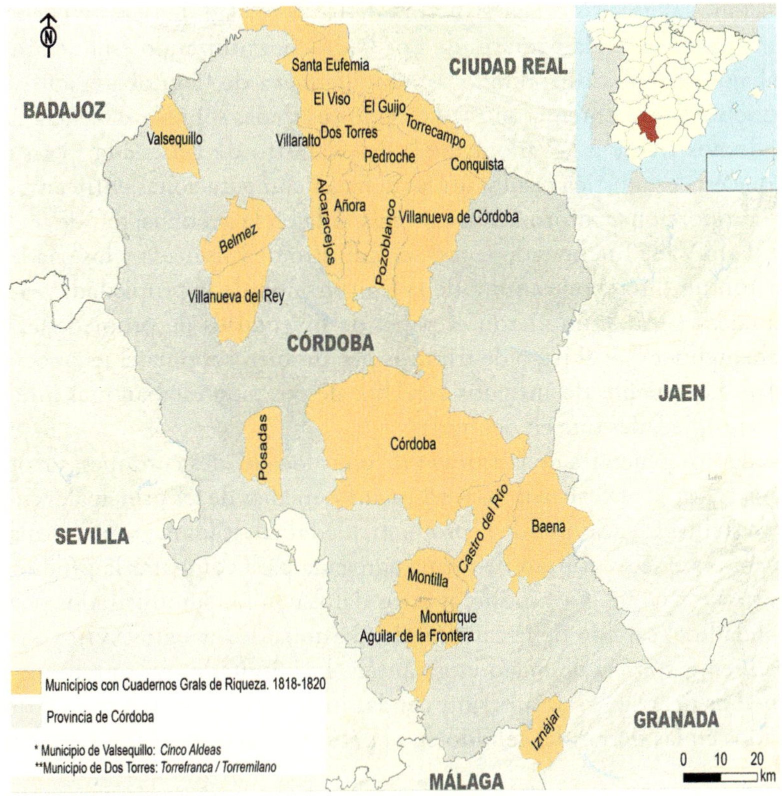

Mapa 2. Cuadernos de la riqueza localizados en la provincia de Córdoba, 1818-1820. (Fuente: elaboración propia).

En el esquema 2 se expone de forma sintetizada la descripción de la documentación localizada en el archivo histórico provincial de Córdoba: 1 apeo y valuación general, 19 cuadernos de la riqueza, 18 repartimientos de la contribución y los 18 resúmenes de cada uno de los pueblos menos de Alcaracejos (mapa 2). El papel que jugaron los comisionados, nombrados por el intendente provincial, en las juntas de cada pueblo es clave para entender el proceso que terminó con la elaboración de este catastro y estas estadísticas, siendo, a su vez, una barrera que debía impedir, en lo posible, la ocultación y la infravaloración de los bienes declarados por los vecinos y las instituciones al tener que dar su conformidad con lo recogido en estos documentos.

A finales de años 70 y principios de los 80, siguiendo la estela que habían marcado algunos geógrafos, conscientes de la necesidad de explotar las posibilidades que podían ofrecer nuevas fuentes, como los cuadernos de la riqueza para abordar el estudio de los cambios en los paisajes agrarios a principios del siglo xix. Desde la geografía rural se realizan dos aportaciones al análisis de la estructura de la propiedad de tierra y la composición de la cabaña ganadera en la comarca de Los Pedroches utilizando esta documentación. En los trabajos de Valle Buenestado sobre Villanueva de Córdoba (1978) y Valverde Fernández sobre Santa Eufemia (1983) expresan sus dudas sobre la solvencia de las cifras de los cuadernos frente a las anotaciones del Catastro de Ensenada, pero reconocen también, que esta estadística resulta útil para hacer comparaciones entre ambas fuentes, además de proporcionar información no registrada en la averiguación de mediados del siglo XVIII. Para Valle Buenestado (1985), el Catastro de Ensenada y los cuadernos de la riqueza fueron un hito en el camino de la legitimación de la propiedad, y que, a pesar de su naturaleza fiscal, cumplieron el papel de inventarios de propiedades rústicas y urbanas, al entender que el pago de tributos por un bien suponía el reconocimiento de la propiedad. Los dueños de antiguos derechos de posesión estaban más interesados en declarar sus propiedades que en ocultarlas[4].

Los cuadernos generales de la riqueza de estas localidades cordobesas han servido a Bringas (1993, 2000) para calcular los rendimientos medios de los principales cultivos de la provincia en su investigación sobre la productividad total de los factores a escala nacional. Es la primera vez que se utilizan de forma agregada para comparar la productividad de la tierra entre 1752 y 1818. Contrastados estos datos con los suministrados por los libros de contabilidad del cabildo de la catedral de Córdoba de los siglos XVIII y XIX (Ponsot, 1977), una fuente *a priori* de mayores garantías, los resultados muestran que los rendimientos medios del trigo eran superiores en las fuentes fiscales (de 4,7 a 5,2 qm/ha) que los registrados en las tierras del cabildo en el período 1740 a 1840 (de 4,0 a 4,9 qm/ha).

Esquema 2. Documentación relacionada con la estadística de Martín de Garay en el archivo histórico provincial de Córdoba, 1817-1820

Villas y pueblos	Tipos de documentos	Fecha	Sección de hacienda
Alcaracejos	Cuaderno general de la riqueza	--/--/1818	libro 702
Añora	Cuaderno general de la riqueza	--/11/1819	libro 703
	Relación de sujetos, según el tipo de actividad, indicando el producto para la contribución	--/11/1819	
	Modelo 3. Resumen del pueblo	20/02/1820	

[4] Más recientemente, Moreno Valero (2016) utiliza el cuaderno de la riqueza de Pozoblanco para estudiar la importancia de la producción de textiles en su economía.

Bélmez	Cuaderno general de la riqueza. Se trata de una copia "a la letra de su original" que se conserva en el ayuntamiento de la villa.	30/09/1819	libro 704
	Relación de sujetos, según el tipo de actividad, indicando el producto y la cantidad a pagar por contribución		
	Relación de 23 vecinos exentos de la contribución		
	Modelo 3. Resumen del pueblo		
Cinco Aldeas (Valsequillo, Los Blázquez, La Granjuela, Los Prados, Esparragosa)	Cuaderno general de la riqueza. Se corresponde en la letra al entregado a la junta de este pueblo	15/01/1820	libro 705
	Relación de sujetos, según el tipo de actividad, indicando el producto para la contribución		
	Modelo 3. Resumen del pueblo	30/01/1820	
Conquista	Cuaderno general de la riqueza	01/11/1819	libro 706
	Relación de sujetos, según el tipo de actividad, indicando el producto y la cantidad a pagar por contribución	16/11/1819	
	Modelo 3. Resumen del pueblo	18/11/1819	
Partido de Pozoblanco	Modelo 1. Tarifa de los precios medios	25/09/1818	libro 707
	Modelo 2. Tarifa de las partes alícuotas	26/09/1818	
Guijo, El	Cuaderno general de la riqueza. Las casas se clasifican según su estado (ruinoso, medio y superior)	19/11/1819	
	Relación de sujetos, según el tipo de actividad, indicando el producto y la cantidad a pagar por contribución. Cita a un vecino exento de la contribución		
	Modelo 3. Resumen del pueblo	20/11/1819	
Partido de Lucena	Libro con las copias de los acuerdos y oficios de la junta de repartimiento y estadística del partido de Lucena	--/--/1818	libro 708
	Modelo 1. Tarifa de los precios medios	18/12/1818	libros 709 a 712
	Modelo 2. Tarifa de las partes alícuotas. Datos desglosados por calidades de tierras	18/12/1818	
Aguilar de la Frontera	Valor, producto y deducciones medias por unidad de superficie en las tierras de secano (ruedos, campiñas, hazas, etc.), los olivares, los viñedos, los pastos, los encinares y la ganadería de esta villa en el último quinquenio	03/08/1819	
	Cuaderno general de la riqueza. Los vecinos agrupados por calles y los hacendados forasteros por sus lugares de residencia.	14/02/1820	
	Relación de sujetos, según el tipo de actividad, indicando el producto para la contribución		
	Modelo 3. Resumen del pueblo	18/02/1820	

Monturque	Valor, producto y deducciones medias de las tierras de secano (ruedos, tierras calmas y de encinas, etc.), los olivares, los viñedos, los pastos, los encinares y la ganadería de esta villa en el último quinquenio	10/03/1819	libro 713
	Cuaderno general de la riqueza	01/02/1820	
	Relación de sujetos, según el tipo de actividad, indicando el producto para la contribución	03/02/1820	
	Modelo 3. Resumen del pueblo	06/02/1820	
Partido de Pozoblanco	Modelo 1. Tarifa de los precios medios	24/08/1819	libro 714
	Modelo 2. Tarifa de las partes alícuotas	24/08/1819	
Pedroche	Cuaderno general de la riqueza. Es una copia "conforme con el original" de esta villa	07/10/1819	
	Relación de sujetos, según el tipo de actividad, indicando el producto y la cantidad a pagar por contribución. Vecinos ordenados por calles	16/11/1819	
	Relación de 83 vecinos exentos de la contribución		
	Modelo 3. Resumen del pueblo	19/11/1819	
Pozoblanco	Cuaderno general de la riqueza. Se corresponde con el original realizado por la junta de la villa.	20/08/1819	libro 715
	Relación de sujetos, según el tipo de actividad, indicando el producto y la cantidad a pagar por contribución. Vecinos ordenados por calles	15/10/1819	
	Relación de 226 vecinos exentos de la contribución ordenados por calles		
	Modelo 3. Resumen del pueblo	15/10/1819	
Partido de Palma del Río	Modelo 1. Tarifa de los precios medios	27/03/1819	libros 716 y 717
	Modelo 2. Tarifa de las partes alícuotas	27/03/1819	
Posadas	Cuaderno general de la riqueza. Relación de 309 jornaleros no contribuyentes por orden alfabético	31/03/1820	
	Relación de sujetos, según el tipo de actividad, indicando el producto y la cantidad a pagar por contribución		
	Modelo 3. Resumen del pueblo		
	Descripción de los mojones para conocer los deslindes y calcular de la extensión del término de Posadas realizado por Mariano Portichuelo Bonilla	14/06/1819	libros 718, 719, 720 y 721
	Apeo y valuación general. Vecinos ordenados por la primera letra del nombre		
	Padrón de vecinos y habitantes de la villa ordenados por calles	28/05/1819	

	Resumen del número de vecinos, tierras y edificios con su valor. Abecedario de los propietarios de bienes rurales y urbanos de esta villa con sus valores y rentas	--/--/1819	
Santa Eufemia	Cuaderno general de la riqueza. Las casas se clasifican según su estado (ruinoso, medio y superior)	04/10/1819	libro 722
	Relación de sujetos, según el tipo de actividad, indicando el producto y la cantidad a pagar por contribución		
	Relación de 9 jornaleros no contribuyentes		
	Modelo 3. Resumen del pueblo	28/10/1819	
Torrecampo	Cuaderno general de la riqueza. Los edificios de los vecinos se agrupan por calles	18/11/1819	libro 723
	Relación de sujetos, según el tipo de actividad, indicando el producto y la cantidad a pagar por contribución	29/11/1819	
	Modelo 3. Resumen del pueblo		
Torrefranca (Dos Torres)	Cuaderno general de la riqueza. Relación de 13 jornaleros no contribuyentes. Este cuaderno es igual que el entregado a la junta de partido de Pozoblanco	11/03/1820	libro 724
	Relación de sujetos, según el tipo de actividad, indicando el producto y la cantidad a pagar por contribución	30/11/1819	
	Modelo 3. Resumen del pueblo	20/11/1819	
Torremilano (Dos Torres)	Cuaderno general de la riqueza	26/01/1819	libro 725
	Relación de sujetos, según el tipo de actividad, indicando el producto para la contribución	25/01/1820	
	Modelo 3. Resumen del pueblo	28/02/1820	
Villanueva de Córdoba	Cuaderno general de la riqueza. Vecinos agrupados por calles	25/01/1820	libro 726
	Relación de sujetos, según el tipo de actividad, indicando el producto y la cantidad a pagar por contribución		
	Relación de 193 sujetos no contribuyentes		
	Modelo 3. Resumen del pueblo		
Villanueva del Rey	Cuaderno general de la riqueza. Copia segunda del cuaderno de este pueblo	02/09/1819	libro 727
	Relación de los 77 labradores, 4 hortelanos, 2 guardas de montes, 87 jornaleros y 30 ganaderos	02/11/1819	
	Relación de sujetos, según el tipo de actividad, indicando el producto y la cantidad a pagar por contribución	16/11/1819	
	Modelo 3. Resumen del pueblo	20/11/1819	

Villaralto	Cuaderno general de la riqueza. Las casas se clasifican según su estado (ruinoso, medio y superior)	02/11/1819	libro 728
	Relación de sujetos, según el tipo de actividad, indicando el producto para la contribución		
	Modelo 3. Resumen del pueblo. Al final se escribe "visto, corregido y enmendado por esta comisión principal de estadística" en Córdoba a 3 de marzo de 1820 y firmado por Dionisio Echegaray.	30/11/1819	
Viso, El	Cuaderno general de la riqueza	20/12/1819	libro 729
	Relación de sujetos, según el tipo de actividad, indicando el producto para la contribución		
	Modelo 3. Resumen del pueblo		

La información encerrada en estos apeos y cuadernos generales de la riqueza ofrece oportunidades no exploradas por la historiografía, para conocer de forma detallada múltiples dimensiones de la economía local, comarcal, provincial o nacional dependiendo del nivel de agregación de los datos.

El contenido de los cuadernos gravita en torno a dos grandes grupos de datos: por un lado, los que describen el patrimonio de los vecinos y los hacendados forasteros, además del perteneciente a las instituciones civiles y eclesiásticas, y, por otro, los que detallan las producciones y los ingresos brutos y netos generados por todas las actividades económicas de los vecinos sujetos al pago de la contribución.

En una economía preindustrial, el patrimonio de los individuos y las instituciones estaba formado básicamente por las tierras, los edificios y el ganado. Los cuadernos ofrecen la posibilidad de reconstruir desde la extensión y el valor de las tierras cultivadas, al número de edificaciones o la composición de la cabaña ganadera hasta el número de manufacturas, oficios o arrieros de cada lugar[5]. Y estos mismos cuadernos de la riqueza nos dan acceso a los datos individualizados de los ingresos brutos y netos de todos los vecinos e instituciones con obligaciones fiscales. Con esta información, podemos estudiar la naturaleza y la composición del ingreso (beneficios agrarios y comerciales, salariales, intereses del capital, etc.) y analizar el índice de desigualdad de la renta o medir el grado de pluriactividad de sus habitantes. Como ejemplo, al final del capítulo, se reseñan las cifras correspondientes al valor y origen del patrimonio y al producto bruto por ramas de actividad de 18 municipios de Córdoba entre 1819 y 1820.

[5] En algunos casos, se llega a detallar la cantidad de grano almacenado en los pósitos municipales. A pesar de que los pósitos no estaban sujetos a la contribución, pero una real orden de 14 de noviembre de 1817 señalaba que debían "presentar noticia de sus fondos" cuando se formara la estadística del reino. Sería interesante comparar los datos de estos cuadernos con los recopilados por Álvarez de Sotomayor (1837) y Ramírez de las Casas-Deza (1837, 1840, 1856).

En 1993, Mata, Muñoz y Acosta publicaban un artículo en la Revista *CT Catastro,* en el que daban a conocer la existencia de la estadística de la riqueza de 1818 en el archivo municipal y las enormes posibilidades que esta fuente abría para el estudio de la propiedad de la tierra en el municipio de Córdoba. En un trabajo posterior afirman que este registro estadístico aporta información más estimable, sistemática y relativamente fiable que otras fuentes fiscales (Mata y Muñoz, 1999; Grupo de historia social agraria andaluza, 1993 y 1997). A la importancia de esta documentación, debemos añadir que la inventariada en este archivo representa una mayor variedad y complejidad que la descrita por estos autores.

En la caja 1042 se localizan las relaciones juradas proporcionadas por los vecinos y los hacendados forasteros contribuyentes (manuscritas e impresas) que debían servir de base para la posterior redacción del apeo y valuación general de las propiedades rústicas situadas en las afueras de la ciudad de Córdoba en 1819. Estas relaciones se ordenan de forma alfabética y, en ella, se detallan la localización de las tierras (cortijos, campiñas, ruedos, dehesas, huertas, etc.), su extensión y calidades, las lindes de las propiedades, el número de arrendatarios y su valor de mercado y en renta. Esta documentación se encuentra muy desordenada por lo que no podemos asegurar que este completa.

Además de las relaciones juradas de los residentes en otras localidades y de vecinos cordobeses que labran tierras en el término de la capital, necesarias para la formación del libro catastro, la caja 1043 contiene las declaraciones juradas de los bienes de los arrieros, madereros, aladreros, alfareros, colmeneros, dueños de ganados y de hornos de ladrillos, cal y yeso que formaban parte del borrador del cuaderno general de la riqueza de Córdoba en 1819[6]. En esta caja se guarda un estadillo realizado por la junta provincial de contribución y fechado el 10 de diciembre de 1818, en el que se comparan los rendimientos de las tierras sembradas de trigo y las plantadas de olivos en los 21 pueblos del partido de Córdoba en 1752 y 1818. Su finalidad consistía en proporcionar a los peritos un "juicio comparativo" entre las diligencias practicadas en tiempos del Catastro de Ensenada y los cálculos efectuados para realizar la "estadística de la época actual". Estos datos traducidos a quintales métricos y a hectolitros por hectárea ofrecen, en conjunto para los dos periodos, unos resultados muy semejantes, solo ligeramente superior en las tierras de mejor calidad cultivadas de trigo y en todas las superficies dedicadas a olivar en 1752 en la zona de la campiña cordobesa (tabla 1). Con la excepción de la agricultura y la ganadería, para el resto de las actividades, no tenemos evidencia de que las juntas locales se mostraran muy exigentes en la evaluación de su rentabilidad anual, dejando en manos de los peritos la responsabilidad de su estimación.

En la caja 1464 se pueden consultar las actas y los oficios de la junta de la contribución de Córdoba junto con las circulares remitidas por Rafael Díaz Caso, el intendente provincial, a esta junta durante los años 1818 y 1819, y también los repartimientos de la contribución

[6] Los peritos encargados de describir los cortijos arrendados por los vecinos de Villafranca en Córdoba especifican la extensión de los cortijos, el sistema de cultivo, la productividad de los cereales, el número y el tipo de ganado existente en cada explotación, etc.

general del reino de 1817 a 1820. En el repartimiento de 1819, los individuos y las instituciones suman un total de 1.545, divididos en 17 apartados (predios, dehesas, cortijos, huertas, olivares, hazas, lagares, molinos de aceite, molinos de yeso, almacenes de madera y ladrerías, caleros y tejedores, ganaderos fuera del término, colmeneros, posadas y molinos de pan, comerciantes, especierías y tabernas extramuros) y cuyas propiedades alcanzan un valor de 6.137.075 reales, pero sin hacer ninguna referencia ni a las casas habitadas ni a las construcciones agrícolas situadas extramuros de la ciudad de Córdoba. Por último, en la caja 6081 están depositados más libros de actas, peticiones para la reducción de los impuestos, alegaciones, instancias y expedientes todos ellos relacionados con la contribución general del reino[7].

Tabla 1. Productividad del trigo y el aceite en los pueblos del partido de Córdoba, 1752-1818

Pueblos	Trigo (qms/ha)						Aceite (hls/ha)					
	1752			1818			1752			1818		
	calidades											
	1º	2º	3º	1º	2º	3º	1º	2º	3º	1º	2º	3º
Comarca de la Campiña												
Córdoba	8,4	5,6	3,5	7,3	6,3	5,2	2,7	2,0	1,3	2,4	1,8	1,2
Bujalance	7,7	4,9	2,8	6,3	5,2	4,2	2,3	1,7	0,6	1,4	1,0	0,6
Carpio, El	7,0	4,9	3,5	5,6	3,5	2,1	2,4	2,0	1,2	2,6	2,0	0,8
Espejo	7,0	4,9	3,5	6,3	4,9	3,5	2,0	1,4	1,0	1,5	0,9	0,4
Fernán Núñez	7,0	5,6	4,2	6,3	4,9	3,5	2,3	1,7	1,0	2,0	1,5	1,0
Montemayor	8,4	5,6	3,5	5,6	4,2	2,8	1,0	0,6	0,4	1,2	0,8	0,4
Montilla	8,4	5,6	4,2	8,7	5,2	3,5	2,0	1,4	1,0	1,9	1,3	0,7
Morente (Bujalance)	8,4	5,6	4,2	7,0	5,6	4,2	2,7	2,0	1,3	1,6	1,2	0,8
Pedro Abad	7,0	5,6	3,5	7,7	5,9	4,2	6,3	4,1	3,1	3,2	2,0	1,2
Rambla, La	7,0	5,6	4,2	6,3	4,9	3,5	2,7	2,0	1,3	1,7	1,2	0,5
Santa Cruz (Córdoba)	8,4	5,6	4,2	7,3	6,3	4,9	-	-	-	-	-	-
Villa del Río	7,0	5,6	4,2	7,7	5,9	4,2	2,4	2,0	1,4	2,4	2,0	1,6
Comarca de la Sierra												
Almodóvar del Río	4,9	4,2	3,5	4,9	3,5	2,1	1,5	0,9	0,6	1,0	0,6	0,5
Adamuz	5,6	4,2	2,8	5,6	4,2	2,1	2,3	1,6	0,7	1,2	0,8	0,4

[7] Un ejemplar del modelo reimpreso en Córdoba del cuaderno general de la riqueza puede consultarse en https://biblioteca.cordoba.es/BibDigital/1818_Modelos_contribucion_general_del_Reino.pdf. Esta firmado por el intendente Pedro Domínguez, el 1 de marzo de 1818.

Montoro	6,3	4,2	2,8	4,2	3,5	2,1	1,8	1,1	0,6	1,4	0,9	0,4
Espiel	5,6	4,2	2,8	5,6	3,5	2,1	1,2	0,8	0,4	2,0	1,4	1,0
Santa María de Trassierra (Córdoba)	2,8	2,1	1,4	5,6	4,2	2,8	0,8	0,6	0,4	0,8	0,6	0,4
Obejo	-	-	-	5,6	4,2	2,8	-	-	-	1,4	1,0	0,6
Villaharta	-	-	-	5,7	3,8	2,1	-	-	-	-	-	-
Villaviciosa Córdoba	-	-	-	5,6	4,2	3,5	-	-	-	0,8	0,4	0,2
Villafranca Córdoba	-	-	-	5,6	4,5	2,1	-	-	-	1,3	0,8	0,3

Fuente: AM Córdoba, caja 1043. Elaboración propia.

En otras localidades cordobesas también se ha podido localizar documentación relacionada con la estadística general del reino de Martín de Garay. Al sur de la provincia, en el archivo histórico municipal de Baena, se ha conservado una parte del repartimiento correspondiente al cuaderno de la riqueza de esta villa de 1818 a 1820 (hacienda, legajos 366 y 367). Los datos fiscales de los vecinos contribuyentes se agrupan por parroquias (San Bartolomé, Santa Catalina, San Salvador, San Pedro y Santa María de la Mayor), más los relativos a los eclesiásticos, los forasteros hacendados y los residentes en Monte Horquera y Doña Mencía.

En el archivo municipal de Montilla se puede consultar el apeo junto al repartimiento del cuaderno y las actas de la junta de estadística del partido de Montilla (legajos 398 A, 411 B a 413 B, 457 B a 460 B y 519 B) de los años 1817 a 1819. Como sucedió en los casos de Aguilar de la Frontera y Monturque, el ayuntamiento de esta ciudad designó a los peritos que debían calcular el valor de mercado de las tierras según su tipo (ruedos y campiñas), su calidad y su cultivo (cereales, olivares, viñedos, huertos, montes de encinas, etc.), además del valor de los molinos harineros y aceiteros según el número de sus piedras, vigas y prensas. Los peritos tenían que evaluar también los rendimientos medios (en fanegas, arrobas y reales) por unidad de superficie del último quinquenio para cada especie de cultivo (cereales, leguminosas, aceite, vino, etc.) (legajos 512 B a 518 B). En el legajo 512 B también se pueden consultar las instrucciones dadas por el intendente provincial a las juntas locales del partido de Córdoba sobre cuaáles debían ser las funciones a desempeñar por los comisionados.

La lectura del inventario de los fondos documentales custodiados en el archivo histórico municipal de Lucena permite constatar la existencia de numerosas referencias a la contribución general del reino y a los cuadernos de la riqueza de los años 1818 a 1820 en los legajos 180, 181, 184 a 186, 190 y 191[8].

[8] Fondos propios del siglo xix en el archivo municipal de Lucena en https://archivo.lucena.es/fondos-documentales/fondos-propios-siglo-xix/.

En una investigación sobre microdemografía del municipio cordobés de Iznájar, Ramírez Gámiz (2001) menciona entre las fuentes empleadas para la reconstrucción de familias el cuaderno general de la riqueza de 1820, que se conserva en su archivo municipal sin catalogar.

En la tesis doctoral de Ventura Rojas (2007) sobre la historia de la provincia de Córdoba durante el período de 1808 a 1833, se afirma que en el archivo municipal de Castro del Río está depositado su cuaderno de la riqueza de 1818, que recoge información sobre un término municipal casi idéntico al del Catastro de Ensenada y ofrece datos más precisos para algunas cuestiones que la corografía histórico-estadística publicada en 1840.

Por último, Alcaide García (2009), en un estudio sobre la evolución de las tierras olivareras en Obejo, cita el cuaderno de la riqueza de este municipio de la sierra cordobesa para calcular su extensión 364,2 hectáreas en 1818. Y en el inventario del archivo municipal de Villafranca de Córdoba (Segado Gómez, 2009) se hace referencia al repartimiento de la contribución general del reino de los años 1817 a 1819 en la caja 251.

En resumen, la documentación descrita en las páginas anteriores es una prueba más, junto con las aportadas en otras publicaciones (Bringas, 2003, 2008, 2021a), que demuestra sin discusión que el deseo de Martin de Garay de elaborar un nuevo catastro y una nueva estadística llegó a realizarse en la provincia de Córdoba. Después de Ensenada, Martín de Garay lleva adelante el primer intento serio de obtener información detallada de los patrimonios y los productos a escala individual para toda España del siglo XIX. Su propósito tenía la finalidad de reformar la hacienda y la administración del Estado, al tiempo que dotarlo de una estadística moderna en pleno periodo absolutista. Y, en este sentido, el caso andaluz es un buen ejemplo, ya que se han encontrado abundantes muestras de esta documentación en las ocho provincias andaluzas. Por el momento, desconocemos si la labor desplegada por el intendente provincial de Córdoba, enviando comisarios a las juntas de los partidos y de los pueblos, dio como resultado la conclusión de esta operación estadística en todos los municipios, pero los documentos localizados permiten confirmar que en 26 municipios –un tercio de los actuales– los cuadernos de la riqueza se habían completado a principios de 1820.

BIBLIOGRAFÍA

Alcaide García, Antonio: "Origen y fundación de la Cooperativa Olivarera San Antonio Abad de Obejo", *Crónica de Córdoba y sus Pueblos,* 16 (2009), pp. 433-455.

Álvarez de Sotomayor, Agustín: *Cartilla geográfica de la provincia de Córdoba o sea geográfica, astronómica, físico-política, económica y estadística de la misma.* Córdoba, Imprenta Santaló, Canalejas, 1837. https://www.bibliotecavirtualdeandalucia.es/catalogo/consulta/registro.cmd?id=1001434

Bringas Gutierrez, Miguel Ángel: "La productividad de la tierra en España 1752-1930: tendencia a largo plazo", *Revista de Historia Económica*, 3 (1993), pp. 505-538. https://dialnet.unirioja.es/servlet/autor?codigo=277193

——: *La productividad de los factores en la agricultura española, 1752-1935*. Madrid. Banco de España. Servicios de Estudios, 2000. https://www.bde.es/f/webbde/SES/Secciones/Publicaciones/PublicacionesSeriadas/EstudiosHistoriaEconomica/Fic/roja39.pdf

——: "Dos fuentes para la historia agraria cordobesa del siglo xix: los cuadernos generales de la riqueza y las cartillas evaluatorias", en *Seminario internacional Fuentes y Métodos para la Historia Rural (siglos xviii-xx). Contar, representar, interpretar bases de datos y análisis histórico*. Córdoba, 8 al 22 de noviembre de 2000. Universidad de Córdoba.

——: "Un catastro poco conocido: el apeo y valuación general de Martín de Garay, 1818-1820", *CT Catastro*, 47 (2003), pp. 143-157. https://www.catastro.meh.es/documentos/publicaciones/ct/ct47/07-catastro%2047.pdf

——: "Estructura documental de los cuadernos generales de la riqueza de Martín de Garay, 1818-1820", *Revista CT Catastro*, 64 (2008), pp. 79-109. https://www.catastro.meh.es/documentos/publicaciones/ct/ct64/n64_4.pdf

——, Mazo Durango, Íñigo, Mercapide Argüello, Guillermo y Aguilar Cuesta, Ángel Ignacio: "El catastro, la estadística y Martín de Garay en la Comunidad de Madrid, 1817-1820", *Estudios Geográficos*, 90, (2021), e064. https://doi.org/10.3989/estgeogr.202076.076

—— y Camarero Bullón, Concepción: "El Escorial de Abajo: una villa a la sombra del Real Monasterio después de la Guerra de la Independencia" *Librosdelacorte*, 25, (2022), pp. 225-258. DOI: https://doi.org/10.15366/ldc2022.14.25.009

Grupo de historia social agraria andaluza: "Terratenientes, labradores y poder local en Córdoba, siglo xix", (1993), en *VI Reunión del Seminario de Historia Agraria*. Cabezón de la Sal, 1 al 3 de diciembre de 1993, Universidad de Cantabria.

——: "El arrendamiento como estrategia patrimonial en la gestión de los cortijos de los cortijos de la campiña de Córdoba (ss. xvi-xx)", en *VIII Congreso de Historia Agraria*. Salamanca, 28 al 30 de mayo de 1997. Universidad de Salamanca.

Mata Olmo, Rafael, Muñoz Dueñas, Mª Dolores y Acosta Ramírez, Francisco: (1993) "La propiedad de la tierra en Córdoba a la luz de una fuente inédita: la estadística de riqueza de 1818", *CT Catastro*, 16 (1993), pp. 37-50. https://www.catastro.meh.es/documentos/publicaciones/ct/ct16/art8.pdf

—— y Muñoz Dueñas, Mª Dolores: "Estructura de la propiedad y paisajes agrarios a través de las fuentes fiscales del siglo xviii-xix y xx en Córdoba", en *Seminario de los espacios rurales y urbanos a través de las fuentes catastrales. Aspectos teóricos y metodológicos*. Valencia, 1 al 2 de abril de 1993. Universidad Internacional Menéndez Pelayo.

—— y Muñoz Dueñas, Mª Dolores: "Fuentes y práctica catastral en Córdoba (siglos xviii-xx) Una reflexión desde la historia agraria", *Estudios agrosociales y pesqueros*, 185, (1999), pp. 81-107. https://dialnet.unirioja.es/servlet/articulo?codigo=201123

Moreno Valero, Manuel: *Pasado textil de Pozoblanco*. Córdoba, CordobaLibros, 2016.

Muñoz Dueñas, Mª Dolores, Mata Olmo, Rafael y Acosta Ramírez, Francisco (eds.): *Materiales para la historia económica de Córdoba del archivo histórico provincial, siglos xix-xx*. Córdoba, Universidad de Córdoba, 1997.

Ponsot, Pierre: "Rendement des céréales et rente fonciere dans la campiña de Cordove au début du xvii et au début du xix", *Cuadernos de Historia. Anexos de la revista Hispania. Andalucía, de la Edad Media a la Moderna*, vol. VII, (1977), pp. 475-489.

Ramírez Gámiz, Francisco: "Disparidades en el comportamiento demográfico de una comunidad rural andaluza en los inicios de la transición demográfica" *Revista de demografía histórica*, 19, (2001), pp. 17-55. https://dialnet.unirioja.es/servlet/articulo?codigo=246208

Ramírez de las Casas-Deza, Luis Mª: *Indicador cordobés o sea resumen de las noticias necesarias a los viajeros y curiosos para tomar conocimiento de la historia, antigüedades, producciones naturales e industriales, y objetos de las bellas artes que se conservan en la ciudad de Córdoba, especialmente de su iglesia catedral.* Córdoba, Imprenta de don Rafael García Rodríguez, 1837. http://bdh-rd.bne.es/viewer.vm?id=0000099102&page=1

——: *Corografía histórico-estadística de la provincia y el obispado de Córdoba*. Córdoba, Imprenta de Noguer y Manté 1840, 2 vols. http://bdh-rd.bne.es/viewer.vm?id=0000053674&page=1

——: *Indicador cordobés o sea manual histórico-topográfico de la ciudad de Córdoba*. Córdoba, Imprenta y Litografía de don Faustro García Tena, 1856. http://bdh-rd.bne.es/viewer.vm?id=0000099125&page=1

Segado Gómez, Luis: "El archivo municipal de Villafranca, siglos xvi al xx", *Crónica de Córdoba y sus Pueblos*, 16, (2009), pp. 55-47.

Valverde Fernández, Francisco: *El condado de Santa Eufemia a mediados del siglo xviii. Estudio socio-económico de una entidad histórica de la comarca de los Pedroches*. Córdoba, Diputación de Córdoba, 1983.

Valle Buenestado, Bartolomé: *Villanueva ele Córdoba. Estudio geográfico de un municipio de los Pedroches.* Córdoba, Diputación de Córdoba, 1978.

——: "Algunas consideraciones sobre fuentes y metodología para el estudio de las transformaciones de la propiedad en el siglo xix", en *Actas III coloquio de historia de Andalucía*. Córdoba, Publicaciones del Monte de Piedad y Caja de Ahorros de Córdoba, 1985.

Ventura Rojas, José Manuel: *La provincia de Córdoba de la Guerra de la Independencia al Reinado de Isabel II (1808-1833)*. Tesis doctoral. Universidad de Córdoba. Córdoba, 2007. http://helvia.uco.es/xmlui/handle/10396/429

APÉNDICE ESTADÍSTICO

AE 1. Valor y origen del patrimonio en estos pueblos de Córdoba, 1819/1820

Villas y pueblos	agricultura	ganadería	edificios	industrial	comercial	total	agricultura	ganadería	edificios	industrial	comercial
	pesetas						%				
Alcaracejos	315.201	-	134.088	13.263	16.113	478.664	65,9	-	28,0	2,8	3,4
Añora	175.155	130.350	93.358	438	-	399.301	43,9	32,6	23,4	0,1	-
Bélmez	467.405	348.336	156.981	-	2.750	975.472	47,9	35,7	16,1	-	0,3
Valsequillo	985.845	230.548	346.235	8.700	3.475	1.574.803	62,6	14,6	22,0	0,6	0,2
Conquista	57.008	36.005	45.090	-	-	138.103	41,3	26,1	32,6	-	-
Guijo, El	254.631	62.135	40191	-	-	356.957	71,3	17,4	11,3	-	-
Pedroche	458399	252.075	249117	1900	1825	963.316	47,6	26,2	25,9	0,2	0,2
Pozoblanco	1.560.044	1.013.708	1414762	30188	603850	4.622.550	33,7	21,9	30,6	0,7	13,1
Santa Eufemia	683.071	87.754	138.705	500	500	910.530	75,0	9,6	15,2	0,1	0,1
Torrecampo	433.197	252.018	425.025	700	25.188	1.136.127	38,1	22,2	37,4	0,1	2,2
Dos Torres	1.463.417	254.207	356.271	4.688	26.294	2.104.877	69,5	12,1	16,9	0,2	1,2
Villanueva de Córdoba	746.481	445.477	530.041	6.625	92.097	1.820.721	41,0	24,5	29,1	0,4	5,1
Villaralto	104.550	77.728	58.600	288	-	241.165	43,4	32,2	24,3	0,1	-
Viso, El	490.990	426.953	296.163	-	130.650	1.344.755	36,5	31,7	22,0	-	9,7
Villanueva del Rey	463.723	115.255	177.791	1.313	10.900	768.981	60,3	15,0	23,1	0,2	1,4
Aguilar de la Frontera	11.834.075	406.545	4.496.718	6.546	544.565	17.288.449	68,5	2,4	26,0	-	3,1
Monturque	1.527.330	44.728	249.426	-	1.200	1.822.684	83,8	2,5	13,7	-	0,1
Posadas	2.530.332	242.949	1.496.618	5.250	200.729	4.475.878	56,5	5,4	33,4	0,1	4,5

Fuente: AHP Córdoba, libros 703 a 729. Elaboración propia.

AE 2. Producto bruto por ramas de actividad en estos pueblos de Córdoba, 1819/1820

Villas y pueblos	agricultura	ganadería	edificios	industrial	comercial	total	agricultura	ganadería	edificios	industrial	comercial
	pesetas						%				
Alcaracejos	97.754	-	5.505	19.300	10774	133.333	73,3	-	4,1	14,5	8,1
Añora	50.078	27.873	3.731	7.894	-	89.575	55,9	31,1	4,2	8,8	0,0
Bélmez	127.145	113.403	6.882	900	975	249.305	51,0	45,5	2,8	0,4	0,4
Valsequillo	142.029	59.375	14.162	33.145	1.275	249.985	56,8	23,8	5,7	13,3	0,5
Conquista	12.815	11.858	1.473	855	-	27.000	47,5	43,9	5,5	3,2	-
Guijo, El	49.576	23.284	2.379	490	-	75.729	65,5	30,7	3,1	0,6	-
Pedroche	60.381	62.709	8.657	6.317	274	138.338	43,6	45,3	6,3	4,6	0,2
Pozoblanco	192.490	343.864	58.490	122.762	243.809	961.415	20,0	35,8	6,1	12,8	25,4
Santa Eufemia	52.129	36.173	6.428	3.486	250	98.465	52,9	36,7	6,5	3,5	0,3
Torrecampo	122.465	84.011	11.549	16.992	9.412	244.428	50,1	34,4	4,7	7,0	3,9
Dos Torres	149.299	94.165	10.551	26.765	3.010	283.789	52,6	33,2	3,7	9,4	1,1
Villanueva de Córdoba	120.652	156.090	23.979	12.187	15.331	328.239	36,8	47,6	7,3	3,7	4,7
Villaralto	34.426	20.384	5.650	2162	-	62.622	55,0	32,6	9,0	3,5	-
Viso, El	48.485	136.956	15.570	11..929	36.275	249.215	19,5	55,0	6,2	4,8	14,6
Villanueva del Rey	73.901	62.428	6.580	8.792	4.400	156.100	47,3	40,0	4,2	5,6	2,8
Aguilar de la Frontera	1.152.090	152.455	170.111	93032	25.749	1.593.437	72,3	9,6	10,7	5,8	1,6
Monturque	207.736	80.363	12.938	12..271	216	313.523	66,3	25,6	4,1	3,9	0,1
Posadas	323.794	32.192	41.965	51.076	36.644	485.670	66,7	6,6	8,6	10,5	7,5

Fuente: AHP Córdoba, libros 703 a 729. Elaboración propia.

5.
INGENIOS Y ARTEFACTOS INDUSTRIALES EN EL REINO DE CÓRDOBA DURANTE EL SIGLO XVIII: LOS CASOS DE AGUILAR DE LA FRONTERA, LUCENA Y MONTILLA EN EL CATASTRO DEL MARQUÉS DE LA ENSENADA

Sara Cortés Dumont
Universidad de Jaén
Daniel David Martínez Romera
Universidad de Málaga

INTRODUCCIÓN

El estudio de las actividades económicas en el pasado es una cuestión de interés que ha cobrado vigencia en los últimos lustros, fruto de la puesta en valor tanto de las fuentes geohistóricas disponibles como de la propia historia nacional. Esto ha permitido que se haya revitalizado el interés por cuestiones como la actividad económica del país, pero entendida en términos de procesos históricos de mayor recorrido, y no del presente en marcha o de intervalos de tiempo acotado y cercanos al mismo.

Introducir una perspectiva histórica de mayor calado para entender la articulación territorial de las actividades económicas ofrece algunas ventajas claras en sentido progresivo, tales como la mejor comprensión de las estructuras económicas, su permanencia y transformación; pero también en sentido regresivo, ayuda a comprender la existencia del patrimonio industrial, las razones de su localización o su mayor o menor integración con los procesos socioeconómicos del presente en marcha.

El siglo XVIII es un momento especialmente interesante en este contexto, pues representa tanto la antesala como el inicio claro de la transición del Antiguo Régimen al Nuevo Régimen, de modo que puede ayudar a entender tanto de qué realidad material se partía como qué transformaciones acabaron produciéndose. Con especial interés para la primera cuestión encontramos el Catastro de Ensenada, no el único disponible de la época, pero sí el más ambicioso y completo de todos ellos, levantado a mediados del siglo XVIII (Camarero Bullón, 2002).

El reino de Córdoba presenta un buen grado de conservación de la fuente. Dentro del mismo encontramos todavía un número importante de poblaciones cuyo estudio todavía está pendiente, o en los que hay margen para su profundización. Especialmente en análisis temáticos como el que nos ocupa. Tres han sido las poblaciones elegidas aquí para su comparación (figura 1), tanto por cuestiones de relevancia histórica como de cercanía geográfica: Aguilar de la Frontera (en adelante Aguilar) y Montilla, en la comarca de la campiña sur o campiña de Montilla (Naranjo Rodríguez, 2013) y Lucena, en la Subbética cordobesa. A estos se les ha añadido referencia explícita a Moriles, por su estrecha relación con Aguilar, en la que tiene su origen a partir de la aldea de Zapateros, fundada en el siglo xviii en su término y emancipada como nuevo municipio cordobés en 1912 (Maestre Ballesteros, 2007). En la parte izquierda de la figura se ofrece un mapa de localización con delimitaciones actuales, a su derecha cada uno de los croquis de demarcación realizados en el Catastro de Ensenada.

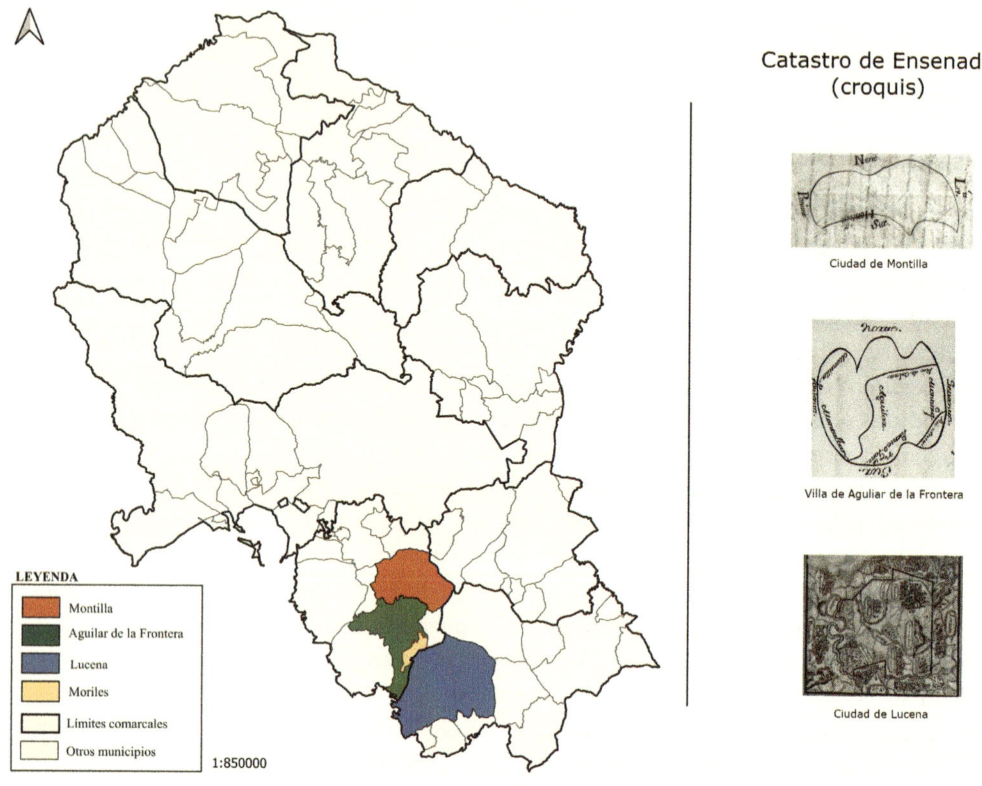

Figura 1. Localización de los municipios y representación en el Catastro de Ensenada. (Fuente: elaboración propia).

Cabe señalar que la calidad de las representaciones gráficas ofrecidas por el Catastro, sus famosos croquis, presentan gran variación de unos casos a otros, tanto aquí como en el conjunto del Catastro (Camarero Bullón, 1998). Esto se debe a que dicho levantamiento recaía en la capacidad y recursos humanos disponibles por las autoridades locales para ejecutarlos. Además, hay que tener presente que los cambios en la organización territorial, especialmente en el siglo xix, cuando ya se establece la estructuración actual, con muy pocos cambios, todavía serán significativos. De ahí que la equivalencia, incluso visual, sea nula o esquemática en el mejor de los casos.

A partir de lo expuesto, el presente estudio se marca como objetivo conocer la estructura industrial de los municipios elegidos y establecer semejanzas y diferencias, tanto entre sí como entre su presente y su pasado.

METODOLOGÍA

El ámbito geográfico se circunscribe a los tres municipios señalados (Aguilar, Lucena y Montilla), tal y como fueron definidos y registrados en el Catastro de Ensenada en el Interrogatorio general. Entre las cuales se han seleccionado las identificadas con las preguntas 1, 2, 3 y 17, las cuales han sido transcritas, digitalizadas, tabuladas y depuradas para realizar la explotación estadística.

Para ejecutar dichas labores, se ha recurrido a aplicaciones ofimáticas de hoja de cálculo, base de datos y procesamiento de textos. De forma adicional, el apartado cartográfico ha requerido el uso de QGIS, así como de GIMP para la manipulación de contenido ráster. El análisis de datos se ha realizado mediante estadística descriptiva y exploratoria con SPSS v25.

La estructura de análisis plantea un primer análisis de los datos obtenidos de cada una de las poblaciones, a partir de los cuales se realizará la comparación entre ellos con objeto de entender la relevancia de la estructura industrial en la época.

ANÁLISIS

AGUILAR DE LA FRONTERA

Se trata de una villa perteneciente al término común y general que incluye poblaciones adicionales (Camarero Bullón *et. al.*, 2001): la ciudad de Montilla y las villas de la Puente don Gonzalo (actual Puente Genil), Montalbán y Monturque, todas ellas de señorío pertenecientes del marqués de Priego y duque de Medinaceli.

Su perímetro se esquematiza a medio camino entre la forma cuadrangular y la circular, debido a sus bordes marcadamente redondeados, con una circunferencia (perímetro) aproximado de veintidós leguas, en las que se observan los puntos cardinales asociados a las poblaciones principales con las que hacen límite: al norte Moriles, al sur Puente de Don Gonzalo, al este Monturque y al oeste Montalbán. Se identifica un accidente geográfico, el río de Cabra, que atraviesa el municipio de este-noreste a suroeste.

Se recoge en el mismo 95 artefactos industriales, clasificados en siete categorías: una tahona, dos yesares, dos tenerías, dos tejares de teja y ladrillo, siete molinos harineros, once lavaderos de ropa y setenta molinos de aceite. Se señala, explícitamente, la ausencia de minas y salinas, y se identifican 14 arroyos de agua-sal. Por orden de su Majestad, se limita su explotación a garantizar el consumo local de dicha "especia" por cuenta de la Real Hacienda. La propiedad de los artefactos recae en personas físicas (80 %) frente a entidades jurídicas (20 %) restante, y presentan un valor monetario anual total de 30.355 reales de vellón.

En el caso de los molinos de aceite, la más relevante de las tipologías (López Estudillo, 2011), encontramos una pequeña discrepancia entre aquellos que radican en la villa respecto a los que están fuera: veintinueve frente cuarenta y dos, mientras que el recuento realizado refleja uno menos entre los primeros y uno más entre los segundos. Su tenencia en propiedad coincide con la situación general señalada entre personas físicas y jurídicas, con una utilidad anual agregada de 27.935 reales de vellón.

Los lavaderos de ropa se distribuyen por once huertas del entorno de la villa y tienen un régimen de tenencia distinto a la situación promedio (45,45 % frente al 55,55 %). Todas las personas físicas de esta categoría son vecinos de la ciudad de Montilla, porque dicha ciudad cuenta con el uso privativo de este tipo de artefactos en el término común y general. Presentan una utilidad anual de 1.320 reales de vellón.

Los molinos harineros están en manos del marqués de Priego y los conventos de religiosas locales (convento de la Coronada y convento de las Carmelitas descalzas) en proporción ligeramente favorable al primero (57,14 % en relación al 42,86 %). Cinco radican en las proximidades de la villa de Aguilar movidos por el río Monturque, uno próximo a Monturque, movido por el río Cabra y el restante en las proximidades de la villa de Puente don Gonzalo, movido por el río Genil. Ninguno de ellos tiene utilidad anual registrada.

Los dos yesares presentan un registro documental incompleto, en tanto que se identifica a una persona física como dueño de uno, vecino de la ciudad de Jerez, pero no hay constancia de lo que sucede con el otro. Se le considera de utilidad anual de 150 reales de vellón. Las dos tenerías son propiedad de personas físicas, una local y otra foránea (villa de Lorca), con una utilidad anual de 400 reales de vellón. Los dos tejares se reparten entre una persona física, residente en la villa y el concejo (entidad jurídica) de la misma. Tienen una utilidad anual de 550 reales de vellón. La tahona es propiedad del colegio de la Compañía de Jesús, en la ciudad de Montilla, y se indica que su uso se limita al consumo propio de la mencionada institución, por lo que carece de utilidad anual registrada.

MONTILLA

Se trata de una ciudad perteneciente al término común y general, que incluye las siguientes villas: Aguilar de la Frontera, Puente don Gonzalo, Montalbán y Monturque, todas ellas territorios pertenecientes al señorío del marqués de Priego y duque de Medinaceli, como se ha mencionado *ut supra*.

Su perímetro presenta una forma acusadamente rectangular en el eje levante-poniente, con dos leguas y media, frente al eje norte-sur, una legua, y se indica que su perímetro es de seis leguas. Limita al norte con las villas de Montemayor y Castro del Río, al sur con la villa de Aguilar de la Frontera, al este con la villa de Castro del Río y al oeste con las villas de Montemayor y la Rambla.

Hay identificados 21 artefactos, pertenecientes a cuatro categorías: siete molinos de aceite, seis lavaderos de ropa, siete tenerías y una tahona. El 56,52 % es propiedad de personas físicas y el 43,48 % de personas jurídicas; en conjunto presentan un valor monetario anual de 10.025 reales de vellón.

Los molinos de aceite son la tipología más relevante, cuatro se localizan en el núcleo urbano y tres en el campo. Cuatro son propiedad de personas físicas y tres de personas jurídicas, que generan una utilidad anual agregada de 8.100 reales de vellón.

De las siete tenerías, tres son inútiles, por lo que no generan renta alguna. El resto arroja una utilidad anual combinada de 945 reales de vellón, siendo todas propiedad de personas físicas. Los seis lavaderos de ropa se distribuyen por las huertas próximas a la ciudad. Cuatro son de titularidad física y dos jurídicas. Arrojan una utilidad anual agregada de 680 reales de vellón. La tahona es de titularidad de una persona física y genera una utilidad anual de 300 reales de vellón.

LUCENA

Es una ciudad de señorío, perteneciente al marquesado de Comares, que es ostentado a su vez por el duque de Medinaceli.

Presenta una forma general cuadrangular, extendida hacia el suroeste, con una circunferencia de unas 20 leguas. Limita al norte con las villas de Cabra y Monturque, al sur con la ciudad de Antequera y la villa de Benamejí, al este con la villa de Rute y al oeste con la villa de Estepa y Aguilar de la Frontera. Se trata de uno de los núcleos de población de la Subbética, junto con Cabra, con mejor comunicación y accesibilidad con la comarca de la campiña (Peñín Rodríguez, 1991: 252-254).

Se localizan en ella 76 artefactos repartidos en dos categorías: 67 molinos de aceite y nueve molinos harineros. El 43,42 % corresponde a personas físicas y el 56,58 % a jurídicas, y tienen una utilidad anual conjunta de 28.722 reales de vellón.

Los molinos de aceite destacan por su relevancia en número y valor. Veintiocho son de personas físicas y 39 de jurídicas. De forma agregada generan una utilidad anual de 4.997 reales de vellón.

En cuanto a los molinos harineros, cinco pertenecen a personas físicas y cuatro a jurídicas. En conjunto tienen una utilidad anual de 23.725 reales de vellón.

COMPARACIÓN

Tabla 1. Número, utilidad y rendimiento por unidad de los artefactos industriales.

	Aguilar			Lucena			Montilla			Total		
Tipología	N.º	U	R	N.º	U	R	N.º	U	R	N.º	U	R
Molinos de aceite	70	27.935	399,07	67	4.997	74,58	7	8.100	1.157,14	144	41.032	284,94
Lavaderos de ropa	11	1.320	120,00				6	680	113,33	17	2.000	117,65
Molinos harineros	7			9	23.725	2.636,11				16	23.725	1.482,81
Tejares teja y ladrillo	2	550	275,00							2	550	275,00
Tenerías	2	400	200,00				7	945	135,00	9	1.345	149,44
Yesares	2	150	75,00							2	150	75,00
Tahona	1						1	300	300,00	2	300	150,00
Total	95	30.355	319,53	76	28.722	377,92	21	10.025	477,38	192	69.102	359,91

Fuente: elaboración propia.

En la tabla 1 se enfrentan los principales resultados obtenidos y se añade una tercera variable derivada de las anteriores, rendimiento por artefacto individual. Esta expresa el cociente entre la utilidad total de una tipología y el número total de artefactos en la misma, gracias a esto se puede hacer una comparación relativa que anula el efecto estructural de los valores absolutos.

Tenemos así que los molinos más rentables no son los de Aguilar de la Frontera, donde hay 70, ni tampoco los de Lucena, que le va a la zaga con 67, sino que son los de Montilla. Sus siete molinos rinden por término medio 1.157,14 reales de vellón, casi tres veces más que en Aguilar y más de 15 veces que Lucena. La situación más dispar es claramente esta última, lo que invita al estudio pormenorizado de la variable. Dos cuestiones afloran al hacerlo: de un lado, la fuerte concentración de la misma, pues los cinco molinos más rentables suman 3.020 reales de vellón (60,44 %). Tres pertenecen al marqués de Priego y arrojan valores de 1.330, 682 y 648 respectivamente, los dos restantes pertenecen a una misma capellanía y tienen utilidad anual de 208 y 152 cada una, de otro lado, los rendimientos decrecientes del resto de molinos llegan a ser tan notorios que seis de ellos carecen de utilidad alguna. Ambas cuestiones hacen que el valor promedio de este dato no sea representativo de la estructura local de los molinos aceiteros.

Un caso casi modelo se encuentra al comparar la situación de los lavaderos de ropa. La situación promedio del total establece un rendimiento medio de 117,65 reales de vellón, y, ni Aguilar de la Frontera ni Montilla, los únicos con este tipo de artefactos, se alejan demasiado de dicho valor. El primero lo supera en un escaso 2 %, mientras que el segundo se queda un 3,67 % por debajo; ambas situaciones pueden calificarse de normales respecto al comportamiento observado por el conjunto.

La situación de los molinos harineros no tiene mayor interés, ya que solo Lucena los tiene en explotación. Sí debe aclararse aquí que la discrepancia entre el rendimiento por artefacto que se observa entre este y el total se debe a que en Aguilar de la Frontera existen siete molinos de harina que no están en explotación. Por tanto, cuentan en número, pero no en valor, de ahí la aparente confusión.

Otro caso en el que se observan diferencias es el de las tenerías. ya que, ante el rendimiento medio anual por artefacto para el conjunto de 149.44 reales de vellón, encontramos un dato muy próximo en Montilla, cuyo valor de 135 es un 9,66 % inferior al esperado. Mientras que Aguilar de la Frontera lo supera en algo más de un 33,83 %.

Tejares de teja y ladrillo, yesares y tahona no pueden ser comparados, ya que solo están presentes en un lugar. Los dos primeros en Aguilar de la Frontera y el tercero en Montilla.

La comparación global señala a esta última como la entidad con menor peso económico en el conjunto (14,51 %), a distancia de Lucena (41,56 %) y Aguilar de la Frontera (43,93 %). Por contra, los valores de rendimiento por artefacto individual siguen un comportamiento inverso. Los valores más altos se encuentran en la referenciada ciudad de Montilla, quedando Lucena a la zaga con un rendimiento que supone el 79,16 % de este, y en la misma línea se encuentra Aguilar de la Frontera con un aun más modesto 66,9 4% del valor de referencia.

Nuevamente, el carácter más selectivo y restringido de los artefactos presentes, así como la sobredimensión utilitaria del más relevante de ellos (molinos de aceite) explican esta clara desviación positiva respecto a la media general (34,64 %), la única significativa.

DISCUSIÓN Y CONCLUSIONES

El análisis individual ha permitido comprender cuál era la estructura industrial de cada población y sentar las bases para su discusión y comparación con el presente.

Resulta evidente que la actual industria oleícola ya estaba perfectamente asentada en aquella época. La conocida tradición vitivinícola es muy posterior, su consolidación y regulación se mueve dentro del segundo tercio del siglo XX. Y es esta la responsable de la futura escisión de Zapateros en la forma del municipio de Moriles. El presente en marcha guarda la misma base agroindustrial, con el significativo añadido de la vid. Pero esto no cambia la tipología, la diversifica.

A día de hoy, se puede observar cómo la relevancia de las poblaciones es posible rastrearla en el siglo XVIII, así Lucena es el municipio actual más densamente poblado, seguido de Montilla y Aguilar de la Frontera. En los tres, el principal cultivo leñoso es el olivar para aceituna de aceite, tanto en secano como en regadío.

Un aspecto que es necesario señalar es el peso aparente de la propiedad particular de los artefactos. Si bien efectivamente los porcentajes son significativos, en algunos casos de forma muy acusada a su favor, no lo es menos que esto debe ser matizado por dos cuestiones que han aflorado en el estudio de detalle. La primera, ya referida en el análisis, tiene que ver con la rentabilidad de los mismos. El caso aquí tratado relativo a los molinos de aceite tiene que ver con sus dimensiones técnicas. Así, dicha rentabilidad no tenía que ver tanto con una mayor intensidad de uso como con una cuestión de escala: la mayoría de los molinos de aceite son de una viga, salvo unos pocos que tienen muchas (en Montilla hay uno con diecinueve). Esto nos lleva a la segunda: los molinos singulares, como el señalado, pertenecen invariablemente a la alta nobleza, marqués de Priego y duque de Medinaceli en el caso citado, que además es gran tenedor de bienes. Por tanto, el número y valor de los artefactos industriales en manos de personas físicas es más escasa de lo formalmente recogido, en tanto que el marquesado es poseedor de los artefactos por vinculación a su título y no a su persona: por su título, que no por su nombre, se identifica la pertenencia de los distintos artefactos.

Esta situación, que se replica claramente en los tres casos, debe ser entendida, bajo nuestro criterio, como un indicador claro de la situación de transición en curso que es todo el siglo XVIII español. Transición entre el Antiguo Régimen y el Nuevo Régimen. Aunque la hay, todavía es escasa la presencia de baja nobleza o burguesía local con patrimonio industrial, los principales ingenios están en manos de la alta nobleza y, en menor medida, en eclesiásticos, a través de los distintos conventos presentes en las poblaciones.

No podemos olvidar que las poblaciones seleccionadas forman parte clara del ámbito rural andaluz, tanto en el en el momento estudiado como en la actualidad. A esto se suma el carácter local del estudio, lo que invita a la prudencia en las conclusiones, pero también alienta a su replicación tanto en este reino, el de Córdoba, como en todos los demás, con objeto de comprobar si la distribución geográfica del patrimonio industrial y su propiedad en el ámbito rural exhibe algún patrón y, de ser así, la causa del mismo y su devenir posterior.

Finalmente, esperamos que las cuestiones de patrimonio industrial en el ámbito rural sigan recuperando su interés de nuestro presente en marcha y que para ello se recurra a fuentes primarias geohistóricas, muy ricas en información, que posee España y que todavía están lejos de haber sido explotadas en profundidad.

BIBLIOGRAFÍA

Camarero Bullón, Concepción: "La cartografía en el Catastro de Ensenada", *Estudios Geográficos*, 231, (1998), pp. 245-283.

——: "El Catastro de Ensenada, 1745-1756: Diez años de intenso trabajo y 80.000 volúmenes manuscritos", *CT Catastro*, 46 (2002), pp. 61-88.

——, Ferrer Rodríguez, Amparo y Gámez Navarro, Juan: "El proceso de elaboración del Catastro de Ensenada en el Reino de Jaén, *CT Catastro*, 43 (2001), pp. 96-136.

López Trillo, Antonio: "Evolución de la desigualdad agraria en los siglos xviii-XX en Aguilar de la Frontera (Córdoba)", en *Derecho de propiedad, desigualdades sociales y crecimiento económico. Los mundos ibéricos*, Lleida, 2011, pp. 2-33.

Maestre Ballesteros, Antonio: *Historia de la aldea de Zapateros: siglos XVII-XX*, Moriles, 2007.

Naranjo Ramírez, José: "Las campiñas del Guadalquivir: Claves para una interpretación geográfica", *Revista de Estudios Regionales*, 96 (2013), pp. 99-134.

Peñín Rodríguez, Mª Pilar: *La población y poblamiento en la Subbética cordobesa en el siglo xviii según el Catastro del Marqués de la Ensenada*, Priego de Córdoba, Excmo. Ayuntamiento, 1991, pp. 252-254.

6.
DIBUJANDO EL TERRITORIO DEL SIGLO XVIII: VIÑEDOS, BODEGAS Y VINO EN UNA VILLA DE CASTILLA SEGÚN EL CATASTRO DE ENSENADA

Julio Fernández Portela[1]
Universidad Nacional de Educación a Distancia

El Catastro de Ensenada es una de las mejores y más fructíferas fuentes documentales del siglo XVIII para comprender el territorio de la antigua corona de Castilla, que ha permitido a los investigadores acercarse a este periodo de la historia para conocer el espacio geográfico, y en concreto cuestiones tales como la economía, la población o el territorio (Camarero Bullón, 1989 y 2002a). La información que facilita ha convertido al Catastro en una herramienta esencial para los estudios de geografía histórica, especialmente de aquellos centrados temporalmente en el siglo XVIII, pero también se erigen como una fuente documental necesaria para la reconstrucción de los paisajes rurales y urbanos desde este momento histórico hasta la actualidad, permitiéndonos analizar, comprender e interpretar la evolución de un territorio en diferentes momentos temporales (Muñoz Navarro, 2010; Vidal Domínguez, 2018; Rodríguez Domenech, Camarero Bullón y Rodríguez Espinosa, 2020; Hernández García y Fernández Portela, 2022). También permite afrontar estudios de demografía actual con una base histórica sólida, ya que el Catastro de Ensenada recogía a toda la población, por sexo y grupo de edad, que vivía en un territorio dado (Camarero Bullón, Aguilar Cuesta y García Juan, 2018; Fernández Portela y García Hernández, 2021). Un tema este que preocupa a los investigadores, como refleja el incremento de la producción científica, pero también a las administraciones públicas, que intentan buscar soluciones al abandono constante de la población del medio rural.

Este interés por el medio rural se refleja en los estudios realizados en numerosos territorios, apoyados en esta fuente documental, con el objetivo de conocer la historia, la sociedad, la economía y el paisaje de mediados del siglo XVIII. Para el caso de los espacios rurales, el Catastro de Ensenada recoge información en detalle de todas las localidades de la Corona de Castilla, grandes y pequeñas. Como ejemplos se encuentran los trabajos realizados en distintos espacios como los de Villalón de Campos en la provincia de Valladolid (Hernández García, 2017), la Comarca Vitivinícola de Cigales entre las

[1] Este trabajo se ha desarrollado en el marco del Proyecto de Investigación I+D+i PID2019-106735GB-C21 del Ministerio de Ciencia e Innovación (AEI/10.13039/501100011033), titulado: *Avanzando en el conocimiento del Catastro de Ensenada y otras fuentes catastrales: nuevas perspectivas basadas en la complementariedad, la modelización y la innovación*, subproyecto del proyecto coordinado *Las fuentes geohistórcias, elemento para el conocimiento continuo del territorio: retos y posibilidades de futuro a través de su complementariedad* (FGECCT). Es miembro de los Grupos de Investigación Reconocidos VitisUNED e IDE-GEOHIS, UAM.

provincias de Valladolid y de Palencia, (Hernández García, 2018) o el de Ciudad Rodrigo en la provincia de Salamanca (García Juan y Camarero Bullón, 2022).

El trabajo se centra en un espacio del medio rural de la actual Castilla y León, una localidad pequeña que presenta unas características socioeconómicas muy similares a las de la mayoría de las localidades castellanas y que, por lo tanto, podría emplearse como modelo para replicar este estudio en otros territorios. El objetivo principal de este trabajo consiste en analizar e interpretar la situación de la actividad vitivinícola en Cubillas de Santa Marta, compuesta por los viñedos y las bodegas. Por un lado, en lo concerniente a los viñedos, el trabajo se centrará en la superficie de viñedo existente en la localidad, el tamaño de las parcelas y sus propietarios. Por otro lado, en lo relativo a las bodegas se hará hincapié en el número de bodegas existente y sus dueños, su ubicación y la producción de vino. Como objetivos secundarios, pero interesantes y necesarios para poder desarrollar y enmarcar el trabajo, se encuentran: el análisis de la población, y el peso de la actividad agraria en la economía local.

La fuente: el Catastro de Ensenada

La fuente empleada para este trabajo es el Catastro de Ensenada. Según Camarero Bullón (2002a: 113):

> Catastro de Ensenada es la denominación que se da a la averiguación llevada a cabo en los territorios de la Corona de Castilla para conocer, registrar y evaluar los bienes, rentas y cargas de los que fuesen titulares sus moradores, debiendo quedar estos también formalmente registrados, así como sus familias, criados y dependientes.

El desarrollo de todas estas operaciones se dilató desde abril de 1750 al mismo mes de 1756, y el objetivo fundamental que sustenta la puesta en marcha de un Catastro es la de conocer "todo de todos", como ya en su momento señaló el propio Ensenada (Camarero Bullón, 2002b). Para ello, era imprescindible tener toda la información necesaria para cambiar el sistema impositivo vigente, y conseguir que la Hacienda percibiese mayores ingresos. También se pretendía simplificar la maraña de impuestos existentes, hacer extensivo el pago de impuestos a la nobleza y al clero, y finalmente, imponer un sistema basado en la fiscalidad directa con base en la riqueza de cada individuo, y no en la indirecta, como era norma común hasta ese momento, basada en el consumo.

El proceso de elaboración de la operación catastral en cada localidad perteneciente a la corona de Castilla, salvo Canarias, Provincias Vascas y el Reino Foral de Navarra, que poseían fiscalidad propia, comenzaba con el envío a cada localidad de una carta anunciando la próxima llegada de una audiencia para desarrollar dicha operación (Béthencourt, 2004). Tras su llegada a la localidad, los vecinos elaboraban sus declaraciones, también conocidas como memoriales o relaciones (Figura 1). Estos eran las relaciones personales que aportaba cada vecino o institución, referentes a los miembros de su familia. Incluían sus nombres, edades, ocupaciones, así como la descripción del oficio u oficios del cabeza de casa, las tierras de cultivo y sus calidades, casas, animales de esquilmo, así como las rentas de tierras tomadas a eclesiásticos y las cargas de censos y memorias fundad7os sobre sus bienes.

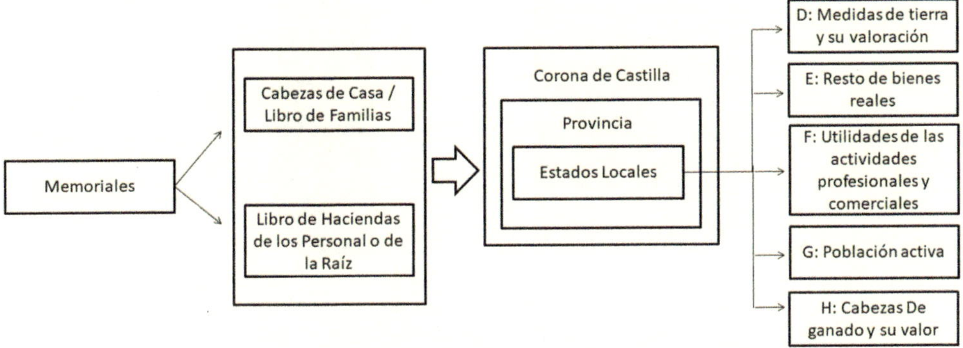

Figura 1. Esquema de la operación catastral de la Única Contribución (Fuente: Hernández García y Fernández Portela, 2022).

Para poder desarrollar de forma coherente estas cuestiones, se va a utilizar, de forma exhaustiva, la documentación generada con el proyecto de la Única Contribución, más conocido como Catastro de Ensenada. La documentación del Catastro de Ensenada se encuentra diseminada entre varios archivos, a saber, las Respuestas generales en el Archivo General de Simancas[2], los Estados o Mapas Generales, en el Archivo Histórico Nacional, mientras que los Libros de cabezas de casa y los Libros de haciendas o de lo personal se encuentran en los respectivos archivos municipales, así como en el Archivo Histórico Provincial de Valladolid. Estos últimos documentos, debido a su mal estado de conservación, no están a disposición del público, si bien en la página de internet www.familysearch.org se encuentra una copia digitalizada de la misma. Por último, hay que señalar también que en el Archivo Municipal de Cubillas de Santa Marta se ha encontrado otra copia del Libro de cabezas de casa y del Libro de haciendas (Figura 2). A pesar de todo este caudal documental reseñado, hay que hacer constar la ausencia de la documentación del Catastro de Ensenada referente al estamento eclesiástico, por lo que, forzosamente, la visión que obtendremos no será del todo completa, como luego se detallará. A pesar de ello, gracias a la conjunción de toda esta información podremos

[2] Se puede acceder a esta documentación a través de la página de internet www.pares.mcu.es

esbozar con claridad cuál era el papel de la actividad vitivinícola y la vida de Cubillas y de sus habitantes en el siglo xviii.

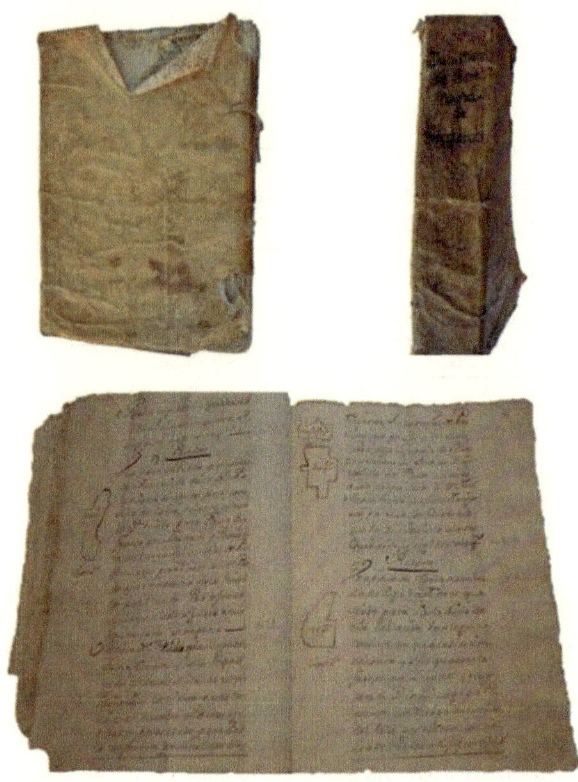

Figura 2. *Libro de hacienda* y de *Cabezas de casa* de Cubillas de Santa Marta (Archivo Municipal de Cubillas de Santa Marta).

ÁREA DE ESTUDIO. LA CAMPIÑA DEL PISUERGA: LA LOCALIDAD DE CUBILLAS DE SANTA MARTA

El área de estudio de este trabajo es la localidad de Cubillas de Santa Marta, un municipio arquetipo del medio rural de Castilla y León, que se localiza en las llanuras centrales del río Duero, en concreto, en la campiña del Pisuerga entre los páramos de los Torozos y del Cerrato, a una altitud comprendida entre los 700-800 metros sobre el nivel del mar (Figura 3). Lo conforman un total de 16 municipios ubicados, además de por la campiña, por las terrazas fluviales que ha labrado el río Pisuerga, y que es donde se encuentran los viñedos (Figura 4). Su emplazamiento es estratégico, pues se encuentra a unos treinta kilómetros de dos ciudades importantes de Castilla, Valladolid y Palencia. Los rasgos morfológicos que caracterizan a este espacio son la planitud y la amplitud del territorio, interrumpido por ligeras ondulaciones del terreno, dando lugar a un paisaje de campos abiertos, tan solo interrumpido por árboles frutales, especialmente almendros, que se utilizaban como elemento de separación entre unas parcelas y otras para distinguirlas de los diversos propietarios. Un espacio agrario caracterizado por un poblamiento concentrado en pequeños pueblos, y un aprovechamiento agrícola donde domina el cultivo del cereal y el del viñedo (Represa Rodríguez, 1991).

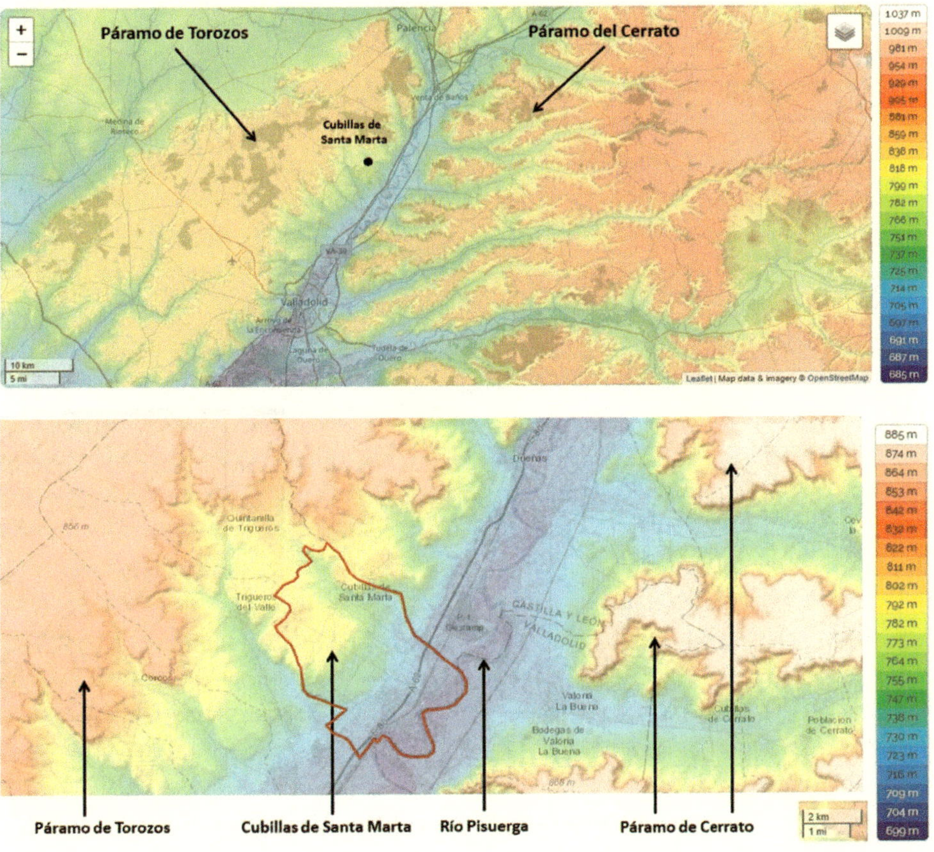

Figura 3. Topographic-map.com. (Elaboración propia).

La extensión superficial de Cubillas de Santa Marta es de 23,55 km2 y unos límites municipales marcados por el medio físico de su entorno. El río Pisuerga ejerce de frontera natural separando por el sur a Cubillas de la localidad de Valoria la Buena de una forma clara. Los otros límites no son tan precisos, pero también juegan un papel importante los cursos del agua. Por el este limita con Trigueros del Valle, cerca del arroyo del Pontón, y por el oeste con el municipio palentino de Dueñas, cerca del arroyo del Prado. Por el norte, el límite lo marcan las suaves cuestas que enlazan con el páramo de los montes Torozos, a través del municipio de Quintanilla de Trigueros.

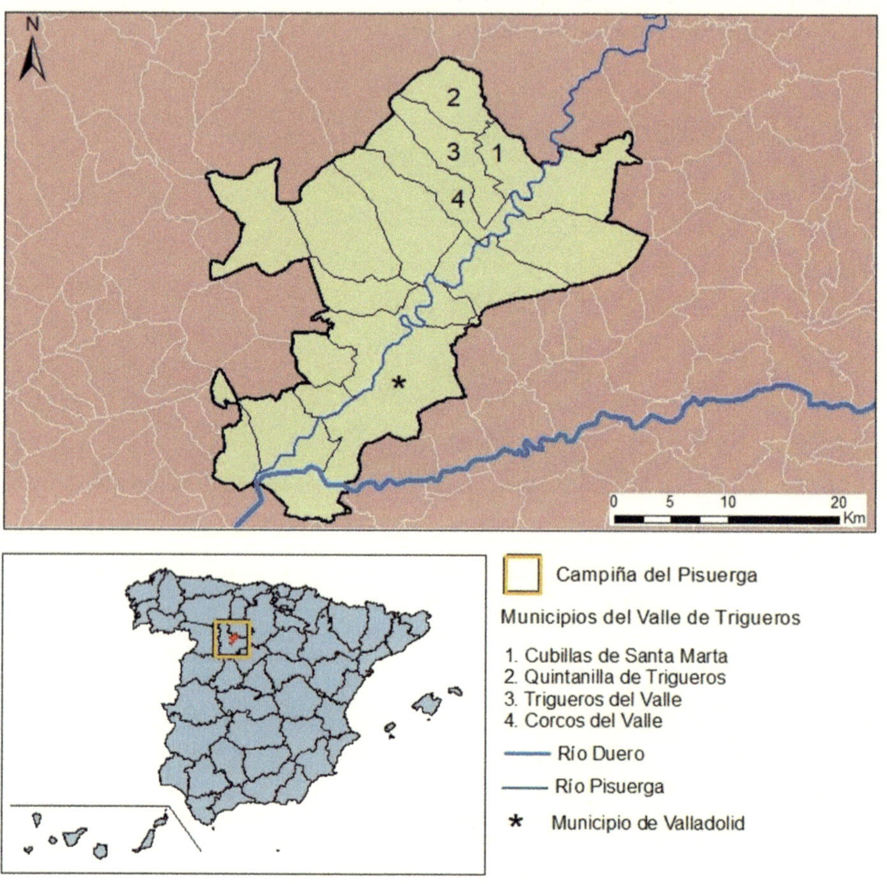

Figura 4. Campiña del Pisuerga. (Elaboración propia).

El emplazamiento de Cubillas en el centro de las llanuras del Duero y entre dos ciudades importantes, ha favorecido la construcción de una serie de infraestructuras a lo largo de la historia, que estaban destinadas a comunicar el norte con el sur peninsular, como es el caso del Cordel Camino Real de la Cañada Real Leonesa Oriental, una vía pecuaria, o camino de trashumancia, del siglo xiii que comunicaba la Montaña de Riaño en la provincia de León con el municipio badajocense de Montemolín. Otra de estas infraestructuras fue el Canal de Castilla, la obra de ingeniería hidráulica por excelencia del siglo xviii, y en concreto el ramal sur, donde se encuentra Cubillas con la esclusa nº 39, que une la ciudad de Valladolid con Grijota. Esta última localidad hace de nexo de unión entre el ramal sur y el ramal de campos, en lo que se conoce como bifurcación de El Serrón, comunicando el interior de Castilla con el norte a través del ramal del norte hasta Alar del Rey (García Tapia y Helguera Quijada, 1985; Moisén Gutiérrez, 2013). Pasada la mitad del siglo xix se instaló un apeadero de la línea de ferrocarril Madrid-Hendaya, que comenzó a construirse en 1860 y finalizó en 1864; y ya en el siglo XX la Autovía A-62, que transcurre desde Burgos hasta Fuentes de Oñoro, en la provincia de Salamanca y en la frontera con Portugal, y que forma parte de la ruta europea E-80. En definitiva, un espacio que ha estado bien comunicado a lo largo de los siglos, pero que, debido a la ubicación del núcleo de población, a unos 4 kilómetros al norte de todas estas vías e infraestructuras, han repercutido muy poco en la expansión de la población y en el crecimiento de Cubillas.

Cubillas de Santa Marta en 1752: extensión y límites municipales

Cubillas era una villa que pertenecía al señorío del conde de Castroponce, junto con las localidades de Trigueros del Valle, Quintanilla de Trigueros y Corcos del Valle, además de los despoblados de Valenoso y la Granja de Canaleja. El 20 de julio de 1751 el juez subdelegado encargado de desarrollar la operación de la Única Contribución en esta localidad, el regidor perpetuo de la ciudad de Palencia, Jerónimo Blanco de Salcedo, convocó a su presencia al alcalde ordinario de la villa, Adriano Gil; a los regidores Francisco Blanco y Alonso Manuel; a los vecinos Ambrosio de Coca y Matías Gil, como expertos peritos para las cuestiones relacionadas con los cultivos y calidades de las tierras; a Vicente Díez y José Merino, el primero, vecino de Trigueros y el segundo, de Quintanilla, en calidad de personas expertas pero sin intereses económicos en el pueblo; al escribano Manuel Díez de Aguilar, y finalmente al cura párroco de la localidad, Alonso Gil. La misión de todas estas personas era responder a las cuarenta preguntas del interrogatorio que conformaban las Respuestas generales y que estaban relacionadas con la agricultura, la ganadería, las actividades mineras, los oficios o las infraestructuras entre otras cuestiones.

Las Respuestas generales también ofrecen información de carácter geográfico. La pregunta tres del Interrogatorio hace referencia a los límites de los municipios "Qué territorio ocupa el término, cuánto de levante a poniente y del norte al sur, y cuánto de circunferencia, por horas, y leguas, qué linderos o confrontaciones; y qué figura tiene, poniéndola al margen" a lo que en Cubillas respondieron lo siguiente:

A la tercera dijeron que el territorio que ocupa el término de esta villa, las de Trigueros, Quintanilla y Corcos que componen este valle, entre quienes se haya proindiviso y sin ninguna separación a excepción de algunas piezas de prados, montes y ribera que respectivamente gozan en propiedad y usufructo, es según la medida que se ha hecho de levante a poniente dos leguas con más mil setecientas y setenta y dos varas, del norte al sur dos leguas y media con más dos mil cuatrocientas y cincuenta y ocho varas, y de circunferencia once leguas y media, con más ochocientas y treinta siete varas, el cual confronta por Levante con el río Pisuerga, y con parte del término de la villa de Dueñas, por el Norte con el monte de dicha villa y en el término de Santa Cecilia y monte de la Torre de Mormojón. Por el Poniente con la Dehesa del conde de la Gomera y monte de la villa de Ampudia, y por el Sur con los términos de las villas de Cigales y Cabezón y del monasterio que se intitula de Nuestra Señora de Palazuelos, orden de San Bernardo, y su figura es la del margen. (Figura 5).

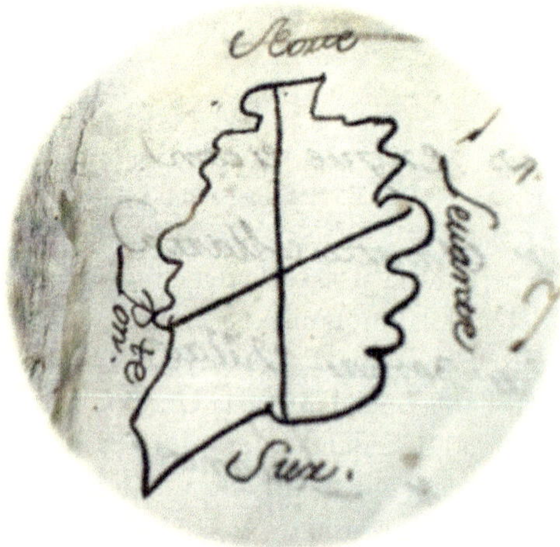

Figura 5. Término municipal de Cubillas de Santa Marta en 1751 con los cuatro aires marcados (Libro de haciendas de Cubillas de Santa Marta. Archivo Municipal de Cubillas de Santa Marta).

Pero, ¿podemos saber qué superficie tenía el término municipal de Cubillas de Santa Marta a mediados del siglo xviii? El Catastro de Ensenada no da la cifra concreta, pero, a través de los datos del Libro de haciendas se puede averiguar la superficie, de forma aproximada, sumando las tierras que declararon los vecinos de Cubillas, los forasteros, las propiedades del concejo y los bienes propiedad del estamento eclesiástico.

Tras el estudio del Catastro de Ensenada en Cubillas (Fernández Portela y Hernández García, 2022), la suma de todas las tierras contempladas en el Libro de haciendas alcanza la cifra de 2.024,5 hectáreas. La división por propietarios es la siguiente: las tierras propiedad de vecinos de Cubillas sumaban 586,7 hectáreas (el 29 % del total); las tierras cuyos propietarios eran forasteros alcanzaban las 300,4 hectáreas (15 %), y las tierras que pertenecían a Cubillas de Santa Marta como integrante del Valle de Trigueros (una cuarta parte), sumaban 1.137,3 hectáreas (56 %). Se desconoce las tierras pertenecientes al estamento eclesiástico ya que este libro ha desaparecido y no se dispone de la información. Sin embargo, teniendo en cuenta que el término municipal en la actualidad se extiende a través de 2.355 hectáreas, faltarían en nuestro recuento 330,5 hectáreas, que bien podrían ser las de propiedad del estamento eclesiástico, superficie del núcleo de población y caminos. Por lo que el Catastro se confirma como una fuente de información fiable, exhaustiva y preciada.

UN MUNICIPIO CON POCA POBLACIÓN

Los primeros registros más o menos fiables, datados en el siglo xvi, muestran que Cubillas de Santa Marta ha sido un pueblo de escasa población. Es cierto que hasta el año 1787, con la elaboración del censo de Floridablanca, y más aún hasta 1857, con el nacimiento de la estadística moderna, los recuentos efectuados en la corona de Castilla eran poco fiables. A ello hay que sumar el interés fiscal para el pago de impuestos que tenían estos censos, por lo que solo recogían el dato que les interesaba, es decir, el del número de personas sujetas a pago como eran los vecinos, cabezas de casa o pecheros. Esto en la actualidad genera problemas a la hora de interpretar los datos, ya que lo que expresan las fuentes son unidades fiscales y no personas o habitantes, motivo por el cual se debe aplicar un coeficiente conversor para traducir esa cifra en habitantes y poder compararla con las cifras actuales. Para alcanzar esa cifra, en este trabajo utilizaremos el coeficiente 3,75 hab./vec., para convertir los vecinos en habitantes, una cifra establecida tras numerosos estudios que han ido acotando el tamaño medio de una familia rural del corazón de Castilla. A pesar de esta conversión, no se puede asegurar que sea exacta a la realidad, pero sí se aproxima lo suficiente como para tomarla como válida.

La evolución en Cubillas de Santa Marta sigue la línea general del resto de municipios. El siglo xvi es un momento de esplendor en Castilla y se refleja un aumento de la población entre 1528 y 1591, casi se duplica la población, pasando de los 101 a los 198 habitantes. Va a ser a partir de este momento cuando la población comience a disminuir hasta los 171 habitantes que recoge el Libro de cabezas de casa de Cubillas de Santa Marta (Tabla 1). Un descenso que se percibe en algunas de las Respuestas generales del Catastro de Ensenada, como por ejemplo la número 22, relativa al número de casas que se encuentran habitadas o no en la localidad, y la número 27 relativa al impuesto del servicio ordinario y extraordinario que no podía sufragar el municipio, debido a su situación económica, y que podría dar lugar al abandono de la población en busca de un porvenir mejor:

22. *Cuántas casas habrá en el pueblo, qué número de inhabitables, cuántas arruinadas; y si es de señorío, explicar si tienen cada una alguna carga que pague al dueño por el establecimiento del suelo, y cuánto.* A la vigésima segunda dijeron que en esta villa hay treinta y cinco casas habitables, once cerradas por falta de vecinos que la habiten, y diez arruinadas que solo han quedado los vestigios de haberlo sido. Y en lo demás se remiten a la pregunta antecedente en que declaran pagar al señor de esta villa doce fanegas de trigo y las mismas de cebada, sin saber si es por el establecimiento del suelo.

27. *Si está cargado de servicio ordinario y extraordinario u otros, de que igualmente se debe pedir individual razón.* A la vigésimo séptima dijeron que esta villa se halla sumamente cargada, no solo en el servicio ordinario y extraordinario, sino también en los demás efectos en que contribuye a Su Majestad por la suma decadencia, imposibilidad y pobreza a que ha venido este pueblo.

Tabla 1. Población de Cubillas de Santa Marta-Fuente: censo de Pecheros (1528), censo de la Corona de Castilla (1591), Libro de cabezas de casa de Cubillas de Santa Marta y censo de la población de España de 1857. Fernández Portela y Hernández García (2021).

Año	Vecinos	Habitantes
1528	27	101
1591	33	198
1751	59	171
1787	-	230
1857	-	228

Respecto a la composición de la estructura por sexo y edad en 1751 dominan los hombres sobre las mujeres, pero con poca diferencia, el 51,23 % de la población lo conformaban los hombres y el 48,77 % las mujeres (Figura 6 y Tabla 2). Una estructura demográfica característica del Antiguo Régimen. Por grupos de edad, lo más significativo de esta estructura es el mayor número de varones que de mujeres en el grupo de edad comprendido entre los 7 y los 16 años con cifras del 14,81 % y del 9,26 % respectivamente. El resto de la estructura es muy homogénea, con porcentajes muy similares entre ambos sexos.

Se diferencian cinco grupos de población entre los 171 habitantes que había en Cubillas en 1751: I) Los cabezas de casa, 29 de ellos se encuentran casados, 7 viudos y uno soltero; II) Un grupo de 29 personas compuesto, en su mayoría por las mujeres de los cabezas de casa y mujeres solteras; III) El grupo de los hijos, compuesto por 89 personas, de los cuales 47 eran varones y 42 mujeres; IV) El tercer grupo, aunque minoritario, lo constituían los familiares que se encontraban a cargo de un cabeza de casa, en total 3 personas, un viudo y una viuda, y una joven de 17 años cuñada de un cabeza de casa; V) El cuarto grupo lo componían los doce criados y una criada, en total trece personas.

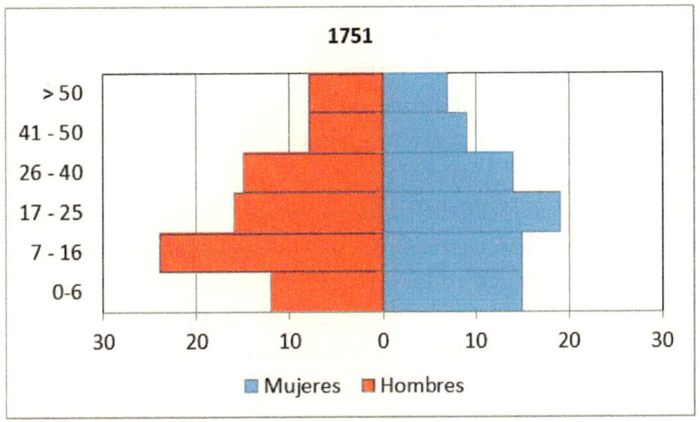

Figura 6. Pirámide de población de Cubillas de Santa Marta en 1751 (Libro de cabezas de casa de Cubillas de Santa Marta. Elaboración propia).

Tabla 2. Estructura por sexo y edad en Cubillas de Santa Marta en 1751 (Libro de cabezas de casa de Cubillas de Santa Marta. Elaboración propia).

Edad	Hombres	Mujeres
0-6	7,41	9,26
7-16	14,81	9,26
17-25	9,88	11,73
26-40	9,26	8,64
41-50	4,94	5,56
>50	4,94	4,32
Total	51,23	48,77

El cultivo del cereal como motor de la economía

La actividad agraria, pero especialmente la agricultura, ha sido el principal soporte económico de los habitantes de Cubillas de Santa Marta a lo largo de la historia y la actividad generadora de riqueza en el territorio, ya que en 1751 el 80,6 % de los habitantes se dedicaba a este sector (Libro de cabezas de casa del Catastro de Ensenada). En el Catastro de Ensenada, debido al peso tan significativo de la agricultura en la sociedad, se dedicaron, en el interrogatorio, un total de once preguntas, de la 4 a la 14, de las cuarenta que se elaboraron, a cuestiones tales como: la tipología de las tierras divididas entre secano y regadío, tipos de cultivos, la calidad de las tierras, si había plantíos de árboles frutales y las características de las plantaciones, medidas de las tierras, etc., es decir, una serie de cuestiones que permiten conocer con exactitud la extensión de las parcelas, las formas, los cultivos plantados y sus calidades, etc., en definitiva, una radiografía de la situación agraria del campo, en este caso de Cubillas, pero de toda la Corona de Castilla, una información de gran utilidad que permite conocer la historia agraria a mediados del siglo xviii de todo este territorio.

La tabla 3 muestra los usos de la tierra y la extensión en hectáreas en Cubillas de Santa Marta en 1751 en valores totales, y distribuidos por los vecinos de Cubillas, los forasteros y la cuarta parte del Valle de Trigueros. Centrándonos en las cifras totales, a mediados del siglo xviii, las superficies dedicadas a pastos, tierras yermas, eras, etc., representaban el 63,64 %, una cifra importante y de la que una parte significativa se cree que no tenía ningún aprovechamiento, debido también a la menor presión demográfica sobre el territorio. En segundo lugar, se encontraban las tierras de sembradura (32,65 %) que podían ser de primera (67,6 %), segunda (24,9 %) o tercera calidad (7.5 %) (Figura 7), con una producción más o menos elevada en función de dicha calidad. Domina la tercera calidad en la mayor parte de las tierras, ya que los terrenos no eran muy fértiles, a excepción de la vega del río Pisuerga, donde las producciones eran más elevadas gracias a la mayor fertilidad de los suelos. Los productos que se obtenían, según las preguntas 11ª y 16ª del interrogatorio, eran trigo, cebada, centeno, avena y también una pequeña producción de lentejas. En tercer lugar, y encontrando la respuesta también en la pregunta 11ª, se sabe que había producción de vino, en concreto 449,28 hectolitros, que se corresponden a las 71,1 hectáreas existentes (3,51 % del total de los usos de la tierra). En conjunto, las tierras de sembradura y los cultivos leñosos (viñedos), representaban el 36,16 % de los usos de la tierra.

Tabla 3. Usos de la tierra y extensión en hectáreas en 1751. (Libro de Haciendas del Catastro de Ensenada. Elaboración propia).

	TOTAL	%	Vecinos Cubillas	%	Forasteros	%	1/4 Valle Trigueros	%
Tierras de sembradura	661	32,65	326,2	55,59	277,3	92,31	57,6	5,07
Viñas	71,1	3,51	40	6,82	22	7,32	9	0,79
Herrenes	2,5	0,12	1,7	0,29	0,8	0,27		
Eras	1,6	0,08	1,3	0,22	0,3	0,01		
Pastos + Yermas	1.288,3	63,64	217,6	37,08			1.070,7	94,14
TOTAL	2.024,5	100	586,8	29	300,4	15	1.137,3	56

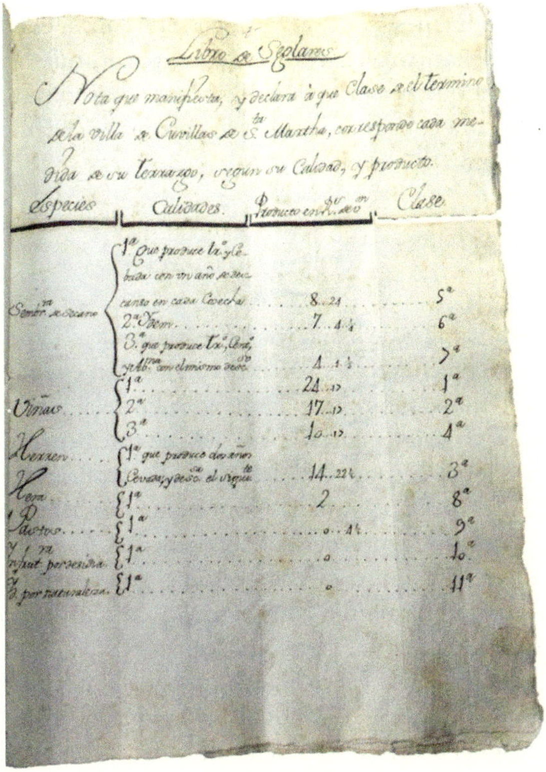

Figura 7. Nota de valor de las tierras del término. (Libro de haciendas de Cubillas de Santa Marta).

No disponemos de datos sobre la producción anual, pero sí se puede establecer una aproximación gracias a los datos que aporta el Catastro sobre el pago del diezmo. Sabiendo lo que se pagaba por este concepto, y teniendo en cuenta que era aproximadamente una décima parte de la cosecha bruta, podemos acercarnos mucho a la cifra correcta. Atendiendo a estas cifras, sabemos que la mayor producción correspondía a la producción de trigo, que era de unas 255 cargas (56.100 litros) y la de cebada de 269 cargas (59.180 litros), destinadas en su mayoría para consumo humano y de los animales de labor. Otros cereales que se cultivan, pero en menores cantidades, eran el centeno con 29 cargas (6.380 litros) y la avena con 54 cargas (11.880 litros), empleadas exclusivamente como alimento para el ganado. También había una pequeña producción de lentejas con 6 cargas (1.320 litros). Finalmente, con la uva recogida en los viñedos, se elaboraba vino, en concreto, 449,28 hectolitros o 44.928 litros.

Aunque el vino no era el producto estrella de Cubillas de Santa Marta, pues su producción era muy pequeña, era un alimento básico en la dieta de las personas, y se encontraba presente en prácticamente todos los municipios de las llanuras del Duero, así como en sus principales afluentes, como el Pisuerga, el Arlanza, el Esla, etc. La extensión por el territorio en pequeñas parcelas era frecuente, por lo que había una importante fragmentación de la tierra que permitía que numerosas personas tuvieran una pequeña viña para elaborar vino para consumo familiar y, si había excedentes, venderlo o intercambiarlo con otros vecinos.

VIÑEDOS Y BODEGAS

El cultivo del viñedo en Cubillas de Santa Marta se remonta a la época de la repoblación de las llanuras del Duero, en concreto a partir del siglos x-xi cuando los monasterios de San Isidoro de Dueñas (Pajares González y Fernández Portela, 2016) y de Santa María de Palazuelos (Balado Pachón y Martínez García, 2018), se constituyeron como los espacios configuradores de la vida socio-económica del bajo valle del Pisuerga. Estos monasterios contaban con propiedades rústicas y urbanas por los pueblos del entorno, y entre ellos se encontraba Cubillas. Entre sus propiedades había viñedos, pues era un cultivo esencial para la repoblación del territorio, ya que la personas que apostaban por el cultivo de la vid debían permanecer de forma fija en el territorio durante años hasta que la cepa comenzaba a dar frutos. Una vez que la planta se encontraba en plena producción era cuando más rentabilidad tenía y la gente no abandonaba el territorio.

El papel destacado del clero en la elaboración de vino se debía a su consumo, por un lado al emplearlo en la eucaristía (la sangre de Cristo) y, por otro, como alimento consumido en su dieta diaria. Para su consumo personal tenían asignado una hemina al día, es decir, 0,2734 l. Finalmente, el clero también comerciaba con el vino, por lo que contaba con lagares y bodegas en los propios monasterios para elaborar y conservar este preciado caldo.

Para entender la historia y la evolución de la vitivinicultura en Cubillas de Santa Marta, hay que hacer referencia al resto de municipios de su entorno, pues se han ido estableciendo lazos de unión entre viticultores de unos y otros municipios. Era habitual que, además de los propietarios de la localidad, también tuvieran vides vecinos forasteros de las villas cercanas. Todo ello, con el paso de los años, ha permitido hablar, aunque de forma no oficial, de la comarca vitivinícola de Cigales, para que, posteriormente, en 1991, se creara la Denominación de Origen Cigales. Un espacio elaborador de vinos claretes que se comercializaban, entre otros mercados, en la propia ciudad de Valladolid, donde eran muy apreciados. La fama de estos vinos llegó a la Corte cuando esta se estableció en Valladolid entre 1601-1606, bajo el reinado de Felipe III, suministrando vino procedente de pequeños pueblos como Corcos (1.800 cántaros) o Quintanilla (451 cántaros), situación que provocó el enfado entre los vecinos de estas villas al quedar ellos desabastecidos de este producto (AHN, Sala Alcaldes de Casa y Corte, Libro 1601).

Otra referencia, en este caso de 1788, hace constar la entrada de vino en Valladolid de localidades como Cigales, Fuensaldaña y Mucientes para satisfacer el consumo de los habitantes de la ciudad (Figura 8).

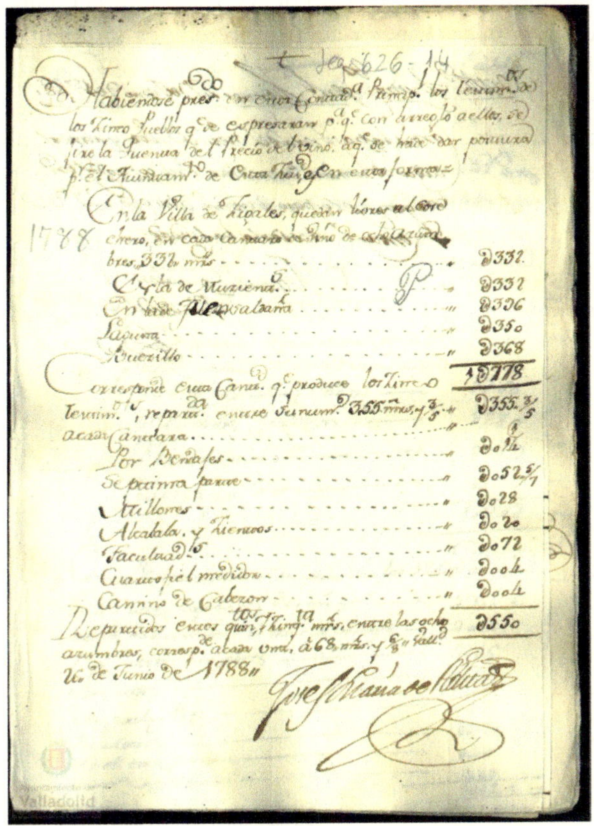

Figura 8. Entrada de vino en la ciudad de Valladolid de localidades de su entorno (Archivo Municipal de Valladolid CH 00626-014 IC.).

Una comarca en su conjunto, compuesta por doce municipios, y con un significativo peso del cultivo del viñedo con más de 4.000 hectáreas de viñedos y con una producción de vino que superaba los 5 millones de litros, destacando los municipios de Cigales y Dueñas como los dos espacios más representativos de este territorio (Fernández Portela, Hernández García y García Juan, 2021). Unas cifras que reflejan el escaso valor que tenía la vitivinicultura de Cubillas en el cómputo global de toda la comarca, tanto en superficie como en producción, pero que ha sido la base para el desarrollo de una actividad industrial que existe en la actualidad, convirtiéndose en uno de los pilares que sustentan a la DO Cigales, junto con Cigales y Mucientes.

A mediados del siglo xviii el viñedo no era un cultivo muy extendido en Cubillas, hay que recordar que representaba el 3,2 % de los usos de la tierra, pero tenía un papel social y económico destacado entre los habitantes. Era un complemento económico para los propietarios a la tradicional agricultura del cereal, y también para los jornaleros que trabajaban en el campo, pues el sector agrario presentaba momentos de mayor trabajo frente a otros en los que apenas no había. De esta forma, se garantizaban salarios, prácticamente a lo largo de todo el año.

Como se ha comentado, la superficie destinada a tierras de sembradura era de 661 hectáreas y a viñedos 71,1, en total las tierras destinadas a cultivos eran 732,1 hectáreas. Estas cifras indican el dominio del cereal con el 90,29 % y los viñedos el 9,71 % (Figura 9). Una superficie limitada en comparación con otras localidades como, por ejemplo, Cabezón de Pisuerga, Dueñas o Valoria la Buena, que tenían una superficie de 213, 1.449,5 y 313,8 hectáreas de vides respectivamente.

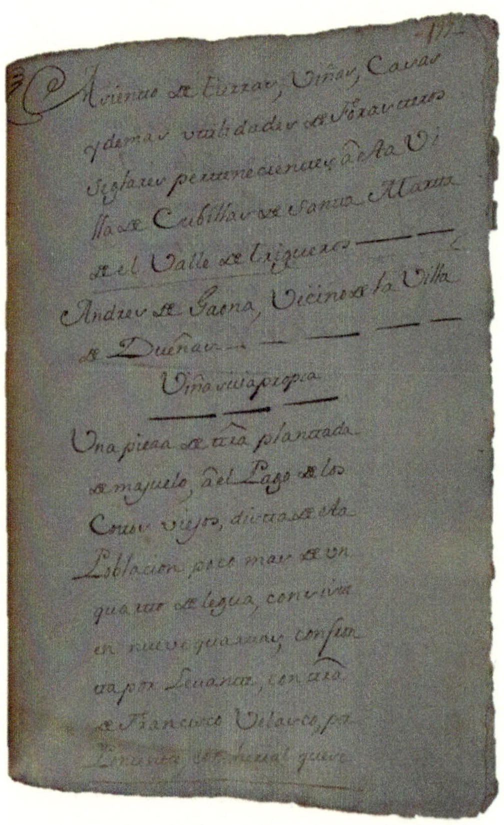

Asientos de tierras, viñas, casas
y demas utilidades de forasteros
seglares pertenecientes a esta Vi
lla de Cubillas de Santa Marta
de el Valle de Trigueros
Andres de Saona, vecino de la Villa
de Dueñas
Viña vieja propia
Una pieza de tierra plantada
de majuelo, a el Pago de los
Corrales viejos, distante de esta
Poblacion poco mas de un
quarto de legua, con viña
en nueve quarenas, confin
a por levante, con tierra
de Francisco Velasco, por
[illegible]

Figura 9. Asiento primero de los bienes propiedad de forasteros. (Libro de haciendas de Cubillas de Santa Marta).

El total de propietarios de viñedos era de 19 vecinos más una persona con viñedos en renta (Tabla 4), una cifra mayor que los propietarios de tierra de sembradura, ya que la superficie del viñedo era más pequeña y más fragmentada entre los vecinos. La tabla refleja el peso de la pequeña superficie, ya que de los veinte propietarios de viñedo, más de la mitad, en concreto 11, tenía menos de una hectárea de vides, lo que indica una pequeña producción para autoconsumo y el sobrante, en caso de haberlo, se comercializaba. El mayor propietario era Tomás de Rueda con 17,6 hectáreas y Adriano Gil con 6,3, los dos potentados de la localidad que también son los máximos propietarios de tierras de sembradura en propiedad con 105,6 y 61,9 hectáreas.

Tabla 4. Propietarios (vecinos) de viñedos en Cubillas en 1751 (ha). (Libro de haciendas. Elaboración propia).

Nombre	Propias	En renta
Tomas de Rueda	17,6	
Adriano Gil	6,3	
Baltasar Rojo	2,3	
Francisco Velasco	2,3	
Felipe Manuel	1,5	
Catalina Gil	1,4	
Manuel Alonso	1,3	
Francisca Gil	1	
Matías Gil	0,8	
Santiago Ruiz	0,7	
Francisco Blanco	0,5	
Isidro García	0,4	
Marina Majada	0,4	
Manuel Alonso	0,4	
Hipólito Núñez	0,4	
José Alonso	0,2	
Antonio Mínguez	0,1	
Mateo Prieto	0,1	
Santiago Zamora	0,1	
Santos Ortega		2,1

En su conjunto, de las 71,1 hectáreas de viñedo que había en Cubillas, los vecinos de la localidad trabajaban una superficie de 37,8 hectáreas, mientras que las 33,3 hectáreas restantes se encontraban en manos de 20 forasteros, en total, 40 propietarios con vides, lo que da una superficie media muy pequeña de 1,79 hectáreas por viticultor, reflejo de la fragmentación del campo. De los forasteros, casi la mitad eran de la vecina localidad de Dueñas, y el resto de otras localidades del entorno, como Valoria la Buena, Trigueros del Valle, Corcos o Cabezón de Pisuerga (Tabla 5).

Tabla 5. Propietarios (Forasteros) de viñedos en Cubillas en 1751 (ha).
(Libro de haciendas. Elaboración propia).

Localidad	Nº propietarios forasteros
Ampudia	2
Cabezón	1
Corcos	1
Dueñas	9
Santa Cecilia	1
Santovenia	1
Valladolid	1
Valoria la Buena	1
Villamuriel	1
Ausentes	2

Respecto a la calidad de los viñedos, el 45,7 % eran viñas de tercera calidad, el 35,3 % de segunda calidad y el 19 % de primera calidad, por lo que los rendimientos, al igual que en el caso de los cereales, disminuían en función de la calidad. A menor calidad, menor producción de uva.

La uva recogida en los viñedos se trasladaba a las bodegas para la elaboración del vino. En Cubillas, según datos del Catastro, había 13 bodegas y no todos los viticultores tenían bodega propia, tan solo 9 de ellos contaban con una, a excepción de los potentados Adriano Gil y Tomás de Rueda que poseían 2. Además de los propietarios vecinos de Cubillas, también había 7 forasteros que tenían una bodega o partes de alguna en la localidad, siendo estas generalmente más pequeñas, salvo la de Sebastián de Cañas, vecino de Dueñas, quien poseía una bodega entera de su propiedad en el Terrero con 4 vastos de capacidad de 408 cántaros. Como se ve en la tabla 6, era frecuente que los pequeños viticultores compartiesen bodega entre varios de ellos, dando lugar a la división de la propiedad de entre dos y tres personas. Los propietarios forasteros de bodegas eran de los municipios limítrofes de Dueñas y Valoria, y de los cercanos Corcos del Valle y Cabezón de Pisuerga.

Tabla 6. Cuadro 15. Bodegas y propietarios en Cubillas de Santa Marta en 1752. Libros de haciendas de Cubillas de Santa Marta. Elaboración propia).

Nombre del propietario	Procedencia	Propiedad de la bodega
Adriano Gil	Cubillas	1 bodega
Adriano Gil	Cubillas	1 bodega
Baltasar Rojo	Cubillas	½ bodega
Manuel Alonso y Santos Ortega	Cubillas	½ bodega
Francisca Gil	Cubillas	1 bodega
Francisco Velasco	Cubillas	1 bodega
Isidro García	Cubillas	1 bodega
Hipólito Núñez	Cubillas	½ bodega
Felipe Manuel	Cubillas	1 bodega
Santiago Ruiz	Cubillas	1 bodega
Tomás de Rueda	Cubillas	2/3 bodega
Tomás de Rueda	Cubillas	1 bodega
Fernando Gaona	Valoria la Buena	2/3 bodega
Manuel Guerra	Dueñas	1/3 bodega
Gaspar Ramos	Corcos	1/3 bodega
Joaquín Ceruelo	Corcos	1/3 bodega
José Tovar	Corcos	1/3 bodega
María Antonia Urbán	Cabezón	1/3 bodega
Sebastián de Cañas	Dueñas	1 bodega

La elaboración de vino en Cubillas era muy pequeña, apenas 44.928 litros, una cifra muy por debajo de los municipios de su entorno, como era el caso de Cigales, con 2 millones de litros, y de Dueñas, con 1,36 millones de litros, las dos mayores localidades productoras de vino, pero también de otras menores, como, por ejemplo, la vecina Trigueros del Valle, con 161.120 litros, Fuensaldaña, con 126.000 o Corcos, con 115.800 litros de vino.

La ubicación se encontraba dispersa por la localidad encontrando bodegas en distintos lugares, como El Terreno, el casco de la villa, las eras de arriba, los ejidos/el arenal o la plaza. Posteriormente, las bodegas que se fueron construyendo a finales del siglo xviii se fueron localizando en el barrio de bodegas tradicional, todas ellas agrupadas donde, a día de hoy, hay catalogadas 77 bodegas tradicionales excavadas en el suelo (Fichas de catalogación de Bodegas, Lagares y Guardaviñas. Consejería de Cultura y Turismo de la Junta de Castilla y León, 2007). Bodegas que tuvieron una intensa actividad de elaboración de vino hasta la década de los ochenta, y que, en la última década del siglo XX, fueron abandonando a causa de la orientación de este espacio a la elaboración de vinos bajo DO en las nuevas bodegas de corte más industrial que se han ido construyendo desde entonces.

CONCLUSIÓN

El Catastro de Ensenada se configura como una fuente geohistórica que permite reconstruir la actividad socio-económica de las localidades de Castilla a mediados del siglo xviii. La información documental existente es amplia y variada y abarca todos los sectores: la población, la agricultura, la ganadería, las actividades comerciales, los servicios, la estructura de las parcelas agrarias, el número y tamaño de las casas, etc., en definitiva, una valiosa información que contribuye a dibujar el territorio que existió, en el caso de Cubillas de Santa Marta, en 1751.

Este trabajo se ha centrado en el papel que tenía la actividad agraria y, más en concreto, la vitivinicultura, es decir, los viñedos, las bodegas y la elaboración de vino. A mediados del siglo xviii, esta actividad no era muy representativa en Cubillas, es más, de su entorno, era una de las localidades donde menos importancia tenía. Sin embargo, sentó las bases para el desarrollo de una actividad económica que ha ido creciendo con el paso de los años, construyendo un paisaje que, en la actualidad, gira en torno a la vid y el vino.

BIBLIOGRAFÍA

Balado Pachón, Arturo y Martínez García, Ana Belén: “Santa María de Palazuelos 2012-2018. Investigaciones en un monasterio cisterciense de la comarca de Cigales”, en Concepción Camarero Bullón y Julio Fernández Portela (ed.): *El Catastro de Ensenada. Magna averiguación fiscal para alivio de los vasallos y mejor conocimiento de los Reinos (1749-1756). Comarca vitivinícola de Cigales 1751-1752*, Madrid, Dirección General del Catastro y Ayuntamiento de Cubillas de Santa Marta, 2018, pp. 210-227.

Béthencourt Massieu, Antonio: “Fiscalidad y franquicias en Canarias durante el Antiguo Régimen”, en *XV Coloquio de historia canario-americana*, Las Palmas de Gran Canaria, Cabildo Insular de Gran Canaria, 2004, pp. 1714-1730.

Camarero Bullón, Concepción: *Burgos y el Catastro de Ensenada*, Burgos, Caja Burgos, 1989.

——: “El Catastro de Ensenada, 1749-1759: diez años de intenso trabajo y 80.000 volúmenes escritos”, *CT Catastro*, 46, (2002a), pp. 61-88.

——: “Averiguarlo todo de todos: el Catastro de Ensenada”, *Estudios Geográficos*, 248-249, (2002b), pp. 493-531. https://doi. org/10.3989/egeogr.2002.i248-249.236

——, Aguilar Cuesta, Ángel Ignacio y García Juan, Laura: “El Vecindario y el Censo de Ensenada: el final de una época y el inicio de otra en los recuentros poblacionales”, *CT Catastro*, 93, (2018), pp. 31-64.

Fernández Portela, Julio y Hernández García, Ricardo, *Sociedad y Territorio en Cubillas de Santa Marta: del Catastro de Ensenada a la actualidad*, Valladolid, Ayuntamiento de Cubillas de Santa Marta, 2021.

——, Hernández García, Ricardo y García Juan, Laura: "Ríos de rosado en la campiña del Pisuerga: las bodegas tradicionales en la industria del vino", en Concepción Camarero Bullón y Miguel Ángel Bringas Gutiérrez (ed.): *Industria y territorio: patrimonio preindustrial*, Madrid, Ministerio de Industria, Comercio y Turismo, 2021, pp. 89-131.

García Tapia, Nicolás y Helguera Quijada, Juan: "El Canal de Castilla. Historia y arquitectura hidráulica", en *Planos históricos de obras hidráulicas*, Madrid, Ministerio de Obras Públicas y Urbanismo, 1985, pp. 36-50.

Hernández García, Ricardo: "Villalón de Campos según el Catastro de Ensenada", en Tomás Moreno Bueno y Concepción Camarero Bullón (coords.): *El Catastro de Ensenada. Magna averiguación fiscal para alivio de los vasallos y mejor conocimiento de los reinos (1749-1756). Villalón de Campos, 1752*, Madrid, Dirección General del Catastro, 2017.

——: "La campiña del Pisuerga en la época del Catastro de Ensenada", en Concepción Camarero Bullón y Julio Fernández Portela (ed.): *El Catastro de Ensenada. Magna averiguación fiscal para alivio de los vasallos y mejor conocimiento de los Reinos (1749-1756). Comarca vitivinícola de Cigales 1751-1752*, Madrid, Dirección General del Catastro, 2018, pp. 74-103.

—— y Fernández Portela, Julio: "El Catastro de Ensenada, una fuente geohistórica para el estudio del territorio de una villa castellana en el siglo xviii", *Vegueta. Anuario de La Facultad de Geografía e Historia*, 22 (1), 2022, pp. 217-238. https://doi.org/10.51349/veg.2022.1.12

Moisén Gutiérrez, José Luis: "Patrimonio Industrial y de la Obra Pública en el Ramal Norte del Canal de Castilla", *E-rph: Revista electrónica de Patrimonio Histórico*, 12, 2013, pp. 31-75.

Muñoz Navarro, Daniel: "El Catastro de Ensenada como fuente para la Historia Agraria: paisaje y actividad agropecuaria en la villa de Requena a mediados del siglo xviii", *CT Catastro*, 70, 2010, pp. 51-69.

Pajares González, Álvaro y Fernández Portela, Julio: "El papel del monacato en la repoblación y el cultivo del viñedo en la comarca de Cigales: el ejemplo del monasterio benedictino de San Isidoro de Dueñas", en Julio Fernández Portela (Coord.): *La comarca vitivinícola de Cigales: viñedos, bodegas y vino*, Valladolid, Consejo Regulador de la Denominación de Origen Cigales, 2016, pp. 117-137.

Rodríguez Domenec, María Ángeles, Camarero Bullón, Concepción y Rodríguez Espinosa, Eduardo: "La representación cartográfica de los municipios manchegos en el siglo xviii. El Catastro de Ensenada", *Anales de Geografía de la Universidad Complutense*, vol. 40 (2), 2020, pp. 499-540.

García Juan, Laura y Camarero Bullón, Concepción: "Catastro y militares en la raya salmantina: un ejemplo de colaboración interinstitucional en la centuria de las luces", en Rocío Rodríguez Molina y L. Hernández Cervera (coords.): *El Catastro de Ensenada. Magna averiguación fiscal para alivio de los vasallos y mejor conocimiento de los reinos (1749-1756). Catastro e ingenieros militares en la raya salmantina: un ejemplo de colaboración en la centuria de las luces. Ciudad Rodrigo, 1751*, Madrid, Dirección General del Catastro, 2022, pp. 10-87.

Vidal Domínguez, María Jesús: "El paisaje urbano madrileño de mediados de los siglos xviii y xix: análisis de casos", *CT Catastro*, 94, 2018, pp. 35-70.

7.
LA INDUSTRIA TEXTIL EN LA CORONA DE CASTILLA SEGÚN EL CATASTRO DE ENSENADA

Ricardo Hernández García
Universidad de Valladolid

INTRODUCCIÓN

El estudio de la industria textil lanera de la corona de Castilla en el siglo XVIII ha suscitado en las últimas décadas un importante interés por parte de la historiografía española (González Enciso, 1988; Hernández García, 2010; Hernández García y Fernández Portela,2021).[1] Dos motivos están detrás de este interés: por un lado, el poder contar la historia de las manufacturas laneras castellanas en una etapa de recuperación y de puesta en marcha de diferentes medidas de corte ilustrado y, por otro lado, el hecho de contar con mejor y más abundante documentación para estudiar esta actividad que en los siglos anteriores. A estos efectos resulta evidente pensar que la abundancia de documentación generada en todos los niveles de elaboración del Catastro de Ensenada ha facilitado la aproximación de muchos investigadores a este tema. Pese a ello, y como luego se podrá demostrar, muchas veces la abundancia de documentación ha impedido un acercamiento racional al tema y los investigadores, siguiendo la moda de cada época, han estudiado la manufactura lanera en diferentes aspectos por separado y no de forma integral.

La premisa fundamental de este trabajo será la de vislumbrar hacia dónde se pueden encaminar las futuras investigaciones sobre este tema aprovechando la documentación catastral todavía no utilizada o reutilizando de una manera sistemática la ya utilizada, aunque de forma poco coordinada.

Para ello, se elaborará un breve estado de la cuestión, analizando cuáles han sido las grandes líneas de investigación o los principales temas que se han ido tratando a lo largo de las últimas décadas. No obstante, solo se marcarán esas líneas, ya que el objetivo no es hacer un exhaustivo análisis bibliográfico, puesto que esto excede el marco de este trabajo, principalmente por la falta de espacio. Entendemos que en este caso no es tan relevante dirimir quién ha dicho tal o cual cosa sobre la industria textil lanera castellana del siglo XVIII basándose en el Catastro, sino cómo lo ha dicho, y detectar los cambios que se han ido produciendo con el paso de los años. De igual modo, trataremos de señalar

[1] Este trabajo se ha desarrollado en el marco del Proyecto de Investigación "The long-term transformation of the occupational structure, Spain 1700-1920. Non-agricultural occupations as a proxy for economic modernization" (PID2021-123863NB-C21).

las motivaciones que han estado detrás de estos cambios en la forma de afrontar estos estudios, siempre entendiendo que la forma de acercarse a esta documentación ha sido acumulativa, es decir, cada fase posterior se aprovechaba de lo analizado en la anterior e integraba esa documentación en su nuevo análisis. O lo que es igual, con el paso del tiempo lo que ha primado ha sido el ir incorporando al estudio de la industria textil lanera castellana más estratos documentales del Catastro de Ensenada.

Los estudios sobre las manufacturas textiles castellanas hasta la década de 1980

Aun cuando la actividad textil lanera en la corona de Castilla ha tenido una importancia crucial para el desarrollo económico de dicho territorio ya desde la Edad Media, no llamó especialmente la atención de historiadores y curiosos de la historia hasta el final de la década de 1970 y el proceso de renovación en la forma de hacer historia que se dio en España (González Enciso, 1988: 211-223). De hecho, en la mayoría de las ocasiones las menciones que se hacían sobre esta actividad manufacturera eran referentes, o bien al número de tejedores implicados en la elaboración de los tejidos de una localidad, o bien al número de piezas fabricadas, estableciendo una especie de ranking de las fábricas más importantes teniendo en cuenta estas dos variables (Nadal Oller, 2003: 33-37). El resto de fábricas no merecían su atención. Para ello, las fuentes documentales utilizadas eran básicamente los datos aportados por Eugenio Larruga en sus *Memorias Políticas y Económicas*, así como los datos que se podían obtener de la consulta de las Respuestas generales y de los Estados generales del Catastro de Ensenada (Matilla Tascón, 1947; Rodríguez López, 1948; González Enciso, 1980 y 1984).

¿Cuál era la metodología utilizada? Realmente era bastante sencilla, ya que el camino para poder desentrañar la evolución de esas fábricas en el siglo XVIII residía en el acopio de datos recogidos en los Estados generales y en las Respuestas generales del Catastro para mediados del siglo XVIII, y enlazarlos con los datos de producción que Larruga ofrecía en su obra antes mencionada. Habida cuenta de que tampoco había estudios con los que comparar, y que realmente lo que se buscaba era determinar cuál de las fábricas textiles laneras castellanas era la más importante en términos productivos, no se veía necesario gastar tiempo en analizar más en profundidad todo el Catastro. Por otro lado, estos primeros estudios que recogían estos datos se centraban en la mayoría de las ocasiones en un enfoque muy local y, por lo tanto, no se precisaba la acumulación de más datos para entender de manera conjunta la evolución de esta actividad.

¿Podemos afirmar que con estos primeros estudios estábamos en condiciones de conocer realmente todo lo relativo a las manufacturas laneras castellanas? Es evidente que no, que el conocimiento era más bien escaso y, además, y esto va a ser una constante todavía durante varias décadas más, en muchas ocasiones nos estaremos haciendo una idea equivocada de cómo era esa industria, puesto que estamos aceptando como situación general la que solo era particular precisamente de los centros productores más importantes y organizados institucionalmente.

Llegados a este punto, debemos preguntarnos qué tipo de información podemos obtener de la consulta de los Estados generales. Para ello tendremos que recurrir a los Estados de la letra E, tanto de seglares como de eclesiásticos, así como los de la letra G para los seglares (Camarero Bullón, 1989: 55 y Aguilar Cuesta, 2018).

Por lo que respecta a los datos que podemos utilizar de la letra E, estos pueden variar de una provincia a otra, ya que no están homogeneizados, pero básicamente podemos obtener información de los artefactos hidráulicos que se utilizaban en la manufactura textil lanera, es decir, los batanes. La información obtenida detalla, localidad por localidad, si había artefactos de este tipo y, en caso de haberlos, el valor de sus alquileres (valor en renta) anuales. De esta forma no podemos determinar cuántos artefactos había en la localidad, pero sí por cuánto se estimaba su alquiler anual. Estos datos nos pueden aportar una primera idea de la importancia de cada fábrica por el hecho de contar con estos artefactos propios de la fase de acabado de la producción textil lanera, si bien lo que atestiguan no es tanto la importancia de esa fábrica, y sí el aprovechamiento industrial de un recurso energético, como es el de un salto de agua. No obstante, el hecho de dedicarlo a la manufactura lanera en vez de a la molturación de cereal ya es un indicador de que la industria lanera era importante en esa localidad o comarca.

Además de la presencia de batanes, que aparecen en todas las provincias, la información recogida en el Estado de la letra E también muestra la presencia de tintes en diez provincias, lavaderos de lana en seis, esquileos en cinco, prensas de ropa en otras cinco y grederos en una[2]. Como se ve, la presencia de estos elementos también informa de la existencia de otras actividades relacionadas con diferentes fases del proceso de producción del textil lanero: desde las operaciones de acopio y preparación de la lana, como los esquileos y lavaderos, hasta las fases de acabado y refinado, como eran los grederos y batanes, las prensas y los tintes. No obstante, insistimos en lo que señalábamos con anterioridad acerca de la falta de homogeneidad en los datos entre las diferentes provincias, ya que no es creíble que, habiendo actividad textil lanera en todas las provincias, solo fuesen unas pocas las que señalasen la presencia de estos otros elementos integrantes de alguna de las fases del proceso de producción (Camarero Bullón, 1989: 480-484).

Por lo tanto, con estos datos, se pueden detectar localidades en las que hay actividad textil centrada en los artefactos o instalaciones mencionadas, pero todavía no se ha podido aportar nada sobre los operarios que trabajaban en ellas. Para ello tenemos que acudir a los Estados generales de la letra G, si bien los datos que recogen harán referencia solo a

[2] Los grederos eran los terrenos en los que los bataneros se aprovisionaban de tierra. Esta tierra se introducía en las pilas con agua donde se golpeaba la ropa con los mazos del batán. Gracias a las propiedades de esta tierra, actuaba a modo de jabón y servía para limpiar y enfurtir las diferentes piezas tejidas.

los varones de entre 18 y 60 años dedicados a diferentes oficios relacionados con alguna fase del proceso de producción textil (figura 1).

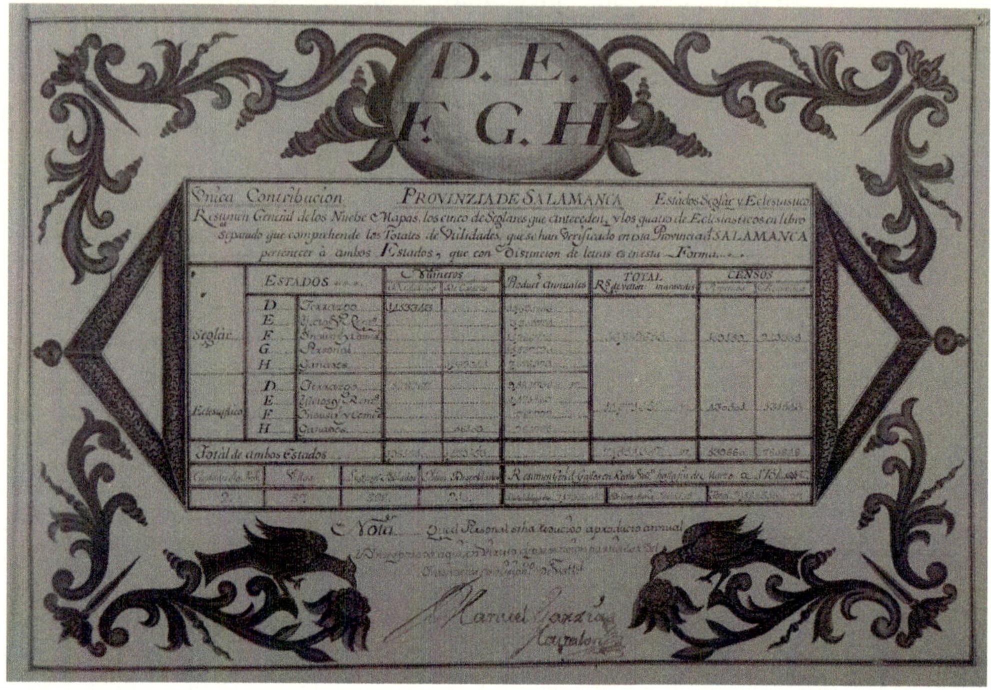
D. E. F. G. H

Unica Contribucion PROVINZIA DE SALAMANCA Estados Seglar y Eclesiastico

Resumen General de los Nuebe Mapas, los cinco de Seglares que anteceden, y los quatro de Eclesiasticos en libro separado que comprehende los Totales de Utilidades, que se han verificado en esta Provincia de SALAMANCA pertenecer à ambos Estados, que con Distincion de letras es en esta Forma...

	ESTADOS		Numeros		Product. anuales	TOTAL Rs. de vellon	CENSOS	
Seglar	D	[illegible]	[illegible]		[illegible]	[illegible]	[illegible]	[illegible]
	E	[illegible]			[illegible]			
	F	[illegible]			[illegible]			
	G	Personal			[illegible]			
	H	Ganados		[illegible]	[illegible]			
Eclesiastico	D	[illegible]	[illegible]		[illegible]	[illegible]	[illegible]	[illegible]
	E	[illegible]			[illegible]			
	F	[illegible]			[illegible]			
	H	Ganados		[illegible]	[illegible]			
Total de ambos Estados			[illegible]	[illegible]		[illegible]	[illegible]	[illegible]

Nota

Manuel García

Figura 1: Portada de los Estados generales de Salamanca (AHN).

Aun cuando con esta documentación vamos ampliando nuestro conocimiento sobre cada una de las fábricas textiles de la corona de Castilla, no es menos cierto que también surgen importantes problemas. El primero de ellos es el de comprobar que no se presentan de forma homogénea los datos de las diferentes provincias. Por ese motivo resulta imposible determinar el número de operarios de cada fase del proceso de producción textil que aparecen recogidos en los Estados. Por poner algún ejemplo, mientras que en Guadalajara distinguen entre tejedores de lana y de lino, en otras, como Palencia, agrupan de forma genérica a todos estos trabajadores bajo la denominación de “Individuos de las fábricas de tejidos de lana y lino”. O lo mismo pasa con los trabajadores de otras fases del proceso de producción, así, por ejemplo, con la fase del cardado, donde en algunas provincias solo aparecen cardadores –Ávila–, en otras diferencian entre cardadores y emborradores –Guadalajara– y, finalmente, en otras, como Zamora, diferencian entre dos operaciones muy parecidas, la de cardador y recardador. De la misma manera, la misma inseguridad nos ofrece el hecho de que, a pesar de que con la letra E de los Estados hemos localizado batanes en todas las provincias, ahora por el contrario solo aparecen reflejados trabajadores de esos batanes en cuatro provincias (Cuenca, Guadalajara, La Mancha y Segovia) o, por ejemplo, en la provincia de Salamanca en la letra E de los Estados solo aparecía relacionado con la industria textil la existencia de batanes y, sin embargo, en la localidad de Béjar conocemos la existencia de varias casas de tintes, prensas de paños, tendederos, etc. ¿Cómo hemos de interpretar estos datos y estas ausencias? Esta falta de homogeneidad en los datos de cada provincia nos indica que, sin utilizar más documentación catastral, es imposible dar una respuesta coherente, por lo que tradicionalmente se ha optado por creer que dichos operarios estarían incluidos de forma velada en alguna otra categoría profesional, fundamentalmente la de los jornaleros.

El segundo problema que surge al utilizar solamente esta documentación es que estamos dejando fuera de nuestro análisis a más de la mitad de la población, en concreto a las mujeres y a la población infantil. Es todavía más sangrante esta doble ausencia por cuanto sabemos, gracias a los comentarios de los escritores contemporáneos, que gran parte de las actividades del proceso de producción textil lanero eran efectuadas por mujeres y niños (Hernández García, 2013; Sarasúa García, 2019). Sin ir más lejos, la inmensa mayoría de las operaciones de preparación de la fibra antes de ser puesta en los telares (cardado, peinado, hilado, etc.), estaban copadas por manos de mujeres y de niños y niñas a los que se pagaba unos miserables salarios (Rodríguez Campomanes, 1774).

Pese a todos estos problemas, estos datos se han utilizado de forma abundante en trabajos para caracterizar la industria textil lanera de tal o cual localidad. Es más, aún trabajos recientes, como el de Gómez Enterría (2010), se apoyan exclusivamente en esta fuente documental para hacer un análisis de los artesanos textiles de la corona de Castilla. Como es de suponer, y puesto que no utiliza otra documentación complementaria, los resultados obtenidos no llaman la atención, es decir, aparecen más artesanos en aquellas provincias para las que ya sabíamos que había fábricas importantes: Cuenca, Toledo, Sevilla, Segovia y Palencia, donde había fábricas tanto en el ámbito urbano como en el rural. No obstante, ¿podemos entender que con esta información nuestro conocimiento de la industria textil lanera castellana del xviii es suficiente?, ¿podemos comparar la situación de varias fábricas solo con estos datos? Sinceramente creemos que no, ya que de nuevo hemos de insistir en que con la mera utilización de estos datos solo se puede establecer una especie de ranking entre fábricas, o en este caso entre provincias, para determinar dónde había más operarios censados en los Estados generales del Catastro.

Si esto es lo que sucedía con el análisis de los Estados generales, veamos qué información podemos obtener si lo que consultamos son las Respuestas generales, otra de las principales fuentes utilizadas durante este periodo inicial de conocimiento de la industria textil lanera castellana en el siglo xviii.

En primer lugar, hay que tener en cuenta que, aun cuando las cuarenta preguntas son iguales para todas las localidades, la forma de responder de cada una de ellas puede presentar matices diferentes. Para nuestros fines, podemos detectar cómo hay veces que esas respuestas se ajustan más a una información cualitativa y, por tanto, diferente a la de los Estados generales. Es decir, al no tener la obligatoriedad de ofrecer datos de forma sistematizada, lo que aportan es información referente a la actividad que se está desarrollando en esa localidad, pero en términos genéricos, como por ejemplo sucede en Béjar en su respuesta a la pregunta 17:

> ... crecido número de tornos para la ylanza de las lanas, repartidos así en esta villa como en varios lugares de su jurisdicción, y otros entre las ylanderas...

Como se ve, aportan información que nos muestra cómo había una actividad relacionada con la manufactura textil lanera, que tenía mucha importancia y ocupaba a muchas trabajadoras de la localidad y la comarca, y que, hasta ahora, con la información aportada por los Estados, aparecía oculta al ser desarrollada por mujeres.

Como señalábamos antes respecto a los matices diferentes que se podían percibir en la respuesta a la misma pregunta en las diferentes localidades de la corona de Castilla, habrá veces que no haya que recurrir a interpretar datos cualitativos frente a los cuantitativos. En este caso la respuesta a la pregunta número 33 ofrece en numerosas ocasiones datos sobre mujeres que trabajan en el textil lanero, e incluso de hombres que también lo hacen en los tiempos de paro estacional agrícola. En definitiva, dos grupos de trabajadores que en los Estados no aparecían con vinculación a la manufactura lanera, el primero por ser mujer, y el segundo, por ser su principal ocupación la del campo, bien como labradores o sobre todo como jornaleros.

Por lo que respecta a esa ingente mano de obra femenina e infantil, sirva lo que declaraban en la localidad alcarreña de Brihuega en respuesta a esa pregunta 33:

> Que en dichas escuelas hay 108 niños y niñas para hilar dichas lanas...también hay 10 niños que se ocupan en hacer carretes y canillas... y que asimismo hay 177 hilanderas de lana ordinaria.

Como se ve, aun cuando dan una cifra exacta, lo relevante es que aparece de la nada esa mano de obra y que por las dimensiones que muestra era muy importante, tanto para el desarrollo de la fábrica, como para la economía familiar de esos niños. Algo parecido encontramos en la respuesta a esa misma pregunta en las localidades terracampinas de Amusco y Astudillo. En la primera de ellas hacían referencia expresa, aunque sin cuantificar su número, a aquellos jornaleros que en época invernal se ocupaban de la tarea del cardado:

> A los cardadores de lana a jornal, que estos son todos Mancebos del Campo...que trabajan en semejante oficio que se reduce en los tres meses de Noviembre, Diciembre y Enero.

Mientras que, en la segunda, que contaba con la fábrica lanera rural de mayor producción de toda España (Hernández García, 2002: 61-62), señalaban la importancia de esta actividad debido al elevado concurso de una gran parte de la población como mano de obra:

> Este pueblo tiene fábrica de paños docenos y milenos y otros inferiores, y al mismo tiempo que gastan alguno en estos, tienen labranzas de tierra y viñas algunos, y en todos hay el número de 190 fabricantes, pero como sus oficiales asisten a la fábrica cuando no pueden trabajar en el campo, y se sirven para las labores menores de la fábrica de sus mujeres, muchachas de poca edad y muchachos pequeños...

Como se ve, en todos estos casos nos llaman la atención sobre la importancia de la actividad textil lanera, pero el alcance de esta documentación no aporta más datos.

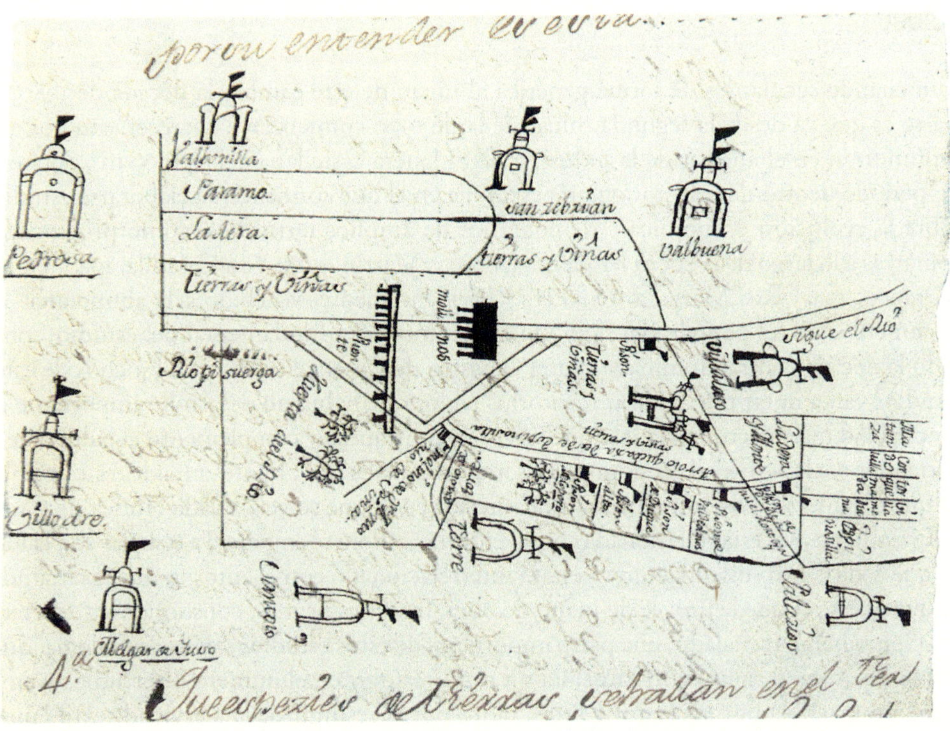

Figura 2. Mapa del término de Astudillo incluido en las Respuestas generales de la villa. Pueden verse los pisones. (CE, Archivo Diputación de Burgos).

Por último, las Respuestas generales también aportan información relevante en su pregunta 17, en la que indican la existencia de batanes, así como sus propietarios. Es decir, que este dato complementa al ya visto en los Estados generales en los que en su letra E podíamos saber la utilidad en renta de estos artefactos en cada localidad, pero no conocíamos su número. Ahora, gracias a las Respuestas generales, podemos saber los que había, generalmente su número de ruedas y mazos, así como su ubicación dentro de la localidad y su propietario. Como se puede ver, aun en esta primera etapa de conocimiento de la industria textil lanera castellana del siglo XVIII, el buen uso y la complementación entre los Estados y las Repuestas generales permiten hacernos una idea de cómo era cada fábrica, aunque, reiteramos, todavía desde un punto de vista externo, ya que del interior de la fábrica y de su modo de funcionamiento apenas hemos visto nada.

El Catastro como centro del análisis del siglo XVIII: las décadas de 1980 a 2000

Aun cuando señalamos de forma genérica al inicio de este cambio la década de 1980, lo cierto es que ya desde la segunda mitad de la de 1970 comienzan a aparecer estudios que profundizan en el análisis de la industria textil lanera castellana del siglo XVIII[3]. Será este un periodo dentro de la historiografía española en el que comiencen a elaborarse estudios sobre la evolución económica y demográfica de amplios territorios, como provincias y comarcas a lo largo de la época Moderna (Marcos Martín, 1985; Yun Casalilla, 1987; Parejo Barranco, 1987; Ros Massana, 1993, etc.). Evidentemente, y debido a la abundancia de documentación, el periodo del siglo XVIII será una etapa fundamental del estudio, sobre todo la década central dominada por el Catastro de Ensenada. Además, muchos de estos estudios van a optar por analizar territorios en los que había un desarrollo importante de la actividad manufacturera lanera que servía de contrapeso y complemento al cultivo de la tierra, que era la actividad económica más importante. Es importante entender este cambio, ya que se supera la visión reduccionista anterior en la que se veía a cada fábrica de forma independiente, sin estar relacionada con su entorno. Ahora se empezará a trabajar con la idea de que cada centro manufacturero estará interrelacionado con el entorno que le circunda, ya que es este el que le provee de mano de obra, materias primas, consumidores, etcétera.

Como hemos señalado, una parte importante de estos estudios será la cronología, que, por lo que toca al siglo XVIII, mostrará un claro resurgir en el número de estudios y en la atención prestada por los historiadores, tanto por el resurgir de la actividad textil lanera en Castilla en ese periodo al hilo del aumento demográfico y la recuperación económica frente al siglo XVII, como por la abundancia de documentación. Aquí es donde entrará de lleno el estudio del Catastro de Ensenada que, lejos de olvidar o marginar la documentación

[3] Sin lugar a dudas, el ejemplo más señero es el de García Sanz (1977) sobre la fábrica segoviana, modelo que ha servido de guía a la inmensa mayoría de los que han venido después de él.

utilizada hasta esos momentos –Estados y Respuestas generales–, la seguirá utilizando y ampliará con otros estratos documentales del Catastro hasta ese momento ignorados, bien por desconocerlos, bien por ignorar su relevancia. A partir de ahora comienza a ganar importancia en estos estudios la utilización de los Libros de lo raíz, de lo real, de haciendas o registros, todas esas denominaciones aparecen según provincias, así como los Libros de familia, Cabezas de casa o de lo personal, denominación también según provincias.

Todo este nuevo torrente de información permite hacer análisis mucho más profundos sobre las diferentes fábricas textiles, ya que, por fin, se puede superar la barrera instaurada anteriormente en el ranking de artesanos dedicados a estas tareas, o en el recuento de los artefactos industriales existentes.

La utilización de esta nueva documentación traerá consigo ventajas y también alguna desventaja frente a lo hecho hasta ese momento. Dentro de las primeras, hemos de destacar la elaboración de análisis mucho más completos y detallados sobre las fábricas textiles y su composición interna. Por primera vez podemos poner nombre a una cantidad importante de los trabajadores de las fábricas, así como a los empresarios o fabricantes, grupos que ahora podemos empezar a analizar por separado.

Gracias a los Libros de cabezas de casa podemos conocer el tamaño de sus familias, las edades de los trabajadores y empresarios, sus mujeres e hijos, el número de criados dependientes que mantenían, etc. Como además conocemos el oficio que cada cabeza de casa e hijo mayor de 18 años tiene asignado, este análisis podemos establecerlo en función del oficio, y así agrupar por categorías socio profesionales, y podemos establecerlo también por grupos de edad para ver si hay modificaciones con el paso de los años.

Si esto es lo que nos permite el estudio de la documentación recogida en los Libros de cabezas de casa, la utilización de los Libros de haciendas nos aproxima a la situación económica de cada vecino o, lo que es igual, de cada familia. De esta forma podemos establecer los mismos grupos de análisis que hemos hecho anteriormente con los Libros de cabezas de casa, es decir, por tamaño de la familia, por edades de los cabezas de casa, por los diferentes oficios, o preferentemente combinando todos ellos. De esta forma podemos conocer no solo quiénes trabajaban en la fábrica, sino que podemos caracterizar a cada uno con un nivel de rentas estimado, ya que con los Libros de haciendas conocemos el salario que le imputan anualmente al cabeza de casa, y también sabemos si eran propietarios de tierras o ganado y su utilidad, y lo mismo si eran propietarios de fábrica textil, es decir, si ellos elaboraban alguna pieza, por la que también se les imputa una ganancia o utilidad. Igualmente podemos conocer también el nivel de endeudamiento que sostenían por medio de censos y foros, elementos todos estos que nos configuran una realidad económica por la que podemos caracterizar a cada familia por separado o agruparla por grupos de trabajadores de un mismo oficio.

Como habíamos señalado antes, también genera algunos problemas el uso de esta documentación. El primero de ellos es que nos obliga a manejar mucha más información que la que requerían los Estados y las Respuestas generales. Ahora necesitamos establecer una base de datos en la que cada vecino tenga una entrada diferenciada, y en esa entrada añadiremos todos aquellos datos que queramos recoger. Por todo ello, el análisis de estos datos, aun cuando se establecía para toda una comarca o provincia, realmente las localidades que eran estudiadas en profundidad eran las que tenían una actividad manufacturera más importante. Es decir, por poner un ejemplo, aun cuando se analice lo acontecido en la provincia de Segovia, este análisis más detallado se limitará a la ciudad de Segovia y las principales fábricas rurales, como Bernardos o Santa María la Real de Nieva (García Sanz, 1977: 252-256) o, en el caso de la Tierra de Campos, las fábricas estudiadas serían Medina de Rioseco, Villada, Frechilla o Villaramiel (Yun Casalilla, 1987: 556-573). Esto nos permite tener una idea más precisa de lo acontecido en la provincia o comarca, pero también nos facilita hacer análisis más minuciosos sobre las fábricas urbanas, que eran las que mejor conocíamos con la anterior documentación.

No obstante, sí que hay que reconocer que no solo genera una cantidad de trabajo mucho mayor, también puede llegar a distorsionar la realidad de las fábricas manufactureras de esa provincia o comarca. Es decir, que en toda Tierra de Campos destaquemos cuatro o cinco fábricas y tratemos de sacar unas conclusiones generales gracias a su estudio, no quiere decir que esa fuese la situación de todas las localidades de la comarca, pues, como no puede ser de otra manera, también nos encontramos con localidades que no tienen ningún vínculo con esta actividad y, por lo tanto, responderán a patrones diferentes. El caso más señero de nuevo vuelve a ser el paradigmático caso de la fábrica de la ciudad de Segovia: su gran desarrollo manufacturero, que la convertía en la fábrica más destacada de España, el hecho de contar con abundante documentación catastral y municipal, y el completo estudio que de ella hizo García Sanz, han provocado una oleada de trabajos centrados en otras fábricas tendentes a mostrar las semejanzas entre estas otras fábricas y la de Segovia. La realidad es que el tratar de emular lo que aconteció con la fábrica segoviana no hace más que desvirtuar lo poco o mucho que evolucionaron el resto de fábricas, que ni se parecían a la de Segovia, ni tenían capacidad para hacerlo.

Por último, hemos de llamar la atención sobre una carencia que con esta documentación todavía no ha podido ser resuelta, y es la de la participación laboral de las mujeres y los niños, población recuérdese que quedaba al margen de las pesquisas del Catastro por ser menor de 18 años, y en el caso de las mujeres por ejercer oficios mecánicos no regulados para las mujeres y no estar sujetas al impuesto por lo personal. De nuevo esta carencia vuelve a ser muy relevante para conocer de forma correcta cómo funcionaban las fábricas, pero es que, además, nos pone alerta para darnos cuenta de que, aun cuando con los Libros de haciendas podamos establecer un análisis sobre la riqueza de cada vecino, si este análisis lo centramos en los ingresos computados al cabeza de familia, estaremos dejando de lado estos otros ingresos que también llegaban al presupuesto familiar, y que con esta documentación nos es imposible conocer, puesto que no aparecen.

En definitiva, que el uso de esta documentación permitió avanzar mucho en el conocimiento de la industria textil lanera castellana del siglo xviii, pero que, lejos del conformismo, hemos de señalar las carencias que todavía existían, carencias derivadas de la documentación utilizada, que no aportaba dicha información.

LA RENOVACIÓN DE LOS ESTUDIOS SOBRE EL TEXTIL LANERO CASTELLANO DEL SIGLO XVIII: LA INCORPORACIÓN DE LOS MEMORIALES

Será a partir del año 1999 cuando se dé un giro radical a los estudios sobre la industria textil lanera de la corona de Castilla del siglo XVIII. Tras varias décadas en las que el avance sobre el conocimiento que teníamos sobre estas fábricas se había estancado, ya que el modelo de éxito implantado en la década de 1980 estaba agotado a fuer de repetirse, será de nuevo la documentación catastral la que propicie este renovado impulso.

El trabajo de Moreno Fernández (1999) será el primero que, centrado en el análisis de la industria textil lanera, haga uso sistemático de la información recogida en los Memoriales del Catastro de Ensenada. Hasta ese momento esta documentación había sido considerada como complementaria o redundante, de ahí que se había preferido utilizar los Libros de haciendas y los de cabezas de casa, donde aparentemente aparecía la misma información, pero en limpio y recogida de forma sistematizada. Un análisis detenido de la información de los Memoriales demostró que eran tremendamente útiles para profundizar en el estudio de la industria textil lanera castellana de ese periodo. No obstante, es cierto que ni se conservan los Memoriales de todas las localidades, ni todos los que se han conservado ofrecen la misma información. A estos efectos, podríamos agrupar los Memoriales en tres grupos: en primer lugar, encontraríamos los que podemos denominar como Memoriales buenos, que son aquellos que nos ofrecen información para todos los miembros integrantes de la familia, es decir, el cabeza de casa, su mujer y los hijos del matrimonio, independientemente de sus edades; en segundo lugar, los Memoriales regulares, que son los que aportan información sobre el cabeza de casa, y en el caso de las mujeres solo dan información sobre aquellas que también son cabezas de casa, es decir, fundamentalmente viudas; por último, también nos encontramos en muchas localidades con Memoriales cuya información es muy limitada, ya que lejos de ser el memorial escrito personalmente por cada vecino sin estar homogeneizada la información, aquí solo aparece la requerida en los Libros de haciendas y de cabezas de casa, además de estar pasados a limpio por un amanuense. De estos tres tipos de Memoriales son válidos los dos primeros, pero los que resultan revolucionarios para profundizar en nuestro conocimiento sobre la industria textil lanera de ese periodo son claramente los primeros. Un punto a su favor es que aportan información acerca de los diferentes oficios que desempeñaba el cabeza de familia, por lo que podemos estudiar en profundidad el concepto de la pluriactividad en Castilla a mediados del siglo XVIII. Por otro lado, resultan imprescindibles debido a la información que dan sobre sus salarios, ya que aportan una información fundamental para acercarnos a la verdadera tasa de actividad de cada localidad, y así poder determinar las ocupaciones y salarios percibidos por el resto de miembros de la familia. Atendiendo a cómo se organizaba el proceso de producción del textil lanero, conocer con exactitud estas ocupaciones de mujeres y niños es vital para comprender el funcionamiento de las fábricas textiles, fundamentalmente las más numerosas y extendidas, las ubicadas en el medio rural.

No obstante, pese a estas bondades relatadas, también hay que constatar la dificultad de trabajar con esta documentación, no solo por la cantidad de datos que aporta, que ya de por sí hace difícil su manejo, sino sobre todo porque, aun cuando fuese lo deseable, no son mayoría las localidades que presentan Memoriales de los considerados buenos.

Gracias a la incorporación del estudio de los Memoriales se ha podido avanzar mucho en nuestro conocimiento sobre este tema en las dos últimas décadas, aun así, ¿podemos sentirnos satisfechos con todo lo que sabemos en la actualidad sobre la industria textil lanera castellana del siglo XVIII? Es cierto que el avance desde la década de 1970 es muy importante, pero también es cierto que seguimos pecando de análisis locales o centrados en fábricas puntuales para a partir de ahí tratar de homogeneizar situaciones que a grandes rasgos puede que fuesen similares o parecidas.

¿QUÉ RESTA POR HACER?

Lo primero que tendríamos que preguntarnos es si nos queda camino por recorrer utilizando la información catastral, y creemos que la respuesta debe ser claramente afirmativa. Más allá del estudio de las grandes fábricas, que podemos suponer que en su mayoría ya están estudiadas en detalle –aun cuando siempre se puede ahondar en tal o cual aspecto–, el gran reto al que hay que enfrentarse es el de llegar a ese mismo conocimiento con el resto de las fábricas independientemente de su tamaño o capacidad de producción. Para ello, las futuras investigaciones que se centren en el análisis de la documentación catastral deberán aprovechar todos los niveles documentales que este recurso ofrece, si bien para ello deberíamos aplicar la siguiente metodología[4].

El primer paso para conocer cómo era esta actividad en una comarca o provincia será el de la localización de los artefactos industriales activos en esas localidades. Como ya hemos visto, esta información la obtendremos de los Estados generales –letra E–, haciendo especial mención a los batanes que daban salida a la producción textil no solo de esa localidad, sino de las localidades vecinas carentes de esa fuerza hidráulica. Una vez vistas las localidades con artefactos industriales habría que recoger también el dato de la utilidad estimada a cada uno de ellos, ya que este será un claro indicador de la importancia de dicho artefacto, y por ende, de la fábrica textil a la que daba abasto. Además de este dato, también habría que

[4] En este trabajo nos ocupamos de explorar las posibilidades que ofrece la documentación catastral, pero es evidente que todo estudio bien planteado deberá utilizar de forma complementaria otro tipo de información, como es la recogida por Larruga, o la de los diferentes archivos que puedan aportar algo a la comprensión de la industria textil.

vaciar de dichos Estados generales –letra G–, los datos relativos a trabajadores integrantes del proceso de producción del textil lanero, con lo cual tendríamos un primer inventario de oficios textiles por localidad.

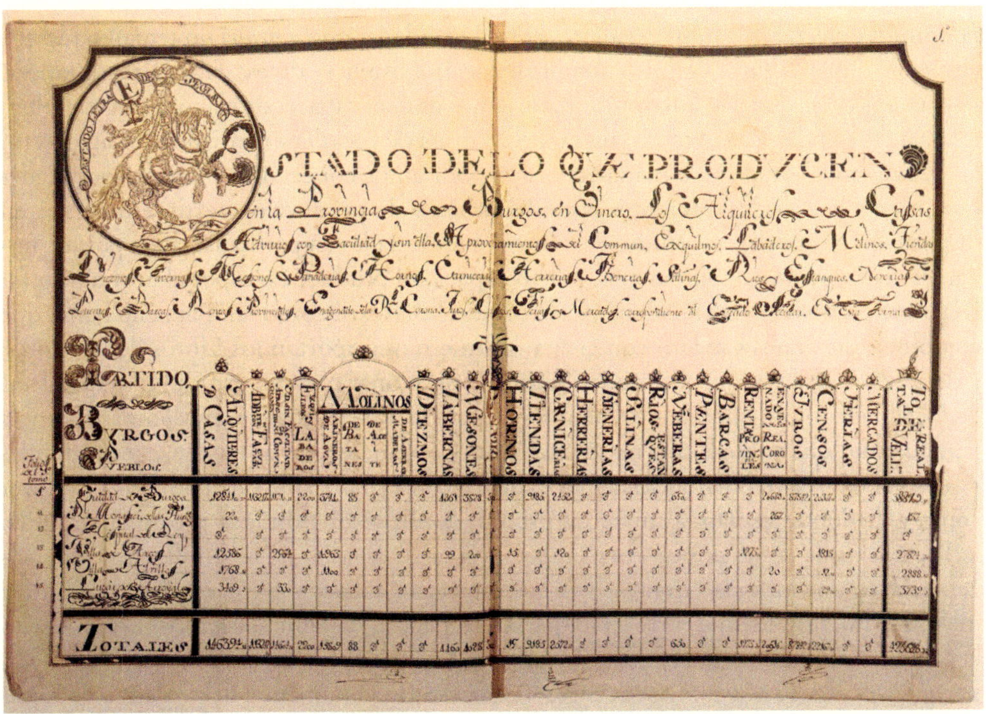

ESTADO DE LO QUE PRODUCEN

Figura 3. Estado de la letra E de seglares de la provincia Burgos (Archivo Histórico Nacional).

El siguiente paso será el de localizar estos artefactos en la pregunta número 17 de las Respuestas generales de esa localidad en particular, donde, al hilo de este dato, habría que repasar otras preguntas que pudiesen aportar algún dato válido sobre alguna fase del proceso de producción textil lanero, como, por ejemplo la 15, que aporta datos sobre la producción de lana, cardón o colorantes textiles como el zumaque o la rubia; o la 33, que se ocupa en averiguar "qué ocupaciones de artes mecánicos hay en el pueblo". Igualmente habría que recoger toda referencia que en estas Respuestas generales se hiciese de manera imprecisa sobre el desarrollo de operaciones del proceso de producción textil lanero por parte de un importante grupo de habitantes de esa localidad –mujeres y niños hilando, hombres cardando en invierno...–.

Recogidos todos estos datos, trataremos de plasmarlos cartográficamente para así poder ver de forma nítida dónde había artefactos industriales, dónde había trabajadores del textil lanero, dónde se producían materias primas que se consumían en el proceso de producción, y algo muy importante también rescatado de las Respuestas generales, dónde señalan que había actividad comercial relacionada con esta actividad, bien de llegada de materiales de consumo de esta manufactura, bien de aquellos lugares hacia los que se llevaba la producción ya terminada para ser vendida o consumida. De esta forma podremos detectar los flujos existentes entre localidades que *a priori* no tenían nada que ver, pero que a la vista de los datos justifican la existencia de esa fábrica textil lanera. Podríamos decir que con estos datos tendríamos que ser capaces de elaborar un completo mapa de toda la actividad textil lanera de la corona de Castilla a mediados del siglo xviii.

Una vez elaborado este mapa en el que podríamos conectar numerosas localidades que intervenían en las diferentes fases del proceso de producción textil, estaríamos en disposición de abordar el estudio de fábricas o localidades en particular, bien porque nos llamase la atención por su tamaño, por su capacidad productiva, o por el hecho de estar relacionada con otra localidad ajena a la producción textil como tal. Para ello habrá que combinar este análisis macro con el análisis micro que aportan los Libros de haciendas y de cabezas de casa. Por último, podríamos seleccionar para un estudio más detallado las localidades o provincias que tenemos constancia de la existencia de Memoriales aptos para su estudio. De esta forma no solo tendríamos el análisis de las fábricas, que a grandes rasgos podemos entender que está más o menos conseguido, sino que podríamos conocer cómo y de dónde venían las materias primas, dónde se distribuía la producción, quién lo hacía, en qué condiciones, cómo repercutía en el tamaño de la familia, qué recursos generaba en una localidad frente a otra que carecía de industria textil, etc. Es en definitiva un conocimiento integral de todo lo que atañe a la producción manufacturera lanera en la corona de Castilla a mediados del siglo xviii, y que ahora es viable, en primer lugar, porque sabemos lo que nos puede ofrecer cada estrato documental del Catastro de Ensenada y, en segundo lugar, porque en la actualidad disponemos de recursos cartográficos y de bases de datos que nos permiten integrar en nuestro análisis mucha información.

CONCLUSIONES

El estudio de la industria textil lanera en la corona de Castilla durante el siglo xviii se ha centrado especialmente en el análisis de la documentación catastral. No obstante, desde los primeros trabajos que la utilizaron hasta la actualidad, ha cambiado no solo el tipo de estrato documental del Catastro utilizado, también ha cambiado el enfoque que se ha manejado. Si bien al principio lo que se utilizaba de forma exclusiva era la información cuantitativa recogida en los Estados generales y en las Respuestas generales, con el paso del tiempo se ha incorporado a las diferentes investigaciones la utilización de otra documentación como es la de los Libros de lo raíz, de cabezas de casa, y por último de los Memoriales.

Todo esto ha supuesto que en la actualidad tengamos un conocimiento mucho más completo sobre la situación de la industria textil lanera castellana a mediados del siglo xviii. Se ha superado el techo inicial, que estaba en conocer el número de tejedores que había en cada fábrica o localidad, así como el número de batanes que existía en cada provincia. Gracias a los otros documentos catastrales hemos podido conocer quiénes eran los artesanos y los fabricantes que hacían posible la existencia de esta actividad. También se ha podido profundizar en el análisis de la composición de sus familias o en la capacidad económica de cada familia, entre otras cosas.

Pese a estos notables avances, en el trabajo se ha efectuado una propuesta de utilización del Catastro como herramienta fundamental para conocer muchas más cosas sobre la industria textil lanera castellana. Este nuevo impulso vendrá de la mano del análisis conjunto de todos los niveles documentales del Catastro, la utilización de bases de datos que permitan aunar todos los datos de los diferentes estratos documentales, y acompañar todo esto con un detallado estudio cartográfico que nos permita vislumbrar y apreciar en su verdadera medida las relaciones existentes entre aquellas localidades que aportaban materias primas a la industria textil lanera, aquellas otras en las que se transformaba parcial o totalmente la producción y, por último, las rutas por las que viajaba dicha producción para terminar en los centros de venta y consumo.

BIBLIOGRAFÍA

Aguilar Cuesta, Ángel Ignacio: Bienes, rentas y utilidades en el Reino de Sevilla a través de los Estados generales de las letras E y F del Catastro de Ensenada (1750-1755), en Mª Ángeles Pérez Samper y José Luis Betrán (eds.): *Nuevas perspectivas de investigación en Historia Moderna: Economía, Sociedad, Política y Cultura en el Mundo Hispánico*, Madrid, Fundación Española de Historia Moderna, 2018, pp. 64-75.

Camarero Bullón, Concepción: *Burgos y el Catastro de Ensenada*, Burgos, Caja de Burgos,1989.

García Sanz, Ángel: *Desarrollo y crisis del Antiguo Régimen en Castilla la Vieja economía y sociedad en tierras de Segovia de 1500 a 1814*, Madrid, Akal, 1977.

Gómez de Enterría, Pilar: *Oficios mecánicos en el Catastro de Ensenada*, Madrid, Instituto de Estudios Fiscales, 2010.

González Enciso, Agustín: *Estado e industria en el S.xviii: la fábrica de Guadalajara*, Madrid, Fundación Universitaria Española, 1980.

——: "La protoindustrialización en Castilla la Vieja en el siglo xviii", *Revista de Historia Económica*, 2, 3 (1984), pp. 51-82.

——: "La industria de la lana en el siglo xviii", en Carmen Mª Cremades (coord.): *La economía de la Ilustración*, Murcia, Universidad de Murcia, 1988, pp. 69-98.

Hernández García, Ricardo: *La industria textil de Astudillo en el siglo xviii*, Palencia, Ediciones Cálamo, 2002.

——: *La manufactura lanera castellana: una herencia malbaratada, 1750-1850*, Oviedo, Región editorial, 2010.

——: "Women's labor participation rates in the kingdom of Castilla in the 18th century", *Feminist Economics*, 19: 4 (2013), pp. 181-199.

—— y Fernández Portela, Julio: "Cuando éramos ricos: lana e industria textil lanera en Castilla y León en el siglo xviii", en Concepción Camarero Bullón y Miguel Ángel Bringas Gutiérrez (eds.): *Industria y territorio: Patrimonio preindustrial*, Madrid, Ministerio de Industria, Comercio y Turismo, 2021, pp. 225-254.

Marcos Martín, Alberto: *Economía, sociedad, pobreza en Castilla: Palencia, 1500-1814*, Palencia, Diputación Provincial de Palencia, 1985.

Matilla Tascón, Antonio: *La Única Contribución y el Catastro de Ensenada*, Madrid, Ministerio de Hacienda, 1947.

Moreno Fernández, José Ramón: *La economía de montaña en La Rioja a mediados del Siglo xviii*, Tesis Doctoral, Universidad de Zaragoza, 1999.

Nadal Oller, Jordi: *Atlas de la industrialización de España: 1750-2000*, Barcelona, Planeta, 2003.

Parejo Barranco, José Antonio: *Industria dispersa e industrialización en Andalucía: el textil antequerano (1750-1900)*, Málaga, Universidad de Málaga, 1987.

Rodríguez Campomanes, Pedro: *Discurso sobre el fomento de la industria popular*, Madrid, Imprenta de don Antonio Sancha, 1774.

Rodríguez López, Gabriel: *Manufacturas laneras de Castilla en el siglo xviii (Notas Sociales de las Fábricas de Segovia, Guadalajara y Béjar)*, Madrid, Escuela Social, 1948.

Ros Massana, Rosa: *La industria lanera de Béjar a mediados del siglo xviii*, Salamanca, 1993.

Sarasúa García, Carmen: Women's work and structural change: occupational structure in eighteenth-century Spain, *The Economic History Review*, 72, 2, (2019), pp. 481–509.

Yun Casalilla, Bartolomé: *Sobre la transición al capitalismo en Castilla: economía y sociedad en Tierra de Campos (1500-1830)*, Salamanca, Junta de Castilla y León, 1987.

8.
EL ARCHIVO HISTÓRICO MUNICIPAL DE ANTEQUERA Y EL CATASTRO DE ENSENADA: UNA APROXIMACIÓN A LA ASISTENCIA Y HOSPITALIDAD DEL SIGLO XVIII[1]

Milagros León Vegas
Universidad de Málaga

Las tradicionalmente conocidas como "Respuestas Particulares" del Catastro de Ensenada (en realidad, Libro de lo real, Libro de cabezas de casa y Estados locales, en este caso), conservadas en el Archivo Histórico Municipal de Antequera conforman la base documental consultada para acercarnos al perfil de quienes ejercían determinadas actividades sanadoras en esta localidad a mediados del siglo XVIII, así como a los bienes raíces de la única institución asistencial existente durante toda la centuria: el hospital de San Juan de Dios. Conocer el número de facultativos, distinguiendo entre médicos, cirujanos, barberos-sangradores y boticarios, así como la hacienda de los juandedianos en esta localidad nos permitirá calibrar la cortedad de medios humanos y económicos puestos al servicio de la salud de un vecindario cuantioso y, en consecuencia, deficientemente asistido.

LAS FUENTES: CONSERVACIÓN Y ACCESO

El Archivo Histórico Municipal de Antequera es un caso singular, insólito en el panorama archivístico español, al aglutinar entre sus fondos, no solo los de naturaleza municipal, sino también la copiosa colección de legajos notariales y los fondos eclesiásticos.

Su origen emana de una orden del 4 de febrero de 1970, dada por el Ministerio de Educación y Ciencia, por la cual se resolvía el conflicto originado desde 1963 entre el ayuntamiento de la ciudad y la Dirección General de Archivos y Bibliotecas, cuando esta había solicitado a la corporación municipal el traslado de sus centenarios protocolos notariales al Archivo Histórico Provincial de Málaga (Escalante Gutiérrez, 2005: 35-38).

Poco después, el convenio firmado con el obispado malagueño el 7 de abril de 1972 (ratificado en 1997) permitió la conservación del fondo parroquial siendo, en la actualidad, de las pocas colecciones de libros eclesiásticos no custodiadas en el Archivo Diocesano de Málaga.

---

[1] Este trabajo se inserta dentro del Proyecto de Investigación financiado por el Plan Propio de la Universidad de Málaga: Ref. B3-2021_04: *Infraestructura sanitario-asistencial y crisis epidémicas en la Andalucía de la Edad Moderna: un abordaje desde la historia, el arte y la geografía.*

Los Fondos del Archivo Histórico Municipal de Antequera (AHMA) se encuentran instalados en el antiguo pósito de la ciudad de Antequera, un edificio del siglo xviii (1733-1773), rehabilitado para su función actual a mediados del siglo xx, contando con una de las instalaciones más modernas de Andalucía, en cuanto a espacio archivístico se refiere. Su superficie útil es de 816,23 metros cuadrados, divididos en tres grandes espacios perfectamente definidos: la Gran Nave (dedicada a conservar la mayoría de los documentos en estanterías compactas); la Panera (con estanterías de madera donde están actas capitulares municipales, fondos eclesiásticos y fondos privados de familias) y la Casa del Mayordomo (donde se ubican los servicios administrativos y sala de investigación).

La colección documental, con un arco cronológico de 1411 a 2015, la integran doce fondos: fondo municipal, fondos de protocolos notariales, fondo parroquial, fondo de hermandades y cofradías, fondo judicial, fondo de archivos familiares, fondo de la Real Colegiata, fondo de hemeroteca, fondo de videoteca y filmoteca, fondo fotográfico, fondo de archivos de empresas y fondo de la cámara agraria (Escalante Jiménez, 2010: 43).

Cuantitativamente, el AHMA atesora un total de 16.193 volúmenes manuscritos (3.472 libros y 12.721 legajos) y 2.731 libros impresos. Parte de este patrimonio documental y cultural está digitalizado y puesto a disposición de la ciudadanía interesada y comunidad científica gracias a internet. En la actualidad, a través del portal web del Ayuntamiento de Antequera[2] se pueden consultar hasta un total de 698.000 registros y algo más de 1.500.000 imágenes, incrementándose de forma sistemática gracias a la implantación de un nuevo sistema informático basado en la herramienta "MediaseArch", puesta en marcha en junio 2020, como consecuencia de la pandemia de la COVID19 y el cierre temporal de esta importante institución, a fin de propiciar la continuidad de las consultas.

La nueva versión del sistema "MediaseArch", implementada por una empresa desarrolladora de software, unifica el acceso a la importante base de datos del Archivo Histórico Municipal de Antequera, a la vez que proporciona una información detallada del AHMA como edificio, su contenido, cuadros de clasificación o ubicación, funcionando a su vez como un portal web (Escalante Jiménez, 2010: 43)[3].

Centrándonos en la fuente objeto de este estudio, en Antequera el Catastro de Ensenada se elabora en 1753. Concretamente, la comisión constituida a tal efecto se reunió el 30 de abril, en las casas del juez "particular privativo" (juez subdelegado) nombrado para ello, cargo que recayó en don Eusebio de Uribe y Salazar, Caballero de la orden de Santiago, Caballero veinticuatro de la ciudad de Jaén, Corregidor y Capitán de Guerra, y Superintendente General de Renta Reales de la ciudad de Antequera, actuando de escribano, el abogado don Sebastián de Molina. La recogida de datos concluye el 29 de octubre de 1754.

[2] Portal web del Archivo Histórico Municipal de Antequera: http://mediasearch22.antequera.es/ms-opac/

[3] Comunidad Barazt, "El Archivo Histórico de Antequera pone sus fondos documentales en acceso libre" (noticia del 10/11/2016): https://www.comunidadbaratz.com/blog/el-archivo-historico-de-antequera-pone-sus-fondos-documentales-en-acceso-libre/

El Archivo Histórico Municipal de Antequera conserva el Libro de lo real de legos y eclesiásticos y el de cabezas de casa también de ambos estados —denominados en el caso de Antequera como Libro "de lo raíz" y Libro ·de personal" —, y los Estados locales, a los que generalmente se refiere como "Respuestas Particulares" por la denominación que dio a la documentación Catastro local del de Ensenada el historiador Antonio Matilla Tascón en contraposición a las "Respuestas Generales", nombre aplicado por la propia Instrucción a las contestaciones dadas al Interrogatorio de la letra A. La clasificación responde a dos grupos. Por un lado, tenemos las referencias a las propiedades rústicas y urbanas, en las que se distinguen las seculares y las eclesiásticas; y por otro lado, las respuestas referentes a industria. En Antequera contabilizamos un total de once volúmenes: cinco de Fincas eclesiásticas; cuatro de Fincas Seculares y dos Libros de Personal-Industrial.

Tabla 1. Cuadro archivístico de la documentación catastral de Antequera

Libro de lo raíz		Personal
Fincas Seculares	Fincas Eclesiásticas	
L-1988	L-1992	L-1997
L-1989	L-1993	L-1998
L-1990	L-1994	---
L-1991	L-1995	---
---	L-1996	---

Archivo Histórico Municipal de Antequera (AHMA). Fondo Municipal. Fiscalización Municipal y Hacienda. Catastro de Ensenada. Respuestas Particulares

Por fortuna, todos estos volúmenes se encuentran digitalizados y a libre disposición a través del Archivo Digital Público y la herramienta "MediaseArch" ya mencionada. La primera intervención para conservación del fondo en Antequera se remonta a 1999, momento en el que se firma un convenio de cooperación con la Sociedad Genealógica de Utah para la microfilmación de más de un millón de páginas, entre ellas el Catastro de Ensenada.

No obstante, el personal adscrito al plan de empleo del ayuntamiento ya ha digitalizado esta colección de volúmenes a color y las imágenes se están volcando, de forma continuada, en la web del Archivo. Otra funcionalidad de este portal digital es su organización en entradas individuales por persona e institución. Así, utilizando el buscador podemos, por ejemplo, introducir el nombre de un individuo concreto. El resultado de la pesquisa es una ficha que nos localiza la información sobre el sujeto en el Fondo

Municipal: "Fiscalización Municipal y Hacienda: Catastro: Marqués de la Ensenada: Fincas Eclesiásticas". Además, la ficha nos redirige a los protocolos del escribano del número, en cuyos legajos encontramos información sobre la persona que motiva nuestra consulta. Igualmente, podemos hacer la pregunta por "oficio". Precisamente, los perfiles profesionales vinculados a la cura de enfermedades han sido sondeados para la presente propuesta, según veremos a continuación.

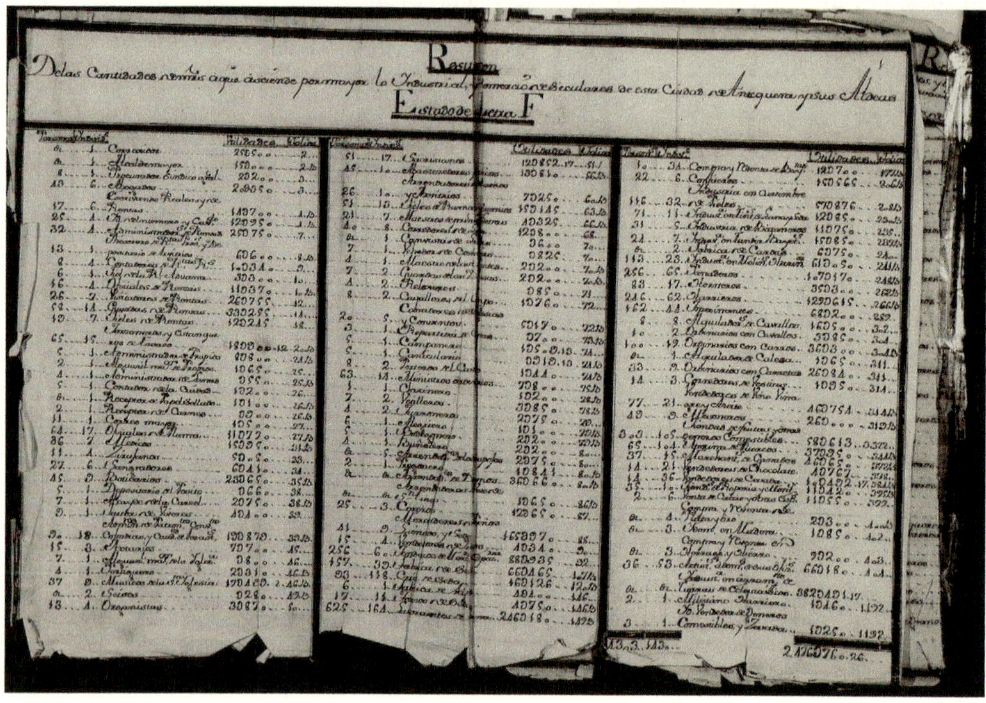

Resumen

Estado de Letra F

Figura 1. Estado de la Letra F del Catastro de Ensenada en Antequera, 1754. (AHMA. Catastro de Ensenada. Seglar industrial. Libro 1997, fols. 31v-38r).

PERSONAL MÉDICO-ASISTENCIAL EN LA ANTEQUERA DEL SIGLO XVIII

De los recuentos de población realizados en la España del siglo XVIII, el Catastro de Ensenada es de los más detallados en cuanto a la información de carácter socio-profesional del vecindario censado, incluidas aquellas personas dedicadas a la actividad sanadora[4]. En Antequera, el Catastro de Ensenada sí distingue entre médicos, sangradores-barberos y

[4] Sin ánimo de exhaustividad, cabe citar algunos trabajos que emplean esta fuente catastral para estudiar la actividad asistencial y hospitalaria en la España del Setecientos: Aguilar Cuesta *et al.*, 2021; Hernández, 2014;

cirujanos, incluidos los boticarios. Lamentablemente, no aparecen consignadas, enfermeras o matronas[5]. Sin duda algunas parteras habría, pues la asistencia en el alumbramiento no era aún tarea de médicos y cirujanos, pero la invisibilidad de las mujeres a lo largo de la historia, su falta de profesionalización y, quizás, el aprovechamiento de la ambigüedad catastral por parte de muchas de ellas para escapar de los rigores del fisco puede servir de explicación a esta llamativa ausencia en la documentación catastral (Camarero Bullón, 1985: 144-148; Ortiz Gómez *et al.*, 1995: 516).

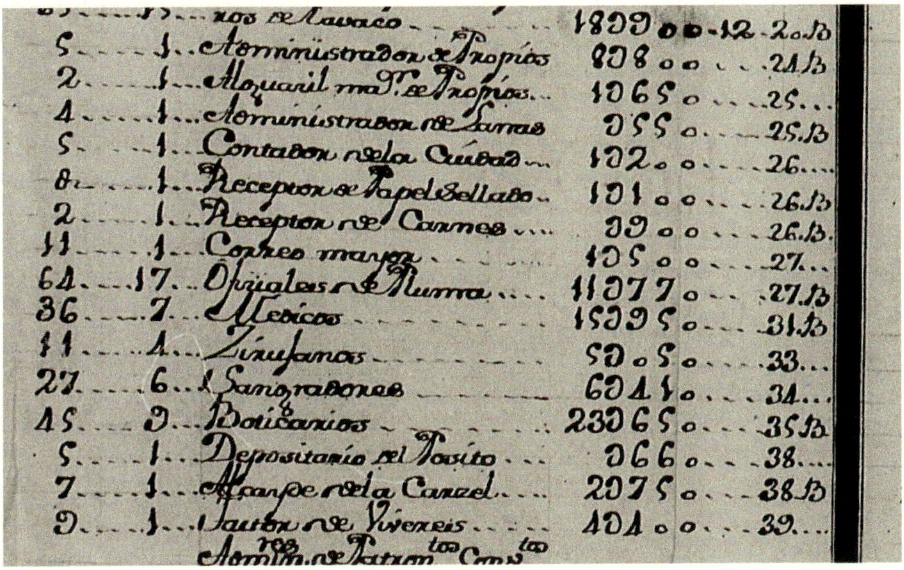

5	1	Administrador de Propios	808	24 ½
2	1	Alguacil mayor de Propios	1065	25
4	1	Administrador de Rentas	855	25 ½
5	1	Contador de la Ciudad	102	26
8	1	Receptor de Papel Sellado	101	26 ½
2	1	Receptor de Carnes	99	26 ½
11	1	Correo mayor	105	27
64	17	Oficiales de Pluma	11077	27 ½
36	7	Medicos	15995	31 ½
11	4	Cirujanos	595	33
27	6	Sangradores	6041	34
45	9	Boticarios	23065	35 ½
5	1	Depositario del Pósito	066	38
7	1	Alcaide de la Carcel	2075	38 ½
9	1	[illegible]	404	39

Figura 2. Estado de la Letra F del Catastro de Ensenada de Antequera, 1754. Detalle de oficios (AHMA. Catastro de Ensenada. Seglar industrial. Libro 1997, fols. 31v– 38r. "Estado de la Letra F").

Si atendemos a criterios de carácter sociológico, solo la medicina puede considerarse profesión en el siglo xviii (Elliot, 1975: 22-82). A pesar de la creación en el siglo xviii de las Reales Academias de Medicina, el elevado coste de esta larga formación limitó la presencia de estos facultativos, aunque resulta innegable su ascenso social en la citada centuria y su prestigio dentro de las labores asistenciales pues, según nos recuerda Luis Granjel: "Los médicos ni sangran, ni purgan, ni echan ayudas, ni limpian sudores, que eso toca a los ministros de la facultad (cirujanos y sangradores)" (Granjel, 1979).

González Beltrán, 2016; Granjel, 2012; Martínez Flórez, *et al.*, López Gómez, 1999; Sáez Gómez y Marset Campos 1993; Quesada Ochoa, *et al.*, 1994 .

5 Beatriz Sanz Alonso "registra "enfermeras" en Cuenca y Toledo; comadronas en Gijón; matronas en Ávila, Salamanca y Talavera de la Reina y comadres de parir en Almería, Cuenca y Valladolid. En Huete son sinónimos "matrona" o "comadre". (2012: 198).

En la Antequera de mediados del Setecientos, con una población de 5.352 vecinos (oscilante entre los 21.408 y los 24.084 habitantes) (Parejo Barranco, 1985: 20), contabilizamos hasta ocho médicos, con una utilidad total del oficio de 15.950 reales de vellón, procedentes del pago del concejo y el ejercicio libre de su profesión. La relación médico/habitantes es de uno por cada tres mil, una cifra que se rebajaría a dos mil doscientos si sumamos los dos cirujanos existentes. Ciertamente, estos facultativos no podrían atender a tantas personas, quedando muchas de ellas desasistidas, a lo que debemos añadir unos sueldos no muy elevados, oscilando entre entre los 550 y los 3.500 reales de vellón. Incluso uno de ellos, Manuel de Villalba, era pasante y, al no cobrar por sus servicios, aparece en el Libro de personal-industrial bajo el epígrafe de "Ancianos, personas sin ejercicio, no comprendidas en Industrial ni personal". Otro de ellos, Luis Ignacio Molina y Torres sumaba, a los 3.300 rv de la práctica médica, los ingresos como propietario de una botica, por la que se calcula una rentabilidad anual de 3.850 rv. Las diferencias salariales no solo se constatan en lo local, pues la amplitud territorial de Andalucía registra diferencias notables, siendo la zona de la actual provincia gaditana, inserta en el reino de Sevilla, donde encontramos la utilidad más alta de la profesión médica, con un total de 428.854 rv, declarados por 87 médicos (Aguilar Cuesta et. al., 2021: 46).

Tabla 2. Médicos en Antequera (1754)

Nombre	Actividad	Utilidad/reales de vellón	Libro/página
Manuel de Villalba	Pasante de médico	0	L-1998-1279
Diego Carrasco	Médico	550	L-1997-31
Diego Muñoz	Médico	1.100	L-1997-32
Ginés de Castro	Médico	1.650	L-1997-32
José León	Médico	3.300	L-1997-32
Lázaro Ruiz de Aragón	Médico	3.500	L-1997-32
Manuel Sánchez	Médico	550	L-1997-33
Luis Ignacio Molina y Torres	Médico, a cuyo cargo está una botica	3.300	L-1997-32 L-1997-36

Fuente: AHMA. Catastro de Ensenada. Seglar industrial. Libros 1997 y 1998

A diferencia de otros territorios españoles estudiados, donde abundan los cirujanos frente a los médicos (Juesas, 1990: 100), en Antequera el número de cirujanos se limita solo a tres facultativos y uno de ellos en la localidad comarcana de Cuevas Altas. Pese a la importante labor desempeñada, pues practicaban todo tipo de curas, su titulación y conocimientos era de una categoría inferior a los titulados en medicina, aunque a lo largo del siglo xviii experimentaron un proceso de profesionalización capaz de equipararlos a los médicos, élite de la actividad sanadora y erudita de la centuria ilustrada (Granjel,

1979). La utilidad de sus oficios alcanza la misma horquilla que los médicos, con un mínimo de 550 y un máximo de 3.300 rv.

Tabla 3. Cirujanos en Antequera (1754)

Nombre	Actividad	Utilidad/reales	Libro/página
Antonio Gálmez	Cirujano	3.300	L-1997-33 L-1998-812 L-1988-15
Juan Jariza	Cirujano	550	L-1997-33
Bernardo García	Cirujano en Cuevas Altas	650	L-1997-34

Fuente: AHMA. Catastro de Ensenada. Seglar industrial. Libros 1997 y 1998

El déficit de cirujanos se compensaba con siete sangradores-barberos. Ambas labores son inseparables y configuraban una misma especialidad, sin duda, la más característica de la práctica empírica de la medicina durante el Antiguo Régimen. Su técnica era la sangría y, aunque esta práctica tenía sus detractores en cuanto a su eficacia, era la más usada en la España Moderna ante cualquier tipo de afección. El barbero sangrador era profesional independiente y autorizado, previo examen del protobarberiato, para el ejercicio de sajar, sacar dientes y muelas, sangrar, aplicar ventosas y sanguijuelas (Amézcua, 1997: 33; Carreras Pachón, 1974). Aunque la mayoría contaba con un local para sus prácticas, nunca faltan en la plantilla de los hospitales. La utilidad de este oficio comprende desde los 540 rv a los 1.460 rv. La habilidad con los utensilios para la incisión y extracción determinaría una mayor o menor clientela y enriquecimiento, aunque la complementariedad con otras actividades también se confirma al encontrar a Manuel de Osuna, barbero-sangrador, como criador de capullos de seda.

Tabla 4. Sangradores en Antequera (1754)

Nombre	Actividad	Utilidad/reales	Libro/página
Bartolomé Navarro	Sangrador y oficial de barbero	1.100	L-1997-33 L-1997-34
Juan Beltrán	Sangrador y barbero	1.460	L-1997-34
Luis de Dueñas	Sangrador y barbero	1.100	L-1997-35 L-1998-691
Manuel de Osuna	Sangrador, barbero y criador de capullos de seda	550	L-1997-35 L-1998-693 L-1997-35

Mariano Escolástico	Sangrador y barbero	1.100	L-1998-693
Pedro Castilla	Sangrador y barbero	1.100	L-1997-35 L-1998-693
Juan Beltrán	Sangrador y maestro barbero	540	L-1998-689

Fuente: AHMA. Catastro de Ensenada. Seglar industrial. Libros 1997 y 1998

La concentración de boticarios en la Antequera del siglo xviii alcanza la cifra de catorce, aunque no todos disponían de botica o establecimiento propio, pues entre ellos podemos comprobar la existencia de cinco maestros y cinco oficiales. Entre estos últimos, tres de ellos no tienen consignada utilidad alguna, si bien Salvador de Cantos, oficial a cargo de la botica propiedad de la viuda María Mayorgas, percibía unos ingresos equiparables a la mayoría de los maestros boticarios, a excepción de Luis Álvarez de Aceijas, a quien se calcula una utilidad de 4.400 rv, la cifra más alta de las señaladas para el personal asistencial en Antequera.

Tabla 5. Boticarios en Antequera (1754)

Nombre	Actividad	Utilidad/reales	Libro/página
José Zorrilla Casasola	"a cuyo cargo está la receptoría de las carnes y boticario"	1.100	L-1997-26 L-1997-36
Ignacio Molina y Torres	Médico y boticario	3.850	L-1997-32
Francisco Álvarez de Aceijas	Maestro boticario	2.200	L-1997-35
José de la Linde Navarro	Maestro boticario	2.200	L-1997-36
José Manuel Borrego	Maestro boticario		L-1997-36
Luis Álvarez de Aceijas	Maestro boticario	4.400	L-1997-37
Manuel de la Mota Vallejo	Maestro boticario	1.650	L-1997-37
Francisco Álvarez	Boticario y criador de capullos de seda	---	L-1997-125
Antonio Herrezuelo	Oficial de boticario	---	L-1998-733
José Moriel	Oficial de boticario	---	L-1998-734
Julián Borrego	Fabricante de seda y oficial de boticario	---	L-1998-734
Luis Álvarez	Con industria de boticas y oficial de boticario	3.800	L-1998-724
Manuel de la Mata	Boticario	1.650	L-1998-734
Salvador de Cantos	Oficial de boticario en la botica de María Mayorgas, viuda	2.200	L-1998-735

Fuente: AHMA. Catastro de Ensenada. Seglar industrial. Libros 1997 y 1998

En suma, en la Antequera de mediados del siglo xviii encontramos 8 médicos (con una utilidad de 15.950 rv), 3 cirujanos (5.050 rv), 7 barberos-sangradores (6.410 rv) y 14 boticarios (23.650 rv). De todas estas ocupaciones, la de contar con un establecimiento donde vender ungüentos y pócimas sanadoras resulta, sin duda, el más rentable. La suma de todos estos oficios conforma, además, la plantilla estable y cardinal de los hospitales, siendo el único operante en Antequera durante el Setecientos el nosocomio a cargo de la Orden de San Juan de Dios.

LA HACIENDA DEL HOSPITAL DE SAN JUAN DE DIOS: PROPIEDADES URBANAS Y RURALES

Ya hemos referenciado cómo en el Libro de lo real de la localidad de Antequera, queda bien explicitado todo lo concerniente al patrimonio individual de personas o instituciones. De los volúmenes referidos a las haciendas eclesiásticas nos interesa el primero, por ser donde se recoge la hacienda del convento-hospital de San Juan de Dios[6].

El término "hospital" va a conservar durante el siglo xviii una significación parecida a la mantenida durante toda la modernidad, es decir, la de institución benéfica dedicada en esencia al cuidado y recogimiento de personas enfermas y desamparadas, cuyo ministerio estuvo sustentado por el espíritu de caridad cristiana. Serán precisamente los legados testamentarios y las limosnas caritativas las que propicien la acumulación de un importante número de bienes muebles e inmuebles por parte de dichos centros. Por esta razón, no debe extrañarnos encontrar, para esta época, a ciertos hospitales como administradores de significativas rentas procedentes, en gran parte, de la explotación económica de su hacienda, utilizando como fórmula más habitual para ello la cesión en arrendamiento del predio. Dentro de las propiedades generadoras de ingresos para este tipo de centros se encontraban los bienes urbanos y las fincas rústicas.

La Iglesia en Antequera, al igual que en el resto de las urbes del Antiguo Régimen, era la mayor propietaria de fincas urbanas, superando a la nobleza y a los grupos más acaudalados, pues, pasado el importante crecimiento demográfico de la segunda mitad del siglo xvi y la especulación del suelo, la inversión de estos sectores se canalizó hacia otros objetivos (Carmona García, 1986: 3; García Hourcade, 1996: 38). Los propios conventos antequeranos ya ocupaban unos espacios considerables, sumando en extensión, entre todos ellos, más de 140.000 m2, repartiéndose además la propiedad de 1.592 casas, distribuidas por toda la ciudad (Parejo Barranco, 1985: 206-213).

El Catastro constata la propiedad de un total de 49 inmuebles para la Orden de San Juan de Dios con una rentabilidad, mediante el arrendamiento, de 7.306 reales anuales[7].

[6] AHMA, Fondo Municipal. Catastro de Ensenada. Respuestas Particulares. Fincas eclesiásticas, vol. I, leg. 1994, fols. 319-368.

[7] AHMA, Fondo Municipal. Catastro de Ensenada. Respuestas Particulares. Fincas eclesiásticas, vol. I, leg. 1994, fols. 319v-331r.

Como era de esperar, las colaciones de San Sebastián y San Pedro, las más habitadas de todo el núcleo poblacional durante el siglo xviii, acaparan la mayor cantidad de casas —20 y 18, respectivamente—, y a su vez reportan los mayores beneficios, con 3.808 y 2.211 reales cada una. Lógicamente, el nivel de rentas generado mediante el alquiler de estos inmuebles es bastante superior al resto, aunque las viviendas más costosas, con valores por encima de los 200 reales, solo las encontramos concentradas en San Sebastián, destacando una ubicada en la calle de la Compañía arrendada por 750 reales —en la que confluye su buena localización y las mayores dimensiones—, a la excepción de la casa situada en la plaza del Carmen, antiguo Hospital de Santa Ana, una de las más amplias y mejor cotizadas con 231 reales anuales.

Tabla 6. Casas propiedad del Hospital de San Juan de Dios (1752)

N.º	Calle	Parroquia	Renta anual (en rv)
3	Carreteros	San Sebastián	484
5	Cuesta Caldereros	San Sebastián	638
1	de la Compañía	San Sebastián	750
3	del Gato	San Sebastián	286
1	del Viento	San Sebastián	165
3	Estepa	San Sebastián	605
1	Lucena	San Sebastián	220
3	San Bartolomé	San Sebastián	517
1	Cazorla	San Pedro	77
2	Coso S. Francisco	San Pedro	297
1	Portería de la Santísima Trinidad	San Pedro	132
1	Taza	San Pedro	143
2	Taller	San Pedro	297
1	Gavilanes	San Pedro	66
1	Herrezuelo	San Pedro	77
2	Hornos	San Pedro	231
2	Juan Casco	San Pedro	209
3	Merecillas	San Pedro	418
1	Plato	San Pedro	176
1	Toronjo	San Pedro	143
1	de la Fuente	San Juan	77
5	Real	San Juan	626

1	la Parra	San Juan	66
1	Palomos	San Juan	66
1	de la Parra	Santa María	66
1	de Ramírez	Santa María	154
1	Placeta del Carmen	Santa María	231
49			7217

AHMA, Fondo Municipal. Catastro de Ensenada. Respuestas Particulares. Fincas eclesiásticas, vol. I, leg. 1994, fols 319v-331r.

Con el paso del tiempo el ritmo de compras y donaciones no superó al de ventas y en el momento de la desamortización y de tomar la Junta de Beneficencia posesión del Hospital, en 1837, se señala un total de 33 casas, el menor de los registros, si bien la renta anual alcanzada por todas ellas, la mayoría repartidas en la amplitud de la colación de San Sebastián, llegaba a los 9.382 reales.

Si la Orden era rica en patrimonio urbano, aún lo es más en el rústico (León Vega, 2004). En la estructura social de la Antequera del Antiguo Régimen, el Hospital de San Juan de Dios ocupa un lugar destacado no solo por su vocación filantrópica, sino también desde el punto de vista económico, por figurar en la nómina de propietarios de grandes extensiones de tierra, en una época en la que la agricultura es la fuente principal de ingresos[8]. Según las estimaciones recogidas por el Catastro de Ensenada, en 1752, la superficie en manos de la Iglesia ascendía a 16.509 fanegas y 3.206 aranzadas, esto es, un 13,2 % del término municipal. El clero regular es, sin duda, quien concentra la mayor extensión, pues la proporción de la propiedad acumulada por las catorce órdenes afincadas en la ciudad, femeninas y masculinas, ascendía al 49,6 % del total del predio eclesiástico (Parejo Barranco, 1985: 81-82).

Sin embargo, es necesario advertir cómo las fincas eclesiásticas en Antequera, al contrario de lo registrado para el conjunto de la Corona de Castilla, eran de inferior calidad a la comprendida por los vínculos laicos, señoríos y tierras libres, al situarse entre "Vega-Llanos" y las sierras calizas meridionales. De las catorce comunidades religiosas, San Juan de Dios ocupa un lugar destacable, a la cabeza de todas ellas, con una diferencia abismal, pues de un total de 8.484 fanegas, los hospitalarios poseen 2.639 (32 % del total), seguidos, a mucha distancia, por los jesuitas con 990 fanegas (Parejo Barranco, 1985: 81-82).[9]

En suma, según las informaciones obtenidas del Catastro de Ensenada, a mediados del siglo XVIII podemos afirmar que el 80 % de los ingresos ordinarios procedía de la

[8] El Hospital de Antequera no es un caso aislado, pues son varios los centros de estas características que concentran por su carácter benéfico, importantes extensiones de tierra. Sirva como ejemplo los estudios de Juan Ruiz Valle (1995) y de Vicente Suárez Grimón (1995).

[9] El hecho del reparto desigual del patrimonio rústico, el cual conlleva la existencia de grandes propietarios frente a conventos más pobres ha sido tratado con detenimiento para otras zonas geográficas. Por citar un ejemplo andaluz, destacamos el trabajo de Antonio Luis López Martínez (1992).

explotación de los bienes rústicos, un 11 % de los inmuebles alquilados dentro del entramado urbano y un 9% de los pagos de censatarios.

A la explotación de esa considerable cantidad de bienes raíces se unía el censo, uno de los mecanismos de extracción de excedente de mayor utilidad, pues el dinero invertido no solo era capital asegurado, sino que siempre producía un margen de ganancia, más o menos amplio.

El Hospital de San Juan de Dios de la ciudad de Antequera responde, pues, al modelo de cualquier otra institución económica del Antiguo Régimen, propietaria de importantes rentas, con una actividad absentista y amortizadora en lo que a la utilización de bienes raíces se refiere.

Pese a esta variedad de recursos, la actividad benéfica de San Juan de Dios resultó deficitaria por la enorme cantidad de enfermos y expósitos ingresados, cuyas necesidades superaron con creces los medios de financiación. Los libros de enfermería arrojan una media de ingresos anuales de 609,4 personas, entre 1740 y 1753, siendo especialmente difícil el año de 1750 con 1.582 ingresos, como consecuencia del paludismo[10]. Hay que considerar que en este centro curaban todo tipo de dolencias, a hombres y mujeres, además de atender a militares y presidiarios, muy numerosos en determinadas coyunturas por la localización estratégica de Antequera, eje de comunicación de Andalucía y por el frecuente empleo de los condenados en la construcción de obras públicas (León Vegas, 2009). Por tanto, estamos ante un hospital de carácter cívico-militar y así perdurará, inclusive, tras la consumación de la Orden con las desamortizaciones del segundo cuarto del siglo xix.

En suma, a partir del 1 de octubre de 1835, día en que el ayuntamiento se hace cargo del Hospital, comienza una nueva etapa de la beneficencia en Antequera, de marcado carácter secular, dirigida por las autoridades municipales. La Orden de San Juan de Dios presente en la ciudad desde 1667, después de más de un siglo al cuidado a las personas más desfavorecidas, abandona la calle Estepa para no volver más. El inmueble, utilizado como hospital civil hasta finales del siglo xx, pasará a depender de la corporación municipal, aunque las señas de identidad de los juandedianos y el nombre del edificio se conservan inmutables ante el paso del tiempo, gracias a su magnífico templo, joya artística del barroco, recuerdo de la institución benéfica más importante y destacada de Antequera durante el Antiguo Régimen.

BIBLIOGRAFÍA

Aguilar Cuesta, Ángel Ignacio, Camarero Serrano, Alejandra, Vázquez Pérez, Ana María y Vallina Rodríguez, Alejandro: "El sistema hospitalario giennense a través del Catastro de Ensenada:

[10] AHMA, Fondo Municipal. Sección Beneficencia, legs. 1012 y 1013.

organización, economía y profesionales sanitarios", *Temperamentvm*, 17 (2021). Disponible en: http://ciberindex.com/c/t/e17034 [acceso: 21/05/2023].

——, Vallina Rodríguez, Alejandro y León Vegas, Milagros: "La distribución espacial de los médicos en el reino de Jaén a través del Catastro de Ensenada", en Juan Díaz Álvarez, Fernando Manzano Ledesma y Rodrigo Olay Valdés (coords.): *Sobre España en el largo siglo xviii*. Instituto Feijoo de Estudios del Siglo xviii, Oviedo, Edición Trea, 2021, p. 439-450.

Amezcua, Manuel: "Barberos y sangradores flebotomianos en Granada: Norma y sociedad en los siglos XVII y xviii", *Cultura de los cuidados*, 1 (1997), p. 31-36.

Aranda Pérez (coord.): *El Mundo Rural en la España Moderna*, vol. II, Ciudad Real, Universidad de Castilla La Mancha, 2004, pp. 711-724.

Camarero Bullón, Concepción: "El Catastro del Marqués de la Ensenada como fuente demográfica: la documentación de nivel local", *Estudios Geográficos*, 178-179 (1985), pp. 137-158.

Carmona García, Juan Ignacio: "Caserío y arrendamientos urbanos en la Sevilla del siglo XVII", *Archivo Hispalense*, 210 (1986), pp. 3-28.

Carreras Pachón, Antonio: "Las actividades de los barberos durante los siglos XVI a xviii", *Cuadernos de Historia de la Medicina Española*, 13 (1974), pp. 205-218.

Elliot, Philip: *Sociología de las profesiones*, Tecnos, Madrid, 1975.

Escalante Jiménez, José: "El Archivo Histórico Municipal de Antequera: conservación y perspectivas de futuro, *Sociedad: Boletín de la Sociedad de Amigos de la Cultura de Vélez-Málaga*, 4 (2005), pp. 35-38.

——: "El Archivo Municipal de Antequera", *PH: Boletín del Instituto Andaluz del Patrimonio Histórico*, 75 (2010), p. 43.

García Hourca de, José Jesús: *Beneficencia y sanidad en el siglo xviii: El Hospital de San Juan de Dios de Murcia*, Murcia, Universidad de Murcia, 1996.

González Beltrán, Jesús Manuel: "Profesionales de la sanidad y hospitalidad en la provincia de Cádiz en el siglo xviii", en *El legado de Jano: actas de las I Jornadas de Historia: conmemoración del 50 aniversario del fallecimiento de don Hipólito Sancho*, Jerez, Centro de Estudios Históricos Jerezanos, 2016, pp. 33-48.

Granda Juesas, Juan: "Médicos, cirujanos, barberos, sangradores y boticarios asturianos en el Catastro del Marqués de la Ensenada", *Boletín del Instituto de Estudios Asturianos*, 133 (1990), pp. 793-823

Granjel, Luis S.: *La medicina española del siglo xviii*, Salamanca, Universidad de Salamanca, 1979.

Granjel, Mercedes (2012): "Médicos y redes sociales. Mecanismos de poder de la profesión médica", *Asclepio. Revista de Historia de la Medicina y de la Ciencia*, 64-2 (2012), pp. 435-466.

Hernández Luis, José Luis: "Las profesiones sanitarias en Zamora a mediados del siglo xviii", *Cuadernos dieciochistas*, 15 (2014), pp. 277-296.

León Vegas, Milagros: "Las posesiones rurales del Hospital de San Juan de Dios en Antequera: su explotación y utilidad según el Catastro de Ensenada", en Francisco José Ruiz Valle, Juan: "El Hospital de San Sebastián como gran propietario a la luz del Catastro de la Ensenada", *Ariadna*, 15 (1995), pp. 171-180.

——: "Asistencia a militares y presidiarios en el siglo xviii: la Orden de San Juan de Dios en Antequera", en Ofelia Rey Castelao y Roberto Javier López López (coords.): *El mundo urbano en el siglo de la Ilustración*, vol. II. Santiago de Compostela, Junta de Galicia, 2009, pp. 231-244.

López Gómez, José Manuel: "Los profesionales sanitarios de la ciudad de Burgos en 1740", *Boletín de la Institución Fernán González*, 218, (1999). pp. 19-31.

López Martínez, Antonio Luis: *La economía de las órdenes religiosas en el Antiguo Régimen. Sus propiedades y rentas en el reino de Sevilla.* Sevilla, Diputación Provincial, 1992.

Matilla Tascón, Antonio: *La Única contribución y el Catastro del Marqués de la Ensenada,* Madrid, Ministerio de Hacienda. Servicio de Estudios de la Inspección General, 1947.

Martínez Flórez, Julio, Calonge García, Francisco y Ballesteros, Montserrat: "La asistencia sanitaria del siglo xviii en Soria a la luz del Catastro del Marqués de la Ensenada", en Teófilo Portillo Capilla (coord.): *Actas de la I Semana de Estudios Históricos de la Diócesis de Osma-Soria,* vol. 2, Soria, Diputación Provincial, 2000, pp. 117-128.

Ortiz Gómez, Teresa, Quesada Ochoa, Carmen y Astrain Gallart, Mikel: "Profesionales de la salud en la Almería del siglo xviii, según el Catastro de Ensenada", *Actas del II Congreso de Historia de Andalucía,* Córdoba, Junta de Andalucía y Obra social y cultural Cajasur, 1995.

Parejo Barranco, Antonio: *Antequera en el siglo xviii (Población, economía, sociedad),* Málaga, Diputación Provincial, 1985.

Quesada Ochoa, Carmen, Astrain Gallart, Mikel y Ortiz Gómez, Teresa: "El Catastro de Ensenada como fuente para el estudio de las profesiones sanitarias en la España del siglo xviii", en *Actas del XXXIII Congreso Internacional de Historia de la Medicina*, Sevilla, Sociedad Española de Historia de la Medicina, 1994, pp. 707-720.

Sáez Gómez, José Miguel y Marset Campos, Pedro: "Profesionales sanitarios en la Murcia del siglo xviii: número, evolución y distribución", *Asclepio. Revista de Historia de la Medicina y de la Ciencia*, 45-2 (1993), pp. 71-133.

Suárez Grimón, Vicente: "Gran Canaria: Tierras pobres para los pobres: la data del Hospital de San Lázaro en Amagro (Gáldar), El Turmal, Cuevas Blancas y La Caleta (Agaete)", en *Homenaje a Antonio de Béthencourt Massieu*, vol. III, Las Palmas, Ediciones del Cabildo Insular de Gran Canaria, 1995, pp. 541-571.

9.
QUÉ PODEMOS APRENDER DE LA FISCALIDAD EN EL CATASTRO DE ENSENADA A TRAVÉS DE LA HISTORIA ECONÓMICA

Tomás López-Guzmán
Universidad de Córdoba

INTRODUCCIÓN

La necesidad de una fiscalidad que permita dotar a las diferentes administraciones públicas de los recursos económicos suficientes para hacer frente a los gastos es un tema ampliamente estudiado y analizado por parte de la historia económica y de la Hacienda Pública. Este tipo de análisis ha tenido un amplio desarrollo a través de las diferentes escuelas de pensamiento económico que se han creado en las distintas épocas históricas. En consecuencia, la necesidad de contar con recursos económicos suficientes por parte de las diferentes administraciones públicas ha implicado la vertebración e implantación de distintas vías para dotar económicamente a cada uno de los reinos o estados con la finalidad de hacer frente a los gastos que en todas las épocas históricas han sido necesarios.

De hecho, uno de los principales objetivos del Catastro de Ensenada fue servir de base para realizar una profunda reforma fiscal, que finalmente no se consiguió, con la finalidad de conseguir simplificar el vigente sistema tributario existente en ese momento, basado en la obtención de recursos a través de rentas provinciales, y de sustituir todas estas rentas provinciales por una única contribución, buscando de esta manera una simplificación del sistema hacendístico y, en consecuencia, una mayor eficacia y eficiencia en cuanto a la recaudación. De hecho, desde un punto de vista tributario, esta reforma perseguía una importante simplificación en cuanto a la gestión administrativa para conseguir un sistema fiscal de más fácil aplicación en su conjunto y, por ende, con una menor carga fiscal para la propia administración pública. No obstante, para llevar a cabo esta simplificación del sistema tributario era necesario realizar previamente un análisis y un estudio que permitiese determinar cuáles eran los bienes existentes y, lógicamente, quiénes eran sus propietarios, incluyendo también las propiedades tanto de la Iglesia como de los nobles, y la valoración que se realizaba de cada uno de estos bienes. Esta necesidad previa de determinación y valoración de los bienes que realizaba el Catastro de Ensenada, con el objetivo de determinar quiénes eran los propietarios de dichos bienes, es algo básico en la formulación de cualquier sistema fiscal avanzado, como sería el caso del sistema tributario español del siglo XXI, y que permite determinar tanto la riqueza de las personas como los diferentes flujos económicos que se desarrollan y, de esta manera, gravar la actividad económica.

Por otro lado, a pesar de la culminación la pesquisa catastral, y de que se tuviera por primera vez en España una estadística sólida en cuanto a los bienes y rentas existentes, diferentes hechos históricos impidieron que se llevara a cabo la reforma fiscal prevista, y, por tanto, la periódica actualización de los datos catastrales, que hubiese logrado que se reflejasen claramente los cambios realizados en las diferentes propiedades a través de la venta, la donación o la herencia de los bienes. De hecho, tributos actuales y vigentes en España, como el Impuesto sobre el Patrimonio de las Personas Físicas, el Impuesto sobre las Personas Físicas, el Impuesto sobre Bienes Inmuebles o el Impuesto sobre Sucesiones y Donaciones permiten lograr los objetivos que se propusieron con el Catastro de Ensenada, es decir, la identificación de los propietarios de los diferentes bienes y la valoración de dichos bienes, y que son clave en un sistema tributario moderno para tener completamente identificados a los propietarios de los diferentes bienes, con la finalidad de poder gravar dichos bienes. Además, también le da un control de continuidad a dichos bienes a través de gravar su venta, donación o herencia.

El objetivo de este capítulo es analizar el Catastro de Ensenada desde la perspectiva de la historia económica, a través de las diferentes aportaciones que se realizaron y que pueden ser utilizadas tanto por el estudio por parte de la Hacienda Pública como para la elaboración de las estadísticas imprescindibles en la economía. Para lograr este objetivo, y tras esta introducción, este capítulo se estructura en los siguientes apartados. En el apartado 2 se hace una breve referencia a la historia económica durante la época de la elaboración del Catastro de Ensenada, en el apartado 3 se analiza el Catastro de Ensenada desde la perspectiva de la historia económica, en el apartado 4 se estudia cómo la estadística es básica en el estudio de la historia económica y su aplicación en el Catastro de Ensenada, y en el apartado 5 se aborda la importancia de la fiscalidad en el desarrollo económico de los países de acuerdo con sus épocas históricas. Este capítulo termina con un apartado donde se presentan las principales conclusiones de esta investigación, sus implicaciones prácticas y las futuras líneas de investigación que se proponen.

LA HISTORIA ECONÓMICA

La historia económica permite dar respuestas a los investigadores que quieran conocer la situación socioeconómica del periodo que se está investigando. Para realizar dichas investigaciones se pueden utilizar diferentes herramientas económicas de carácter tanto cualitativo como cuantitativo (Gil Lázaro, 2012). Un ejemplo de la aplicación de estas herramientas económicas, cualitativas y cuantitativas es el análisis del Castrato de Ensenada desde un punto de vista económico, lo que permite al investigador tener una foto de la situación económica del territorio de la Corona de Castilla de mitad del siglo XVIII, que era la mayor parte del territorio español, en cada una de las diferentes ramas económicas. Para analizar dicha información se pueden utilizar diferentes herramientas cuantitativas en línea con el estudio de caso que presentan Andrés Ucendo y Comín Comín (2021).

Asimismo, y utilizando herramientas cualitativas, también se permite reforzar estas investigaciones (Gil Lázaro, 2012) para tener un mejor conocimiento de una determinada época histórica y, en concreto, de la situación económica en dicha época y en cada una de las localidades objeto de estudio. De hecho, el análisis del Catastro de Ensenada también permite conocer cómo deben realizarse, ejecutarse y vertebrarse la implantación de los diferentes sistemas fiscales para que, con el menor coste posible en cuanto a su gestión administrativa, se consiga la máxima información disponible, y que sea fiable, de los diferentes bienes existentes, de su propiedad y de la valoración que se realice de los mismos.

EL CASTRATO DE ENSENADA EN EL MARCO DE LA HISTORIA ECONÓMICA

A mediados del siglo XVIII, cuando se comienza a realizar el Catastro de Ensenada, en el pensamiento económico se encuentra aún vigente la corriente conocida con el nombre de Mercantilismo. Esta corriente económica buscaba, a través de un juego de suma cero, el desarrollo socioeconómico de los diferentes estados (Perdices de Blas, 2006). Para ello, el mercantilismo se caracterizaba por reforzar el concepto del Estado en la economía, mediante la potencialización del comercio internacional entre los diferentes estados, sobre todo a raíz de la aparición de nuevas rutas comerciales, lo cual implicaba, al mismo tiempo, la necesidad de un fortalecimiento de los ejércitos para proteger todas estas rutas comerciales y, en sintonía con dicha seguridad exterior en las rutas comerciales, la necesidad de dotar al comercio interior también de una cierta seguridad en las rutas comerciales internas y que permitiese el desarrollo económico en el propio territorio del Estado de las diferentes ramas comerciales. En consecuencia, el reforzamiento de la defensa, tanto interior como exterior, supone un importante incremento del gasto público que se debe hacer y, por tanto, la necesidad de obtener los recursos económicos necesarios para financiar dicho gasto, recursos que proceden lógicamente de la aplicación de una determinada fiscalidad.

Esta escuela de pensamiento económica estuvo vigente hasta la década de 1760, cuando comenzó a tomar fuerza la Escuela Fisiocrática, que buscaba reforzar el papel de las actividades agrarias en los modelos económicos frente a la potenciación de los flujos económicos provenientes de las rutas comerciales existentes en ese momento. Recordemos que el Catastro de Ensenada potenciaba, a través de los datos estadísticos obtenidos, la gestión y el análisis de las actividades agrícolas que se desarrollaba en cada localidad. Por otro lado, los fisiócratas defendían que el fortalecimiento de los estados dependía del mayor nivel de la capacidad de producción de los mismos, en vez de los recursos que obtenía el Estado procedentes del comercio exterior, de forma contraria a las aportaciones teóricas que realizaban los mercantilistas. Por todas estas razones, era tan importante dotar al Estado de las herramientas económicas y estadísticas necesarias para conocer esta capacidad de producción, basada sobre todo en la rama agraria, su distinción a través de los diferentes sectores económicos y la aplicación de la correspondiente fiscalidad. Todas estas ideas se encuentran resumidas en la publicación que realizó Quesnay en 1758, el "Tableau Économique", y donde se describe de forma analítica cómo funciona la economía en un territorio desde el prisma del pensamiento desarrollado por los fisiócratas.

La publicación en 1776 del libro *La Riqueza de las Naciones*, de Adam Smith, supuso un cambio fundamental y radical en la historia económica, en el pensamiento económico y, en definitiva, en la ciencia económica. De hecho, en el pensamiento de Adam Smith se establece que la riqueza de un país debe centrarse en los flujos de renta que se generan en los diferentes estratos de la sociedad, y que están muy relacionados con la cantidad de bienes físicos que se producen a partir de los mismos (Perdices de Blas, 2006). Ello implica que, además de la necesidad de reflejar los bienes, a través de datos estadísticos y económicos, también sea necesario un reforzamiento de las propias actividades de producción, y que serían precisamente estas actividades de producción las que generasen la riqueza a los estados y, en consecuencia, toda esta riqueza permitiese dotar de recursos a las diferentes haciendas públicas, con una clara diferenciación entre los ingresos públicos y los gastos públicos, buscando un presupuesto equilibrado.

En este sentido, el Catastro de Ensenada permite conocer una rama de la actividad económica, como es la agraria, en aquellos lugares donde se realizó, profundizando en aspectos tales como los sistemas de cultivo, el valor económico de cada explotación y de cada bien o las rentas que se generaban (Hernández García y Fernández Portela, 2022). Además, el Catastro de Ensenada nos permite cartografiar un determinado territorio, y realizar una comparación entre las diferentes épocas históricas, e incluso con la época actual, en aspectos tales como los recursos hídricos utilizados o el tipo de cultivo que se realiza en cada zona geográfica (Hernández García y Fernández Portela, 2022).

La estadística como herramienta económica en el Catastro de Ensenada

La estadística aplicada a la economía consiste en la utilización de herramientas matemáticas para diseñar modelos económicos, que se consiguen a través de la elaboración y aplicación de modelos econométricos, y que permiten obtener una serie de resultados económicos que después pueden ser utilizados por los diferentes investigadores. Este tipo de herramientas cuantitativas son básicas en la evolución y en el desarrollo del pensamiento económico ya que permite analizar lo sucedido en las diferentes épocas históricas y en las diferentes ramas de la actividad económica, en definitiva, en la economía, y en los distintos fenómenos que se derivan de los mismos, como la formación de precios, la distribución de los beneficios entre los diferentes actores o la generación de riqueza en cada actividad económica y en cada área geográfica. A su vez, estos resultados permiten realizar una comparación desde el punto de vista económico entre las diferentes épocas históricas.

Para el desarrollo de la historia económica es básico el conocimiento de las diferentes series históricas de datos económicos y estadísticos. Estas series históricas permiten al investigador conocer la situación económica en la cual se desarrolló cada época histórica en aspectos tales como la población, la agricultura, el comercio, los ingresos del Estado o el gasto público (Gil Lázaro, 2012). Todas estas magnitudes económicas permiten definir claramente la situación socioeconómica y realizar comparaciones entre diferentes épocas y lugares geográficos. De hecho, la información derivada del Catastro de Ensenada nos permite tener una buena radiografía de la población, de la sociedad y de la economía de aquellos lugares donde se realizó (Hernández García y Fernández Portela, 2022), y que ha permitido el estudio de algunas zonas geográficas, como las comarcas extremeñas de La Serena y Vegas Altas (Fernández Martín *et al.*, 2020).

La metodología de tipo económico y estadístico utilizada para realizar e implantar el Catastro de Ensenada se basaba en un estudio de la situación económica de cada sujeto propietario de bienes y/o rentas, ya fuese persona física o jurídica, lo que hace que quedaran incluidas en el Catastro de las diferentes instituciones de la localidad tanto civiles como eclesiásticas. Esta metodología se realizada a través de cinco diferentes fases. La primera fase consistía en recoger las declaraciones que debía hacer cada persona física o jurídica detentadora de algún bien o renta en la localidad catastrada. La segunda fase se basaba en la comprobación de la veracidad de lo recogido en las declaraciones que habían realizado los diferentes detentadores de bienes y rentas respecto a los mismos. Para ello, la administración pública contaba con una serie de peritos y técnicos que, junto con unos peritos locales, realizaban la comprobación de la veracidad de todo lo incluido en dicha declaración. Lógicamente, la contratación de todo este personal (peritos y técnicos) suponía un importante gasto para la administración pública, coste económico que debe tenerse en cuenta cuando se plantea diseñar un determinado sistema fiscal (Aguilar Cuesta, 2021). La tercera fase consistiría en la inscripción en los correspondientes libros catastrales oficiales de todos estos registros de bienes por parte de las personas encargadas de realizar la documentación local catastral (escribano y escribientes de los equipos catastradores, denominados "audiencias") (Camarero Bullón, 2002a). La cuarta fase consistía en la determinación del valor fiscal de los diferentes bienes. Esta fase es fundamental para el análisis económico, ya que, de esta manera, permite disponer de datos cuantitativos que sirvan para estudiar, desde un punto de vista económico, esta época histórica. La metodología utilizada en el Catastro de Ensenada acababa con una quinta fase donde se realizaba un cálculo de la riqueza de cada pueblo (separando los legos y los eclesiásticos), de cada provincia también con la misma separación y, en definitiva y de forma agregada, de la riqueza del Reino. Obviamente, todos estos datos económicos son básicos para el estudio de esta época histórica a través de la historia económica.

Para conseguir esta estadística, se estableció la elaboración de los denominados Estados locales (Hernández García y Fernández Portela, 2022), que agrupaban los datos en cinco grupos diferentes. El primer grupo, e identificado con la letra D, recogerían las medidas de tierra y su valoración según calidad y aprovechamiento. El segundo grupo, e identificado con la letra E, representaría el resto de los bienes reales que hubiese en el municipio. El tercer grupo, e identificado con la letra F, incluirían las utilidades de las actividades profesionales y comerciales que se realizasen en la localidad. El cuarto grupo, e identificado con la letra G, incluían la población activa que estaría sujeta al pago del impuesto por lo personal en cada una de las localidades. Y el quinto grupo, y representado por la letra H, se recogían las cabezas de ganado de las distintas especies existentes en el pueblo y el valor de las mismas (Hernández García y Fernández Portela, 2022).

Para poder aplicar esta metodología en cada una de las localidades, se aprobó, desde el punto de vista jurídico, una Instrucción para realizar el Catastro de Ensenada. Esta Instrucción estaba compuesta por 41 artículos y donde se detallaba la metodología que se debería utilizar para la averiguación de los datos y la elaboración de documentos, incluyendo la tipología de los diferentes bienes que se tenían que recoger y de cómo debía de realizarse la valoración que dichos bienes. Asimismo, en dicha Instrucción se encontraban los diferentes formularios que debían utilizarse para el asiento sistematizado de los datos recogidos, y de cómo debían desarrollarse jurídicamente las fases anteriormente expuestas. Véase la estructura documental del Catastro y sus distintos niveles, en Camarero Bullón, 2002b: 194.

Por otro lado, y con el objetivo de realizar una correcta aplicación metodológica y dirigir y controlar todo el proceso averiguador, se creó la denominada Real Junta de la Única Contribución, que era el órgano administrativo encargado de centralizar toda la gestión administrativa derivada de la pesquisa catastral. Esta Real Junta, en cada una de las 22 provincias, delegaba la dirección y gestión de la averiguación catastral en el intendente provincial, apoyado por la contaduría provincial de rentas. Eran, pues, los intendentes, los máximos responsables del Catastro en sus respectivas provincias. Así, se potenció la preparación técnica del personal de apoyo de dicha gestión administrativa que tenía como función la averiguación y la valoración de las diferentes actividades y flujos económicos en cada una de las localidades. Las rentas eran cuantificadas en reales de vellón. Estas cantidades fueron deflactadas por el Instituto Nacional de Estadística –INE– (2000) y actualmente están disponibles dichas cantidades deflactadas para cualquier investigador. Así, se han deflactado dichas rentas para convertirlas en pesetas del año base de 1997. Por tanto, y una vez que estas cantidades estén deflactadas a unidades monetarias del año base de 1997, para cualquier economista es fácil cuantificar las rentas de cada localidad que se deriven de este Catastro a la unidad monetaria real de cualquier otro año, tanto en pesetas como en euros.

Así, y gracias a la metodología pesquisidora, económica y estadística utilizada, se consiguió que los datos recopilados por las diferentes audiencias encargadas de realizar el Catastro fuesen bastante fiables y veraces debido a la comprobación de los datos por parte de los peritos nombrados al efecto en cada localidad, a la lectura pública de lo incluido en los libros oficiales del Catastro (Libro de lo real, Libro de cabezas de casa de legos y eclesiásticos y Respuestas generales) e, incluso, a la utilización del párroco de la localidad que corroboraba dichas cantidades a través de los certificados de los datos sobre las cantidades y los productos diezmados contenidos en los libros de tazmías de la parroquia o parroquias de la localidad. No obstante, y como se ha señalado anteriormente, esta metodología utilizada también supuso un importante gasto para las arcas públicas ya que, además de los aspectos básicos desde el punto de vista socioeconómico, también se buscaba obtener información demográfica y de otro tipo de las diferentes localidades (Fernández Martín *et al.*, 2020, Aguilar Cuesta, 2021).

LA FISCALIDAD COMO HERRAMIENTA BÁSICA EN EL DESARROLLO DE LOS ESTADOS

El estudio de la fiscalidad en la época preindustrial es una temática ampliamente analizada por los diferentes autores especializados en historia económica y en hacienda pública. Todas estas investigaciones analizan la relación con la actividad de las personas encargadas de las gestiones financieras tanto públicas como privadas, de la gestión económica de determinadas rentas, del desarrollo económico de las diferentes ramas económicas de las localidades analizadas o de la redistribución de la riqueza que se realizaba (Alloza Aparicio *et al.*, 2019).

La recaudación procedente de la aplicación de esta fiscalidad es necesaria para dotar al Estado de los recursos económicos básicos para realizar una correcta gestión de sus actividades públicas a través del correspondiente gasto público. Así, y en cuanto al volumen de recaudación, se produjo un estancamiento durante la época 1730-1742 debido al colapso recaudatorio de las rentas provinciales (Andrés Ucendo y Comín Comín, 2021), mientras que el crecimiento posterior en la recaudación se debió fundamentalmente al papel desempeñado por el comercio proveniente de América, y de las diferentes rutas creadas. Asimismo, este incremento de los ingresos que se obtuvieron se debió a la aplicación e imposición de diferentes rentas de aduanas que gravaban a los bienes procedentes de América (Andrés Ucendo y Comín Comín, 2021). Toda esta aplicación práctica de la fiscalidad está en consonancia con las aportaciones teóricas de los mercantilistas.

Por otro lado, en esta época histórica también fue necesario reforzar el papel que los diferentes agentes financieros y fiscales (arrendatarios, recaudadores, cambiadores, banqueros, etc.) desempeñaron para la creación y la implantación de estos sistemas fiscales (Alloza Aparicio *et al.*, 2019). En este sentido, el objetivo del Catastro de Ensenada era realizar una reforma fiscal con la finalidad de conocer las rentas que se generan en cada localidad y sobre la base de las mismas aplicar los correspondientes tributos (Fernández Martín *et al.*, 2020).

De hecho, la obtención de recursos por parte de la hacienda pública, y de un incremento de los ingresos públicos, es una de las principales razones por las cuales se realizó el Catastro de Ensenada. Así, y siguiendo a Camarero Bullón (2002a), podemos resumir las principales razones que, desde el punto de vista de la fiscalidad, se pueden derivar de la aplicación del Catastro de Ensenada:

- La Hacienda Pública se encontraba con problemas de financiación, con un incremento muy significativo de los gastos, en parte debido a la necesidad de reforzar la seguridad de las rutas comerciales y del comercio interno, y la no adecuación en ese momento de los ingresos para cubrir dichos gastos. Por esta razón, es necesario un cambio en el modelo impositivo aplicado.
- La necesidad de un cambio en la gestión de la obtención de los ingresos por parte de la Corona. De hecho, en ese momento existía un sistema de arrendamiento, que implicaba un control no directo de las rentas por parte de aquella. Así, se consideró que, si existiera una gestión directa por parte de la Corona, la recaudación estimada se incrementaría en más de un 20 %. No obstante, ello implicaría también la existencia de otros actores, como recaudadores (Alloza Aparicio et al., 2019), y de un aumento del coste económico debido a dicha gestión directa por parte de la Corona.
- El elevado número de tributos que suponían la existencia de las rentas provinciales y que, de hecho, implicaba un sistema fiscal poco práctico en su gestión tributaria. Así, y para evitar esta complejidad, se buscaba la unificación de todas estas rentas en una única contribución, que permitiese una mayor agilidad en dicha gestión recaudatoria y, al mismo tiempo, un menor coste económico en dicha gestión por parte de la Corona.
- El establecimiento de las rentas como hecho imponible, en detrimento de otras alternativas, es básico en la reforma fiscal. Así, el establecimiento de las rentas como hecho imponible se basaba en la premisa previa de que las rentas afectaban de forma mayoritaria a los productos básicos y, por tanto, se producía una extensión del objeto imponible gravado, reforzándose, de esta manera, la amplitud del tributo y, en consecuencia, la posibilidad de obtener una mayor recaudación proveniente de dicho tributo y con un menor coste económico derivado de su gestión administrativa.

La reforma que supone el Catastro de Ensenada, y desde el punto de vista de la fiscalidad, se puede concretar en la búsqueda de tres elementos fundamentales. El primer elemento consistía en gravar la parte productiva que se deriva de los bienes de cada una de las diferentes ramas económicas. El segundo elemento sería evitar las distorsiones que podría provocar la aplicación de este modelo de fiscalidad y que podría afectar al libre comercio que se desarrollaba de acuerdo con los planteamientos teóricos mercantilistas. El tercer elemento sería realizar una profunda reforma impositiva (que no se logró) con los objetivos que anteriormente se han señalado. En definitiva, esta reforma fiscal buscaba eliminar las rentas provinciales y crear una contribución única, lo cual implicaba establecer un sistema fiscal basado en una tributación directa, centrado en un hecho imponible único, como es la riqueza de cada individuo, frente a una fiscalidad tradicional basada en gravar el consumo y que se vertebraría a través de una tributación indirecta (Hernández García y Fernández Portela, 2022). No obstante, y como se expuesto anteriormente, esta reforma nunca llegó a implantarse en parte debido a la oposición de la nobleza y del clero ya que, si se llega a aplicar esta reforma fiscal, ello hubiera implicado la pérdida de la posición de privilegio fiscal de ambos estamentos (Hernández García y Fernández Portela, 2022).

Asimismo, otro de los objetivos del Catastro de Ensenada, desde el punto de vista de la fiscalidad, era luchar contra el fraude fiscal existente en las valoraciones que se hacían de las diferentes propiedades y de la productividad que emanaba de las mismas (Díaz López, 2012). Para luchar contra dicho fraude fiscal, se utilizó una metodología que unía diferentes enfoques estadísticos, como sería los tipos de vivienda, los censos existentes, los datos suministrados por los prestamistas o las aportaciones de los rentistas (Díaz López, 2012) y que permitía obtener unos resultados que permitiesen realizar una mejor valoración de las diferentes propiedades y de las rentas que generaban.

CONCLUSIONES, IMPLICACIONES PRÁCTICAS Y FUTURAS LÍNEAS DE INVESTIGACIÓN

El Catastro de Ensenada es una referencia para la economía, la sociedad, la práctica del régimen señorial y el medio ambiente. Asimismo, es una fotografía de un determinado momento social, con la identificación de sus flujos económicos, su modelo impositivo, su estimación de la población y su gestión de las tierras. Todos estos datos nos permiten conocer más en profundidad la situación socioeconómica de todas las localidades que formaban la Corona de Castilla en esta época histórica.

La principal conclusión que desde un punto de vista económico aporta este capítulo sería que el Catastro de Ensenada presenta una de las primeras estadísticas fiables que se realizaron en España. De hecho, este Catastro recoge dos variables clave en la realización de cualquier estadística, como son la edad y el género. Así, estos datos permiten a los historiadores de la economía conocer determinados parámetros estadísticos que analizan modelos que se utilizan en investigaciones centradas en la economía de determinadas localidades o en la economía por ramas de actividad.

Una segunda conclusión de esta investigación es que, cuando se realiza el Catastro de Ensenada, aún no existía como ciencia la ciencia económica, con lo cual las herramientas económicas que se utilizaron fueron las aportadas por los fisiócratas y por los mercantilistas. Así, las aportaciones teóricas de los mercantilistas y de los fisiócratas quedan claramente expuestas en cuanto a qué se debía anotar, cómo se valoraban los bienes y cómo se diseñaba el modelo impositivo.

Una tercera conclusión que de esta investigación podría derivarse, y en relación con la fiscalidad, es que el Catastro de Ensenada buscaba constituir un registro de bienes, incluyendo la valoración que se hiciese. De hecho, este objetivo, el registro de bienes de cada localidad y de forma agregada de cada provincia y del Reino es algo básico en cualquier reforma tributaria, ya que permite determinar exactamente quién es el propietario de una determinada propiedad, el valor de dicha propiedad y, en consecuencia, el establecimiento de un hecho imponible que permita gravar dichos bienes y/o sus rentas. A su vez, también se plantea, a través de esta reforma fiscal, la posibilidad de establecer un tributo proporcional a la riqueza de cada contribuyente.

En cuanto a qué pueden aprender los economistas del Catastro de Ensenada, se podría resumir en los siguientes puntos:

- En economía es básico contar con estadísticas fiables ya que ello permite comprender mejor la realidad social y económica. De hecho, el Catastro de Ensenada se basó en la averiguación y valoración de una serie de bienes y rentas que permitiese posteriormente aplicar los gravámenes correspondientes, y que vertebrasen estadísticas que muestren la realidad socioeconómica de una determinada localidad. Así, y gracias a la existencia de datos económicos y estadísticos, se pudiese analizar la situación socioeconómica en las diferentes épocas históricas y en determinados lugares.
- Es necesario el establecimiento de una serie de impuestos de control para determinar a quién pertenece la propiedad de unos determinados bienes. En la actualidad, este control se realiza en España a través de dos tributos diferentes, el Impuesto sobre el Patrimonio de las Personas Físicas y el Impuesto sobre Sucesiones y Donaciones. De esta manera, el primer tributo, el Impuesto sobre el Patrimonio de las Personas Físicas, permite que anualmente se tenga una radiografía perfecta de quiénes son los propietarios de los diferentes bienes, y de la valoración de cada bien. Por su parte, el Impuesto sobre Sucesiones y Donaciones permite controlar los movimientos entre personas, físicas o jurídicas, que se producen en la propiedad de estos bienes, incluyendo también la valoración de los mismos.

La principal aplicación práctica de esta investigación se centra en cómo la historia económica puede ayudar a diseñar y a establecer un sistema tributario adaptado a cada una de las diferentes circunstancias. Asimismo, otra aplicación práctica de esta investigación se encuentra en la importancia que tienen las estadísticas para poder crear, interpretar y comprender diferentes escenarios económicos.

Como futura línea de investigación se recomienda reforzar el estudio del Catastro de Ensenada en cuanto a la posible redistribución de la riqueza que podría haberse producido si se hubiese aplicado la reforma fiscal a nivel individual, de la localidad, de la provincia y del Reino.

REFERENCIAS BIBLIOGRÁFICAS

Alloza Aparicio, Ángel, Fernández Izquierdo, Francisco y García Guerra, Elena Mª (eds.): *A la sombra de la fiscalidad. Estudios sobre apropiación y gestión de rentas y patrimonios. Siglos xv-xvii.* Madrid, Silex, 2019.

——: *Catastrar las Castillas: racionalidad frente a despilfarro. El coste de la realización del Catastro de Ensenada en el Reino de Jaén,* tesis doctoral defendida en la Universidad Autónoma de Madrid, 2021. Disponible en el repositorio de dicha universidad.

Andrés Ucendo, José Ignacio y Comín Comín, Francisco: Evolución y estructura de los ingresos de la Real Hacienda en el largo siglo xviii (1680-1807), *Investigaciones de Historia Económica,* 17, (2021) 40-50.

Camarero Bullón, Concepción: El Catastro de Ensenada, 1745-175: diez años de intenso trabajo y 80.000 volúmenes manuscritos. *CT Catastro,* 46, (2002a) pp. 61-88.

——: Vasallos y pueblos castellanos ante una averiguación más allá de lo fiscal: el Catastro de Ensenada, 1749-1756, en Ignacio Durán Boo y Concepción Camarero Bullón (dir.): *El Catastro de Ensenada. Magna averiguación fiscal para alivio de los vasallos y mejor conocimiento de los reinos.* Madrid, Dirección General de Catastro, Ministerio de Hacienda, 2002b, pp. 113-388 en español y 473-557 en inglés.

Díaz López, Julián Pablo: Entre la descripción y la metodología novedosa: Medio siglo en la historiografía del Catastro de Ensenada, *Nimbus,* 29-30 (2012), pp. 201-216.

Fernández Martín, Mª Inmaculada, Rangel Preciado, José Francisco, Parejo Moruno, Francisco Manuel y Cruz Hidalgo, Esteban: Especialización y actividad en las comarcas extremeñas de La Serena y Vegas Altas. Un análisis local a través del Catastro de Ensenada, *Revista de Historia de las Vegas Altas,* 14, (2020), pp. 103-124.

Gil Lázaro, Alicia (2012). La historia económica. Conceptos, metodología y fuentes, en García Cedeño, Francis, Simón Ruiz, Inmaculada y Sanz Jara, Eva (ed.): *La escritura académica en ciencias humanas y sociales. Una introducción a la investigación,* Alcalá de Henares, Servicio de Publicaciones de la Universidad de Alcalá de Henares, pp. 35-48.

Hernández García, Ricardo y Fernández Portela, Julio (2022): El Catastro de Ensenada, una fuente geohistórica para el estudio del territorio de una villa castellana en el siglo xviii. *Vegueta. Anuario de la Facultad de Geografía e Historia,* 22 (1), (2002), pp. 217-238.

Instituto Nacional de Estadística: *Servicios profesionales y rentas de trabajo en los pueblos de la Corona de Castilla a mediados del siglo xviii.* Madrid, Servicio de Publicaciones del Instituto Nacional de Estadística, 2000.

Perdices de Blas, Luis, Fernández Delgado, Rogelia, Ramos Gorostiza, José Luis, San Emeterio Martín, Nieves y Trincado Aznar, Estrella: *Escuelas de pensamiento económico.* Madrid, Ecobook Editorial del Economista, 2006).

10.
LA IMPORTANCIA DEL LÉXICO DE LOS OFICIOS EN LAS RESPUESTAS GENERALES DEL CATASTRO DE ENSENADA EN CÓRDOBA (1752) PARA LA HISTORIA DEL ESPAÑOL

Salvador López Quero
Universidad de Córdoba

Conviene, en primer lugar, explicar en qué consistió y cuál fue la finalidad del *Catastro de Ensenada*. Camarero Bullón (2002: 113) lo explica así:

> *Catastro de Ensenada* es la denominación que se da a la averiguación llevada a cabo en los territorios de la Corona de Castilla para conocer, registrar y evaluar los bienes, así como las rentas y cargas, de los que fuesen titulares sus moradores, debiendo quedar estos (sic) también formalmente registrados, así como sus familias, criados y dependientes. Dicha averiguación se realizó entre abril de 1750 y el mismo mes de 1756 y su finalidad expresa consistía en obtener información para sobre ella modificar el sistema impositivo vigente.

Fue en el año 1752 cuando en la ciudad de Córdoba y de sus diecinueve jurisdicciones despobladas[1] se dieron las respuestas al Interrogatorio de las cuarenta preguntas, que, según López Ontiveros (1990: 7-8), son "una sucinta aunque espléndida aproximación a la Córdoba de mediados del siglo XVIII". Y, como bien afirma Pérez Sáenz (2002: 447):

> La amplitud informativa que encierra el Interrogatorio de los libros de Respuestas Generales satisface a cualquier estudioso: tanto al que quiere saber de cultivos agrícolas como de cabezas de ganado [...] tanto al historiador del arte y de la técnica como al lingüista o al geógrafo.

Este trabajo –como se puede apreciar en su título– no es de investigación histórica, sino lingüística, cuyos antecedentes indico a continuación. El primer acercamiento al Catastro de Ensenada, desde una perspectiva lingüística, es el de Gordón Peral (2001), donde se indaga en las fuentes de documentación toponímica. Le sigue el de Molina Díaz (2005: 1153), quien continúa indagando sobre este mismo tema, al poner de manifiesto "el valor

[1] La Morena, Prado Castellano, Torrealbaén, Torrescabrera, Doña Sol, Las Quemadas, Chanciller, Sancho-Miranda, La Reyna, Aguilarejo, Villarrubia, Las Cuevas, Teura, Arina, Mirabuenos, Alameda, Añora del Cojo, Herrera de los Palacios y Herrera de los Zahurdones.

de este documento como instrumento para los estudios toponomásticos, ofreciendo testimonios escritos de topónimos desconocidos hasta entonces o solo documentados en este texto". Y, en cuanto al léxico de esta magna obra –el tema de este trabajo–, un acercamiento general ha sido el de Sanz Alonso (2012: 179), cuyo propósito fue "el de aportar unos apuntes sobre la relación entre la historia, la lengua y la sociedad que sirvan como base para diversos estudios de diferentes especialistas".

En cuanto a la finalidad de este trabajo, al igual que Molina Díaz (2005: 1153), "tratamos de mostrar cómo un documento sin fines lingüísticos, realizado en el siglo xviii, en la España de la Ilustración y por orden del Marqués de la Ensenada, puede llegar a convertirse en material de investigación lingüística". En este caso, se trata del estudio del léxico de un corpus de oficios recogido de las *Respuestas generales del Catastro de Ensenada* en Córdoba (1752). Del corpus total de oficios que se mencionan en la ciudad de Córdoba, se han seleccionado los del léxico de los tejidos y su confección, de la piel y la platería. En este sentido, López Ontiveros (1990: 40) en un sintético diagnóstico de la industria cordobesa en 1752 afirma que "el sector con más empleo es el textil y de confección, en el que, [...] la industria de paños y lienzos está en profunda crisis, apareciendo como más dinámica la de la seda". Y en la página siguiente: "Industria exportadora quizá solo lo era y de manera muy reducida la sedera y con más entidad la platería" (López Ontiveros, 1990: 41). En cuanto a esta última, según Aranda Doncel (1984: 235), "el noble arte de la platería conoce en el siglo xviii una etapa de auténtico esplendor".

LOS OBJETIVOS DE LA INVESTIGACIÓN

El objetivo fundamental de este trabajo ha sido demostrar la importancia que el Catastro de Ensenada tiene para la historia de la lengua española a través del ejemplo concreto del municipio de Córdoba. Para ello, interesa señalar qué términos aparecen documentados más tardíamente en el *Corpus diacrónico del español* (CORDE) –cuando ya se registran en este documento histórico–, así como aquellos otros términos que en CORDE no se documentan.

Además de este objetivo general, el análisis filológico de estos términos nos va a permitir los siguientes objetivos específicos:

- Documentar estos términos en el *Corpus diacrónico del español* (CORDE) para determinar su datación histórica. Asimismo, este corpus será de utilidad al facilitar información nueva, no recogida en las obras lexicográficas. También, serán tenidas en cuenta las dataciones anteriores a las de este corpus, recogidas en el *Corpus del Diccionario histórico de la lengua española* (CDH) o en Corominas y Pascual (1980).
- Comprobar la atención recibida por estos términos en los diccionarios y obras lexicográficas del español, a través de su rastreo diacrónico y teniendo en cuenta la relevancia de sus aportaciones.

- Comparar los oficios objeto del corpus derivado de las Respuestas generales del Catastro de Ensenada en Córdoba con el de otros municipios, teniendo en cuenta los trabajos de Gómez de Enterría (2010) y Sanz Alonso (2012).
- Poner un especial interés en las primeras documentaciones del género femenino en estos oficios[2].

EL CORPUS

Del corpus total de oficios que se mencionan en la ciudad de Córdoba, se han seleccionado los del léxico de los tejidos y su confección, de la piel y la platería. Se trata de los siguientes términos:

1. *cardadores de lana, carderos, cordoneros, estereros, guanteros, lineros, pasamaneros, peraires, sastres, sombrereros, tejedores, tintoreros* y *torcedores.*
2. *albardoneros, curtidores, guarnicioneros, zapateros* y *zurradores.*
3. *batihojas de oro y plata, artistas de plata y oro, lapidarios* y *tiradores de plata.*

De todos los oficios anteriores, destacan sobre manera en Córdoba los *artistas de plata y oro*[3], los *tejedores*[4] y *torcedores de seda*[5] y los *lineros*[6]. También eran numerosos los *zapateros de obra prima* y los *sastres,* aunque se trata de dos oficios muy comunes en todos los municipios. Puede afirmarse, por tanto, que las dos industrias de Córdoba más representativas, a mediados del siglo XVIII, fueron la platería y la seda.

Para Sanz Alonso (2012: 183-184), "en lo que al léxico concierne, dichas respuestas permitieron y propiciaron el mantenimiento terminológico de oficios que habrían desaparecido con la actividad industrial".

LA DOCUMENTACIÓN HISTÓRICA DE ESTOS TÉRMINOS

Los términos que se documentan más tempranamente en textos escritos lo hacen en el siglo XII: *cardadores* (a principios del siglo XII en el *Fuero de Madrid,* a. 1141 – 1235), *estereros* (en un texto mozárabe de 1141) y *tejedores* (en el *Fuero de Madrid*). Este último se registra en los *Glosarios latino-españoles de la Edad Media.* No obstante, *cardador* se halla en Nebrija (1492) y *esterero* en Hornkens (1599), es decir, no aparecen en las obras

[2] Téngase en cuenta que el Catastro de Ensenada, tan fructífero para tantos aspectos, no lo ha sido para la indagación del trabajo femenino, porque la mujer, al no estar sujeta al impuesto por "lo personal", no queda registrada por trabajo personal, aunque sí por "el industrial". En este sentido, la datación del género femenino en estos oficios importa bastante.

[3] Este oficio abundaba en la ciudad de Córdoba: 87 maestros, 109 oficiales y 70 aprendices. "Los labradores de metales nobles –según Sanz Alonso (2012: 197)– se llamaban también *artistas de oro y plata*", y cita expresamente la ciudad de Córdoba, mientras que Gómez de Enterría (2010: 205) solo se refiere al genérico *plateros.*

[4] 102 maestros, 69 oficiales y 40 aprendices.

[5] 31 maestros, 65 oficiales y 30 aprendices.

[6] 31 maestros, 60 oficiales y 37 aprendices.

lexicográficas hasta finales de los siglos xv y xvi. En cuanto al uso específico de estos términos en el Catastro de Ensenada, *cardadores de lana* no se documenta en CORDE hasta finales del siglo xix (1883), cuando ya aparece documentado en nuestro corpus en 1752; la modalidad concreta de *esterero* ("estereros de junco") no se documenta en CORDE; y *tejedores de lienzo* no se documenta en CORDE hasta el siglo xix (1815-1819).

Del siglo xiii es *albardero* (a mediados del siglo xiii en un documento de la catedral de León denominado *Carta de cambio*, 1241), aunque el hallado en nuestro corpus es *albardonero*, que no se documenta en CORDE hasta 1850, cuando ya se registra en el Catastro de Ensenada. También, a principios del siglo xiii, se documentan *curtidores* (en una *Carta de venta*, 1215), *zapatero* (en el *Fuero de Zorita de los Canes*, 1218 – c. 1250) y, a mediados de siglo, *lapidario* (en el *Lapidario*, c. 1250, de Alfonso X). Aunque *albardero* está en Nebrija (¿1495?), *albardonero* aparece por vez primera en el *Diccionario Usual* (1884). *Curtidor* y *zapatero* sí se registran en los *Glosarios latino-españoles de la Edad Media*, mientras que *lapidario* en Nebrija (1492).

En el siglo xiv se documentan *sastre* (en *Traslado de una carta de Alfonso* XI, 1347), *tintorero* (en *Documentos judíos de Jerez*, 1391) y *zurrador* (en los *Fueros aragoneses*, 1350). *Sastre* y *tintorero* ya se registran en los *Glosarios latino-españoles de la Edad Media*, mientras que *zurrador* en Nebrija (¿1495?).

Del siglo xv son *cardero* (en el *Arancel de precios y salarios de Cuenca*, 1462) *cordonero* (en el *Libro del Tesoro*, 1400 – 1425), *espartero* y *guantero* (en el *Libro de Acuerdos del Concejo Madrileño*, 1464 –1485), *linero* (en *Caída príncipes*, 1402, de López de Ayala; aunque, como femenino, se documenta a finales del siglo xiv, en la *Carta de censo [Colección diplomática de Santo Toribio de Liébana]*, 1377), *peraire/perayle* (en las *Ordenanzas de los pelares de Cuenca*, c. 1400), *sombrerero* y *guarnicionero* (en las *Disposiciones del concejo sobre las monedas*, 1481), y *batihoja* (en los *Documentos para la Historia del Arte del Archivo Catedral de Santo Domingo de la Calzada*, 1493 –1564). *Espartero* y *peraire* ya se registran en los *Glosarios latino-españoles de la Edad Media*. *Batihoja*, en Nebrija (1492); *guarnicionero*, *cordonero* y *guantero* en Casas (1570); *linero* en Hornkens (1599), *cardero* en Soler (1615) y *sombrerero* en Dioscórides (1655).

Del siglo xvi son *torcedores de seda* (en el *Viaje de Turquía*, 1557-1558, registrado en López de Velasco, 1582) y *tafiletes* (en los *Romances* de Góngora, 1580 – a. 1627, y documentado en Sobrino 1705).

Del siglo xvii es *pasamaneros* (en el *Testamento de Petronila de Ludeña*, 1616, aunque ya registrado en Hornkens 1599), por lo que debe de estar documentado antes en textos no recogidos en CORDE.

Del siglo xviii es *tiradores de plata* (en *Sobre el privativo conocimiento que ha de tener la Junta particular de Moneda*, 1731 y documentado en Nebrija, 1492, s.v. *tirador*), mientras que *artistas de plata y oro* no se documenta en CORDE.

LAS DOCUMENTACIONES DEL GÉNERO FEMENINO DE ESTOS TÉRMINOS

Con respecto a otro de nuestros objetivos –el de la presencia del género femenino–, como primeras documentaciones en CORDE tenemos los siguientes términos:

- *tesedera* (*Fuero de Madrid*, a. 1141 – 1235): "El tesedor uel *tesedera* texeat de trapo de lino XXII canas per quarta; de lino asedado XVI canas per quarta; canamo & trapo gordo, XXV canas per quarta (1963, § 1, p. 57)",
- *texidora* (*Repartimiento de Murcia*, 1257 – 1271): "La vidua *texidora* tene en Alhuasta i taffulla, que es iiii ochauas (1960, § 1)",
- *espartera* –que se documenta primero como adjetivo (antes que el sustantivo oficio) en un documento de c. 1270 de Alfonso X (*Estoria de Espanna*): Carthagena *espartera.* porque toda la tierra o es ell esparto que llaman agora montaragon obedecie a ella (2002, § 1, p. fol. 6r)–,
- *çapatera* (*Petición que realiza el abad de Santa María*, 1291): "E los omnes bonos dixeron que un suelo en que solié morar la *çapatera* e mora en él Pedro Romo agora, que fue de Joán de la Peña (1999, § 1)" y
- *linera* (*Carta de censo [Colección diplomática de Santo Toribio de Liébana]*,1377): "Otrosy. yo, el dicho Iohan Roys, prior, obligo todos los bienes del dicho monasterio para bos parar a salvo el dicho fruto e derecho que a mi e al dicho monasterio pertenesce en la dicha *linera* agora y en todo tiempo de qual quier persona e contrario que contra esto bos vaya e venga en qual quier manera (1994, §1)".

Otros términos, que también se documentan tempranamente, son:

- *guantera* (*El guitón Onofre*, 1604): "Pero no me quedó sastre, zapatero, carpintero, [...] *guantera*... (1995, § 1, p. 199)" y
- *sastra* (*El diablo cojuelo*, 1641): –Agora te parecerán galgos –dijo el Cojuelo–, porque otro competidor de la *sastra*, con una gavilla de seis o siete, vienen sacando las espadas (1980, § 1, p. 97).

Y, en cuanto a los femeninos documentados por lexicógrafos, se han hallado los siguientes: *texedera* (*testrix*) en los *Glosarios* y Nebrija (1492); *texedora* (*textrix*) en Palencia (1490); *sartrix* (*sastre*) como femenino de *sartor* en Palencia (1490); *sastra mujer* a través del latino *sarcinatrix* en Nebrija (¿1495?); *sombrerera* en Dioscórides (1555); *linera* en Sobrino (1705) y, por último, la Real Academia tiene en cuenta los femeninos *sastra* (1803) y *guantera* (1822).

LOS TÉRMINOS NO DOCUMENTADOS EN CORDE O DOCUMENTADOS CON POSTERIORIDAD A 1752

Albardoneros. Había de este oficio en Córdoba 5 maestros, 5 oficiales y 3 aprendices. Sanz Alonso (2012: 190) cita *albardoneros* en Córdoba, Jaén, Málaga y Segovia[7].

El *Diccionario Usual* (RAE 1884, s.v. *albardonero*) remite a *albardero*, voz bajo la que se basa el siguiente estudio filológico de este término. Nebrija (¿1495?, s.v.) lo define como "clitellarius sartor". A principios del siglo xvii, tanto Palet (1604, s.v.) como Oudin (1607, s.v.), definen el término de manera análoga: "bastier, faiseur de basts" y "celui qui fait les bats, un bastier", respectivamente. En cuanto a los diccionarios académicos, el de *Autoridades* (RAE 1726, s.v.) lo define como "el que tiene por oficio hacer albardas", mientras que el *Usual* (RAE 1884, s.v.) añade a la anterior definición: "El que las vende". Por último, Terreros y Pando (1786, s.v.), además de referirse a la persona que hace albardas, se refiere a "albardones y caparazones para las caballerías".

El término (con la grafía *aluardero*) se documenta a mediados del siglo xiii en un documento de la catedral de León denominado *Carta de cambio* (1241):

> Don Garcia, *aluardero*, testis. Don Apparicio, *aluardero*, testis. Martin Yuanes, *aluardero*, testis (1993, § 1).

La misma grafía se conserva a mediados del siglo xvi (1547) en un texto de Fernández de Oviedo, donde se aprecia una cierta definición del término:

> Ay *aluardero*, que sirue la azemileria e caualleriza (Fernández de Oviedo1870, § 7, p. 178).

Por otra parte, se observa cómo alternan las variantes gráficas –u– y –v–. Véase la segunda en el siguiente enunciado anónimo de 1326:

> Juan Alfonso de la Rua. Pero Martines de Toro, pelligero e Bartolome Barquete, joyero e Andres Martines, *alvardero*, vesinos de la dicha villa de Valladolid (1985, §1, p. 191).

Tal como se documenta el término en nuestro corpus (*albardonero*) no es hasta mediados del siglo xix cuando se halla en unos versos de Sebastián López (c. 1850 – 1900):

> Tengo para los enfermos
> doctores de grande ciencia:
> barberos para sangrar,
> afeitar y sacar muelas,

[7] Gómez de Enterría (2010) los cita en Granada capital y Murcia.

cirujanos para heridas,
albeitares para bestias.
albardoneros; herreros,
armeros para escopetas
(Sebastián López 1966, § 1, p. 289).

Artistas de plata y oro. Este oficio abundaba en la ciudad de Córdoba: 87 maestros, 109 oficiales y 70 aprendices. "Los labradores de metales nobles –según Sanz Alonso (2012: 197)– se llamaban también *artistas de oro y plata*", y cita expresamente la ciudad de Córdoba[8].

Nebrija (¿1495?, s.v. artista) identifica el término con las voces latinas *technites* y *artitus*. Y Alcalá (1505, s.v.) se refiere a "artista en ciencia" y "artista en oficio". Es en el *Diccionario de Autoridades* (1726, s.v.) donde se halla una información más detallada del término, de la que se selecciona la siguiente: "En lo moderno se toma por el que exerce artes mecánicas, que comúnmente se llama oficial o menestral".

En cuanto a plata, Nebrija (¿1495?, s.v. *plata*) relaciona el término con el étimo latino *argentum, i*. Y, según este mismo autor (1495, s.v. *platear*) es "cubrir de plata". Y s.v. *platero*, "platero que labra oro". Para Covarrubias (1611, s.v. *plata*), es "metal precioso después del oro". Y que *platero* es el oficial que labra la plata y el oro.

En cuanto a oro, para Nebrija (¿1495?, s.v. oro) es "metal conocido", que identifica con *aurum, i*. Para Covarrubias (1611, s.v.), es "el más precioso de todos los metales".

Este oficio ("artistas de plata y oro") no se documenta en los corpus académicos, aunque el genérico *artistas* sí puede verse documentado en Villasandino (1379 – a. 1425):

Aquí todo bueno su seso despienda
e júntense algunos de los naturales,
legos e *artistas* e retoricales
que han e ovieron onrosa bivienda
(Villasandino 1993, § 1, p. 107, estr. 2).

Cardadores de lana. En las Respuestas se documentan 10 maestros cardadores de lana en Córdoba, no citados por Sanz Alonso, que sí cita *cardadores* en Cuenca, Cáceres, Burgos, Salamanca, Valladolid, Ávila, Segovia, Talavera de la Reina, Guadalajara y Sevilla[9] (cf. p. 186). En Córdoba, sin embargo, no constan ni oficiales ni aprendices.

Nebrija (1492, s.v. *cardador*) remite al latino *carptor, oris*, por "el cardador". Este autor (1495, s.v.) añade al anterior étimo latino *carminator, oris*. Casas (1570, s.v.), por su parte,

[8] Gómez de Enterría (2010, p. 205) solo se refiere al genérico *plateros*.

[9] No obstante, Gómez de Enterría (2010), además de en Córdoba, documenta *cardadores* en Ávila, Extremadura, Guadalajara, Jaén, León, Madrid (provincia), Mancha, Murcia, Salamanca, Segovia, Sevilla, Toledo (provincia y capital), Valladolid y Zamora.

se refiere a *scartaccino.* Y Percival (1591, s.v.), además de recurrir al latino *carminator,* indica el inglés "a carder". No obstante, la referencia más concreta a nuestro estudio se halla en Minsheu (1599, s.v.): "a carder or winder of wooll", definición que más adelante recogen en otras lenguas Vittori (1609, s.v: "colui che scardaffa la lana"), Franciosini (1620, s.v., quien añade a la definición anterior: "o lauora la lana") o Noviliers (1629, s.v.): "scardassino di lana, ò seta; cardeur de laine, ou soie, cardador, escarmenador de lana o seda". Pero es Comenius quien aporta la información más relevante para este trabajo:

> Los cardadores peinan la lana, después la cardan o carmenan, como también al algodón o catún [cotón]; hílanle las hilanderas; de los ovillos va al telar y se labran los paños o otras telas, y si estos salen grosseros o bastos y claros o mal tapidos [tupidos], el batanero los adereça, recalça y espessa; el tintorero los tiñe en la tina o caldera y les da el color; obrados en esta manera, van a la prensa y los venden los traperos o mercaderes de paños (Comenius 1661, s.v.).

En cuanto a los diccionarios académicos, *cardador* se recoge en el *Diccionario de Autoridades* (RAE 1729, s.v.), donde se define así: "El oficial que limpia y suaviza la lana con la carda"; y en el *Diccionario Usual* (RAE 1780, s.v.), "el que carda la lana". Terreros y Pando (1786, s.v.), por su parte, precisa que "debajo de este nombre se comprehenden en las fabricas de lana los que llaman *esclafador, emborrador,* e *imprimador*". Y ya en el siglo XIX, Castro y Rossi (1852, s.v.) define este término como "la persona que carda las lanas, el algodón, el pelo y la borra".

El término *cardador* se documenta por vez primera a principios del siglo XII en el *Fuero de Madrid* (a. 1141 – 1235)[10], junto a los términos *pisador* y *tesedor*:

> LIX.– De pisador & tesedor. Et todo omne qui pisador o tesedor fore, per canna piset et tescat. El pisador piset L canas de saal per quarta. El tesedor texeat L cannas de sal per quarta. El *cardador* ad suo dono uel sua dona clamet al cardar, & si no los clamaret, pectet II morabetinos. Et la bora det el *cardador* a duenos del saial, et si los seniores noluerint uenire, accipiant suum saal et suam boram quam inueuerint, sine iura (1963, § 2).

Y, como oficio genérico, se documenta a mediados del siglo XV (1469) en un documento notarial denominado *Testamento de don Yagüe, vezino de El Atizadero*:

> Testigos rrogados que a esto fueron presentes: Rrodrigo de Tapia e Toribio Gonçález, ferrador, e Rrodrigo, fijo de Ferrán Gonçález Bermejo, e Alonso de Miguelheles,

[10] Según Corominas y Pascual (1980, s.v. *cardo*), el término *cardar,* documentado en la Gral. Estoria (1272-84), es "peinar la lana antes de hilarla, lo cual se hacía con la cabeza del cardo o de la cardencha".

perayle, e Bartolomé Díaz, *cardador*, e Toribio Gonçález de Salamanca e Pedro, fijo de Toribio Gonçález, vezinos de Ávila (2000, § 3).

No obstante, como oficio específico documentado en el Catastro de Ensenada, "cardador de lana" no se documenta en el CORDE hasta finales del siglo XIX (1883) en los *Cuentos del hogar* de Teodoro Baró:

> Como perseverando y sufriendo y puesta la confianza en Dios y en la Virgen, yo, hijo de un pobre *cardador de lana*, me siento y me cubro ante los reyes a quienes he dado un nuevo mundo (Baró 2002, § 1, p. 87).

Estereros de junco. Hay que advertir que en el censo cordobés únicamente puede documentarse "esterero de junco": 2 maestros, no mencionados por Gómez de Enterría (2010), que menciona *estereros* en Extremadura, Madrid (villa y corte: "estereros de palma") y Valladolid ("estereros de fino").

Hornkens (1599, s.v. *esterero*) remite a "nattier; mattarius", mientras que Navarro (1599, s.v.) lo hace a *storiarius* por el *esterero*. Palet (1604, s.v.) a *nattier* añade "faiseur de natte". Y Bluteau (1721, s.v.) lo identifica con *esteyreyro*. No será hasta el *Diccionario de Autoridades* (RAE 1732, s.v.) cuando se dé una definición precisa de este oficio: "El que hace esteras de pleita y palma, trata en ellas, las cose, vende y pone en los cuartos", una definición que completa Terreros (1787, s.v.): "El que teje el esparto, u otro material proporcionado, o hace esteras, y las vende". Y Gaspar y Roig (1853, s.v.) añade la acepción siguiente: "Nombre que en la prov. de Huelva suele darse a cualquiera de las redes de atajo y a los pescadores que las usan en los esteros, con alusión a estos".

Corominas y Pascual (1980, s.v. *estera*) documentan *esterero* en un texto mozárabe de 1141, según cita de Oelschl. Por otra parte, en CORDE se documenta primero *esteras de junco* en la *Carta de dote y arras* (1553):

> Unas *esteras de junco*, delgadas, para las paredes, quatro ducados y medio (1972, § 39).

La estera de junco podía estar pintada, como puede comprobarse en el documento notarial anónimo del *Secuestro de bienes* (1562):

> Iten otra estera *de junco*, pintada (1972, § 48, p. 241).

En otro texto de la segunda mitad del siglo XVI (1554), además de "esteras de junco", se añade de "palma":

> Précianse de tener sus casas bien adereçadas con *esteras de junco y palma*, teñidas o pintadas (López de Gómara 2000, § 42, p. fol. 100r).

El sustantivo-oficio lo documenta tardíamente Ramón de la Cruz en *Manolo, tragedia para reír o sainete para llorar* (1769):

> Sabastián, *esterero*, confidente de todos (Cruz 1990, § 1, p. 224).

Importa, por último, notar las observaciones que hace Ramón Gómez de la Serna en *Automoribundia* (1948) sobre los que practican este oficio:

> Según cuando aparecía el frío, eran llamados más o menos pronto los *estereros*, hombres de la huerta y del campo que se sentaban sobre las esteras con cuchillo, hilo de cuerda, aguja grande, martillo y clavos (Gómez de la Serna, § 10, p. 187).
>
> El tirón que daban los *estereros* a las piezas de estera era de lo más profesional de su arte, y en eso consistía su perfección. Era un golpe equino, rígido, como el que los soldados alemanes dan tacón con tacón (Gómez de la Serna, § 9, p. 188).

La modalidad concreta de este oficio, documentada en nuestro corpus (*estereros de junco*), no se registra en CORDE.

Tejedores de lienzo. El término *tejedor* tiene tres acepciones en nuestro corpus: *tejedores de seda*, *tejedores de lienzo* y *tejedores de paños*[11]. Se trata de tres oficios muy frecuentes en Córdoba capital, como puede comprobarse a continuación: *tejedores de seda* (102 maestros, 69 oficiales y 40 aprendices); *tejedores de lienzo* (52 maestros, 11 oficiales y 4 aprendices) y *tejedores de paños* (10 maestros). Predominan sobremanera, por tanto, los *tejedores de seda*. Sanz Alonso (2012: 189) se refiere a los *tejedores de seda* de Córdoba, Jaén y Toledo. Gómez de Enterría (2010) registra *tejedores* en Córdoba, pero sin referirse a ninguna de estas tipologías[12]. La seda –y los oficios que con ella se relacionan–[13] tiene mucha importancia en la ciudad de Córdoba. En este sentido, Sanz Alonso (2012: 189) afirma que "la seda era una riqueza básica del sur peninsular y en torno a ella se organizaban diversos oficios y se movían muchísimos tratantes, mercaderes, vendedores, etc., lo que hacía que la recaudación de impuestos por ella fuera altísima".

En los *Glosarios latino-españoles de la Edad Media* se registra *testrix [text-]* por *texedera* (T 971), *texedor* (E 2015) y *textor* por *texedor* (E 2014). Aquí se afirma que "*texedor* puede ser femenino". Asimismo, Palencia (1490) identifica *textrix* con *texedora*. Nebrija (1492), por su parte, se refiere a *textor, oris* por el *texedor*; y a *textrix, icis* por *texedera*. Y en el *Tesoro de la lengua castellana abreviado* (s.v. *tejedor*) se define *texedores* como "los que urden y texen usan de dientes, caxetas, cañones, espoladora, espuelas, pesolones [...] Texen

[11] Estas tres modalidades, asimismo, se registran en Toledo (provincia), según Gómez de Enterría (2010: 219).

[12] Según esta autora, hay *tejedores de seda* en Toledo (capital y provincia); *tejedores de lienzos* en Galicia, Granada (capital), Guadalajara, Madrid (provincia y villa y corte), Segovia, Soria y Toledo (provincia); y *tejedores de paños* en Guadalajara, Murcia, Segovia, Soria y Toledo (provincia).

[13] Los criadores de seda, los tejedores y los torcedores.

lino, cáñamo, hilado, lana, cambray, terciopelos, rasos, damascos, brocados, cendalles, toallas". Terreros y Pando (1788, s.v. *tejedor*) define el término así: "Oficial que se ocupa en la arte de tejer". Y el *Diccionario Usual* (RAE 1817, s.v. *tejedor*) lo define como "el que teje. Tómase frecuentemente por el fabricante de telas"[14].

Tesedor se documenta en el *Fuero de Madrid* (a. 1141–1235):

> El *tesedor* uel tesedera texeat de trapo de lino XXII canas per quarta; de lino asedado XVI canas per quarta; canamo & trapo gordo, XXV canas per quarta (1963, § 1, p. 57).

Como *texedor* se haya documentado, a principios del siglo XII, en un texto anónimo titulado *Carta de donación* (1176):

> Iohannes Brun, ts. Iohannes Stevan, don Iuste, Dominicus Petiiz, Wilemo *texedor* (2000, §1).

De esta misma época en *La fazienda de Ultramar* (c. 1200) Almerich proporciona el siguiente dato acerca del "ensullo del texedor":

> E Golias era armado sobre so cavallo. Est Philisteo avie de alto .vi. cobdos e un palmo, e avia el yelmo de azero e la loriga pesava .v. mil libras e el asta de sue mano era tan gruessa cuemo el ensullo del *texedor* (Almerich1965, § 2).

En cuanto a *lienzo*, en el *Diccionario de Autoridades* (RAE 1734, s.v.) se define como "la tela que se fabrica de lino o cáñamo, el cual se hace de diferentes géneros bastos y finos, de que se hacen camisas, sábanas y otras muchas cosas".

Resulta llamativo que en CORDE no se registre "tejedores de lienzo" hasta entrado el siglo XIX (1815-1819) en una obra de autor anónimo titulada *Relaciones topográficas de Venezuela*:

> Del Totomal. Cuatro trapiches pequeños. Dos zapateros, un herrero, dos talabarteros y un fustero, tres *tejedores de lienzo*. Plátanos, 500 cargas. Un caño conserva el agua el verano, próximo al pueblo. Hay ocho canoas. Dos hatos secuestrados (1991, § 1, p. 279).

CONSIDERACIONES FINALES

En nuestro corpus, por tanto, se documentan los siguientes términos con anterioridad a las primeras documentaciones de CORDE: *albardoneros*, *cardadores de lana* y *tejedores*

[14] En la edición de 1869 (s.v.) se modifica la anterior definición por la siguiente: "Tómase alguna vez por el fabricante de telas". Ya no se trata, por tanto, de *frecuentemente*.

de lienzo; y no documentados en CORDE, *artistas de plata y oro* y *estereros de junco*, lo que pone de manifiesto la necesidad de ir incorporando al CORDE las Respuestas al interrogatorio de las cuarenta preguntas, que conforman el Catastro de Ensenada.

En cuanto al estudio comparativo con las dos publicaciones consultadas (las de Gómez de Enterría 2010 y Sanz Alonso 2012) para comprobar la similitud de oficios entre Córdoba y otros municipios, resulta llamativo que Sanz Alonso no cite en Córdoba *cardadores de lana*, *peraires* y *tintoreros*; aunque resulta todavía más llamativo que Gómez de Enterría en una tesis doctoral titulada *Oficios mecánicos en el Catastro de Ensenada* no cite en Córdoba *carderos*, *cordoneros*, *estereros de junco*, *guanteros*, *peraires*, *torcedores de seda*, *lapidarios* ni *tiradores de plata*. *Lineros* solo los cita en Córdoba. Esto pone de manifiesto que hace falta seguir buceando en el Archivo General de Simancas.

De todas estas conclusiones se colige cómo un documento sin fines lingüísticos ha devenido en material filológico. Desde aquel primer acercamiento al Catastro de Ensenada de Gordón Peral (2001) se ha llegado a este otro trabajo de pragmática y lexicografía histórica –de una obra no recogida en el *Corpus Diacrónico del Español*–, que arroja luz a la historia del léxico del español. De las dos publicaciones que se han ido contrastando a lo largo de este trabajo, las de Enterría (2010) y Sanz Alonso (2012), creo que la segunda (como ya apunta su autora) puede servir de punto de partida para otras investigaciones acerca de los oficios en el Catastro de Ensenada en otros municipios españoles. No cabe duda de que estos estudios parciales del Catastro se hacen necesarios para seguir ahondando en el conocimiento de los oficios, que a mitad del siglo xviii pululaban por España; no solo por su interés histórico, sino por el enriquecimiento que supondrán para la pragmática y lexicografía histórica del español en el siglo xviii.

REFERENCIAS

(Corpus tomado del CORDE)

Alfonso X, *General Estoria. Primera parte.* Alcalá de Henares, Ed. Pedro Sánchez Prieto-Borja, Universidad de Alcalá de Henares, 2002 [c. 1270].

Almerich, *La fazienda de Ultramar.* Ed. Moshé Lazar, Salamanca, Universidad de Salamanca, 1965 [c. 1200].

Arancel de precios y salarios de Cuenca. Ed. Paulino Iradiel Murugarren, Salamanca, Universidad de Salamanca, 1974 [1462].

Baró, Teodoro, *Cuentos del hogar*, Alicante, Biblioteca Virtual Miguel de Cervantes, 2002 [1883].

Carta de cambio [Documentos de la catedral de León]. Ed. José Manuel Ruiz Asencio, León, CECEL-Caja España-Caja de Ahorros y Monte de Piedad-Archivo Histórico Diocesano, 1993 [1241].

Carta de censo [Colección diplomática de Santo Toribio de Liébana]. Ed. E. Álvarez Llopis, E. Blanco Campos y J. A. García de Cortázar, Santander, Fundación Marcelino Botín, 1994 [1377].

Carta de donación. Ed. M.ª Nieves Sánchez, Salamanca, Universidad de Salamanca, 2000 [1176].

Carta de dote y arras. Ed. Juan Martínez Ruiz, Madrid, CSIC, 1972 [1553].

Carta de venta [Documentos de los archivos catedralicio y diocesano de Salamanca]. Ed. M.ª Nieves Sánchez, Salamanca, Universidad de Salamanca, 2000 [1215].

CORDE: Real Academia Española: Banco de datos [en línea]. *Corpus diacrónico del español*, http://www.rae.es.

Cruz, Ramón de la, *Manolo, tragedia para reír o sainete para llorar*, ed. Francisco Lafarga, Madrid, Cátedra, 1990 [1769].

Disposiciones del concejo sobre las monedas. Ed. Antonio Martín Lázaro, Madrid, AHDE, IX, 1932 [1481].

Documentos judíos de Jerez. Ed. C. S. de Sopranis, Madrid, Sefarad, XI, 1951 [1391].

Documentos para la Historia del Arte del Archivo Catedral de Santo Domingo de la Calzada. Ed. J. G. Moya Valgañón, Logroño, Instituto de Estudios Riojanos, 1986 [1493 – 1564].

Fernández de Oviedo, Gonzalo, *Libro de la Cámara real del Príncipe don Juan e oficios de su casa e servicio ordinario*, ed. J. M. Escudero de la Peña, Madrid, Bibliófilos Españoles, 1870 [1547].

Fueros aragoneses. Ed. Gunnar Tilander, Madrid, R.F.E., XXII, 1935 [1350].

Fuero de Madrid 1963. Ed. Agustín Millares Carlo, Madrid, Ayuntamiento de Madrid, 1963 [a 1141 – 1235].

Fuero de Zorita de los Canes. Ed. Rafael de Ureña y Smenjaud, Madrid, Imprenta Fortanet, 1911 [1218 – c. 1250].

Gómez de la Serna, Ramón, *Automoribundia*, Buenos Aires, Editorial Sudamericana, 1948.

Góngora y Argote, *Romances.* Ed. Antonio Carreira, Barcelona, Quaderns Crema, 1998 [1580 – a. 1627].

González, Gregorio, *El guitón Onofre*, ed. Fernando Cabo Aseguinolaza, Logroño, Consejería de Cultura del Gobierno de La Rioja, 1995 [1604].

Libro de Acuerdos del Concejo Madrileño. Ed. Agustín Millares Carlo y Jenaro Artiles Rodríguez, Madrid, Ayuntamiento de Madrid, 1932 [1464 – 1485].

Libro del Tesoro. Ed. Dawn Prince, Madison, Hispanic Seminary of Medieval Studies, 1990 [1400 – 1425].

López, Sebastián, *El trigo y el dinero. Nueva relación en que se refiere la disputa que tuvieron el trigo y el dinero*, ... Ed. Julio Caro Baroja, Taurus, Madrid, 1966 [c. 1850 – 1900].

López de Ayala, Pedro, *Caída príncipes*, ed. Eric Naylor, Madison, Hispanic Seminary of Medieval Studies, 1995 [1402].

López de Gómara, Francisco, *La primera parte de la Historia natural de las Indias*, Salamanca, ed. Irma Caballero Martínez-CILUS, CILUS, 2000 [1554].

Ordenanzas de los pelares de Cuenca. Ed. Paulino Iradiel Murugarren, Salamanca, Universidad de Salamanca, 1974 [c. 1400].

Petición que realiza el abad del monasterio de Santa María de Palazuelos al concejo de Fuente Taja 1. Ed. Pedro Sánchez-Prieto, Madrid, Universidad de Alcalá, 999 [1291].

Primer proyecto de Ordenanzas generales para Castilla. Ed. Paulino Iradiel Murgarren, Salamanca, Universidad de Salamanca, 1974 [1495].

Relaciones topográficas de Venezuela. Ed. Francisco de Solano, Sevilla, CSIC-Centro de Estudios Históricos, Departamento de Historia de América, 1991 [1815 – 1819].

Repartimiento de Murcia. Ed. Juan Torres Fontes, Madrid, CSIC-Academia Alfonso X el Sabio, 1960 [1257 – 1271].

Secuestro de bienes. Ed. Juan Martínez Ruiz, Madrid, CSIC, 1972 [1562].

Sobre el privativo conocimiento que ha de tener la Junta particular de Moneda que se ha formado de t ... Ed. Antonio Muro Orejón, Sevilla, Escuela de Estudios Hispanoamericanos de Sevilla, 1969 – 1977 [1731].

Testamento de don Yagüe, vezino de El Atizadero. Ed. Gregorio del Ser Quijano, Ávila, Institución Gran Duque de Alba, 2000 [1469].

Testamento de Petronila de Ludeña. Ed. Mariano Maroto, Toledo, Edición electrónica, 1998 [1616].

Traslado de una carta de Alfonso XI en la que confirma el acuerdo efectuado entre el convento de San ... Ed. Esther González Crespo, Madrid, Universidad Complutense de Madrid, 1985 [1347].

Vélez de Guevara, Luis, *El diablo cojuelo*, ed. Ángel Raimundo Fernández González, Madrid, Castalia, 1980 [1641].

Viaje de Turquía. Ed. Marie-Sol Ortola, Madrid, Castalia, 2000 [1557 – 1558].

Villasandino, Alfonso de, *Poesías [Cancionero de Baena]*, ed. Brian Dutton y Joaquín González Cuenca, Madrid, Visor, 1993 [1379 – a. 1425].

OTRAS REFERENCIAS

Alcalá, Fray Pedro, *Vocabulista arávigo en letra castellana*. En *Arte para ligeramente saber la lengua arábiga*, Juan Varela, Granada, 1505. En *NTLLE*.

Aranda Doncel, Juan, *Historia de Córdoba. La época moderna (1517-1808)*, Córdoba, Monte de Piedad y Caja de Ahorros de Córdoba, 1984.

Bluteau, Rafael, *Diccionario castellano y portugués para facilitar a los curiosos la noticia de la lengua latina, con el uso del vocabulario portugués y latino* [...], José Antonio de Silva, Lisboa, 1721. En *NTLE*.

Camarero Bullón, Concepción, "Vasallos y pueblos castellanos ante una averiguación más allá de lo fiscal: el Catastro de Ensenada, 1749-1756", en *El Catastro de Ensenada. Magna averiguación fiscal para alivio de los Vasallos y mejor conocimiento de los Reinos: 1749-1756*. Coords. Ignacio Durán Boo y Concepción Camarero Bullón, Madrid, Ministerio de Hacienda, 2002, pp. 113-388.

Casas, Cristóbal de las, *Vocabulario de las dos lenguas toscana y castellana*, Francisco de Aguilar y Alonso Escribano, Sevilla, 1570. En *NTLLE*.

Castro, Américo (ed.), *Glosarios latino-españoles de la Edad Media*, Madrid, CSIC, (Anejos de la *Revista de Filología Española*, 22), 1936.

Castro y Rossi, Adolfo de, *Biblioteca Universal. Gran Diccionario de la Lengua Española*, Semanario Pintoresco y de La Ilustración, t. 1, Madrid, 1852. En *NTLLE*.

CDH: Real Academia Española, *Corpus del Diccionario histórico de la lengua española* [en línea]. https://apps.rae.es/CNDHE, 2013.

Comenius, Joannes Amos, *Janua linguarum reserata quinque linguis [...]*. Luis y Daniel Ezelvier, Amsterdam, 1661. En *NTLE*.

Corominas, Joan y José Antonio Pascual, *Diccionario crítico y etimológico castellano e hispánico*, Madrid, Gredos, 6 ts, 1980.

Covarrubias, Sebastián de, *Tesoro de la lengua castellana o española*, Madrid, Luis Sánchez, 1611. En *NTLLE*.

Dioscórides, *Acerca de la materia medicinal y de los venenos mortíferos* [...]. Traducción al castellano de Andrés Laguna, Juan Latio, Amberes, 1555. En *NTLE*.

Franciosini Florentín, Lorenzo, *Vocabulario español-italiano, ahora nuevamente sacado a luz [...] Segunda parte*, Iuan Pablo Profilio, a costa de Iuan Ángel Rufineli y Ángel Manni, Roma, 1620. En *NTLLE*.

Gaspar y Roig, *Biblioteca Ilustrada de Gaspar y Roig. Diccionario enciclopédico de la lengua española, con todas las vozes, frases, refranes y locuciones usadas en España y las Américas Españolas* [...]. *Tomo 1*, Madrid, Imprenta y Librería de Gaspar y Roig, editores, 1853. En *NTLLE*.

Gómez de Enterría, Pilar, *Oficios mecánicos en el Catastro de Ensenada*, Madrid, Ministerio de Economía y Hacienda, Instituto de Estudios Fiscales, 2010.

Gordón Peral, María Dolores, "Las fuentes de documentación toponímica: el catastro del Marqués de la Ensenada y su interés lingüístico", en *Indagaciones sobre la lengua: estudios de filología y lingüística españolas en memoria de Emilio Alarcos*. Coords. Elena Méndez, J. Mendoza y Yolanda Congosto, Sevilla, Universidad de Sevilla, 2001, pp. 437-454.

Hornkens, Henrikus, *Recveil de dictionaires francoys, espaignolz et latins*, Bruselas, 1599. En *NTLE*.

López de Velasco, *Orthographía y pronunciación castellana*, s.i., Burgos, 1582.

López Ontiveros, Antonio, *Córdoba 1752. Según las Respuestas generales del Catastro de Ensenada*, Madrid, Tabapress, 1990.

Minsheu, John, *A dictionarie in Spanish and Englisc*. Edm. Bollifant, Londres, 1599. En *NTLE*.

Molina Díaz, Francisco de Asís, "El Catastro de Ensenada como instrumento de investigación lingüística", *Actas V Congreso SEHL*, Murcia, Universidad de Murcia, 2005, pp. 1153-1163.

Navarro, Miguel, *Libro muy útil y provechoso para aprender la latinidad* [...], Madrid, Imprenta Real, 1599. En *NTLE*.

Nebrija, Antonio de, *Lexicon hoc est dictionarium ex sermone latino in hispaniensem*, s. i., Salamanca, 1492. En *NTLE*.

——, *Vocabulario español-latino*, [Impresor de la Gramática castellana], Salamanca, ¿1495? En *NTLLE*.

Nieto Jiménez, Lidio y Manuel Alvar Ezquerra, *Nuevo tesoro lexicográfico del español (s. xiv-1726)*, Madrid, Arco/Libros, 2007.

NTLLE: Real Academia Española, *Nuevo tesoro lexicográfico de la lengua española*, http://www.rae.es., 2001.

Noviliers Clavel, Guillermo Alejandro, *Nomenclatvra italiana, francesa y española con los términos propios de cada capítulo* [...], Venecia, Barezzo Barezzi, 1629. En *NTLE*.

Oudin, César, *Tesoro de las dos lenguas francesa y española. Thresor des deux langues françoise et espagnolle*, París, Marc Orry, 1607. En *NTLLE*.

Palencia, Alfonso de, *Universal vocabulario en latín y en romance*, París, Paulus de Colonia Alemanus cum suis sociis, 1490. En *NTLE*.

Palet, Juan, *Diccionario muy copioso de la lengua española y francesa... Dictionaire tres ample de la langue espagnole et françoise*, París, Matthieu Guillemot, 1604. En *NTLLE*.

Percival, Richard, *Bibliothecae Hispanicae pars altera. Containing a Dictionarie in Spanish, English and Latine*, London, John Jackson & Richard Watkins, 1591. En *NTLLE*.

Pérez Sáenz, Micaela, "El Catastro del Marqués de la Ensenada en el Archivo Histórico Provincial de La Rioja", en *El Catastro de Ensenada. Magna averiguación fiscal para alivio de los Vasallos y mejor conocimiento de los Reinos: 1749-1756*. Coords. Ignacio Durán Boo y Concepción Camarero Bullón, Madrid, Ministerio de Hacienda, 2002, pp. 441-447.

Real Academia Española 1726-1739. *Diccionario de la lengua castellana, en que se explica el verdadero sentido de las voces, su naturaleza y calidad, con las phrases o modos de hablar, los proverbios o refranes, y otras cosas convenientes al uso de la lengua... compuesto por la Real Academia Española*, Madrid, Imprenta de la Real Academia Española por los herederos de Francisco del Hierro, 1726-1739. En *NTLLE*.

——, *Diccionario de la lengua castellana compuesto por la Real Academia Española, reducido a un tomo para su más fácil uso*, Madrid, Joaquín Ibarra, 1780. En *NTLLE*.

——, *Diccionario de la lengua castellana por la Real Academia Española. Quinta edición*, Madrid, Imprenta Real, 1817. En *NTLLE*.

——, *Diccionario de la lengua castellana por la Real Academia Española. Duodécima edición*, Madrid, Imprenta de D. Gregorio Hernando, 1884. En *NTLLE*.

Sanz Alonso, Beatriz, "El léxico de oficios, tareas, actividades y medidas en el Catastro de Ensenada", *Revista de Historia de la Lengua Española*, 7 (2012), pp. 179-218.

Sobrino, Francisco, *Diccionario nuevo de las lenguas española y francesa*, Bruxelles, Francisco Foppens, 1705. En *NTLLE*.

Soler, Bernabé, *Thesavrvs pverilis*, Valencia, Pedro Patricio Mey, 1615. En *NTLE*.

Terreros y Pando, Esteban de, *Diccionario castellano con las voces de ciencias y artes y sus correspondientes en las tres lenguas francesa, latina e italiana* [...]. *Tomo primero*, Madrid, Viuda de Ibarra, 1786 [1767]. En *NTLLE*.

——, *Diccionario castellano con las voces de ciencias y artes y sus correspondientes en las tres lenguas francesa, latina e italiana* [...]. *Tomo segundo*, Madrid, Viuda de Ibarra, 1787 [1767]. En *NTLLE*.

——, *Diccionario castellano con las voces de ciencias y artes y sus correspondientes en las tres lenguas francesa, latina e italiana* [...]. *Tomo tercero*, Madrid, Viuda de Ibarra, 1788 [1767]. En *NTLLE*.

Tesoro de la lengua castellana abreviado, manuscrito 18157 de la Biblioteca Nacional de España, Madrid. En *NTLE*.

Vittori, Girolamo, *Tesoro de las tres lenguas francesa, italiana y española. Thresor*
des trois langues françoise, italienne et espagnolle, Philippe Albert & Alexandre Pernet, Genève, 1609. En *NTLLE*.

11.
APLICACIONES DIDÁCTICAS DE LA CARTOGRAFÍA CATASTRAL Y OTRAS FUENTES GEOHISTÓRICAS: UN CASO PRÁCTICO PARA LA VILLA DE MADRID DURANTE LOS SIGLOS XVIII Y XIX

Ana Luna San Eugenio[1]
Universidad Autónoma de Madrid

Una ciudad es un espacio vivo y cambiante que se transforma a lo largo del tiempo como consecuencia de las necesidades, de las circunstancias y de la forma de vida de las personas que la habitan. Es, por tanto, un entorno que se construye desde el pasado, se vive desde el presente y se configura para el futuro. Estas transformaciones se producen con particular intensidad en aquellas áreas urbanas en las que se ha concentrado, a lo largo de los siglos, una importante vida social, política y económica. Por ello, la gran mayoría de los vestigios del pasado pertenecientes a los espacios urbanos más activos y antiguos se encuentran extraordinariamente difuminados, cuando no desaparecidos. El resto lo constituyen todos aquellos elementos que se han mantenido a lo largo de los años por presentar una particular relevancia histórica, arquitectónica o artística. Estos últimos son mostrados como una "foto fija" de un momento concreto de la Historia, aunque ya completamente separados de su contexto original. Así, muy a menudo, las huellas del pasado se presentan al observador como una mezcla heterogénea de distintos componentes aislados que conviven –o sobreviven– en la ciudad del presente, y cuya razón de ser se justifica habitualmente por su singularidad o su valor. De este modo, si bien las calles, los edificios y todos aquellos elementos del pasado que aún perviven en el espacio urbano son testigos esenciales de estos procesos de cambio, no son las únicas piezas necesarias para comprender el pasado de forma integral, compleja y dinámica. En este escenario, donde se alzan aislados todos estos componentes, las fuentes geohistóricas pueden ser utilizadas para construir los vínculos que unen, contextualicen y doten al tiempo de una linealidad precisa –o menos escalonada–, y por extensión, puedan ayudar a construir el armazón que contribuya a la comprensión de las dinámicas del pasado y su relación con el presente y el futuro de una forma global.

[1] Este trabajo se ha desarrollado en el marco del Proyecto de Investigación I+D+i PID2019-106735GB-C21 del Ministerio de Ciencia e Innovación (AEI/10.13039/501100011033), titulado: *Avanzando en el conocimiento del Catastro de Ensenada y otras fuentes catastrales: nuevas perspectivas basadas en la complementariedad, la modelización y la innovación*, subproyecto del proyecto coordinado *Las fuentes geohistóricas, elemento para el conocimiento continuo del territorio: retos y posibilidades de futuro a través de su complementariedad*. Asimismo, en el del Convenio e investigación y transferencia suscrito entre la Dirección General del Catastro y la Fundación de la UAM (138250). Es miembro del Grupo de Investigación Consolidado IDE-GEOHIS, UAM.

La villa de Madrid ha sido durante los últimos siglos una ciudad profundamente dinámica. El entramado urbano del Madrid más vetusto, concentrado hoy en el centro de la ciudad, es un espacio activo plenamente adaptado a los usos y actividades actuales. Si bien su fisonomía básica es aún hoy plenamente reconocible, en esta área se han llevado a cabo, a lo largo de los siglos, diversas actuaciones de gran profundidad que han modificado de una forma muy notoria su apariencia, sus edificios, sus calles y sus espacios públicos. Estas actuaciones fueron realizadas, fundamentalmente, con el fin de adaptar el espacio a las necesidades del tiempo en que estas reformas se llevaron a cabo, determinando y configurando así el porvenir de la ciudad.

En este sentido, el casco histórico de Madrid se configura como un escenario de gran calidad para el desarrollo de actividades didácticas que contribuyan a adquirir y mejorar las competencias sobre el conocimiento del espacio y su indisoluble relación con el tiempo, a comprender el territorio como un sistema extraordinariamente complejo en el que se interrelacionan multitud de fenómenos, a analizar de un modo crítico la evolución del entorno y su relación con la Historia, así como a adquirir la capacidad de explicar los procesos económicos, sociales y culturales que configuran la ciudad y determinan su estructura y sus usos. De este modo, en este trabajo se plantea un breve recorrido por un pequeño espacio del centro de Madrid, utilizando la cartografía catastral y otras fuentes geohistóricas, como planimetrías, vistas, fotografías o artículos de prensa antigua, entre otros, con el fin de servir como modelo de estudio de un espacio desde la perspectiva de la geografía histórica, así como el desarrollo de una propuesta de aplicaciones didácticas realizadas con ese fin.

UN ESPACIO DE PASO Y DE PASEO: LA CALLE MAYOR Y SU ENTORNO

Aunque en nuestros días la vetusta calle Mayor de Madrid atraviesa el corazón del casco antiguo de la ciudad y, por extensión, ha ido perdiendo peso de forma paulatina como vía de comunicación, durante largos años ocupó un lugar privilegiado como eje fundamental entre el levante y el poniente de la ciudad.

Para analizar este espacio a través del tiempo, disponemos de varios recursos básicos. El primero de ellos es la cartografía antigua. Cuando se rastrea la presencia de la calle Mayor en la cartografía antigua, se puede apreciar cómo hasta la segunda mitad del siglo xix no se configuró de forma clara y precisa como una única calle que discurriera de forma íntegra desde la Puerta del Sol hasta la Cuesta de la Vega. En el primer plano conocido de la villa de Madrid, realizado por Antonio Mancelli hacia 1623 (Ortega Vidal y Marín Perellón, 2022), ya aparecía mencionada en un tramo que nacía en la Puerta del Sol y que finalizaba aparentemente a la altura de la Plaza Mayor. A partir de ese punto, si bien se puede rastrear el camino por las referencias a otros lugares conocidos de la calle, como la Puerta de Guadalajara o la fuente de San Salvador, no se puede distinguir con precisión un recorrido recto debido al complejo entramado de calles y a la perspectiva utilizada por el italiano en su obra. De este plano –si bien algunos autores prefieren no utilizar ese término para referirse a esta obra– no tenemos noticias de ninguna copia realizada en aquellos días. En la actualidad solo se conservan varios ejemplares procedentes de impresiones posteriores.

Algunos años después salió a la luz uno de los planos más interesantes del siglo XVII: la *Topographia de la Villa de Madrid descripta por don Pedro Texeira*. Este plano, editado en Amberes el 1656 (Marías, 2017), arroja algo más de luz al recorrido de la calle Mayor, aunque la posición de los nombres de los lugares a lo largo de su recorrido ha contribuido a generar toda clase de aseveraciones sobre los límites de esta vía durante este tiempo.

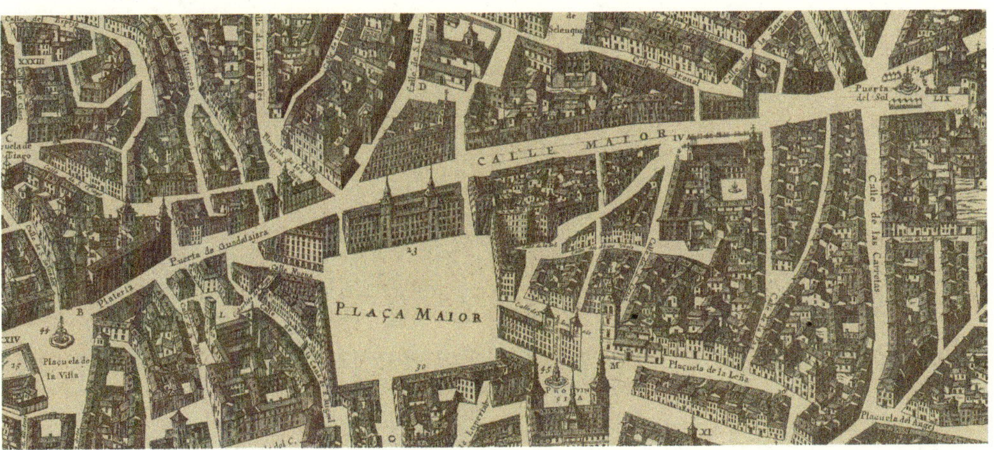

Figura 1. Detalle de la *Topographia de la Villa de Madrid*. Pedro Texeira. 1656. Instituto Geográfico Nacional. Signatura: 41-A-17

En esta obra, la calle Mayor, representada con una grafía versal y destacada, parece interrumpir su recorrido en las inmediaciones de la Plaza de los Herradores. A partir de ese lugar aparece la denominación, aunque en grafía menor, de Puerta de Guadalajara. Con toda probabilidad este tramo recibiera ese nombre hasta la altura del cruce con la calle del Bonetillo y la Cava de San Miguel, por ser aquel lugar en el que se alzaba la citada puerta hasta su desaparición a causa de un incendio producido a comienzos de la década de los ochenta del siglo anterior. A pesar de que ya no había una puerta que cruzara transversalmente la calle, y por extensión, una división física, a partir de ese punto, y al menos hasta la *plaçuela de la Villa*, ese tramo de calle era conocido por el nombre de *Platería*.

Desde la plaza de la Villa y hacia el oeste no aparece ningún nombre en estas primeras planimetrías, aunque sí que es posible seguir un trazado lineal de la calle hasta al menos la Iglesia de Santa María y el palacio del duque de Uceda –o de los Consejos–, desde donde se puede estimar una continuación natural hasta la puerta de la Vega.

Algo más de un siglo después, en el año 1761, Nicolas Chalmandrier sí consideró en su plano de forma clara a la calle Mayor como una única calle que finalizaba exactamente en la Puerta de la Vega. Así, al igual que hiciera Texeira, utilizó letra versal para denominar a la calle Mayor, tanto en el tramo habitual como en el último tramo de poniente, mientras que empleó una grafía de menor tamaño y en minúscula para referirse a la Puerta de Guadalajara y minúscula itálica para denominar el área de Platería.

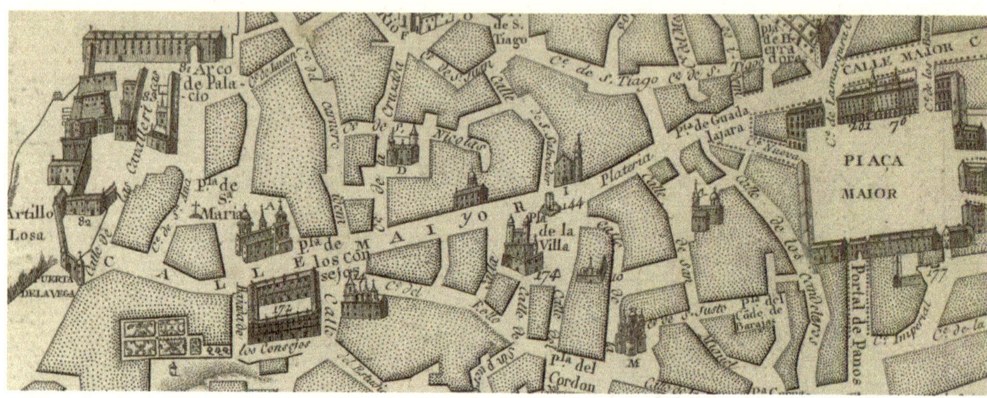

Figura 2. Detalle del *Plano geométrico y histórico de la Villa de Madrid y sus contornos*. Nicolas Chalmandrier. 1761. Instituto Geográfico Nacional. Signatura: 10-C-2

Muy pocos años después, en 1769, encontramos en el plano de Espinosa de los Monteros un cambio de gran calado en la nomenclatura de la calle. Se trata del primer plano de Madrid realizado a partir de un levantamiento catastral, la Planimetría General de Madrid, en cuyos trabajos participó el propio Espinosa (Urteaga González, 2017)[2]. La Planimetría, proyecto enmarcado dentro de las grandes reformas que puso en marcha el Marqués de la Ensenada en 1749 con el objetivo de llevar a cabo una profunda reforma fiscal en los territorios de la Corona de Castilla (Marín Perellón, 2000), generó 567 planos –de una excelente calidad técnica– de las 557 manzanas del trazado urbano de la villa de Madrid (Camarero Bullón, 2011). Este catastro, realizado prácticamente al mismo tiempo que el Catastro de Ensenada, tenía el fin de reformar la antigua "regalía de aposento", un antiquísimo tributo real de herencia medieval que pesaba sobre la capital y sede de la Corte (Camarero Bullón, 2006).

---

[2] La autoría de Espinosa también consta en una nota manuscrita en la última página del *Libro primero de la Planimetría General de Madrid* que conserva la Biblioteca Nacional de España (Mss/1665): "Digo yo Don Miguel Fernandez theniente Director de la R. Academia de San Fernando [...]. He comprovado este primer tomo ejecutado por Don Antonio de las Rivas y Don Antonio Espinosa, en papel imperial..."

Debido a su origen catastral, el plano de Espinosa incorpora la numeración de las manzanas, cuya referencia detallada la encontramos en los libros de la *Planimetría*. En su obra, Espinosa denomina al tramo de la calle Mayor que discurre desde la Plaza de la Villa hacia el oeste como "Calle de la Almudena". Así, en los libros de la *Planimetría*, el tramo que comienza en la Plaza de la Villa y finaliza a la altura de la Iglesia de Santa María y el palacio de los Consejos es denominado "Calle Real de la Almudena", como así lo atestiguan los registros catastrales de todas las manzanas que miran a la citada calle, salvo dos, la 184 y la 440, que la denominan simplemente como "Calle de la Almudena". Por otro lado, el tramo que conducía desde aquellos simbólicos edificios hasta la Puerta de la Vega recibía el nombre de calle de Malpica.

Por extensión, a través del plano de Espinosa de los Monteros y de los libros de la *Planimetría General de Madrid* también es posible determinar con precisión las denominaciones exactas que se registraron durante los trabajos catastrales para cada uno de los tramos en discusión. Así, la calle que limitaba al norte la manzana 173, flanqueada por la plaza de la Villa y la plaza de San Miguel, recibía la denominación de "Calle Mayor y Platería". Por su parte, en las manzanas 171, 172, 412, 413, situadas en las inmediaciones de la Puerta de Guadalajara, aparece también el nombre de calle Mayor. Solo se reseña el nombre de Puerta de Guadalajara en la pequeña esquina de la manzana 193 donde confluyen la Calle Nueva y la Calle Mayor.

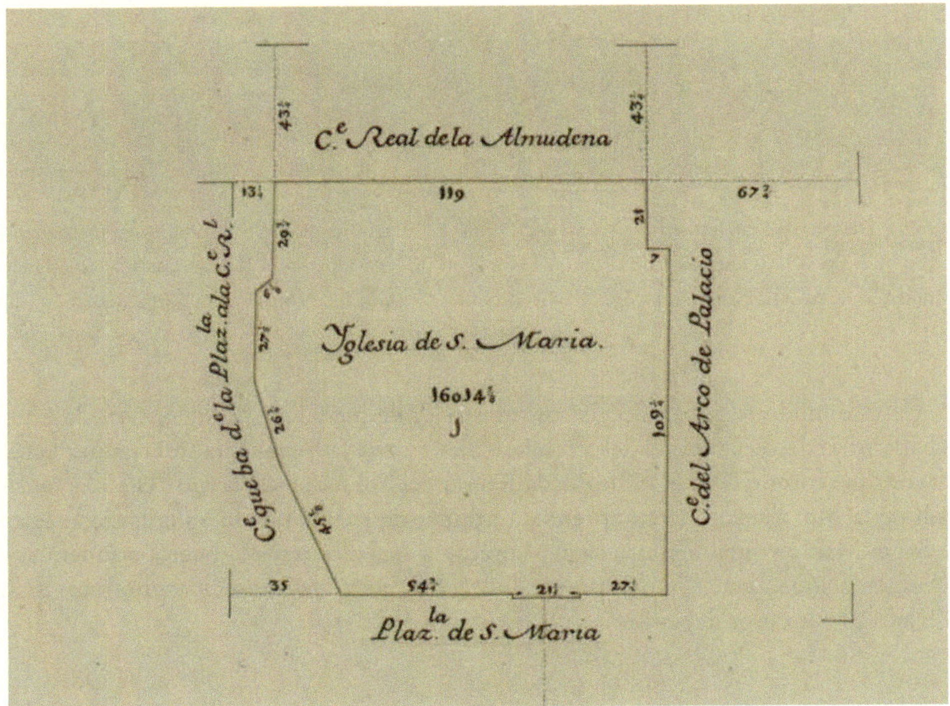

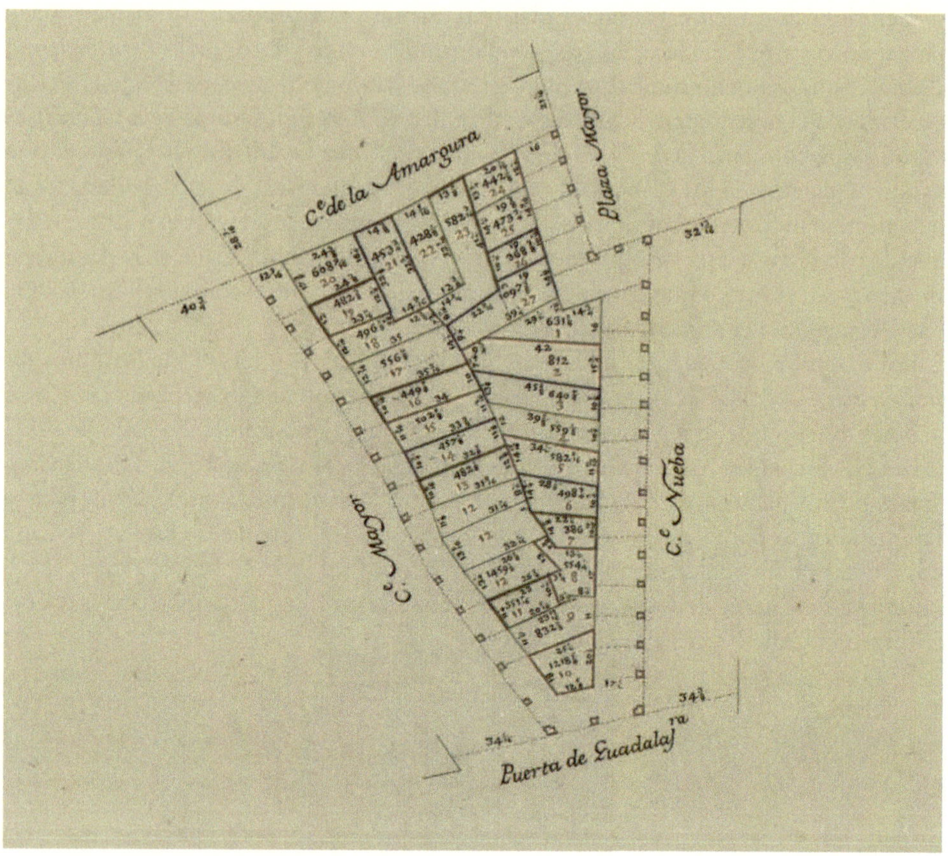

Figura 3. Detalles de la *Planimetría General de Madrid*. La imagen superior corresponde a la manzana 441, correspondiente a la Iglesia de Santa María. La imagen inferior representa la manzana 193 situada en la confluencia de la Calle Nueva y la Calle Mayor. Biblioteca Nacional de España. Signatura: Mss/1669 (sup.) y Mss/1666 (inf.)

De este modo, según los registros catastrales de mediados de siglo xviii, la arteria que discurría desde la Puerta del Sol hasta la Puerta de la Vega tenía tres tramos: la calle Mayor, que comprendía el tramo de la Puerta del Sol hasta la Plaza de la Villa; la calle Real de la Almudena, que comprendía el tramo de la Plaza de la Villa hasta la Iglesia de Santa María; y finalmente la calle Malpica, la cual alcanzaba la puerta occidental. La documentación, además, nos permite conocer las características socioeconómicas de sus pobladores y los usos del entorno (ver Sambricio, 2002).

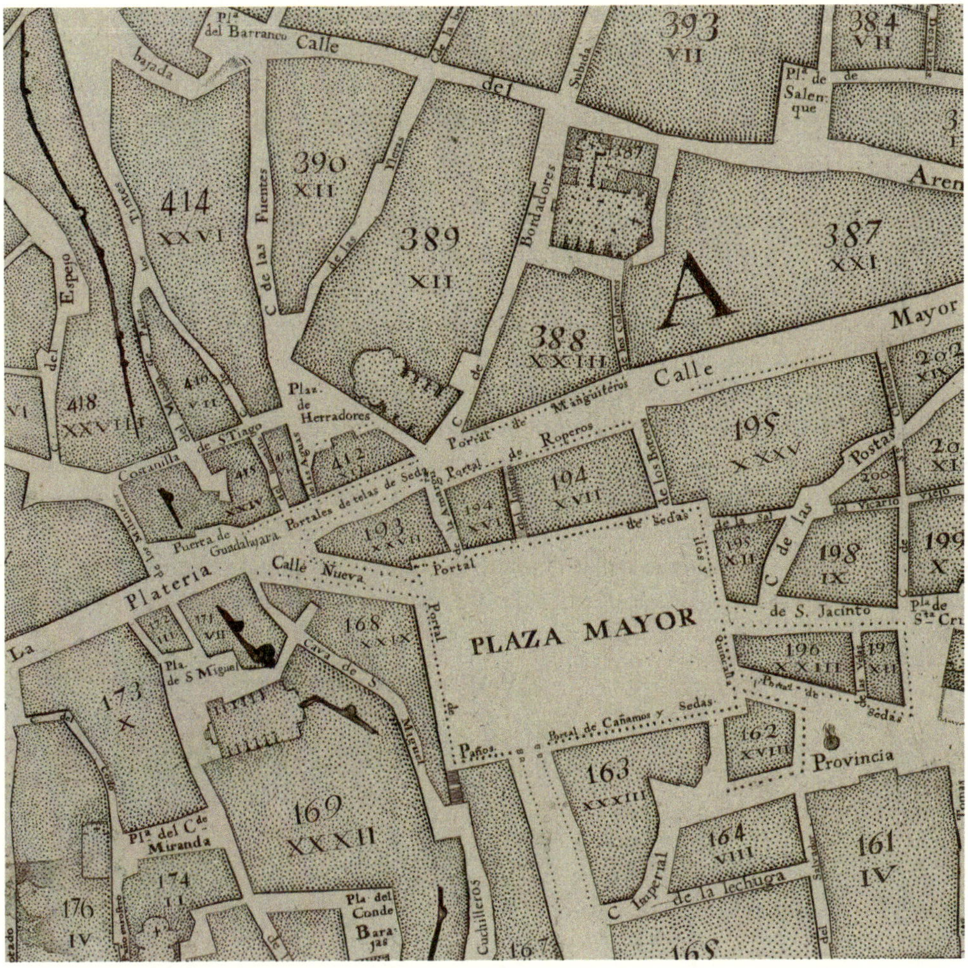

Figura 4. Detalle del *Plano topographico de la Villa y Corte de Madrid* de Antonio Espinosa de los Monteros. 1769. Biblioteca Nacional de España. Signatura: GMG/1365

Por su parte, el plano geométrico de Tomás López de 1785 hereda las denominaciones de Espinosa de los Monteros al estar basado en este (Mora Palazón, 2017). Lo mismo ocurriría con la serie de planos de 1812, 1834 y 1846, realizados por los sucesores de Tomás López, Juan López y Pedro Martín de López.

En siglo xix la ciudad se transformaría notabilísimamente (ver Artola Gallego, 2001) y los grandes cambios que se fueron sucediendo durante las décadas pretéritas terminarían por consolidarse. A partir del año 1866, como atestigua el plano de José Pilar Morales, quedarían eliminadas en las cartografías todas las denominaciones intermedias de antaño y se establecería como calle Mayor todo el recorrido que partía de la Puerta del Sol y alcanzaba Santa María. Esta tendencia sería confirmada en 1872 por la primera de las ediciones del plano de Ibáñez de Ibero y en todos los trabajos cartográficos posteriores de la Villa y Corte, en los cuales la calle Mayor quedaría finalmente establecida como tal en toda su longitud.

Independiente del momento histórico y de la nomenclatura otorgada a su recorrido, ya fuera esta de carácter oficial o popular, la calle Mayor fue durante largos siglos un lugar central en la vida social y política de Madrid. A pesar de ser un lugar de paso y de paseo, esta calle no solo puede comprenderse de ese modo: era la arteria que daba vida a varios espacios abiertos y partía o finalizaba en la Puerta del Sol, plaza llamada a ser punto de referencia de la vida capitalina.

De camino a la Plaza Mayor, cerca de la Puerta de Guadalajara, el transeúnte del siglo xvii o del siglo xviii hubiera podido localizar la torre de la ya desaparecida Iglesia de San Miguel de los Octoes, que daba nombre también a un pequeño espacio abierto, el cual hacía largos años se había convertido en un popular lugar de venta callejera. Esta pequeña edificación religiosa, así como la plazuela homónima, quedaría bien reflejada en las cartografías madrileñas desde el plano de Texeira. El plano geométrico de Tomás López de 1785 sería uno de los últimos donde aparecería cartografiada.

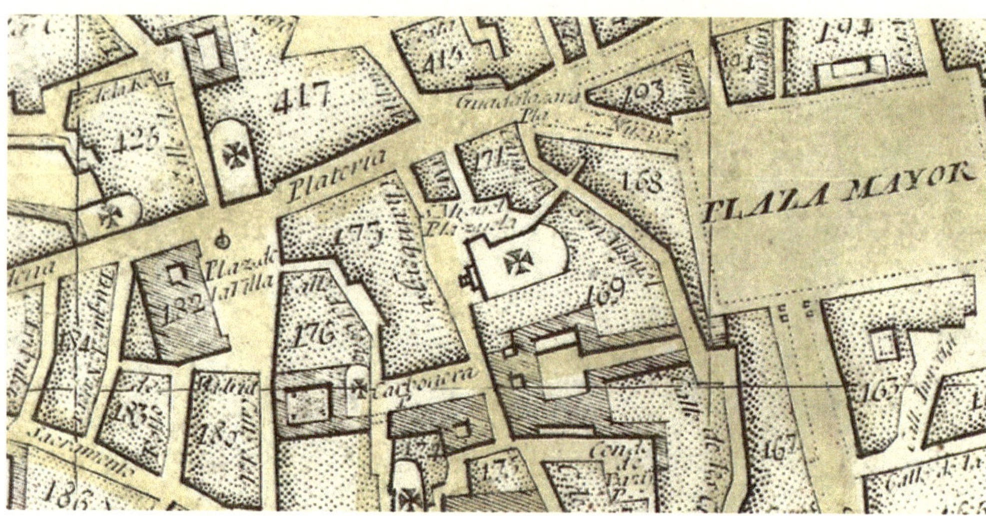

Figura 5. Detalle del *Plano Geométrico de Madrid*. Tomás López. 1785. En el centro, la Plazuela de San Miguel y, con la cruz, la Iglesia homónima. Instituto Geográfico Nacional. Signatura: 10-H-24

En el año 1790 la Iglesia sufriría daños graves a causa de uno de los incendios de la Plaza Mayor y sería finalmente demolida durante los primeros compases del siglo xix, en tiempos de José Bonaparte (Marías, 2020). En este sentido, la apertura de espacios y el desarrollo de modernos planes de actuación sobre el urbanismo madrileño fueron una de las políticas más visibles que se llevaron a cabo durante este periodo (Lopezosa Aparicio, 2010). Por su parte, la plazuela de San Miguel, con la eliminación de la Iglesia, vería crecer generosamente un espacio que rápidamente fue colonizado por los populares puestos de venta callejera.

El mercado callejero, compuesto por multitud de tenderetes al aire libre en los que se vendían, fundamentalmente, productos de alimentación, ocupó con el paso del tiempo todo el espacio disponible de la plaza. Pascual Madoz, en su *Diccionario geográfico-estadístico-histórico de España y sus posesiones de Ultramar*, dio cuenta de las plazuelas y mercados en los que se vendían frutas, carne, pescados y otros productos, indicando el número de cajones y tinglados que había en cada uno de ellos. Así, a mediados del XIX, en la plaza de San Miguel se contabilizaban 128 cajones y 88 tinglados. Estos números situaban al mercado callejero de San Miguel como el mayor por número de tinglados, muy por delante del mercado de San Ildefonso, que tan solo disponía de 47. Del mismo modo, por número de cajones, el mercado callejero de San Miguel solo era superado por la Plazuela del Carmen, que contaba con 154 cajones, aunque solo con 11 tinglados (Madoz, 1846).

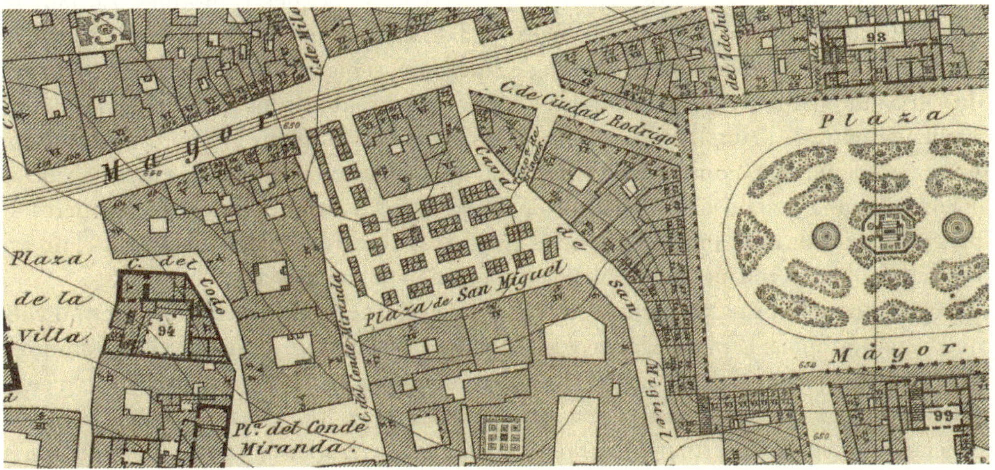

Figura 6. Detalle del *Plano Parcelario de Madrid realizado por Instituto Geográfico y Estadístico* (Plano de Ibáñez de Ibero). 1874. Instituto Geográfico Nacional Signatura: 32-A-12

La popularidad del mercado y el número tan elevado de puestos muy pronto tuvo su reflejo en la cartografía antigua. Estos pequeños tinglados fueron tenidos en cuenta en los trabajos de la Junta General de Estadística y, como resultado, quedarían plasmados en los planos del Parcelario Urbano de Madrid de 1867, en este caso en el plano correspondiente al Distrito de Audiencia. Algunos años después, en 1874, los puestos de venta callejera quedaron reflejados con mayor nivel de detalle en el plano parcelario realizado por el Instituto Geográfico Nacional, esto es, en el plano generalmente conocido como de Ibáñez de Ibero.

La gran popularidad de este tipo de mercados atraía a toda clase de público y de vendedores –algunos de ellos ambulantes, que se apostaban o circulaban por sus alrededores–, lo cual generaba problemas de salubridad, particularmente en las épocas del año más calurosas. En el último cuarto de siglo comenzaron a multiplicarse las voces que apuntaban a la necesidad de construir en la ciudad muchos más espacios cubiertos destinados a este tipo de comercio. Del mismo modo, fueron muy comunes las intervenciones de las autoridades municipales en aras de ordenar estas actividades y de luchar contra las situaciones de insalubridad. En este sentido, son muy numerosas las referencias que se localizan en la prensa de aquellos días, como una pequeña noticia publicada en *El Siglo Futuro*, el 24 de agosto de 1883, en la que se daba cuenta de la intervención del teniente alcalde interino de la Audiencia, que, tras recorrer "todos los puestos del mercado de San Miguel y calles adyacentes", decomisó "gran cantidad de carnes, hortalizas y frutas por hallarse en completa descomposición". Las tensiones entre las autoridades y los vendedores –y particularmente las vendedoras de verduras– fueron extraordinariamente frecuentes durante largos años, hasta producirse incluso pequeños motines. En 1892 se puso definitivamente sobre la mesa la necesidad de acabar con el mercado y se procedió al derribo de los puestos durante el verano de aquel año, si bien continuaron las actividades de venta ambulante y callejera. Desde el desmantelamiento de los puestos y durante los siguientes años, se planteó en varias ocasiones la idea de construir un mercado cubierto. A comienzos de siglo comenzaron a llegar algunas propuestas formales, entre las que se encontraba una que buscaba construir en la plaza una nave que sirviera como mercado para productos de caza. Finalmente, en el año 1915 se construiría definitivamente el nuevo mercado cubierto con su característica estructura metálica.

Continuando los pasos hacia el este, se encuentra el espacio abierto más amplio y de mayor importancia: la plaza Mayor. Durante los días del Madrid medieval, extramuros, más allá de la puerta de Guadalajara, surgieron algunos arrabales. Alrededor de la confluencia del camino que bajaba hacia Atocha y del que conducía a Toledo, comenzó a generarse un espacio abierto irregular rodeado de algunas edificaciones, donde comenzaría a establecerse una creciente actividad comercial. Con la llegada de la Corte a Madrid en tiempos de Felipe II y el consiguiente crecimiento de la ciudad, este espacio ganaría cada vez más popularidad. Durante este tiempo se construyó, en el lado sur de la plaza, la Casa de la Carnicería, y se derribaron algunas edificaciones para crear un espacio abierto más homogéneo. Pronto se haría patente la necesidad de llevar a cabo una reforma que mejorara notablemente aquel espacio y comenzaron las primeras actuaciones integrales. En los últimos años del siglo xvi y durante el comienzo el siglo xvii, se construyó, en el lado norte, la Casa de la Panadería. Juan Gómez de Mora, el maestro que también proyectó durante aquellos años la Casa de la Villa, fue el encargado de continuar con el gran proyecto de acondicionamiento de la plaza (Bonet Correa, 2018).

La plaza Mayor ya aparece representada en el plano de Mancelli (ver Muñoz de la Nava Chacón, 2018), donde se puede apreciar la forma aún irregular del espacio y la casa de la Panadería con sus magistrales torres. En el año 1631 se produjo un grave incendio en los edificios de la plaza. La destrucción fue notable y hubo que derribar y reconstruir algunos inmuebles. La plaza, a partir de este momento, tomaría definitivamente su particular forma rectangular. En el plano de Texeira, de 1656, la *Plaça Maior* ya aparece con su trazado actual. El topógrafo portugués además incluyó dos referencias a sus edificios: en la parte septentrional, La Panadería, y la meridional, el edificio de *El Rastro* y *Carnicería Maior*. Aquel destructivo incendio no sería el último: en el verano de 1672 las llamas se cebarían con Casa de la Panadería, la cual quedó completamente destruida. Debido a su rápida reconstrucción, no se localiza ningún cambio en las planimetrías de aquellos días.

En 1790 el fuego, de nuevo, se convertiría en el trágico protagonista de la vida de la plaza. Iniciado en el lado occidental, el siniestro afectó a una tercera parte de los edificios de la plaza y a otros cercanos, como la cercana Iglesia de San Miguel.

Figura 7. *Incendio de la Plaza Mayor de Madrid.* José Jimeno. Hacia 1807. Biblioteca Nacional de España. Signatura: INVENT/14873

Para conocer el impacto de los acontecimientos que sucedían en la capital, una de las mejores fuentes es la prensa madrileña del siglo xviii (ver Enciso Recio, 2002). Así, este terrible incendio fue maravillosamente narrado en la primera parte del número CXV de agosto de 1790 del *Memorial literario, instructivo y curioso de la Corte de Madrid*, en el cual apareció una detallada crónica que explicó este grave siniestro:

> En la noche del 16 de Agosto como á hora de las 11, en el portal de paños, entre el arco de la calle de Toledo y la escalerilla de piedra que daba á los Cuchilleros, en el fondo de la habitacion y tienda de un Mercader se manifestó un grande incendio. Al principio se percibió una espesa humareda que lo indicaba, y acudiendo la gente al aviso, abiertas con trabajo las grandes puertas de la referida tienda, en un instante, tomando ventilacion, salieron multitud de llamas con tanta velocidad, que alcanzando á los caxones de la Plaza que estaban enfrente de los portales los incendió [...].
>
> Al mismo tiempo como dominaban los edificios incendiados á la caba de S. Miguel, las llamas altas y esparcidas y las ruinas incendiadas del portal de paños, pegaron fuego á las casas inmediatas comunicandose en breve á la Iglesia de dicho Santo, cuyo techo y media narranja ardió con velocidad arruinándose esta [...].
>
> Fue todo tan voraz y con tanta celeridad que á las seis de la mañana ya no habia vestigios del lienzo de la Plaza desde el arco de la calle de Toledo hasta la fachada donde principiaba el de Guadalaxara, de este lienzo ó portal ardió en los dias 17 y 18 casi la mitad; siendo la otra mitad despojo de los picos en la mayor parte para anticipar el corte, y á finde evitar que prendiese en la hacera del frente ó siguiese á la Plateria. Igualmente se anticipó otro corte hacia la carneceria, que cesó pronto, porque no amenaza mucho peligro, y daba lugar á refrescar las paredes de lo que ya estaba recalentado [...].

La crónica continúa dando cuenta de los trabajos que se llevaron a cabo para detener la extensión del incendio, liderados, entre otros, por el célebre arquitecto Francesco Sabatini. No fue un trabajo fácil:

> Pero tenian los mayores obstaculos que jamas se han visto en tanto incendio: los lienzos de los edificios eran tan expuestos á la voracidad, como que no tenian en su comunicacion paredes que llaman matafuegos, sino que era una continuada armazon de madera con tabiques débiles.

También hubo lugar para dar cuenta del destino de los moradores de las casas incendiadas:

> A pesar de tanto desvelo las mas de las familias cercanas al principio del fuego no pudieron salvar sino sus personas, y aun no sus ropas para poder salir vestidos, y sin tener adonde ir á parar la noche ni el resto de los dias. Juntóse á esto que á excepcion de los pisos baxos que ocupaban los Mercaderes, todos los mas habitantes eran de cortos

haberes, y por consiguiente perdidas sus pocas alhajuelas, ropas ó muebles, era inevitable quedar para siempre en el estado de la mayor infelicidad.

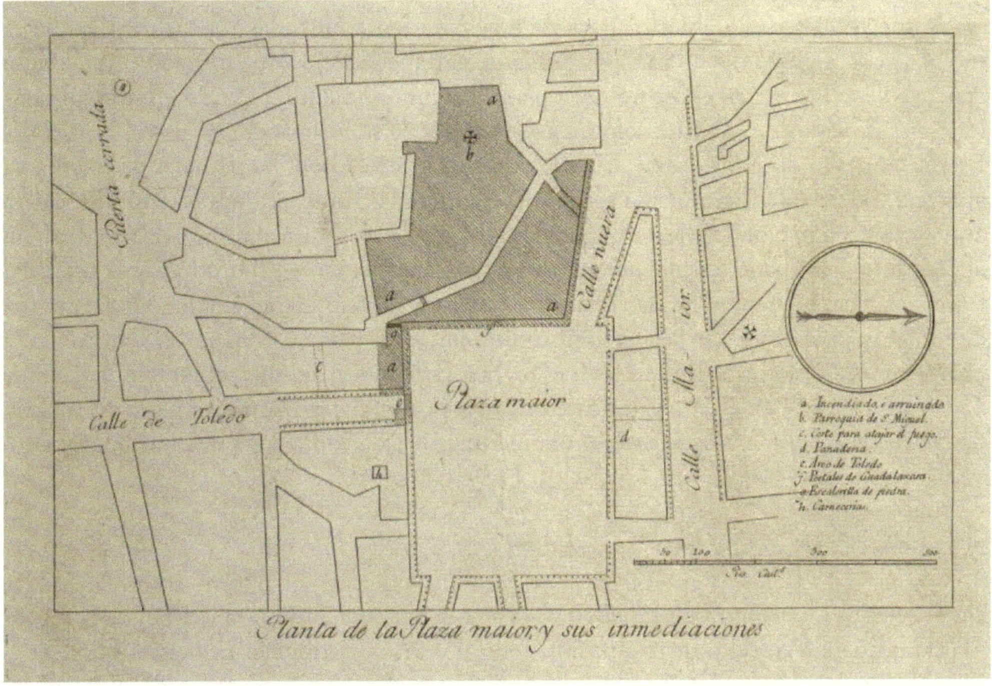

Figura 8. Detalle de *Vista de la ruina causada por el incendio del 16 de agosto de 1790 en la Plaza Mayor de Madrid*. Anterior a 1827. Museo de Historia de Madrid. Signatura: Inv. 2488

Aquel pavoroso siniestro produjo la suspensión de la fiesta de Toros que iba a celebrarse tres días después. Precisamente los espectáculos taurinos fueron uno de los usos más populares de la plaza durante largo tiempo (Blasco Esquivias, 2018). También hay noticias y representaciones pictóricas de la celebración de autos de fe del Tribunal de la Inquisición. Hasta el siglo XIX fue lugar de ejecuciones públicas, momento en el que ese tipo de actos se trasladaron a la cercana plaza de la Cebada –donde fue ahorcado, por ejemplo, Rafael de Riego. Además de ello, la plaza también fue utilizada para la celebración de toda clase de festejos populares.

En el siglo XIX la plaza se fue acomodando a las nuevas costumbres de aquel tiempo. Las dos actuaciones más destacables y de las que ha quedado rastro en la cartografía antigua fueron los cambios de nombre y los intermitentes ajardinamientos y solados del espacio. Al igual que sucedería en el entorno del Palacio Real, el nombre de la Plaza Mayor también estuvo sujeto a las idas y venidas de la política española. De entre todos los nombres, aquel que más perduraría en el tiempo –aunque de forma intermitente– y que quedó reflejado en algunas de planimetrías fue el de Plaza de la Constitución. No obstante, a pesar del cambio de nombre oficial, la denominación de *Mayor* continuó siendo el topónimo de uso popular.

Respecto al espacio abierto, la plaza aparece exenta en todas las cartografías hasta mediados del siglo xix. En 1848, por orden de la reina Isabel II, fue instalada una estatua ecuestre de Felipe III en el centro de la plaza. Este monumento no tardó en ser representado en los planos de Madrid: solo un año después de su instalación ya aparecía en el del Establecimiento de Zaragozano. En el plano de 1866 de José Pilar Morales, la estatua ya aparecía rodeada de una nutrida estructura ajardinada. Estos jardines fueron dibujados, aun si cabe con mayor detalle, en el plano de Ibáñez de Ibero. En el último cuarto de siglo, el conjunto ajardinado, el cual albergaba incluso fuentes, estuvo rodeado por la línea del tranvía, la cual fue representada en las sucesivas actualizaciones del citado plano. A partir de los años 30, casi toda la vegetación se eliminaría y la plaza volvería a quedar exenta, a excepción de la estatua ecuestre y las fuentes que la flanqueaban, que serían también eliminadas unos años después. A partir de entonces, los automóviles ocuparían parte del espacio de la plaza, la cual también sería eventualmente utilizada como zona de estacionamiento.

El corazón de la ciudad: la Puerta del Sol

En el célebre *Diccionario* de Pascual Madoz se señala que la Puerta del Sol es el punto más famoso de Madrid por su situación central y su concurrencia. La magna obra coordinada por el político liberal aporta además una noticia sobre el origen de su nombre: "se llama así por una imagen del Sol que habia pintada encima de la Puerta de un castillo fabricado en 1520 para defender á Madrid de las sorpresas de los bandoleros y foragidos que infestaban sus inmediaciones" (Madoz, 1846).

Madoz toma este origen de fuentes muy anteriores, aunque hoy muy discutidas por los investigadores. Las diferentes hipótesis sobre la circunstancia que motivó el nombre también apuntan a que ese elemento estaba realmente presente en lo alto de la cerca defensiva de la ciudad, y sería más antiguo que ese supuesto castillo; otros autores sencillamente ligan el nombre de la plaza a su orientación geográfica.

Sea como fuere, en nuestros días no queda ya rastro alguno de lo que allí hubiera en aquel periodo. Son también relativamente escasas las huellas que hayan permanecido completamente invariables durante muy prolongados siglos: a pesar de ser un lugar muy emblemático, se han llevado a cabo tal número de intervenciones, reformas, demoliciones y construcciones que el espacio ha ido variando su aspecto de forma extraordinariamente notable a lo largo del tiempo.

La Puerta del Sol ocupa una posición central en el plano de Mancelli. Observando su obra, se percibe que la plaza estaba llamada a ser el corazón de la ciudad, por ser el principal punto de confluencia de las principales arterias que entraban y salían de la Villa y Corte, si bien aún no tenía la dimensión e importancia que tendría a la postre. Con una forma muy irregular, en Mancelli solo está representada la desaparecida Iglesia de Nuestra Señora del Buen Suceso (ver Castillo Oreja, 1999), así como la fuente homónima, también llamada de la *Fe* o, posteriormente, de la *Mariblanca*, en homenaje a una escultura de mármol blanco traída de Italia que representa, muy probablemente, a la diosa Venus o Diana, y que se situó en la parte superior de la por aquellos días icónica fuente. En la actualidad, la escultura es la única superviviente del conjunto del Buen Suceso y se conserva en la Casa de la Villa. En la Puerta del Sol, en los últimos años, se instaló una réplica sobre un pedestal que la identifica como la diosa Venus.

Las cartografías que se fueron produciendo durante los siguientes años seguían destacando la iglesia y la fuente como los elementos más representativos de la célebre plaza.

El plano de Nicolas Chalmandrier de 1761 daría un gran paso adelante, incluyendo el detalle de más edificios importantes, principalmente de carácter religioso. La Iglesia del Buen Sueceso y la fuente permanecían invariables, aunque a esta última la denominó *Fuente de la Puerta del Sol*. Chalmandrier incluyó además un nuevo edificio: el de *El Correo*. Así, el cartógrafo francés dejó reflejada en su plano la reciente construcción de la Casa de Correos, que aún no tenía la torre del reloj.

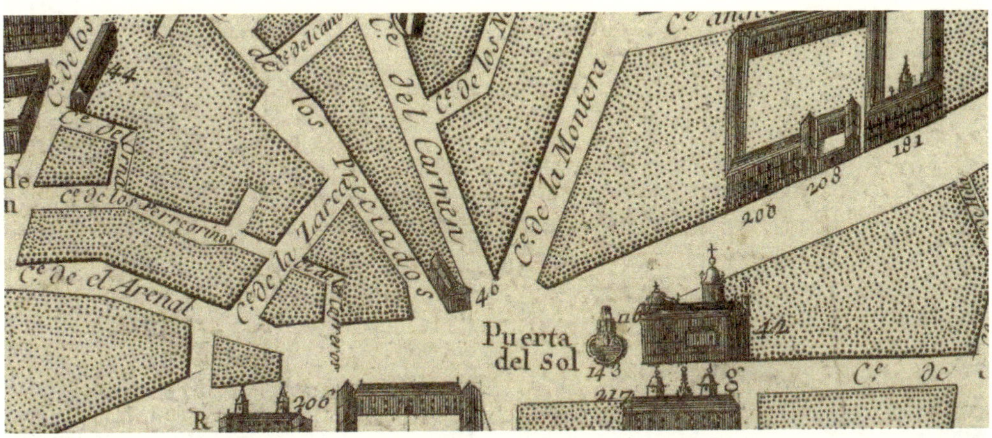

Figura 9. Detalle del *Plano geométrico y histórico de la Villa de Madrid y sus contornos*. Nicolas Chalmandrier. 1761. Instituto Geográfico Nacional. Signatura: 10-C-2

A lo largo de todo el siglo XVIII y hasta mediados del XIX, a pesar de que en la Puerta del Sol desembocaba un número generoso de calles y había ido ganando popularidad como lugar de encuentro, de corrillos, de paso y de paseo o de mercado callejero, era aún poco más que una calle ancha y nada tenía que ver con los grandes espacios proyectados como grandes plazas. Esta circunstancia se aprecia a la perfección en el plano topográfico de Espinosa de los Monteros, así como en los planos de Tomás López y de sus sucesores.

En las cartografías de Juan López y Pedro Martín de López se perciben algunos cambios producidos durante el primer tercio del siglo xix. En las ediciones de 1812 y 1834 aún perviven algunos templos en las inmediaciones de la Puerta, pero en la actualización de 1846 ya han desaparecido el Convento de la Victoria, que se encontraba en el comienzo de la Carrera de San Jerónimo, mirando al lateral del Buen Suceso, y el convento de San Felipe el Real, el cual se erigía junto a la Casa de Correos, en el inicio de la calle Mayor, y donde posteriormente se construiría la Casa Cordero. Ambos templos, dañados durante la guerra de la Independencia, fueron desamortizados y demolidos a finales de la década de los 30. Del mismo modo, durante aquellos días también se procedió al traslado de la célebre fuente de la Mariblanca.

Figura 10. *Puerta del Sol en 1848*. Eusebio Lettre. El grabado ha sido reproducido de Historia de la Villa y Corte de Madrid, tomo IV. José Amador de los Ríos. Madrid, 1864, p. 429.

La vida cotidiana en el entorno de la Puerta del Sol, con sus ajetreos, sus sucesos o desgracias quedaron reflejados en la prensa de aquellos días decimonónicos. Los problemas asociados a la venta ambulante, las escenas de la vida cotidiana o el extraordinario tránsito de personas y coches son algunos de los temas que más se reflejaron en las páginas de los periódicos madrileños. Las noticias de los accidentes causados por carruajes fueron relativamente habituales en las secciones dedicadas a los sucesos acaecidos en la Villa y Corte, contribuyendo así al afianzamiento de una corriente de opinión que desde hacía algunos años trataba de impulsar la reforma de un lugar tan concurrido como la Puerta del Sol.

El Español nos daba cuenta el 6 de diciembre de 1845 de un accidente similar a los que, señalaban, tantas veces habían denunciado en el pasado: un elegante carruaje que venía circulando "a la carrera" por la calle Arenal atropelló ya en la Puerta del Sol a "un pobre labriego que iba montado en una borrica", dejando desatendida a la víctima. El mismo periódico denunciaba el 12 de marzo de 1847:

> Ni un solo dia pasa sin que tengamos que denunciar algun caso de atropello por los coches que andan á escape por esas calles, amenazando las vidas de los míseros peatones. Una niña estaba ya debajo de los pies de los caballos de un coche que atravesaba corriendo por la Puerta del Sol, é indudablemente habria perecido, si un caballero joven no se hubiera precipitado con riesgo de su vida y arrastrado por la ropa á la pobre niña que iba a ser horriblemente destrozada. Las desgracias que todos los días están sucediendo [¿]no promoverán alguna disposicion en favor de los que no tienen la suerte de ir en coche?

En el ecuador del siglo XIX dieron comienzo las primeras actuaciones que cambiarían de forma radical la Puerta del Sol. El adoquinado y la mejora de la iluminación fueron las primeras intervenciones, pero la más radical fue la decisión de ampliar el espacio de la plaza a costa del derribo parcial o total de algunas manzanas. Durante los primeros años de la década de los 50, se presentaron varios proyectos que contemplaban ensanchar la Puerta para convertirla en una plaza rectangular. Aquella reforma, que fue declarada de utilidad pública, implicaba numerosas expropiaciones y derribos de edificios.

No obstante, aquel plan inicial, del que ya se habían realizado algunas proyecciones algunos años antes, no se impuso; tras varias tensiones políticas y acalorados debates, se propuso una reforma mucho más ambiciosa que contemplaba ganar más espacio para la plaza a costa de eliminar más edificios de la cara septentrional. A partir de esta nueva planificación, de la que se presentaron multitud de proyectos, la nueva plaza no se diseñaría con una forma rectangular, sino que se plantearía una ampliación hacia el norte trazando una línea cóncava desde la calle Arenal hasta la calle Alcalá.

Las expropiaciones, las demoliciones y las obras de reacondicionamiento se pusieron definitivamente en marcha, cambiando para siempre la fisonomía de la Puerta del Sol. A partir de ese momento, con la demolición de la Iglesia de Buen Suceso y el alejamiento de los edificios de la cara norte, la Real Casa de Correos, que por aquellos días era la sede del Ministerio de la Gobernación, se alzaría como el edificio más vetusto e importante destinado a presidir el espacio. El inmueble terminaría de ganar esa importancia gracias a la construcción de una torre en la parte central destinada a instalar el reloj de la desaparecida Iglesia del Buen Suceso.

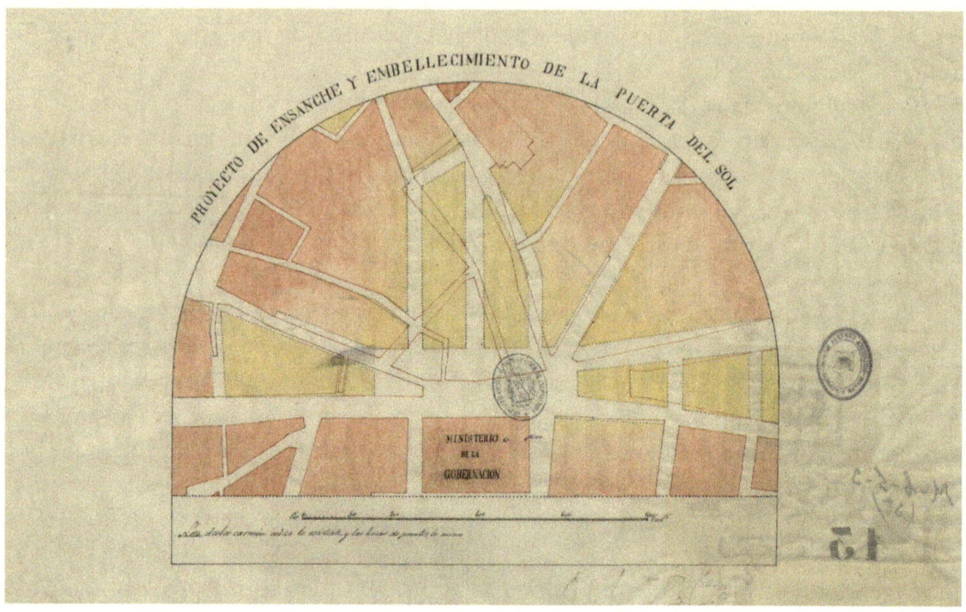

Figura 11. *Proyecto de ensanche y embellecimiento de la Puerta del Sol.* Hacia 1855. Archivo General Militar de Madrid. Signatura: M-4/7

Las obras fueron de una magnitud excepcional. Debido a que coincidieron en el tiempo con los días en que la fotografía había comenzado a despegar con fuerza, se ha conservado una interesante documentación gráfica que muestra la evolución del proceso, desde los últimos días de la antigua plaza hasta el transcurso de las obras y su estado final.

Una fotografía de Edward King Tenison, realizada desde el inicio de la calle Mayor hacia la calle Alcalá, aparecida en su álbum *Recuerdos de España,* muestra en pie la vieja Iglesia del Buen Suceso y la gran farola instalada en el centro de la plaza, en una imagen de una estética casi mortecina que se alza como testigo de la existencia de unos días que estaban a punto de extinguirse.

Por su parte, Charles Clifford, célebre fotógrafo galés pionero de la fotografía en España junto con el francés Jean Laurent, fotografío algunas escenas previas a la eliminación de los edificios de la cara norte de la Puerta del Sol en las que ya se aprecia la demolición total del Buen Suceso.

Durante los siguientes meses el proyecto final de ampliación siguió adelante y continuaron derribándose los edificios. Con las obras más avanzadas, el entorno presentaba una vista desoladora. La Puerta del Sol se convirtió en un gran descampado de tierra, con las medianeras de los edificios eliminados al descubierto o incluso mostrando el interior de las estancias de los edificios. No obstante, las paredes visibles fueron rápidamente colonizadas por anuncios publicitarios de negocios cercanos.

Figura 12. *Puerta del Sol.* Edward King Tenison. 1852-1853. Bibliothèque Nationale de France. Gallica. Signatura:RES PHOTO VF-268-FT 4

Muy pronto se delimitaron los nuevos solares según se había establecido en el proyecto. A partir de entonces comenzó a percibirse claramente cuál sería la nueva forma de la plaza. En aquellos días, del mismo modo, se procedió a la subasta de los nuevos espacios que terminarían por configurar la renovada Puerta del Sol. De entre todos ellos, quizá el que mejor simbolizaría el cambio y los nuevos tiempos fue el edificio que ocuparía el *Grand Hôtel de París*, por estar situado justo en la confluencia de calle Alcalá con la carrera de San Jerónimo, esto es, en el lugar donde algunos años antes se alzaba el templo de Nuestra Señora del Buen Suceso. La obra no interrumpió la vida cotidiana de los madrileños, que convivieron con ella y se adaptaron a las nuevas circunstancias. Así, no supusieron impedimento para la celebración, en 1859, del desfile del 2 de mayo que conmemoraba el levantamiento del pueblo de Madrid contra las tropas napoleónicas.

En la primavera de 1860 comenzarían a construirse los nuevos edificios siguiendo el trazado circular que se había proyectado. Asimismo, durante el verano, se instaló de modo provisional una sencilla fuente circular, la cual sería sustituida por otra definitiva en 1862, año en que finalizarían definitivamente las obras.

Figura 13. *La Puerta del Sol durante la reforma.* Biblioteca Nacional de España. Signatura: 17/13 (16)

La célebre fotografía de Jean Laurent muestra el estado de la Puerta de Sol tan pronto finalizó la reforma, si bien aún se hacía necesario acondicionar un pavimento muy dañado en algunas zonas y en otras desaparecido.

Tras la reforma de la plaza, si bien la nueva configuración ya fue apareciendo en algunos planos, como en los impresos con motivo del anteproyecto del ensanche de Madrid de 1857 o en el de José Pilar Morales de 1866, fue en los planos parcelarios de Ibáñez de Ibero en los que Sol se mostraría con un elevado nivel de detalle. Como novedad, apareció una pequeña anotación en la parte frontal de la Real Casa de Correos: "Punto de partida de las carreteras". A partir de entonces, la plaza volvería a convertirse en el corazón de la ciudad de Madrid, en un lugar extraordinariamente bullicioso y lleno de vida, con florecientes negocios, hoteles, vendedores ambulantes, calesas y tranvías tirados por caballos.

Figura 14. *Madrid, vista general de la puerta del Sol.* Jean Laurent. 1862. Biblioteca Nacional de España. Signatura: 17/32/26.

La puerta del Sol, aquella calle ancha que se convirtió en el centro de la vida social madrileña, la que vería el motín de Esquilache en 1766, las sangrientas luchas callejeras del pueblo de Madrid contra los soldados franceses durante el levantamiento de mayo de 1808, las idas y venidas de reyes o las sorpresas de los viajeros europeos que por allí pasaban, enfilaría su destino hacia una nueva época protagonizada por protestas y manifestaciones, por desfiles y comitivas, por las tertulias de café o por las proclamaciones de nuevas repúblicas. La plaza ocupó desde entonces un lugar definitivo como el corazón de la vida de todos los madrileños, españoles y extranjeros.

Figura 15. Detalle del *Plano Parcelario de Madrid*. 1874. Instituto Geográfico Nacional. Signatura: 32-A-12

UN CASO PRÁCTICO PARA EL DESARROLLO DE APLICACIONES DIDÁCTICAS DE LAS FUENTES UTILIZADAS

Una vez delimitado el escenario de interés, vaciadas las fuentes oportunas y desarrollada una narración similar a la de los epígrafes anteriores del presente trabajo, es posible desarrollar distintas actuaciones con el fin de potenciar las competencias reseñadas. En este sentido, uno de los recursos más interesantes es el desarrollo de una aplicación móvil en la que se pueda cargar, de forma lineal, todas las fuentes utilizadas y su correspondiente explicación, con el fin de llevar a cabo una actividad de campo cuyo objetivo sea, con los pies sobre el terreno, poder visualizar y comprender la evolución de los espacios analizados a través de la consulta en vivo de las cartografías catastrales y las planimetrías.

Para llevar a cabo esta actuación pueden utilizarse multitud de recursos, desde la creación artesanal de una página web con los contenidos seleccionados, siempre que esté adaptada a la visualización en dispositivos móviles, o la utilización de herramientas como *StoryMaps* de ArcGis.

Figura 16. Ejemplo de una aplicación móvil. Elaboración propia.

La opción de StoryMaps fue la elegida para el desarrollo de una actividad denominada "Un viaje de Oriente a Poniente", en la que se llevó a cabo, durante el otoño de 2023, un recorrido por la ciudad de Madrid en la que se utilizaron todos los recursos geohistóricos presentados en este trabajo y cuyos destinatarios fueron alumnos de grado de la Universidad española.

BIBLIOGRAFÍA

Artola Gallego, Miguel: "Madrid en el siglo xix", en López Gómez, Antonio: *Madrid desde la Academia*, Madrid, Real Academia de la Historia, 2001, pp. 269-300

Blasco Esquivias, Beatriz: "La Plaza Mayor de Madrid y las fiestas de toros (1617-1848)", en Bonet Correa, Antonio: *Ciclo de conferencias "IV Centenario de la Plaza Mayor"*, Madrid, Instituto de Estudios Madrileños, 2018, pp. 31-62.

Bonet Correa, Antonio: "La Plaza Mayor de Madrid", en Bonet Correa, Antonio: *Ciclo de conferencias "IV Centenario de la Plaza Mayor"*, Madrid, Instituto de Estudios Madrileños, 2018, pp. 15-29.

Camarero Bullón, Concepción: "Dos catastros para Madrid a mediados del siglo xviii: la Planimetría General y el Catastro de Ensenada, *CT Catastro*, 58 (2006), pp. 87-128.

——: "Planimetría catastral de Madrid, Villa y Corte, de los siglos xviii y xix", en Montaner García, Carme, Nadal Piqué, Francesc y Urteaga González, Luis: *Cartografia i agrimensura a Catalunya i Balears al segle xix*, Barcelona, Institut Cartogràfic de Catalunya, 2011, pp. 29-46.

Castillo Oreja, Miguel Ángel: "La iglesia del Buen Suceso: un edificio singular en la historia de la Puerta del Sol de Madrid", *Anales del Instituto de Estudios Madrileños*, 39 (1999), pp. 119-154.

Enciso Recio, Luis Miguel: "La prensa de Madrid en el siglo xviii", en *Madrid: tres siglos de una capital, 1702-2002*, Madrid, Fundación Caja Madrid, 2002, pp. 119-134.

Lopezosa Aparicio, Concepción: "Sobre los planes de intervención de José I en Madrid", *Cuadernos de Historia Moderna, Anejos*, 9 (2010), pp. 47-61.

Madoz, Pascual: *Diccionario geográfico estadístico histórico de España y sus posesiones de Ultramar*, Madrid, Imp. P. Madoz y L. Sagasti etc., 1846.

Marías, Fernando: "Madrid, entre Antonio Manzelli y Pedro Texeira, 1622-1656", en Urteaga González, Luis y Nadal Piqué, Francesc: *Historia de la cartografía urbana en España: modelos y realizaciones*, Madrid, Centro Nacional de Información Geográfica, 2017.

——: "Un nuevo Madrid para José I Bonaparte: un fracaso histórico y un fracaso historiográfico", *Temporánea: Revista de Historia de la Arquitectura*, 1 (2020), pp. 97-118.

Marín Perellón, Francisco José: "Planimetría general de Madrid y visita general de casas, 1750-1751", *CT Catastro*, 9 (2000), pp. 87-114.

Mora Palazón, Alfonso, "Del Madrid de Carlos III al Siglo xxi. El plano de Madrid de Tomás López de 1785", en *Ciclo de conferencias "III Centenario del nacimiento de Carlos III"*, Madrid, Instituto de Estudios Madrileños, 2017.

Muñoz de la Nava Chacón, José Miguel, "Los orígenes de la Plaza Mayor de Madrid y su representación por Antonio Mancelli", en Bonet Correa, Antonio: *Ciclo de conferencias "IV Centenario de la Plaza Mayor"*, Madrid, Instituto de Estudios Madrileños, 2018, pp. 129-180.

Ortega Vidal, Javier y Marín Perellón, Francisco José: *Madrid: cartografías de su historia*, Madrid, Ayuntamiento de Madrid, 2022.

Sambricio, Carlos: "Un proyecto fracasado: las transformaciones de la calle Mayor en el siglo xviii", *Historia Contemporánea*, 24 (2002), pp. 99-113.

Urteaga González, Luis: "El espacio urbano en la cartografía catastral, siglos xviii y xix", en Urteaga González, Luis y Nadal Piqué, Francesc: *Historia de la cartografía urbana en España: modelos y realizaciones*, Madrid, Centro Nacional de Información Geográfica, 2017.

12.
ENSENATOR, SISTEMA INFORMÁTICO PARA EL REGISTRO Y ANÁLISIS DE CATASTROS HISTÓRICOS

Miguel Ángel Maeso Buenasmañanas
Investigador independiente

INTRODUCCIÓN

En este seminario estamos comprobando como el estudio de los catastros se puede abordar desde muy variadas disciplinas. Algunas son obvias, como la historia, el derecho, la economía, la estadística o la cartografía. En otros casos no son tan evidentes, como han demostrado los profesores López Quero y Olmedo Sánchez al analizar el Catastro de Ensenada desde la lingüística y la historia del arte. En este trabajo también quiero introducir una perspectiva poco habitual en el estudio de los catastros históricos, como es el caso de la informática y, en concreto, con la utilización de bases de datos relacionales. Esta aproximación a los catastros a través de la informática es una lógica consecuencia de mi formación como ingeniero técnico informático y mi trayectoria profesional, con más de 25 años de experiencia en el desarrollo de software para grandes empresas energéticas. Desde el primer momento en el que tuve el privilegio de poder consultar un catastro me fue evidente que este tipo de documentos históricos son ideales para ser analizados por sistemas informáticos.

Resulta llamativo que, a pesar de la universalización del acceso a las tecnologías informáticas y de los esfuerzos de investigaciones anteriores en esta misma línea (García Juan, 2015), no se disponga en la actualidad de un sistema informático plenamente operativo que permita no solo registrar la información de los catastros históricos, sino también que facilite su análisis por parte de los investigadores.

En el día de hoy quiero presentar un novedoso sistema informático, al que he bautizado con el nombre de "Ensenator", en merecido homenaje al marqués de la Ensenada, que es el fruto de esta idea inicial de querer aplicar la tecnología informática al estudio de los catastros históricos, desde luego también de muchísimas horas de trabajo y, no menos importante, del apoyo de los profesores Camarero Bullón y Bringas Gutiérrez, que con sus didácticas explicaciones e incisivas preguntas han contribuido a realizar una correcta interpretación de estas fuentes históricas y a tomar las mejores decisiones en el diseño del software.

OBJETIVOS DE ENSENATOR

Ensenator se ha diseñado teniendo muy presente dos objetivos principales. El primero es que permita registrar en una única base de datos relacional, con un modelo de datos común, catastros de diferentes épocas y zonas geográficas. El segundo objetivo es que una vez realizado el registro, Ensenator ofrezca la capacidad de analizar de forma exhaustiva la información catastral desde diferentes puntos de vista: demográfico, económico, urbanístico, agrícola, ganadero, etc. El cumplimiento de estos dos objetivos convierte a Ensenator en un apoyo imprescindible para los historiadores interesados en el estudio de los catastros históricos, proporcionándoles todo tipo de ayuda para interpretar correctamente la enorme cantidad de información que aportan estas fuentes documentales.

Es importante hacer hincapié en que Ensenator, a pesar de que el nombre pueda indicar que solo está preparado para registrar los datos del Catastro de Ensenada, está diseñado para ser capaz de almacenar cualquier tipo de catastro histórico, especialmente de los siglos xviii y xix. Si nos circunscribimos al ámbito español, el sistema permite procesar, además del Catastro de Ensenada, otros no tan conocidos como podría ser el caso de los elaborados bajo las legislaciones fiscales de Martín de Garay (1817-1820) o Canga Arguelles (1821-1823).

La búsqueda de un modelo de datos común para almacenar catastros de diferentes épocas se ha compatibilizado con la capacidad del sistema para reflejar todas las diferencias existentes en aspectos tales como unidades de medida, unidades monetarias, tipos de explotaciones agrícolas, plantas, producciones agrarias e, incluso, en conceptos menos evidentes como el tipo de rentas recogidas en cada catastro. Por ejemplo, en el caso de las unidades de medidas el sistema almacena las unidades originales utilizadas en cada territorio (fanegas con sus variaciones locales, estadales, ferrados, heminas, celemines, etc.) y es capaz de convertir estas magnitudes al sistema métrico decimal. En cuanto a las rentas, hay que poner de manifiesto que, cuando en los catastros se asigna un valor monetario a un bien, no siempre se está midiendo la misma magnitud. Por ejemplo, en el Catastro de Ensenada los importes asignados a fincas rústicas se corresponden con el valor bruto de la producción calculado como la cosecha estimada multiplicada por el precio final del fruto. Sin embargo, en los catastros realizados bajo la legislación de Martín de Garay, además de calcular el valor bruto de la producción, también se proporciona para cada finca el valor del activo y la renta neta aplicando una deducción por los "capitales anticipados". Para realizar una correcta interpretación de la información se han parametrizado estas variantes en la base de datos, recogiendo toda su complejidad y diversidad.

El segundo gran objetivo de análisis de la información catastral se logra a través del centenar de informes que incluye el sistema Ensenator. Estos informes no solo permiten diseccionar los catastros de forma individualizada, sino que, quizá incluso más importante, posibilitan la comparación entre diferentes catastros. En este sentido, es muy esclarecedor poder comparar la economía de localidades de similar tamaño de zonas geográficas diferentes en un mismo periodo histórico o, incluso, para una misma población, poder cotejar los Catastros realizados en épocas diferentes. Por ejemplo, la comparación de los datos del Catastro de Ensenada y los del de Martín de Garay para una misma localidad permite conocer la evolución de la sociedad y la economía en un ámbito muy concreto en un periodo de tiempo de 70 años.

Por último, es importante resaltar que Ensenator es un sistema plenamente operativo desde esta primera versión, que se puede empezar a utilizar desde ya por cualquier investigador interesado en la materia. No estoy presentando, por tanto, un planteamiento de futuro, ni un diseño prometedor que se materializará en futuras versiones, sino, todo lo contrario, una realidad utilizable de forma inmediata.

PRUEBA PILOTO DE ENSENATOR

Para poder afirmar que un sistema informático funciona y cumple con los objetivos previstos inicialmente, como estoy haciendo en el caso de Ensenator, es necesario haber superado una fase de prueba que permita contrastar de forma inequívoca el correcto funcionamiento del software. En este caso, la prueba con la que se ha validado satisfactoriamente el sistema Ensenator ha sido con el registro y análisis de dos catastros de periodos históricos diferentes.

En la selección de los tipos de catastros con los que se debía validar el sistema no podía faltar un Catastro de Ensenada, ya que es, sin lugar a dudas, la fuente catastral más conocida, mejor conservada y las más completa realizada en España en tiempos pasados. Este Catastro fue elaborado durante el reinado de Fernando VI, a propuesta de Zenón de Somodevilla y Bengoechea, primer marqués de la Ensenada. Su propósito era registrar los bienes, rentas y cargas de los contribuyentes con el objetivo último de establecer un nuevo impuesto directo conocido con el nombre de única contribución. Este nuevo tributo debía sustituir a las denominadas rentas provinciales, un conjunto de impuestos en su mayor parte indirectos, de gran complejidad recaudatoria, ineficientes y que provocaban un reparto muy desigual de las cargas fiscales entre los contribuyentes. El Catastro se elaboró para todo el reino de Castilla entre 1749 y 1759 y produjo una enorme cantidad de información recogida en nada menos que 80.000 volúmenes manuscritos (Camarero Bullón, 2002). Los trabajos del Catastro también incluyeron la elaboración de un completo censo seglar y eclesiástico de cabezas de familia o vecinos que, además, incluía a todas las personas dependientes de estos, ya fueran familiares o trabajadores. Aunque finalmente no se logró el objetivo de poner en funcionamiento la única contribución, la ingente tarea realizada con la elaboración del catastro ha proporcionado una información valiosísima para conocer en detalle la economía y sociedad de la época.

El segundo tipo de catastro elegido para la validación del sistema fue el realizado entre los años 1818 y 1820, durante el reinado de Fernando VII, por iniciativa del ministro de

Hacienda Martín de Garay. Este catastro es mucho menos conocido que el de Ensenada y ha sido objeto de menos atención por parte de los historiadores, posiblemente porque las fuentes se hayan muy dispersas en multitud de archivos municipales y provinciales (Bringas Gutiérrez, 2003). Sin embargo, el Catastro de Garay, en aquellas poblaciones en las que se ha conservado, aporta una información con un detalle y profundidad que se aproxima a la proporcionada por el Catastro de Ensenada.

Los objetivos que se perseguían con la elaboración de los Catastros de Garay eran muy similares a los que 70 años antes habían inspirado al marqués de la Ensenada. La base del sistema tributario continuaba siendo las complejas y poco eficaces rentas provinciales. Durante los primeros años del reinado de Fernando VII, este sistema fiscal había demostrado ser insuficiente para hacer frente a la enorme deuda pública acumulada tras décadas de guerras y al descenso de los ingresos fiscales a consecuencia de la emancipación de las colonias americanas. El objetivo de Marín de Garay era instaurar un nuevo impuesto, similar a la única contribución de Ensenada, al que denominó contribución general del Reino. En esta ocasión sí que se llegó a poner en marcha este nuevo tributo y durante sus tres años de vigencia (1818-1820) se elaboraron catastros con una estructura similar al de Ensenada en cuanto al registro de bienes y rentas, aunque, a diferencia del anterior, no incluyó la elaboración de información censal. Los dos principales documentos que componían el catastro de Martín de Garay eran el apeo, un registro de propiedad, y el cuaderno general de la riqueza, que calculaba para cada vecino la producción, ingresos y renta neta de todas sus actividades económicas (agricultura, ganadería, industria, comercio, etc.) (Bringas Gutiérrez, 2008).

El último paso, una vez elegidos los dos tipos de fuentes catastrales, era seleccionar las poblaciones cuyos catastros se registrarían en la base de datos. En este punto había que llegar a un compromiso para seleccionar poblaciones con una economía relativamente compleja, pero con un tamaño mediano o pequeño para evitar dedicar excesivo tiempo al proceso de captura de la información y poder focalizar la mayor parte de los esfuerzos en el desarrollo del software. Con estos criterios, se seleccionó el Catastro de Ensenada de Arenas de San Juan (Ciudad Real) de 1752 y el Catastro de Martín de Garay del año 1818 de El Escorial (Madrid).

En el primero de los catastros se incluye información de la propia Arenas de San Juan y de las localidades vecinas de Puerto Lápice, Las Labores y de El Encinar. Estas poblaciones están situadas en el norte de la provincia de Ciudad Real, justo en el límite con Toledo. De hecho, en la época en la que se elaboró el Catastro de Ensenada pertenecían a la provincia de Toledo, formando parte de la orden militar de San Juan. Contaban con un considerable término municipal, que en el catastro se refleja con el registro de fincas rústicas con una superficie total de 13.826 hectáreas. Desde un punto de vista geográfico, el término municipal presenta dos zonas diferenciadas. El noroeste es una zona montañosa en las estribaciones de los montes de Toledo y el resto del término se ubica en la llanura manchega. Las fincas registradas en el Catastro como monte o dehesa suponen más de un 65 % de la superficie, los cultivos de secano casi un 29 %, siendo los regadíos prácticamente inexistentes y esto a pesar de que el río Cigüela atraviesa el término de este a oeste. La actividad económica principal era la agricultura que aportaba un 87,73 % de las rentas, siendo los cereales como la cebada y el trigo los cultivos más importantes. Al margen de la agricultura, podemos destacar la existencia de ventas y mesones en Puerto Lápice que generaban casi un 5 % de las rentas totales. Esto era posible gracias a la estratégica ubicación de esta población en el camino de Madrid a Andalucía. En cuanto a los datos demográficos, las cuatro localidades en su conjunto tenían 75 cabezas de familia, con una población total de 301 habitantes. Adicionalmente, existían 162 forasteros con propiedades o arrendamientos en dichas localidades.

En el caso del segundo de los catastros nos encontramos con una población, El Escorial, de menor tamaño (117 cabezas de familia y una superficie rústica de 1.203 hectáreas), ubicada en la vertiente meridional de la Sierra de Guadarrama. Su situación geográfica en zona montañosa y la cercanía del monasterio de San Lorenzo del Escorial determinaban que contase con una economía muy diferente a la de Arenas de San Juan. La agricultura solo representaba un 45 % de la renta, siendo la ganadería, sobre todo vacuna, muy relevante con una contribución del 32 %. También era una economía más diversificada en la que la artesanía, el comercio o los servicios tenían un peso mucho más relevante generando un 20 % de las rentas. La documentación de este Catastro se ha localizado en el Archivo Municipal de El Escorial. Se conserva el cuaderno general de la riqueza de 1818, pero desagraciadamente no ha sido posible localizar el apeo. (Bringas Gutiérrez y Camarero Bullón, 2022).

PRINCIPALES PROCESOS DE ENSENATOR

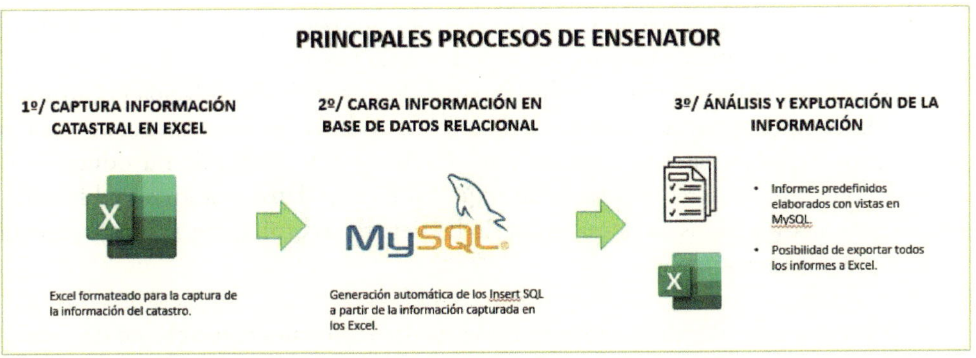

Figura 1. Principales procesos de Ensenator. Elaboración propia.

Una vez descritos los objetivos principales del sistema y explicado cómo se ha validado su correcto funcionamiento, ha llegado el momento de exponer en detalle los principales procesos de Ensenator. En esta explicación se utilizarán datos reales extraídos del sistema de los dos catastros registrados, lo que esperamos posibilite una mejor comprensión del potencial del software. Ensenator se compone de tres procesos principales, como se describe en la figura 1.

PROCESO DE CAPTURA DE INFORMACIÓN CATASTRAL EN EXCEL

La captura de la información es, sin lugar a dudas, el proceso más laborioso, ya que requiere por parte del investigador la lectura detallada del catastro registrando todos los datos susceptibles de ser almacenados. Para dar soporte a este proceso, se debía elegir una herramienta informática que facilitase lo máximo posible el trabajo, que permitiera una rápida introducción de la información y, en la medida de lo posible, que validase los datos registrados para minimizar los errores. Teniendo en cuenta estas premisas se optó por utilizar una hoja de cálculo Excel, ya que este tipo de herramientas destacan precisamente por su versatilidad, potencia para el manejo de grandes cantidades de datos y facilidad de uso. Adicionalmente, la carga de información en hojas de cálculo también contribuye a facilitar el trabajo en remoto de diferentes equipos. Cualquier investigador puede empezar de forma autónoma con el registro de un catastro, trabajando desde su propio portátil, sin necesidad en esta primera fase de más interacciones con el núcleo del sistema.

Es importante destacar que incluso en los entornos profesionales en los que trabajo, en los que normalmente se cuenta con programas informáticos muy sofisticados, los usuarios siempre acaban demandando que la información se pueda cargar en los sistemas a partir de hojas de cálculo con las que trabajan habitualmente. Esto confirma que la elección del Excel como la herramienta base para el registro de información en Ensenator no es solo una cuestión de simplicidad u ahorro de costes, sino que es, posiblemente, la mejor opción con la que se puede contar para soportar estas tareas.

El registro de información se realiza a partir de una plantilla definida en un único archivo Excel que soporta el almacenamiento de toda la información contenida en un Catastro. La plantilla está formada por siete hojas principales de introducción de información y una serie de hojas auxiliares que contienen datos maestros (poblaciones, unidades de medida, tipos de fincas, etc.). En las siete hojas principales se puede registrar la siguiente información:

- *Datos generales*: Permite la introducción de datos globales como el tipo de catastro (Ensenada o Garay), la fecha de elaboración, las poblaciones catastradas, las unidades de medida, las producciones medias por tipo de cultivo, los precios de los productos agrícolas, rendimientos del ganado, etc. Estos datos se utilizarán principalmente en la fase de análisis para poder hacer una correcta interpretación de la información. Por ejemplo, para calcular correctamente las superficies es imprescindible conocer con exactitud las unidades de medida utilizadas en la época y su conversión al sistema métrico decimal. La mayor parte de estos datos pueden obtenerse, en el caso de los Catastros de Ensenada, de las respuestas al interrogatorio general. Por ejemplo, la respuesta número nueve proporciona información sobre las unidades de medida de superficie o la duodécima detalla producciones medias por cada tipo de tierra (secano, huertas, viña, olivar, etc.). En el caso del catastro de Martín de Garay es el modelo 1 el que proporciona los precios de los productos agrícolas. Es importante resaltar que no en todos los casos será imprescindible rellenar toda la información requerida en esta primera hoja del Excel. Esto dependerá del tipo de catastro con el que se esté trabajando. Por ejemplo, en el caso del Catastro de Ensenada de San Arenas de Juan, al no disponer de producciones reales, sí que es necesario registrar las producciones medias para que el sistema pueda hacer una estimación de las cosechas. Por el contrario, en el Catastro de Garay de El Escorial se detalla para cada finca su producción real, por lo que no será necesario rellenar las producciones medias por tipo de tierra.

- *Personas*: La segunda de las hojas de introducción de datos, denominada "Persona", está destinada al registro de todas las personas, ya sean físicas o jurídicas, que aparezcan en los Catastros. En el caso del Catastro de Ensenada se incluye a los cabezas de familias, a sus familiares y trabajadores y a los propietarios y arrendatarios forasteros con bienes en la localidad. Sobre cada persona se dispone de información detallada, como la edad, el estado civil, lugar de residencia, el oficio, etc. El Catastro de Garay aporta menos información en este caso, ya que no se registraba a los familiares y trabajadores y los datos incluidos sobre los cabezas de familia y forasteros son menos detallados, limitándose al nombre, lugar de residencia y, en algunos casos, el oficio. En Ensenator se ha optado por permitir almacenar el mayor número de datos posible de cada persona y que, dependiendo del tipo de Catastro, se puede omitir la carga de aquella información no disponible
- *Edificaciones:* Está destinada al registro de edificios: casas, pajares, eras, mesones, casas de campo, etc. Esta hoja de captura de información permite que para cada edificio se puedan almacenar datos como el propietario, la ubicación, las dimensiones o las rentas generadas.
- *Fincas rústicas:* Permite el registro de toda la información relativa a las fincas rústicas como propietarios y arrendatarios, dimensiones, calidades de tierra, ubicación, tipos de cultivos, producción, etc.
- *Ganado:* Está destinada al registro de la ganadería, pudiéndose incluir datos como el propietario, tipo de ganado, el número de cabezas, la renta generada, etc.
- *Ingresos:* Permite el registro de los ingresos que no están asociados a activos, como las fincas rústicas, edificios o ganado. Los conceptos incluidos en este apartado son muy variados: ingresos procedentes de actividades artesanas, industria, comercio,

servicios, ingresos financieros por censos, diezmos cobrados por instituciones religiosas, impuestos y rentas municipales, etc.

- *Gastos:* Está destinada al registro de los gastos y cargas. Las partidas de este tipo más comunes que se han encontrado en los dos Catastros analizados han sido: intereses pagados por censos, gastos de custodia del ganado y gastos de tipo religioso, por ejemplo, por misas en recuerdo de difuntos.

Para que se pueda comprender mejor el funcionamiento de la plantilla Excel de registro de información se incluye, a modo de ejemplo, una imagen de la hoja de registro de las fincas rústicas con datos reales del Catastro de Arenas de San Juan (figura 2).

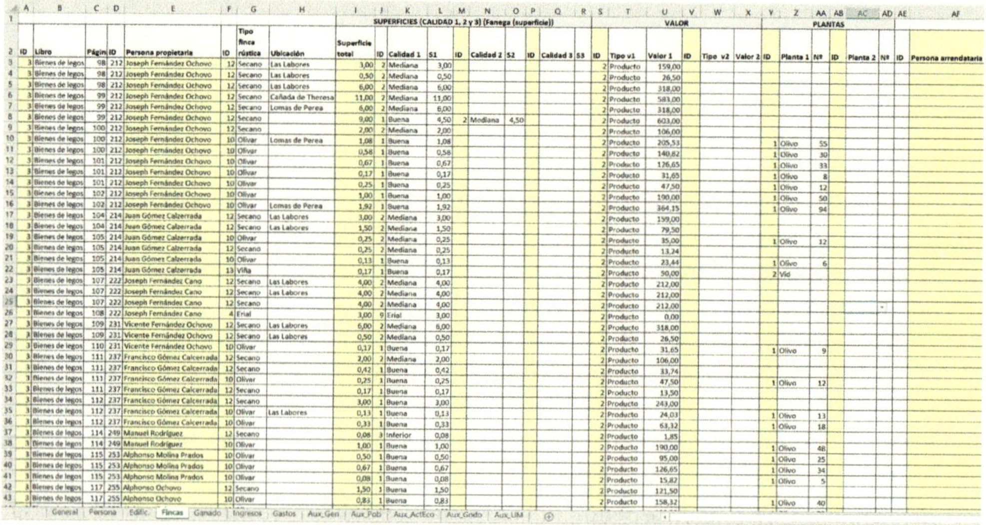

	A	B	C	D	E	F	G	H	I	J	K	L	M	N	O	P	Q	R	S	T	U	V	W	X	Y	Z	AA	AB	AC	AD	AE	AF
1									SUPERFICIES (CALIDAD 1, 2 y 3) (Fanega (superficie))											VALOR					PLANTAS							
2	ID	Libro	Págin	ID	Persona propietaria	ID	Tipo finca rústica	Ubicación	Superficie total	ID	Calidad 1	S1	ID	Calidad 2	S2	ID	Calidad 3	S3	ID	Tipo v1	Valor 1	ID	Tipo v2	Valor 2	ID	Planta 1	Nº	ID	Planta 2	Nº	ID	Persona arrendataria
3	3	Bienes de legos	98	212	Joseph Fernández Ochovo	12	Secano	Las Labores	3,00	2	Mediana	3,00							2	Producto	159,00											
4	3	Bienes de legos	98	212	Joseph Fernández Ochovo	12	Secano	Las Labores	0,50	2	Mediana	0,50							2	Producto	26,50											
5	3	Bienes de legos	98	212	Joseph Fernández Ochovo	12	Secano	Las Labores	6,00	2	Mediana	6,00							2	Producto	318,00											
6	3	Bienes de legos	99	212	Joseph Fernández Ochovo	12	Secano	Cañada de Theresa	11,00	2	Mediana	11,00							2	Producto	583,00											
7	3	Bienes de legos	99	212	Joseph Fernández Ochovo	12	Secano	Lomas de Perea	6,00	2	Mediana	6,00							2	Producto	318,00											
8	3	Bienes de legos	99	212	Joseph Fernández Ochovo	12	Secano		9,00	1	Buena	4,50	2	Mediana	4,50				2	Producto	603,00											
9	3	Bienes de legos	100	212	Joseph Fernández Ochovo	12	Secano		2,00	2	Mediana	2,00							2	Producto	106,00											
10	3	Bienes de legos	100	212	Joseph Fernández Ochovo	10	Olivar	Lomas de Perea	1,08	1	Buena	1,08							2	Producto	205,53				1	Olivo	55					
11	3	Bienes de legos	100	212	Joseph Fernández Ochovo	10	Olivar		0,58	1	Buena	0,58							2	Producto	140,82				1	Olivo	30					
12	3	Bienes de legos	101	212	Joseph Fernández Ochovo	10	Olivar		0,67	1	Buena	0,67							2	Producto	126,65				1	Olivo	33					
13	3	Bienes de legos	101	212	Joseph Fernández Ochovo	10	Olivar		0,17	1	Buena	0,17							2	Producto	31,65				1	Olivo	8					
14	3	Bienes de legos	101	212	Joseph Fernández Ochovo	10	Olivar		0,25	1	Buena	0,25							2	Producto	47,50				1	Olivo	12					
15	3	Bienes de legos	102	212	Joseph Fernández Ochovo	10	Olivar		1,00	1	Buena	1,00							2	Producto	190,00				1	Olivo	50					
16	3	Bienes de legos	102	212	Joseph Fernández Ochovo	10	Olivar	Lomas de Perea	1,92	1	Buena	1,92							2	Producto	364,15				1	Olivo	94					
17	3	Bienes de legos	104	214	Juan Gómez Calzerrada	12	Secano	Las Labores	3,00	2	Mediana	3,00							2	Producto	159,00											
18	3	Bienes de legos	104	214	Juan Gómez Calzerrada	12	Secano	Las Labores	1,50	2	Mediana	1,50							2	Producto	79,50											
19	3	Bienes de legos	105	214	Juan Gómez Calzerrada	10	Olivar		0,25	2	Mediana	0,25							2	Producto	35,00				1	Olivo	12					
20	3	Bienes de legos	105	214	Juan Gómez Calzerrada	12	Secano		0,25	2	Mediana	0,25							2	Producto	13,24											
21	3	Bienes de legos	105	214	Juan Gómez Calzerrada	10	Olivar		0,13	1	Buena	0,13							2	Producto	23,44				1	Olivo	6					
22	3	Bienes de legos	105	214	Juan Gómez Calzerrada	13	Viña		0,17	1	Buena	0,17							2	Producto	50,00				2	Vid						
23	3	Bienes de legos	107	222	Joseph Fernández Cano	12	Secano	Las Labores	4,00	2	Mediana	4,00							2	Producto	212,00											
24	3	Bienes de legos	107	222	Joseph Fernández Cano	12	Secano	Las Labores	4,00	2	Mediana	4,00							2	Producto	212,00											
25	3	Bienes de legos	107	222	Joseph Fernández Cano	12	Secano		4,00	2	Mediana	4,00							2	Producto	212,00											
26	3	Bienes de legos	108	222	Joseph Fernández Cano	4	Erial		3,00	9	Erial	3,00							2	Producto	0,00											
27	3	Bienes de legos	109	231	Vicente Fernández Ochovo	12	Secano	Las Labores	6,00	2	Mediana	6,00							2	Producto	318,00											
28	3	Bienes de legos	109	231	Vicente Fernández Ochovo	12	Secano	Las Labores	0,50	2	Mediana	0,50							2	Producto	26,50											
29	3	Bienes de legos	110	231	Vicente Fernández Ochovo	10	Olivar		0,17	1	Buena	0,17							2	Producto	31,65				1	Olivo	9					
30	3	Bienes de legos	111	237	Francisco Gómez Calcerrada	12	Secano		2,00	2	Mediana	2,00							2	Producto	106,00											
31	3	Bienes de legos	111	237	Francisco Gómez Calcerrada	12	Secano		0,42	1	Buena	0,42							2	Producto	33,74											
32	3	Bienes de legos	111	237	Francisco Gómez Calcerrada	10	Olivar		0,25	1	Buena	0,25							2	Producto	47,50				1	Olivo	12					
33	3	Bienes de legos	111	237	Francisco Gómez Calcerrada	12	Secano		0,17	1	Buena	0,17							2	Producto	13,50											
34	3	Bienes de legos	112	237	Francisco Gómez Calcerrada	12	Secano		3,00	1	Buena	3,00							2	Producto	243,00											
35	3	Bienes de legos	112	237	Francisco Gómez Calcerrada	10	Olivar	Las Labores	0,13	1	Buena	0,13							2	Producto	24,03				1	Olivo	13					
36	3	Bienes de legos	112	237	Francisco Gómez Calcerrada	10	Olivar		0,33	1	Buena	0,33							2	Producto	63,32				1	Olivo	18					
37	3	Bienes de legos	114	249	Manuel Rodríguez	12	Secano		0,08	3	Inferior	0,08							2	Producto	1,85											
38	3	Bienes de legos	114	249	Manuel Rodríguez	10	Olivar		1,00	1	Buena	1,00							2	Producto	190,00				1	Olivo	48					
39	3	Bienes de legos	115	253	Alphonso Molina Prados	10	Olivar		0,50	1	Buena	0,50							2	Producto	95,00				1	Olivo	25					
40	3	Bienes de legos	115	253	Alphonso Molina Prados	10	Olivar		0,67	1	Buena	0,67							2	Producto	126,65				1	Olivo	34					
41	3	Bienes de legos	115	253	Alphonso Molina Prados	10	Olivar		0,08	1	Buena	0,08							2	Producto	15,82				1	Olivo	5					
42	3	Bienes de legos	117	255	Alphonso Ochovo	12	Secano		1,50	1	Buena	1,50							2	Producto	121,50											
43	3	Bienes de legos	117	255	Alphonso Ochovo	10	Olivar		0,83	1	Buena	0,83							2	Producto	158,32				1	Olivo	40					

General | Persona | Edific. | Fincas | Ganado | Ingresos | Gastos | Aux_Gen | Aux_Pob | Aux_ActEco | Aux_Gndo | Aux_UM

Figura 2. Hoja para el registro de fincas rústicas de Ensenator con datos del Catastro de Ensenada de Arenas de San Juan.

Los primeros campos que aparecen en la hoja (libro y página) son los que hemos denominado de trazabilidad y están presentes en todas las hojas de carga de información. Permiten registrar el documento del que se ha obtenido la información y el número de página. Por ejemplo, en el caso del Catastro de Ensenada los documentos pueden ser los diferentes libros de personal y bienes de seglares y eclesiásticos (también denominados Libro de cabezas de casa y Libro de lo real). Para el Catastro de Garay, el documento principal sería el cuaderno general de riqueza. Estos campos de trazabilidad son fundamentales para poder verificar en cualquier momento, consultando las fuentes originales, la exactitud de la información registrada.

A continuación, en la hoja se incluyen campos para registrar a la persona propietaria, el tipo de finca (dehesa, monte, secano, etc.), la ubicación o paraje en el que se encuentra, la superficie total de la finca y el desglose por calidades de esa superficie, el producto o renta en unidades monetarias generado por la finca, el número de plantas para fincas con cultivos leñosos como la vid o el olivo y, por último, el arrendatario en caso de estar alquilada.

Es relevante destacar que en el campo de ubicación se recogerían precisamente todos los topónimos de la zona, información que la profesora Biagioli ha calificado en su interesante ponencia sobre Toscana como patrimonio cultural y que es otra línea de investigación que permiten abordar los Catastros.

En cuanto a los campos en unidades monetarias de producto o renta es relevante reseñar, como ya habíamos adelantado anteriormente, la diferente información que nos proporciona cada tipo de catastro. En el caso del Catastro de Ensenada de Arenas de San Juan el valor que se muestra, como se puede ver en la figura 2, es el producto anual generado por la finca. Sin embargo, esta misma hoja de registro de fincas rústicas para el Catastro de Martín de Garay de El Escorial incluye no solo el producto anual, sino también el valor del activo, las deducciones y la renta neta (digura 3). Para poder diferenciar cada uno de estos valores e interpretarlos correctamente en la capa de informes, el Excel permite asociar a cada importe un tipo que identifica la naturaleza de cada importe (Valor activo, Producto, Deducciones y Renta neta).

T	U	V	W	X	Y	Z	AA	AB	AC	AD	AE
VALOR											
ID	Tipo valor 1	Valor 1	ID	Tipo valor 2	Valor 2	ID	Tipo valor 3	Valor 3	ID	Tipo valor 3	Valor 3
6	Valor activo	50.400	2	Producto	1.890	7	Deducciones	378	5	Renta neta	1.512
6	Valor activo	4.200	2	Producto	1.210	7	Deducciones	109	5	Renta neta	1.101
6	Valor activo	8.500	2	Producto	1.780	7	Deducciones	1.272	5	Renta neta	508
6	Valor activo	29.600	2	Producto	1.110	7	Deducciones	222	5	Renta neta	888
6	Valor activo	18.900	2	Producto	3.040	7	Deducciones	2.451	5	Renta neta	589
6	Valor activo	20.000	2	Producto	750	7	Deducciones	150	5	Renta neta	600
6	Valor activo	2.275	2	Producto	980	7	Deducciones	817	5	Renta neta	163
6	Valor activo	3.900	2	Producto	1.100	7	Deducciones	917	5	Renta neta	183
6	Valor activo	14.400	2	Producto	540	7	Deducciones	108	5	Renta neta	432
6	Valor activo	48.000	2	Producto	1.800	7	Deducciones	360	5	Renta neta	1.440
6	Valor activo	9.600	2	Producto	1.344	7	Deducciones	762	5	Renta neta	582

Figura 3. Detalle de los campos de valores económicos en la hoja de registro de fincas rústicas del Catastro de El Escorial. Sistema Ensenator.

Para facilitar el registro de la información y minimizar el número de posibles errores, muchos de los campos del Excel se rellenan seleccionando un valor a partir de una lista desplegable. Son campos cuyos posibles valores están acotados. Ejemplos de lista desplegable serían los tipos de fincas (figura 4), las calidades de las tierras o los ya comentados tipos de valores monetarios.

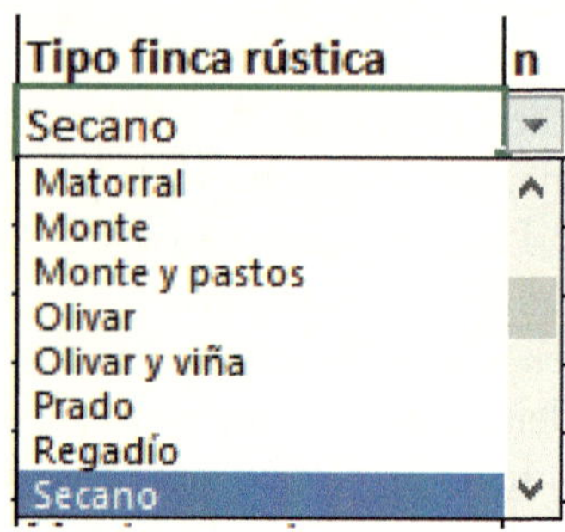

Figura 4. Desplegable para el registro de tipos de fincas rústicas. Sistema Ensenator.

Identificar de forma previa todos los posibles valores de estos campos que se pueden encontrar en cualquier catastro es una misión imposible. Por ello, el propio Excel permite añadir a las listas nuevos valores conforme se vayan encontrando en el registro de los catastros. Estas listas se pueden consultar y ampliar en el propio Excel en las hojas auxiliares de datos maestros (figura 5).

TITULO NOBILIARIO	
Título	id
Hidalgo	1
Marqués	2
Conde	3
Vizconde	4

CALIDAD TIERRA	
Calidad	Id
Buena	1
Mediana	2
Inferior	3
Primera	4
Segunda	5
Tercera	6
Cuarta	7
Sin clasificar	8
Erial	9
Inculta	10

TIPO FINCA	
Tipo finca	Id
Cañamar	1
Dehesa	2
Dehesa monte	3
Erial	4
Erial por desidia	5
Erial por infructífero	6
Huerta	7
Huerta hortaliza y ce	8
Matorral	9
Monte	10
Monte y pastos	11

TIPO VALOR	
Tipo valor	Id
Alquiler	1
Producto	2
Gasto	4
Renta neta	5
Valor activo	6
Deducciones	7
Renta bruta	8

Figura 5. Vista parcial de una de las hojas auxiliares de datos maestros. Sistema Ensenator.

Por último, los campos de las hojas de registro con fondo amarillo se calculan automáticamente y son códigos internos que facilitan el siguiente proceso de carga de la información en la base de datos.

PROCESO DE CARGA DE LA INFORMACIÓN EN LA BASE DE DATOS RELACIONAL

Una vez terminada la fase de registro en el Excel, el siguiente proceso de Ensenator se corresponde con la carga de toda la información recopilada en la plantilla Excel en una base de datos relacional. Este paso es fundamental ya que es la base de datos la que va a proporcionar toda la potencia de análisis que permita hacer un estudio detallado de los catastros.

El gestor de base de datos elegido ha sido MySQL, lanzada al mercado en 1996 por una empresa finlandesa como software libre. En 2009 MySQL pasó a ser propiedad de Oracle Corporation, quizá la más importante empresa en el sector de las bases de datos, que mantuvo su comercialización con una licencia gratuita. El apoyo de Oracle Corporation ha posibilitado que MySQL se convierta en una de las bases de datos más populares en todo el mundo, siendo utilizada en webs tan importantes, como Wikipedia.

MySQL aúna una serie de características que la hacen idónea para ser utilizada por un sistema como Ensenator. En primer lugar, su licencia gratuita contribuye a minimizar los costes de explotación del sistema, lo que es toda una ventaja para los presupuestos poco holgados con los que habitualmente se dispone en el ámbito de la investigación. MySQL puede adaptarse a cualquier plataforma hardware disponible, desde el portátil de un investigador individual hasta los servidores centrales de una universidad. Además, la mayoría de las empresas de hosting en Internet ofrecen la posibilidad de utilizar bases de datos MySQL, lo que facilita la publicación de Ensenator en la web y, por tanto, el trabajo colaborativo de grupos de investigación de diferentes universidades. Por último, la potencia que ofrece una base de datos relacional como MySQL para la explotación de la información permite desarrollar una versión inicial del sistema con funcionalidad completa y, además, es una sólida base sobre la que desarrollar en el futuro nuevas versiones más potentes y complejas.

Una vez descritos los motivos de la elección de MySQL, pasaremos a explicar el funcionamiento del proceso de carga de información. Este proceso extrae toda la información registrada en el Excel y la carga en la base de datos MySQL. En el Excel hay una última hoja, que no se ha mencionado en el apartado anterior, que está destinada a facilitar este proceso de carga (figura 6). En esta hoja, gracias a un complejo sistema de fórmulas, se generan de forma automática todas las sentencias de inserción en lenguaje SQL que permitirán convertir los datos del Excel en registros de la base de datos relacional. La ejecución del proceso es muy sencilla, ya que consiste simplemente en copiar todas las sentencias SQL generadas en el Excel y lanzarlas sobre la base de datos MySQL. Este proceso apenas tarda unos segundos en realizarse y puede ejecutarse cuantas veces sea necesario, ya que las sentencias generadas comienzan borrando la información cargada previamente en la base de datos en ejecuciones anteriores. Esta última característica, de permitir repetir el proceso de carga, es de mucha utilidad para, por ejemplo, corregir errores que se hayan detectado en la transcripción de los datos en el Excel o para posibilitar comenzar la fase de análisis sin necesidad de completar el registro íntegro del Catastro.

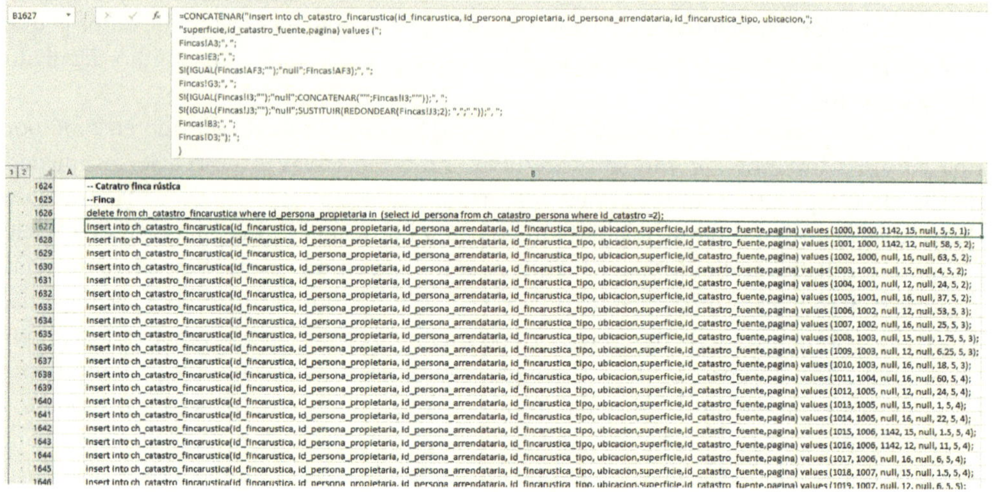

Figura 6. Vista parcial de la hoja de generación de sentencias SQL. Sistema Ensenator.

PROCESO DE ANÁLISIS Y EXPLOTACIÓN DE LA INFORMACIÓN SOBRE LA BASE DE DATOS RELACIONAL

Este último proceso es, sin lugar a dudas, el más interesante para el investigador, ya que es el que va a posibilitar hacer un análisis en detalle y obtener relevantes conclusiones sobre la información catastral. Esto es factible gracias a que en Ensenator se ha creado un completo conjunto de informes, un centenar, que diseccionan los catastros desde diferentes puntos de vista: demográfico, urbanístico, económico, etc.

Estos informes, creados como vistas SQL en la base de datos, están disponibles para el investigador de forma inmediata una vez ejecutado el proceso de carga descrito en el apartado anterior. Los tiempos de ejecución de cada uno de los informes son mínimos, apenas unos segundos, lo que permite acceder rápidamente a cualquier información que se precise. A su vez, el resultado de los informes puede exportarse en diferentes formatos, por ejemplo, para Microsoft Excel, lo que permite al investigador profundizar en el análisis de la información con todas las funcionalidades adicionales que pueda ofrecer una hoja de cálculo. A continuación, se van a explicar una muestra reducida de estos informes con el objetivo de poner de manifiesto la potencia de análisis que ofrece el sistema Ensenator.

Informes demográficos: En cuanto a los informes demográficos, es importante destacar que son de especial aplicación en el caso de Ensenada, ya que, como hemos explicado, estos catastros incluían un completo censo de la población. Uno de los principales informes demográficos que proporciona Ensenator muestra el número de habitantes y vecinos para cada una de las poblaciones incluidas en el Catastro, sin tener en cuenta obviamente a los propietarios o arrendatarios forasteros. A partir de esta información, el informe calcula el coeficiente de conversión de vecinos en habitantes. Como puede apreciarse en la figura 7, en aquellas poblaciones más representativas por el tamaño de su población, como Arenas de San Juan y Las Labores, el coeficiente de conversión tiene un valor de 3,7647 y 3,9444 respectivamente. Estos resultados están alineados con el valor 3,8 calculado para este coeficiente para el conjunto de la corona de Castilla a partir de los Catastros de Ensenada (Camarero Bulllón y Campos, 1991). En el caso del Catastro de Garay de El Escorial, el valor que se obtiene para el coeficiente no es significativo ya que solo se dispone de información de los vecinos.

CATASTRO	POBLACION	HABITANTES	VECINOS	COEFICIENTE
Catastro de la Ensenada de Arenas de San Juan	Arenas de San Juan	192	51	3.7647
Catastro de la Ensenada de Arenas de San Juan	El Encinar	5	1	5.0000
Catastro de la Ensenada de Arenas de San Juan	Las Labores	71	18	3.9444
Catastro de la Ensenada de Arenas de San Juan	Puerto Lápice	33	5	6.6000
Catastro Garay El Escorial (1818)	El Escorial	117	117	1.0000

Figura 7. Informe "Habitantes / Vecinos". Sistema Ensenator.

Otro informe demográfico típico sería la pirámide de población, que calcula el número de habitantes por sexo y edad (figura 8).

CATASTRO	POBLACION	EDAD	HOMBRES	MUJERES	TOTAL
Catastro de la Ensenada de Arenas de San Juan	Arenas de San Juan	De 0 a 9 años	32	21	53
Catastro de la Ensenada de Arenas de San Juan	Arenas de San Juan	De 10 a 19 años	20	14	34
Catastro de la Ensenada de Arenas de San Juan	Arenas de San Juan	De 20 a 29 años	11	12	23
Catastro de la Ensenada de Arenas de San Juan	Arenas de San Juan	De 30 a 39 años	20	16	36
Catastro de la Ensenada de Arenas de San Juan	Arenas de San Juan	De 40 a 49 años	13	14	27
Catastro de la Ensenada de Arenas de San Juan	Arenas de San Juan	De 50 a 59 años	8	5	13
Catastro de la Ensenada de Arenas de San Juan	Arenas de San Juan	De 60 a 69 años	3	1	4
Catastro de la Ensenada de Arenas de San Juan	Arenas de San Juan	De 70 a 79 años	2	0	0
Catastro de la Ensenada de Arenas de San Juan	Arenas de San Juan	De 80 a 89 años	0	0	0
Catastro de la Ensenada de Arenas de San Juan	Arenas de San Juan	Más de 90 años	0	0	0
Catastro de la Ensenada de Arenas de San Juan	Arenas de San Juan	TOTAL	109	83	192

Figura 8. Informe "Pirámide de población". Sistema Ensenator

Informes urbanísticos: El registro en los catastros de las edificaciones (casas, pajares, mesones, etc.) aporta información que puede ayudar a comprender la configuración de los cascos urbanos. En este sentido, se han realizado investigaciones muy ambiciosas, cuyo objetivo es volcar la información textual de los catastros en bases de datos geográficas y, de esta forma, tener la posibilidad de generar mapas históricos, no solo de los cascos urbanos sino también de los términos municipales (García Juan y otros, 2012).

Esta primera versión Ensenator alcanza objetivos más modestos. Aunque el sistema almacena toda la información relacionada con los edificios, que puede ser la base de posteriores integraciones con sistemas de información geográfica (GIS), en esta primera versión solo se generan informes textuales que en la medida de lo posible intentan describir y cuantificar los cascos urbanos.

El informe más relevante de Ensenator de tipo urbanístico es el que se ha denominado "Edificios distribución", que agrupa los tipos de edificios por ubicación, ya sea por calles para el casco urbano o por parajes en el caso de edificaciones aisladas como casas de campo o quinterías. Adicionalmente, para las calles, el informe realiza cálculos adicionales como la longitud aproximada de la mismas a partir de los metros de fachada de cada uno de sus edificios o la superficie media de las edificaciones (figura 9).

POBLACION	UBICACION	TIPO	NUMERO	LONGITUI TOTAL (metros)	SUPERFICIE TOTAL (metros2)	SUPERFICIE MEDIA (metros2)
Arenas de San Juan	Calle Arruinada	Casa	1	16.72	300.92	300.92
Arenas de San Juan	Calle de la Estación	Casa	1	9.19	101.14	101.14
Arenas de San Juan	Calle de la Granera	Casa	10	165.51	2201.76	220.18
Arenas de San Juan	Calle de la Granera	Corrala	1	18.39	404.58	404.58
Arenas de San Juan	Calle de la Tercia	Casa	4	89.44	1477.87	369.47
Arenas de San Juan	Calle de Manzanares	Casa	1	5.02	65.20	65.20
Arenas de San Juan	Calle Empedrada	Casa	13	219.84	1838.14	141.40
Arenas de San Juan	Calle que sale de la Plaza para el río	Casa	1	20.06	320.99	320.99
Arenas de San Juan	Calle Villarta	Casa	1	7.52	188.08	188.08
Arenas de San Juan	Callejuela que va a la del Indiano	Casa	1	11.70	187.24	187.24
Arenas de San Juan	Camino del molino	Casa	1	3.34	30.09	30.09
Arenas de San Juan	Casa del Pósito	Casa pajar	1	3.34	20.06	20.06
Arenas de San Juan	Inmediata la Plaza	Casa	1	19.23	384.51	384.51
Arenas de San Juan	Junto a la calle Empedrada	Casa	1	16.72	351.08	351.08
Arenas de San Juan	Junto a la iglesia	Casa	1	45.97	781.57	781.57
Arenas de San Juan	Plaza	Casa	4	71.89	843.42	210.86

Figura 9. Visión parcial del informe "Edificios distribución" para Arenas de San Juan. Sistema Ensenator.

Aunque en la versión inicial de Ensenator no se ha implementado, sería factible completar este informe con la renta media de los propietarios de las viviendas. Esto permitiría tener información sobre la distribución espacial de la riqueza. De esta forma, se podrían detectar los barrios más pudientes y las zonas marginales. Más interesante aún que utilizar la renta de los propietarios, sería calcular la distribución espacial de la riqueza con la renta de los vecinos que efectivamente vivan en cada calle. Esto solo sería posible en aquellos catastros que incluyan la calle de residencia de cada uno de los vecinos, información que no está disponible en los dos catastros estudiados.

Informes sobre la agricultura: El hecho de que en las poblaciones estudiadas la agricultura sea la principal actividad, ha propiciado que los informes desarrollados en Ensenator para este sector económico sean los más numerosos y detallados. Uno de los principales bloques de informes generados para el sector agrícola sería el relacionado con la propiedad de la tierra, que se analiza desde diferentes puntos de vista. Se puede obtener desde la extensión de las fincas de cada propietario individual hasta realizar agregaciones por distintos criterios: por tipo de propietario (seglar o eclesiástico, persona física o jurídica), lugar de residencia, tipo de fincas (secanos, regadíos, prados, etc.), calidad de la tierra, etc. Por ejemplo, en el caso de Arenas de San Juan las tierras propiedad del municipio suponían un 64,50 % de la superficie total, la iglesia poseía otro 8,1 %, los propietarios forasteros un 23,26 %, quedando únicamente para los vecinos un 4,04 % de la propiedad. Más interesantes aún son los informes que en este mismo bloque analizan la concentración de la propiedad (figura 10). Por ejemplo, siguiendo con el catastro de Arenas de San Juan, y excluyendo las tierras municipales, los 8 mayores terratenientes, de un total de 191 propietarios, poseían 1.745 hectáreas que representaban un 35,55 % de la propiedad total.

CATASTRO	TAMANO	PERSONAS	SUPERFICIE TOTAL
Catastro de la Ensenada de Arenas de San Juan	<=2 hectáreas	39	39.93
Catastro de la Ensenada de Arenas de San Juan	Entre 2 y 5 hectáreas	28	95.15
Catastro de la Ensenada de Arenas de San Juan	Entre 5 y 10 hectáreas	34	249.30
Catastro de la Ensenada de Arenas de San Juan	Entre 10 y 25 hectáreas	40	662.84
Catastro de la Ensenada de Arenas de San Juan	Entre 25 y 50 hectáreas	23	778.64
Catastro de la Ensenada de Arenas de San Juan	Entre 50 y 100 hectáreas	19	1337.17
Catastro de la Ensenada de Arenas de San Juan	Entre 100 y 250 hectáreas	7	1100.84
Catastro de la Ensenada de Arenas de San Juan	Más de 500 hectaréas	2	9562.75
Catastro de la Ensenada de Arenas de San Juan	TOTAL	192	13826.62
Catastro Garay El Escorial (1818)	<=2 hectáreas	12	10.74
Catastro Garay El Escorial (1818)	Entre 2 y 5 hectáreas	5	17.45
Catastro Garay El Escorial (1818)	Entre 5 y 10 hectáreas	10	63.95
Catastro Garay El Escorial (1818)	Entre 10 y 25 hectáreas	6	82.00
Catastro Garay El Escorial (1818)	Entre 25 y 50 hectáreas	8	283.48
Catastro Garay El Escorial (1818)	Entre 50 y 100 hectáreas	3	210.50
Catastro Garay El Escorial (1818)	Más de 500 hectaréas	1	534.95
Catastro Garay El Escorial (1818)	TOTAL	45	1203.07

Figura 10. Informe sobre concentración de la propiedad. Sistema Ensenator.

Otro importante grupo de informes de este bloque calcula la producción agrícola, tanto en unidades de peso o volumen como en su valor de mercado. En el caso del catastro de Ensenada se parte de las fincas rústicas registradas en el catastro y se calcula su cosecha con las producciones medias por tipo de finca declaradas en la pregunta número 12 del interrogatorio general y el valor de la producción con los precios de los productos agrícolas de la pregunta número 14. Por el contrario, en el caso del catastro de Garay se registra la producción real de cada finca, por lo que no es necesario hacer ningún cálculo adicional. El sistema Ensenator se ha adaptado para que en cada catastro registrado en la base de datos se pueda calcular la producción agrícola según corresponda, con producciones estimadas en el caso de Ensenada o reales en el caso de Garay. En el informe de producción agrícola (figura 11) se puede apreciar, por ejemplo, que el principal cultivo en Arenas de San Juan era la cebada, cuya producción ascendía a 656,07 toneladas, con un valor de mercado de 126.972 reales, mientras que en El Escorial era el trigo de primera calidad, con 29,98 toneladas y un valor de 27.750 reales.

CATASTRO	PRODUCTO	PRODUCCION	UNIDAD MEDIDA	PRECIO	VALOR PRODUCCION	MONEDA	PRODUCCION SMD	UNIDAD MEDIDA SMD
Catastro Ensenada Arenas de San Juan	Cebada	20371.55	Fanega cebada	8.00	162972.32	Real	656.07	Tonelada
Catastro Ensenada Arenas de San Juan	Trigo	7905.07	Fanega trigo	10.00	79050.60	Real	341.81	Tonelada
Catastro Ensenada Arenas de San Juan	Aceite	2108.54	Arroba aceite	20.00	42170.80	Real	264.90	Hectolitro
Catastro Ensenada Arenas de San Juan	Centeno	3908.28	Fanega centeno	9.00	35174.48	Real	161.83	Tonelada
Catastro Ensenada Arenas de San Juan	Cáñamo	401.15	Arroba	20.00	8022.96	Real	4.61	Tonelada
Catastro Ensenada Arenas de San Juan	Melón	2674.32	Arroba	2.00	5348.64	Real	30.75	Tonelada
Catastro Ensenada Arenas de San Juan	Vino	735.98	Arroba vino	6.00	4415.88	Real	118.74	Hectolitro
Catastro Ensenada Arenas de San Juan	Cañamón	66.86	Fanega	20.00	1337.16	Real	37.11	Hectolitro
Catastro Ensenada Arenas de San Juan	Alcacer	288.00	Quintal	2.00	576.00	Real	13.25	Tonelada
Catastro Ensenada Arenas de San Juan	Hortaliza	576.00	Real	1.00	576.00	Real	NULL	NULL
Catastro Garay El Escorial (1818)	Trigo 1ª	693.25	Fanega trigo	40.03	27750.00	Real	29.98	Tonelada
Catastro Garay El Escorial (1818)	Hierbas y pastos	24136.00	Real	1.00	24136.00	Real	NULL	NULL
Catastro Garay El Escorial (1818)	Hortaliza	13594.00	Real	1.00	13594.00	Real	NULL	NULL
Catastro Garay El Escorial (1818)	Centeno	439.50	Fanega centeno	20.00	8790.00	Real	18.20	Tonelada
Catastro Garay El Escorial (1818)	Garbanzos	49.00	Fanega	75.00	3675.00	Real	27.20	Hectolitro
Catastro Garay El Escorial (1818)	Cebada	181.00	Fanega cebada	20.00	3620.00	Real	5.83	Tonelada
Catastro Garay El Escorial (1818)	Trigo 2ª	76.00	Fanega trigo	36.00	2736.00	Real	3.29	Tonelada
Catastro Garay El Escorial (1818)	Algarroba	70.00	Fanega	24.00	1680.00	Real	38.85	Hectolitro
Catastro Garay El Escorial (1818)	Sin especificar	660.00	Real	1.00	660.00	Real	NULL	NULL
Catastro Garay El Escorial (1818)	Hortaliza y garbanzos	175.00	Real	1.00	175.00	Real	NULL	NULL
Catastro Garay El Escorial (1818)	Patata	60.00	Arroba	2.00	120.00	Real	0.69	Tonelada

Figura 11. Producción agrícola. Sistema Ensenator.

Informes sobre ganadería: Conjunto de informes que analizan el sector ganadero con diferentes niveles de detalle. Se puede obtener desde el número de cabezas de cada propietario individual hasta calcular la cabaña total de la localidad. Además de mostrar el número de cabezas, en los informes se incluye información de tipo económico, como los ingresos generados o valor del ganado. Por ejemplo, en el caso de El Escorial la ganadería de vacuno era la más importante, con un total 366 cabezas, que generaban un ingreso de 52.098 reales y tenían un valor de 150.605 reales (figura 12).

CATASTRO	GANADERIA	CABEZAS	INGRESO	CAPITAL	INGRESO / CABEZAS	CAPITAL / CABEZAS
Catastro Garay El Escorial (1818)	Vacuna	366	52098	150605	142.34	411.49
Catastro Garay El Escorial (1818)	Equina	69	4519	32675	65.49	473.55
Catastro Garay El Escorial (1818)	Caprina	200	1400	8000	7.00	40.00
Catastro Garay El Escorial (1818)	Porcina	93	709	8770	7.62	94.30
Catastro Garay El Escorial (1818)	Apicultura	150	675	6750	4.50	45.00
Catastro Garay El Escorial (1818)	Ilegible	1	15	200	15.00	200.00

Figura 12. Cabaña ganadera de El Escorial. Sistema Ensenator.

Informes sobre comercio, industria y servicios: En los catastros se registran ingresos obtenidos por los vecinos por muy diferentes conceptos: artesanía, industria, comercio, servicios, ingresos financieros por censos, diezmos cobrados por instituciones religiosas, impuestos y rentas municipales, etc. Para permitir tener una visión global de este grupo de ingresos tan heterogéneo, Ensenator ofrece informes que agrupan todos estos conceptos por sectores y subsectores económicos (figura 13). Otra ventaja adicional de hacer esta agrupación es que facilita la comparación entre diferentes catastros al realizar una clasificación homogénea de todos estos ingresos.

CATASTRO	SECTOR	SUB SECTOR 1	SUB SECTOR 2	INGRESO	MONEDA
Catastro de la Ensenada de Arenas de San Juan	Sector primario	Agricultura	Agricultura otros	8792	Real
Catastro de la Ensenada de Arenas de San Juan	Sector primario	Agricultura	Agricultura pastos	25250	Real
Catastro de la Ensenada de Arenas de San Juan	Sector primario	Caza	Caza	2400	Real
Catastro de la Ensenada de Arenas de San Juan	Sector primario	Ganadería	Ganaderia equina	2300	Real
Catastro de la Ensenada de Arenas de San Juan	Sector primario	Ganadería	Ganadería palomas	3600	Real
Catastro de la Ensenada de Arenas de San Juan	Sector primario	Ganadería	Ganaderia porcina	600	Real
Catastro de la Ensenada de Arenas de San Juan	Sector terciario	Comercio	Comercio alimentacion	1700	Real
Catastro de la Ensenada de Arenas de San Juan	Sector terciario	Comercio	Comercio otros	200	Real
Catastro de la Ensenada de Arenas de San Juan	Sector terciario	Servicios	Servicios financieros	98	Real
Catastro de la Ensenada de Arenas de San Juan	Sector terciario	Servicios	Servicios hostelería	22000	Real
Catastro de la Ensenada de Arenas de San Juan	Sector terciario	Servicios	Servicios otros	300	Real
Catastro de la Ensenada de Arenas de San Juan	Sector terciario	Servicios	Servicios religiosos	3115	Real
Catastro de la Ensenada de Arenas de San Juan	Sector terciario	Servicios	Servicios sanitarios	800	Real
Catastro Garay El Escorial (1818)	Indefinido	Indefinido	Indefinido	19300	Real
Catastro Garay El Escorial (1818)	Sector secundario	Industria	Industria alimentación	1350	Real
Catastro Garay El Escorial (1818)	Sector secundario	Industria	Industria cuero	500	Real
Catastro Garay El Escorial (1818)	Sector secundario	Industria	Industria madera	3300	Real
Catastro Garay El Escorial (1818)	Sector secundario	Industria	Industria metal	1500	Real
Catastro Garay El Escorial (1818)	Sector terciario	Servicios	Servicios educativos	1800	Real
Catastro Garay El Escorial (1818)	Sector terciario	Servicios	Servicios hostelería	4200	Real
Catastro Garay El Escorial (1818)	Sector terciario	Servicios	Servicios sanitarios	6000	Real

Figura 13. Clasificación de los ingresos por sector económicos. Sistema Ensenator.

Informes sobre rentas y patrimonio: La motivación última que llevó a la elaboración de catastros como el de Ensenada y Garay era calcular la base imponible de cada contribuyente sobre la que aplicar los nuevos impuestos directos que se estaban diseñando, la única contribución en el primer caso o la contribución general del Reino en el segundo caso. Este último bloque de informes da respuesta al objetivo original buscado con la elaboración de los catastros, ya que proporcionan precisamente la renta total de cada uno de los vecinos calculándola como suma de las rentas obtenidas en cada una de sus actividades económicas.

En el caso del catastro de Ensenada, estos informes calculan únicamente los ingresos totales de cada contribuyente y para Garay se realizan tres tipos de cálculos: valor del patrimonio, ingresos y renta neta, siendo esta última magnitud la que debía considerarse como base imponible de la contribución general del Reino.

Los informes ordenan a los contribuyentes según su nivel de renta, apareciendo en primer lugar los mayores contribuyentes. No solo calculan el valor total de la renta de cada contribuyente, sino que también desglosan esta cantidad por cada una de sus actividades económicas (agricultura, distinguiendo entre tierras en propiedad o arrendamiento, ganadería, edificios, otros ingresos y cargas). Para completar la visión sobre la situación patrimonial de cada contribuyente los informes también incluyen las hectáreas de fincas en propiedad, en arrendamiento y el número de cabezas de ganado (figura 14).

Estos informes ofrecen enormes posibilidades para profundizar en el conocimiento de la sociedad de la época. Por ejemplo, permiten hacer detallados análisis sobre la distribución de la riqueza, en la misma línea de investigación que la expuesta por el profesor Ramos Palencia en su ponencia. Por otro lado, servirían para caracterizar cada grupo social comparando nivel de renta con otras magnitudes, como extensión de las propiedades agrícolas, tipos de cultivos predominantes, productividad de las explotaciones agrarias, actividades económicas principales, lugar de residencia, etc.

PERSONA	TOTAL	AGRI. PROP.	AGRI. ARR.	GANADERIA	EDIFICIOS	INGRESOS	GASTOS	MONEDA	SUPER. PROP.	SUPER. ARR.	UNI. SUPERFICII	CABEZAS GANADO
Miguel Sánz Jixon	22451.00	22385.00	0.00	0.00	66.00	0.00	0.00	Real	210.25	0.00	Hectáreas	0
Julian Joseph Antolínez	20746.24	20574.24	0.00	0.00	172.00	0.00	0.00	Real	243.74	0.00	Hectáreas	0
Diego Joseph Abengoza y Benegasi	17874.87	17786.87	0.00	0.00	88.00	0.00	0.00	Real	120.10	0.00	Hectáreas	0
Alphonso Cantero	17204.00	1402.00	0.00	1107.50	760.00	14600.00	-665.50	Real	12.88	0.00	Hectáreas	1885
Antonio Ubeda de Logroño	11000.00	0.00	0.00	0.00	0.00	11000.00	0.00	Real	0.00	0.00		3
Capellanía de don Epifanio López	10105.50	10182.00	0.00	0.00	0.00	0.00	-76.50	Real	117.84	0.00	Hectáreas	0
Joseph González Terrinches	8530.00	8530.00	0.00	0.00	0.00	0.00	0.00	Real	96.59	0.00	Hectáreas	0
Francisco González Terrinches	8092.75	8092.75	0.00	0.00	0.00	0.00	0.00	Real	85.00	0.00	Hectáreas	0
Joseph Mateo Pando y Galeano	7615.50	7752.50	0.00	0.00	129.00	0.00	-266.00	Real	88.87	0.00	Hectáreas	28
Luis Laureano Sánchez Crespo Jison	7089.47	7078.47	0.00	0.00	11.00	0.00	0.00	Real	70.94	0.00	Hectáreas	0
Antonio Nicolás de Aisa y Aurenza...	6990.50	6857.50	0.00	0.00	193.00	0.00	-60.00	Real	60.53	0.00	Hectáreas	6
Marqués de Chataufort	6750.00	6750.00	0.00	0.00	0.00	0.00	0.00	Real	643.96	0.00	Hectáreas	0
Victoriano López Villaseñor	6479.00	6405.00	0.00	0.00	74.00	0.00	0.00	Real	58.60	0.00	Hectáreas	0
Capellanía de Fray Félix de Úbeda	6292.00	6360.00	0.00	0.00	12.00	0.00	-80.00	Real	77.27	0.00	Hectáreas	0
Capellanía de don Vicente Espinos...	5995.41	6012.41	0.00	0.00	33.00	0.00	-50.00	Real	71.16	0.00	Hectáreas	0

Figura 14. Mayores contribuyentes de Arenas de San Juan. Sistema Ensenator.

EVOLUCIÓN FUTURA DE ENSENATOR

Esperamos haber demostrado que esta primera versión de Ensenator es ya una potente herramienta para el registro y análisis de catastros históricos. El trabajo realizado ha sido intenso y muy productivo. Sin embargo, somos conscientes de que el avance logrado hasta ahora es una pequeña parte del largo camino que queda por recorrer hasta tener un sistema informático que explote todas las vías de investigación que posibilitan los catastros históricos.

Para la siguiente versión de Ensenator, deberían marcarse dos objetivos principales. En primer lugar, es necesario seguir validando el modelo de datos diseñado con la carga de nuevos catastros. Las peculiaridades y excepciones en cada catastro son tan numerosas que no podremos dar por definitivo el modelo de datos hasta haber registrado un número mucho mayor de catastros de periodos y zonas geográficas dispares.

En segundo lugar, este trabajo no puede ser acometido de forma individual, por lo que es necesario permitir el acceso a Ensenator de nuevos investigadores. Para ello sería imprescindible publicar la base de datos en Internet. Esto es, en principio, relativamente sencillo ya que, como hemos comentado, la mayor parte de las empresas que ofrecen servicios de hosting en Internet soportan bases de datos MySQL. Pero no solo hay que compartir la base de datos, sino que además habría que desarrollar una aplicación web que facilite el acceso al conjunto de informes desarrollados en Ensenator. Actualmente, la única forma de acceder a los informes es con el software de la propia base de datos (MySQL Workbench), pero esta aplicación está orientada a desarrolladores y para usuarios finales puede no resultar cómoda ni intuitiva.

Para fases posteriores del sistema, se podrían abordar otros objetivos, algunos ya mencionados, como la integración con sistemas de información geográfica (GIS) para la generación de mapas históricos o la inclusión en Ensenator de un gestor documental en el que poder almacenar los catastros digitalizados. Integrando un gestor documental en Ensenator, se podría unificar en un único sistema tanto el documento digitalizado como su registro estructurado en base de datos. Adicionalmente, esto permitiría mejorar la trazabilidad en Ensenator al poder vincular, mediante un enlace, cualquier dato almacenado en la base de datos con la imagen del documento del que se ha obtenido.

Además de establecer la evolución funcional es, también, imprescindible definir la estrategia de explotación del sistema. En este sentido, apostamos por un modelo lo más abierto posible en el que cualquier investigador pueda consultar o cargar información en Ensenator. Pensamos que la utilidad de Ensenator crecerá exponencialmente cuantos más catastros haya registrados y más posibilidades ofrezca para hacer estudios comparados entre diferentes fuentes catastrales. Para ello, es necesario incorporar al mayor número posible de investigadores como usuarios de Ensenator. No solo se debería abrir la posibilidad de que los investigadores incorporasen nuevos catastros, sino que se debería permitir también que aquellas personas que tuvieran conocimientos técnicos suficientes pudieran desarrollar nuevas funcionalidades como, por ejemplo, la creación de nuevos informes.

Estos principios de colaboración, de compartir la información generada, rigen proyectos muy exitosos en el ámbito de las nuevas tecnologías, como las comunidades de software libre o portales de indudable éxito como Wikipedia. Es cierto que el registro de un catastro es un trabajo muy laborioso y pueden existir justificados recelos para compartir esta información, antes incluso de haber publicado en forma de artículo o ponencia los resultados de la investigación. En este sentido, para fomentar el uso de Ensenator, se podría habilitar al investigador que haya registrado un catastro la posibilidad de que él mismo estableciera en cada momento el nivel de visibilidad que quisiera otorgarle a su trabajo: desde información totalmente pública, restringida a un grupo de investigación concreto o totalmente privada y de uso individual.

A modo de conclusión, aunque Ensenator es ya una realidad plenamente operativa, pensamos que el éxito de una iniciativa de este tipo dependerá de la aceptación y trabajo colectivo de la comunidad científica interesada en el campo de investigación de los catastros históricos. Invitamos a todos los interesados a unirse a este proyecto y aunar esfuerzos en la futura evolución del sistema.

BIBLIOGRAFÍA

Bringas Gutiérrez, Miguel Ángel: "Un catastro poco conocido: el apeo y evaluación general de Martín de Garay, 1818-1820", *CT Catastro,* 47, (2003), pp. 143-157.

——: "Estructura documental de los Cuadernos Generales de la Riqueza de Martín de Garay, 1818-1820", *CT Catastro,* 64, (2008), pp. 79-109.

—— y Camarero Bullón, Concepción: "El Escorial de Abajo: una villa a la sombra del Real Monasterio después de la Guerra de la Independencia", *Libros de la Corte,* 15, (2022), pp. 225-258.

Camarero Bullón, Concepción: "El Catastro de Ensenada, 1749 – 1759: diez años de intenso trabajo y 80.000 volúmenes manuscritos", *CT Catastro,* 46, (2002), pp. 61-88.

—— y Campos, Jesús: "El vecindario de Ensenada, 1759", Madrid, España: Centro de Gestión Catastral y Cooperación Tributaria y Tabapress, colección Alcabala del Viento, serie alfabética B, 4 volúmenes, 1991.

García Juan, Laura (2015): "Sistema informático de gestión integral de fuentes geohistóricas (SIGECAH)" (tesis doctoral), Madrid, Universidad Autónoma de Madrid, 2015.

——, Álvarez Miguel, Ángel J., Camarero Bullón, Concepción, Escalona Monge, Julio: "Generación de una metodología para la gestión y recreación cartográfica a partir de información del Catastro de Ensenada", *GeoFocus,* 12, (2012), p. 268-302.

13.
ARTÍFICES DE METALES PRECIOSOS EN LA CIUDAD DE CÓRDOBA: UNA APROXIMACIÓN A SU ESTUDIO A TRAVÉS DEL CATASTRO DE ENSENADA

Yolanda Victoria Olmedo Sánchez
Universidad de Córdoba

Los fondos del Catastro de Ensenada constituyen una inagotable fuente de información para el estudio de múltiples aspectos de la España del siglo XVIII.[1] Se trata de una riquísima documentación que ha sido objeto de un amplio análisis desde mediados del siglo pasado, partiendo de las perspectivas de diversas disciplinas como la geografía, la historia o la economía. Asimismo, algunos estudios historiográficos se han centrado en analizar las novedosas metodologías aplicadas en los últimos años para su investigación (Díaz López, 2012: 201-216). Tan alentador panorama no parece extenderse al ámbito de la historia del arte, pese a que fueron varias las publicaciones en los años centrales del siglo XX y en las décadas siguientes (Arribas Arranz, 1947-48; Arrúe, Martínez Glera, 1974: 245-254; Brasas Egido, 1975: 431, 434-435; Fariñas Guerrero, 1983: 22-30), que vinieron a subrayar el gran interés que ofrece este repertorio documental para esta disciplina. Sin embargo, este incipiente entusiasmo ha sido proseguido por muy pocos historiadores del arte.

Por tal razón, intentamos contribuir a solventar dicho vacío con la presente aportación centrada en la ciudad de Córdoba. El tema elegido para esta ocasión gira en torno a una de las actividades artísticas que mayor reconocimiento otorgaron a la capital cordobesa durante la Edad Moderna: la platería. Si bien es cierto que existen algunas publicaciones sobre los plateros de otras ciudades españolas en el Catastro de Ensenada (Candel Crespo, 1992-1993; Hidalgo González, 2022), así como sobre los plateros cordobeses en los que se ahonda en esta fuente documental (Fernández González, 1985; Valverde Fernández, 2001), en el presente capítulo abordaremos aspectos no tratados en estos estudios, al tiempo que analizaremos otros oficios relacionados con los metales preciosos: tiradores y batihojas y doradores.

En las siguientes páginas nos centraremos en el análisis de estos grupos de artífices en la ciudad de Córdoba, en un marco histórico de gran trascendencia, como es el Setecientos, dados los programas reformistas que se acometieron en nuestro país durante esta

[1] El presente estudio se inscribe en el proyecto de investigación titulado: *Avanzando en la modelización: fuentes catastrales y paracatastrales en el Antiguo Régimen. Territorio, población, recursos, funciones* (PID2019-106735GB-C22), Ministerio de Ciencia e Innovación, Agencia Estatal de Investigación, cuya investigadora principal es Mª Soledad Gómez Navarro, subproyecto del proyecto coordinado: *Las fuentes geohistóricas, elemento para el conocimiento continuo del territorio: retos y posibilidades de futuro a través de su complementariedad* (FGECCT).

centuria. Precisamente, resultante de dichas renovaciones, el Catastro de Ensenada fue un proyecto ilustrado impulsado por Zenón de Somodevilla y Bengoechea, I marqués de la Ensenada. Siendo ministro de Fernando VI, se propuso efectuar en la corona de Castilla una reforma hacendística, sustituyendo el antiguo sistema fiscal de múltiples tributos por un solo impuesto: la única contribución. Aunque esta no llegara a implantarse, el proyecto generó una amplísima documentación cuyo estudio nos permite conocer, en este caso, los nombres propios, las familias o las propiedades de quienes trabajaron dentro del arte de la platería y de otros oficios relacionados con el oro y la plata. Precisamente, algunas de estas actividades artísticas se verían afectadas por otras reformas ilustradas posteriores a esta empresa fiscal y que, por el contrario, sí llegaron a aplicarse.

Para abordar del estudio propuesto atenderemos a la información resultante de las Respuestas generales del Catastro de Ensenada, en concreto, de dos preguntas del cuestionario: la nº 32: Si en el pueblo hay algún tendero de paños, ropas de oro, plata y seda, lienzos, especería u otras mercadurías, médicos, cirujanos, boticarios, escribanos, arrieros, etc. y qué ganancia se regula puede tener cada uno al año; y la pregunta nº 33: ¿Qué ocupaciones de artes mecánicos hay en el pueblo, con distinción, como albañiles, canteros, albéitares, herreros, sogueros, zapateros, sastres, pelaires, tejedores, sombrereros, manguiteros y guanteros, etc. sobre las ocupaciones de artes mecánicas, es decir, oficios?. Asimismo, analizaremos los datos que sobre el tema en cuestión proporcionan los Libros de lo real y de cabezas de casa de seglares de esta misma fuente documental, llamados en Córdoba Libro de haciendas y Libro de familias de seglares, respectivamente.

ARTISTAS DE ORO Y PLATA

Dentro de la joyería el grupo principal era el constituido por los plateros, orfebres que trabajaban el oro, la plata y las piedras preciosas. Precisando la nomenclatura, en Córdoba, los plateros recibían también la denominación de "artistas de oro y plata", mientras que las piedras preciosas eran trabajadas por los "lapidarios", término empleado igualmente en Sevilla (Sanz Alonso, 2012: 196-197).

La capital cordobesa comenzó a ser reconocida como un referente de la platería en los siglos xv y xvi, época en la que empieza a conocerse mejor lo relacionado con los metales preciosos y sus profesionales. Ya desde entonces, la collación que adquirió más importancia en esta actividad fue la de Santa María, en la que trabajaban las tres cuartas partes de los plateros (Leva Cuevas, 2006: 100-101). Con posterioridad la platería cordobesa viviría un periodo de esplendor en el siglo xviii, especialmente durante la segunda mitad de esta centuria, ampliándose también la zona urbana en la que los plateros podían establecerse hacia el ámbito de la Corredera, en consonancia con la actividad comercial de la ciudad. Agrupados en la Congregación de San Eloy, la formación del maestro platero respondía al contexto artesanal, debiendo superar las fases de aprendiz y oficial para acceder, mediante examen, a la maestría que le permitía abrir taller propio. Por consiguiente, el proceso formativo era similar al de otros artífices. Sin embargo, los plateros defendieron su profesión considerándola como un verdadero arte y no como una mera actividad manual. Tal superioridad, con respecto a otras corporaciones, se materializó en la obtención de toda una serie de privilegios (Valverde Fernández, 2001: 79-83, 132-147, 326-366 y 466-467).

Según las Respuestas generales del Catastro de Ensenada (1752), en la ciudad de Córdoba se contabilizan un total de 87 maestros de plata y oro, 109 oficiales y 70 aprendices.[2] Sin embargo, tales cifras no coinciden con las recogidas en el tomo V Libro de familias de legos de esta magna averiguación. Tal inexactitud se justifica por el hecho de que el Interrogatorio fue el primer acto de tan ambiciosa empresa, previo al meticuloso reconocimiento que posteriormente se hizo de todas las declaraciones. De hecho, no fue planteado con la finalidad de recoger datos exactos, sino valores aproximados y algunos apuntes generales y necesarios para proceder después a determinar las rentas individuales (López Ontiveros, 1990: 7-8).

Por otro lado, las referencias al Catastro realizadas por autores ya citados como Brasas Egido, Fernández González y Valverde Fernández, no coinciden. A este respecto, compartimos la opinión de José Manuel Cruz Valdovinos sobre la relación más completa, que es la ofrecida por Valverde Fernández. Este autor recoge 108 maestros con obrador, 30 maestros feriantes y diez comerciantes. Maestros plateros que suman un total de 148. Los oficiales de plateros son 118, existiendo además seis maestros que trabajan como oficiales y 63 aprendices. En relación con el número de maestros plateros se ha de precisar también el hecho de que, entre 1746 y 1752, fueron aprobados 46 artífices de los que tan solo veinticuatro aparecen en el catastro. Dado que dos de los maestros aprobados eran de Ronda, cabría la posibilidad de que unos 20 ya hubieran abandonado la profesión, o bien se hubieran ausentado de Córdoba (Valverde Fernández, 2001: 564-569; Cruz Valdovinos, 2007: 106).

En la amplia nómina de maestros de platería que se hayan en activo en la fecha en la que se elabora el Catastro de Ensenada, encontramos nombres propios de los que apenas se conocen datos biográficos u obras, en contraposición a otros, como Tomás Jerónimo de Pedrajas o Damián de Castro.

Tomás Jerónimo de Pedrajas (1690-1757) fue, además de platero, arquitecto y escultor. Estuvo vinculado en lo personal con el arquitecto Teodosio Sánchez de Rueda (1676-1730), ya que en 1716 contrajo matrimonio con su hija. Tal vinculación se extendió también al ámbito profesional, dado que su suegro lo asociaría a sus empresas y trabajos. Accedió al título de maestro platero en 1719, participando activamente a partir de entonces en

[2] Así se deprende de la respuesta a la pregunta nº 33. Archivo General de Simancas (AGS), Dirección General de Rentas (DGR) 1ª remesa. Libro 123, ff. 421-428. En la pregunta nº 32 se recogen los nombres de aquellos plateros "que además de alhajas de oro, plata y piedras que fabrican en su oficio, compran y venden otras…", ff. 351-351 vto. Las Respuestas generales de Córdoba están disponibles en el portal PARES.

la Congregación de San Eloy. De hecho, fue uno de los examinadores de Damián de Castro en las pruebas para la obtención de la maestría en el arte de la platería. Asimismo, colaboró con otros afamados plateros, como Alonso de Aguilar (fallecido en 1725) y Bernabé García de los Reyes (1696-1750). En la última etapa de su trayectoria artística obtuvo el cargo de platero mayor de la catedral de Granada (Valverde Madrid, 1974: 210-212; Rivas Carmona, 2001: 222-225).

En la respuesta a la pregunta nº 33 del Interrogatorio general aparece citado al final de la relación de plateros, como don Tomás de Pedrajas, con una utilidad diaria de tres reales, resultante de su trabajo en dicho oficio.[3] Asimismo, en el tomo V del Libro de familias de de seglares aparece como cabeza de familia, viudo, con un hijo llamado Tomás, aprendiz de platero y tres hijas. No se especifica su edad, si bien, a tenor de la fecha de nacimiento, tendría 61 o 62 años.[4]

La figura de Damián de Castro y García Osorio (1716-1793) trasciende el ámbito cordobés hasta el punto de convertirse en uno de los plateros españoles más importantes del siglo xviii. Formado en el taller de platería de su padre, Juan de Castro, fue igualmente yerno del citado Bernabé García de los Reyes. Tras convertirse en maestro platero en 1736, su trayectoria comienza a cobrar impulso en los años centrales del siglo, periodo en el que se elabora el Catastro de Ensenada. Durante la segunda mitad de la centuria trabaja para la catedral de Córdoba y recibe encargos de algunas dignidades eclesiásticas, realizando obras de envergadura, como el arreglo de la custodia de Enrique de Arfe, la Virgen de la Candelaria, donada por el canónigo Goyeneche, o la imagen de San Rafael, costeada por el racionero Nicolás Moyano y Armenta. Realiza obras para templos cordobeses y de otras localidades españolas, destacando los trabajos efectuados para la catedral de Málaga. Recibe también encargos de varios prelados, especialmente de su más importante protector: don Francisco Javier Delgado y Venegas, como obispo de las diócesis de Canarias, Sigüenza y como arzobispo de Sevilla. Entre sus principales clientes se hayan varios nobles de la época, como el XII duque de Medinaceli o los marqueses de Peñaflor. Por consiguiente, el ingente trabajo que debió de asumir justifica que en su taller llegase a emplear a más de trece oficiales de platero, logrando una amplísima producción (Valverde Madrid, 1964: 34, 37-41 y 44; Cruz Valdovinos, 1982: 341-342; García León, 2006: 217-236; Moreno Cuadro, 2006: 153-189).

En las Respuestas generales del Catastro de Ensenada, Damián de Castro figura como uno de los plateros con mayores beneficios, regulándosele cuatro mil cuatrocientos reales anuales. Destaca también entre los 45 artistas de oro y plata con distinción.[5] Asimismo, en el tomo V del Libro de familias de seglares es citado como cabeza de familia, casado y con dos hijos pequeños: Rafael, de año y medio, y Juan Antonio, de tres meses de edad. Junto a la familia reside la suegra, cuatro criadas y dos sirvientas. Damián de Castro

[3] AGS, DGR, 1ª remesa, libro 123, f. 424 vto.
[4] AHPC, CE, LF, tomo V, ff. 239 v. 240.
[5] AGS, DGR, 1ª remesa, libro 123, ff. 352 y 421.

dispone también de un oficial de platero de dieciocho años, llamado Bernabé García, de cuatro oficiales más y de un aprendiz.[6] El joven oficial de platero referido es hermano de su esposa, María Rafaela García y Aguilar. Hijo y también discípulo de Bernabé García de los Reyes, trabaja anónimamente en su taller, si bien, en 1755, obtendría el título de maestro de platero (Ortiz Juárez, 1977: 141 y 156)[7] (figura 1).

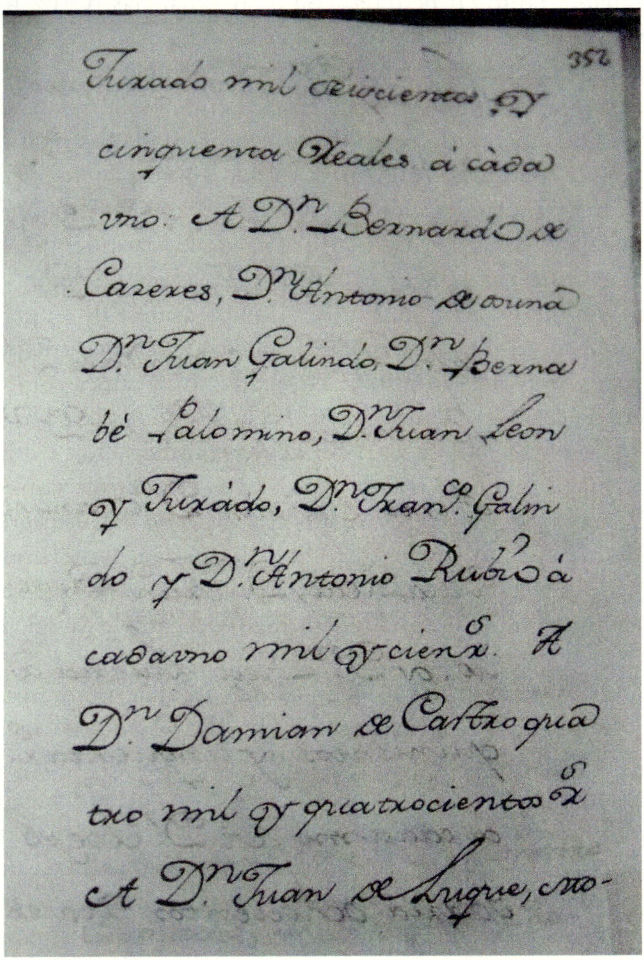

352

Tixado mil doscientos y
cinquenta Reales à cada
vno. A Dn. Bernardo de
Cazeres, Dn. Antonio de Luna
Dn. Juan Galindo, Dn. Berna
bé Palomino, Dn. Juan Leon
y Tixado, Dn. Fran.co Galin
do y Dn. Antonio Rubio à
cada vno mil y cien reales. A
Dn. Damian de Castro qua
tro mil y quatrocientos reales
A Dn. Juan de Luque, otro-

Figura 1. Ingresos del platero Damián de Castro y otros profesionales en las Respuestas generales del Catastro de Ensenada de Córdoba (AHPC, CE, RG, f. 352. Fotografía: Yolanda Victoria Olmedo Sánchez).

6 AHPC, CE, LF, tomo V, ff. 215 v-216.

7 De hecho, vuelve a ser citado en la misma documentación, en la relación de oficiales de platería. AHPC, CE, LF, tomo V,

Hemos de recordar que, tras el fallecimiento de Bernabé García de los Reyes, su viuda, María de Aguilar, viviría durante cuatro años con Damián de Castro y su familia, tal y como se especifica en la escritura de compañía mercantil acordada a principios de 1751 entre suegra y yerno. En dicho documento, Damián de Castro se comprometía a administrar el negocio y a continuar las obras iniciadas por Bernabé García de los Reyes. Una labor que venía a compensar la mayor porción de caudal puesto María de Aguilar, siendo ambos iguales, tanto en pérdidas como en ganancias (Ortiz Juárez, 1977: 141; Moreno Cuadro, 2006: 151 y 154; Valverde Madrid, 1964: 33-34, 54-55).

En lo sucesivo, la familia sería ampliada con el nacimiento de más hijos, viviendo en una holgada situación económica derivada de la intensa labor artística del maestro, sumada a su inclusión en el mundo de los negocios, actividad esta última que también le ocasionaría grandes pérdidas. Al éxito alcanzado como platero, Damián de Castro quiso añadir una mayor consideración social de su persona y, destacando la nobleza de su linaje, se haría llamar "caballero hijosdalgo" (Valverde Madrid, 1964: 37). Adquiría así una distinción que venía a situarlo en el escalafón de la baja nobleza.

Sin embargo, no fue Damián de Castro el único artífice de su gremio en obtener dicha consideración social. Precisamente, en la relación de maestros plateros recogida en la documentación local del Catastro de Ensenada, se especifica cómo algunos poseen también la distinción de "hijosdalgos". Tal es el caso de don Nicolás Vázquez de la Torre, viudo de 55 años, don Manuel Vázquez, casado de veintidós años, y don Antonio Martínez Mateos de Rivera, viudo de sesenta años, siendo este último también comerciante de dicho género.[8] A este respecto, se ha de subrayar el hecho de que el gremio de plateros había implantado, desde 1729, los expedientes de limpieza de sangre que han de entenderse como parte de la necesidad de remarcar públicamente su prestigio corporativo, más que por demostrar una inútil ascendencia cristiano-vieja en pleno siglo de la Ilustración (Velasco Tejedor, 2017: 199-200).

Hemos de indicar también otros reconocimientos que ostentaron algunos plateros cordobeses. Tal es el caso de Bernardo de Heredia, casado de cincuenta años, que además de maestro platero posee el título de familiar del Santo Oficio.[9] Cabe recordar que dicho nombramiento tenía la función de informar de todo aquello que resultase de interés para la Inquisición. No obstante, durante el siglo xviii se irían reduciendo progresivamente los efectivos y privilegios de este cargo por la escasa actividad del Santo Oficio, convirtiéndose cada vez más en un mero puesto honorífico reservado a personas de elevada posición social. Incluso, en relación con este título, durante el reinado de Fernando VI existieron numerosas plazas vacantes en Córdoba. El propio marqués de la Ensenada llegaría a pronunciarse en 1751 sobre este tema, criticando los privilegios de los que gozaban los familiares del Santo Oficio. Tales prerrogativas no serían suprimidas

[8] AHPC. Catastro de Ensenada (CE), Libro de familias (LF), tomo V, ff. 234-234 v. y 244 v.

[9] AHPC. CE, LF, tomo V, ff. 225-225 v.

hasta principios del siglo XIX, unos años antes de la abolición definitiva de la Inquisición (Cerrillo Cruz, 1995: 177, 186-204).

Con o sin distinciones, en el Catastro de Ensenada los maestros plateros suelen recibir el tratamiento de "don". Se desconoce si ello responde a un logro de su gremio, a una distinción a su trabajo, o a su estatus social (Gómez Navarro, Lama Romero, Martín Martínez, 2022: 138). Tal cortesía se hace igualmente extensible a la mayoría de los oficiales de plateros recogidos en la misma fuente documental.

Como ya hemos indicado, el título de maestro permitía al artífice abrir taller. En relación al ámbito de trabajo, se ha de subrayar la importancia que adquiere la familia en la producción artesanal del Antiguo Régimen, ya que constituye el núcleo para el aprendizaje de un oficio. De este modo, se constata la presencia de hijos varones trabajando junto a sus padres como oficiales o bien como aprendices (López Muñoz, López Muñoz, 1996: 169). En lo que respecta a la platería, se trata de una realidad de la que también queda constancia en el Catastro de Ensenada. Los maestros plateros suelen contar, salvo excepciones, con la ayuda de algunos hijos como oficiales o aprendices.

Sirva de ejemplo Juan Sánchez Izquierdo, viudo de 62 años, con dos hijos: Juan de 38 años y Eloy de veinticinco, ambos oficiales de dicho arte. Este maestro platero disponía también en su taller de dos oficiales y un aprendiz.[10] Tratándose de un destacado platero cordobés, cuenta con una amplia obra documentada. De él se sabe que en 1711 contrajo matrimonio con Leonor de Soto y que adquirió el título de maestro poco después, en 1714 (Ortiz Juárez, 1973: 85; Valverde Candil, Rodríguez, 1994: 86-121, 186-189; Moreno Cuadro, 2006: 136-141).

Hemos de subrayar también a Cristóbal Ceballos y Buenrostro –citado en el catastro solo con el primer apellido–, que accedió al título de maestro el 22 de julio de 1730, junto con su hermano José. Entre 1751 y 1758 ostentó el cargo de secretario del Colegio de Plateros (Ramírez de Arellano y Díaz de Morales, 1893: 59; Muñoz y Manzano, 1894: 107; Ortiz Juárez, 1973: 89 y 103). Casado, y de edad de 41 años –uno más que su hermano–, este platero tiene tres hijos: Cristóbal de diecisiete años, Pedro de diecinueve, ambos oficiales de platero, y Francisco, de once años, aprendiz del mismo arte.[11]

Si los hijos oficiales de estos maestros plateros accedían a dicho título tras examen, la continuación del taller por la saga familiar estaba asegurada. En algunos documentos del archivo del Colegio de Plateros, publicados en su momento por Dionisio Ortiz Juárez, figura el único hijo de Damián de Castro dedicado a este oficio, así como los hijos de los citados Juan Sánchez Izquierdo y Cristóbal Ceballos. De Juan de Castro y García, hijo de Damián de Castro, se sabe que obtuvo el título de maestro platero el 3 de febrero de 1779. Del platero Juan Sánchez Izquierdo, tan solo se cita a su hijo Juan Sánchez Soto,

[10] AHPC, CE, LF, tomo V, f. 229. Este platero también es citado en las respuestas a las preguntas nº 32 y 33 del Interrogatorio general (AGS, DGR, 1º remesa, libro 123, ff. 353 y 422 vto.

[11] AHPC, CE, LF, tomo V, ff. 242 v.-243 y 244.

examinado el 22 de junio de 1756, sin aparecer constancia alguna del referido Eloy.[12] Aprobado el examen de maestría el 16 de junio de 1755, será admitido en la Congregación de San Eloy unos días antes, concretamente, el 7 de junio. Al año siguiente se hizo cargo del taller familiar al fallecer su padre (Ramírez de Arellano y Díaz de Morales, 1803: 247-248; Ortiz Juárez, 1977: 141 y 163; Moreno Cuadro, 2006: 212-219 y 222-223).

Por su parte, Cristóbal Ceballos contó con una mayor proyección familiar en el oficio. Sus dos hijos mayores, Cristóbal y Pedro Ceballos, alcanzaron la maestría también el 22 de junio de 1756 (Ortiz Juárez, 1977: 141, 149, 154 y 163). Sin embargo, desconocemos cuál fue la trayectoria seguida en lo sucesivo por Francisco, el menor de sus hijos, que en el Catastro figura como aprendiz.

En el tomo V del Libro de familias de seglares del Catastro de Ensenada se especifican también otras actividades desarrolladas por los maestros plateros. A este respecto, hemos de subrayar el marcaje y el contraste de las obras de platería, que garantizaban su calidad. Aunque surgieron de forma separada, el marcaje y el contraste quedaron unificados en el siglo xviii, utilizándose de manera más generalizada, al menos en Córdoba, el término de contraste. Dicha función consistía en estampar con un punzón, sobre las piezas elaboradas, una serie de marcas referentes al autor de las mismas, a la ciudad en la que habían sido realizadas, así como a la legalidad con las que habían sido fabricadas (Ortiz Juárez, 1980; Herráez Ortega, 1999: 263-264; Valverde Fernández, 2001: 435-465). De este modo, en el citado tomo V del Catastro figura como contraste Francisco Taramas, maestro platero de 56 años. Casado y padre de siete hijas y un hijo, vuelve a reiterarse lo ya comentado en ejemplos anteriores. El único hijo varón –llamado Miguel, de dieciséis años de edad– queda vinculado al oficio como aprendiz de platero.[13]

Muchos maestros de platería son además feriantes, como José de la Cruz Almagro, casado de edad de cuarenta años, que cuenta entre su prole con un hijo de quince años, aprendiz de platero.[14] Como feriantes estos artífices se dedicaban especialmente a la distribución y venta al por menor, fuera de la ciudad, de los productos de platería realizados en los talleres cordobeses. Por su parte, la labor de los comerciantes de platería se centraba en la venta al por mayor de las obras correspondientes a este arte. Carecían de taller y, por consiguiente, no realizaban las piezas de platería que vendían, si bien se les exigía el título de maestro para la labor comercial que desempeñaban. En realidad, estos últimos constituyeron un reducido grupo de plateros. En el Catastro de Ensenada se contabilizaban tan solo diez comerciantes, aunque la cifra aumentaría un poco durante la segunda mitad de la centuria (Valverde Fernández, 2001: 386-387, 393-421 y 565).

[12] En la relación de oficiales sí figura, en cambio, Cristóbal Sánchez Izquierdo, de veintiséis años. AHPC. CE, LF, tomo V, f. 253 v. Posiblemente se trate de Cristóbal Sánchez Soto que, según especifican algunos autores, era hijo del platero Juan Sánchez Izquierdo. Sin embargo, en el catastro se recoge que dicho platero tiene dos hijos llamados Juan y Eloy.

[13] AHPC, CE, LF, tomo V, f. 233.

[14] AHPC, CE, LF, tomo V, f. 216 v.

Asimismo, algunos maestros plateros desempeñan este oficio compaginándolo con otras tareas. Es el caso de Juan Félix de León y Narváez, casado de 53 años, que también es comerciante en cera. En su taller tiene a un hijo llamado Juan, de veintidós años, maestro del mismo arte, trabajando de oficial; o el de Jerónimo del Hoyo, casado, de 64 años, que además tiene tienda de mercería. Este último tiene un hijo de diecisiete años aprendiz de platero. Por su parte, Matías García Vela, casado, de cincuenta años, además de maestro platero es también labrador por mano ajena. En su taller cuenta con tres oficiales y un aprendiz. Sin embargo, en esta ocasión su hijo mayor, llamado Francisco, es colegial y no sigue los pasos profesionales del padre[15] (figura 2).

Figura 2. Custodia de plata sobredorada, obra cordobesa de la segunda mitad del siglo XVIII, obra perteneciente a la Diputación Provincial de Córdoba. (Fotografía: Departamento de Comunicación e Imagen, Diputación Provincial de Córdoba).

[15] AHPC, CE, LF, tomo V, ff. 217 v.-218, 219 v-220 y 245 v.

OTROS ARTÍFICES RELACIONADOS CON LOS METALES PRECIOSOS

Siguiendo nuestro recorrido por el apasionante trabajo con oro y plata durante el siglo XVIII, hemos de referirnos a otras profesiones recogidas por el Catastro de Ensenada. Nos referimos a las tareas desempeñadas por tiradores y batihojas, esenciales no solo para la platería sino también para el desempeño de otras actividades artesanales.

El oficio de tirador consistía en reducir el metal precioso a hilo. Pertenecientes también al gremio de plateros, los tiradores se relacionaban con las industrias textiles, realizando una serie de labores exigidas por la moda o el gusto de los compradores, que se empleaban en la decoración de tejidos y bordados, enriquecidos tanto por el metal empleado como por la laboriosa fabricación. De este modo, entre las diversas formas que se aplicaban a los bordados destacaba el canutillo, que formaba menudos dibujos geométricos que solían añadirse a los bordados de flores, o los galones, que podían ser de una o dos caras (Aranda Bernal, 1988: 30 y 32).

La labor desempeñada por los tiradores era esencial también para los brocados, telas entretejidas con hilos de oro y plata, respondiendo por consiguiente al calificativo de "telas ricas", formando figuras de flores, animales o formas geométricas. En esta actividad destacó la vecina ciudad de Sevilla, adquiriendo un gran esplendor en la elaboración de estos ricos tejidos, si bien en los años centrales del Setecientos sus manufacturas mostraban ya claros síntomas de decadencia ante la competencia de otros centros productores de tejidos, como Lyon, que vinieron a sustituir a las telas de oro y plata elaboradas en la capital hispalense (Pérez Morera, 2022: 38-39, 41-53). Tal vez sea esta la razón por la cual, según las Respuestas generales del Catastro de Ensenada, en la ciudad de Córdoba figurase tan solo un tirador de oro y plata para hojuela[16]: Gregorio de la Cuesta y Cea, que también recibe el tratamiento de "don" y con una utilidad anual de dos mil doscientos reales.[17] Asimismo, dicho oficio no parecía tener gran proyección para el futuro, dada la ausencia de oficiales y la existencia de un solo aprendiz.

En cuanto a los batihojas, vocablo resultante de la contracción de los términos batidores de hojas de oro o de plata, su función era la de golpear tales metales con unos mazos hasta darles la forma y consistencia de papel. Por consiguiente, el resultado final era la elaboración de panes o láminas de oro o plata, materia prima que posteriormente aplicaban los doradores sobre otro metal o sobre la madera. Se trataba del único oficio que hacía uso del oro y la plata químicamente puros y sin mezcla alguna, a diferencia de la elaboración de monedas, alhajas y otras obras de metales preciosos, en los que la mezcla con otros metales les permitía adquirir más dureza, resultar más fusibles y trabajarse mejor (Córdoba de la Llave, 1988: 756-757; Gómez Navarro, Lama Romero y Martín Martínez, 2022: 138).

[16] Según el *Diccionario* de la Lengua Española: "Hoja muy delgada, estrecha y larga, de oro, plata u otro metal, que sirve para galones, bordados, etc." https://dle.rae.es/hojuela

[17] AGS, DGR, 1ª remesa, libro 123, ff. 355-355 v.

En las Respuestas generales del Catastro de Ensenada se citan cuatro maestros batihojas "con distinción" –según se recoge textualmente en el documento–, a cuyos nombres se antepone igualmente "don": Mateo López Vidad, Manuel Camacho, Juan Lorente y Antonio Camacho, siete oficiales y cuatro aprendices.[18] No es un número muy elevado, pero constituían un poderoso gremio en Córdoba (Gómez Navarro, Lama Romero y Martín Martínez, 2022: 138).

El dorador en la tradición artística cordobesa

Relacionada también con los metales preciosos, la función del dorador era la de cubrir de oro algún metal o madera. Algunas poblaciones cordobesas, como Aguilar, Puente Genil y Montilla, constituían un núcleo de doradores, siendo otro Lucena y Priego. Sin embargo, la capital agrupaba al 56 % de los maestros que se dedicaban a este oficio y, a diferencia de los núcleos citados, en Córdoba se distinguía al dorador sobre madera del que lo hacía sobre metal (Gómez Navarro, Lama Romero y Martín Martínez, 2022: 137-138). De este modo, en las Respuestas generales se citan un total de nueve maestros doradores: "los siete en maderas y los dos en metal, a seis reales, sin distinción."[19]

La formación de los doradores pasaba también por los títulos de aprendiz y oficial para acceder a la maestría, previa superación de examen, pudiendo ya en tales circunstancias abrir taller. Las Respuestas generales no citan aprendices, pero sí especifican la existencia de "cuatro oficiales de los de madera, a cuatro reales vellón."[20] Conviene precisar también el hecho de que en realidad no existía una clara delimitación, que permitiese separar la labor profesional de los pintores "de historia" y de los doradores. Tan solo en aquellos centros de gran actividad artística, como Madrid o Sevilla, existía un número considerable de artífices dedicados a la labor pictórica en sentido estricto (Payo Hernanz, 1996: 66). Por lo tanto, en la ciudad de Córdoba lo habitual era que los pintores realizasen las labores de dorado, una actividad que fue intensa durante la época del Barroco, estando ligada a obras de esculturas, retablos y otros muebles litúrgicos. Incluso, la labor de dorado corrió a cargo también de destacadas figuras, como la del arquitecto, escultor y retablista Alonso Gómez de Sandoval (1713-1801). De hecho, este polifacético artífice pertenecía a una conocida saga de maestros doradores: los Gómez Caballero, siendo su primera obra documentada, con fecha del dos de septiembre de 1738, la del dorado del retablo de la capilla de San Antonio de la catedral cordobesa (Valverde Madrid, 1962: 47 y 55) (figura 3).

[18] AGS, DGR, 1ª remesa, libro 123, ff. 420 v.-421.
[19] AGS, DGR, 1ª remesa, libro 123, f. 419.
[20] Ídem.

Figura 3. Pan de oro rodeado por algunos de los instrumentos y materiales propios del oficio de dorador. Muestra retrospectiva: "El Palacio de la Merced. Un patrimonio recuperado", Diputación Provincial de Córdoba. (Fotografía: Yolanda Victoria Olmedo Sánchez).

A partir del último tercio del siglo xviii los doradores quedarían muy afectados por los postulados ilustrados y, en concreto, por las reales órdenes del veintitrés y veinticinco de noviembre de 1777, con el fin de controlar la arquitectura civil y religiosa, así como el mobiliario litúrgico de los templos. En este último punto, y en lo que respecta al retablo, se pretendía garantizar "el buen gusto", dándole un aspecto majestuoso, pero sin la profusa decoración que hasta entonces habían tenido y evitar también el peligro de incendios (Martín González, 1988: 33-34 y 1992: 489). De ahí que se abogara por el abandono de la madera en la construcción de retablos y el empleo en su lugar de otros materiales, como el mármol, la piedra o el estuco. Asimismo, el dorado suponía un elevado coste, a lo que se sumaba el latente riesgo de la desmonetización. A tales normas se añadirían posteriormente otras, destacando las de 1782, que permitían a los escultores dorar, broncear y jaspear sus obras (Cabezas García, 2015: 301).

El futuro de los doradores no se presentaba nada halagüeño. Todo lo expuesto suponía el fin del oficio, estando obligados a reconvertir su trabajo para adaptarse a los nuevos tiempos y poder subsistir, tarea que a la postre no resultaba nada fácil (Ansón Navarro, 1987: 508-509; Cabezas García, 2015: 304-305). En cualquier caso, la pervivencia del Barroco en Andalucía hizo que la tradición del dorado se mantuviese hasta finales del siglo xviii, eso sí, entrando en pugna con los nuevos postulados académicos. De hecho, las tendencias neoclásicas serían introducidas en Córdoba desde el mismo ámbito eclesiástico, durante el mandato episcopal de Antonio Caballero y Góngora (1789-1796).

CONSIDERACIONES FINALES

Pese a la presencia de algunas imprecisiones que se desprenden del Catastro de Ensenada en lo que respecta a la numeración de artífices de la platería o a la especificación de algunos datos referentes a los mismos, podemos afirmar que nos encontramos ante una de las principales fuentes históricas para abordar el estudio de este oficio en la ciudad de Córdoba a fines del Antiguo Régimen. Tanto las Respuestas generales como el resto de documentación de nivel local del Catastro de Ensenada, ofrecen una sustanciosa información que permite ser contrastada con la procedente de otras fuentes, especialmente con los documentos de protocolos notariales que suelen ser muy precisos en lo concerniente a nombres, parentescos o fechas. Dicha tarea será abordada en próximos estudios, dado que el objetivo del presente capítulo era mostrar la riqueza de contenido que encierra este repertorio documental para la Historia del Arte, ejemplificado, en este caso, en los artífices de metales preciosos en la ciudad de Córdoba.

BIBLIOGRAFÍA

Ansón Navarro, Arturo: "El gremio de doradores de Zaragoza (1675-1820)", en *Homenaje a Federico Balaguer*, Huesca, Instituto de Estudios Altoaragoneses, 1987, pp. 485-511.

Aranda Bernal, Ana María: "Acerca de los batidores y tiradores de oro del siglo xviii en Sevilla", *Atrio: Revista de Historia del Arte*, 0 (1988), pp. 29-34. Recuperado de: https://www.upo.es/revistas/index.php/atrio/article/view/3424/2681

Arribas Arranz, Filemón: "Dos censos vallisoletanos de artistas", *Boletín del Seminario de Estudios de Arte y Arqueología: BSAA*, 14 (1947-48), pp. 232-237.

Arrúe, Begoña y Martínez Glera, Enrique: "Los artistas de la provincia de Logroño, según los fondos del Catastro del Marqués de la Ensenada", *Berceo*, 87 (1974), pp. 245-254.

Brasas Egido, José Carlos: "Aportaciones a la historia de la platería barroca española", *Boletín del Seminario de Estudios de Arte y Arqueología: BSAA*, 40-41 (1975), pp. 427-444.

Bruquetas Galán, Rocío: "Los gremios, las ordenanzas, los obradores", en Araceli Gabaldón García y Pilar Ineba Tamarit (dirs.): *La pintura europea sobre tabla siglos xv, xvi, xvii*, Madrid, Ministerio de Cultura, 2010, pp. 20-31.

Cabezas García, Álvaro: "Algunos datos sobre los doradores de la segunda mitad del siglo xviii en el arzobispado hispalense", *Anuario de Historia de la Iglesia Andaluza*, 8 (2015), pp. 299-319.

Candel Crespo, Francisco: "Los Plateros de Murcia en el Catastro del Marqués de la Ensenada (1756)", *Imafronte*, 8-9 (1992-93), pp. 61-104.

Cerrillo Cruz, Gonzalo: "Los familiares de la Inquisición en la época borbónica", *Revista de la Inquisición*, 4 (1995), pp. 177-204.

Córdoba de la Llave, Ricardo: "Los batihojas y las técnicas de ornamentación en metal (siglos xv y xvi", en Mariano Esteban Piñeiro, Nicolás García Tapia *et al.* (coords.): *Estudios sobre Historia de la Ciencia y la Técnica II. IV Congreso de la Sociedad Española de Historia de las Ciencias y las Técnicas*, Valladolid, Junta de Castilla y León, Consejería de Cultura y Bienestar Social, 1988, pp. 755-772.

Cruz Valdovinos, José Manuel: "Seis obras inéditas y algunas cuestiones pendientes sobre el platero cordobés don Damián de Castro", *Boletín del Seminario de Estudios de Arte y Arqueología: BSAA*, 48 (1982), pp. 327-350. Recuperado de: https://uvadoc.uva.es/bitstream/handle/10324/12691/BSAA-1982-48-SeisObrasIneditasAlgunasCuestionesPendientesSobrePlateroCordobes.pdf?sequence=1&isAllowed=y

——: "Damián de Castro y la platería cordobesa de la segunda mitad del siglo xviii", en Rafael Sánchez-Lafuente Gemar (coord.): *El Fulgor de la plata*, Sevilla, Consejería de Cultura, Junta de Andalucía, 2007, pp. 105-123.

Díaz López, Julián Pablo: "Entre la descripción y la metodología novedosa: medio siglo en la historiografía del Catastro de Ensenada", *Numbus: Revista de climatología, meteorología y paisaje*, 29-30 (2012), pp. 201-216. Recuperado de: http://repositorio.ual.es/bitstream/handle/10835/2977/Dialnet-EntreLaDescripcionYLaMetodologiaNovedosa-4375597.pdf?sequence=1&isAllowed=y

Estepa Giménez, Jesús: "Población y sociedad en la provincia de Córdoba a mediados del siglo xviii", en M. Peláez del Rosal (coord.): *El barroco en Andalucía. Conferencias de los Cursos de Verano de la Universidad de Córdoba*, vol. II, Córdoba, Universidad de Córdoba, 1992, pp. 109-118.

Fariñas Guerrero, Fernando: "Censos de artistas en el Catastro de Ensenada", *Boletín del Seminario de Estudios de Arte y Arqueología: BSAA*, 49 (1983), pp. 522-530. Recuperado de: https://uvadoc.uva.es/bitstream/handle/10324/12809/BSAA-1983-49-CensosArtistasCatastroEnsenada.pdf?sequence=1&isAllowed=y

Fernández González, Mª del Rosario: "Platería cordobesa: un censo de artífices y comerciantes a mediados del siglo xviii", *Apotheca*, 5 (1985), pp. 9-37.

García León, Gerardo: "En torno a la producción de Damián de Castro en Écija (Sevilla)", en Jesús Rivas Carmona (coord.): *Estudios de Platería. San Eloy 2006*, Murcia, Universidad de Murcia, 2006, pp. 217-236.

Gómez Navarro, Mª Soledad y Lama Romero, Eduardo: "Ensenada en Bachillerato: Territorio, población y poblamiento en el Reino de Córdoba a mediados del Setecientos", *ENSAYOS: Revista de la Facultad de Educación de Albacete*, 35 (2020), pp. 107-128. Recuperado de: http://www.revista.uclm.es/index.php/ensayos

—— y Lama Romero, Eduardo y Martín Martínez, Mª Teresa: *Una experiencia de innovación docente: Ensenada entre la Universidad y el Bachillerato*, Madrid, Visión Libros, 2022.

Herráez Ortega, Mª Victoria: "Los contrastes y marcadores de la platería leonesa en los siglos xvii y xviii", *Estudios humanísticos. Geografía, historia y arte*, 21 (1999), pp. 263-274. Recuperado de: https://revpubli.unileon.es/index.php/ehgha/article/view/6809/5342

Hidalgo González, Francisco: "Hacia una prosopografía de los artífices plateros malagueños a partir del Catastro de Ensenada", en Juan José Iglesias Rodríguez e Isabel M. Melero Muñoz (coord.): *Hacer Historia Moderna. Líneas actuales y futuras de investigación, V Encuentro de Jóvenes Investigadores de la FHEM*, Sevilla, Editorial Universidad de Sevilla, 2020, pp. 304-318.

Leva Cuevas, Josefa: "Una élite en el mundo artesanal de la Córdoba de los siglos xv y xvi. Plateros, joyeros y esmaltadores", Ámbitos: Revista de Estudios de Ciencias Sociales y Humanidades, 16 (2006), pp. 99-115.

López Muñoz, Miguel Luis y López Muñoz, Juan Jesús: "Artes y oficios artísticos en Granada a mediados del siglo xviii", *Espacio, Tiempo y Forma. Serie VII, Historia del Arte*, 9 (1996), pp. 157-188. Recuperado de: https://revistas.uned.es/index.php/ETFVII/article/view/2285/2158

López Ontiveros, Antonio (ed.): *Córdoba 1752. Según las respuestas generales del Catastro de Ensenada*, Madrid, Tabapress y CGCCT, 1990.

Martín González, Juan José: "Problemática del retablo bajo Carlos III", *Fragmentos*, nº 12-13-14 (1988), pp. 33-43.

——: "Comentarios sobre la aplicación de las Reales Órdenes de 1777 en lo referente al mobiliario de los templos", *Boletín del Seminario de Estudios de Arte y Arqueología: BSAA*, 58 (1992), pp. 489-496.

Moreno Cuadro, Fernando: *Platería cordobesa*, Córdoba, Obra Social y Cultural, 2006.

Muñoz y Manzano, Cipriano, conde de la Viñaza, *Adiciones al Diccionario Histórico de los más ilustres profesores de las Bellas Artes en España de D. Juan Agustín Ceán Bermúdez*, T. IV, Madrid, Imprenta y Litografía de los Huérfanos, 1894.

Pérez Morera, Jesús: "Las manufacturas sederas sevillanas: una aproximación a las telas brocadas de los siglos xvii y xviii", *Laboratorio de Arte*, 34 (2022), pp. 37-66. Recuperado de: https://revistascientificas.us.es/index.php/LAB-ARTE/article/view/22161/19539

Ortiz Juárez, Dionisio: "El libro de registro de hermanos y actas de visitas de la Congregación de San Eloy", *Boletín de la Real Academia de Córdoba de Ciencias, Bellas Letras y Nobles Artes*, 93 (1973), pp. 71-116.

——: "Relación de plateros cordobeses entre 1754 y 1784", *Boletín de la Real Academia de Córdoba de Ciencias, Bellas Letras y Nobles Artes*, 97 (1977), pp. 137-164.

——: "Catálogo del Archivo Histórico del Gremio de Plateros de Córdoba", *Boletín de la Real Academia de Córdoba de Ciencias, Bellas Letras y Nobles Artes*, 50, 101 (1980), pp. 127-186.

——: *Punzones de platería cordobesa*, Córdoba, Monte de Piedad y Caja de Ahorros de Córdoba, 1980.

Payo Hernanz, René Jesús: "La policromía en Burgos en el tránsito del siglo xvii al xviii: el maestro dorador y estofador Lucas de la Concha", *Boletín de la Institución Fernán González*, 212 (1996), pp. 65-98. Recuperado de: https://riubu.ubu.es/bitstream/handle/10259.4/2128/0211-8998_n212_p065-098.pdf?sequence=1&isAllowed=y

Ramírez de Arellano y Díaz de Morales, Rafael: "Diccionario biográfico de artistas de la provincia de Córdoba", en Marqués de la Fuensanta del Valle: *Colección de documentos inéditos para la Historia de España*, Madrid, 1893, CVII, pp. 1-304.

Rivas Carmona, Jesús: "Plateros arquitectos: el ejemplo de algunos maestros barrocos", en Jesús Rivas Carmona (ed.): *Estudios de Platería San Eloy 2001*, Murcia, Universidad de Murcia, 2001. pp. 211-229.

Ruiz Ortiz, María: "El espacio de trabajo: una mirada sobre la vida cotidiana de los menestrales y artistas en la Córdoba moderna", *Trocadero*, 20 (2008), 187-198. Recuperado de: https://revistas.uca.es/index.php/trocadero/article/view/576/689

Sanz Alonso, Beatriz: "El léxico de oficios, tareas, actividades y medidas en el Catastro de Ensenada", *Revista de Historia de la Lengua Española*, 7 (2012), pp. 179-218. Recuperado de: https://rhle.es/index.php/revista/article/view/370/261

Valverde Candil, Mercedes y Rodríguez, María José: *Platería cordobesa*, Córdoba, Publicaciones del Ayuntamiento de Córdoba, Asociación Provincial de Plateros, Joyeros y Relojeros de Córdoba, 1994.

Valverde Fernández, Francisco: *El Colegio-Congregación de plateros cordobeses durante la Edad Moderna*, Córdoba, Universidad de Córdoba, 2001.

Valverde Madrid, José: "El platero Damián de Castro", *Boletín de la Real Academia de Córdoba*, 86 (1964), pp. 31-125.

——: "El escultor cordobés Alonso Gómez de Sandoval, *Boletín de la Real Academia de Córdoba*, 83 (1966), pp. 47-108.

——: *Ensayo socio-histórico de retablistas cordobeses del siglo xviii*, Córdoba, Monte de Piedad y Caja de Ahorros de Córdoba, 1974.

Velasco Tejedor, Rocío: "Representaciones documentales en los archivos cordobeses para el estudio sobre el artesanado en el Barroco", en M.ª del Amor Rodríguez Miranda, José Antonio Peinado Guzmán (coords.): *El Barroco: universo de experiencias*, Córdoba, Asociación "Hurtado Izquierdo",2017, pp. 187-202. Recuperado de: https://hurtadoizquierdocg.files.wordpress.com/2018/01/rocc3ado-velasco-tejedor.pdf

14.
RENTAS Y UNIDADES FAMILIARES EN EL CATASTRO DE ENSENADA: UNA MIRADA SOBRE LA VULNERABILIDAD Y LA MISERIA

Fernando Ramos-Palencia
Universidad Pablo de Olavide

INTRODUCCIÓN

El catastro proyectado por el marqués de la Ensenada –en adelante, Catastro de Ensenada– constituye uno de los documentos fiscales más importantes surgidos durante la Edad Moderna por lo que supuso y lo que no supuso. Se podría afirmar, sin incurrir en exageración, que el Catastro de Ensenada es la "versión siglo XVIII" de las declaraciones sobre el IRPF actual. Con el paso del tiempo, el Catastro de Ensenada ha transcendido y eclipsado la figura de su creador ya que fue capaz de catastrar la riqueza de absolutamente todo, incluyendo por primera vez a la nobleza y a la Iglesia. Sin embargo, su no puesta en marcha escenifica la incapacidad de generar ingresos, el retraso fiscal de España y el fracaso de la política borbónica ilustrada: incapaz de aplicar una política impositiva homogénea a todo el territorio y a todos los grupos sociales.

Durante el siglo XVIII el sistema impositivo fiscal español se caracterizó por una significativa asimetría contributiva entre los distintos territorios. El sistema fiscal de la corona de Castilla se basaba en la imposición indirecta, lo cual acabó generando un sistema regresivo con elevados gastos en la recaudación y gestión de los impuestos. Tras la Guerra de Sucesión y los Decretos de Nueva Planta, los territorios de la corona de Aragón pasaron a regirse por las Leyes de Castilla, estableciéndose una contribución global (cupo): denominada "única contribución o contribución real" en el reino de Aragón, "catastro" en Cataluña, "talla" en Mallorca y "equivalente" en Valencia. Muy sucintamente, el nuevo tributo consistió en un impuesto directo dividido en dos modalidades: real –que tributaba sobre el valor de las haciendas y sobre los rendimientos del capital– y personal –que gravaba los rendimientos del trabajo y de las actividades comerciales–. Por su parte, las provincias vascas mantuvieron intactos sus fueros –debido a su apoyo a Felipe V durante la Guerra de Sucesión– hasta la constitución de 1812. Igualmente, dado su apoyo a la causa borbónica, Navarra siguió financiando autónomamente todos sus gastos con recursos propios, contribuyendo a las arcas reales con un donativo compuesto por dos impuestos: los "cuarteles" (impuesto personal) y las "tandas de alcabala" (impuesto sobre el comercio de cada lugar).

El catastro responde al intento –producido durante el reinado de Fernando VI (1746-59)– de reformar fiscalmente el complejo sistema impositivo castellano (Domínguez Ortiz, 2002). Con anterioridad, las necesidades financieras de la Corona la llevaron, desde mediados del siglo xvi, a vender títulos nobiliarios, hábitos de órdenes militares, rentas reales, tierras comunales, baldíos, oficios municipales e incluso a transferir vasallos y jurisdicciones. Dado que la Iglesia y la nobleza estaban exentas fiscalmente de pagar numerosos tributos, muchos labradores ricos y comerciantes tuvieron grandes incentivos para comprar estos privilegios para acceder a dichas exenciones fiscales. A largo plazo, esto supuso una apuesta por la imposición indirecta ("rentas provinciales") sobre productos de consumo básico, una disminución de la base impositiva local, una reducción del número de contribuyentes y, por consiguiente, un aumento de la presión fiscal sobre los denominados pecheros (un sector heterogéneo, conformado por artesanos, jornaleros, pequeños propietarios y sector terciario). En este contexto, la reforma fiscal del marqués de la Ensenada buscaba revertir la imposición indirecta que recaía sobre los productos –alcabalas, millones, cientos, derecho de fiel medidor, tercias reales y sisas, entre otras figuras impositivas– y simplificar el ineficiente e injusto régimen fiscal castellano al cual únicamente contribuían los pecheros. Con tal fin, el propósito del Catastro de Ensenada era sustituir toda esta imposición por una "única contribución" proporcional en función de la renta individual de cada contribuyente.

A nivel práctico, el catastro consistió en las declaraciones individuales de bienes, tanto a nivel individual como institucional, e incluía su control por parte de peritos que calculaban los valores catastrales de los bienes que quedaban registrados. El análisis de los peritos fue realmente exhaustivo, con el estudio y comprobación física de cada parcela de tierra, casa y cualquier tipo de bien computado en el catastro. Asimismo, se realizaba una lectura pública de los resultados de manera que la existencia de fraude fuera fácilmente detectada. La agrupación de las declaraciones individuales permitía una estimación de la riqueza a nivel local y provincial con vistas a establecer la "única contribución". Desafortunadamente, estas reformas no salieron adelante debido a la destitución del marqués de la Ensenada en 1754.

En suma, aunque en 1756 la mayor parte de la información catastral estaba terminada y hubo intentos de aplicar el Catastro en años sucesivos, la aplicación de esta reforma fiscal fue abandonada por completo en 1779. No debiera sorprender la heterogeneidad de los grupos opositores a Ensenada. De una parte, estaban los grupos de presión castellanos encabezados por la nobleza y el clero. A ellos se sumaron las oligarquías urbanas, los grandes (y medianos) propietarios, labradores y ganaderos de los distintos términos municipales e incluso un número muy significativo de arrendatarios, subarrendatarios y distintos intermediarios que se beneficiaban con la recaudación de los impuestos. De otra parte, estuvieron en contra del Catastro aquellos comerciantes que controlaban el comercio colonial y la transferencia de plata hacia Europa. Posiblemente estas explicaciones oculten otras razones más cercanas a los contribuyentes. Cabarrús –ministro de Finanzas con José I Bonaparte– arguyó tres razones (Matilla 1947: 127-128). En primer lugar, la exhaustiva recopilación de datos fiscales en las distintas circunscripciones aumentó los recelos de los contribuyentes sobre un aumento de la presión fiscal. También arguye que no corrigió del todo los defectos de las rentas provinciales, ya que siguió gravando la industria, los salarios de los empleados y jornaleros, el aguardiente y el vino. Finalmente, considera que los gastos de las operaciones catastrales corrieron a cargo de los municipios correspondientes. Hecho, este último, que Aguilar Cuesta (2021) ha refutado al constatar y estudiar que todo el proceso catastral corrió a cargo de la Real Hacienda.

La distribución personal de la renta en España a través del Catastro de Ensenada: vulnerabilidad y miseria en el siglo XVIII

El Catastro de Ensenada supuso un avance importantísimo ya que recopiló información sobre propiedades rústicas, propiedades urbanas, actividades industriales y comerciales, salarios y beneficios asociados a una profesión, ganado y rendimientos económicos sobre bienes inmuebles.

En primer lugar, se elaboraron los Memoriales, que consistieron en las declaraciones individuales de todos los cabezas de familias. Estas declaraciones ofrecían información relativa a su estatus personal, propiedades y situación laboral: nombres, edades, ocupaciones, bienes inmuebles, rendimientos de capital inmobiliario, intereses (cargas) de censos que existieran sobre los bienes familiares y cabezas de ganado. Asimismo, los Memoriales podían incluir el jornal percibido por otros miembros varones de la unidad familiar y por el servicio doméstico; esporádicamente el cabeza de familia detallaba la remuneración del trabajo femenino (esposa e hijas). Lamentablemente, toda esta última información sobre ingresos adicionales no se incorporó sistemáticamente a los libros oficiales y, además, gran parte de los Memoriales no se conservaron para las localidades catastradas. Una vez finalizada esta declaración, el interesado debía firmarla o, en caso de no saber firmar, solicitaba a un tercero que firmase en su nombre. Posteriormente, los oficiales de la Única Contribución, previa comprobación de los peritos, recopilaron toda la información en los dos tipos de libros oficiales: Libros de lo Real o Haciendas y Libros de Cabeza de Casa o Familias.

Los Libros de Familias recogieron los datos personales: nombre y apellidos del cabeza de familia, profesión del cabeza (y en ocasiones del resto de la familia), edad (con cierta frecuencia la edad del cónyuge y del resto de la familia no aparecen), número de personas que componían la economía familiar con la inclusión de hijos-as (con especial atención a los hijos varones de 18 años en adelante), hermanos-as, criados-as, oficiales y aprendices y el tratamiento de respeto (don/doña) que se antepone a los nombres de pila.

Por su parte, los Libros de Haciendas (también denominados Libros de lo real, mayores de lo raíz, de lo raíz, maestros, de bienes) recogieron estimaciones sobre el rendimiento anual de las propiedades rústicas y urbanas (casas y edificios), intereses a favor y en contra sobre hipotecas y/o propiedades, número de cabezas de ganado y el personal (jornal diario y/o beneficio derivado de su profesión). La recopilación de las rentas laborales en el Catastro de Ensenada es relativamente confusa ya que se utilizan dos conceptos, "personal" y "utilidad", para reflejar los ingresos laborales del cabeza de familia. El concepto de personal no alude directamente al salario que percibían los cabezas de familia, sino a una especie de base imponible sobre el rendimiento del trabajo individual (Grupo 75, 1977, p. 22). En este personal aparecen computados todos los cabezas de familia masculinos comprendidos entre 18 y 60 años que recibiesen un salario diario trabajando en la agricultura, en el artesanado y en los servicios (Matilla 1947: 85). Este salario era una estimación basada en las declaraciones de los cabezas de familia en los Memoriales. Para estimar el personal definitivo se imputaron 120 días en el sector primario, 180 días en el sector secundario y terciario y 250 días a cocheros y lacayos (Matilla 1947: 110). Adicionalmente, en el caso de los artesanos ese jornal imputado variaba según fueran maestros, oficiales o aprendices. A efectos prácticos, podría definirse el personal como un salario potencial. En otras palabras, si bien el jornal diario era bastante plausible que fuera el salario de mercado no existía ninguna evidencia que justificara el número efectivo de días trabajados. Es más, en muchas declaraciones distintos cabezas de familia solían usar la expresión "aquellos días en que trabajo"; hecho que nos lleva a pensar en la existencia de paro estacional difícil de cuantificar. Asimismo, a la hora de asignar el "personal" quedaban excluidos el sector nobiliario, el sector eclesiástico y las mujeres. El concepto de "utilidad" se aplicaba al salario bruto de las profesiones liberales y al beneficio bruto de las actividades comerciales (por ejemplo, cambistas, comerciantes por mayor, mercaderes de tienda abierta, tenderos, funcionarios, abogados, cirujanos, boticarios, escribanos, mesoneros, arrieros, molineros, panaderos, horneros, carnicerías, herrerías, etc.). En este concepto no estaban excluidas las mujeres ni tampoco los sectores privilegiados (Nobleza e Iglesia).

Generalmente, una vez recopilados los rendimientos asociados a todos los cabezas de familia locales aparecen los rendimientos e ingresos que obtienen los "forasteros" en dicha localidad. Esto significa que si se quisiera averiguar los ingresos anuales que obtiene un cabeza de familia determinado, habría que comprobar si tenía algún tipo de ingreso en las más de 15.000 localidades catastradas que conformaban las 22 provincias de la antigua Corona de Castilla. Esta limitación constituye, juntamente con la ausencia de las remuneraciones de la mano de obra femenina y de los ingresos obtenidos por los miembros varones del hogar menores de 18 años, las principales limitaciones de los Memoriales y, por extensión, de los Libros de Hacienda y de los Libros de Familias.

A partir de la información contenida en los Memoriales se elaboraron los Estados Locales que consistían en la suma de todos los datos a nivel local. A continuación, estos datos se agruparon a nivel provincial para posteriormente sumar todos los datos de las provincias de la antigua la Corona de Castilla. De esta forma, se conformaron los denominados Estados Generales que se dividieron en cinco Letras (apartados): Letras D (productos agrícolas provinciales), E (dinero que producen, localidad por localidad, los alquileres de casas, censos, esquilmos, molinos, panaderías, tiendas, carnicerías, herrerías, minas, etc.), F (utilidades de las actividades profesionales y comerciales), G (población activa que percibía jornal diario en la agricultura, en el sector secundario o en el sector servicios) y H (cabezas de ganado).

Además de la documentación catastral de carácter local –Autos y diligencias, Memoriales, Libros de Haciendas, Libros de Familias y Estados locales– se elaboraron las denominadas Respuestas Generales, las cuales consistían en las respuestas –basadas en la información anteriormente descrita– de cada una de las localidades a cuarenta preguntas sobre aspectos institucionales, demográficos y económicos de cada lugar.

En cualquier caso, la única contribución tenía como objetivo sustituir al complejo sistema impositivo de rentas provinciales y, al mismo tiempo, al no centrarse única y exclusivamente sobre las rentas agrícolas, supuso un considerable avance con respecto a las teorías fisiócratas, ya que gravaba el trabajo personal y todo beneficio y utilidad que procediese –además de las propiedades rústicas– de rentas urbanas, intereses de censos y juros, percepción de impuestos enajenados e ingresos procedentes de las manufacturas y el comercio (Donézar, 1989: 207).

Con los datos globales del Catastro de Ensenada se puede reconstruir de forma bastante fidedigna el PIB para la antigua Corona de Castilla ya que recogió las rentas de los estamentos privilegiados (Matilla, 1947; Grupo 75, 1977; Vilar, 1982). Tal como puede apreciarse en el cuadro 1, sobre una población de 6,5 millones de habitantes, cerca del 16,5 % del PIB estaba en manos o generado por la Iglesia. Se aprecia un eje económico Madrid-Sevilla si nos atenemos a los lugares con mayor renta per cápita: Madrid ciudad (1.783 reales) y, a gran distancia, las provincias de Madrid (808 reales), Sevilla, que incluía a Cádiz (641 reales) y Guadalajara (601 reales). Por debajo de la media (433 reales), se encontraban las provincias de Córdoba (423 reales), Salamanca (411 reales, Burgos (327 reales), Granada (322 reales), León-Asturias (278 reales) y Galicia (203 reales).

Cuadro 1. Renta generada en las provincias españolas según el Catastro de Ensenada, 1750-1755 (ordenadas de mayor a menor renta per cápita)

Provincia	Renta per cápita (en reales)	% Renta provincial generada en el sector civil	% Renta provincial generada en el sector eclesiástico	Habitantes (1)
Madrid ciudad (2)	1.783,0	92,9%	7,1%	109.753
Madrid provincia (3)	806,8	83,1%	16,9%	56.123
Sevilla	641,1	83,8%	16,2%	694.771
Guadalajara	601,3	84,1%	15,9%	102.070
Murcia	590,0	88,1%	11,9%	272.057

Toledo	534,8	78,3%	21,7%	313.718
Extremadura	532,8	80,2%	19,8%	373.022
Segovia	525,9	82,8%	17,2%	143.400
Toro	518,5	78,2%	21,8%	79.212
Zamora	509,2	78,6%	21,4%	62.304
Ávila	501,6	83,7%	16,3%	98.873
Palencia	499,3	79,9%	20,1%	103.846
Soria	489,6	83,9%	16,1%	159.534
Jaén	451,0	76,3%	23,7%	172.236
La Mancha	445,4	79,1%	20,9%	183.574
Valladolid	442,8	75,3%	24,7%	186.985
Cuenca	439,6	83,9%	16,1%	237.487
Córdoba	423,3	78,8%	21,2%	222.393
Salamanca	410,6	77,7%	22,3%	170.424
Burgos	326,7	82,1%	17,9%	420.422
Granada	321,8	84,1%	15,9%	545.285
León-Asturias	278,4	84,6%	15,4%	563.698
Galicia	202,5	89,9%	10,1%	1.299.312
Corona de Castilla	433,2	83,5%	16,5%	6.570.499

Notas: (1) Las cifras de población están extraídas del Censo de Ensenada recopiladas por Grupo 75 (1977: 64).
(2) Los datos de la ciudad de Madrid corresponden a 1770 que incluyen los fondos líquidos correspondientes al rendimiento de tierras y casas. Más detalles en el apéndice XXXIX de Matilla (1947).
(3) En Madrid provincia no está incluida la ciudad de Madrid

Fuente: Elaboración propia a partir de los datos del apéndice XXXV de Matilla (1947). Estos datos no coinciden con los apéndices individuales de cada provincia. La diferencia es muy escasa (0.5-6 reales) debido al redondeo con los maravedíes: excluidos en el apéndice XXXV e incluidos en los provinciales.

Teniendo en cuenta los datos del cuadro 1 sobre renta per cápita y la disponibilidad de fuentes documentales la mayoría de los municipios seleccionados se ubican en las provincias de Guadalajara (PIB per cápita elevado), Palencia (PIB per cápita intermedio) y Granada (PIB per cápita bajo). En este punto conviene subrayar que en los datos de Palencia y Guadalajara se han utilizado los Memoriales, los Libros de Familia y los Libros de Hacienda. Igualmente se ha utilizado esta misma información para los núcleos seleccionados de Cantabria, León, Madrid y Jaén. En el caso de Granada, dado que no se conservaron –a excepción de algún municipio– los Memoriales, únicamente se han usado los Libros de Familia y los Libros de Hacienda.

Con respecto a los núcleos urbanos se han seleccionado las siguientes ciudades: Granada (núcleo urbano con mayor número de habitantes del cual se conservan datos), Palencia y Guadalajara por constituir núcleos textiles dinámicos, Úbeda (agro-ciudad interior), Motril (agro-ciudad costera con una industria azucarera en declive) y Sigüenza (ciudad universitaria interior cercana a Madrid). A priori, Granada puede considerarse como ejemplo de una de las pocas grandes ciudades en la España del siglo xviii. Según el Vecindario de Ensenada de 1759, elaborado con datos de 1750-174 (1755-56 para Murcia), las poblaciones con mayor número de habitantes en la antigua Corona de Castilla eran Madrid (118.932 habitantes), Sevilla (81.412 habitantes) y Granada (60.424 habitantes). Madrid –capital de la Monarquía Hispánica desde 1561– creció de 50.000 a 150.000 habitantes entre 1590 y 1630 gracias al éxodo rural castellano que también favoreció a tierras andaluzas y murcianas. Desde entonces su crecimiento fue escaso y se convirtió en una ciudad esencialmente burocrática con unos 170.000 habitantes. Las fábricas reales creadas por los Borbones en las cercanías de Madrid (Guadalajara, Ávila y Talavera, entre otras) no cambiaron la dinámica creada por la ruralización de Castilla, la cual poseía los índices de urbanización más bajos de toda la península. A finales del siglo xviii apenas el 30% de la población española vivía en entornos urbanos (Reher, 1990: 137-143). Por su parte, Sevilla vio disminuir su población de los 150.000 habitantes a finales siglo XVI a 85,000 un siglo más tarde, debido al impacto de la peste y al crecimiento demográfico de Cádiz gracias al traslado de la Casa de la Contratación de Indias en 1717. Dejando aparte la corona de Castilla, únicamente Valencia y Barcelona tendrían más habitantes que la ciudad granadina. Valencia superó los 100.000 habitantes según el censo de Floridablanca (1787), mientras que Barcelona pasó de 37.000 habitantes al finalizar el asedio borbónico (1714) a 100.000 habitantes a finales del siglo xviii debido a la expansión de su industria algodonera. En definitiva, hacia 1750 Granada era la quinta ciudad con mayor número de habitantes de España y su estructura socioeconómica era relativamente comparable con los núcleos económicos más dinámicos. Por último, se han seleccionado veinte núcleos rurales de las provincias (ordenadas de norte a sur) de Cantabria, León, Palencia, Madrid, Guadalajara, Jaén y Granada atendiendo a sus características demográficas, económicas y a la estructura de la propiedad agrícola (minifundios al norte y latifundios al sur). Esto ha posibilitado una muestra final (cuadro 2) de 26 localidades donde se ha recopilado información sobre 27.472 cabezas de familia.

Cuadro 2. Distribución de la muestra seleccionada en el Catastro de Ensenada

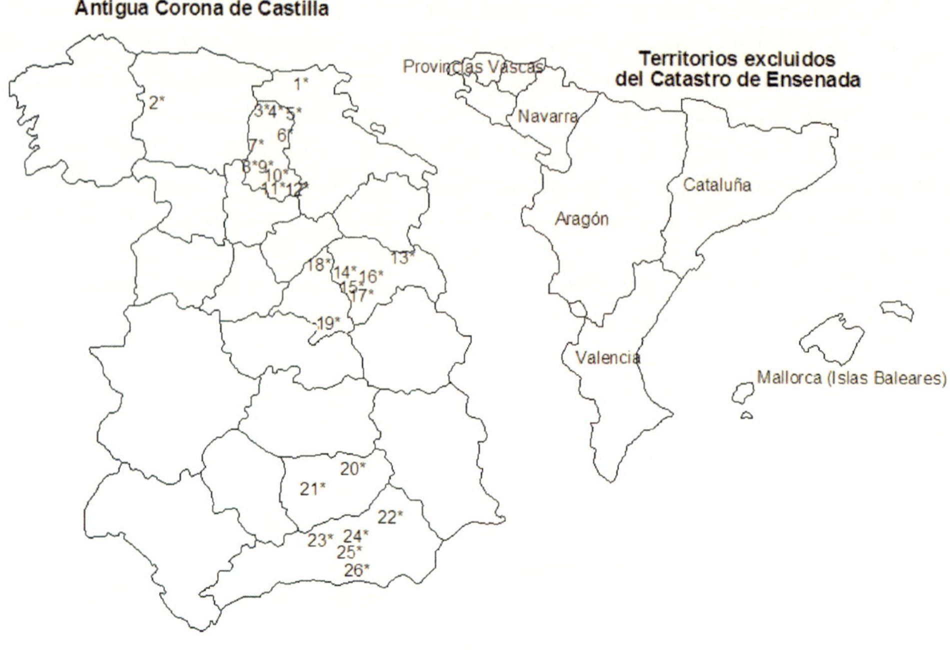

	Zona Geográfica		
	Gran ciudad (Granada)	Núcleos urbanos (1)	Núcleos rurales (2)
Ingresos Familiares Medios (en reales)	1.326,86	852,12	1.028,80
- Desviación Estándar	3.383,35	2.367,21	1.959,10
- Valor mínimo	0,00	0,00	0,00
- Valor máximo	106.950,00	110.455,00	54.904,50
Observaciones	11.875	9.098	6.499

Notas: (1) Incluye las ciudades de Úbeda (2.567 vecinos; núm. mapa 20), Palencia (2.259; 10), Motril (2.201; 26), Guadalajara (1.301; 16) y Sigüenza (806; 13).

(2) Los núcleos rurales seleccionados son los siguientes: Cantabria (Santillana de Mar, núm. mapa 1), Granada (Cúllar Baza, 22; Padul, 25, y Montefrío, 23), Guadalajara (Azuqueca, 17; El Casar, 14, y Marchamalo, 15), Jaén (Torredonjimeno, 21), León (Torre del Bierzo, 2), Madrid (Carabaña, 19, y Colmenar Viejo, 18) y Palencia (Bustillo de la Vega, 7; Cevico Navero, 12; Hontoria de Cerrato, 11; Paredes de Nava, 8; Resoba, 3; Valberzoso, 4; Villabellaco, 5; Villabermudo, 6, y Villarramiel, 9).

Fuente: elaboración propia a partir de los Libros de Hacienda, Libros de Cabeza de Familia y Memoriales de las localidades seleccionadas. Dicha información puede consultarse en los Archivos Históricos Provinciales o solicitarse al Servicio de Reproducción de Documentos de Archivos Estatales (SRDAE).

Los ingresos familiares se han calculado incluyendo los rendimientos anuales de las propiedades rústicas, propiedades urbanas, ganadería y censos hipotecarios. Adicionalmente, se han computado actividades industriales y comerciales, salarios y beneficios asociados a una profesión (Matilla, 1947: 110-11). Es importante subrayar que las mujeres y los cabezas de familia mayores de 60 años quedaron exentos a la hora de tributar sus rentas por trabajo personal. Con respecto a estas rentas del trabajo, los agentes del Catastro asignaron un jornal diario a los artesanos, labradores y jornaleros. Esta asignación no era del todo arbitraria ya que el salario se basaba en las declaraciones previas de los individuos en los memoriales y en las comprobaciones realizadas (véase figura 1: jornal de un albañil en torno a 2 reales). Además, variaba en función del lugar, del número de días de trabajo computados (labradores y jornaleros, 120 días; artesanos, 180 días) y del gremio al cual perteneciesen.

Figura 1. Memorial albañil en Marchamalo, 1750

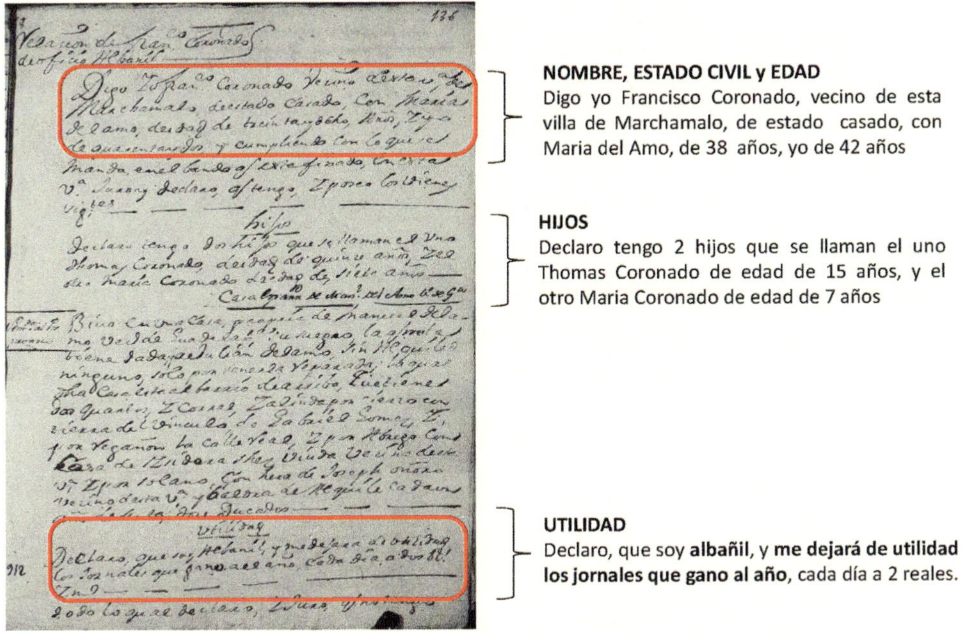

Sin embargo, dado que se desconoce con exactitud el número de horas y, sobre todo, el número de días trabajando (estacionalidad en el empleo), es probable que aquellas familias que dependieran solo de los ingresos laborales fueran más vulnerables. En numerosas ocasiones, los cabezas de familia señalan en los memoriales la falta de continuidad en su trabajo, la escasez de la remuneración recibida e incluso las pésimas condiciones de su situación a pesar de tener un empleo cualificado (figuras 2, 3 y 4).

Figura 2. Memorial jornalero en Marchamalo, 1750

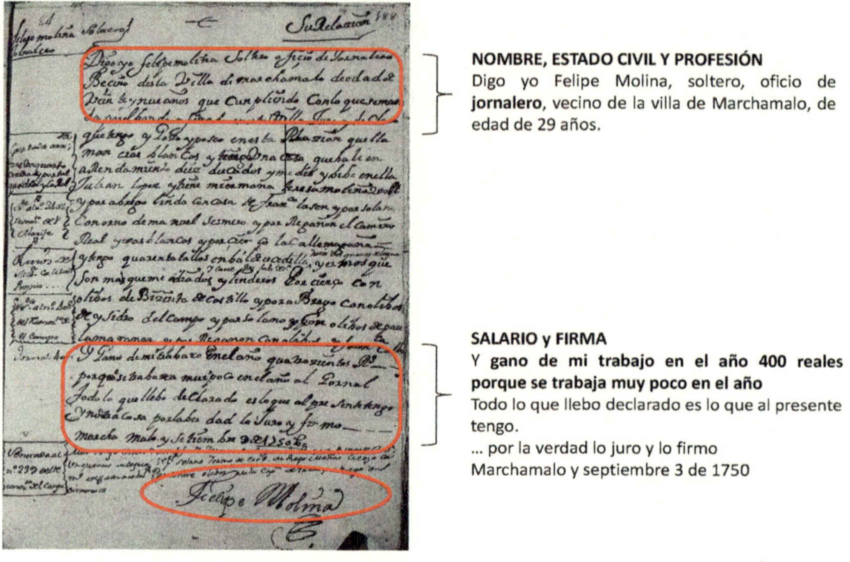

Figura 3. Memorial jornalero de Azuqueca, 1750

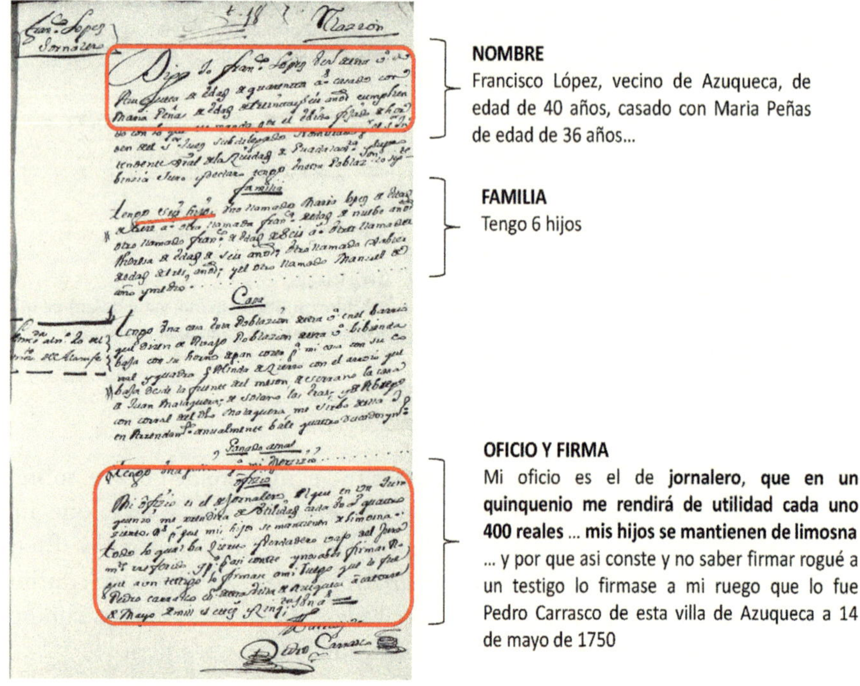

Figura 4. Memorial maestro de escuela en Úbeda, 1752

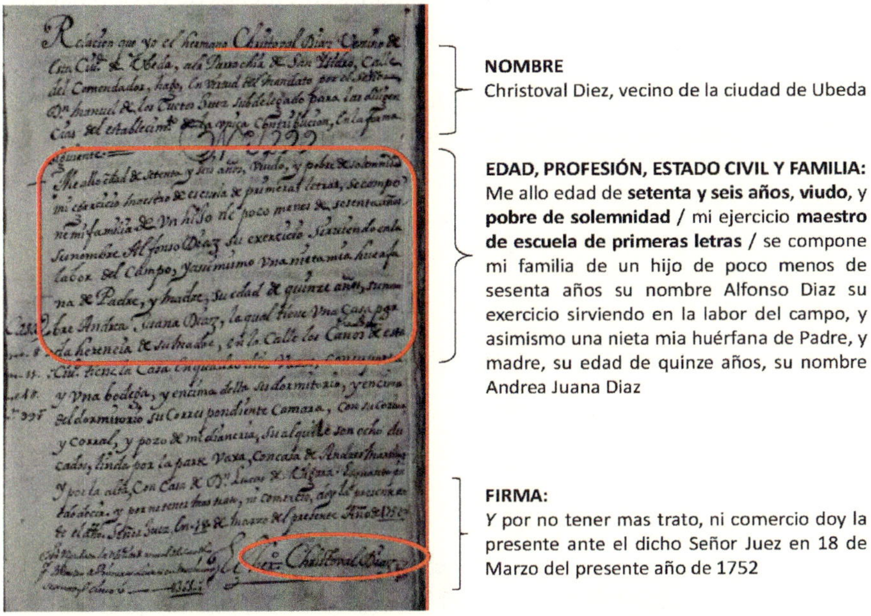

NOMBRE
Christoval Diez, vecino de la ciudad de Ubeda

EDAD, PROFESIÓN, ESTADO CIVIL Y FAMILIA:
Me allo edad de **setenta y seis años, viudo,** y **pobre de solemnidad** / mi ejercicio **maestro de escuela de primeras letras** / se compone mi familia de un hijo de poco menos de sesenta años su nombre Alfonso Diaz su exercicio sirviendo en la labor del campo, y asimismo una nieta mia huérfana de Padre, y madre, su edad de quinze años, su nombre Andrea Juana Diaz

FIRMA:
Y por no tener mas trato, ni comercio doy la presente ante el dicho Señor Juez en 18 de Marzo del presente año de 1752

En el cuadro 1 se obtenía una renta media de 433,2 reales por cada vecino. ¿Hasta qué punto esa cifra es representativa? Yun Casalilla (1987: 463-464) estima necesario unos ingresos netos anuales de 300 reales como nivel mínimo de subsistencia para una familia de 3,5 miembros. Por su parte, Donézar (1984: 338-441) calcula que se necesitaban 500 reales anuales para garantizar una subsistencia mínima a un jornalero del campo y su familia. En la provincia de Palencia, García Colmenares (1992: 95), señala que en Prádanos de Ojeda, "para los oficios o jornaleros del telar, el salario estipulado rondaba los 2 reales al día, 15 cuartos. Para los fabricantes, maestros tejedores, frisadores y pisoneros, el jornal se evaluaba en 2 reales y medio. Con estos salarios diarios y para un máximo de 180 días de trabajo al año en la fábrica, los ingresos anuales netos varían desde los 53 reales de los aprendices (aunque no hay que olvidar que, si no viven con la familia del fabricante, reciben alguna comida en casa de este), hasta los 180 reales para canilleros, cardadores y lanzaires, *aumentan a 270 reales y comida para algunas hilanderas*, hasta los 337 reales para los oficiales y 450 reales para los maestros fabricantes".

Aunque es difícil determinar unos rendimientos mínimos por encima del umbral de subsistencia, en los gráficos 1 y 2 se ha estudiado el porcentaje de familias que tenían propiedades rústicas y propiedades urbanas (vivienda propia), atendiendo a la ubicación geográfica de las familias: gran ciudad (ejemplificada en Granada), núcleo urbano y núcleo rural. En el gráfico 1 se observan muy pocas unidades familiares con propiedades rústicas.

En concreto, solo el 3 % tenía propiedades rústicas si vivía en la ciudad de Granada, el 13.5 % si vivía en pequeños núcleos urbanos (ciudades con menos de 10.000 habitantes) y el 44 % en los núcleos rurales.

Gráfico 1. Porcentaje de familias que poseen propiedades rústicas en función de su ubicación geográfica, c. 1750

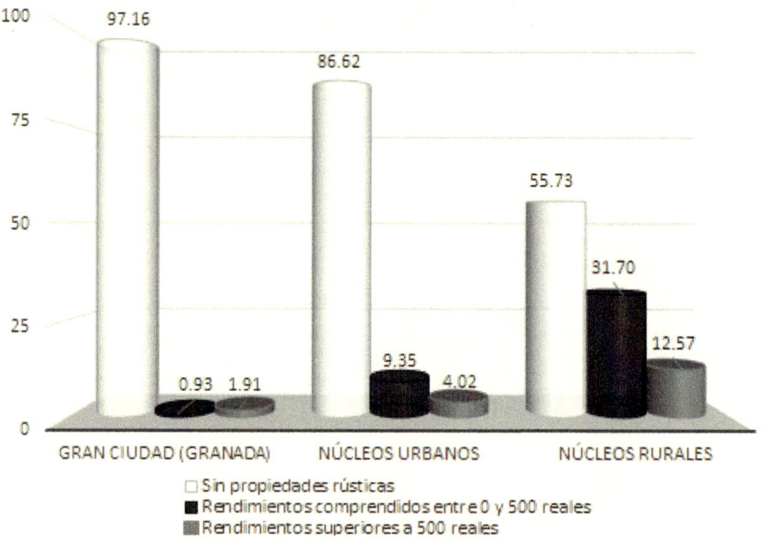

Nota: se dispone de 11.785 observaciones en la categoría "Grandes ciudades", 9.098 en los "Núcleos urbanos" y 6.499 en los "Núcleos rurales". Fuente: véase cuadro 2.

Si nos fijamos en el gráfico 2, el 82 % de la población granadina vivía en una vivienda alquilada y el 76 % en los núcleos urbanos. Como era de esperar, en los núcleos rurales casi el 60 % tenía vivienda propia. Recapitulando, nos encontramos con un amplio número de familias que no tenía vivienda propia y que tampoco tenía tierras propias que aliviaran su economía doméstica. Al depender en exceso de la contratación por cuenta ajena, el grado de vulnerabilidad y miseria en la España del siglo xviii tuvo que ser mucho mayor de lo que podrían suponer las grandes cifras obtenidas a partir de los Mapas Generales (cuadro 1). Además, tal como se desprende de la documentación de los memoriales (véanse a modo de ejemplo, las figuras 1 a 4) es imposible determinar el número de horas trabajadas y calcular el número de días trabajados debido a la estacionalidad del trabajo.

El contexto económico tampoco ayudaba en demasía. El sector agrícola español se caracterizó durante el siglo xviii por una productividad pequeña y costes de producción elevados, lo cual implicaba salarios bajos y precios altos en los productos agrícolas.

Paralelamente, la propiedad de la tierra apenas cambió y en todo caso aumentó la concentración en los sectores privilegiados. Aunque existían diferencias entre el norte y el sur de la Corona de Castilla, los niveles de vida no debían ser muy diferentes. En el norte (Galicia, León y Castilla) existían propiedades de reducidas dimensiones muy poco rentables debido a su tamaño y a las deudas que recaían sobre las mismas. Por el contrario, en el sur (Castilla la Nueva, Extremadura y Andalucía), existían grandes propietarios, un amplio porcentaje de jornaleros sin tierras (que variaba, por ejemplo, entre el 61 % de la población activa en Toledo, hasta el 86 % en Córdoba), un elevado desempleo estacional y salarios muy bajos (Ruiz Torres, 2008: 293). En general, este reparto fuertemente polarizado, combinado con los privilegios de los intereses ganaderos –ejemplificados en la Mesta–, limitaron la ampliación de la superficie cultivable y el progreso técnico. La presión fiscal sobre los propietarios –a pesar de los esfuerzos del marqués de la Ensenada, la Iglesia y los grupos privilegiados estuvieron exentos– obligó a los campesinos a comercializar una proporción cada vez mayor de su cosecha y a incrementar su oferta de trabajo. Todos estos elementos acentuaron las rigidices institucionales del sector agrícola español, ya que fue incapaz de responder a largo plazo al crecimiento de la población y al aumento de la demanda de alimentos.

Gráfico 2. Porcentaje de familias que poseen propiedades urbanas en función de su ubicación geográfica, c. 1750

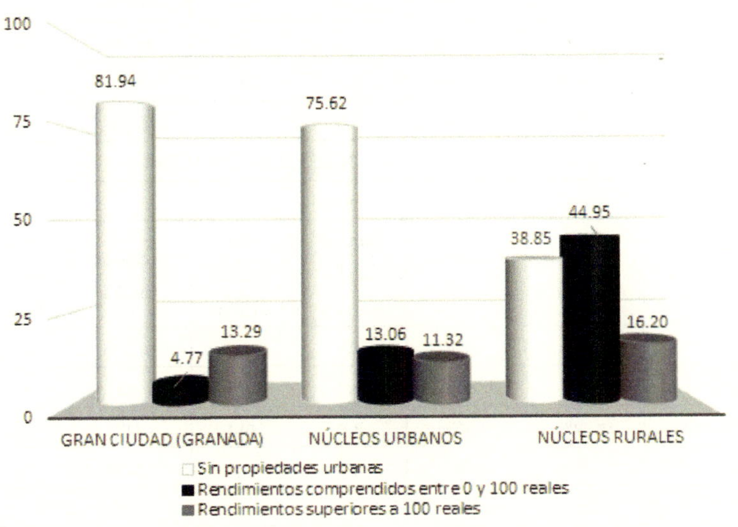

Nota: se dispone de 11.785 observaciones en la categoría "Grandes ciudades", 9.098 en los "Núcleos urbanos" y 6.499 en los "Núcleos rurales". Fuente: véase cuadro 2.

Cuadro 3. Vulnerabilidad y miseria: ingresos de unidades familiares sin propiedades rústicas, c. 1750

INGRESOS FAMILIARES	GRAN CIUDAD (GRANADA)						
	Total	Hombre			Mujer		
	% cabezas familia	% cabezas familia	tamaño medio hogar (1)	edad media en años	% cabezas familia	tamaño medio hogar	edad media en años
Sin ingresos	22,69%	5,33%	2,9	58,7	69,54%	2,3	47,7
>0 y <500 reales	18,66%	19,87%	3,6	40,6	15,41%	2,7	50,1
> 500 y <1,000 reales	27,40%	34,62%	3,6	39,2	7,91%	2,9	51,0
> 1,000 reales	31,25%	40,18%	4,1	43,2	7,14%	3,2	51,3
Observaciones	11.450	8.354			3.096		
INGRESOS FAMILIARES	NÚCLEOS URBANOS PEQUEÑOS						
	Total	Hombre			Mujer		
	% cabezas familia	% cabezas familia	tamaño medio hogar (1)	edad media en años	% cabezas familia	tamaño medio hogar	edad media en años
Sin ingresos	16,43%	4,34%	3,2	52,9	64,48%	2,4	47,8
>0 y <500 reales	41,25%	44,58%	3,4	39,9	28,01%	2,4	49,8
> 500 y <1,000 reales	26,84%	32,43%	3,6	39,7	4,61%	3,0	52,5
> 1,000 reales	15,48%	18,65%	4,1	43,1	2,90%	3,0	49,8
Observaciones	7.881	6.296			1.585		
INGRESOS FAMILIARES	NÚCLEOS RURALES						
	Total	Hombre			Mujer		
	% cabezas familia	% cabezas familia	tamaño medio hogar (1)	edad media en años	% cabezas familia	tamaño medio hogar	edad media en años
Sin ingresos	7,68%	1,3%	2,9	55,7	31,38%	2,5	47,8
>0 y <500 reales	53,23%	51,16%	3,8	39,3	60,94%	2,5	51,2
> 500 y <1,000 reales	27,42%	33,36%	4,0	39,1	5,34%	3,9	53,5
> 1,000 reales	11,68%	14,19%	4,6	43,0	2,34%	3,9	54,8
Observaciones	3.622	2.854			768		

Nota: (1) El tamaño medio incluye a cónyuges e hijos. No están incluidos otros parientes que cohabiten con la familia y el personal doméstico. Fuente: véase cuadro 2.

En el cuadro 3 se ha ahondado en la vulnerabilidad y miseria de las familias castellanas. Partiendo de unos 500 reales anuales como ingresos mínimos de subsistencia, se han considerado cuatro intervalos de ingresos en familias que no poseían propiedades rústicas y que dependieran de la contratación ajena (bien como jornaleros, bien como trabajadores en los gremios o bien como trabajadores dependientes de la Administración) o de su actividad comercial y/o industrial: sin ingresos (pobreza absoluta), entre 0 y 500 reales (pobres), familias con ingresos comprendidos entre 500 y 1.000 reales (familias vulnerables) e ingresos por encima de 1.000 reales (familias solventes). Asimismo, se ha distinguido si el cabeza de familia era hombre o mujer e igualmente se ha recogido el tamaño medio del hogar y la edad media de los cabezas de familia.

Como ha resaltado la historiografía especializada, en la Europa preindustrial la pobreza y la desigualdad extrema constituyeron fenómenos más urbanos que rurales (Alfani, 2021). En la muestra seleccionada, se aprecia que aparentemente entre el 16,5 % y el 23 % de las familias no tenía ningún tipo de ingresos en los núcleos urbanos y poco más del 7,5 % en los núcleos rurales. El Catastro de Ensenada se ha referido a estas personas (indigentes) como "pobres de solemnidad" y es muy probable que realmente no tuvieran ingresos debido a su edad, a algún impedimento físico o a las propias circunstancias económicas de la persona. En cualquier caso, todo hace suponer que las cifras de pobreza real fueron mucho más elevadas de lo que recogían las cifras oficiales.

En las economías preindustriales, el umbral entre una familia pobre, una familia vulnerable e incluso una familia solvente podría alterarse teniendo en cuenta el ingreso de los hijos varones, del trabajo femenino, del trabajo infantil y del servicio doméstico. Sin embargo, estos ingresos no se computaron en los Libros de Hacienda y, como se anticipaba en líneas anteriores, de forma muy esporádica en los memoriales.

Una de las pocas excepciones a estas limitaciones se ha encontrado en el núcleo rural palentino de Villarramiel (Nicolini y Ramos-Palencia, 2016). En esta localidad sí ha sido posible computar el ingreso de las mujeres (esposas e hijas), el ingreso de todos los hijos varones que convivían en el hogar, las remuneraciones recibidas (a excepción de lo que suponía la manutención y el alojamiento) por el servicio doméstico y los ingresos que tenían los cabezas de familia en un radio máximo de 10 km. Para estimar el efecto de ingresos lo más fácil es averiguar qué sucede con los niveles de desigualdad a través de los correspondientes índices de Gini (un coeficiente de Gini igual a uno significa desigualdad máxima, mientras que un coeficiente de Gini igual a cero expresa igualdad perfecta: todos los valores son iguales). Tal como puede apreciarse en el cuadro adjunto las rentas del trabajo femenino reducían la desigualdad (0,378), mientras que los ingresos de los hijos y del servicio doméstico incrementaban la desigualdad (0,411). Este hecho nos alerta sobre la importancia que jugó la mano de obra femenina para salir de los niveles de subsistencia y que el trabajo femenino era más necesario conforme se descendía a lo largo de la escala social. De hecho, demuestran la implicación de las mujeres en todos los ámbitos de la economía e incitan a reevaluar la historia del trabajo doméstico (Humphries y Schneider, 2019). Igualmente, tampoco debe obviarse la relevancia que tenían los hijos varones en el hogar para que los ingresos familiares se consolidasen.

Cuadro 4. Escenarios posibles sobre la desigualdad de ingresos en Villarramiel, c. 1750

Concepto	Gini
(1) Ingresos cabeza familia	0,405
(2) Ingresos hijos y criados-as [a]	0,411
(3) Ingresos femeninos [b]	0,378
(4) Ingresos procedentes de otras localidades [c]	0,411
(5) Ingresos hijos, criados-as y otras localidades [d]	0,417
(6) Ingresos totales [e]	0,390

Notas: se dispone de 377 observaciones (aproximadamente, 1.508 habitantes). En los ingresos del cabeza de familia (1) se incluyen todos los ingresos/rendimientos anuales que el cabeza de familia obtiene de propiedades rústicas y urbanas, ganadería, censos, rentas laborales (personal) y otras rentas procedentes de la realización de distintas actividades económicas (arrendamiento de tierras, comercialización, etc.). No se han incluido las rentas generadas por hijos y por criados y/o criadas. A partir de (1) se han definido los siguientes escenarios: (a) Incluye ingresos del cabeza de familia (1) más ingresos obtenidos por los hijos y por criados y/o criadas; (b) Incluye (1) más las rentas generadas por la mano de obra femenina; (c) Incluye (1) más las propiedades de los cabezas de familia en localidades cercanas a Villarramiel; (d) Incluye (1) + (2) + (4); (e) Incluye (1) + (2) + (3) + (4). Fuente: elaboración propia a partir de los Libros de Hacienda, Libros de Cabeza y Memoriales de Villarramiel. Más detalles en Nicolini y Ramos-Palencia (2016).

Retomando los datos del cuadro 3, se observa que, en la ciudad granadina, por encima de los 1.000 reales (familias solventes) se situaba poco más del 30 % de las familias. No obstante, esta cifra esconde algunas matizaciones. Si el cabeza de familia era varón, este porcentaje se situaba en el 40 %, en el 19 % en los núcleos urbanos pequeños y en el 14 % en los núcleos rurales. Si la cabeza de familia era una mujer, los porcentajes se reducían drásticamente. Probablemente, este 40 % de las familias granadinas, con un varón al frente, con ingresos superiores a 1.000 reales no esté reflejando el coste real de la vida en una gran ciudad y, por consiguiente, el número de familias solventes. Granada, a pesar de las reformas administrativas que supusieron la implementación de las intendencias, siguió siendo sede de la Real Chancillería (vigente hasta 1834) la cual generaba una gran cantidad de empleos administrativos. E, independientemente de su posterior fracaso, no debe obviarse la creación de la Compañía Real de Fábricas y Comercio de Granada ("Compañía Real de Granada") en 1747 y su impacto sobre la actividad industrial y comercial. Simplemente con aumentar el umbral a 1.200 reales el número de familias solventes con un cabeza de familia varón se reducía diez puntos hasta el 30 %. Si el umbral superaba los 1.500 reales, únicamente el 23 % de las familias granadinas con un varón cabeza de familia superaba los 1.500 reales de ingresos anuales.

Se observa, por otra parte, una correlación positiva entre el tamaño medio del hogar y los ingresos familiares. Esto implicaría que la tasa de fecundidad era mayor cuando los hogares tenían más ingresos y viceversa, al igual que sucedía en la Inglaterra preindustrial del siglo xvii (Clark, 2005: 508). Datos preliminares sobre Andalucía nos remiten a valores altos de natalidad y mortalidad, unos bajos niveles de celibato y un acceso precoz al matrimonio (García González y Maldonado, 2019: 157). Asimismo, el tamaño medio del hogar era más pequeño –entre 0,5 y 1 punto– cuando una mujer era la cabeza de familia.

Por extensión, la edad media del cabeza de familia nos puede dar una pista sobre a qué edad las personas empezaban a tener serios problemas por no encontrar empleo. En el caso de los hombres, una edad en torno a los 55 años empezaba a ser problemática para obtener ingresos. En el caso de las mujeres esa vulnerabilidad se manifestaba mucho antes, aproximadamente antes de los 48 años.

A partir de los datos del cuadro 3 se ha constatado la extrema vulnerabilidad económica de las mujeres. En las economías preindustriales las alternativas económicas (y sociales) eran básicamente cuatro: matrimonio, trabajo dependiente (servicio doméstico y empleos diversos relacionados principalmente con el sector textil), órdenes religiosas e incluso prostitución. Aunque la mujer del siglo xviii participase en las labores agrícolas y ganaderas y complementase al cabeza de familia en periodos de siega y recolección y fuera indudable su importancia en la industria rural a domicilio –hilanza de seda, lino y lana y algodón– en periodos de inactividad agrícola, no computaba como población activa (Sarasúa, 2019; Schneider, 2013). En los entornos urbanos la mujer ejerció distintos oficios –comadronas, parteras, maestras, lavanderas, nodrizas, entre otros–, mientras el servicio doméstico femenino se nutría de mano de obra rural muy joven. A todos estos aspectos, ni el Catastro de Ensenada ni la política ilustrada de los Borbones fueron indiferentes.

En el Catastro de Ensenada las rentas laborales de las mujeres estuvieron exentas –en mi opinión, debido a su precaria situación y a modo de "protección económica institucionalizada conforme a los valores morales de la época"– en el impuesto sobre lo Personal. En este sentido, el Catastro no grava con el Personal a las mujeres ya que el objetivo de la única contribución era sustituir la imposición vía rentas provinciales, no buscar nuevos y potenciales contribuyentes. De hecho, si las mujeres estaban al frente de actividades industriales y/o comerciales que generasen una utilidad, dicha actividad sí estaba gravada. En suma, la política ilustrada de Campomanes (1723-1802) y Jovellanos (1744-1811) estimuló la presencia de mujeres en las actividades textiles (hilanderas, canilleras, despinzadoras, etc.) al tiempo que las fábricas reales establecieron una red de escuelas de hilazas que empleaban mayoritariamente mano de obra femenina o infantil. En 1779 el conde del Carpio señalaba que "hay varias obras en las que es lástima emplear la fuerza varonil, y en las que las mujeres y niños pueden aventajarse: los cordones, botones, encajes, bordados y otras manufacturas de esta especie" (citado por Carbonell, 2005:

253-54). Dichos empleos solían estar remunerados con salarios menores. Campomanes señalaba que el salario medio al día de una mujer o una niña ocupada en el hilado debía aproximarse a un real y medio. Por el contrario, un artesano podía ganar diariamente entre cuatro y seis reales. Estas diferencias salariales pudieron responder a diversos factores: productividad, especialización del mercado de trabajo femenino, menor coste laboral en la oferta femenina y discriminación por motivos de género. Ward consejero y ministro de la Real de Junta de Comercio y Moneda de Fernando VI señalaba en su *Proyecto Económico* (1762, cap. IV: 361-362) que

> Habrá en España mas de millon y medio de mugeres, que viven poseídas de la ociosidad; y ademas de la utilidad de sacarlas de ella, para que ayuden á mantener sus familias, concurre la razon principal de la crianza de sus hijos; pues recibiendo los de uno y otro sexo sus primeras impresiones de sus madres, conviene mucho al bien público, que los que deben vivir de su trabajo las tengan razonables y capaces de hacer de la industria el aprecio que merece; y aunque parece obra de mucho empeño sacarlas de su acostumbrada inutilidad, esperamos que este punto de los mas importantes de la Obra Pia, lo ha de conseguir la Hermandad sin mucha dificultad; pues sin haber en el Reyno mas fábricas de las que hay, aplicándolas á hilar lana y lino, cuyo exercicio, con la ocupación que las dará la seda, si se efectúa lo que hemos dicho en este asunto, basta para que á ninguna la falte en que emplearse, y ganar con que ayudar á mantener sus obligaciones. Y esto lo fundamos en la experiencia de las demas Naciones de Europa, particularmente de Francia, Inglaterra, é Irlanda, donde hilaban las mugeres mucho antes que tuviesen fábrica alguna...

Conviene subrayar que, con el fallecimiento de la esposa y madre, el contexto cambiaba poco ya que el padre continuaba con la patria potestad física y patrimonial hasta la mayoría de edad de los hijos (García Fernández, 1995: 25-27). Esto implicaba que, cuando fallecía el varón, la esposa solo podía ser tutora y curadora de sus hijos si se hacía constar expresamente en alguna de las cláusulas testamentarias especificadas por el esposo. Al mismo tiempo, solía ser relativamente frecuente que una mujer continuase con la actividad del difunto, recurriendo a la ayuda de sus hijos y demás familiares cercanos. Así, por ejemplo, las cofradías gremiales, que generalmente prohibían el ejercicio autónomo del oficio a las mujeres, sí aceptaban que las viudas de los maestros asumieran las riendas del negocio familiar (Manzanos, 2000: 397-411). De hecho, la viudedad solía ser considerada como un "periodo provisional" entre un nuevo matrimonio de la viuda o la mayoría de edad de los hijos del maestro difunto. En caso de que la viuda no estuviera amparada por la actividad del esposo y tuviera que buscar trabajo en el sector textil, no solo debía aceptar un salario menor, sino que, además, solía ser víctima de conflictos laborales entre maestros agremiados, oficiales y aprendices por la contratación de mujeres asalariadas que abarataban el coste de la mano de obra (Carbonell, 2005: 252-253). En cualquier caso, la escasa remuneración que recibían las mujeres por su trabajo asalariado implicaba que el adjetivo de pobre fuera asociado con relativa frecuencia al estado civil de mujer soltera o viuda. Sirva a modo de ejemplo, las cifras que ofrece el Vecindario de Ensenada (tomo 1, cuadro 11) en 1759, donde el porcentaje de viudas pobres sobre vecinos (4,01 %) era claramente superior al porcentaje de pobres (2,75 %).

CONCLUSIONES

Gracias al Catastro de Ensenada es posible acercarse al grado de vulnerabilidad y miseria en el cual vivieron instaladas muchas familias del siglo xviii. La mayoría de la población castellana no tenía vivienda propia y muy pocas poseían propiedades rústicas, lo que nos pone sobre la pista de una desigualdad muy elevada y una significativa dependencia de los ingresos laborales. Sin embargo, dichas rentas laborales estaban muy condicionadas por la estacionalidad del empleo y por la escasa remuneración debida a la falta de trabajo continuado. Adicionalmente, el grado de vulnerabilidad y miseria se vio acentuado en el caso de que una mujer fuera la cabeza de familia, cuya fecha de retiro del mercado de trabajo era mucho más temprana que la del hombre. Finalmente, se aprecia una correlación positiva entre el tamaño del medio del hogar (y, por extensión, la tasa de fecundidad) y los ingresos familiares.

Agradecimientos: Esta publicación es parte del proyecto de I+D+i / ayuda PID2020-117468GB-I00, ayuda financiada por MCIN /AEI/10.13039/501100011033.

BIBLIOGRAFÍA

Aguilar Cuesta, Á. I., *Catastrar las Castillas: racionalidad frente a despilfarro. El coste de la realización del Catastro de Ensenada en el Reino de Jaén*, Tesis defendida en la Facultad de Filosofía y Letras, UAM, 2021. https://repositorio.uam.es/handle/10486/700139

Alfani, G., "Economic inequality in preindustrial times: Europe and beyond", *Journal of Economic Literature*, 59.1 (2021), pp. 3-44.

Camarero Bullón, C. y Campos Delgado, J., "El Vecindario de Ensenada para la corona de Castilla. Estudio preliminar", en *Vecindario de Ensenada (1759)*, vol. I, pp. XXI-CXI, Madrid, 1991.

Carbonell, M., "Trabajo femenino y economías familiares", en Morant, I. (dir.), *Historia de las Mujeres en España y América Latina*, vol. II, pp. 237-262, Madrid, 2005.

Clark, G., "Human capital, fertility, and the industrial revolution", *Journal of the European Economic Association*, 3.2-3 (2005), pp. 505-515.

Domínguez Ortiz, A., "El Catastro de Ensenada en su circunstancia", *Revista CT/Catastro*, 46 (2002), pp. 7-16.

Donézar, J., *Riqueza y propiedad en la Castilla del Antiguo Régimen: la provincia de Toledo en el siglo xviii*, Madrid, 1984.

——, "El Catastro de Ensenada y su proceso de formación (1750-1760)", *Revista de la Facultad de Geografía e Historia*, 4 (1989), pp. 207-224.

García Colmenares, P., *Evolución y crisis de la industria textil castellana. Palencia, 1750-1990*, Madrid, 1992.

García Fernández, M., *Herencia y Patrimonio Familiar en la Castilla del Antiguo Régimen (1650-1834)*, Valladolid, 1995.

García González, F. y Maldonado Cid, D., "Bajo el mismo techo. Los hogares en Andalucía a finales del Antiguo Régimen", *Chronica Nova*, 45 (2019), pp. 131-163.

GRUPO 75, *La Economía del Antiguo Régimen. La "Renta Nacional" de la Corona de Castilla*, Madrid, 1977.

Humphries, J. y Schneider, B., "Spinning the industrial revolution", *The Economic History Review*, 72.1 (2019), pp. 126-155.

Manzanos, P., "La mujer y el mundo del trabajo en la Vitoria del siglo xviii". *Vasconia: Cuadernos de historia-geografía*, 30 (2000), pp. 397-411.

Matilla Tascón, A., *La única contribución y el catastro de la Ensenada*, Madrid, 1947.

Nicolini, E. y Ramos-Palencia, F., "Decomposing Income Inequality in a Backward Pre-Industrial Economy: Old Castile (Spain) in the Middle of the Eighteenth Century", *The Economic History Review*, 69.3 (2016), pp. 747-772.

Reher, D., *Town and country in pre-industrial Spain: Cuenca, 1550-1870*, Cambridge, 1990.

Rodríguez Campomanes, P., *Discurso sobre el fomento de la industria popular*, edición digital a partir de la edición de Madrid, Imprenta de Antonio Sancha, 1774 y cotejada con la edición crítica de John Reeder (Madrid, Ministerio de Hacienda, 1975: 41-126).

Sarasúa, C., "Women's work and structural change: occupational structure in eighteenth-century Spain", *The Economic History Review*, 72.2 (2019), pp. 481–509.

Schneider, E., "Real wages and the family: Adjusting real wages to changing demography in pre-modern England", *Explorations in Economic History*, 50.1 (2013), pp. 99-115.

Vilar, P., "Estructuras. Algunas lecciones del Catastro de la Ensenada", en *Hidalgos, amotinados y guerrilleros. Pueblo y poderes en la historia de España*, Barcelona, [1982] 2013, pp. 63-92.

Ward, B., *Proyecto Economico, en que se proponen varias providencias, dirigidas á promover los intereses de España, con los medios y fondos necesarios para su planificación*, Madrid, 1762.

Yun Casalilla, B., *Sobre la transición al capitalismo en Castilla: economía y sociedad en Tierra de Campos (1500-1830)*, Junta de Castilla y León, 1987.

15.
EL TRANSPORTE TERRESTRE EN EL SUR PENINSULAR (S. XVIII). EL MODELO ARRIERO DEL VALLE DE LECRÍN[1]

Raúl Ruiz Álvarez
Universidad de Cádiz

INTRODUCCIÓN

El transporte terrestre supone algo más que una actividad económica. Es el campo de acción socioeconómica que transforma el espacio para cubrir una necesidad que implica a todos los miembros del hogar en una economía de subsistencia, complementaria o de dependencia, que interactúa necesariamente con otras actividades y oficios y en el que intervienen, además de las relaciones de poder, de género y de clase, numerosos estereotipos y prejuicios. Todo ello, para atribuir significados a un perfil profesional como es el de arriero, que compartirá una característica, la del transporte, pero, en el que se observan múltiples diferencias dependiendo del número y estado de sus bestias, el tiempo dedicado a la actividad, si solo transporta o también comercia, los trayectos, etc. Y todo ello, inserto en un marco de pluriactividad, en un tiempo y en un espacio donde la tierra es la principal fuente de riqueza y, por consiguiente, donde los ciclos agrícolas y la estructura agraria pueden y, de hecho, condicionan la liberación de la mano de obra. De ahí que no podamos hablar de un solo perfil arriero, sino de muchos (Ruiz, 2021 y 2022). Además, también se verá determinado por el propio territorio, su orografía, la propiedad de la tierra y de los recursos, su jurisdicción y formas de organización socioeconómica, etc. Para comprender su diversidad contamos, por ejemplo, con las poderosas familias arrieras maragatas estudiadas por Laureano Rubio (1996), frente a los perfiles de subsistencia que ofrecieron, para la Galicia rural, Camilo Fernández (2008) y Domingo González (2008) o algunos perfiles femeninos, como el de Catalina de Alfaro, arriera del vino con marido ausente, que trajinaba con sus mulas para ganarse la vida y pagar las deudas familiares (Rey, 2021).

[1] Esta investigación es parte de los proyectos de I+D+i *La transformación de la estructura de la ocupación en el largo plazo, España, 1700-1975. Las ocupaciones no agrícolas como indicador de la modernización económica* [referencia PID2021-123863NB-C21] cuya IP es Carmen Sarasúa (UAB); *Familia, dependencia y ciclo vital en España, 1700-1860* [referencia PID2020-119980GB-I00], financiado por MCIN/ AEI/10.13039/501100011033/ dirigido por Francisco García González (UCLM) y Jesús M. González Beltrán (UCA); y TRAMA: *Los trabajos de las Mujeres en la Andalucía Moderna* [referencia B-HUM-724-UGR20], financiado por Feder-Junta de Andalucía, cuyas IPs son Margarita M. Birriel Salcedo (UGR) e Inmaculada Arias de Saavedra Alías (UGR). Además, se enmarca en el Grupo HUM603 de Estudios de las Mujeres dirigido por Nuria Romo (UGR) y el Grupo Catastro-Lecrín dirigido por Margarita M. Birriel Salcedo (UGR).

Dicho esto, hay que señalar que en la España moderna aumenta el interés de la Corona por favorecer y controlar la circulación y los intercambios, promoviendo la mejora y el mantenimiento de las infraestructuras viarias, los servicios de hospedaje, la regulación de impuestos y gravámenes, etc. (Madrazo, 1984). Las monarquías eran conscientes de que la lentitud del transporte constituía un límite para la economía (Braudel, 1984). Como culmen de estas políticas para favorecer las comunicaciones se crea la Real Cabaña de Carreteros que disfrutará de una serie de privilegios de paso y dispondrá de un juez privativo para desagraviar los asuntos de los transportistas. A cambio, estos debían acudir al llamamiento real para abastecer a las ciudades, villas y lugares del Reino, así como para el avituallamiento de sus ejércitos. Pero, sin duda alguna, la figura del juez conservador y el nuevo entramado administrativo será el principal reflejo de estos privilegios que, de nuevo, se gestionarán de forma heterogénea en los diferentes territorios (Ruiz 2021b, Ruiz, 2022, Gil, 1983).

En este marco, abordaremos algunos aspectos relacionados con el transporte terrestre en el Valle de Lecrín que nos permitan conocer el modelo arriero de una comarca marcada por la circulación entre la costa y la ciudad de Granada. En primer lugar, estudiar el número de arrieros y su localización posibilitará situarlos en los contextos productivos locales, así como vincularlos a las principales vías de comunicación y rutas que recorren la comarca. Y, en segundo lugar, analizaremos la fiscalidad de la actividad arriera en el contexto del ramo industrial comercial de mediados del siglo XVIII.

Para ello, hemos explotado como fuente principal, el Catastro del marqués de la Ensenada, que ha estudiado pormenorizadamente la profesora Concepción Camarero Bullón (1987). Un balance historiográfico y metodológico lo encontramos en el artículo de Julián Pablo Díaz (2012). En cuanto al reino de Granada, recientemente se publicó un estado de la cuestión sobre las actuales provincias de Granada y Almería (Ruiz y Ortega, 2021). Además, debemos subrayar el seminario "Problematizar el Catastro", donde se discutieron los problemas, metodologías y posibilidades para la investigación que nos proporciona este corpus documental, que no es neutro, sino una compleja tecnología del poder (Ruiz, 2020). Parte de los resultados de esta reunión científica se han publicado en el libro *Problematizar el Catastro: debatiendo sobre cómo el siglo XVIII contaba personas y territorios* (Marín y Birriel, 2022). Asimismo, para el Valle de Lecrín, debemos mencionar el trabajo que se viene realizando desde 2009 en el Grupo Catastro-Lecrín, dirigido por la profesora Margarita M. Birriel Salcedo con notables resultados, no solo para el conocimiento de la historia de la comarca (demografía, género, tecnología, cartografía, economía, servicios, comercio…), sino también de la propia fuente[2].

Consecuencia de estos planteamientos, organizaremos este trabajo en cuatro apartados: primero, la presentación de la fuente describiendo el contexto de producción centrado en los límites y ventajas para el estudio de la arriería; segundo, nos ceñiremos a la comarca

[2] Véase: www.cehval.es

del Valle de Lecrín, su jurisdicción, infraestructuras, etc.; tercero, expondremos los datos de la arriería, y, por último, las conclusiones.

EL CATASTRO DE ENSENADA EN EL VALLE DE LECRÍN: LÍMITES Y POSIBILIDADES PARA EL ESTUDIO DEL TRANSPORTE

En 1749 se promulgó el real decreto de 10 de octubre junto con una Instrucción que explicaba minuciosamente cómo debía hacerse el catastro con el objetivo de reemplazar las denominadas "rentas provinciales" por una "única contribución". Realizar esta magna empresa requería articular un mecanismo eficaz en el territorio para lo que se creó la Real Junta de la Única Contribución presidida por el obispo de Jaén, Fray Benito Marín, acompañado de otros altos funcionarios que darían cuenta de todo al propio marqués de Ensenada. Una vez organizada la máxima institución catastral se nombró a los intendentes de las veintidós provincias en las que se había estructurado el territorio, recayendo la del reino de Granada en don Luis González de Torres de Navarra, marqués de Campoverde. Tras realizar la prueba piloto en Gavia la Grande, el intendente nombró numerosos equipos catastradores para el territorio, situando al frente de los mismos a jueces subdelegados (Ruiz, Aguilar y Luna, 2023).

El proceso averiguador del Valle de Lecrín se realizaría entre 1751-1752, siendo tan solo dos los jueces subdelegados del marqués de Campoverde: don Nicolás Vicente de Rivera, jurado de la ciudad de Granada, gobernador y justicia mayor de El Padul, que intervino en quince de las operaciones realizadas en las localidades de esta entidad principal, y don Leonardo López de Ballesteros, abogado de los Reales Concejos y de Presos del Santo Oficio de la Inquisición del reino de Granada, que intervino en las localidades orientales (Albuñuelas, Cónchar, Pinos del Valle y Villamena). La intervención de solo dos subdelegados explica la homogeneidad de los datos de la documentación catastral en toda la comarca, siendo una de las más ricas, por ejemplo, en su cartografía manuscrita, que nos ayuda a observar elementos para el transporte, como son los caminos, puentes y hospederías (Ortega, 2019).

Tabla 1. Jueces subdelegados para las operaciones del Valle de Lecrín

Localidad	Inicio catastración	Juez subdelegado
Acequias	17-06-1752	Don Nicolás Vicente de Rivera, jurado de la ciudad de Granada
Albuñuelas	12-08-1972	Don Leonardo López de Ballesteros, abogado de los Reales Concejos y de Presos del Santo Oficio de la Inquisición del reino de Granada.
Béznar	3-06-1751	Don Nicolás Vicente de Rivera, jurado de la ciudad de Granada
Chite-Talará	6-05-1752	Don Nicolás Vicente de Rivera, jurado de la ciudad de Granada
Cónchar	2-09-1752	Don Leonardo López de Ballesteros, abogado de los Reales Concejos y de Presos del Santo Oficio de la Inquisición del reino de Granada.
Dúrcal	3-11-1752	Don Nicolás Vicente de Rivera, jurado de la ciudad de Granada
Ízbor	5-11-1752	Don Nicolás Vicente de Rivera, jurado de la ciudad de Granada
Lanjarón	30-07-1752	Don Nicolás Vicente de Rivera, jurado de la ciudad de Granada
Melegís	13-08-1751	Don Nicolás Vicente de Rivera, jurado de la ciudad de Granada
Mondújar	1-07-1752	Don Nicolás Vicente de Rivera, jurado de la ciudad de Granada
Murchas	21-09-1752	Don Nicolás Vicente de Rivera, jurado de la ciudad de Granada
Nigüelas	5-11-1752	Don Nicolás Vicente de Rivera, jurado de la ciudad de Granada
Padul	9-11-1752	Don Nicolás Vicente de Rivera, jurado de la ciudad de Granada (gobernador y justicia mayor de esta villa)
Pinos del Valle	8-11-1752	Don Leonardo López de Ballesteros, abogado de los Reales Concejos, y de Presos del Santo Oficio de la Inquisición del reino de Granada
Restábal	16-02-1752	Don Nicolás Vicente de Rivera, jurado de la ciudad de Granada
Saleres	23-03-1752	Don Nicolás Vicente de Rivera, jurado de la ciudad de Granada
Tablate	15-05-1751	Don Nicolás Vicente de Rivera, jurado de la ciudad de Granada
Villamena	26-09-1752	Don Leonardo López de Ballesteros, abogado de los Reales Concejos y de Presos del Santo Oficio de la Inquisición del reino de Granada.

Fuente: Autos del Catastro de Ensenada de las localidades del Valle de Lecrín. Elaboración Propia.

Para esta primera aproximación a la arriería en el Valle de Lecrín partimos de los datos registrados en los siguientes niveles documentales de las dieciocho localidades que componían la entidad principal, y que nos aportarán información del transporte, así como de los hogares y del trabajo de cada localidad:

• Las Respuestas generales del interrogatorio de la Letra A, que nos ofrecen información sobre la actividad arriera en la respuesta 32ª[3], aunque también se ha consultado las 33ª, 34ª, 35ª y 36ª para contextualizar la problemática del trabajo, así como incidir en la propia pluriactividad[4].

• Los Libros de cabezas de casa que nos aportan información sobre estos arrieros, cómo se llaman, qué edad tienen, quiénes forman sus hogares y cuál es su grado de parentesco, y si se anotaron con solo un oficio o varios; y los Libros de lo real para conocer el cálculo del producto útil: propiedades, trabajo, ganado, etc. Ambos niveles los hemos agrupado, pues, para el Valle de Lecrín, se cosieron juntos, primero los eclesiásticos y posteriormente los seculares[5].

• Los Estados locales de seculares de la letra F (ramo industrial-comercial) y G (ramo personal) de las localidades que registran arrieros[6].

• El Vecindario de 1759 para los datos demográficos (Camarero y Campos 2001).

A estas fuentes, sumamos otras de carácter secundario con las que hemos podido cruzar noticias como los protocolos notariales, especialmente inventarios, testamentos y cartas de obligación de pago, o expedientes municipales. Además, se ha realizado un exhaustivo trabajo de campo con el fin de disponer de una visión del paisaje humanizado del Valle de Lecrín, así como de sus caminos.

EL VALLE DE LECRÍN

El Valle de Lecrín se ubica en la vertiente suroccidental de Sierra Nevada, cuya depresión permite el paso natural, no sin complicaciones, entre Granada, la costa y las Alpujarras, gozando de un microclima propicio para la actividad agraria. En el siglo xviii constituía un distrito bien definido en la organización territorial, civil, militar y eclesiástica del reino de Granada, con catorce localidades de realengo bajo la jurisdicción del corregimiento de

[3] Archivo General de Simancas (AGS), Dirección General de Rentas (DGR) 1ª remesa, libro, 276, folio-491v Acequias; Albuñuelas, L 276, f. 654r.; Béznar, L 278, f. 530; Chite-Talará, L 282, f. 424v; Cónchar, L 282, f. 391r; Dúrcal, L 286, f. 293r-294r; Ízbor, L 292, f. 378r; Lanjarón, L 294, f. 671v-672r; Melegís, L 293, f. 660r; Mondújar, L 296, f. 466r; Murchas, L 296, f. 435v; Nigüelas, L 294, f. 177v; Padul, L 299, f. 151r; Pinos del Valle, L 298, f. 441v; Restábal, L 300, f. 431r; Saleres, L 301, f. 431; Tablate, L 302, f. 491r; Villamena, L 303, f. 363r.

[4] 32ª Si en el pueblo hay algún Tendero de Paños, Ropas de Oro, Plata, y Seda, Lienzos, Especería, u otras Mercadurías, Médicos, Cirujanos, Boticarios, Escrivanos, Arrieros, etc., y qué ganancia se regula puede tener cada uno al año.

33ª Qué ocupaciones de Artes mecánicos hay en el Pueblo, con distinción, como Albañiles, Canteros, Albéytares, Herreros, Sogueros, Zapateros, Sastres, Perayres, Tejedores, Sombrereros, Manguiteros, y Guanteros, etc., explicando en cada Oficio de los que huviere el número que haya de Maestros, Oficiales, y Aprendices; y qué utilidad le puede resultar, trabajando meramente de su oficio, al día a cada uno.

34ª Si hay entre los Artistas alguno que, teniendo caudal, haga prevención de Materiales correspondientes a su propio Oficio, o a otros, para vender a los demás, o hiciere algún otro Comercio, o entrase en Arrendamientos; explicar quiénes, y la utilidad que consideren le puede quedar al año a cada uno de los que huviese.

35ª Qué número de Jornaleros havrá en el Pueblo, y a cómo se paga el jornal diario a cada uno.

[5] Archivo Histórico Provincial de Granada (AHPGr), CE, Pinos del Valle, L 1494.

[6] AHPGr, CE, Autos, Respuestas Generales y Estados Locales, Pinos del Valle, L 1495, ff. 72v-73r.

Granada y dos, Padul y Villamena de Cozvíjar, de señorío, como ya explicó la profesora Margarita M. Birriel Salcedo (2015), siendo Padul un señorío perteneciente a la ciudad de Granada. La ocupación del espacio responde a la herencia nazarí, marcada por el orden social del regadío y el papel de las alquerías en el control y defensa de la circulación de la ciudad de Granada con la costa y las Alpujarras. Tras la guerra de las Alpujarras (1568-1571) y posterior repoblación por Felipe II, sus habitantes tienden a concentrarse en algunos núcleos (Barrios y Birriel, 1987, Birriel, 1987, Ruiz y Birriel, 2020, Ortega, Ruiz, Moral y Birriel, 2020), llegando ese hábitat concentrado hasta 1752, momento en el que se realiza el Catastro de Ensenada. Por tanto, la orografía y el clima han determinado a lo largo de la historia al Valle de Lecrín como lugar de paso entre la costa y la ciudad de Granada, así como lugar de cultivo muy influido por la propiedad de la tierra (Villegas, 1975, Ruiz 2017). Además, hoy conocemos cómo era la producción de aceite y la industria molinera (Birriel, 2015), la producción de queso (Birriel, 2017) o la de miel (García, 2017). No olvidemos que el Interrogatorio General de la Letra A dedicó una pregunta exclusiva a las colmenas. También otros aspectos como el espacio doméstico o las jefaturas de hogar femeninas (Birriel 2016, Birriel, 2019).

Tres son los caminos principales que marcan la geografía del lugar y la circulación, aunque todos ellos con características y singularidades que, sin duda, condicionan el tránsito de personas, objetos e ideas. También el desarrollo de los núcleos de población que de una forma u otra quedan ligados a estas vías. En primer lugar, contamos con el camino de Granada a Almuñécar, que bordea la localidad de Albuñuelas para dirigirse por la Venta Marina hacia la costa. Son pocas las noticias sobre este camino (Birriel, 1987), si bien sabemos del tránsito del pescado por la conflictividad generada en dicha venta (Ruiz, 2022b). En segundo lugar, tenemos el camino más importante que surca esta comarca, el camino de Granada a Motril. Este será el polo de referencia de toda la comarca y donde se concentre la mayoría de arrieros, que transportarían azúcar de los ingenios costeros, pescado y otros productos –principalmente alimenticios– a la ciudad de Granada. Esta ruta parte de dicha ciudad y pasa por Padul, Saleres, Restábal, Pinos del Valle y, de ahí, hasta la Venta de la Cebada, por donde abandona las tierras del Valle de Lecrín. Entre su área de influencia se encuentra la localidad de Melegís. Finalmente, el camino de Granada a Ugíjar conectaba la capital con la Alpujarra, compartiendo hasta El Padul la misma infraestructura, para bifurcarse y tomar dirección a Dúrcal, Talará, Béznar, Tablate y Lanjarón, desde donde partiría hacia el señorío de Órgiva. En su área de influencia quedarían los núcleos de población de Cónchar, Cozvíjar y Nigüelas. Aunque marcados por la influencia de estos caminos, fuera de estas rutas quedarían las localidades de Cónchar, Cozvíjar, Nigüelas, Acequias, Mondújar, Murchas e Ízbor.

La circulación y los intercambios también quedaron marcados en la localización de los servicios de hospedaje. Ya en otro estudio pudimos determinar que la cercanía a los caminos y polos económicos de tránsito afectó tanto al aprovechamiento como la utilidad regulada a estos establecimientos y cómo estas aumentaban conforme se acercaban a la ciudad de Granada. De ahí que el 50 % de las localidades del Valle de Lecrín contaran con ventas o mesones (Ruiz, 2020b).

LA ARRIERÍA EN EL VALLE DE LECRÍN

Las entidades principales con más porcentaje de poblaciones arrieras del reino de Granada a mediados del siglo xviii eran Ronda (53,8 %), que constituía un nudo de comunicaciones e importante polo económico; el camino de ruedas de Málaga a Granada a su paso por Vélez-Málaga (65,2 %), que unía las dos grandes ciudades del Reino surcando tierras productoras de frutos y aceite como la de Vélez-Málaga (65,2%), las tierras de Alhama (66,7 %) o las rutas por el Valle de Lecrín (61,1 %) que se dirigían a Almuñécar (66,7 %), Salobreña (52,8 %) y Motril (75 %). Finalmente, la arriería se concentraría en las tierras del Valle de Andarax camino hacia Almería (76 %). Esto no significa que no hubiese arriería dispersa a lo largo y ancho del Reino, especialmente en los caminos hacia Sevilla y el reino de Jaén, en el noreste del reino de Granada (Huéscar, Castril y Puebla de don Fadrique), o en la parte más oriental del reino con los polos de atracción de Huércal Overa, Cuevas de Almanzora y Vera. Sin embargo, a escala comarcal, el Valle de Lecrín era la Entidad Principal con más porcentaje de arrieros por vecinos, un 8,8 %, seguida de Vélez Málaga (5,12 %), las Cuatro Villas (4,97 %), Alhama (4,55 %), Loja (3,52 %), Almuñécar (3,2 %), Torvizcón (3,26 %) y Almería (3,05 %). Las restantes localidades contaban con menos del 3 %, porcentajes muy inferiores a los de otros territorios como la comarca de Tierra de Montes en Galicia, donde, utilizando la misma fuente, el Catastro de Ensenada, se calcula un 13,2 % de su vecindario.

En la comarca granadina del Valle de Lecrín contabilizamos 242 arrieros, todos varones, de 2.785 vecinos. Se distribuyen en 11 de las 18 localidades que componen esta entidad principal, quedando sin registrar en Padul, Cónchar, Cozvíjar, Dúrcal, Murchas, Tablate e Ízbor, siendo extraño que en villas tan importantes como Padul y Dúrcal, tanto por el número de vecinos como por su situación socioeconómica y paso entre caminos, no se registren transportistas profesionales. Señalo varones, para acentuar, una vez más, la importancia de la pareja de trabajo y la división sexual en la empresa arriera. También de todos los miembros del hogar o, incluso, de una parte de la familia, para el funcionamiento de esta actividad. De hecho, en el Valle de Lecrín, hemos podido constatar cómo la adquisición de bestias se realiza a través de cartas de obligación de pago en las que mayoritariamente son los esposos quienes se obligan, en una comarca donde se ha comprobado cómo ambos cónyuges contribuyen al matrimonio en partes muy equivalentes (Birriel 2021). Un ejemplo es el de Francisco Molina y Ángeles Sánchez, vecinos del Valle que, en 1730, se obligan a pagar a Jacinto de Armas, vecino de la ciudad de Granada, 262 reales y medio por un jumento[7]. Quizá estemos ante uno de los trabajos

[7] Archivo Histórico de Protocolos de Granada (AHPRGR), Distrito Órgiva (DO), Pinos del Valle, 1730, 4 de diciembre. Notaría de Antonio Martínez Almazán. Carta de obligación de pago por un jumento, ff. 38r-v.

donde la división sexual del trabajo sea más clara, pero donde el hogar en sí es necesario para el correcto funcionamiento de la empresa. Mientras el marido transporta, la mujer y los hijos cuidan el huerto, la casa, el ganado y será la mujer quien ejerza la jefatura de hogar en ausencia de marido. Por tanto, todas estas actividades son necesarias para la subsistencia del hogar, para que la industria arriera siga funcionando. Además, las mujeres son conocedoras del negocio, no solo en la adquisición de bestias, sino también en las obligaciones y deudas que se generan del mismo, como pudimos ver en el testamento de José Franco de Pinos del Valle, siendo parte fundamental para la actividad (Ruiz, 2022)[8].

Tabla 2. La arriería en los caminos del Valle de Lecrín (siglo XVIII)

Entidad Principal	Localidades en las que se registran transportistas con bestias (número)	Total	Número de vecinos seculares (Vecindario, 1759)	Transportistas con bestias (en %)
Valle de Lecrín	Acequias (1) Albuñuelas (50) Béznar (7), Chite / Talará (4) Lanjarón (7) Melegís (2) Mondújar (1) Nigüelas (4) Pinos del Valle (100) Restábal (34) Saleres (32)	242	2.758	8,77

Fuente: AGS, DGR 1ª remesa, CE, Respuestas generales de las localidades de las entidades principales del Valle de Lecrín. Elaboración Propia.

A continuación, me centraré en el tipo, número, localización, bestias y utilidades reguladas, pues nos aportarán una visión que se aleja de ese perfil arriero homogéneo pobre que aprovecha la estacionalidad agrícola para poder ganarse la vida con su bestia, mucho más en una zona donde los ciclos agrícolas y la propiedad de la tierra es diferente al de la Meseta o los latifundios de la Andalucía occidental. En la localidad de Saleres había 32 arrieros, traficando seis de ellos con recuas y los restantes con entre una y cuatro bestias cada uno. 6.000 reales se les reguló por los portes a cada recua: dos de ellos trafican con dos recuas cada uno (12.000 reales), otros dos con recua y media (9.000 reales). A los dos que transportaban con una sola recua se les reguló 5.500 reales. Además, tres arrieros

[8] AHPRGR, DO, Pinos del Rey (1752-1761). Notaría de Antonio Martínez de Almazán y Pedro Sánchez de Molina, testamento de José Franco, ff. 361r-362v

transportaban con cuatro bestias (3.500 reales); otros tres con tres bestias (2.200 reales); quince con dos bestias (1.500 reales) y cinco con una bestia (750 reales), sumando todos ellos 96.350 reales, cifra muy elevada para una localidad tan pequeña. Los pueblos vecinos (Restábal y Melegís) registran 34 y 2 arrieros, respectivamente. En Restábal hay cuatro arrieros con recua entera de 6 u 8 cabezas, a los que también se les regula 6.000 reales, seis con media recua, 3.000 reales, quince con dos cabalgaduras, 1.500 reales y nueve con solo una cabalgadura, 750 reales al año. Suman 71.250 reales de vellón, que una vez calculado para el Estado de la letra F, desciende a 40.500 reales (78,1% del industrial). El camino dejaría al este la localidad de Melegís, en la que hay dos arrieros, que podrán ganar 1.100 reales al año cada uno, para tomar desde Restábal dirección a Pinos del Valle, donde sus 100 arrieros transportan con recuas compuestas por diferentes números de cabezas, con dos o tres bestias y otros con una cabeza mayor (mular) o menor (asnal), por las que se le pueden regular 330 y 165 reales respectivamente, bajados los costes. Aunque el número de arrieros es elevado, la utilidad será menor a las localidades de Restábal y Saleres, con 34.980 reales de vellón anuales, el 81,9 % del industrial del lugar.

En el camino a las Alpujarras, que se desviaba antes de llegar a Padul, la presencia de arrieros por las tierras del Valle de Lecrín podemos decir que es testimonial, si la comparamos con los lugares del camino a Motril. Así, se registran 22 arrieros: 4 en Nigüelas, 4 en Chite /Talará, 7 en Béznar y 7 en Lanjarón. Nigüelas quedaba al margen del camino, aunque en su término había una venta situada en el mismo. Sus cuatro arrieros podrían ganar por los portes con su ganado 50 pesos, a los que tendrían que descontar la comida y mantenimiento de las bestias. En Chite/Talará a sus cuatro arrieros se les reguló por bestia 550 reales. En Béznar hay 7 arrieros solamente durante la mitad del año, a los que se considera 4 reales por día. Estamos seguros de que se complementarían entre los 60 jornaleros que trabajan al año durante siete meses con la siguiente regulación: los dos meses de verano podrán ganar 5 reales al día, dos meses a 3 reales diarios, otros dos meses a 2 reales diarios y un mes a 1,5 reales al día. Por tanto, en esta localidad, la actividad arriera sería el complemento ideal entre labradores y jornaleros. El último lugar del Valle de Lecrín, antes continuar el camino por el señorío de Órgiva, era Lanjarón, donde a sus 7 arrieros les regularon 750 reales por cada una de las bestias con las que realizaban la actividad, sin descontar el costo de su manutención.

En el siguiente mapa elaborado a partir del mapa geográfico del reino de Granada realizado por el geógrafo Tomás López en 1795[9], pueden observarse los tres caminos de Granada a la Costa y la densidad arriera de esta comarca.

[9] Tomás López, *Mapa geográfico del Reyno de Granada (1795)* [en línea], Biblioteca Nacional, MR/2/82 digmaidig, consultado el 2 de mayo de 2020, http://bdh-rd.bne.es/viewer.vm?id=0000033456. Los partidos se han adaptado a los de 1752.

Mapa 1. La arriería en el Valle de Lecrín (siglo xviii)

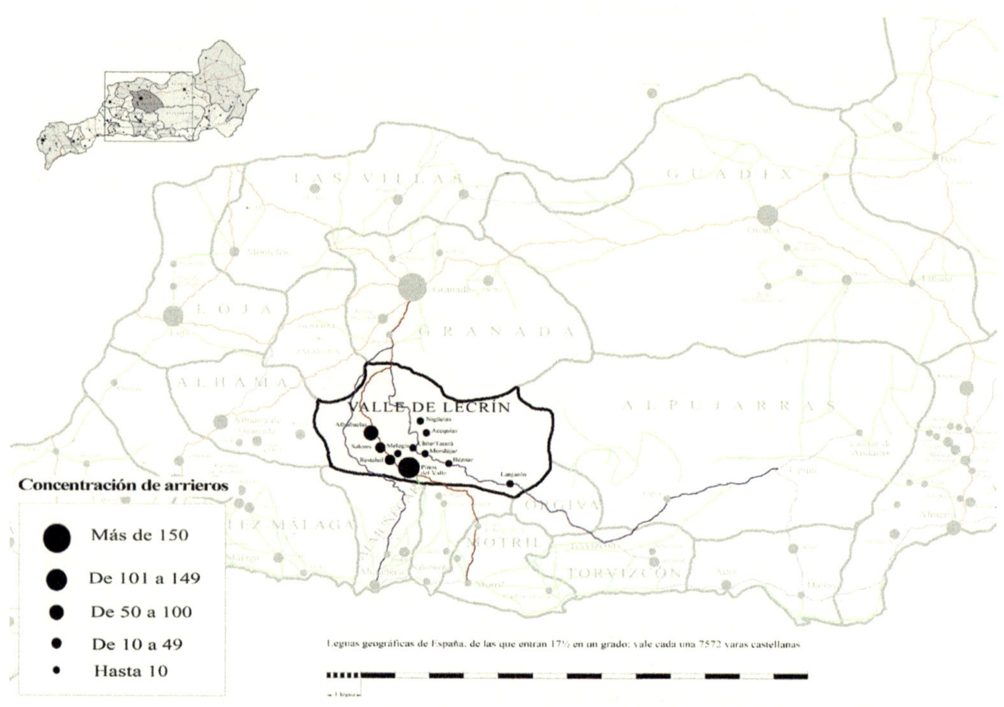

Fuente: Elaboración Propia.

En un plano macroeconómico interesa el cálculo del industrial arriero en la comarca. Este asciende a 334.948 reales de vellón, con un peso de 68,97 % en el total industrial. En término medio corresponde a cada arriero 955 reales de vellón por su actividad del transporte, una media similar a la del reino de Granada (Ruiz, 2022c).

Una vez aquí, podemos afirmar que el Valle de Lecrín es la comarca arriera por excelencia del reino de Granada. Once de sus dieciocho localidades anotan arrieros con un importante porcentaje de vecinos dedicados a esta actividad, como en Restábal (22,22 %), Saleres (27,12 %) y Albuñuelas (17,24 %). Pero la localidad arriera, según las informaciones del Catastro es Pinos del Valle, donde el 38 % de los cabezas de casa son arrieros. Margarita M. Birriel Salcedo lo justifica aludiendo a la estructura agraria de Pinos del Valle, que posibilita liberar una parte de mano de obra y animales para su dedicación arriera. Si bien es cierto que Pinos del Valle, por su pendiente orografía y uso de la tierra, tiene características especiales que lo condicionan socioeconómicamente, debemos seguir indagando para responder a la cuestión de esta densidad y por qué en otras localidades, como Dúrcal o Padul, no se registran. Al respeto, habría que pensar, primero, en la situación geoestratégica de Pinos del Valle, siendo la última localidad en el camino hacia Motril, ubicada a una legua aproximada entre ambas ciudades, por lo tanto, punto intermedio, donde además el viajero encontraría tres establecimientos de hospedaje, la Venta de la Cebada y dos mesones. En segundo lugar, a vueltas con la importancia del camino de Granada a Motril sobre los otros dos que surcaban la comarca, pues este concentraba la mayor parte de la actividad del transporte (68,6 % de los arrieros). En tercer lugar, a que estos pueblos supliesen las necesidades de poblaciones cercanas, integrando así un sistema de producción, transporte, comercio más allá de la propia localidad. En cuarto, aunque el Valle de Lecrín parezca homogéneo, en realidad el territorio de las jurisdicciones cambia, la orografía, el cultivo, la riqueza y la estructura y propiedad de la tierra tiene pequeñas diferencias que lo condicionan, por lo que tendremos que seguir profundizando en estas cuestiones, como ya pudimos ver en Pinos del Valle, Tablate e Ízbor con el olivar (Ruiz, 2017).

Tabla 3. Las utilidades de la arriería en el Valle de Lecrín (siglo xviii)

Localidad	Número Arrieros	Industrial arriería (en rv)	Media Arriero (en rv)	Total Industrial (en rv)	% del industrial de la localidad
Acequias	1	1.100	1.100	2.480	44,35
Albuñuelas	50	16.500*	330	26.688*	61,83
Béznar	7	6.480	925,71	12.985	49,90
Chite / Talará	4	11.210	2.802,5	22.068	50,80
Lanjarón	7	6.800	971,43	24.478	27,78
Melegís	2	2.200	1.100	8.174	26,91
Mondújar	1	850	850	6.520	13,04
Nigüelas	4	17.400	4.350	29.725	58,54
Pinos del Valle	100	34.980	349,8	42.690	81,94
Restábal	34	40.500	1.191,18	54.040	74,94
Saleres	32	93.000*	2.906,25	105.100*	88,49
Total	242	231.020	954,63	334.948	68,97

Fuente: Catastro de Ensenada. Respuestas Generales. Estados locales de la letra F. *Estado Provincial del reino de Granada Letra F. Elaboración propia.

Respecto a la dedicación a una u otra actividad, la contribución de la pareja de trabajo a la misma, o de los miembros del hogar, poca información nos proporciona el Catastro de Ensenada (Agren, 2017). Insisto en que el trabajo en la Edad Moderna debe entenderse en el marco de la pluriactividad, la subsistencia y la contribución de los miembros del hogar. Esto no quiere decir que en localidades como Restábal, con transportistas con 6 u 8 bestias, o Saleres, donde seis de ellos también lo hacen con recuas, esta fuese su principal y exclusiva actividad. Pero, claro, todo ello sin poder saber a partir de nuestra fuente, si además de transportar, comerciaban, debate sobre el que ya he incidido en otros trabajos. Por lo tanto, las desigualdades entre unos arrieros y otros vienen marcadas desde la base por el número de bestias, seguido del acceso a los recursos y la propiedad. No es posible equiparar al jornalero-arriero, que trajina estacionalmente y obtiene así recursos complementarios, a la empresa arriera, que cuenta con un número de bestias y una red suficiente para consolidar un transporte profesional mucho más estable. Diferencia que quedará patente en el producto medio que se regula a cada arriero en las localidades de la comarca, siendo una media de 350 reales de vellón el de los arrieros de Pinos del Valle y de 4.350 reales el de Nigüelas, es decir, que unos podían contar con un útil doce veces mayor que otros. Sin duda, debe repercutir en la dedicación, el número de bestias y especialmente las dinámicas socieconómicas de sus hogares.

A MODO DE CONCLUSIÓN

A partir de los datos con los que contamos para el Valle de Lecrín, podemos determinar, primero, la importancia del tráfico al puerto de Motril y el traslado de azúcar, pescado y otras mercancías, importancia que se refleja, tanto en la densidad de los pueblos con arrieros (61,1 %) como en el número de ellos, en unas cifras considerablemente superiores, en relación a la población total, como se puede ver en Pinos del Valle (28 %), Restábal (22,22 %) y Saleres (27,12 %).

En segundo lugar, tras este apretado recorrido, queda claro que el camino real a Motril favoreció que los vecinos de Pinos del Valle, Saleres y Restábal se dedicaran al transporte, a lo que habría que añadir el factor productivo del propio valle como la propia estructura agraria. Esto no significa que no tengamos constancia de un ir y venir de transportistas profesionales por el camino a Almuñécar, o de que, pese al vacío caminero y la baja densidad profesional registrada en el Catastro de arrieros en el camino a Ugíjar, este no fuese frecuentado por transportistas, registrados o no como tales.

Respecto a la dedicación arriera, queda mucho por hacer. En un ámbito de pluriactividad sería muy complicado discernir entre el arriero puro y el que no lo es. De hecho, el cruce de fuentes, como por ejemplo testamentos en protocolos notariales, nos están ayudando a establecer redes comerciales y lazos familiares y vecinales que intervienen de forma directa o indirecta en la actividad del transporte. Asimismo, desde una óptica amplia los perfiles podrían homogeneizarse, pero estamos seguros de que un hogar con una bestia, sin tierras más que la casa, y la utilidad del transporte no puede ser igual que otro hogar con tres bestias, una casa y una pequeña parcela de tierra, porque en este caso, la fuerza de trabajo, tanto del transportista como de su instrumento depende de factores como el número y la edad. Sobre familia, hogar, y tecnología incidiremos en próximas publicaciones, pero hay que destacar que las desigualdades entre transportistas vendrán marcadas, además de por su número de bestias y estado de estas, por sus accesos a los recursos y también por la propiedad.

Concluimos abriendo más que cerrando los interrogantes, pues profundizar en la categoría trabajo y género para el transporte nos ayudará a entenderlo como esa empresa en la que todo el hogar participa, pero donde la división sexual del trabajo parece estar clara, hasta el momento donde los avatares de la vida intervienen, ya sean por edad o por accidente. En fin, ciclo vital, hogares, redes... son preguntas que nos tenemos que hacer para historiar socialmente un trabajo que es fundamental para el Estado y especialmente para la subsistencia de todos, pues profesionalmente o no, ideas, mercancías, personas… van y vienen.

BIBLIOGRAFÍA

Agren, Maria: "Introduction: Making a Living, Making a Difference", en Maria Agren (Ed.): *Making a Living, Making a Difference. Gender and Work in Early Modern European Society,* Oxford, Oxford University Press, 2017, pp. 1-23.

Barrios Aguilera, Manuel y Birriel Salcedo, Margarita Mª: *La repoblación del reino de Granada después de la expulsión de los moriscos: fuentes y bibliografía para su estudio: estado de la cuestión,* Granada, Grupo de Autores Unidos, 1986.

Birriel Salcedo, Margarita Mª: *La repoblación de la tierra de Almuñécar después de la expulsión de los moriscos,* Granada, Universidad de Granada, 1987.

——: "Tecnología, conocimiento y propiedad. Los molinos de aceite en el Reino de Granada (S. xviii)", *Chronica Nova*, 41 (2015), pp. 39-69.

——: "Espacio y género en la Edad Moderna. Retos, problemas y logros de la investigación", en VV.AA. (coord..): *Mujeres e historia,* Valladolid, Universidad de Valladolid, 2016, pp. 89-120.

——: "La producción de queso en el Valle de Lecrín (S. xviii)", en Mª José Ortega Chinchilla, y García Pérez, Juan Félix: *Producción y consumo en el Valle de Lecrín: el sector alimentario,* Almería, Círculo Rojo, 2017, pp. 221-252.

——: "Ellas gobiernan la casa: jefaturas de hogar femeninas en el Valle de Lecrín (s. xviii)", *Revista del Centro de Estudios Históricos de Granada y su Reino*, 31 (2019), pp. 57-82.

——: "Género, matrimonio y riqueza en la España moderna", en Francisco García González (Coord.): *Familias, trayectorias y desigualdades: estudios de historia social en España y en Europa, siglos XVI-XIX*, 2021, pp. 463-491.

—— y Ruiz Álvarez, Raúl (Eds.): *De Nación Morisca,* Granada, Universidad de Granada, 2020.

Braudel, Fernand: *Civilización material, economía y capitalismo, S. XV-XVIII,* Madrid, Alianza editorial, 1984.

Camarero Bullón, Concepción: *Claves normativas para la interpretación geográfica del Catastro de Ensenada,* Madrid, Universidad Autónoma de Madrid, 1987.

—— y Campos Delgado, Jesús: *Vecindario de Ensenada 1759,* Madrid, Centro de Gestión Catastral y Cooperación Tributaria, Ministerio de Economía y Hacienda, 1991.

Díaz López, Julián Pablo: "Entre la descripción y la metodología novedosa: medio siglo en la historiografía del Catastro de Ensenada", *Nimbus: Revista de climatología, meteorología y paisaje*, 29-30 (2012), pp. 201-216.

Fernández Cortizo, Camilo: "Arrieros y traficantes en la Galicia rural de la época moderna", *Obradoiro de Historia Moderna,* 17 (2008), pp. 325-352.

García Haro, Rebeca: "Sobre la apicultura en el Valle de Lecrín durante el S. XVIII. Un estudio en torno a los datos del Catastro de Ensenada", en Mª José Ortega Chinchilla y Juan Félix García Pérez: *Producción y consumo en el Valle de Lecrín: el sector alimentario,* Almería, Círculo Rojo, 2017, pp. 253-286

Gil Abad, Pedro: *Junta y Hermandad de la Cabaña Real de Carreteros. Burgos-Soria,* Burgos, Diputación de Burgos, 1983.

González Lopo, Domingo L.: "La arriería en el comercio de la Galicia suroccidental según el Catastro de Ensenada", *Obradoiro de Historia Moderna,* 17 (2008), pp. 353-372.

Madrazo Madrazo, Santos: *El sistema de comunicaciones en España, 1750-1850,* Madrid, Turner, 1984.

Marín Sánchez, Marta y Birriel Salcedo, Margarita Mª: *Problematizar el Catastro: debatiendo sobre cómo el siglo XVIII contaba personas y territorios*, Granada, Comares, 2022.

Ortega Chinchilla, Mª José: "Cartografía del espacio vivido: los croquis del Catastro de Ensenada y del Diccionario Geográfico de Tomás López desde el enfoque de la Geografía de la Percepción", *CT Catastro,* 95 (2019), pp. 9-44.

——, Ruiz Álvarez, Raúl, Moral Montero, Elisa y Birriel Salcedo, Margarita Mª: "De lejos y de cerca. Las gentes que repoblaron el reino de Granada", en Ruiz Álvarez, Raúl y Moral Montero, Elisa: *Gentes que vienen y van: estudios en torno a las migraciones: ayer, hoy, mañana*, Granada, Universidad de Granada, 2020, pp. 109-146.

Rey Castelao, Ofelia: *El vuelo corto. Mujeres y migraciones en la Edad Moderna*, Santiago de Compostela, Universidad de Santiago de Compostela, 2021.

Rubio Pérez, Laureano M.: *Arrieros maragatos, poder, negocio, linaje y familia. siglos XVI-XIX,* León, Hullera-Vasco Leonesa, 1996.

Ruiz Álvarez, Raúl y Ortega Chinchilla, Mª José: "Granada y Almería en El Catastro de Ensenada. Un recorrido por la historiografía", *Revista de Historiografía (RevHisto)*, 35 (2021), pp. 79-110.

——, Aguilar Cuesta, Ángel Ignacio y Luna San Eugenio, Ana: "Barranco de Poqueira, a mediados de la Centuria de las Luces: tres pueblos, un anexo y un solo concejo", en Raúl Ruiz Álvarez, Aguilar

Cuesta, Ángel Ignacio y Camarero Bullón, Concepción (Coords.): *El Catastro de Ensenada. Magna averiguación fiscal para alivio de los Vasallos y mejor conocimiento de los Reinos (1749-1756): Barranco de Poqueira 1752*, Madrid, Ministerio de Hacienda y Función Pública, 2023, pp. 46-79.

——: "Planteamientos en torno al olivo en el Catastro de Ensenada. El Pinar", en Mª José Ortega Chinchilla y Juan Félix García Pérez: *Producción y consumo en el Valle de Lecrín: el sector alimentario,* Almería, Círculo Rojo, 2017, pp. 191-220.

——: "Problematizar el Catastro, 6 a 8 de febrero de 2020. Lanjarón", *Revista Historia Autónoma,* 17 (2020), pp. 171–174.

——: "Ventas y mesones en los caminos del Valle de Lecrín y La Alpujarra (s. xviii)", *Tiempos modernos,* 10(41) (2020b), pp. 120-153.

——: "El transporte en el reino de Granada (siglo xviii)", *Cuadernos de Historia Moderna,* 46(1) (2021), pp. 235-259.

——: "Aportación para la historia de la Real Cabaña de Carreteros. Nombramiento del Juez Privativo Protector y Conservador de cabañiles y carreteros de la Real Cabaña Real en Granada (1711)", *Revista del Centro de Estudios Históricos de Granada y su Reino,* 33 (2021b), pp. 255-271

——: *Caminos y Caminantes: los carreteros del reino de Granada,* Tesis Doctoral Inédita, Granada, Universidad de Granada, 2022.

——: "Género y transporte en la edad moderna: una invitación a pensar históricamente", en María José Vilalta i Escobar (ed.): *Reptes de recerca en historia de les dones,* Lleida, Universitat de Lleida, 2022b, pp. 193-198.

——: "Las utilidades del transporte con bestias en el Reino de Granada. Una primera aproximación a través del Catastro de Ensenada", *Vínculos de Historia,* 11 (2022c), pp. 410-429

Villegas Molina, Francisco: *El Valle de Lecrín,* Granada, Caja Granada, 1975.

16.
FUENTES FISCALES Y CATASTRALES: GARANTÍA JURÍDICA EN LAS COLISIONES ENTRE EL MONASTERIO DE SILOS Y LA VILLA DE HUERTA DEL REY POR EL LUGAR DE TORMILLOS

Rafael Sánchez Domingo[1]
Universidad de Burgos

INTRODUCCIÓN

El lugar poblado de Tormillos, junto a su iglesia de San Martín, fue motivo de polémicas entre al concejo de Huerta del Rey y la abadía de Santo Domingo de Silos. Huerta del Rey consta por primera vez en el *Cartulario de San Pedro de Arlanza* en julio de 1048, mientras que el lugar de Tormillos se data documentalmente en abril de 1121, debido a la donación por parte de la reina Urraca a la villa de Silos del lugar de Tormillos. A través del presente artículo se desentraña tanto la pertenencia como la vinculación de este polémico enclave a través de las fuentes fiscales y catastrales, siendo el Catastro de Ensenada la fuente primordial que, en el siglo XVIII, dilucidará la pertenencia y adscripción de este polémico lugar. Con posterioridad, el lugar de Tormillos fue permutado entre los monasterios de Silos y el de Arlanza el 30 de abril de 1433, fecha en que el lugar se encontraba despoblado.

Respecto al Catastro de Ensenada, afirma Gómez Urdáñez "el marqués ya sabía que el Catastro no conduciría a la Única Contribución, la avalancha de datos que iban llegando de cada pueblo, solo por lo que tenía de fuente de información, satisfacía uno de sus más íntimos vicios: su enorme curiosidad [...] pero también alertaba al hacendista reformador del límite al que podría llegar, justo hasta los privilegios de la Iglesia" (Gómez Urdáñez, 2021: 144). Afirmaba que

> El Catrastro demostraba una paradoja: si la nobleza mantenía sus privilegios, el clero parecía ser la pieza más débil del sistema. La información sobre las rentas del clero, incrementada por los informes que derivaban de sus forcejeos con los intendentes y la Junta Central a raíz de propiedades y derechos, demostraba la veracidad de las sospechas

[1] Este trabajo se ha realizado en el marco del Proyecto de Investigación I+D+i PID2019– 106735GB-C21 del Ministerio de Ciencia e Innovación, titulado: *Avanzando en el conocimiento del Catastro de Ensenada y otras fuentes catastrales: nuevas perspectivas basadas en la complementariedad, la modelización y la innovación*, subproyecto del proyecto coordinado *Las fuentes geohistóricas, elemento para el conocimiento continuo del territorio: retos y posibilidades de futuro a través de su complementariedad (FGECCT)*. Es miembro del Grupo de Investigación Consolidado IDE-GEOHIS, UAM.

sobre la desproporción entre la riqueza de la Iglesia y lo que contribuía (Gómez Urdáñez, 2021:145-146).

En este sentido, Barrio Gozalo, afirma que los monasterios que tenían adscritos o agregados beneficios simples servideros (con ayuda para cumplirse por sí o por otro), estaban obligados, si deseaban beneficiarse de la renta dotal (vinculada a la dotación inicial o fundacional del monasterio), al igual que la de los diezmos que le correspondieran, a servir el beneficio, y para ello ayudaba al párroco en celebraciones litúrgicas festivas "y si también quieren ganar las distribuciones adventicias o frutos de estola, deben guardar al menos residencia ocasional" (Barrio Gozalo, 2010: 380). Ahora bien, no se debe obviar el acuerdo Iglesia-Estado que marcó el devenir de la Iglesia en España entre 1753 y mediados del siglo XIX. Se trata del Concordato de 1753, firmado entre Fernando VI y la Santa Sede que "había dejado al nuncio poderes muy extensos, que el Papa debía hacer confirmar por el Consejo de Castilla en la toma de posesión de cada nuevo nuncio" (Desdevises, 1989: 87). Por ello, "Ensenada daría la gran sorpresa pues pondría a la firma del papa y del rey un concordato absolutamente regalista, que durará desde 1753 a 1851 [...] que reproducía dentro de la Iglesia el mismo método que el Catastro: la averiguación como fundamento de futuras actuaciones" (Gómez Urdáñez, 2021: 146-147 y 2016: 169).

Si bien al principio de su magno proyecto para catastrar las Castillas, Ensenada no percibió excesivas resistencias, las encontró por parte de J.B. Feijóo, "al criticar la nobleza y elogiar el trabajo, se ponía a la delantera de la política del siglo en los aspectos más temerarios, los que podemos rastrear en el mayor instrumento antifeudal del siglo, el Catastro de Ensenada –el trabajo es la medida de la riqueza, iguala a todos, puro materialismo-" (Gómez Urdáñez, 2016: 155). Feijóo, era consciente que "el Catastro era el proyecto más ilustrado del siglo por lo que tenía de fermento antifeudal" (Gómez Urdáñez, 2002: 83-99 y 2016: 170), y no se arredraría al criticar los escollos técnicos, el dinero que costaría tal proyecto, manifestaciones que no pasaron desapercibidas para Ensenada, a quien "no le debió gustar nada que el fraile se metiera en estos asuntos" (Gómez de Urdáñez, 2016: 170).

En este contexto de control y castastración de bienes de la Iglesia, se centra el presente estudio sobre el señorío de la abadía benedictina castellana de Santo Domingo de Silos.

EL ALFOZ DE HUERTA DEL REY Y EL MONASTERIO DE SILOS

La villa de Huerta del Rey (*Orta*) consta documentalmente en fecha de 1º de julio de 1048, en un documento del *Cartulario* del monasterio de San Pedro de Arlanza debido a la adscripción por parte del rey Fernando I al monasterio arlantino del monasterio de Santa María de Retortillo y sus dependencias, otorgando a este especiales privilegios (Serrano, 1925: 103-107, Martínez Díez, 1987: 239).

Se constata la presencia de un "tenente" responsable del castillo de Huerta el año 1083, y así aparece en el *Cartulario de San Millán de la Cogolla*, con motivo de una "donatio pro anime", debido al ofrecimiento que Elvira hace a San Millán por el alma de su marido, Rodrigo Muñoz y sus hijos, Muño y Vermudo Reodriz, del monasterio de San Mamés de Huerta de Arriba, con las propiedades del cenobio, enumeradas en la donación: "Facta carta donationis in era milesima centessima vigesima prima, imperante Alfonsus rex tota Ispania, et sub eius imperio senior Gonzalbo Nunnoz, dominante Carazo et Lara et Orta." (Serrano, 1930: 256-257, Menéndez Pidal, 1956: 808, Martínez Díez, 1987: 239).

En el año 1094 vuelve a constar documentalmente Huerta del Rey debido a la firma de dos testigos de la villa, uno de ellos tenente, por la donación de Gonzalo Núñez y su mujer Coto, gobernadores de Lara de la iglesia desierta de San Millán de Velilla, situada entre Duruelo de la Sierra y Covaleda, donada junto con sus dependencias, derecho de pastos y aprovechamiento comunal con Covaleda y Duruelo (Serrano, 1930: 287-288).

La primera noticia del alfoz de Huerta se constata documentalmente el 13 de abril de 1121, y se trata de la donación de la reina doña Urraca a la villa de Silos del lugar de Tormillos, –vocitata Tormillos– próxima a Huerta del Rey –alfoz de Orta–, junto a todas sus dependencias (Férotin, 1897: 46-47, Martínez Díez, 1978: 239).

Con fecha 2 de junio de 1137, el monarca Alfonso VII dona al abad de Santo Domingo de Silos, Dom Juan, el castillo fortificado y la villa de Huerta con todo su territorio, junto a ocho aldeas y la iglesia de Molinterrado: "[...] Deo et ecclesie Sancti Dominici de Silis et vobis domno Iohanni, [...] castellum de Orta cum ipsa villa, sciliet Orta, et cum omnibus populatoribus, tam iudeis quam christianis, qui ibi populantur, cum omnibus terminis suis [...][2].

De lo que se colige que solo dos poblados de los citados en la donación de Alfonso VII conformaron el alfoz de Huerta: Huerta del Rey y Plumarejos. Respecto a Huerta del Rey (Huerta de realengo), consta en el documento de 1º de agosto de 1048 del *Cartulario* de San Pedro de Arlanza (Serrano, 1925, LI:103-107 y Martínez Díez, 1978: 239) y respecto a Plumarejos (pinarejos, lugar de pinares bajos) se cita en el *Cartulario de Silos* "Pumarejos", con fecha de 2 de junio de 1137) (Férotin, 1897, XLVII: 70). Los despoblados del alfoz del Huerta del Rey suman catorce: Las Aceñas, Espinosilla, Molinterrado, Olleros, Perex, Pinilla de los Reposteros, Pobleda, Quintanilla, Rocalla, Rodilla, Santiague, Tejeriza, Tormillos y Vexares (Martínez Díez, 1987: 240-244).

[2] Archivo Monasterio de Silos (AMS), *Cartulario*, fols. 21v-22v; AHN, Clero, Perg. Carp. 375, nº 4. Férotin, 1897: 70-71. Copia en la BN, ms. 3546, fols. 128v-129, copia de 1798, R. de Floranes: *Cuadernos de privilegios*, ff. 2-4. Vivancos Gómez (1988: 67-68 y 1998: 22), Martínez (1987: 239). (Las fuentes del Archivo silense A-XXV.3; F-XLII,3,5 y 6; A-XXX.4; B-XLV.5; F-LIII.16 y *Cartulario*, AHN, *Clero*, Perg. carp. 375, sí como BN, ms. 3546, se citan a lo largo del texto).

ANTECEDENTES HISTÓRICOS DE HUERTA DEL REY Y DEL LUGAR DE TORMILLOS

Con fecha 9 de abril de 1148, el papa Eugenio III, colocó bajo su protección el monasterio de Silos con todas sus posesiones, confirmando sus derechos y privilegios:

> Eugenius episcopus, servus servorum Dei, dilecto filio Martino, abbati monasterrii Sancti Sebastiani seu Dominici, quos in valle Tablatelli, in loco que Silus dicitur, situm est, eiusque successoribus regulariter substituendis, in perpetuum [...] In quibus hec propiis duximus exprimenda vocabulis: ecclesiam Sancte Marie de Dorio, eccesiam Sancti Fructi, ecclesiam Sancte Marie et Sancte Eulalie de Annaiago, ecclesiam Sancti Romani de Morosa (sic), aldeiam de Auterici de Sellas, Tablatellum et Ortam[...]" (Férotin, 1897: 74-76, Vivancos, 1988: 72-74, 1998: 23).

El 24 de julio de 1158, Dom Pedro, abad de Silos, distribuyó las rentas del monasterio entre los diversos oficios claustrales por mandato del arzobispo de Toledo con el fin de evitar discordias en la comunidad: "[...] Infirmarie: Villam Longam, cum duobus iugis bouum, ac omnem redditum ecclesie Sanct (roto) ipsumque essar de Orta [...]" (Férotin, 1897: 91-93; Vivancos, 1988: 89-91, 1998: 23).

Entre los años 1175 y 1176 aparece Huerta del Rey con motivo del cobro de las sernas reales: el 28 de junio de 1175 se dicta sentencia por el arzobispo de Toledo, Cerebruno, con ocasión del pleito que mantenían los monasterios de Santo Domingo de Silos y San Pedro de Arlanza, debido a la controversia suscitada por la posesión de la iglesia de Santa Eugenia y otras propiedades en el valle de Tabladillo (Berganza, 1770: 463-465, Férotin, 1897: 98-101, Vivancos, 1988: 79-99). En julio de 1176, el abad de Silos, dom Pascual, pagó a dom Miguel, abad de Arlanza doscientos morabetinos estipulados en la concordia habida entre ambos monasterios sobre la posesión de ciertos bienes en el valle de Tabladillo (Férotin, 1897: 101-103, Vivancos, 1988: 100-102 y 1998: 26).

El papa Urbano III, el 13 de enero de 1187, colocó bajo la protección de la sede apostólica el monasterio de Silos, junto con todas sus posesiones, que se mencionan expresamente, confirmándoles en todos sus privilegios: "De villis, videlicet, Tablatellum, cum toto suo alfoz; et Ortam cum omnibus pertinenciis suis, scilicet, additibus suis, pascuis, rivulis, molendinis, montibus; et Tormiellos[...]". (Férotin, 1897: 107-110; Vivancos, 1988: 106-109 y 1998: 27). Poco después, el 1º de abril de 1191 se firmó acuerdo entre el obispo de Osma y el abad de Silos a propósito de las posesiones que el monasterio tenía en aquel obispado: "Et in hac estimatione non debent venire hereditates pertinentis ad Ortam, nec ea que monasterium Sancti Dominici adquisivit in Molinterrado et in Tormellis, que non fuerunt de hereditatibus quas episcopus petebat [...]"[3].

[3] AMS, B-XLV, 5; inserto en el proceso que el monasterio de Silos mantuvo contra Blas de Lacama de Villaespasa (1564-1565), ff. 25-25 v; AMS, F-LIII. 15; copia del siglo xvii. Publicada en Loperráez, 1978, t. III: 41-42; Férotin, 1897: 117-120; Vivancos Gómez, 1998: 28.

En febrero de 1221, Don Mendo, obispo de Osma, acordó con el abad del monasterio de Silos la suerte de las posesiones que el cenobio benedictino poseía en la diócesis oximense: "[...] Facta carta mense febroarii. Era millesima ducentisima quinquagesima nona. Predicta vero quantis panis debet persolui apud Orta octaua die post festum Sancti Michaelis"[4].

Hemos indicado que la primera noticia del alfoz de Huerta consta documentalmente con fecha de 13 de abril de 1121, con motivo de la donación por parte de Doña Urraca a la villa de Silos de la villa de Tormillos y un año después, en mayo de 1222, Ordoño García de Castillo Sarracín vendía al abad de Silos nueve solares, tierras, linares y viñas de su propiedad en los lugares de Espinosa y Quintanilla: "[...] Alia que uadit ad semitam de Ortam, et sunt alletanei ell abbadessa hi don Bela [...]" (Férotin, 1897: 155-158; Vivancos, 1988, n. 104: 159-162 y 1998: 31).

Existe un acuerdo del año 1235 entre el monasterio de Silos y el obispo y cabildo de la catedral de Osma por el que los monjes se obligaban a pagar todos los años por el día de San Miguel, en Huerta del Rey, en concepto de diezmo por los bienes que poseía en dicho obispado, la cantidad de cuatro modios de pan (Férotin, 1897: 182; Vivancos, 1988: 193, 1998: 35).

En 1272 se constatan dos noticias consecutivas sobre Huerta del Rey, la primera el 23 de septiembre, cuando Alfonso X notifica a los concejos de Huerta, Quintana del Pidio y Guimara, que ha otorgado al abad de Silos la martiniega que le corresponde en dichos lugares, y que a partir de ese momento deben hacerla efectiva a dicho abad o a sus delegados:

> Sepades que yo di al abbat e al conuento del monesterio de Sancto Domingo de Silos cient maravedis de renda cada anno de la moneda prieta que non es enblanquida, que ualan a V sueldos el maravedi, en la martiniega que yo e en estas sus villas de Huerta, XLV maravedís[...]. (Férotin, 1897: 242-243 y Vivancos, 1988: 150, 1998: 54).

La segunda noticia data de 24 de septiembre de 1272 y recoge la entrega al rey Alfonso X por parte de dom Rodrigo, abad del monasterio de Silos, de la propiedad y coto redondo que el cenobio tenía en Bañuelos de Calzada, a cambio de una renta anual de cien maravedíes sobre la martiniega de Huerta, Quintana del Pidio y Guimara[5].

Posteriormente, el monarca Alfonso X, 12 de abril de 1277, ordenó al merino de la merindad de Santo Domingo de Silos que no recogiera por sí la martiniega de los lugares de Huerta, Quintana y Guimara, puesto que le correspondía al abad y monasterio de Santo Domingo de Silos, a quienes les fue otorgado por él mismo en el año 1272 (Férotin, 1897: 253-254, Vivancos, 1988: 166, 1998: 57).

[4] AMS, F-LIII. 16. Copia del siglo xvii. (Férotin pudo consultar en el archivo de la catedral de Osma una copia del siglo XIV, que llevaba por título de «Concordia oxomensis antiqua». Hoy perdida). Pub. Férotin, 1897: 151-152, Vivancos Gómez, 1998, 154-155.

[5] AM Dominicas de Caleruega, C.1, n. 13; Publicado por Férotin, 1897: 243-244, Martínez, 1931: 24-26, Vivancos Gómez, 1998: 151-152 e Iturgáiz, 2006: 77.

Se constata en el año 1300 la entrega de Huerta del Rey por parte de Diego Sánchez de Medrano, merino del adelantamiento, al monasterio benedictino de Santo Domingo de Silos, sacándola del poder de Hernando Ybañez, que la tenía tomada (Férotin, 1897: 308, Vivancos, 1988: 285, 1998: 72).

Con fecha 27 de abril de 1313, se firmó acta en que consta que Ferrand Ladrón de Rojas reconocía haber recibido por parte del abad de Silos y por un período de tres años, la encomienda de la villa de Huerta del Rey y de sus cinco aldeas: Espinilla, Santiago, Pobleda, las aceñas y Torniellos, jurando sobre los santos Evangelios no edificar sobre este territorio, casa fortificada ni ninguna otra, ni torre, ni castillo, bajo pena de 20.000 maravedíes de la "moneda nueva" y de no permitir que ningún hijosdalgo pueda adquirir dichos bienes (Férotin, 1897: 339; Martínez, 1987: 239).

Existe un estado detallado, de fecha 21 de abril de 1338, verificado por Dom Juan, abad del monasterio benedictino de San Pedro de Cardeña, quien inspeccionó las rentas de la abadía de Silos y cita el lugar de Tormillos como uno de los lugares del monasterio que se encontraban empeñados, donde no deben nada:

> La aldea e la hededat de Tormiellos tiene doña Hurraca, muger que fue de Gomez Carriello, por vida del e de su muger, por ayuda que fizo al monasterio, e esto ha bien 22 años; e solie rentar la heredat e los derechos de los vassalos cinquenta almudes de pan [...] (Férotin, 1897: 386).

En el año 1430, el concejo de Huerta solicitó permiso a la abadía silense para entablar pleito y defender sus intereses contra la villa de Coruña del Conde, y esta a su vez a Pedro López de Padilla, de quien eran vasallos. Finalmente se acordó una carta de concordia que contenía algunos extremos: conservación del concejo de Huerta de las dehesas del Cerro "carrascal", la Serna, Tormillos, Valdelago y la Matilla, con penas a todo vecino de Coruña del Conde que talase el monte de Huerta. (Molinero-Rica-Rubio, 1986: 98).

El 23 de diciembre de 1380, el monarca Juan I, mediante real cédula, ordenó a su camarero mayor, Pedro Velasco, que restituyera al monasterio de Santo Domingo de Silos los lugares de los que este se había apropiado bajo el pretexto de protegerlos, entre los lugares aparecen Huerta del Rey, Tormiellos, Pinilla, Mamolar, Espinosa de Cervera, Briongos, Barriosuso, Arroyales, Castroceniza, Ura, San Martín de Requejo y la Lastrilla (Férotin, 1897: 441-448). El lugar de Tormillos, permutado por el monasterio de Silos con el de San Pedro de Arlanza el 30 de abril de 1433, debía estar despoblado en ese momento. Pero casi un siglo después se entablan pleitos entre la abadía silense y el concejo de Huerta del Rey sobre la propiedad del lugar de Tormillos, lugar que debió quedar despoblado entre 1420-1430 (Férotin, 1897: 474-475, Molinero, Rica y Rubio, 1986: 99-100).

A tenor de documentación custodiada en el archivo Municipal de Huerta del Rey, el 12 de junio de 1439 el abad silense otorgó en enfiteusis y con carácter perpetuo, al concejo, alcaldes y hombres buenos de Huerta del Rey "la heredad labrada y por labrar, junto con la huerta, la alameda, las huelgas y los árboles de fruto llevar y no llevar que pertenecían hasta el momento al monasterio, junto con todos sus términos y heredades, molinos y aceñas, con excepción del "molino Chiquillo", que pertenecía a unos herederos que debían pagar anualmente al monasterio dos gallinas, por la festividad de la Natividad" (Molinero, Rica y Rubio, 1986: 100). Las estipulaciones acordadas eran claras: el concejo de Huerta debía correr con los gastos de los monjes de Silos que pasaran por la villa, con excepción si el motivo era cobrar las rentas debidas al monasterio. El abad no cobraría cantidad alguna por los coteros añales. El monasterio recibiría anualmente por parte del concejo de Huerta del Rey 274 fanegas de pan, mitad trigo y cebada, bueno, seco y limpio. El concejo no podía empeñar, ni vender, ni permutar lo cedido a nadie, fueran caballeros, escuderos, institución religiosa ni monasterio y si acaso lo realizaran, debían comunicarlo al cenobio benedictino para que este pudiera ejercer las oportunas acciones y permanecer en su propiedad. Si el concejo no satisfaciera la renta anual a la abadía, esta retornaría a la propiedad de todas las propiedades establecidas en el censo enfitéutico y si el monasterio cometiera alguna acción contra lo establecido en la escritura, debía pagar 5.000 maravedíes de moneda corriente (Molinero, Rica y Rubio, 1986: 101). Mediante compromiso entre ambas partes de 3 de diciembre de 1670 y para poner fin a un dilatado proceso, que tenía por objeto la cantidad a satisfacer en virtud del censo enfitéutico de 1439, se acordó modificar la cantidad que el concejo de Huerta debía pagar anualmente al monasterio, estipulándose en 240 fanegas de pan mediado (Molinero, Rica y Rubio, 1986: 130-131).

El 15 de diciembre de 1489 consta una carta de la chancilllería de los Reyes Católicos a favor de la villa de Huerta del Rey contra el procurador (fiscal) doctor Ferrand Gómez de Agreda, quien pretendía probar que el lugar de Tormillos era "lugar de behetría de mar a mar" y pertenecía al rey (Férotin, 1897: 523, Molinero, Rica y Rubio, 1986: 105-106). El concejo de Huerta alegó, a través de su procurador Pedro de Arriola, que Huerta tenía el lugar de Tormillos a censo del monasterio de Silos, a la vez que se presentó como prueba varios documentos, entre otros el que demostraba que el cenobio silense otorgaba a Ladrón de Rojas la encomienda tanto de Huerta como de sus aldeas, así como la donación del censo enfitéutico. El fiscal expuso en su informe contradictorio que el documento de donación presentado era falso, pues se trataba de un traslado sin legalizar y que el original se había extraviado en Valladolid (Molinero, Rica y Rubio, 1986: 105-106). La sentencia fallaba que el fiscal no había logrado probar sus alegatos y declaraba a la villa de Huerta libre y quieta en la pacífica posesión del lugar. El fiscal presentó apelación y la sentencia dictada en grado de revista el 15 de diciembre de 1489 confirmó la sentencia dictada en primera instancia. El monasterio apoyó las pretensiones de la villa, pues no renunciaba a la propiedad del lugar de Tormillos, ya que recibía derechos de parroquialidad de la iglesia de San Martín, lo que era indicio que dicho lugar prestaba vasallaje al monasterio, que gozaba del señorío sobre dicho lugar.

Una década después, el 14 de diciembre de 1499, Andrés Martínez, procurador del monasterio de Santo Domingo de Silos presentó demanda contra el concejo de Huerta del Rey aduciendo que "el lugar de Tormillos con sus suelos, solares, poblados y por poblar, montes, pastos, con señorío y vasallos, término, jurisdicción, mero y mixto imperio, rentas fueros, pechos y derechos, todo era solariego del monasterio" (Molinero, Rica y Rubio, 1986: 106-107) y se basaba en la donación por parte de Doña Urraca a la villa de Silos de la villa de Tormillos, junto a todas sus dependencias (Férotin, 1897: 46-47). En virtud de este "título justificativo de propiedad", el monasterio silense presentó demanda contra el concejo de Huerta del Rey, pero este, a través de su procurador contestó a la demanda afirmando que "Tormillos no era del monasterio y que caso de que lo hubiese sido, Huerta lo había ganado por poseerlo hacía más de setenta años sin contradicción, labrando, paciendo y rozando a ciencia, presencia y paciencia del monasterio y que si había solares en Tormillos, eran propios de los vecinos de Huerta y que los términos contenidos en el privilegio o donación no los poseía Huerta y sí solo lo que estuvo poblado y que se decía de Tormillos" (Molinero, Rica y Rubio, 1986: 107).

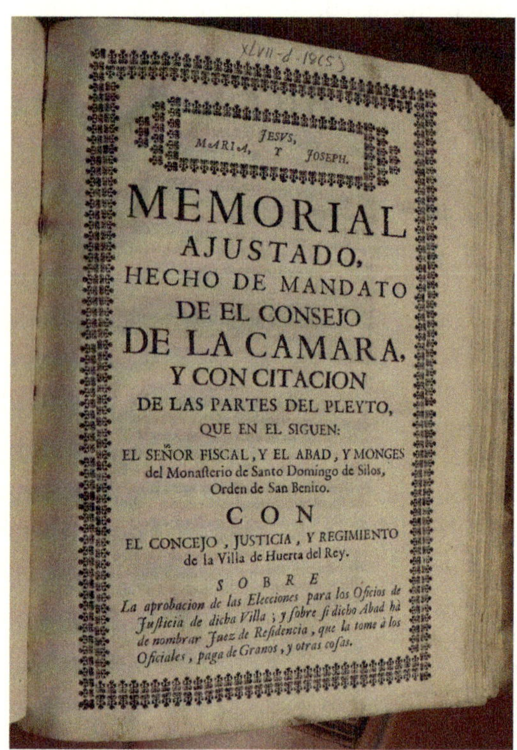

JESUS,
MARIA, Y JOSEPH.

MEMORIAL
AJUSTADO,
HECHO DE MANDATO
DE EL CONSEJO
DE LA CAMARA,
Y CON CITACION
DE LAS PARTES DEL PLEYTO,
QUE EN EL SIGUEN:
EL SEÑOR FISCAL, Y EL ABAD, Y MONGES
del Monasterio de Santo Domingo de Silos,
Orden de San Benito.
CON
EL CONCEJO, JUSTICIA, Y REGIMIENTO
de la Villa de Huerta del Rey.
SOBRE
La aprobacion de las Elecciones para los Oficios de Justicia de dicha Villa; y sobre si dicho Abad hà de nombrar Juez de Residencia, que la tome à los Oficiales, paga de Granos, y otras cosas.

Figura 1. Memorial ajustado, 1745 (BMSSCC)

El proceso se paralizó, pero en 1543, nuevamente el concejo de Huerta otorga poder a varios vecinos de la villa, *in solidum* "en especial para un pleito o causa que contra nos y este dicho concejo trata y espera tratar, el abad, monjes y convento del monasterio de Santo Domingo de Silos sobre razón de términos y parte que llama Tormillos [...]". La sentencia se dictó el 15 de febrero de 1544, concediendo a la villa de Huerta la posesión del lugar. La sentencia fue suplicada por el monasterio y, con fecha 29 de mayo de 1545, la Real Chancillería confirmó en la sentencia de revista lo juzgado en primera instancia.[6] A raíz de este pleito, en que el monasterio de Silos fue condenado a no volver a solicitar ningún derecho a la villa de Huerta del Rey, se firmó escritura de concordia entre la villa de Huerta del Rey y el cenobio silense, por la que la pesca en el río de Arandilla sería exclusiva del monasterio, cuyo abad nombraría y confirmaría el 1º de enero de cada año dos alcaldes, competentes en conocer las causas civiles, mientras que la villa huerteña pagaría al monasterio comida a monjes, criados y caballería, junto a la martiniega, el yantar, la traída de vino desde Quintana del Pidio y la obreriza. La escritura se renovó el año 1670, aunque por diferencias con la villa siempre declaró estar en posesión del privilegio de exención de villazgo por razón de servir al rey y no tener que satisfacer al monasterio 272 fanegas de trigo y cebada, sino un total de 240 fanegas.

FISCALIDAD Y DATOS ECONÓMICOS DEL LUGAR DE TORMILLOS EN FUENTES CENSALES Y CASTRASTRALES

En el *Libro Becerro de las Behetrías* (siglo xiv), según la transcripción del ejemplar custodiado en la Real Chancillería de Valladolid y editado en 1866, Tormillos –Tolmiellos– aparece integrada en la Merindad de Santo Domingo de Silos como abadengo del monasterio. Los vasallos pagaban al rey martiniega y servicios. El señor cobraba sus derechos por infurción en cada casa poblada y las viudas la mitad. (Hernández, 1865: 235).

Respecto a la *Información de Carlos V de 1553*, con fecha 10 de diciembre de 1552, se despachó una Real cédula del príncipe Felipe, a tenor del poder otorgado por su padre, dirigida a los alcaldes mayores y corregidores de las circunscripciones de Castilla y de León con el fin de que remitiesen información sobre los lugares que, integrados en dichas demarcaciones, pertenecían a monasterios, jurisdicción que sobre los mismos ejercían y rentas que de dichos vasallos perciben (Alonso Martín y Sánchez Izquierdo, 1993: 11).

Estas *Informaciones* tenían como objetivo constatar la situación en que se encontraba el abadengo en Castilla con vistas a una desamortización, cuya base legal descansaba en la bula firmada por Julio III el 1º de febrero de 1551 a favor de Carlos V, aunque el enfrentamiento

[6] R.Ch. Valladolid, Caja 611, 39 (Ejecutoria de 1548); Biblioteca Misioneros Sagrados Corazones de Miranda de Ebro (En adelante BMSSCC), *Memorial ajustado del pleito entre el Monasterio de Santo Domingo de Silos con el Concejo, justicia y regimiento de la villa de Huerta del Rey*, sig. XLVII-d-18 (5) f. 5. (Como la localización de la fuente no entraña dificultad, los datos de la escritura de concordia en ff. 7r-10r).

y oposición al cumplimiento de dicha bula fue significativa por parte de los monasterios, de manera que "las Informaciones oficiales descansan en la cédula de 10 de diciembre de 1552" (Alonso Martín y Sánchez Izquierdo, 1993: 12-13) y finalmente, la relación data de 1554. El alcalde mayor del Adelantamiento de Castilla, en el Partido de Burgos, licenciado Martínez, había escrito al Príncipe adjuntado la investigación pedida y "dejando constancia del gran de lugares pertenecientes a monasterios y las distancias entre unos y otros, hechos que hicieron demorar más de lo deseado la ejecución de la información solicitada" (Alonso Martín y Sánchez Izquierdo, 1993: 70). Debido a la categoría de los monasterios situados en Burgos y provincia, algunos señeros, como el Real Monasterio de Santa María de Las Huelgas, San Pedro de Arlanza, San Salvador de Oña, Santo Domingo de Silos, San Pedro de Cardeña, etc., dio como resultado una investigación de doscientos seis pueblos y lugares que se remitió al Consejo de Hacienda con fecha 28 de enero de 1553.

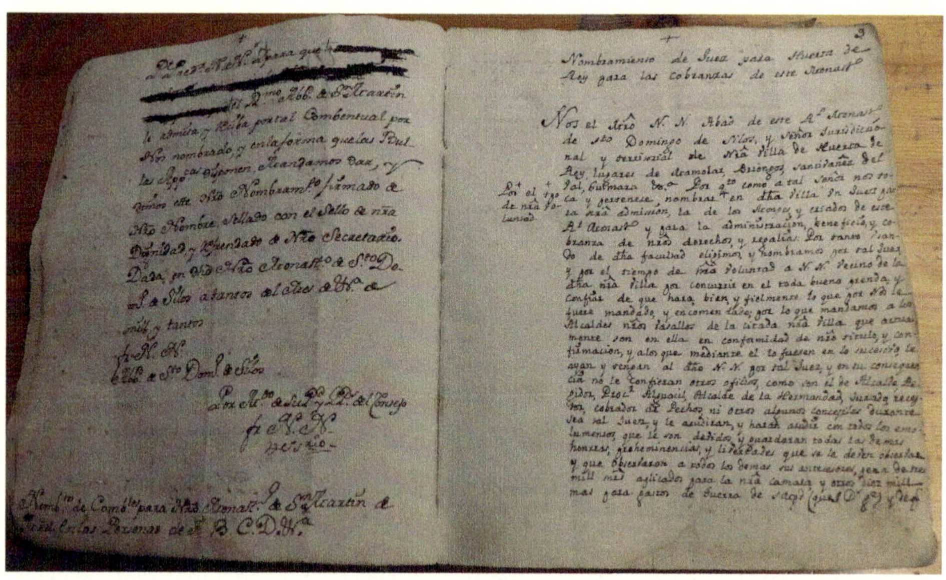

Figura 2. Nombramiento de Juez de Huerta de Rey, siglos XVII-XVIII. (AMSilos, Fórmulas de nombramiento, nº 99).

En la *Información* se efectúa una relación de los pueblos pertenecientes al monasterio de Silos, entre los que cita a Huerta del Rey, pero no se menciona el lugar de Tormillos y los datos que traslada son importantes para perfilar el señorío jurisdiccional de la abadía silense sobre el lugar:

> En la villa de Huerta del Rey vivían ciento tres vecinos y ocho viudas, sin que conste en el censo vecino hidalgo alguno. Los alcaldes nombrados para dilucidar asuntos en

materia civil y criminal eran confirmados por el abad de Silos. El abad de Silos nombraba un juez en la villa para que custodiara los presos e igualmente designaba un mayordomo para el cobro de las urciones, con capacidad para prendar bienes. El concejo de la villa huerteña satisfacía anualmente a la abadía seis ducados y doce gallinas, en virtud del concierto de amistad entre la villa y el cenobio, en cuya cantidad iba incluida la martiniega, el yantar y las obrerizas. Anualmente, cada vecino casado satisfacía al monasterio una cuarta de cebada, de la medida vieja, cantidad que pagaban tanto viudos como viudas de la medida vieja de urción. El monasterio tenía capacidad para prohibir la pesca del río. En concepto de penas de sangre pagaban los vecinos al monasterio sesenta maravedís. El teniente del abad procedía a realizar los llamamientos para que acudieran a su presencia personas encausadas o investigadas [...] (Alonso Marín y Sánchez Izquierdo, 1993: 193).

En la *Averiguación por Burgos* realizada el año 1527, Huerta del Rey, integrada en el Partido de Los Arauces junto a otras diez localidades, sumaba 102 vecinos, pagando ambas en total el Partido de Los Arauces 134.920 maravedíes, siendo la propuesta de los pesquisidores para futuros repartimientos de 112.400 maravedíes, constando que pertenecía a la jurisdicción de Santo Domingo de Silos y se constata que "Silos poseía la jurisdicción de Huerta del Rey, con 102 pecheros". (Carretero Zamora, 2008: 971).

Respecto a las tazmías, Tormillos seguía perteneciendo plenamente al monasterio de Silos durante el siglo XVIII pues, jurisdiccionalmente, el abad silense era pleno señor del lugar y como tal ejercía, tal como se constata de los datos extraídos de los libros de tazmías, que se conservan en el archivo del monasterio benedictino, en los que se registraban los granos u otros géneros que cada dezmero debía aportar. Constan las tazmías de Silos, Tormillos, Hinojar, Santibáñez del Val, Guimara, Hortezuelos y Mirandilla –pertenecientes al señorío del monasterio– correspondientes a los años 1737 y 1745-1751[7].

Tormillos en el Catastro de Ensenada

El bando que ordenaba el inicio de las operaciones catastrales en Huerta del Rey se firmó el 26 de mayo de 1752. El 20 de octubre de 1752, Gonzalo del Río, subdelegado por Su Magestad para la declaración y práctica de la Única Contribución, de los pueblos que se le designaron del departamento de don Juan Antonio del Río, comisionado principal. Una vez nombrados los vecinos que debían responder al Interrogatorio, a la segunda pregunta contestaron "que es villa real de el señorío del Padre Abad del Monasterio de Santo Domingo de Silos, a quien paga el común por la misma razón sesenta i seis reales i seis maravedís"[8] (figura 3).

[7] AM Silos, Tazmías (Olim leg. 21, T. 6, nº 3. Cit. Vivancos Gómez, 1998: 40.

[8] ADBu, CE, sig. 907, f. 14 r. (La localización de la fuente en Castastro Ensenada no entraña dificultad y la información sobre Huerta del Rey y Tormillos se encuentran en ff. 14r-47r (Respuestas) y Libro mayor de lo raíz de seglares, f. 413).

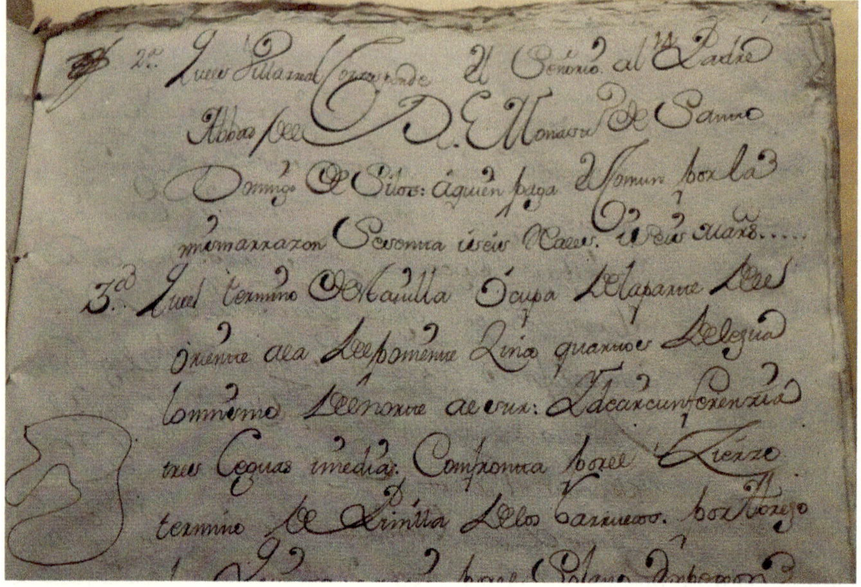

Figura 3: Respuesta 2ª e inicio de la 3ª de las Generales del Catastro de Ensenada de Huerta de Rey (ADBu, CE, libro 907).

A la pregunta 15ª contestaron que

> [...] sobre las tierras del término solo ai impuesto el derecho de diezmo y primicia que corresponde aquel, i la tercera parte al arcediano de Aza, dignidad de la Santa Iglesia de Osma, terzera parte se reparte entre quatro individuos [...] y por lo respectibo a los frutos que al terzer año se diezman en la hermita de Tormillos son llebadores un terzio entero el Monasterio de Santo Domingo de Silos. Otro terzio entero Don Manuel Cuenca, cura de Espexón. Otro terzio entre el Obispo y Cabildo de la Santa Iglesia de Osma, con la obligación de satisfazer por vía de rediezmos al arzediano de dicha Santa Iglesia de diez y una.

Con posterioridad al interrogatorio, Gonzalo del Río, subdelegado por S.M. en Huerta, con fecha 5 de noviembre de 1752, mediante auto, indicó que para evacuar lo prevenido por la Real Cédula, se encargue testimonio sobre el valor de los propios del común, su distribución, censos e importe del servicio ordinario y su reparto, que se dé conocimiento al Abad de Silos para que exhiba los privilegios o su copia "como llevador de los frutos y tercio correspondiente en la Hermita de San Martín de Torniellos".

Luego se dictó auto en el sentido de constatar el recado enviado al abad de Silos para la exhibición en breve plazo de tiempo del privilegio o su copia que probaba el título para recoger los frutos y el tercio asignado en la ermita de San Martín de Torniellos, a lo que este respondió que "estaba pronto a hazer entrega de la copia de el concediéndole algunos días para su traducción". Más adelante, respecto a las tazmías de lae de San Martín de Tormiellos, en el Libro de Respuestas generales se indica que se diezmaron 518,5 fanegas de trigo, 9 celemines de centeno y 15,10 celemines de cebada, y 258 fanegas y 9 celemines de avena, especies que, valoradas, ascendían a la suma de 7.419 reales y 27 maravedíes, que, repartidos entre 6 años, por dezmarse al tercero, ascendían a 1.236 reales y 21 maravedí de vellón, divididos en tres partes y de una de las cuales es llevadero el monasterio de Silos por la cantidad de 412 reales y 7 maravedíes.

En el Libro mayor de lo raíz de seglares, consta la declaración de tierras y posesiones que el concejo de Huerta del Rey tiene a censo por el monasterio de Santo Domingo de Silos, describiendo un total de 66 tierras de diferentes calidades y extensión, dos molinos harineros en el río Arandilla y un batán. Entre las tierras declaradas en el lugar de Tormillos informa de dos tierras, una en el puente Arenales de 18 celemines y tercera calidad y otra de 18 fanegas y de la misma calidad, que linda al regañón con el hospital.

De esta declaración se colige que, en 1752, el monasterio de Santo Domingo de Silos cobraba al concejo de Huerta del Rey, en concepto de censos perpetuos por las 66 tierras y heredades, 260 fanegas de pan, mitad trigo y cebada.

Fin de la subordinación silense de la villa de Huerta del Rey

El punto de inflexión entre las discordias entre la villa de Huerta del Rey y el monasterio de Silos se produce el 22 de junio de 1637, cuando Huerta del Rey es declarada villa gracias a la voluntad del monarca Felipe IV, a cambio del pago de 2.000 ducados a satisfacer en tres anualidades, por lo que, al menos en teoría, la nueva villa dejaba de estar subordinada a la jurisdicción abacial de Santo Domingo de Silos, dotándola de la competencia de jurisdicción civil y criminal, alta y baja, mero y mixto imperio, pero con competencia solo en primera instancia. Los regidores de la villa tenían facultad para nombrar escribano, por lo que los alcaldes que se nombraran en lo sucesivo tenían potestad para tomar residencia a los salientes y las justicias de Santo Domingo de Silos ya no podrían practicar actos de jurisdicción en el territorio de la nueva villa, esto significa que la villa "ponía horca y picota, cepo y grillos, y las insignias de su jurisdicción, quedándose las causas civiles a prevención con el abad del monasterio de Silos" (Molinero, Rica y Rubio, 1986: 129). A partir de ese momento, las causas civiles y criminales que se encontraran pendientes contra los vecinos de la villa de Huerta del Rey debían remitirse a las nuevas justicias y alcaldes ordinarios de la villa. La declaración como nueva villa fue firmada y registrada por el monarca y por el canciller mayor, Gaspar Sánchez, así como por el obispo de Granada, y por los licenciados Antonio de Alarcón y José González (Molinero, Rica y Rubio, 1986: 130). Sin embargo, la propia jurisdicción de la villa de Huerta del Rey no fue reconocida por el monasterio de Silos, tal como se constata documentalmente, hasta el año 1745, puesto que el abad del monasterio, incluso en el año 1741 practicó visita de reconocimiento a la villa de Huerta para el cobro de 741 fanegas de trigo y cebada y presentar cédula ganada por el monasterio silense para la tasación, por parte de los técnicos, de los predios y heredades del lugar despoblado de Tormillos. En el *Vecindario de Ensenada de 1759*, la villa de Huerta consta con 195,5 vecinos útiles del estado general, 18 jornaleros del mismo estado, y un pobre de solemnidad, sin que se computen nobles. Aparecen censadas 10 viudas pobres con un total de 242,5 vecinos, además de dos eclesiásticos seculares (Camarero Bullón y Campos, 1991, t. I: 98-99).

CONCLUSIONES

El Lugar de Tormillos, enclavado territorialmente en el municipio de Huerta del Rey, se encontraba adscrito al monasterio benedictino de Santo Domingo de Silos desde el año 1121, en virtud de donación de la reina doña Urraca.

El año 1439 el abad del monasterio de Santo Domingo de Silos otorgó en enfiteusis y con carácter perpetuo, al concejo, alcaldes y hombres buenos de Huerta del Rey el término de la villa y anexos, y el monasterio recibiría anualmente del concejo de Huerta del Rey 274 fanegas de pan, mitad trigo y cebada, bueno, seco y limpio. El concejo no podía empeñar, vender, ni permutar lo cedido.

A finales del siglo xv, el monasterio de Silos presentó demanda contra el concejo de Huerta del Rey reivindicando el lugar de Tormillos, afirmando que era solariego suyo y que el lugar le pertenecía con solares, poblados y por poblar, montes, pastos, con señorío y vasallos, término, jurisdicción, mero y mixto imperio, rentas fueros, pechos y derechos.

En varias fuentes de información fiscal, Tormillos consta pertenecer al monasterio de Silos (*Libro Becerro de las Behetrías).* No consta en la *Información de Carlos V de 1553*, ni en la *Averiguación de la Corona de Castilla* del siglo xvi. Sí aparece en el *Libro de Tazmías* del monasterio de Silos (en él se registran los granos y géneros que cada dezmero debía aportar) y en el *Catastro de Ensenada*, ambas fuentes del siglo xviii.

El Catastro de Ensenada no dejaba lugar a dudas a futuros cuestionamientos jurídicos, pues, debido a sus registros y vocación garantista, como lo constituían las declaraciones bajo juramento, así como la exhibición de títulos jurídicos que legitimaban la propiedad, generaba seguridad jurídica respecto a los títulos de propiedad, máxime si estos se fundamentaban en privilegios reales medievales.

En el Interrogatorio del Catastro se afirma que los frutos que se diezman de manera trianual en la ermita de Tormillos, un tercio entero correspondía al monasterio de Santo Domingo de Silos, otro tercio a Manuel Cuenca, cura de Espejón y el otro tercio se reparte entre el obispo y cabildo de la Iglesia de Osma. Después de la catastración del lugar de Tormillos, es indubitado que, tras cinco siglos, aún seguía perteneciendo jurisdiccionalmente en parte, a la abadía benedictina de Silos (figura, 4).

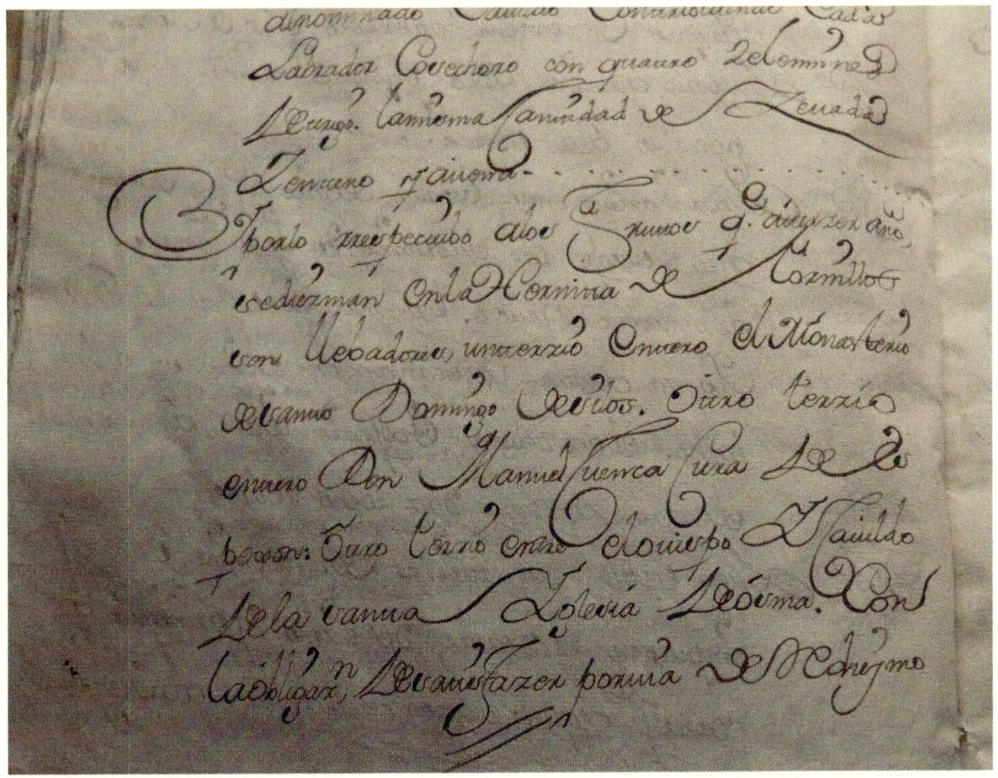

Figura 4. Respuestas generales del Catastro de Ensenada donde se recoge el reparto de los diezmos de la ermita de Tormiellos (ADBu, CE, libro 907)

BIBLIOGRAFÍA

Alonso Martín, Mª Luz y Palacio Sánchez-Izquierdo, Mª Luisa: *Jurisdicción, Gobierno y Hacienda en el señorío de abadengo castellano en el siglo XVI*, Madrid, CSIF, 1993.

Barrio Gozalo, Maximiliano: *El Clero en la España Moderna,* Córdoba, Colección Estudios Humanidades, 2010.

Berganza, Francisco de: *Antigüedades de España*, Madrid, 1770, 2 tomos.

Camarero Bullón, Concepción y Campos, Jesús (int.): *Vecindario de Ensenada, 1759*. Madrid, Centro de Gestión Catastral y Cooperación Tributaria y Tabapress, col. Alcabala del Viento, serie alfabética, libro B. Prólogo, Antonio Domínguez Ortiz, 1991, 4 vols.

Carretero Zamora, Juan M.: *La averiguación de la Corona de Castilla. 1525-1540. Los pecheros en la época de Carlos V*, Salamanca, Junta de Castilla y León, 2008, 3 vols.

Desdevises du Dézert, Georges: *La España del Antiguo Régimen,* Madrid, Fundación Universitaria Española, 1989.

Férotin, Marius: *Recueil des chartes de L'Abbaye de Silos*, Paris, Imprimerie Nationale, 1897.

Forner, Juan Pablo: *Antología, Breviarios del Pensamiento Español*, Madrid, Ediciones Fe, 1942.

Gómez Urdáñez, José Luis: "Ensenada, hacendista ilustrado", en VV.AA: *El Catastro de Ensenada, 1749-1756*, Madrid, Ministerio de Hacienda, 2002, pp. 83-100.

——: "Feijoo, político", en Inmaculada Urzainqui y Rodrigo Olay Valdés: *Con la razón y la experiencia. Feijóo, 250 años después*, Oviedo, Trea, 2016, pp. 151-182.

——: *El marqués de la Ensenada. El Secretario de todo*, Madrid, Punto de Vista Editores, 2021.

Hernández, Fabián: *Becerro. Libro famoso de las Behetrías de Castilla, que se custodia en la Real Chancillería de Valladolid*, Santander, Librería de Fabián Hernández,1865.

Iturgáiz, Domingo: *Caleruega documental, Siglos XIII-XIV*, Navarra 2006.

Loperráez Corvalán, Juan, *Descripción histórica del obispado de Osma*, Madrid, Turner, 1978, 3 tomos.

Martínez, Eduardo: *Colección Diplomática del Real Convento de Sto. Domingo de Caleruega*, Vergara, ed. El Santísimo Rosario, 1931.

Martínez Díez, Gonzalo: *Pueblos y alfoces de la repoblación*, Valladolid, Junta de Castilla y León, 1987.

Menéndez Pidal, Ramón: *La España del Cid*, Madrid, Espasa Calpe, 1956.

Molinero Moreno, Gabriel, Rica Molinero, Ignacio y Rubio Tello, Alarico: *Huerta del Rey, Paraíso de aroma y Sabor*, Madrid, La Colonia Huertana, 1986.

Serrano, Luciano: *Cartulario de San Pedro de Arlanza*, Madrid, Centro de Estudios Históricos, 1925.

——: *Cartulario de San Millán de la Cogolla*, Burgos, Imprenta Aldecoa, 1930.

Vivancos Gómez, Miguel: *Documentación del monasterio de Santo Domingo de Silos (954-1254)*. Burgos, J.M. Garrido Garrido, col. Fuentes medievales castellano-leonesas, n. 50, 1988.

——: *Documentación del Monasterio de Santo Domingo de Silos (1255-1300)*, Burgos, Santo Domingo de Silos, 1995, 3 vols.

——: *Documentación del Monasterio de Santo Domingo de Silos. Indices 954-1300. Fondo antiguo de Silos. Fondo de Silos en el Archivo Histórico Nacional*, Studia Silensia XXII, Burgos, Abadía de Silos, 1998.

17.
EL CATASTRO DE ENSENADA AL SERVICIO DE LA INVESTIGACIÓN Y LA SOCIEDAD

Miguel Ángel Sánchez Herrador
Archivo Histórico Provincial de Córdoba

INTRODUCCIÓN

Entre abril de 1750 y el mismo mes de 1756 (salvo en Madrid que finalizó en la primavera de 1757), Zenón de Somodevilla, Marqués de Ensenada y ministro de Fernando VI, impulsó un ingente trabajo de averiguación, es decir, de recopilación de información en casi 15.000 localidades de las veintidós provincias de la Corona de Castilla, con objeto de conseguir la información necesaria para la implantación de la denominada única contribución. Se recogieron datos sobre diversos géneros de consumo, las tierras y edificios, frutos agrarios y otros bienes en unos 80.000 volúmenes manuscritos (Camarero Bullón, 2002: 61). Por distintos motivos, aquel proyecto acabó siendo un fracaso y un enorme gasto inútil... o tal vez no.

Nadie podía imaginar que dos siglos después, la enorme cantidad de documentación generada y olvidada en diversos archivos se convertiría en una de las fuentes archivísticas que mayor reflejo ha tenido en nuestra historiografía. Su influencia ha ido mucho más allá, introduciéndose en nuestro día a día, a través de noticias, exposiciones, redes sociales... Finalmente, ha cumplido su servicio a la sociedad, aunque no aquel para el que fue creado y de formas muy distintas a la imaginadas en un principio.

Precisamente fue el archivero del Ministerio de Hacienda, Antonio Matilla Tascón, quien dio a conocer este fondo, que sería conocido como Catastro de Ensenada, en su voluminosa obra *La Única Contribución y el Catastro de la Ensenada* (1947). Su presentación de la documentación generó un enorme interés que no ha hecho sino crecer y ampliarse desde entonces, como veremos.

Ese éxito no es casual y se debe a las muchas ventajas que presenta, que resumimos en las siguientes:

- Proporciona una completa imagen de la sociedad de su tiempo, principalmente de municipios.
- Objetividad, es decir, no es una narración interesada en mostrar los acontecimientos desde un punto de vista concreto.

- Datos estructurados, de fácil comprensión y acumulables que permiten pasar de la visión de un único municipio a la de una intendencia o agrupar los distintos municipios que conforman una comunidad autónoma actual.
- Facilidad para representar su información en tablas, diagramas, gráficos...
- Infinitas posibilidades de acercamiento desde los evidentes datos sobre las propiedades hasta aspectos sociales y económicos, pasando por detalles como las medidas de tierra utilizadas en cada municipio (Díaz López, 2012).
- Letra humanística, espaciada con grandes renglones, de fácil lectura.
- Planos o ilustraciones de las villas.
- Fácil acceso en línea a través del Portal de Archivos Españoles, PARES, que permite una rápida lectura. Además del Portal FamilySearch, con más de 1.600.000 páginas digitalizadas. En papel está disponible la Colección Alcabala del Viento, que la editorial Tabapress en colaboración con el Centro de Gestión Catastral y Cooperación Tributaria, publicó de diversas ciudades y villas entre 1990 y 1997, bajo la dirección de Concepción Camarero.
- Adaptabilidad a todo tipo de trabajos e investigaciones, desde simples citas en la introducción de artículos científicos a concienzudos trabajos a partir del vaciado de sus datos.
- Esfuerzo de profesores universitarios, historiadores, archiveros y otros profesionales por utilizarlo y darlo a conocer.

En su contra, tal vez se encuentre el vocabulario empleado, posiblemente de difícil comprensión en la actualidad para el público en general.

AL SERVICIO DE LA INVESTIGACIÓN

Como hemos dicho, la enorme cantidad de documentación generada quedó almacenada y olvidada en distintos archivos, y hasta mediados de los años cincuenta del siglo XX, los historiadores no tuvieron constancia de su potencial. Comienza en esos años una explotación que ha ido a más, generando una abundantísima bibliografía, sobre todo a partir de los años ochenta. Juan Pablo Díaz López ha realizado un excelente trabajo historiográfico en el que agrupa los principales estudios de acuerdo a metodologías novedosas y acercamientos sorprendentes. El autor destaca su interés:

> como fuente primordial de los análisis de territorios más o menos extensos; como textos únicamente descriptivos de una localidad; como acercamientos a temas curiosos y sorprendentes; como base de estudios comparados entre diversas comarcas; como datos para establecer cotejos temporales con las fuentes del siglo XVI o con los amillaramientos del siglo XIX y los catastros posteriores; como pretexto para establecer metodologías de acercamientos informatizados a las fuentes históricas (Díaz López, 2012).

Entre los trabajos más recientes, se encuentra un interesante estudio de la mujer en Palencia y su entorno rural. Cynthia Rodríguez Blanco analiza los datos del Catastro sobre *las solteras, las viudas y las malcasadas* en la ciudad de Palencia y cuatro villas aledañas. Los datos analizados permiten determinar la importancia de las jefaturas domésticas femeninas en la sociedad palentina del siglo XVIII. Aquellas mujeres, a falta de varón que las controlase, asumieron el gobierno de sus hogares, tal vez en busca de una mayor autonomía. Una libertad peligrosa que podía conducirlas a la soledad y la miseria si no disfrutaban de ayuda ni bienes. El estudio aporta datos esclarecedores sobre sus edades, la ayuda que tenían, las actividades a las que se dedicaban, incluso las ganancias que les proporcionaban. Los casos particulares con los que ilustra el estudio favorecen su comprensión y sus conclusiones profundizan en el conocimiento de la sociedad de su época y permiten compararla con las de otros territorios (Rodríguez Blanco, 2021).

Asimismo, al tratarse de un corpus documental definido y de acceso relativamente sencillo, se asemeja a las publicaciones científicas, lo que permite estudiar el Catastro desde los postulados de la bibliometría y la cienciometría. A grandes rasgos se podría decir que la cienciometría aplica técnicas cuantitativas al análisis sociológico de la producción científica, mientras que la bibliometría se centra en el cálculo y análisis de los aspectos cuantificables de la producción y el consumo de la información científica (Spinak, 1996).

Se trata de un abordaje del Catastro eminentemente cuantitativo a partir de las citas generadas, que aportará una imagen global de su impacto en la investigación científica, cuya importancia se intuye, pero no se conoce en profundidad. Dada su enorme extensión, no es posible realizar en este trabajo un estudio global del impacto del Catastro en la investigación histórica, aunque sí esbozaremos a partir de las citas identificadas en los años 2020 y 2021, una aproximación que muestre el potencial de su estudio.

La citación habitual de este corpus documental como *Catastro de Ensenada* o *Catastro del Marqués de Ensenada* facilita la localización de los trabajos citantes. Recojo todos los trabajos que lo utilizan, desde los que hacen una simple referencia hasta los que basan su estudio por completo en él. Por supuesto, los primeros jamás serían objeto de estudios historiográficos sobre el Catastro, pero su conocimiento nos aporta una imagen muy interesante sobre el impacto del Catastro. La investigación en humanidades está escasamente recogida en las grandes bases de datos, por ello debemos recurrir a muy dispares bases de datos, catálogos, repositorios… En concreto hemos utilizado Google Académico, Google Libros, Dialnet y Web of Science.

En primer lugar, recogemos los datos totales de trabajos localizados que citan el Catastro. En 2020 hemos identificado 185 trabajos mientras que en 2021 son muchos menos, un total de 48. La diferencia entre ambos años es notable, tal vez se deba a los efectos negativos provocados por la pandemia en la investigación, el análisis de años posteriores aportará luz sobre esta cuestión. Esa caída en la producción entre ambos años se repite en todos los formatos, salvo en las tesis, donde curiosamente en 2021 se multiplican por cuatro, probablemente debido a la imposibilidad de defenderlas públicamente en el periodo de confinamiento más estricto. Por otra parte, el formato de artículo es el más utilizado por quienes utilizan esta fuente, pero también está presente en otras tipologías documentales, lo que da idea de su versatilidad.

Tabla I. Distribución de los trabajos que citan el Catastro de Ensenada según su tipología.

Tipo de publicación	2020	2021
Artículos de revista	115	20
Capítulo de libro	44	12
Libro	12	7
Tesis doctoral	2	8
Comunicaciones de congresos	11	2

Tabla II. Número de autores firmantes por trabajo.

Número de autores	Trabajos 2020	% sobre el total de trabajos	Trabajos 2021	% sobre el total de trabajos
1	149	80,98	33	78,57
2	22	11,96	6	14,29
3	7	3,80	3	7,14
4	3	1,63	-	-
5	1	0,54	-	-
6	2	1,09	-	-

En cuanto al número de autores por trabajo, 2020 presenta un índice de coautoría de 1,32 autores, 2021 de 1,59, y en conjunto 1,37. Esta distribución coincide con investigaciones históricas analizadas en otros trabajos.[1] En total hay 246 autores distintos. De ellos, 162 pertenecen al ámbito universitario y los restantes son profesionales de campos muy diversos: arqueólogos, profesores de Educación Secundaria, archiveros, museólogos, cronistas o investigadores independientes. Estos datos indican que hay un interés creciente entre los investigadores de muy distintas procedencias y disciplinas, si bien los más prolíficos, como apreciamos en la siguiente tabla, proceden del ámbito universitario.

[1] En un reciente trabajo bibliométrico de la *Revista Historia y Memoria.* encontramos un 84,1 % de artículos con un autor, 14,8% con dos, y un 1,1 % para tres y cuatro autores (Yanet Gómez, 2020).

Tabla III. Investigadores con mayor número de trabajos en este periodo.

Investigadores	Número de trabajos
Gómez Navarro, María Soledad	9
Aguilar Cuesta, Ángel Ignacio	8
Cebrián Abellán, Aurelio	6
Cortés Dumont, Sara	6
García Juan, Laura	5
Martínez Romera, Daniel David	5
Castro Redondo, Rubén	4
Pousa Diéguez, Rodrigo	4
Tovar Pulido, Raquel	4
Vallina Rodríguez, Alejandro	4
Camarero Bullón, Concepción	3
García González, Francisco	3
Rodríguez Fernández, Rosa María	3

Asimismo, los autores académicos pertenecen a veinticuatro universidades distintas, de las que seis son extranjeras. Las diez universidades más productivas han publicado 135 del total de trabajos, es decir, el 58 % del total.

Tabla IV. Universidad según el número de trabajos citantes del Catastro de Ensenada.

Universidad	Número de trabajos
Universidad de Córdoba	20
Universidad de Castilla-La Mancha	18
Universidad de Extremadura	17
Universidad de Granada	16
Universidad de Sevilla	13
Universidad de Jaén	11
Universidad Autónoma de Madrid	10
Universidad de Cantabria	10
Universidad de Málaga	10
Universidad de Murcia	10
Universidad de Salamanca	8
Universidad Internacional Valencia	8
Universidad de Oviedo	7

UNED. Universidad Nacional de Educación a Distancia	6
Universidad Complutense de Madrid	6
Universidad de Huelva	5
Universidad de Valladolid	5
Universidad Politécnica de Madrid	5
Universidade de Vigo	5
Universidad de Alcalá	4
Universidad de Almería	4
Universidad de León	4
CSIC - Consejo Superior de Investigaciones Científicas	3
Universidad de Cádiz	3
Universidad Pablo de Olavide	3
Universidade da Coruña	3
Universidade de Santiago de Compostela	3
Universidad de Burgos	2
Universidad del País Vasco - Euskal Herriko Unibertsitatea	2
Universidad Argentina de la Empresa	1
Universidad Carlos III	1
Universidad Católica de Murcia	1
Universidad de A Coruña	1
Universidad de Buenos Aires	1
Universidad de La Rioja	1
Universidad Internacional de La Rioja	1
Universidad Laica Eloy Alfaro de Manabi	1
Universidad Nacional de Tucumán	1
Universidad Pontificia de Salamanca	1
Universitat de Barcelona	1
Universitat de les Illes Balears	1
Universitat de València	1
University of Central Florida	1
University of Tübingen	1
University of Wageningen	1

Por lo que respecta a las revistas en las que aparecen los artículos, he identificado un total de 90 títulos de revistas de las áreas de ciencias humanas y sociales con perfiles y clasificaciones muy dispares. Como se puede apreciar en los siguientes gráficos, su agrupación según la Clasificación Integrada de Revistas Científicas (CIRC)[2] en ciencias humanas es considerablemente mejor que en ciencias sociales, lo que hace pensar que se dirigen principalmente a la primera área.[3] Asimismo la presencia de revistas en todos los grupos de la clasificación nos indica que el Catastro de Ensenada se adapta a todo tipo de investigaciones no solo temáticamente sino en su modo de tratamiento.

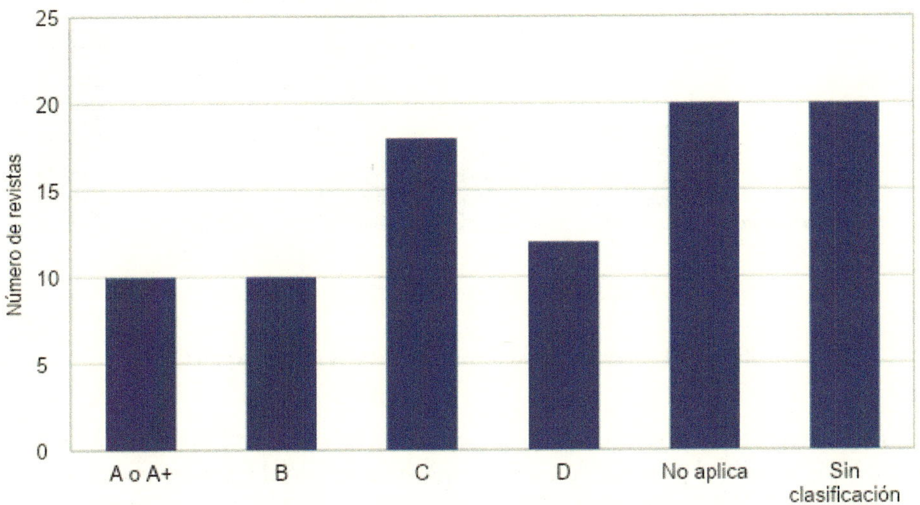

Gráfico 1. Clasificación de las revistas en Ciencias Humanas según CIRC.

[2] La Clasificación Integrada de Revistas Científicas (CIRC) (https://www.clasificacioncirc.es/) establece varios grupos de revistas de acuerdo con su calidad: Excelencia A+ (revistas de impacto y prestigio internacional, se caracterizan por su alto impacto en sus respectivas categorías, lo que las sitúa como revistas referentes en sus respectivas disciplinas), Grupo A (revistas internacionales de mayor prestigio que han superado procesos de evaluación muy exigentes para el ingreso en diferentes bases de datos y cuyo impacto les permite mantenerse en posiciones de referencia), Grupo B (revistas científicas de calidad, pero que no alcanzan un alto nivel de internacionalización, aunque son revistas que reciben cierto grado de citación y que respetan los estándares de publicación), Grupo C (revistas científicas de segundo orden que, aun cumpliendo con estándares formales básicos, tienen un reducido impacto y visibilidad en la comunidad), Grupo D (revistas que aun estando en bases de datos indexadas demuestran no tener repercusión en la comunidad, por tanto, revistas con un dudoso status científico), a los anteriores grupos en la gráfica aparece el grupo "No aplica" para revistas que no corresponden con esa área del conocimiento, y "Sin clasificación" para aquellas que no están recogidas en esta clasificación.

[3] El Anexo 1 ofrece una lista de todas las revistas, con su clasificación en los grupos anteriores.

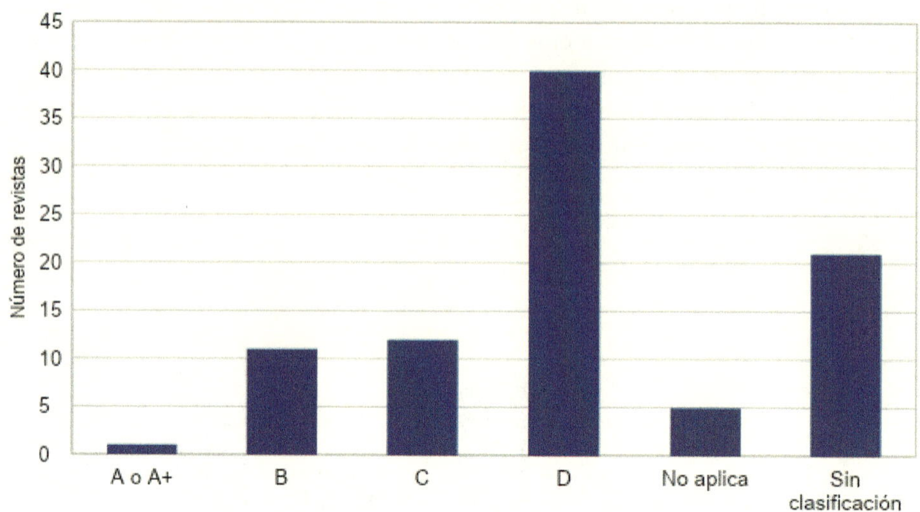

Gráfico 2. Clasificación de las revistas en ciencias sociales según CIRC.

Tras lo expuesto, se podría decir que a pesar de la frustrada utilización recaudatoria, la investigación ha sido el primero de servicios que ha prestado el Catastro que no ha dejado de crecer desde los años cincuenta. Al mero texto descriptivo se van sumando distintos enfoques, cada vez más novedosos, que muestran aspectos sorprendentes de la sociedad del siglo xviii. Además, su facilidad de estudio y acceso, hacen que profesionales de muy distintos ámbitos, no solo universitarios, hagan referencia o utilicen esta fuente en sus trabajos de investigación que aparecen en publicaciones de características muy dispares.

AL SERVICIO DE LA EDUCACIÓN

Cada vez aparecen más pedagogos que abogan por la utilización de fuentes históricas en espacios educativos , del mismo modo, progresivamente van apareciendo propuestas didácticas con fondos documentales concretos que dan las claves necesarias a los docentes para ponerlas en práctica. La utilización de la historia local en la enseñanza llegó de forma tardía a España a partir de los años setenta, para ser recogida por la LOGSE como uno de los ejes principales del área de ciencias sociales de Educación Primaria, y volver a ser apartada en posteriores leyes educativas (Guerrero Elecalde, 2020: 56-57).

Las ventajas de su utilización en las aulas son múltiples. El trabajo con documentos originales mejora considerablemente los procesos de aprendizaje de la historia mediante el desarrollo de pensamiento histórico. A la búsqueda de datos en las líneas de los documentos, se une obligatoriamente su posterior análisis y presentación de la información obtenida en forma de narración, lo que lleva a elaborar una construcción compleja del pasado con vinculaciones con el presente. Dado que el Catastro se relaciona con la historia local, los alumnos pueden observar la evolución histórica de lugares que conocen en la actualidad. La historia local permite vincular: "lo particular y lo general, lo concreto y lo abstracto y fenómenos locales con fenómenos comunes" (Guerrero Elecalde, 2020: 57), lo que nos conduce al desarrollo de un razonamiento crítico y el análisis del mundo actual.

Además, se desarrollan otras destrezas que se corresponden con la competencia digital, la competencia de aprender a aprender y la competencia matemática, para cuantificar datos y presentarlos gráficamente (Guerrero Elecalde, 2020: 56), y por supuesto la utilización de las nuevas tecnologías en la búsqueda de información y su representación.

Recientemente Guerrero Elecalde ha diseñado una metodología de trabajo con alumnos de tercer curso del grado de Educación Primaria de la Universidad de Córdoba que son los que en un futuro podrán utilizar estas fuentes en las aulas de Educación Primaria. Establece grupos de cuatro o cinco personas a los que encarga la realización de la lectura, transcripción y análisis de diversas preguntas escogidas de las Respuestas generales del Catastro Ensenada, al que accedieron a través de PARES. A continuación, la información obtenida se completa con la bibliografía existente y se concluye con un itinerario por el casco histórico de Córdoba para conocer los espacios estudiados. Los resultados han sido muy positivos y la actividad generó gran interés entre el alumnado. El autor incide en la necesidad de que se hagan "propuestas específicas, bien diseñadas, realistas, contextualizadas en el currículum y accesibles al alumnado", a lo que añade que los documentos sean inteligibles y accesibles (Guerrero Elecalde, 2020).

En otro trabajo, Raimundo Moreno propone un trabajo similar, igualmente con alumnos del Grado de Educación Primaria, e incluye una visita al Archivo Histórico Provincial de Ávila. Busca generar la empatía del alumnado con la materia a través del trabajo con las fuentes documentales que conocen de primera mano (Moreno, 2016).

Por su parte, la propuesta de García-Morís pretende familiarizar al discente con el trabajo del historiador, además de promover una visión de la cientificidad de la historia y fomentar el pensamiento histórico. Señala que, a pesar de que los manuales escolares a menudo unen teoría y práctica de la elaboración histórica, las fuentes históricas presentadas sufren claras transformaciones para convertirse en textos convencionales, similares a los de teoría, lo que no permite al alumnado tomar consciencia de cómo son realmente esas fuentes. En definitiva, el soporte y la grafía de los documentos facilitan la complicidad del alumnado con "la necesidad de conservar nuestro patrimonio histórico documental" o con el "proceso de reconstrucción histórica" (García-Morís, 2016: 72).

Este autor selecciona fuentes históricas del ámbito demográfico que muestran el paso de la Edad Moderna a la Edad Contemporánea y establece una metodología de trabajo. Estas fuentes son: de carácter local, los padrones de Moneda Forera; de carácter regional y eclesiástico, las Actas Parroquiales; y de carácter estatal: el Catastro de Ensenada. Su propuesta está dirigida a alumnos de bachillerato y relacionada con contenidos relativos a las épocas que comprenden las fuentes documentales. Asimismo, su intención es provocar una participación activa del alumnado en todo el proceso de aprendizaje.

Para la consulta de las fuentes se establecen varios grupos. Al grupo 4 le corresponden las Respuestas generales del Catastro de Ensenada. Se le entregan las siguientes cuestiones: nombre del término, actividades económicas, tipos de cultivo, tipos de ganado, profesiones, oficios desempeñados por mujeres, impuestos y otros datos. Una vez terminada la recopilación y descripción de los datos obtenidos, se expondrán las conclusiones. A este grupo le corresponde determinar el papel de las mujeres en la sociedad y su presencia en las fuentes, así como las estructuras económicas existentes, y de forma global apuntar rasgos estructurales del Antiguo Régimen. García-Morís concluye que las potencialidades de las fuentes demográficas en el aula son enormes, "por su carácter cuantitativo y la posibilidad de representar gráficamente los resultados obtenidos." Asimismo, agrupa las potencialidades en base a tres aspectos: las características de las fuentes, por ejemplo, la legibilidad del catastro; su conexión con el currículo, concretamente con la Edad Moderna, y la posibilidad más que evidente de representación gráfica de los resultados.

Otro trabajo se centra en formar a los próximos universitarios. El Proyecto de Innovación Docente 2018-4-4009: "El Catastro de Ensenada en Bachillerato", busca la colaboración de la universidad con centros docentes públicos no universitarios, concretamente del Departamento de Historia Moderna, Contemporánea y de América de la Universidad de Córdoba con el IES Ángel de Saavedra.

Para evitar la memorización, "tarea monótona, anticuada" impuesta por las pruebas de acceso a la universidad, es necesario "experimentar en la innovación educativa". Dado el carácter científico de la historia y la geografía dentro de las ciencias sociales, la iniciación de los estudiantes de 2º de Bachillerato en su estudio es complicada por lo que es preciso que su primera toma de contacto con esta disciplina se haga "de manera guiada, ordenada, asequible, rigurosa y entretenida."

En su primera fase, que tuvo lugar en el curso 2018-2019, en dicho instituto practicaron 44 alumnos y alumnas de 2º de bachillerato. Del mismo modo que en proyectos anteriores, se seleccionó un grupo de preguntas relativas a la Intendencia de Córdoba: denominación del lugar (pregunta número 1), tipo de jurisdicción (pregunta número 2), especies de frutos recolectados en el término (pregunta número 11), número de vecinos (pregunta número 21), existencia o no de hospitales (pregunta número 30), número de pobres de solemnidad (pregunta número 36), número de clérigos existentes en la localidad (pregunta número 38) y existencia de conventos y, en su caso, órdenes, sexo y miembros (pregunta número 39), y se ofrecen sus resultados (Gómez Navarro y Lama Romero, 2020a).

Los objetivos del proyecto, incluidos en la programación vigente del Instituto, son:

- Experimentación contextualizada, dentro de las materias que se estudian en el aula y relacionadas con el mundo en el que vive el alumnado.

• Fomento de valores democráticos: proyecto colaborativo, consensuado y participativo.
• Papel protagonista del alumnado en su proceso de enseñanza-aprendizaje, siendo el profesorado la guía necesaria para que este se lleve a cabo, dentro de los parámetros del rigor científico y acorde con nuevas exigencias sociales.
• Consideración preferente de la perspectiva de género.
• Compatibilización de las nuevas tecnologías con la cultura que le sirve de soporte.
• Concordancia con los objetivos explícitos en las distintas leyes educativas vigentes en Secundaria.

Por lo que respecta al trabajo con los alumnos, el trabajo ha seguido la siguiente metodología:
• Presentación del tema. Contextualización. Definición de objetivos y determinación de la forma de trabajo (en grupos de 4 estudiantes).
• Extracción de la información de las preguntas del Interrogatorio general del catastro de Ensenada. Elaboración de una ficha por cada localidad.
• Jornada Científica. Necesaria para la contextualización del trabajo que se está haciendo.
• Puesta en común de las fichas y tabulación de los resultados.
• Extracción de ideas a partir de la bibliografía específica.
• Redacción de resultados.
• Presentación del trabajo en el Instituto.

Los resultados fueron satisfactorios, aunque la sobrecarga de trabajo de los alumnos a causa de la preparación de la Prueba de Evaluación de Acceso a la Universidad (PEvAU) restó tiempo necesario para alcanzar todos los objetivos. Si bien en el vaciado de datos los alumnos trabajaron de manera correcta, esa escasez de tiempo provocó problemas en la redacción del trabajo final y en su cruce con el aparato crítico (Gómez Navarro y Lama Romero, 2020b).

Concluyo con las últimas propuestas de Ruiz Álvarez y Ortega Chinchilla, quienes proponen procedimientos de aprendizaje individual y cooperativo de los docentes en formación con el Catastro, así como metodologías innovadoras, que les permitan indagar sobre las características de la población femenina de aquella época, las categorías que se establecían para clasificarlas (cabezas de casa, solteras, honestas, esposas, hijas…), las actividades que realizaban y las descripciones de sus hogares (Ruiz Álvarez y Ortega Chinchilla, 2022).

AL SERVICIO DE LA CULTURA

El enorme interés por el Catastro de Ensenada y su facilidad para ser presentado ha dado lugar a numerosas exposiciones. Destaca la organizada por la Dirección General de Catastro con objeto de "acercar a los responsables de los catastros europeos y al público en general a las raíces del Catastro español en el marco del movimiento catastrador europeo del siglo de las Luces" y que se acompaña de un catálogo de gran interés para su conocimiento: *El Catastro de Ensenada, magna averiguación fiscal para alivio de los vasallos y mejor conocimiento de los reinos* (Durán Boo y Camarero Bullón, 2002).

Hasta el momento, esta exposición ha itinerario por 26 ciudades en las que los paneles explicativos se han acompañado de documentos procedentes de los archivos municipales además de la edición de catálogos propios. Su primera visita tuvo lugar en 2002 a Jaén, y la más reciente en 2022, a Ciudad Rodrigo, donde la pandemia de Covid obligó a retrasar la apertura de la exposición. Dos de las exposiciones merecen mención especial: la realizada en Málaga con el título de *El Catastro: del archivo a internet*, que realizó un recorrido por toda la historia del catastro en la provincia, desde Ensenada hasta la actualidad; y la de la Comarca de Cigales que mostró con detalle las localidades englobadas dentro de su Denominación de Origen (García Juan y otros, 2019).

Asimismo, el Archivo Histórico Provincial de Córdoba realizó en 2007 una exposición propia dedicada a los distintos catastros realizados a lo largo de nuestra historia, comisariada por su directora, Alicia Córdoba Deorador. Con el título *La riqueza de la tierra 1752-1970*, hizo un repaso de todos los proyectos que buscaron imponer una tributación proporcional sobre la tierra, la principal fuente de riqueza en el Antiguo Régimen. Comienza por el Catastro de Ensenada y continúa por otros proyectos del reformismo borbónico, los Cuadernos de Riqueza y los Amillaramientos, las Masas de Cultivo y el Catastro Parcelario, todos fracasados. No será hasta los años cuarenta del siglo pasado cuando se consiga un catastro topográfico parcelario confeccionado con todas las garantías técnicas por topógrafos del Instituto Geográfico Catastral. El éxito de los catastros llegó tarde porque en aquellos años la tierra había perdido su papel principal como generadora de riqueza y la contribución territorial cede el paso a nuevas formas de gravamen.

En el Catastro encontramos algunos planos realizados con objeto de responder a la tercera pregunta del interrogatorio:

> Qué territorio ocupa el término; cuánto de Levante y Poniente y de Norte a Sur, y cuánto de circunferencia, por horas y leguas; qué linderos o confrontaciones; y qué figura tiene, poniéndola al margen.

Esta petición fue interpretada de formas muy variadas. Sin más directrices de ejecución y sin ningún modelo, se realizaron trabajos muy distintos, desde paisajes, tremendamente descriptivos, llenos de detalles a sencillas figuras que se ceñían a lo solicitado o simplemente el dibujo del contorno del territorio. Normalmente se realizaron con la misma tinta de la escritura, pero en ocasiones aparecen dibujados con aguadas de distintos tonos. El responsable de su confección contaría con el asesoramiento de representantes del concejo de cada villa, peritos elegidos entre los vecinos, el alcalde y el cura, lo que explica el grado de detalle de algunos y el conocimiento de elementos identitarios de algunos municipios (Ortega Chinchilla, 2016).

Si consideramos el paisaje y, por tanto, su representación como un fragmento de la naturaleza extraído por la percepción humana, los planos del catastro adquieren una nueva dimensión. Más aun si tenemos en cuenta que nuestra concepción del paisaje comenzó a fraguarse precisamente en el siglo XVIII. Además, como se constata en los elementos recogidos en los planos, el paisaje es también un territorio en el que se vive y trabaja y que se transforma de forma activa, por tanto, su representación no responde a criterios estrictamente artísticos.

Desde un punto de vista del análisis histórico de la representación en sí, vemos cómo los dibujos transmiten la idea de "un entorno ordenado, dirigido e intervenido por el hombre". Las variables que intervinieron en la confección de los planos son múltiples, tantas como la subjetividad de las percepciones espaciales de sus autores que conceden distintos tamaños, ubicaciones u olvidos a los elementos que constituyen los territorios. Así como las intenciones paralelas o divergentes de quienes intervienen en su ejecución que vienen determinadas por su edad, oficio, riqueza, experiencias y por la utilización que hagan de los elementos representados (Ortega Chinchilla, 2016: 171).

Estas imágenes no han pasado desapercibidas en los tiempos actuales en los que se les rinde un continuo culto. Buscadores especializados como Google Imágenes o Pinterest ofrecen recursos visuales relacionados, así como redes sociales basadas en la imagen. Con el hashtag #catastrodeensenada se agrupan ilustraciones y fotografías tomadas del o sobre catastro. Por ejemplo, a 14 de abril de 2023 existen 53 imágenes en Instagram que utilizan dicho hashtag[4] y recogen sus planos, así como noticias relacionadas. Por lo general, la técnica utilizada para presentar o "curar" ese contenido es conocida como "resumir" y consiste en la redacción de un texto descriptivo o informativo sobre el contenido en cuestión, de manera neutra o impersonal (Guallar y Traver, 2021: 3).

Más allá de sus imágenes, todo tipo de redes sociales, además de las tradicionales, Facebook y Twitter demandan contenido a un ritmo difícil de satisfacer. Sin entrar en una vorágine consumista de entretenimiento, el Catastro puede aportar ocasionalmente contenidos novedosos y distintos. Se trata de adaptar la información de esta fuente al lenguaje de las redes, caracterizado por su redacción ágil y su brevedad (Sánchez Herrador, 2020).

Como no podía ser de otra forma, la prensa recoge de forma recurrente noticias relacionadas. Esas informaciones se podrían agrupar temáticamente. Para empezar noticias relacionadas con la historia de un municipio concreto que a menudo coincide con el

[4] https://www.instagram.com/explore/tags/catastrodeensenada/

área de interés del periódico. Por ejemplo, el *Diario Sur* recogió el primer plano del municipio malagueño de Coín que apareció en el Catastro.[5] Exposiciones como las citadas anteriormente generan gran cantidad de noticias en la prensa local de las ciudades en que se exponen como en la inauguración de la de Ciudad Rodrigo.[6] También son noticia las presentaciones de libros que utilizan el Catastro de fuente documental, como el libro de Miguel Romero Saiz, *Fuentenava de Jábaga a golpe de Historia*.[7]

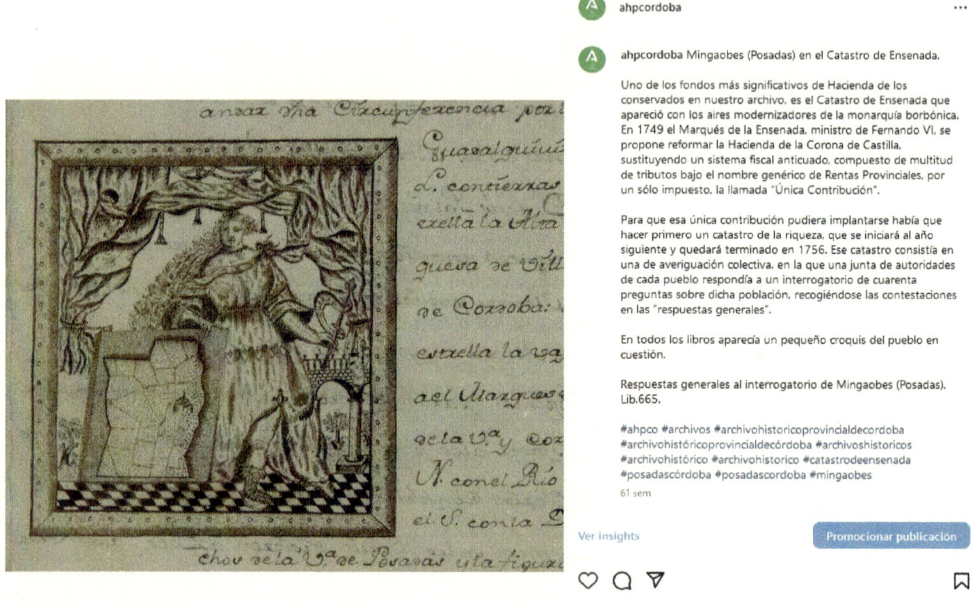

Figura 1. Publicación del Archivo Histórico Provincial de Córdoba que utiliza uno de los planos del Catastro de Ensenada.

Incluso Wikipedia, herramienta colaborativa por excelencia, aplaudida y denostada desde sus orígenes, utiliza el Catastro de Ensenada para multitud de entradas. Desde los índices de localidades de provincias que remiten al mismo hasta datos históricos de

[5] Andrea Jiménez. "El primer mapa de Coín: así era el pueblo en el siglo XVIII. El dibujo más antiguo de esta villa se elaboró para el Catastro del marqués de la Ensenada en 1752", *Diario Sur*, 27 de abril de 2023. Disponible en web: https://www.diariosur.es/interior/primer-mapa-coin-era-pueblo-siglo-xviii-20230221141040-nt.html [consulta 15/04/2023].

[6] David Rodríguez. "Inaugurada una exposición para que "Ciudad Rodrigo sepa el gran papel que tuvo en el pasado", *Salamanca RTV al Día*, 15 de octubre de 2022. Disponible en web https://salamancartvaldia.es/noticia/2022-10-15-inaugurada-una-exposicion-para-que-ciudad-rodrigo-sepa-el-gran-papel-que-tuvo-en-el-pasado-306935 [consulta 15/04/2023].

[7] "Jábaga. Los nuevos libros de Miguel Romero Saiz y de Mª de la Almudena Serrano Mota", *Liberal de Castilla. El diario de Cuenca y Guadalajara*, 12 de octubre de 2022. Disponible en web https://www.liberaldecastilla.com/jabaga-los-nuevos-libros-de-miguel-romero-saiz-y-de-ma-de-la-almudena-serrano-mota [consulta 15/04/2023].

cualquier localidad pasando por todo tipo de informaciones, como por ejemplo una entrada relativa a la alfarería en la provincia de Cuenca[8]. Utilizamos Google para saber cuántas entradas de esta enciclopedia utilizan el Catastro[9] y encontramos que en 14 de abril de 2023, hay un total de 701 resultados para esa búsqueda.

Todo ese reconocimiento del Catastro de Ensenada, favorece que se cite cuando se trata de utilizar la historia como reclamo turístico, con el fin de atestiguar la antigüedad de municipios, cortijos, etc. Los viñedos de Navalcarnero dan buena muestra de su antigüedad y calidad citando la información que sobre ese cultivo aparece.[10]

Para concluir, desde el punto de vista de la gestión archivística, el Catastro de Ensenada muestra hasta dónde puede llegar un fondo documental. Se trata de ver qué ha hecho que sea una fuente de tanto interés y dotar a otros fondos en principio menos atractivos con esas características de legibilidad, acceso, descripción...

CONCLUSIÓN

Tras todo lo expuesto, podemos concluir que el Catastro de Ensenada no supuso una enorme perdida de recursos sino una inversión a muy largo plazo para un objeto muy distinto del inicial. Dos siglos después el interés por la información que contiene no deja de crecer y de aportar datos sobre la sociedad de su época, utilizados en la investigación, educación, cultura…

BIBLIOGRAFÍA

Camarero Bullón, Concepción: “El Catastro de Ensenada, 1749-1759: diez años de intenso trabajo y 80.000 volúmenes manuscritos”, *CT Catastro*, 46 (2002) pp. 61-88.

Díaz López, Julián: “Entre la descripción y la metodología novedosa: medio siglo en la historiografía del Catastro de Ensenada”, *Nimbus*, 29 (2012), pp. 201-216.

Durán Boo, Ignacio y Camarero Bullón, Concepción: *El Catastro de Ensenada, magna averiguación fiscal para alivio de los vasallos y mejor conocimiento de los reinos*, Madrid, Ministerio de Hacienda, 2002.

García Juan, Laura, Aguilar Cuesta, Ángel Ignacio y Vallina Rodríguez, Alejandro: “Programa de exposiciones sobre el Catastro de Ensenada, origen del catastro en España (2002-2019). *CT Catastro*, 95 (2019), pp. 139-145.

[8] *Alfarería en la provincia de Cuenca*. Disponible en web: https://es.wikipedia.org/wiki/Alfarer%C3%ADa_en_la_provincia_de_Cuenca [consulta 15/04/2023].

[9] Mediante la búsqueda: “catastro de ensenada” site:https://es.wikipedia.org/

[10] Un modelo agrario consolidado. El Catastro de Ensenada (1753). Disponible en web: http://www.turismonavalcarnero.com/navalcarnero/turismo/historia/cinco-siglos-de-historia/la-creacion/el-catastro-de-ensenada-1753/ [consulta 15/04/2023].

García-Morís, Roberto: "Propuesta metodológica para el uso de las fuentes históricas demográficas de la edad moderno como recurso didáctico", *Revista de Didácticas Específicas*, 14 (2016), pp.71-85.

Gómez Navarro, María Soledad y Lama Romero, Eduardo: "Ensenada en el Bachillerato: territorio, población y poblamiento en el Reino", *ENSAYOS. Revista de la Facultad de Educación de Albacete*, 35-1 (2020a), pp. 107-128.

—— y Lama Romero, Eduardo: "Ensenada en el bachillerato (I): una propuesta de trabajo universitario y extrauniversitario", *Didáctica, innovación y multimedia*, 38 (2020b), pp. 1-12.

Guallar, Javier y Traver, Paula: "Curación de contenidos de bibliotecas en medios sociales: plataformas, técnicas y buenas prácticas", *Anuario ThinkEPI*, 15 (2021), pp. 1-16.

Guerrero Elecalde, Rafael: "El uso de fuentes documentales para la enseñanza de la historia local de Córdoba. El Catastro de Ensenada como recurso didáctico", *Ensayos: Revista de la Facultad de Educación de Albacete*, 35-2 (2020), pp. 55-69.

Ortega Chinchilla, María José: "Verde, gris y blanco: naturaleza y arquitectura en los planos del Catastro de Ensenada y los croquis del Diccionario Geográfico de Tomás López", *Cuadernos dieciochistas* 17 (2016), pp. 149-185.

Moreno, Raimundo: "El Catastro de Ensenada, al alcance del aula", *Iber: Didáctica de las ciencias sociales, geografía e historia*, 85 (2016), pp. 64-68.

Rodríguez Blanco, Cynthia: "Jefaturas del hogar femeninas en el Catastro del Marqués de Ensenada: viudas, malcasadas y solteras en Palencia capital y su entorno rural", *Revista electrónica de Historia Moderna* 11.43 (2021), 188-210.

Ruiz Álvarez, Raúl y Ortega Chinchilla, María José: "Usos del Catastro de Ensenada para docentes en formación", en Raúl Ruiz Álvarez y Francisco Hidalgo Fernández: *Ganarse la vida: género y trabajo a través de los siglos*, Madrid, Dykinson, 2022, pp.739-741.

Sánchez Herrador, Miguel Ángel: "De documentos de archivo a historias dignas de ser contadas. Hacia una narración archivística." *Tria. Revista de la Asociación de Archiveros de Andalucía*,24 (2020), pp. 239-273.

Spinak, Ernesto, *Diccionario enciclopédico de Bibliometría, Cienciometría e Infometría*, Caracas, 1996.

Yanet Gómez, Nubia, Acuña Rodríguez, Olga y Felipe Bautista, Andés: "Historia y Memoria casi 10 años consolidando comunidad historiográfica. Una mirada desde la Bibliometría", *Historia y Memoria*, 20 (2020), pp. 209-247.

Anexo 1. Revistas en las que se han publicado los artículos que citan el Catastro de Ensenada según el CIRC.

Título de la revista	Ciencias Humanas	Ciencias Sociales
Al-Basit: Revista de estudios albacetenses, ISSN 0212-8632	D	D
Albahri entre oriente y occidente. Revista independiente de estudios históricos, ISSN-e 2444-0515	D	D
Alcalibe: Revista Centro Asociado a la UNED Ciudad de la Cerámica, ISSN 1579-9875	Sin clasificación	Sin clasificación
Anales de Geografía de la Universidad Complutense, ISSN 0211-9803	D	B
Analysis. Claves de Pensamiento Contemporáneo, ISSN-e 2386-3994	C	C
Andelma: Revista del Centro de Estudios Históricos Fray Pasqual Salmerón, ISSN-e 2386-3811	D	D
Antiquitas, ISSN 1133-6609	No aplica	D
Anuario de Estudios Filológicos, ISSN 0210-8178	A	B
Anuario IEHS: Anuario de Estudios histórico sociales, ISSN 0326-9671	C	D
Archivo Agustiniano, ISSN 0211-2035	No aplica	D
Archivo Dominicano: Anuario, ISSN 0211-5255, ISSN-e 2952-2196	No aplica	D
Archivo Ibero-Americano ISSN 0004-0452, ISSN-e 2660-4418	C	D
Argentaria, ISSN-e 2255-226X	Sin clasificación	Sin clasificación
Argutorio: revista de la Asociación Cultural "Monte Irago", ISSN 1575-801X	Sin clasificación	Sin clasificación
Arqueología y territorio medieval, ISSN 1134-3184	B	D
Ars Bilduma, ISSN 1989-9262	C	C
Baetica. Estudios Historia Moderna y Contemporánea, ISSN 0212-5099, ISSN-e 2695-7809	D	D
Bajo Guadalquivir y Mundos Atlánticos, ISSN 2605-0560	Sin clasificación	Sin clasificación
Belezos: Revista de cultura popular y tradiciones de La Rioja, ISSN 1886-4333	Sin clasificación	Sin clasificación

Título de la revista	Ciencias Humanas	Ciencias Sociales
Brigecio: revista de estudios de Benavente y sus tierras, ISSN 1697-5804	Sin clasificación	Sin clasificación
BSAA arqueología, ISSN-e: 1888-976X	No aplica	D
Cangilón, ISSN-e: 2695-592X	Sin clasificación	Sin clasificación
Chronica nova: Revista de historia moderna de la Universidad de Granada, ISSN 0210-9611	B	C
Complutum, ISSN 1131-6993, ISSN-e 1988-2327	C	D
Contraluz Revista de la Asociación Cultural Arturo Cerdá y Rico, ISSN 1698-8817	No aplica	Sin clasificación
CT Catastro, ISSN 1138-3488	Sin clasificación	Sin clasificación
Cuadernos de Estudios del Siglo XVIII, ISSN 1131-9879	B	D
Cuadernos de Estudios Gallegos, ISSN 0210-847X	C	D
Cuadernos de Historia Moderna, ISSN 0214-4018	C	D
Cuadernos de los Amigos de los Museos de Osuna, ISSN 1697-1019	D	No aplica
Didáctica Geográfica, ISSN 0210-492X, ISSN-e 2174-6451	No aplica	C
Documents d'anàlisi geogràfica, ISSN 0212-1573, ISSN-e 2014-4512	B	B
El Futuro del Pasado: revista electrónica de historia, ISSN-e 1989-9289	A	B
El Hinojal. Revista de Estudios del MUVI, ISSN-e 2341-3093	No aplica	D
Ensayos: Revista de la Facultad de Educación de Albacete, ISSN 0214-4824, ISSN-e 2171-9098	No aplica	C
Ería: Revista cuatrimestral de geografía, ISSN 0211-0563, ISSN-e 2660-7018	B	C
Espacio, tiempo y forma. Serie IV, Historia moderna, ISSN 1131-768X	D	B
Estoa. Revista de la Facultad de Arquitectura y Urbanismo de la Universidad de Cuenca, ISSN-e 1390-9274	C	C
Estudios del Patrimonio Cultural, ISSN-e 1988-8015	Sin clasificación	Sin clasificación
Estudios sobre patrimonio, cultura y ciencias medievales, ISSNe 2341-3549	C	D

Título de la revista	Ciencias Humanas	Ciencias Sociales
Estudis. Revista de Historia Moderna, ISSN 0210-9093	D	B
eWali revista de investigación antropológica, histórica, cultural y social en el entorno Mediterráneo, ISSN 2659-5362	Sin clasificación	Sin clasificación
Goya, ISSN 0017-2715	A	No aplica
Historia y Genealogía, ISSN-e 2173-6030	No aplica	D
Historia. Instituciones. Documentos, ISSN 0210-7716	B	C
History of European Ideas, ISSN 0191-6599	A+	B
Índice: Revista de Estadística y Sociedad, ISSN-e 1696-9359	Sin clasificación	Sin clasificación
Investigaciones de Historia Económica = Economic History Research, ISSN 1698-6989	A	B
Investigaciones históricas: Época moderna y contemporánea, ISSN 0210-9425	A	D
Investigaciones y Ensayos, ISSN 0539-242X, ISSNe 2545-7055	No aplica	D
Kalakorikos BIBLID, ISSN 1137-0572	No aplica	D
La Piedriquina: Anuario, ISSN 1888-5578	Sin clasificación	Sin clasificación
Madrygal: Revista de estudios gallegos, ISSN 1138-9664	C	No aplica
Magallánica, Revista de Historia Moderna, ISSN 2422-779X	C	C
Matria Digital, ISSN 2343-5909	Sin clasificación	Sin clasificación
Minius, ISSN 1131-5989	D	D
Miscelánea de Estudios Árabes y Hebraicos. Sección Árabe-Islam, ISSN 1696-5868	C	No aplica
Náyades: revista de costumbres, tradiciones e historias de la Región de Murcia, ISSN-e 2659-7020	Sin clasificación	Sin clasificación
Ohm: Obradoiro de Historia Moderna, ISSN-e 1133-0481	A	D
Oleana: Cuadernos de Cultura Comarcal, ISSN 1139-4943	Sin clasificación	Sin clasificación
Punto de vista, ISSN 0123-580X, ISSN-e 2027-5153	Sin clasificación	Sin clasificación

Título de la revista	Ciencias Humanas	Ciencias Sociales
Revista de Demografía Histórica-Journal of Iberoamerican Population Studies, ISSN 1696-702X, ISSN-e 2696-4325	B	B
Revista de Estudios Económicos y Empresariales, ISSN 0212-7237	No aplica	D
Revista de estudios extremeños, ISSN 0210-2854	D	D
Revista de Historia de El Puerto, ISSN 1130-4340	No aplica	D
Revista de Historia de las Vegas Altas, ISSN 2253-7287	No aplica	D
Revista de Historia Economica-Journal of Iberian and Latin American Economic History, ISSN 0212-6109	A	A+
Revista de Historia Moderna ISSN-e: 1989-9823, ISSN 0212-5862	A	D
Revista de historiografía (RevHisto), ISSN 1885-2718	C	D
Revista de Humanidades PUCARA, ISSN 1390-0862, ISSN-e 2661-6912	C	No aplica
Revista del Centro de Estudios Históricos de Granada y su Reino, ISSN 2253-9263	D	C
Revista DIM: Didáctica, Innovación y Multimedia, ISSN-e 1699-3748	No aplica	D
Revista Escuela de Historia, ISSN-e 1669-9041	No aplica	D
Revista General de Información y Documentación, ISSN 1132-1873, ISSN-e: 1988-2858	No aplica	B
Revista Historia Autónoma, ISSN-e 2254-8726	C	D
Revista Otarq, ISSN-e 2530-4933	No aplica	D
Sabuco: Revista de estudios albacetenses, ISSN 1577-2969	Sin clasificación	Sin clasificación
Santander. Estudios de Patrimonio, ISSN 2605-4450, ISSN-e 2605-5317	C	C
Studia historica. Historia Moderna , ISSN 0213-2079	A	D
Studia Zamorensia, ISSN 0214-736X	C	C
Sustainability, ISSN 1937-0709, ISSN-e 1937-0695	No aplica	B
Temperamentvm: Revista internacional de historia y pensamiento enfermero, ISSN-e 1699-6011	Sin clasificación	Sin clasificación

Título de la revista	Ciencias Humanas	Ciencias Sociales
Tiempos modernos: Revista Electrónica de Historia Moderna, ISSN-e 1699-7778	B	D
Tiempos modernosRevista Electrónica de Historia Moderna, ISSN-e 1699-7778	B	D
Toletum: boletín de la Real Academia de Bellas Artes y Ciencias Históricas de Toledo, ISSN 0210-6310	D	D
Trabalhos de Antropologia e Etnologia, ISSN-e 0304-243X	No aplica	D
Trinitarium: revista de historia y espiritualidad trinitaria	Sin clasificación	Sin clasificación
Trocadero. Revista de historia moderna y contemporanea, ISSN 0214-4212	C	D
Vínculos de Historia, ISSN-e 2254-6901	B	D
Working Papers in Economic History, ISSN 2341-2542	Sin clasificación	Sin clasificación

18.
EL PROCESO DE ELABORACIÓN DEL CATASTRO DE ENSENADA EN EL REINO DE SEVILLA

Javier Tinoco Domínguez
Universidad Nacional de Educación a Distancia

El presente trabajo pretende ofrecer una visión sintética de los principales aspectos y rasgos diferenciales del proceso de elaboración del catastro de Ensenada en el reino de Sevilla, adaptada a los requerimientos de concisión y brevedad de la presente publicación. Ello nos ha obligado a una selección de las fases de este proceso así como de los episodios más significativos, que permitieran una aproximación inicial a las iniciativas y particularidades del procedimiento puesto en marcha por los responsables de la jurisdicción hispalense. Y todo ello a partir de una línea de investigación en la que hemos tomado como eje el análisis pormenorizado de la documentación obrante en el Archivo General de Simancas referida a la correspondencia mantenida entre la Real Junta de la Única Contribución (más tarde, la Real Junta del Buen Retiro) y la Delegación que se constituyó en la provincia de Sevilla para dirigir las operaciones que se extendieron durante el periodo comprendido entre 1749 y 1759[1].

EL DESARROLLO DEL CATASTRO EN SEVILLA: ENTRE UN SISTEMA ESTRICTAMENTE JERARQUIZADO Y LA NECESARIA DESCONCENTRACIÓN DE LAS OPERACIONES

El firme posicionamiento de los diseñadores del proyecto catastral en lo relativo al más estricto control del desarrollo de las operaciones siempre estuvo claro y se manifestó tanto en el diseño normativo del proceso (el Decreto de 10 de octubre de 1749 y sus Instrucciones anejas recogen reiteradas muestras de este afán), como en las órdenes adoptadas *ad hoc* por la mencionada Junta.

El catastro no solo constituiría un ejemplo de organización de los recursos humanos digno de destacar en el contexto de los aparatos burocráticos de las monarquías ilustradas europeas, sino de aplicación de un rígido principio de jerarquía que ordenaría ese aparato siguiendo un claro esquema piramidal. En ese organigrama, la Junta ocuparía una posición preeminente, y solo estaría subordinada a las decisiones reales, debidamente

[1] Archivo General de Simancas (en adelante, AGS), Dirección General de Rentas (en adelante DGR), 1ª remesa, leg. 1908, 1909 y 1910. Estos legajos también incorporan documentos procedentes de las subdelegaciones de la circunscripción, de los cabildos municipales, de particulares y de instituciones laicas y eclesiásticas.

tamizadas por el omnipresente (y también de discreta presencia durante las operaciones) "secretario de todo" (Gómez Urdáñez, 2017: 99)[2].

Frecuentes son los ejemplos que la documentación catastral hispalense nos brinda de la aplicación de este sistema jerarquizado para la toma de decisiones a lo largo del desarrollo de las operaciones, en el largo intervalo que fue desde su puesta en marcha, en las últimas semanas de 1749, hasta el cierre definitivo de los últimos trabajos complementarios allá por el 1759. En tal sentido, los cerebros del proyecto plantearon *ab initio* una mínima e imprescindible desconcentración[3] de las operaciones, que se materializaría en la asunción por los intendentes provinciales de las funciones de impulso y seguimiento de las operaciones en el territorio de sus respectivas jurisdicciones. Ello suponía, inevitablemente, la revitalización de unas magistraturas, las intendencias, que languidecían después de varias décadas de evidente abandono del proyecto inicial de trasplante de la figura de origen francés. Así se hizo en las provincias, que quedaron definidas como las unidades territoriales de organización y desarrollo del catastro. Como decimos, la delegación de funciones no se diseñó de manera generosa, y las escasas facultades conferidas a los intendentes estaban supeditadas en su práctica totalidad, incluso las de índole puramente instrumental, a la supervisión y autorización última de la Junta. Siempre quedó meridianamente claro que Madrid se reservaba un estricto control de todo lo que sucediera en las provincias durante las operaciones catastrales, y ello se aprecia en el abundantísimo intercambio epistolar suscrito con la Delegación hispalense.

Sin embargo, pronto quedó de manifiesto que este rígido esquema, que se apoyaba exclusivamente en el trabajo gestor de los intendentes como únicos delegados de una parte modesta de las potestades rectoras de la Junta, era totalmente insuficiente para sostener la estructura de un aparato que debía afrontar las tremendas exigencias de un minucioso proceso de averiguación catastral.

La rectificación de la decisión inicial y el diseño de una delegación en cascada que descargara y distribuyera el trabajo de los intendentes en un segundo nivel de desconcentración, que asumirían los subdelegados, no fue más que el reconocimiento implícito de la extraordinaria dimensión de los trabajos a realizar en cada provincia y del error de cálculo inicial de los diseñadores del proyecto[4]. No obstante, pronto se suscitaron problemas administrativos con los subdelegados, que a veces se saltaban el conducto reglamentario y acudían directamente a la Junta en sus consultas y propuestas. Ello obligó a poner

[2] De hecho, el marqués de la Ensenada disponía en la Secretaría de la Junta de Bartolomé Sánchez de Valencia, hombre de su absoluta confianza y profundo conocedor del Catastro, que jugaría un papel clave como filtro y correa de transmisión entre el aparato de las operaciones y el propio ministro.

[3] La doctrina jurídica administrativa define la desconcentración como aquel principio de organización de las AAPP por el que se crean órganos que asumen por delegación y en el marco de un espacio territorial acotado el ejercicio de ciertas competencias, con pleno sometimiento a las facultades de control y dirección de las autoridades centrales (Vallina Velarde, 1961: 88-89).

[4] La Junta se vio obligada a solicitar formalmente al rey en mayo de 1750 que se revisara el régimen inicialmente establecido, en el sentido de prever el nombramiento de estos subdelegados que supondrían el segundo escalón de las operaciones provinciales, conforme a un modelo de delegaciones en cascada que antes pasaría por la figura de los intendentes (Camarero Bullón, 2002: 224).

coto a estas situaciones, insistiendo en el estricto carácter piramidal de la delegación por medio de la correspondiente orden "por punto general"[5]. Así quedó pronto recogido en la correspondencia sevillana, que reflejó fielmente este modelo de organización[6].

Por una parte, las operaciones en Sevilla fueron directamente asumidas por la Intendencia, como se constata en la mayor parte de las provincias. Fueron pocas las que optaron por delegar esta función en otros funcionarios. Aquí, muy al contrario, se optó por subdelegar en ciertos momentos (por ejemplo, durante la operación de prueba de La Rinconada) buena parte de sus restantes funciones ordinarias en su primer teniente, lo que fue autorizado por la Junta. Sin duda, y consciente de la trascendencia de la *Magna Averiguación*, el intendente prefirió reservarse la dirección de las operaciones, aun con particularidades que evidenciaremos a continuación.

Por otro lado, el proceso sevillano estuvo en todo momento condicionado por la notable dimensión poblacional de la circunscripción (segunda de toda Castilla) y, sobre todo, por la extraordinaria complejidad de la estructura económica de un territorio que no solo incluía algunas de las mayores ciudades de la Corona, como Sevilla y Cádiz (esta última ya como eje del comercio ultramarino), sino una tupida red de relevantes agrociudades que, conectadas en mayor o menor medida a las anteriores, aportaban un heterogéneo repertorio de actividades económicas. Esta circunstancia queda evidenciada en numerosas ocasiones en la propia documentación catastral. No solo los formularios resultantes de la averiguación catastral, cuyas cifras inciden en este hecho, sino también la propia correspondencia habida entre la Junta y las autoridades provinciales y locales insiste frecuentemente en esta idea.

No debe extrañar, por tanto, que la correspondencia catastral hispalense refleje relevantes especialidades respecto de las operaciones desarrolladas en el resto de las circunscripciones. Así, en las primeras comunicaciones se desvela una de sus particularidades más notables: el régimen de codirección de su Delegación. Esta circunstancia fue expresamente solicitada por el intendente Ginés de Hermosa y Espejo, a los pocos días de haber sido confirmado por la Junta en la dirección de las operaciones (permanecería de 1749 a 1752). De esta forma, la responsabilidad del catastro sevillano recaería en un equipo en el que también estaría el administrador general de rentas de la provincia, Juan González de la Riva. Ambos eran viejos conocidos, pudiéndose afirmar que existía una relación de notable confianza entre el veterano intendente y el competente responsable de las finanzas provinciales. Este último demostró ser a lo largo de los trabajos uno de los mejores conocedores de la realidad económica y social de la compleja circunscripción del

[5] Denominación otorgada a las instrucciones que, con carácter general, la Junta dirigía para su cumplimiento a todas las delegaciones. En más de una ocasión hemos tenido oportunidad de constatar que problemas planteados desde la jurisdicción sevillana culminaron con una decisión administrativa de esta naturaleza.

[6] AGS, DGR, 1ª remesa, leg. 1908 (sin foliar), acuse de recibo de la Intendencia de Sevilla de la orden "por punto general" de la Junta de 16 de noviembre de 1750: "De orden de la Real Junta de la Única Contribución me comunica Vuestra Señoría en fecha de 16 de noviembre anterior la resolución tomada por punto general para que [...] al intendente se han de dirigir las órdenes de la Junta y comunicarlas él a los subdelegados, quienes en las dudas que tengan consulten al intendente, el que por sí les responda, o dé cuenta a la Junta [...]".

sur de la Corona, y el ya septuagenario intendente se apoyó firmemente en él a lo largo de todo el periodo en el que ejerció el cargo[7]. La correspondencia demuestra reiteradamente que ambos ejercían de manera colegiada la dirección de la Delegación[8].

Como hemos venido exponiendo, la documentación catastral permite deducir una estricta organización piramidal, regida por el principio administrativo de jerarquía, aun matizado por la necesidad de desconcentrar las operaciones en diferentes escalones territoriales para poder hacer frente a las tareas de un proceso muy ambicioso y exigente, tanto en el número de tareas previstas como en la naturaleza de muchos de los trámites a ejecutar (incluidos los derivados de un relevante sistema de control de las operaciones).

Se puede hablar de varios niveles escalonados de actuación, situándose la Junta en la cúspide (tan solo sometida al control último del monarca, a través del propio marqués de la Ensenada); en el nivel siguiente aparecerían las delegaciones asumidas por los intendentes, con la particularidad en el caso sevillano del citado régimen de codirección; y el tercer nivel sería el de los subdelegados, que actuarían en el espacio de una circunscripción que abarcaría uno o varios términos municipales cercanos ("veredas" en la terminología empleada en la correspondencia)[9], y que tenían a sus órdenes, a efectos instrumentales, los equipos locales constituidos por personal contratado *ad hoc* que debía intervenir en cada una de ellas y, para ciertos trámites, personal vinculado a los ayuntamientos.

Otra buena prueba del alto nivel de planificación de los trabajos catastrales fue el procedimiento de resolución de consultas y propuestas dirigidas por las delegaciones que articuló la Junta durante el desarrollo de las operaciones. Obviamente, este aspecto estrictamente procedimental no aparecía desarrollado ni en el Decreto de 1749 ni en las Instrucciones anejas. Fue fruto de la labor de coordinación y control aplicada por la propia Junta, y creemos que en buena medida respondió al discreto y competente trabajo de su secretario Bartolomé Sánchez de Valencia y del resto de su equipo en la Secretaría del órgano supremo. No obstante, el leal colaborador de Ensenada contó con la inestimable ayuda de otros eficaces hombres cercanos al ministro, como el experimentado

---

[7] Este modelo se prolongó durante todo el periodo del siguiente intendente sevillano que asumió la dirección de la Delegación, Fernando Valdés y Quirós (1752-1757), y solo se truncó con su sucesor, Pedro de Samaniego, ya en la fase final de las operaciones.

[8] AGS, DGR, 1ª remesa, leg. 1908 (sin foliar), comunicación de la Junta por la que se autorizaba la codirección de las operaciones de la Única Contribución en la provincia de Sevilla: "Que, cumpliendo con la orden del Rey de 24 de febrero de este año, que le comunicó Su Excelencia al intendente, solo para que lo tocante a este encargo pudiese confiarlo con el administrador general de Rentas". Acuse de recibo del administrador general de Sevilla de 3 de marzo de 1750, de las Instrucciones iniciales del Catastro remitidas por la Junta: "...don Ginés de Hermosa y Espejo, quien me ha manifestado, igualmente que Vuestra Señoría lo hace, tener la orden de Vuestra Excelencia para caminar con mi acuerdo en la práctica de las diligencias que previenen los citados instrumentos, y estando yo pronto a su ejecución, solo deseo el acierto".

[9] AGS, DGR, 1ª remesa, leg. 1908, comunicación de la Delegación de Sevilla a la Junta de 1 de septiembre de 1750: "Se ha dividido el territorio de esta Provincia en 13 veredas en la forma que expresa la relación adjunta: las siete dirigidas a los gobernadores de Cádiz, Puerto y Sanlúcar, y corregidores de Xerez, Carmona, Ézija y Antequera, en sus respectivos partidos y pueblos de la inmediación que a algunos se han agregado, y las seis restantes compuestas de la Tesorería de esta ciudad, Osuna, Marchena y Estepa [...]".

marqués de Puertonuevo[10] que, como veremos en el esquema siguiente, asumiría un papel absolutamente protagonista en la tramitación de las decisiones de mayor trascendencia.

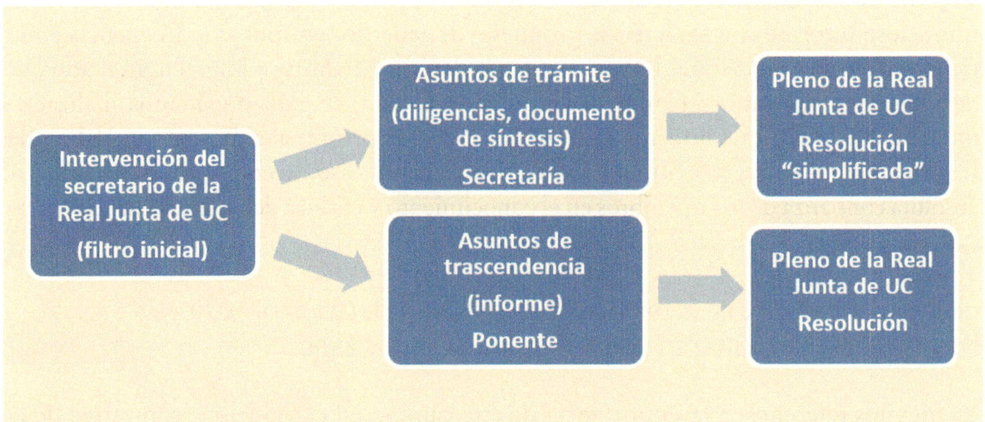

Gráfico que refleja el procedimiento de adopción de acuerdos por la Real Junta de la Única Contribución durante las operaciones del catastro de Ensenada. Elaboración del autor.

Hemos procedido a una labor de reconstrucción de estos trámites a partir de las numerosas y variadas cuestiones suscitadas desde la Delegación sevillana durante las operaciones, que se encuentran profusamente documentadas en la correspondencia. Así, constatamos que prácticamente ante cualquier cuestión relativa al desarrollo del procedimiento de averiguación planteada desde la dirección provincial, ya fuera directamente propuesta por esta o de parte de las subdelegaciones, ayuntamientos o incluso particulares, la primera intervención de la Junta venía siempre de la mano de su secretario, Sánchez de Valencia (suplido tras su muerte por Pedro Núñez de Amézaga), o, en su caso, del oficial mayor Pedro López Bravo, su eficaz sustituto ocasional (Camarero Bullón et al., 1998: 168).

Valencia realizaba un filtrado inicial del asunto y, o bien lo planteaba como cuestión "menor", o le daba curso con una tramitación más compleja en caso de considerarlo un asunto de cierta trascendencia, lo que incluso podría repercutir en una decisión que se extendiera como criterio general a todas las intendencias (orden "por punto general"). En el primer supuesto, y al ser considerado como un puro asunto de trámite, el propio secretario elaboraba un sucinto documento de síntesis de la cuestión con inclusión de una propuesta de decisión. El proceso normalmente culminaba con una suerte de resolución "simplificada" del pleno de la Junta, en la que este se limitaba a confirmar la propuesta anterior.

[10] José Francisco de Alós y de Rius, marqués de Puertonuevo, era un funcionario veterano (Barcelona, 1689) con un amplio recorrido en la Nueva Planta catalana y en el Catastro de Patiño. Fue uno de los mejores conocedores del proyecto ensenadista y, como veremos, ponente indiscutible de la Junta durante la *Magna Averiguación*.

Sin embargo, cuando Valencia o su sustituto consideraban que la cuestión podía ser de mayor trascendencia, se extendían con mayor detalle en su documento preparatorio, que pasaba igualmente al pleno de la Junta. Esta normalmente acordaba el traslado a su ponente habitual, el marqués de Puertonuevo, para su estudio y elaboración de un minucioso informe con carácter de propuesta de acuerdo (emitido con frecuencia en un tiempo récord) a fin de que el pleno tomara la decisión definitiva. Llama la atención que, de los numerosos asuntos planteados por la Delegación sevillana que hemos analizado y que se consideraron de informe preceptivo, todas las propuestas de acuerdo elaboradas fueran aceptadas íntegramente por la Junta salvo algún caso excepcional, lo que refleja la absoluta confianza de sus miembros en el conocimiento y eficacia del veterano funcionario[11].

CONFLICTIVIDAD EN EL CONTEXTO DE LOS SUBDELEGADOS DE ALGUNAS DE LAS GRANDES CIUDADES DE LA PROVINCIA HISPALENSE

Ya hicimos referencia a la importancia de este cambio en el modelo organizativo de las operaciones que se produjo una vez empezadas las mismas. Ahora bien, los problemas, cuando no verdaderos conflictos, que se originaron en el contexto de la actuación de varios de estos subdelegados en algunas localidades, estarían ligados a circunstancias diversas.

Por una parte, podemos achacarlos al propio criterio que se acordó a propuesta de la propia Junta para la selección de los que habrían de ser los responsables de estas subdelegaciones. Su carácter ambiguo se percibe de inmediato, ya que inicialmente se preveía que en el caso de considerar los intendentes necesaria su presencia (como siempre ocurrió en Sevilla) los corregidores asumirían dicha subdelegación de las operaciones. Sin embargo, acto seguido pasaba a dar a entender que esa pauta podría modificarse a criterio de los propios delegados, en el caso de "haber en los pueblos sujetos bien opinados y hábiles a concurrir a estas diligencias, bajo las órdenes de los intendentes"[12], exigiéndose se informara de ellos a la Junta, que obviamente se reservaba la última palabra.

De hecho, esto provocó que en Sevilla la Delegación se apartara en numerosas ocasiones de nombrar a los corregidores para las subdelegaciones: de las trece *veredas* en las que se dividió a efectos operacionales la provincia, solo cuatro quedarían inicialmente en manos de corregidores ("Xerez, Carmona, Ézija y Antequera"). Este hecho se debió a razones diversas. A veces, a que el particular estatuto jurídico de algunas ciudades estratégicas ligadas al comercio colonial suponía que en lugar de corregidor tuvieran gobernador, que en principio asumiría la subdelegación: era el caso de la propia Cádiz, de El Puerto de

[11] En la correspondencia sevillana constan múltiples comunicaciones de la Junta, donde son reiteradas expresiones como "que pasen al señor marqués de Puertonuevo para su vista y reconocimiento [...] o "que se respondiera como dice en papel aparte el señor Puertonuevo". A título de ejemplo podemos citar las actas de la Junta de sus sesiones plenarias de 1 y 3 de septiembre de 1750. AGS, DGR, 1ª remesa, leg. 1908 (sin foliar).

[12] AGS, DGR, 1ª remesa, leg. 1908 (sin foliar), carta de la Intendencia a la Junta acusando recibo de la instrucción para designar subdelegados, 9 de junio de 1750.

Santa María y de Sanlúcar de Barrameda. En otros supuestos, la jurisdicción señorial de la ciudad cabecera de la vereda justificaba que la Delegación, para evitar injerencias interesadas en las operaciones, reservara su dirección a algunos de los altos funcionarios de la Tesorería sevillana: fueron las correspondientes a Osuna, Marchena y Estepa y, en general, las restantes localidades de las actuales provincias de Sevilla y Huelva. En este espacio solo quedaron dirigidas por sus corregidores las indicadas Carmona y Écija, al ser ciudades de realengo. Sevilla capital quedó bajo la responsabilidad directa del propio intendente.

Por otra, los problemas en algunas subdelegaciones se deben relacionar también con el arribismo y la venalidad extendidas entre muchos de los corregidores de las ciudades andaluzas, que con frecuencia se encontraban muy por debajo de la cualificación técnica de la mayor parte de los intendentes nombrados para las diferentes provincias castellanas (Álvarez Cañas, 2012: 292 y ss.).

En esta línea podemos destacar el conflicto que se constata en la documentación catastral sevillana en relación con uno de los corregidores nombrados para el municipio de Jerez de la Frontera, y que originó un grave enfrentamiento con los máximos responsables de la Delegación. Cuando el corregidor inicialmente designado cambió de destino, y durante el ínterin de varios meses hasta la llegada de su sustituto, Sevilla encomendó a Jacinto Ventura, el eficaz administrador de rentas provinciales de la ciudad, la continuación sin dilación de las operaciones, en las que ya venía colaborando con el anterior subdelegado. Sin embargo, la llegada del nuevo corregidor, Nicolás Carrillo de Mendoza, marqués de Alcocébar, recientemente incorporado a la nobleza de título tras un matrimonio que le facilitó el ascenso social, vendría a alterar sustancialmente el desarrollo de la averiguación en la circunscripción jerezana. Creemos que la eficacia y prudencia del veterano administrador sumada a la desconfianza hacia el nuevo corregidor por sus excesos al querer arrogarse unilateralmente el puesto con artimañas torticeras, llevó a la Delegación a plantear una verdadera excepción a la regla de nombramiento de los corregidores. Finalmente, el conflicto, que registró momentos de notable interés, culminó con la intervención directa de la Junta que, tras un demoledor informe de la dirección hispalense, ratificó la decisión de esta y excluyó expresamente al corregidor de las operaciones del catastro (Tinoco Domínguez, 2021b: 365-388).

Por último, también podemos atribuir algunas dificultades surgidas en torno al trabajo de los subdelegados a causas ajenas a su voluntad y ligadas a la actitud, a menudo obstruccionista, de las oligarquías locales, que en ocasiones supuso verdaderos desafíos a la autoridad de los responsables de las operaciones. En este contexto, son de destacar los conflictos suscitados en la ciudad de Cádiz entre los diputados municipales y el administrador de rentas provinciales, Francisco Villasota, que ejercería de subdelegado en funciones por comisión de su gobernador[13].

[13] La complejidad del gobierno de la ciudad de Cádiz justificó la comisión de este administrador. Parece que su evidente competencia y diligencia no estaban acompañadas de la necesaria mano izquierda con las poderosas oligarquías locales que controlaban el Ayuntamiento de la ciudad gaditana (Tinoco Domínguez, 2021a: 515-519).

LA OPERACIÓN DE PRUEBA DE LA RINCONADA Y PALMETE

La Junta formalizó el 15 de marzo de 1750 un acuerdo por el que las delegaciones deberían realizar *ab initio* una operación efectiva en una localidad de su elección que sirviera como banco de pruebas para evidenciar dificultades y adoptar medidas correctoras (Camarero Bullón, 2002: 159). Probablemente, esta decisión fue fruto de la observación de lo que venía ocurriendo en las provincias durante los primeros meses. De hecho, se trataba de que se pudiera seguir minuciosamente cada paso e incidencia de estas auténticas "operaciones-piloto" (Camarero Bullón, 2002: 159), para que permitieran tanto una respuesta anticipada y unificada a los problemas como una valoración de la eficacia de los equipos de cada circunscripción.

De ahí que la selección previa del término a practicar, aun en manos inicialmente de los delegados, debiera ajustarse a unos criterios que, desde el punto de vista anterior, garantizaran tanto su efectividad (teniendo en cuenta que era la primera operación) como su utilidad como fuente de datos en la aplicación de las Instrucciones. No debemos olvidarnos, además, del carácter eminentemente práctico y formador de la medida, con el que se pretendía evaluar el nivel de asimilación real de las pautas y reglas del proceso y la competencia de los responsables y equipos provinciales y locales, así como detectar los errores más frecuentes que pudieran cometer estos, para rectificarlos expresamente mediante un minucioso análisis de resultados. De esta manera, se generarían después las correspondientes instrucciones, tanto particulares como generales, sirviendo estas últimas para integrar las lagunas o incluso pulir un procedimiento inicial que, obviamente, no pudo entrar *a priori* en las innumerables cuestiones que unas operaciones de tal nivel de complejidad plantearon durante su desarrollo.

No obstante, hay que decir que la Junta dejó una amplia libertad para que cada Delegación eligiera su localidad de prueba, en la convicción de que, desde la óptica de su mejor conocimiento del terreno, sería lo mejor para que la "piloto" cumpliera sus objetivos. Todo lo anterior quedó de manifiesto en la propuesta a la Junta del intendente sevillano: "De acuerdo con don Juan González de la Riva he dispuesto principiar por la villa de la Rinconada, poco distante de esta ciudad, mediante que la extensión de su término y crecido número de heredades que incluye de todas clases, produce especiales motivos para ser el primero [...]"[14]. La correspondencia nos ha permitido ahondar en las razones de esta decisión: tanto el que hubiera "eclesiásticos regulares y seculares" como la circunstancia de que el pueblo extendiera su jurisdicción "hasta las puertas de esta ciudad (Sevilla), incluyendo tres suburbios de numeroso vecindario, hospitales, conventos y aun una collación entera extramuros, con partes de otras que, aunque situadas intramuros, alcanzan dilatado territorio", fueron razones esgrimidas *a posteriori* por los responsables

[14] AGS, DGR, 1ª remesa, leg. 1908 (sin foliar), carta del intendente de 24 de abril de 1750, comunicando a la Junta la elección de La Rinconada como operación de prueba de la provincia. Más tarde se acordaría extenderla al vecino pago de Palmete.

sevillanos para justificar su elección[15]. En este sentido, la decisión de la Delegación hispalense fue concordante con la de buena parte de las restantes intendencias, que propusieron términos que ejemplificaran los rasgos más comunes y las dificultades que en general se podrían encontrar en el resto de sus respectivas circunscripciones (Donézar Díez de Ulzúrrum, 1989: 209).

El desarrollo de cada operación de prueba debería ser objeto de información puntual y periódica a la Junta. De esta manera, dispondría de datos sobre las incidencias acaecidas e incluso podría adoptar medidas en caso necesario sin esperar a que fueran finalizando. Para ese momento, se exigía un minucioso informe que acompañara a los documentos originales resultantes de las operaciones. De hecho, las peticiones periódicas de datos por la Junta tuvieron por objeto no solo la obtención de información actualizada sino también convertirse en un instrumento de presión dirigido a los propios responsables de los equipos al respecto del avance de las operaciones.

Como era preceptivo, la operación comenzó en La Rinconada con el envío del bando previsto en las Instrucciones, con el que empezaba a correr el plazo de 8 días para que los vecinos presentaran sus memoriales, la pieza angular en el proceso de obtención de información. De ahí que la importancia del trámite fuera doble: por un lado, contenía las pautas básicas para que los obligados elaboraran estas relaciones; por otra, se articulaba como el instrumento formal de comunicación al vecindario del inicio de las operaciones. No debemos olvidar a este respecto que la seguridad jurídica era una de las obsesiones de la Junta, en aras de evitar impugnaciones basadas en un supuesto desconocimiento de lo que se iba a actuar.

Sin embargo, aquella preocupación no podía llevarse hasta el extremo de convertirse en un lastre para el normal desarrollo de las operaciones. Así quedó expresamente de manifiesto tras la "piloto" sevillana, ya que aquí sus responsables interpretaron de manera excesivamente amplia el trámite de contactar de manera directa con los propietarios de tierras y titulares de otros derechos, ya fueran presentes o ausentes en la localidad. Cuando de esto tuvo conocimiento la Junta, la Delegación fue advertida de que era suficiente el trámite del bando como instrumento de comunicación pública y general a todos los vecinos: "en los lugares de vecindario puede excusar los exhortos y notificaciones a los dueños, sean presentes o ausentes, porque se reputa suficiente y legal diligencia la de publicación del bando"[16].

De ahí la trascendencia de que la Oficina hispalense constatara que el contenido del bando previsto en las Instrucciones originales era excesivamente farragoso y complejo, adaptándose mal a la idiosincrasia de su circunscripción. Por ello, y siendo consciente de la importancia de este trámite, se molestó en elaborar un modelo propio mucho más

[15] AGS, DGR, 1ª remesa, leg. 1908 (sin foliar), informe de la Delegación de 25 de agosto de 1750, dirigido a la Junta.

[16] AGS, DGR, 1ª remesa, leg. 1908 (sin foliar), propuesta de resolución del marqués de Puertonuevo relativa a las diligencias resultantes de la operación de La Rinconada.

sintético y directo que pasó a la Junta para su revisión y aprobación. De hecho, esta iniciativa cuajó a partir de la constatación de que muchos vecinos de La Rinconada no habían cumplido en tiempo y forma con sus memoriales tanto por su falta de preparación como por la difícil comprensión de las indicaciones ofrecidas en este instrumento. El bando sevillano demuestra un meditado proceso de revisión de lo sucedido durante la operación de prueba, planteando unos plazos breves (pero suficientes) y unas medidas de contenido eminentemente práctico para facilitar este trámite clave (Tinoco Domínguez, 2021a: 266).

De hecho, otra de las propuestas más interesantes que la dirección sevillana, en aras de facilitar la confección de los memoriales, formuló tras la "piloto" fue la de contratar a "hombres hábiles" que realizaran las relaciones de aquellos vecinos con dificultades, "aun de noche algún tiempo para el pronto despacho de los trabajadores", lo que fue autorizado por la Junta con las condiciones de que se motivara en cada caso la necesidad y que lo aceptaran los vecinos afectados[17].

Por otra parte, el desarrollo de la operación de prueba de La Rinconada nos muestra en su conjunto la diligencia y eficacia de la Delegación. Si el 24 de marzo de 1750 se comunicaba a Madrid la elección de La Rinconada, el 22 de abril ya estaba personado en la localidad el equipo que daba inicio a las operaciones, dirigido personalmente por el propio intendente Hermosa y, como era de esperar, por su leal y eficaz codirector, el administrador De la Riva[18]. Con igual rapidez se fueron evidenciando los problemas y dudas de un proceso tan complejo, así como que quizás se había sido demasiado ambicioso al seleccionar un pueblo con tantas dificultades añadidas. Y todo ello a pesar de que ambos, y particularmente el segundo, demostrarían que eran profundos conocedores de los diferentes aspectos socioeconómicos del municipio.

Excede del planteamiento de este trabajo entrar en el detalle de estos obstáculos y de las soluciones que se fueron planteando tanto desde Sevilla como desde Madrid. Sin embargo, a este respecto hay que recordar que el proceso de la operación de prueba debía culminar en cada provincia con el preceptivo informe que la Delegación remitiría a la Junta acompañando a los documentos catastrales (libros maestros, mapas, etc.) resultantes; el trámite se cerraba con la consiguiente propuesta de resolución elaborada por Puertonuevo como consecuencia del análisis minucioso de todo ese material y las definitivas instrucciones de la Junta que delimitarían en adelante el desarrollo de los trabajos[19]. Estos documentos, íntegramente conservados en el caso de la circunscripción sevillana, aportan una información preciosa para ahondar tanto en la naturaleza del propio procedimiento

[17] AGS, DGR, 1ª remesa, leg. 1908 (sin foliar), resolución de la Junta de 22 de septiembre de 1750.

[18] AGS, DGR, 1ª remesa, leg. 1908 (sin foliar), informe de la Intendencia de 28 de abril de 1750, dirigido a la Junta: "…pasé el miércoles 22 del que sigue a esta villa de La Rinconada, en compañía de don Juan González de la Riva, a principiar el examen prevenido, que queda actuándose con entera satisfacción".

[19] AGS, DGR, 1ª remesa, leg. 1908 (sin foliar), propuesta de resolución de Puertonuevo de 17 de septiembre de 1750: "[…] a fin de que los corrijan y guarden todos, arreglándose al número 41 de la Real Instrucción; que deberán acatar y cumplir las instrucciones emitidas por la Junta. […] que se satisfaga a los puntos de sus cartas que van resumidos en papel aparte con notas marginales a cada capítulo".

que se siguió en las ulteriores operaciones como en el conocimiento de su contexto y en la interpretación de los datos que los propios documentos catastrales ofrecían[20].

Para terminar, debemos destacar la buena sintonía que Junta y Delegación mostraron en general y salvo las inevitables diferencias puntuales (a una de ellas haremos referencia en el apartado siguiente), sobre todo durante el periodo de la codirección de Hermosa y De la Riva, que se resume en la felicitación que Puertonuevo les envío como colofón del análisis de su operación piloto: "[...] se alabe su celo y exactitud en estas operaciones, y que no se duda que proseguirán con el mismo fervor la obra hasta su total perfección".

LAS "INSTRUCCIONES ADAPTADAS" DE LA DELEGACIÓN SEVILLANA: EL MEJOR EJEMPLO DE UNA DICOTOMÍA INEVITABLE

Ya hemos tenido oportunidad de constatar que los máximos responsables de la Delegación sevillana (particularmente, el intendente Hermosa, su sucesor Fernando Valdés y el omnipresente administrador general De la Riva) no fueron meros agentes pasivos en la dirección de las operaciones que se limitaran a aplicar de manera automática las instrucciones que les llegaban desde la Junta. Si bien, por una parte, su lealtad con el equipo rector supremo siempre estuvo fuera de toda duda, por otra fueron frecuentes las muestras de una notable iniciativa propia en aras de un mejor desarrollo de las operaciones, adaptándolas a la realidad socioeconómica de la provincia. Ya avanzamos que estas muestras se apreciaban de manera indubitada en el informe final de La Rinconada. Ahí se planteaban, junto a propuestas instrumentales de poco calado, iniciativas de mayor trascendencia, que suponían verdaderas innovaciones en lo que se consideraban en Sevilla verdaderas lagunas en las Instrucciones de 1749.

No se agotaron en este momento las iniciativas propias de la Oficina sevillana. A lo largo del desarrollo de las operaciones afloraron otras de notable impacto que tuvieron, sin embargo, una acogida desigual entre los rectores del proceso. Debemos tener en cuenta a este respecto que esas propuestas contrastaban con la férrea política de control impuesta por la Junta que, como demuestra la correspondencia, llegó hasta el extremo de reservarse la impresión de los formularios que deberían emplearse en las operaciones[21] (lo que, por cierto, implicó el previsible sobrecoste de todo el procedimiento). En definitiva, Madrid no asumía riesgos, y menos en cuanto al contenido de los documentos oficiales que servirían para desarrollar la averiguación y que, como se aprecia en las Instrucciones, ya venían minuciosamente detallados *ab initio*.

[20] Para seguir con detalle las incidencias surgidas durante la operación de prueba de La Rinconada, así como las soluciones planteadas tanto desde su equipo como desde la Junta, véase Tinoco Domínguez, 2021a: 258-291.

[21] AGS, DGR, 1ª remesa, leg. 1908 (sin foliar), comunicación de la Delegación dirigida a la Junta, de 16 de febrero de 1751, al respecto de la necesidad de más impresos para las operaciones.

A pesar de todo, desde Sevilla se tomó la iniciativa de elaborar unas instrucciones que, a partir de las órdenes de Madrid y, sobre todo, de su experiencia propia en La Rinconada, incluyera tanto pautas como formularios adaptados a las circunstancias registradas en la provincia[22]. El resultado fue un instrumento formado por un número importante de documentos que afortunadamente obran en los legajos de la correspondencia catastral hispalense. Su exposición pormenorizada excede de nuevo de las posibilidades de este trabajo, pero de manera sintética podemos centrar su contenido en una versión mucho más detallada y práctica de las primeras instrucciones del proceso, incluyendo el preceptivo bando de inicio de operaciones, y una serie de modelos con reglas y añadidos muy minuciosos para facilitar la elaboración de los memoriales de los vecinos, entre otros aspectos. De hecho, la decidida iniciativa sevillana se justificaba expresamente en el grave problema suscitado por las dificultades de los vecinos a la hora de preparar estas relaciones. Que Hermosa y De la Riva tenían muy clara la necesidad de esta medida lo demuestra el hecho de que ordenaron *motu proprio* la impresión de una tirada de 48 ejemplares para aplicarlos en las operaciones de las localidades de Utrera, Villafranca, Palacios, Coronil y Los Molares, las primeras planificadas tras la "piloto". Sin embargo, sorprende que la Oficina sevillana, siempre tan prudente y leal en su relación con la Junta, cometiera el error de no pedir a esta autorización previa. Cuando lo hizo ya se había ordenado la impresión, tal y como más tarde reconocerían expresamente[23] tratando de subsanar *a posteriori* tan grave error en las formas. Este incidente y los documentos resultantes nos han permitido constatar tanto el celo de la Junta en su control del proceso como la excelente valoración técnica que las "instrucciones adaptadas" de la Delegación merecieron a Puertonuevo.

Por una parte, la contrariedad que estos hechos provocaron en Madrid se hizo patente a partir de una orden que supuso parar en seco la iniciativa sevillana: "[...] suspendan por ahora la impresión de las relaciones que se han de repartir a los pueblos, hasta que de ellas envíen Vuestra Señorías a la Junta un formulario, como se previno en la de 22 del mismo, que de su orden escribí a Vuestra Señoría, para que con su vista y reconocimiento se resuelva lo conveniente en este asunto"[24]. La Junta tardó meses en permitir su uso y no de manera expresa al considerar demasiado audaz la iniciativa de los gestores sevillanos. Y todo ello a pesar de que disponía de un informe de su propio ponente en el que se valoraba muy positivamente la iniciativa, con expresiones muy clarificadoras de su valía técnica: "reconozco evidentes utilidades en la práctica de estos impresos, pues se ganará un tiempo considerable"[25]. Por si restaba alguna duda, Puertonuevo le proponía a

[22] Esta iniciativa también la hallamos en otras circunscripciones, como en la granadina.

[23] AGS, DGR, 1ª remesa, leg. 1908 (sin foliar), carta del intendente y del administrador general de Sevilla a la Junta, de 15 de septiembre de 1750.

[24] AGS, DGR, 1ª remesa, leg. 1908 (sin foliar), orden de la Junta de 29 de septiembre de 1750 al intendente y al administrador general de Sevilla.

[25] AGS, DGR, 1ª remesa, leg. 1908 (sin foliar), informe de Puertonuevo, referido a las "instrucciones adaptadas" de la Oficina de Sevilla, de 14 de octubre de 1750: "Por cuyos motivos y otros que la discreción de la Junta fácilmente comprenderá, juzgo que fuera muy conveniente aprobar al intendente y administrador general de Sevilla

la Junta "que en los demás reinos y provincias se siga el mismo método para la facilidad de las operaciones". Realmente, no hemos hallado un pronunciamiento más rotundamente favorable hacia el trabajo de la Delegación hispalense en toda la correspondencia catastral.

Creemos que todo ello es buen ejemplo de la inevitable dicotomía que marcó en buena medida el desarrollo de las operaciones en la provincia, marcadas por una parte por el férreo control planteado desde la Junta y, por otra, por las eficaces y fundadas iniciativas que la Delegación hispalense quiso poner en marcha.

Para terminar, debemos reiterar que el presente trabajo se presenta como una síntesis del proceso de elaboración del catastro sevillano, lo que nos ha llevado a presentar una selección de aspectos especialmente significativos y a dejar en el tintero otros de notable interés para la comprensión integral del proceso catastral sevillano. Entre estas cuestiones, hemos debido aparcar inevitablemente el tratamiento de todo lo concerniente a los recursos humanos de las operaciones, aspecto que en la correspondencia hispalense aparece tratado con profusión en numerosos documentos que ofrecen nuevos enfoques de la dimensión cuantitativa y cualitativa de este elemento esencial para la comprensión del proyecto y nuevas perspectivas para la comparación de sus datos con otras fuentes catastrales (Tinoco Domínguez, 2021a: 271, 347-372, 528-630). Del mismo modo, debemos hacer referencia a la polémica cuestión en su momento de la valoración de los bienes y derechos y a los problemas surgidos en torno a las figuras de agrimensores y peritos, aspecto capital en cuanto a la consideración de la fiabilidad de buena parte de los datos averiguados (particularmente, los relativos a las propiedades inmuebles) para el que la correspondencia nos ofrece extensa información sobre los procedimientos de selección y el desarrollo de las funciones de estos técnicos junto a episodios concretos especialmente llamativos (Tinoco Domínguez, 2021a: 270-271, 636-668). En idénticos términos podemos referirnos a aspectos como las numerosas tensiones inter e intrainstitucionales que se acreditan en estas misivas, al uso extrafiscal de los documentos catastrales o al detalle de los conflictos surgidos entre miembros de la nobleza e instituciones eclesiásticas y algunos de los responsables de las operaciones (Tinoco Domínguez, 2021a: 399-501), entre otros.

En definitiva, fueron prácticamente diez años dedicados al desarrollo de las operaciones propiamente dichas, producción y encuadernación de los documentos catastrales previstos en las Instrucciones de 1749, así como a la elaboración del Vecindario de Ensenada, culminado en 1759, que debía ser a la postre un instrumento complementario de todo el aparato del catastro. Como hemos expuesto, buena parte del ingente esfuerzo administrativo realizado por los equipos sevillanos ha quedado reflejado en una correspondencia minuciosa y rica en matices, una fuente excepcional e imprescindible para

los tres impresos referidos, del bando, formulario para las relaciones de los dueños y vecinos, y de la instrucción particular para las Justicias, previniéndoles que usen sin reparo alguno de estos impresos, enviándoles anticipadamente a los pueblos que deban de próximo operarse [...]".

la clarificación de la historia interna de un proyecto trascendental de la mejor parte de nuestro Siglo de las Luces.

BIBLIOGRAFÍA

Álvarez Cañas, Mª Luisa: "Los corregidores de letras en la administración territorial andaluza del siglo xviii", *Revista de Historia Moderna*, 13/14 (1995), pp. 123-149.

Camarero Bullón, Concepción *et al.*: "Sevilla y el Catastro de Ensenada", en *La Sevilla de las Luces,* Madrid, Comisaría de la Ciudad de Sevilla para 1992, 1992, pp. 137-273.

——: "Vasallos y pueblos castellanos ante una averiguación más allá de lo fiscal: el Catastro de Ensenada, 1749-1756", en Ignacio Durán Boo y Concepción Camarero Bullón (coords.), *El Catastro de Ensenada. Magna averiguación fiscal para alivio de los vasallos y mejor conocimiento de los reinos*, Madrid, Dirección General del Catastro, Ministerio de Hacienda, 2002, pp. 113-388.

Donézar Díez de Ulzúrrum, Javier M.: "El Catastro de Ensenada y su proceso de formación (1750-1760)", *Revista de la Facultad de Geografía e Historia*, 4, (1989), pp. 207-224.

García González, Francisco: "Mujeres al frente de sus hogares. Soledad y mundo rural en la España interior del Antiguo Régimen", *Revista de historiografía*, 26, (2017), pp. 19-46.

Gómez Urdáñez, José Luis: *El marqués de la Ensenada. El secretario de todo*, Madrid, Punto de Vista Editores, 2017.

Tinoco Domínguez, Javier: *El municipio de Jerez de la Frontera y la Única Contribución. 1749-1773. Un estudio a partir de la correspondencia de la Intendencia de la provincia de Sevilla* [Tesis Doctoral], Madrid, UNED, 2021.

——: "Tensiones sociopolíticas en el marco del catastro de Ensenada en Jerez de la Frontera: estudio de un conflicto institucional", *Espacio Tiempo y Forma. Serie IV, Historia Moderna*, 34, (2021), pp. 365-388.

Vallina Velarde, Juan Luis: "La desconcentración administrativa", *Revista de administración pública*, 35 (1961), pp. 75-140.

19.
SOCIEDAD Y TERRITORIO EN LA PROVINCIA DE QUITO DEL SIGLO XVIII A TRAVÉS DE LAS FUENTES GEOHISTÓRICAS

Alejandro Vallina Rodríguez[1]
Karen Martínez Vicencio[2]
Universidad Autónoma de Madrid

INTRODUCCIÓN[3]

Los estudios sobre los territorios y las sociedades aportan, cada vez con mayor claridad, una visión evolutiva y temporal, clave en la comprensión y entendimiento más certero sobre las características y dinámicas que han afectado a un determinado lugar y sociedad, en aras de conocer mejor el presente y el futuro. Este es, precisamente, el nuevo paradigma en el que se circunscribe la geografía histórica, que ha dejado de ser una disciplina eminentemente caracterizadora para convertirse, además, en una aproximación más del método científico sobre el análisis del medio y el hombre. Así, la labor investigadora de la geografía histórica en la actualidad debe considerar siempre la doble interpretación de factores de análisis pasados y presentes, aprovechando para ello todas las herramientas y metodologías existentes. En ese sentido, y para abordar la evolución temporal en la investigación, las disciplinas científicas, en general, y la geografía, de forma particular, recurren a fuentes de información, bajo la denominación de "fuentes geohistóricas". Estas fuentes de información, de diversa tipología y factura, son el soporte de un trabajo metodológico que tiene el objetivo de aprehender y comprender un mayor volumen de referencias y datos para lograr un acercamiento a los antecedentes, tanto de las sociedades como de los territorios que habitaban.

Siendo ese el contexto, la presente aportación propone la incorporación de las fuentes geohistóricas como articulación y polea de transmisión al servicio de la generación de conocimiento que sirva de base para la geografía crítica en Ecuador. Desde la pluralidad y la objetividad, se plantea un análisis de dos fuentes documentales y cartográficas elaboradas en las últimas décadas del siglo XVIII para la provincia de Quito, inserta entonces en el Virreinato de Nueva Granada.

A través de las informaciones contenidas en el *Atlas Geographico de la América Septentrional y Meridional*, realizado en 1758 por el cartógrafo real Tomás López, y el *Padrón de habitantes de la provincia de Quito y de los parajes donde existen misioneros de diversas*

[1] Alejandro Vallina Rodríguez: ORCID https://orcid.org/0000-0001-7855-4263 Es miembro del Grupo de Investigación Consolidado IDE-GEOHIS, UAM.

religiones y recibo de rentas de cajas reales en Quito, realizado por la Dirección de Hidrografía de la Marina española en 1773, la investigación tratará de adentrarse en los antecedentes histórico-espaciales que permitan analizar, con perspectiva actual, cuestiones tales como la construcción de los espacios en la provincia de Quito en el siglo XVIII, la composición de su población, el análisis de su base económica y laboral, y las expresiones culturales del espacio en esa época. No se puede comprender el hoy sin conocer el ayer.

En el aspecto concerniente a la generación de nuevo y mejor conocimiento sobre los espacios y las gentes, el siglo XVIII vuelve los ojos al XVI y retoma los trabajos pesquisidores con una visión más práctica y economicista, pues el territorio y las gentes son sinónimo de recursos y buen gobierno. Es por eso por lo que cartografías, interrogatorios, censos y padrones y cualquier otra documentación catastral o paracatastral se erigen en la principal y más veraz herramienta, al igual que en la actualidad, para acopiar información geográfica.

En este trabajo se aborda un estudio comparado de la información contenida en estas fuentes geohistóricas, de tal forma que el resultado ponga de manifiesto la utilidad de sus informaciones a la hora del reporte de información sobre los diferentes elementos del paisaje, la geografía y el territorio del área quiteña.

TOMÁS LÓPEZ, CARTÓGRAFO DEL REY

Esta investigación centra el foco en las fuentes geohistóricas creadas y desarrolladas por Tomás López, quien fue destacado cartógrafo español cuya obra tuvo un gran impacto tanto en España como en América durante el siglo XVIII, aunque buena parte de sus trabajos también se extendieron hasta el siglo XIX. Sus mapas detallados y precisos ayudaron a trazar el curso de la historia de la corona hispana, realizando una inconmensurable tarea de ayuda a la comprensión de la geografía de las regiones ibéricas y de ultramar (Manso, 2014).

En España, Tomás López se ganó la reputación de ser uno de los cartógrafos más destacados de su tiempo. Fue nombrado cartógrafo real por el rey Carlos III en 1770 (Hernando, 1999), lo que le permitió acceder a valiosa información geográfica y cartográfica. Con esta base, López produjo una serie de mapas de gabineta altamente precisos que se convirtieron en referencia para los exploradores, navegantes y académicos de la época. El éxito de su obra, y el legado que ha dejado para las disciplinas que se dedican a la disciplina geohistórica en la actualidad, radica en una serie de factores básicos para entender el desarrollo de su trabajo, la importancia de sus investigaciones y el significado de sus aportaciones para la ciencia moderna (Hernando, 2016):

• La obra de López destacó por su precisión y calidad en la elaboración de mapas. Esta no es una cuestión menor, habida cuenta que su metodología de trabajo era, como diría López Gómez (1996), una suerte de trabajo de gabinete basada en la recopilación o síntesis de otras fuentes y también utilizando datos varios, obtenidos mediante cuestionarios con respuestas escritas y sus croquis, así como los elaborados por él mismo siguiendo aquellos o directamente según los textos.
• Su amplia formación, de escuela francesa, le permitió utilizar métodos innovadores y técnicas cartográficas avanzadas para garantizar la exactitud de sus representaciones geográficas. Debido a ello, sus planos y mapas distaban mucho de ser solo grabados, sino que eran trabajos detallados y, sobre todo, fiables. Esto los convirtió a la postre en herramientas valiosas para navegantes, exploradores, científicos y administradores coloniales en plena época ilustrada.
• Tampoco debe dejar de tratarse la secular trascendencia que en el siglo xviii tenía el conocimiento geográfico y cartográfico de los territorios, y cómo este se guardaba y atesoraba como recurso preciado de los Estados. Como cartógrafo real de España, López tuvo acceso a información privilegiada proporcionada por la corona española. Esto incluía datos geográficos precisos y documentos gubernamentales que le permitieron trazar mapas más completos y actualizados. Su posición privilegiada le permitió recopilar datos de diferentes fuentes y compilarlos en sus obras cartográficas.
• Unido a lo anterior, y con el contexto general de la Ilustración y el impulso que esta supuso para las ciencias y el conocimiento global del medio y el hombre, se ha de señalar que la época en la que López trabajó fue crucial para la exploración y el establecimiento de colonias en América. Sus mapas ayudaron a las diversas campañas de conquista, permitiendo a gobernantes y mandos a comprender mejor la geografía de estas nuevas tierras. Ello resultó fundamental para la expansión y el control del imperio español, pero estas obras también fueron utilizadas por exploradores de otras naciones, lo que contribuyó a un mayor conocimiento del continente americano.
• Fruto de sus largas estancias y contactos con las principales escuelas cartográficas europeas, López introdujo nuevas técnicas y métodos en la cartografía. De ese modo, fue pionero en el uso de sistemas de proyección más precisos y en la incorporación de coordenadas geográficas en sus mapas, lo que redundó en unas representaciones más exactas de la superficie terrestre, sentando las bases para el desarrollo posterior de la cartografía moderna.
• Como se ha indicado, los trabajos de Tomás López siguieron su desarrollo ya entrado el siglo xix, dado que sus planos y métodos fueron ampliamente reconocidos y utilizados por otros cartógrafos y científicos posteriores. Sus obras se convirtieron en referencias importantes y sentaron las bases para el desarrollo de la cartografía en España y América.

Además de su magna obra ibérica, el *Atlas Geográfico de España* de 1804, Tomás López también dedicó buena parte de sus conocimientos y esfuerzos a cartografiar los territorios y colonias españolas en América. Sus mapas de las costas y del interior de los reinos de América Latina y el Caribe se erigieron en hito fundamental para la administración colonial y la navegación marítima. Sus obras incluyeron mapas de países como México, Perú, Ecuador y Colombia, entre otros, proporcionando una visión detallada de la geografía, la sociedad y los recursos naturales de estas regiones. Queda patente en su obra americana que la obra desarrollada fue más que un simple registro geográfico (Hernando, 2007), puesto que también se reflejó de forma innegable la mentalidad de la Ilustración, destacando la importancia del conocimiento científico.

LOS TRABAJOS DE TOMÁS LÓPEZ EN AMÉRICA

Ese ingente trabajo de cartografía de América por parte de Tomás López se compiló en el *Atlas Geographico de la América Septentrional y Meridional* de 1758. Este atlas fue ejecutado en una época en la que López se encontraba en París (López y Manso, 2006) formándose como cartógrafo y aprendiendo las técnicas del grabado de mapas. El atlas está formado por 38 mapas y planos acompañados de textos explicativos y están representadas las provincias pertenecientes a España en América, y para su elaboración utilizó, como él mismo expresa en la obra, los trabajos del cartógrafo francés Bourguignon D'Anville y de los españoles Jorge Juan y Antonio de Ulloa.

La obra entremezcla un conjunto de 38 mapas y planos grabados con textos más o menos prolijos que contienen información detallada sobre las diversas regiones del continente. En el Atlas, Tomás López hace una primera distinción entre la América septentrional, para la que se detalla información referida a las Audiencias de México, Nueva Galicia, Nuevo México, Guatemala y La Florida, y la América meridional, que refleja las informaciones de las Audiencias De la Tierra firme (hoy el Caribe), el Reino de Perú y el Reino de Chile. Cada capítulo incluye una introducción que proporciona una información general sobre el ámbito o región en cuestión, como su ubicación geográfica, su historia y sus características culturales (Figura 1).

Esta metodología de averiguación y plasmación cartográfica sería la que, algunos años después, llevaría a Tomás López a iniciar por su cuenta un interrogatorio provincial en España, que daría como resultado su famoso *Atlas Geográfico de España* de 1804 (San Antonio et al. 2016).

En lo referente a la obra americana, aunque esta afirmación puede extenderse al conjunto de su obra, el método de López se vincula más con un ejercicio geográfico que con un trabajo de ingeniería cartográfica. Esta realidad, sin restar ningún mérito a los desarrollos del autor, fue conformándose en una forma de trabajo gestada en su larga estancia francesa, protagonizada por el gusto y el conocimiento del grabado y por una enorme capacidad compilatoria a la que se unía un gran talento sintetizador y resolutorio.

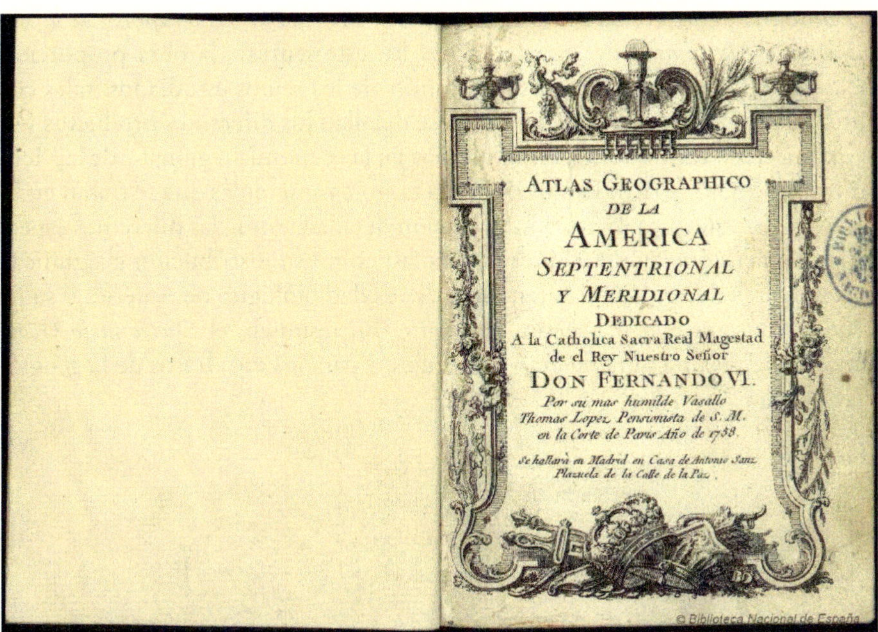
Atlas Geographico
de la
America
Septentrional
y Meridional
Dedicado
A la Catholica Sacra Real Magestad
de el Rey Nuestro Señor
Don Fernando VI.
Por su mas humilde Vasallo
Thomas Lopez, Pensionista de S. M.
en la Corte de Paris Año de 1758.
Se hallarà en Madrid en Casa de Antonio Sanz
Plazuela de la Calle de la Paz.

Figura 1. Detalle de la portada del *Atlas Geographico de la América Septentrional y Meridional* de Tomás López, 1758 (Biblioteca Nacional de España. Signatura: GMm/522)

Y fruto de ese particular método de trabajo, que tantos éxitos legó al autor y a la ciencia de la época, su obra americana se divide en diferentes secciones que detallan la geografía, la historia, la economía, la flora y fauna y otros aspectos relevantes de los países y entornos. En un claro ejercicio de transición entre escuelas y metodologías, Tomás López siguió los preceptos de la escuela francesa, investigando en esos espacios de ultramar americanos la razón científica de acuerdo a las corrientes ilustradas de la época, que agitaban las diferentes ramas del conocimiento alcanzado hasta entonces. Por eso, en cuanto a los aspectos puramente geográficos (Camarero y Aguilar, 2020), el *Atlas Geographico de la América Septentrional y Meridional* proporciona información detallada sobre la topografía, los ríos, los lagos, las montañas y otros aspectos geográficos relevantes del país en cuestión. También incluye mapas detallados de cada reino y territorio, lo que hace que esta obra sea de gran utilidad para los estudiosos de la geografía de América. Otro aspecto relevante es la atención a la historia de los entornos, cuestión especialmente relevante para entender la geografía y la cultura de cada ámbito, ya que las raíces temporales han influido significativamente en la configuración del territorio y la forma de vida de las personas. En este sentido, el Atlas de Tomás López proporciona información detallada sobre los pueblos originarios de las diversas zonas americanas, así como sobre la influencia de las diferentes culturas europeas en la región.

La economía es otro tema importante que aborda el *Atlas Geographico de la América Septentrional y Meridional* de Tomás López. En este sentido, la obra proporciona información detallada sobre los recursos naturales de los reinos estudiados, tales como la agricultura, la minería y la pesca. También se detallan los diferentes productos y bienes que se producen en cada uno, y su importancia en la economía regional y de la Metrópoli (Calatrava y Del Cid, 2020). La flora y fauna también son temas que se tratan en la obra de Tomás López, que proporciona información detallada sobre las diferentes especies de plantas y animales que habitan en cada país, así como su distribución geográfica. Esto es especialmente relevante para entender la diversidad biológica de América y su importancia en la conservación del medio ambiente. En resumen, el *Diccionario Geográfico* de Tomás López es una obra de gran importancia para los estudiosos de la geografía de América (Figura 2).

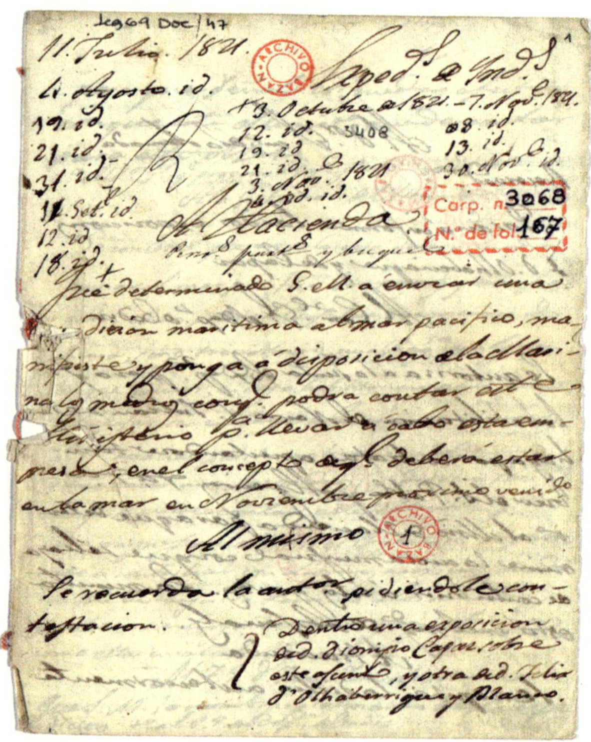

Figura 2. Correspondencia manuscrita entre el Virrey del Perú y la Corte sobre el Proyecto de plan de campaña de Bustamante, Director General de la Armada. –Medios para la completa pacificación del Perú, Chile y aun Buenos Aires. (Archivo General de Marina "Álvaro de Bazán", Secretaría de Estado y del Despacho de Marina / Ministerio de Marina (1821). Signatura: 69.047)

El diccionario de López proporcionó una visión más completa y detallada de estas regiones, y ayudó a los europeos a comprender mejor la diversidad cultural y la rica historia de América. La obra de López proporcionó información valiosa y detallada sobre las regiones de América en una época en la que el continente era poco conocido en Europa. Esto hace que, con una visión de geografía histórica actual, la obra sea una excelente herramienta para comprender la historia, la cultura y el territorio y el espacio de América en el siglo xviii (Gámez, 2019).

Ecuador es un país con una rica historia geográfica que ha sido documentada a través de diversas fuentes geohistóricas (Capello, 2010). La geografía y la historia de Ecuador están estrechamente relacionadas, y la comprensión de ambas es esencial para entender el desarrollo del país a lo largo del tiempo. Para entender el conocimiento socio-territorial del ámbito, y simplemente por contextualizar de una forma sintética el papel que ha desempeñado Ecuador, y más concretamente su capital, Quito, en la administración territorial en época de la colonia Española, es preciso afirmar que la región formó parte, desde la época inicial de la conquista en 1542 y hasta su definitiva emancipación colonial, del Virreinato del Perú. Desde el punto de vista de la organización territorial y política interna del Virreinato, Quito estuvo primero bajo jurisdicción de la Real Audiencia de Lima, hasta que en 1563 pasó a conformarse la Audiencia y Cancillería Real de Quito. En algunas décadas no consecutivas de los siglos xviii y xix todo este ámbito pasó a formar parte, alternativamente, del Virreinato de Nueva Granada, si bien este dato no es tan relevante para los años en los que se ejecutaron los trabajos de las fuentes geohistóricas que en esta investigación se van a analizar.

Sea cual fuere la organización territorial y administrativa de la provincia de Quito, queda patente que las fuentes geohistóricas más importantes en Ecuador son los registros históricos y cartográficos. Estos registros han sido utilizados para documentar la ubicación de ciudades, pueblos, ríos y montañas, y para entender la evolución geográfica del país. Algunos de los registros históricos más importantes incluyen las crónicas de los conquistadores españoles, como la crónica de Pedro Cieza de León (De León, 2015), y los mapas de la región que se realizaron durante la época colonial.

Otra fuente importante de información geohistórica son los documentos históricos que describen la historia natural del país, entre los que podemos situar las determinaciones del *Atlas Geographico de la América Septentrional y Meridional* de Tomás López. Estos documentos incluyen información sobre la flora, la fauna, la geología y el clima de Ecuador. Los registros históricos también proporcionan información sobre las actividades económicas que se desarrollaron en diferentes regiones del país, como la agricultura, la minería y el comercio. Además de los registros históricos, los estudios arqueológicos también han sido una fuente importante de información geohistórica en Ecuador (Sevilla, 2012). Los hallazgos arqueológicos han permitido a los investigadores entender cómo las poblaciones antiguas interactuaron con el medio ambiente, cómo se desarrollaron las ciudades y pueblos (Figura 3), y cómo se utilizaron los recursos naturales en diferentes épocas.

Figura 3. Plano de la ciudad de Quito: situada en 13' y 20'' de Latitud Meridional, y en las 81° 45' de Longitud Occidental, contados desde el Meridiano de Paris, correspondiente al de Tenerife en 62° 23'. Tomás López (1786). (Archivo Cartográfico de Estudios Geográficos del Centro Geográfico del Ejército. Signatura: Ar.J-T.8-C.3_14).

Los estudios de la biogeografía y la ecología también son importantes fuentes geohistóricas en Ecuador. Estos estudios han permitido a los investigadores comprender la distribución de las especies animales y vegetales, así como la relación entre los seres humanos y su entorno natural. En Ecuador, como en otros países con amplio pasado pre y post hispánico, la investigación en fuentes geohistóricas ha sido un hito fundamental para el desarrollo de políticas públicas y la planificación del uso del territorio. La comprensión de la historia y la geografía del país ha permitido a los investigadores y a los tomadores de decisiones planificar el desarrollo económico y social de manera sostenible, teniendo en cuenta las características geográficas (Figura 4) y los recursos naturales del país.

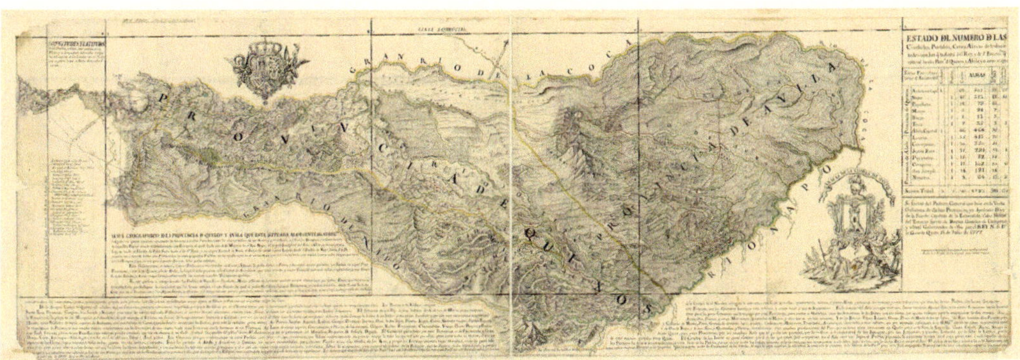

Figura 4. *Plano de la ciudad de Guayaquil: situada en la orilla occidental del rio del mismo nombre en la Latd. Austl. de 2° 11' y 21" y en la Longitud 297° y 17' de Tenerife, 1° 25' 56" al occidente de Quito.* 1772. (Archivo General Militar de Madrid. Signatura: ECU-2/12).

En resumen, las fuentes geohistóricas son esenciales para entender la historia y la geografía de Ecuador. Los registros históricos y cartográficos, los estudios arqueológicos, la biogeografía y la ecología son solo algunas de las fuentes que han proporcionado información valiosa sobre el país y su relación con el medio ambiente. La investigación en estas fuentes ha sido fundamental para la planificación del desarrollo sostenible en el país y para comprender su historia y patrimonio geográfico.

El mapa de López fue elaborado a partir de la información recopilada en campo y de otros mapas anteriores, incluyendo el mapa de Pedro Vicente Maldonado de 1750 (Mejía, 2022). López también consultó a expertos locales en la región, lo que le permitió obtener información valiosa y detallada sobre la geografía y la topografía de la provincia de Quito. Además de la precisión y la exactitud de su obra, López también destacó por la belleza y el detalle de sus mapas. Los mapas de López estaban ilustrados con hermosas imágenes y ornamentaciones, lo que los convierte en obras de arte tanto como en herramientas cartográficas. La obra de Tomás López en la provincia de Quito fue importante porque proporcionó una representación detallada y precisa de la región, lo que permitió a los gobernantes y a los comerciantes planificar mejor el desarrollo económico y social de la provincia. También proporcionó información valiosa sobre los recursos naturales de la región, lo que permitió a los gobernantes tomar decisiones informadas sobre la explotación de los recursos. Por todo ello, la parte de obra que Tomás López dedicó a la provincia de Quito fue, y sigue siendo hoy en día, una contribución significativa para la cartografía y el conocimiento geográfico de la época y es considerada una obra maestra de la representación geográfica (Dym, 2010). La precisión, exactitud y belleza con que se desarrollaron los trabajos han sido reconocidas y valoradas a lo largo del tiempo, y muestra de ello es que su mapa de la provincia de Quito sigue siendo una importante fuente de información sobre la geografía y la historia de la región (Figura 5).

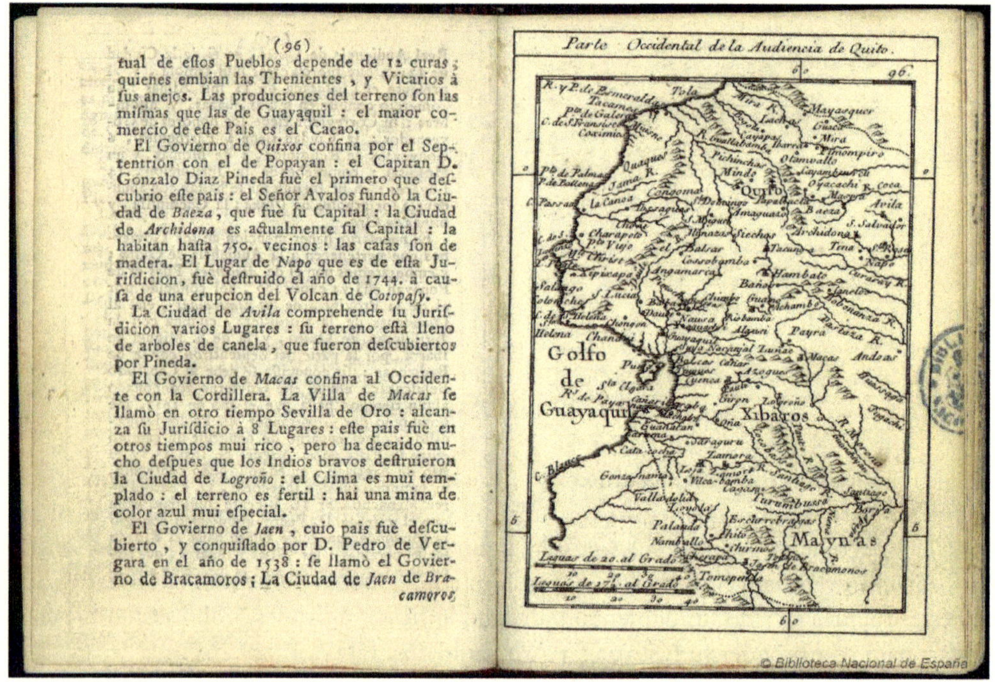

(96)

tual de eſtos Pueblos depende de 12 curas; quienes embian las Thenientes, y Vicarios à ſus anejos. Las produciones del terreno ſon las miſmas que las de Guayaquil : el maior comercio de eſte Pais es el Cacao.

El Govierno de *Quixos* confina por el Septentrion con el de Popayan : el Capitan D. Gonzalo Diaz Pineda fuè el primero que deſcubrio eſte pais : el Señor Avalos fundò la Ciudad de *Baeza*, que fuè ſu Capital : la Ciudad de *Archidona* es actualmente ſu Capital : la habitan haſta 750. vecinos : las caſas ſon de madera. El Lugar de *Napo* que es de eſta Juriſdicion, fuè deſtruido el año de 1744. à cauſa de una erupcion del Volcan de *Cotopaſy*.

La Ciudad de *Avila* comprehende ſu Juriſdicion varios Lugares : ſu terreno eſtà lleno de arboles de canela, que fueron deſcubiertos por Pineda.

El Govierno de *Macas* confina al Occidente con la Cordillera. La Villa de *Macas* ſe llamò en otro tiempo Sevilla de Oro : alcanza ſu Juriſdicio à 8 Lugares : eſte pais fuè en otros tiempos mui rico, pero ha decaido mucho deſpues que los Indios bravos deſtruieron la Ciudad de *Logroño* : el Clima es mui templado : el terreno es fertil : hai una mina de color azul mui eſpecial.

El Govierno de *Jaen*, cuio pais fuè deſcubierto, y conquiſtado por D. Pedro de Vergara en el año de 1538 : ſe llamò el Govierno de Bracamoros ; La Ciudad de *Jaen* de *Bracamoros*

Figura 5. Detalle de la descripción y la cartografía de la Parte Occidental de la Audiencia de Quito dentro del Atlas Geographico. Tomás López (1758). (Biblioteca Nacional de España. Signatura: GMm/522).

La complementariedad de la obra de Tomás López con el Padrón de Quito

Adicionalmente a la información cartográfica y geográfica contenida en el *Atlas Geographico de la América Septentrional y Meridional* de Tomás López, se ha de indicar que otras fuentes documentales de relevancia coincidieron en su desarrollo en la provincia de Quito durante el siglo xviii. Una de las más trascendentes, con respecto a la riqueza de sus contenidos sobre sociedad, es el denominado *Padrón de Habitantes* de la provincia de Quito, fechado en 1773. Este padrón tiene la singularidad añadida de ser una foto fija de los lugares de la provincia donde existían en esos años misioneros de diversas religiones, así como recibos de rentas de cajas reales en Quito. Por todo ello, unido al papel de vertebración administrativa y fiscal que se otorgaba ya en aquella época a los catastros y padrones (Lucena, 1993), esta es una herramienta crucial para el gobierno colonial español en la administración de la población y la recaudación de impuestos. Este padrón, tal como puede advertirse en la figura 6, es un registro censal de la población por corregimiento, e incluía información agregada sobre la población eclesiástica, blanca, indios, los trabajadores libres y los esclavos.

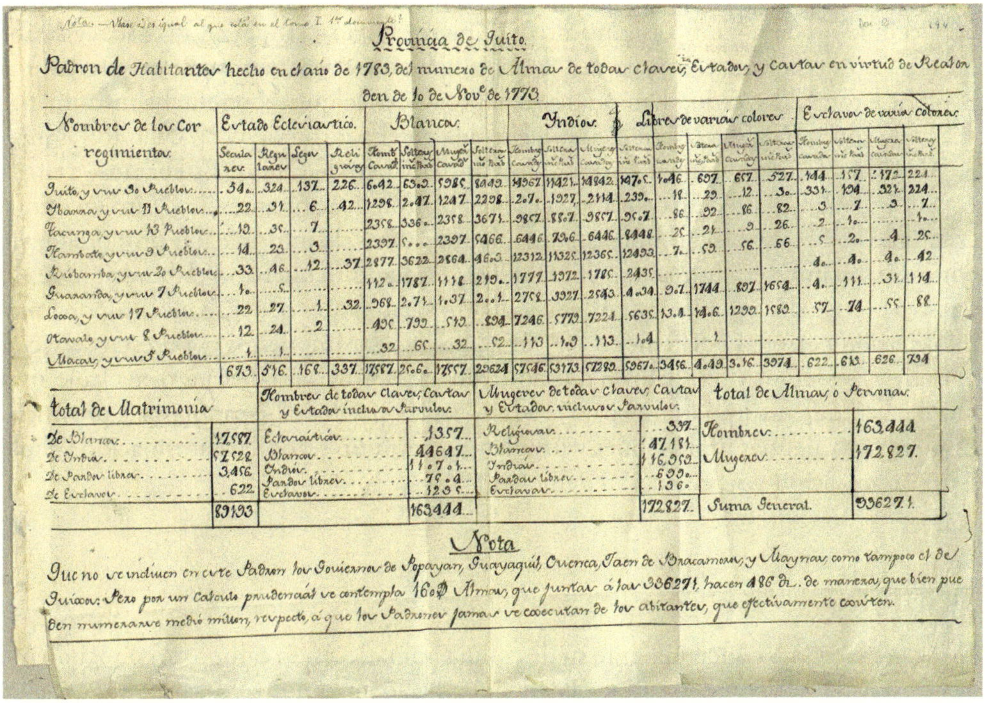

Nota. —Vease si es igual al que está en el tomo I. 1.er documento?

Provincia de Quito.

Padron de Habitantes hecho en el año de 1783, del numero de Almas de todas clases, Estados, y Castas en virtud de Real orden de 10 de Nov.e de 1773.

Nombres de los Corregimientos	Estado Eclesiastico				Blancos				Indios				Libres de varios colores				Esclavos de varios colores			
	Seculares	Regulares	Legos	Religiosas	Homb. casados	Solteros inclusos parvulos	Mugeres casadas	Solteras inclusas parvulas	Hombres casados	Solteros inclusos parvulos	Mugeres casadas	Solteras inclusas parvulas	Hombres casados	Solteros inclusos parvulos	Mugeres casadas	Solteras inclusas parvulas	Hombres casados	Solteros inclusos parvulos	Mugeres casadas	Solteras inclusas parvulas
Quito, y sus 30 Pueblos	340	324	137	226	6042	6302	5985	8449	14967	11421	14842	14705	1046	697	657	527	144	157	172	221
Ibarra y sus 11 Pueblos	22	31	6	42	1298	2047	1247	2298	2070	1927	2114	2390	18	29	12	30	331	194	321	224
Tacunga, y sus 13 Pueblos	19	35	7		2358	3360	2358	3671	9857	8807	9857	9507	86	92	86	82	3	7	3	7
Hambato y sus 9 Pueblos	14	23	3		2397	5000	2397	5466	6446	7906	6446	8448	25	21	9	26	2	10		10
Riobamba, y sus 20 Pueblos	33	46	12	37	2877	3622	2864	4603	12312	11325	12365	12493	7	59	56	66	5	20	4	25
Guaranda, y sus 7 Pueblos	10	5			1120	1787	1118	2190	1777	1972	1785	2435					40	40	40	42
Loxa, y sus 17 Pueblos	22	27	1	32	968	2071	1037	2001	2758	3927	2543	4034	907	1744	807	1654	40	111	31	114
Otavalo y sus 8 Pueblos	12	24	2		495	799	549	894	7246	5779	7224	5635	1314	1406	1299	1589	57	74	55	88
Macas, y sus 5 Pueblos	1	1			32	65	32	52	113	109	113	104		1						
	673	516	168	337	17587	25060	17557	29624	57546	53173	57289	59670	3456	4049	3416	3974	622	613	626	734

total de Matrimonios		Hombres de todas clases, Castas y Estados inclusos Parvulos		Mugeres de todas clases, Castas y Estados inclusos Parvulos		total de Almas, ó Personas	
De Blancos	17587	Eclesiasticos	1357	Religiosas	337	Hombres	163444
De Indios	57528	Blancos	44647	Blancas	47181	Mugeres	172827
De Pardos libres	3456	Indios	110701	Indias	116959		
De Esclavos	622	Pardos libres	7504	Pardas libres	6990		
		Esclavos	1235	Esclavas	1360		
	79193		163444		172827	Suma General	336271

Nota

Que no se incluien en este Padron los Govierno de Popayan, Guayaquil, Cuenca, Jaen de Bracamoros, y Maynas como tampoco el de Quixos: Pero por un Calculo prudencial se contempla 160 Almas, que juntas á las 336271, hacen 486 &c. de manera, que bien pueden numerarse medio millon, respecto, á que los Padrones jamas se executan de los abitantes, que efectivamente existen.

Figura 6. *Padrones de habitantes de la provincia de Quito y de los parajes donde existen misioneros de diversas religiones y recibo de rentas de cajas reales en Quito.* (Correspondencia del Virreinato de Santa Fe (1773). Archivo del Museo Naval de Madrid. Signatura: AMN Ms.0565 AMN Ms.0565_002).

Por su factura, y por las informaciones que recoge, se deduce que esta fuente geohistórica pertenece al grupo de documentos pertenecientes a la tipología de Misiones (Capello, 2010), conducta de los jesuitas y descripciones geográficas del Virreinato de Santa Fe o de Nueva Granada. De este corpus documental generado por las diversas administraciones coloniales, heterogéneo pero amplio en detalles, se puede deducir también que el proceso de elaboración del padrón de habitantes de Quito fue llevado a cabo por las autoridades coloniales, quienes designaban a un funcionario para que llevara a cabo la tarea de recopilar los datos necesarios. Este funcionario era conocido como el "cabo de padrón" y trabajaba en colaboración con los párrocos de las diferentes parroquias de la provincia.

Los datos recopilados en el padrón fueron, a su vez, utilizados para diferentes fines, como la distribución de tierras, la asignación de tributos y la organización de la defensa militar. Además, el padrón también era utilizado para registrar la cantidad de personas que vivían en cada parroquia y para estimar la población total de la provincia. En cuanto a los resultados obtenidos del padrón, se sabe que la provincia de Quito experimentó un crecimiento demográfico significativo durante el siglo xviii. Si en 1773 se registraba un número de personas en torno a 336.000 habitantes, en 1777 ya se registraba una población total de 370.000 habitantes en la provincia, lo que representaba un aumento del 37 % con respecto a la población registrada en el padrón de 1734, cuando Dioniso de Alcedo y Herrera diseño el primer plano sistemático de Quito (Estebaranz, 2010).

Sin embargo, el proceso de elaboración del padrón de habitantes de Quito no estuvo exento de controversias y problemas. En algunos casos, la información proporcionada por los habitantes era inexacta o incompleta, lo que dificultaba la elaboración de un registro preciso de la población. Además, algunos habitantes se negaban a proporcionar información personal por temor a ser obligados a pagar impuestos o a prestar servicios militares. En definitiva, el padrón de habitantes de la provincia de Quito en el año 1773 fue una herramienta importante para la administración colonial española en la provincia. Aunque tuvo algunas limitaciones y problemas, permitió recopilar información valiosa sobre la población y su evolución demográfica.

CONCLUSIONES

La geografía, y más concretamente su disciplina humana, es un campo de conocimiento que estudia la relación entre la sociedad y el espacio en el que se desarrolla. Para ello, se utilizan diversas herramientas y técnicas de análisis, una de las cuales es el uso de fuentes documentales. En este texto, se exploran las ventajas que tiene para la geografía humana hacer análisis de la sociedad y el espacio a través de las fuentes documentales.

En primer lugar, el uso de fuentes documentales permite al geógrafo humano tener acceso a una gran cantidad de información histórica y contemporánea sobre la sociedad y el espacio. Las fuentes documentales pueden ser muy variadas y pueden incluir desde documentos oficiales, como censos, registros civiles y registros de propiedad, hasta documentos personales, como diarios y cartas. Estas fuentes documentales permiten al geógrafo humano tener una visión más completa y detallada de la sociedad y el espacio que estudia. El uso de fuentes documentales permite al investigador tener acceso a información que no puede ser obtenida a través de otras técnicas de análisis, como los estudios de campo. A este respecto, las fuentes documentales, basadas en los planteamientos más actuales, proporcionan información sobre la historia de un territorio y cómo ha evolucionado la sociedad en él a lo largo del tiempo. Además, las fuentes documentales también pueden proporcionar información sobre la cultura, la religión y las costumbres de una sociedad, lo que puede ser útil para entender mejor cómo se relaciona la sociedad con el espacio en el que vive.

Ello ha permitido a la geografía histórica alcanzar un nivel de especialización en el análisis de la sociedad y el espacio desde una perspectiva crítica. Al analizar las fuentes documentales, el geógrafo puede identificar las limitaciones y sesgos de la información que se presenta y hacer una interpretación crítica de ella. Esto es particularmente importante cuando se trabaja con fuentes documentales históricas, que a menudo reflejan las ideologías y prejuicios de la época en que fueron creadas, permitiendo además hacer comparaciones entre diferentes lugares y sociedades. Las fuentes documentales pueden proporcionar información sobre la sociedad y el espacio en diferentes lugares y épocas, lo que permite al geógrafo humano comparar y contrastar diferentes sociedades y lugares. Esto puede ser útil para entender mejor las similitudes y diferencias entre diferentes culturas y para identificar patrones y tendencias a lo largo del tiempo y el espacio.

No es menos relevante advertir cómo el uso de fuentes documentales ha abierto nuevos horizontes de trabajo para la geografía, que puede manejar y trabajar con datos a gran escala sobre la sociedad y el espacio, en una escala mucho mayor de lo que se puede obtener a través de los estudios de campo o los locales. Por ejemplo, en este texto ha quedado patente cómo los censos antiguos pueden jugar un papel importante al proporcionar información sobre toda una población y su distribución en el espacio, lo que permite al geógrafo humano hacer análisis de la sociedad y el espacio a nivel macro.

La importancia de las fuentes geohistóricas para la disciplina geográfica se concreta en este estudio en la obra de Tomás López, que, desde hace varias décadas, ha mostrado su relevancia histórica y su legado en el campo de la cartografía y la geografía. Con esta investigación se pone de manifiesto que los mapas y la obra de Tomás López son parte del valioso patrimonio cultural de España y América. Estudiar su obra permite y ha permitido apreciar y preservar esta parte de la historia de ambos lados del Atlántico. Los mapas de López son fuentes primarias que proporcionan información única sobre la geografía, los límites políticos y los asentamientos de la época. Al estudiar y analizar estos mapas, se puede obtener una comprensión más profunda de la evolución territorial, la exploración y la colonización de estas regiones.

Estos mapas proporcionan información clave sobre los enfoques y las técnicas utilizadas en la cartografía del siglo xviii y xix. Además, los estudios sobre la obra de López pueden arrojar luz sobre la relación entre la cartografía, la exploración y la colonización en el contexto histórico más amplio, lo que viene a ayudar en la mejor comprensión del pasado desde una perspectiva geográfica. Sus mapas revelan cómo se percibía y representaba el mundo en su época, mostrando los límites políticos, los nombres de los lugares y las características geográficas relevantes. Al analizar sus mapas, se pueden trazar conexiones entre la geografía y la historia, explorando cómo los factores geográficos influyeron en los eventos históricos y en la configuración de las sociedades.

BIBLIOGRAFÍA

Calatrava, Juan y Del Cid Mendoza, Aana: "Medir, Controlar y Proyectar: La cartografía Urbana De Las Luces Como Nuevo Campo Del Saber", *Cuadernos De Estudios Del Siglo xviii*, n.º 30 (2020), pp. 95-123. https://doi.org/10.17811/cesxviii.30.2020.95-123.

Camarero Bullón, Concepción y Aguilar Cuesta, Ángel Ignacio: "La cartografía, instrumento para conocer el territorio, planificar y gestionar las reformas en la España del siglo xviii", *Manuscrits*, 42, (2020) pp. 157– 178. https://doi.org/10.5565/rev/manuscrits.30

Capello, Ernesto: "Cartógrafos y clérigos misiones geodésicas y religiosas en el conocimiento geográfico del Ecuador (siglos xviii-xx)", *Araucaria*, 12– 24 (2010), pp. 150– 175.

De León Azcárate, Juan Luis: "El demonio y la visión del "otro" en la primera parte de la Crónica del Perú (1553) de Pedro Cieza de León", *Revista Complutense de Historia de América*, vol.41, (2015), pp. 197– 221. http://dx.doi.org/10.5209/rev_RCHA.2015.v41.49902

Dym, Jordana: "Presentación: Mapeando patrias chicas y patrias grandes: cartografía e historia iberoamericana, siglos xviii-xx", *Araucaria*, 12– 24, (2010), pp. 99– 109.

Estebaranz, Ángel Justo: "Dionisio de Alcedo y Herrera, el puente de la Merced y el plano de la ciudad de Quito de 1734", *Laboratorio de Arte*, 22, (2010), pp. 263– 275.

Gámez Casado, Manuel: "Ingenieros militares en la Nueva Granada durante el siglo xviii. Movilidad, proyectos y expediciones", *Revista De Indias*, 79– 277, (2019), pp. 765-96. https://doi.org/10.3989/revindias.2019.022.

Hernando Rica, Agustín: "Génesis de una tradición geográfica: los atlas publicados por Tomás López, 1730-1802", *Scripta Nova*, 20, (2016), pp. 527– 551. https://doi.org/10.1344/sn2016.20.16788

——: "Los atlas temáticos del siglo xix: Saber científico y representación cartográfica", *Revista de Geografía*. Vol. XXXI-XXXII, (1999), pp. 107-138.

——: "Panorama cartográfico de la España del Siglo xviii. Los mapas creados por Tomás López (1730-1802)", *Mapping*, 116 (2007), pp. 14-20.

López Gómez, Antonio: "El método cartográfico de Tomás López. El Interrogatorio y los mapas De España", *Estudios Geográficos*, 225, (1996), pp. 667-710. https://doi.org/10.3989/egeogr.1996.i225.691.

—— y Manso Porto, Carmen: "Cartografía del siglo xviii, Tomás López en la Real Academia de la Historia", (2006), p. 521. Madrid, Real Academia de la Historia.

Lucena Salmoral, Manuel: "La población del reino de Quito en la época de reformismo borbónico: Circa 1784", *Revista De Indias*, 54– 200, (1993), pp. 33-81. https://doi.org/10.3989/revindias.1994.i200.1134.

Manso Porto, Carmen: "Cartografía del Mar del Sur de la Real Academia de la Historia y su relación con la Historia de las Indias", *Revista de estudios colombinos*, 10, (2014), pp. 33-44.

Mejía Macía, Sergio Andrés: "El mapa de Timaná: versión de puño y pluma de Francisco José de Caldas", *Revista de la Academia Colombiana de ciencias exactas, físicas y naturales,* 46– 179, (2022), pp. 496-513. https://doi.org/10.18257/raccefyn.1647

San Antonio Gómez, Carlos, Fernández Sánchez, J. S. y Manzano Agugliaro, Francisco: "Arquitectura, urbanismo y obras públicas civiles y militares en el Atlas Geográfico de España de Tomás López de 1804", *Informes De La Construcción,* 68– 542, (2016). https://doi.org/10.3989/ic.15.075.

Sevilla Pérez, Ana Mª: *El Ecuador en sus mapas: estado y nación desde una perspectiva espacial,* Quito, FLACSO – Sede Ecuador, 2021.

20.

EL CLERO RURAL EN LA TIERRA DE TALAVERA, LOS MONTES DE TOLEDO Y EL PARTIDO DE SAN JUAN (1751-1752). ASPECTOS JURISDICCIONALES Y SOCIALES

J. Carlos Vizuete Mendoza
Karen M. Vilacoba Ramos
Universidad de Castilla-La Mancha y UNED

INTRODUCCIÓN

Los estudios sobre el clero secular se han incrementado en los últimos años de manera notable.[1] Para comprobarlo basta con comparar las valoraciones historiográficas realizadas por dos de los especialistas en el tema, María Luisa Candau (2005) y Maximiliano Barrio (2017), con una docena de años de diferencia. Durante un tiempo, las investigaciones se centraron en los aspectos económicos y de su vida material, por un lado, y en sus orígenes sociales y el desarrollo de las carreras eclesiásticas de obispos y capitulares, por otro[2]. Limitando las referencias al siglo XVIII, destacan los trabajos de Barreiro Mallón (1988: 469-507), Morgado García (2000: 77-100; 2006: 61-96), Benito Aguado (2001), Irigoyen López (2010: 307-327; 2016: 279-295), Sanz de la Higuera (2002: 331-362) sobre el clero de Santiago de Compostela, Cádiz, Vitoria, Murcia y Burgos. Las investigaciones sobre el clero rural, iniciadas por María Luisa Candau (2002 y 2013) en la archidiócesis sevillana, se han ido ampliando a otros territorios, Galicia y Andalucía especialmente (Dubert, 2002: 101-118; Gómez Navarro, 2020; Saavedra, 2012: 19-86; 2016; 339-383 y 2021: 441-486). Muchas de ellas han tomado como fuente el Catastro de Ensenada, lo que ha permitido abrir una nueva línea de investigación para el bajo clero y el clero rural, la familia y el hogar, en la que destacan los trabajos de Avelina Benítez (2021: 327-351), Soledad Gómez Navarro (2013: 343-369) y Francisco J. Sanz de la Higuera (2007: 563-594) y Antonio Presedo Garazo (2009: 207-223).

Como se puede comprobar en esta breve introducción bibliográfica, no existen estudios sobre el clero rural en los partidos de la antigua provincia de Toledo[3]; para realizar el

[1] Esta investigación forma parte del proyecto "Avanzando en la modelización: Fuentes catastrales y paracatastrales en el Antiguo Régimen. Territorio, población, recursos, funciones" (PID2019-106735GB-C22), del que es IP Mª Soledad Gómez Navarro, financiado por el Ministerio de Economía y Competitividad.

[2] Es de destacar la serie de artículos en los que Maximiliano Barrio traza el perfil socioeconómico de una élite de poder, los obispos españoles, estudiados por ámbitos geográficos y publicados en la revista *Anthologica Annua* entre 1981 y 2007. A ellos deben añadirse: Mª Luisa Candau Chacón, 1993, Arturo Morgado García, 2000: 77-100; 2006: 61-96; Antonio Presedo Garazo, 2007: 651-669.

[3] Solo hay un estudio para el siglo XVII: Sánchez González,1994: 427-447.

nuestro hemos recurrido también al Catastro de Ensenada, tanto a las Respuestas generales[4] como a los Libro de Personal de eclesiásticos y Memoriales de eclesiásticos[5], lo que nos permite conocer el número y la condición de los clérigos del mundo rural, su distribución en el territorio, la composición de sus hogares, los familiares o criados con los que convivían, y su edad y estudios o títulos académicos, aunque esto no en todos los casos.

EL TERRITORIO: JURISDICCIONES Y POBLACIÓN

"El Catastro de Ensenada, con un criterio puramente hacendístico, divide la provincia de Toledo en cinco unidades territoriales, los partidos de Toledo, Alcalá, Talavera, Ocaña y San Juan" (Donézar Díez de Ulzurrun, 1984: 37), que contenían en su seno distintas comarcas naturales o históricas.

El partido de Toledo era, con mucho, el que ocupaba una mayor superficie y estaba formado por el territorio sobre el que el ayuntamiento de la ciudad había tenido jurisdicción; los de Alcalá y Talavera venían a corresponder con los términos de dos de las vicarías en las que se dividía la Mesa Arzobispal toledana[6]; y los partidos de Ocaña y San Juan se correspondían con las tierras de la Orden de Santiago y la Orden de San Juan de Jerusalén, respectivamente. Para la realización de nuestro estudio hemos elegido tres comarcas históricas: la Tierra de Talavera[7], los Montes de Toledo y el Priorato de San Juan en La Mancha (Aguirre, 1973) (Mapa 1). Este amplio espacio geográfico ocupa la parte occidental y sur de la actual provincia de Toledo y territorios limítrofes de las de Ávila, Cáceres, Badajoz y Ciudad Real. Se extiende, de norte a sur en su parte occidental, desde las estribaciones meridionales de la Sierra de Gredos y el Tajo hasta el Guadiana; y de este a oeste, desde las sierras de Guadalupe y de las Villuercas hasta las Lagunas de Ruidera, en La Mancha. Tierras mayoritariamente montañosas, especialmente en las dos

[4] Para las Respuestas generales hemos utilizado la copia del Archivo General de Simancas, Provincia de Toledo, Libros 611 a 627, digitalizados en la plataforma PARES.

[5] Archivo Histórico Provincial de Toledo, *Catastro de Ensenada. Respuestas Particulares (Personal de eclesiásticos y Memoriales de eclesiásticos)*: Alcázar de San Juan H-37, H-38; Arenas de San Pedro H-1215; Consuegra H-201; El Arenal H-68; El Hornillo H-426; El Molinillo H-400; El Real de San Vicente H-567; Fontanarejo H-317; Higuera de las Dueñas H-397; Hinojosa de San Vicente H-315; Hontanar H-316; Hontanares H-318; Horcajo H-319; La Parra H-714; La Retuerta H-572; Madridejos H-367; Marjaliza H-372; Navahermosa H-422, H-423; Navalmoral de Toledo H-434; Navalucillos de Toledo H-438; Poyales del Hoyo H-525; Ramacastañas H-565; San Pablo de los Montes H-598; Segurilla H-622; Talavera de la Reina H-645; Tembleque H-665; Urda H-768; Velada H-803, H-804; Ventas con Peña Aguilera H-805; Villacañas H-814; Villafranca de los Caballeros H-825; Villarta de San Juan H-853; Yébenes de San Juan H-876; Yébenes de Toledo H-878 y H-879.
Archivo Histórico Provincial de Ciudad Real: *Catastro de Ensenada. Respuestas Particulares (Personal de eclesiásticos y Memoriales de eclesiásticos):* Alcázar de San Juan 630; Alcoba 640; Arenas de San Juan 655; Argamasilla de Alba 486, 656; Arroba 660; Herencia 527, 693; Navalpino y Navas de Estena 721.

[6] Las vicarías eran 9: Alcaraz, Alcázar de San Juan, Cazorla, Ciudad Real, Huéscar, Madrid, Orán, El Puente del Arzobispo y Talavera.

[7] Hemos ampliado el estudio a los señoríos nobiliarios al norte del Tajo que se incluían en el Partido de Talavera, pero no formaban parte de su antigua Tierra. Sobre los orígenes medievales de la Tierra de Talavera, Gómez-Menor Fuentes (1965) y Suárez Álvarez (1982).

comarcas naturales más amplias, La Jara –toledana y cacereña– y los Montes de Toledo, lo que determina el tamaño de sus poblaciones frente a las de la llanura manchega del Priorato de San Juan, como veremos.

Tomás López, *Mapa de la provincia de Toledo (1768).* (Archivo Municipal de Toledo)

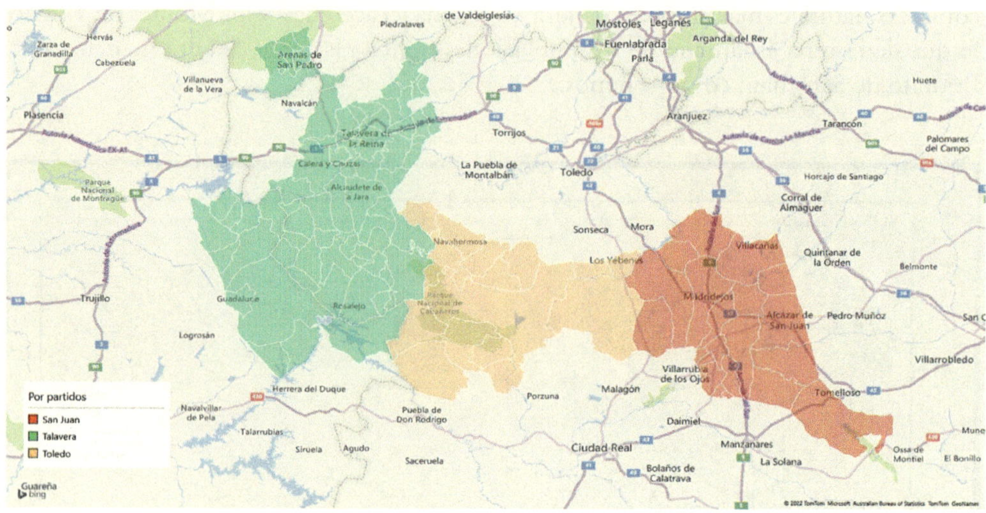

Mapa 1: *El territorio por partidos: P. de Talavera, los Montes de Toledo (P. de Toledo) y P. de San Juan.* (Elaborado sobre un mapa de los límites actuales de los términos municipales)

Eclesiásticamente la mayor parte del territorio pertenece al arzobispado primado: la Tierra de Talavera coincide con la vicaría de Talavera, en cuya ciudad residen el vicario y visitador general, con su tribunal, que conoce las causas de los cincuenta y dos pueblos que abarca esta; además, en El Puente del Arzobispo, residía otro vicario visitador con jurisdicción sobre esta villa y la de Alcolea, ambas exentas de la de Talavera. Los dieciséis pueblos de los Montes de Toledo forman un distrito junto con los territorios extremeños del arciprestazgo de Puebla de Alcocer y las Cuadrillas[8], integrado por treinta parroquias. En el Priorato de San Juan las colaciones del clero parroquial corresponden al gran prior que las hace en freires sanjuanistas; sin embargo, deben ser presentados ante el Consejo de la Gobernación del arzobispado para su examen. Como la Orden consideraba el territorio *nullius diocesis* las cuestiones sobre la jurisdicción ente ambas potestades darían lugar a un pleito de larga duración concluido en la Rota romana en 1698 y aprobado por Inocencio XII el 12 de diciembre de aquel año(Guerrero Ventas, 1969: 237-279; Leblic García, 2003: 555-558); desde entonces el arzobispo tenía un vicario visitador ordinario en Alcázar de San Juan, mientras que el de la Orden residía en Consuegra. Los señoríos nobiliarios de la comarca de la Sierra de San Vicente, incluidos en el Partido de Talavera, pertenecían al arciprestazgo de Arenas de San Pedro, diócesis de Ávila.

[8] Los distritos territoriales eran 8, en cada uno de ellos hay un visitador: Canales y Escalona; Zorita; Ocaña y La Guardia; Talamanca, Hita, Cogolludo y Uceda; Rodillas y Montalbán; Illescas; Alcalá y Guadalajara; Montes de Toledo y Puebla de Alcocer.

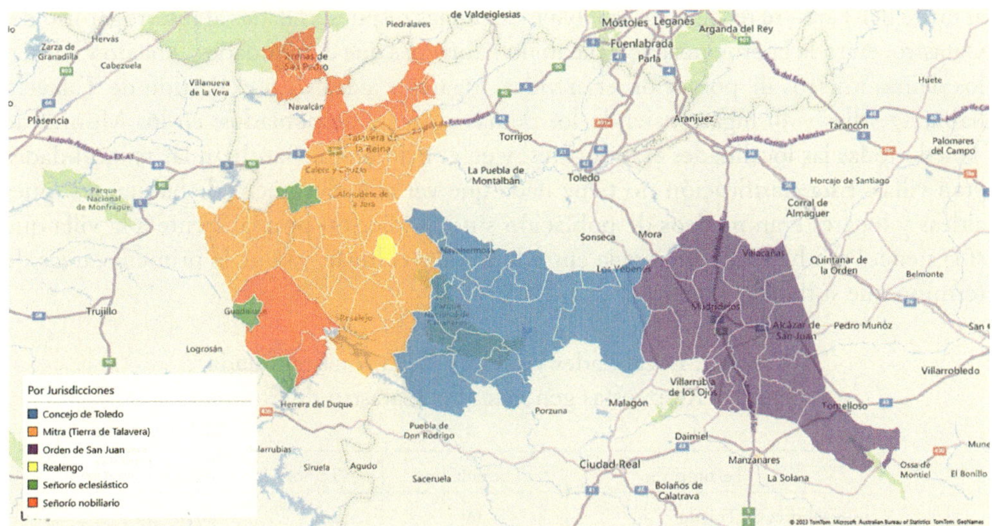

Mapa 2: *Las jurisdicciones en el territorio.* (Elaborado sobre un mapa de los límites actuales de los términos municipales)

En cuanto al régimen jurisdiccional (Moxó: 1973) (Mapa 2), la nota más sobresaliente es la casi total ausencia del realengo en el territorio objeto de nuestro estudio: tan solo Espinoso del Rey, en la Tierra de Talavera, cuyos vecinos adquirieron por compra el villazgo en 1579 pagando la suma de 24.000 ducados a la corona, incorporaron el apelativo "del Rey" al nombre de la villa y levantaron un rollo como símbolo de su recién adquirido villazgo[9]. El Partido de Talavera es el que presenta distintos tipos de jurisdicciones. Al norte, tierra de señoríos nobiliarios, se encuentran los estados de Arenas[10], Montesclaros[11] y Velada[12]; y en el sur, en la Tierra de Talavera, Alía y Castilblanco pertenecen al señorío del marqués de Cortes y Graena[13].

La distribución de los núcleos de población y del total de los vecinos (de acuerdo con los datos de las Respuestas generales del Catastro, pregunta 21) en cada uno de los territorios objeto de nuestro estudio, los Montes de Toledo, el Priorato de San Juan y el Partido de Talavera –diferenciando en este la Tierra de Talavera de los señoríos nobiliarios

[9] La villa había sido comprada en ese precio por Esteban Comelín, de origen flamenco, con intención de revenderla a Cosme de Meneses, caballero de Alcántara y regidor de Talavera. Véase: Concepción Rueda Fernández, *La villa de Espinoso del Rey y comarca de la Jara*, Diputación Provincial de Toledo, Toledo, 1995, pp. 143-145.

[10] Señorío de la duquesa del Infantado, lo conforman Arenas de San Pedro con sus cinco aldeas (Guisando, El Hornillo, La Parra, Ramacastañas, y Hontanares), y las villas del Arenal y Poyales del Hoyo.

[11] Señorío del conde de Palma, con los pueblos y aldeas de Castillo de Bayuela, Garciotún, La Hinojosa, Marrupe, Nuño Gómez, El Real de San Vicente y Montesclaros.

[12] Señorío del marqués de Astorga y Velada, con los pueblos de San Román de los Montes y Velada.

[13] Alía, Castilblanco y Valdecaballeros obtuvieron de Carlos V el villazgo y la separación de Talavera en 1556; en 1594 Talavera recuperó la jurisdicción sobre las tres villas, que volvería a perder posteriormente.

al norte del Tajo– se recogen en la tabla 1. Según las respuestas dadas al interrogatorio del Catastro, en toda la provincia de Toledo no había más que dos ciudades, Toledo y Alcalá; los demás núcleos de población eran villas, lugares y aldeas. En el Partido de Talavera había 27 villas y 39 lugares, siendo los demás aldeas y despoblados; en los Montes de Toledo todas las localidades eran lugares; y en el Priorato de San Juan las 15 localidades eran villas. Esta clasificación no tiene nada que ver con el número de habitantes, pues aldeas y lugares eran núcleos de población sin jurisdicción propia, frente a la villa que sí la tiene. Pero hay una diferencia entre la aldea y el lugar, ya que la primera carece de término que sí tiene el segundo.

Tabla 1. Localidades y vecinos de la zona estudiada según las Respuestas generales del Catastro de Ensenada

Territorio	Localidades	Vecinos	Media
Montes de Toledo	16	2.705	169,0
Priorato de San Juan	15	10.045	669,6
Talavera (señoríos)	19	2.797	147,2
Tierra de Talavera	57	8.111	142,3
TOTAL	107	23.658	221,1

Fuente: Elaboración propia.

Si los Montes de Toledo, el Priorato de San Juan y los señoríos de Talavera presentan un número de localidades semejante, hay entre ellos una notable diferencia por el número de vecinos. Los núcleos de población de la llanura manchega están mucho más poblados que las localidades de la zona montañosa del territorio de nuestro estudio, pues allí una tercera parte de los pueblos supera el millar de vecinos y uno, Alcázar de San Juan, llega a los 2.000, mientras que no hay ninguno con menos de 50.

Esto también se aprecia en el amplio espacio geográfico de la Tierra de Talavera, donde los pueblos de La Jara son los que tienen menor número de vecinos, y donde solo Talavera y Guadalupe sobrepasan los 600 vecinos. Como se puede ver en la tabla 2, el 69 % de los pueblos estudiados tienen menos de 200 vecinos, siendo mayor el número de estas localidades en la Tierra de Talavera donde tan solo 10 (el 17,5 % de todas ellas) los superan. En los Montes de Toledo se repite la misma tónica, un tercio de las localidades (5) tiene más de 200 y solamente Yébenes de Toledo alcanza los 600 vecinos. Colindante con él, formando un único núcleo de población pero con dos jurisdicciones distintas[14],

[14] Esta circunstancia se produce en otros lugares de los Montes de Toledo: Navalmoral de Toledo y Navalmoral de Pusa, donde el río Pusa hace de divisoria entre la jurisdicción de la ciudad de Toledo y el señorío de Valdepusa y Malpica; Navalucillos de Talavera y Navalucillos de Toledo, donde una calle era la divisoria de las dos

se encuentra Yébenes de San Juan con 170 vecinos, uno de los de menor población de todo el Priorato sanjuanista.

Tabla 2. Tamaño de las localidades estudiadas según las Respuestas generales del Catastro de Ensenada

Vecinos	Montes	San Juan	Señor. Tal.	Tierra Tal.	Localidades	%
< 50	4		3	19	26	24,30
de 50 a 99	3	1	5	15	24	22,44
de 100 a 199	4	3	4	13	24	22,44
de 200 a 299	2	2	5	3	12	11,22
de 300 a 399	1	1	1	3	6	5,60
de 400 a 499	1	1	1	2	5	4,67
de 500 a 999	1	1		1	3	2,80
de 1.000 a 1.500		5			5	4,67
>1.500		1		1	2	1,86
TOTAL	16	15	19	57	107	100,00

Fuente: Elaboración propia.

LOS CLÉRIGOS: CUÁNTOS SON Y DÓNDE ESTÁN

Para saber cuántos son los eclesiásticos en el territorio analizado hemos recurrido a la pregunta 38 del interrogatorio, verificándolo después con el Libro de lo personal del estado eclesiástico de los distintos pueblos, aunque no todos, y los resultados aparecen en la tabla 3. El número de clérigos que arrojan las respuestas es de 480; de ellos, 119 tienen cura pastoral (como párroco, prior o teniente de cura), que es el número de las parroquias y anejos del territorio, una por localidad salvo en Talavera (7), Alcázar de San Juan (2) y Madridejos (2), y representan una cuarta parte del total de los clérigos. Los presbíteros u "ordenados de misa" son 267, algo más de la mitad del total; los diáconos, "ordenados de evangelio", son 7 y los subdiáconos, "ordenados de epístola", son 9. Los 78 clérigos restantes forman el grupo de los que han recibido alguna de las órdenes menores, sin que los que respondieron al cuestionario diferenciaran entre ellas, y que incluyen la tonsura ("clérigo de corona"), aunque esta no es más que el rito de admisión al estado clerical, a la que seguirán después cuatro pasos o grados: ostiario, lector, exorcista y acólito. El concilio tridentino reguló el

jurisdicciones. Hoy cada uno de los tres casos citados constituyen un único municipio, con el artículo en plural que recuerda la unión de los dos núcleos de población: Los Yébenes, Los Navalmorales y Los Navalucillos.

sistema de admisión a cada una de ellas y la norma se aplicó universalmente por medio de los decretos de los concilios provinciales y sínodos diocesanos posteriores.

Tabla 3. Población eclesiástica de la zona estudiada

Clérigos	Número	%
Curas propios y tenientes de cura	119	24,80
Presbíteros	267	55,62
Diáconos	7	1,45
Subdiáconos	9	1,87
De menores	78	16,25
TOTAL	480	99,99

Fuente: Elaboración propia.

En un principio la permanencia en las órdenes menores y las de subdiácono y diácono debía ser temporal, en tanto que son los pasos que conducen al sacerdocio[15]; sin embargo, para algunos eclesiásticos esta situación se convierte en definitiva, y así nos encontramos con clérigos de menores que superan los 25 años, o diáconos y subdiáconos de más de 55.

En la Archidiócesis de Toledo, desde el Concilio Provincial de 1565, quedó establecido –interpretando el espíritu del tridentino– que el camino normal para acceder a la cura de almas era el concurso de curatos. A lo largo del tiempo, el sistema de oposición se fue depurando y sus normas estaban recogidas en el impreso *Método que se observa en el Arzobispado de Toledo para la celebración de los concursos de curatos*[16] según el cual le bastaba al aspirante con haber recibido la tonsura y tener cumplidos los 24 años, ni siquiera estar ordenado. En cuanto a los títulos académicos, "valen poco al opositor, pues solo ha de ser juzgado por los exercicios que haga". Concluido el concurso, que podía durar hasta cuatro meses, los aprobados comenzaban a firmar la primera provisión de curatos, aunque los nuevos debían esperar a la segunda porque solo pueden ocupar las plazas dejadas por los curas que se trasladan[17], con el mecanismo de un concurso a resultas. Como consecuencia de este proceso había parroquias de entrada[18], de ascenso y

[15] El concilio de Trento (Sesión XXIII, *De sacramento ordinis*, canon XII) estableció una edad mínima para la recepción de cada una de las órdenes mayores: 22 años para el subdiaconado, 23 para el diaconado y 25 para el sacerdocio, y unos intervalos temporales entre ellas, pero estos requisitos de edad podían ser dispensados por el ordinario.

[16] Impreso de 19 folios, sin lugar ni fecha. Un ejemplar en el Archivo Diocesano de Toledo, Sala 2ª, legajo Concursos 1824-1836, que es el que utilizamos.

[17] El concilio provincial de 1582 estableció la necesidad de opositar nuevamente para cambiar de parroquia. (Fernández Collado, 1995: 141).

[18] El *Método* llama "Curatos de Nuevos" a aquellas parroquias que no firman los curas y son cubiertas por los nuevos opositores y señala como causa "o por su corta renta, o por ser enfermos, o por tener anexos u otras circunstancias", f. 14.

de término[19] y a esto se limitaba el *cursus honorum* de la mayoría de los sacerdotes, pues era casi imposible dar el salto del curato rural a las iglesias capitulares, de donde se nutría el escalón inmediatamente superior de la jerarquía, el episcopado, seleccionado todo él por medio de la presentación del real patrono.

Los clérigos con cura de almas del Priorato de San Juan, priores de sus parroquias, se formaban en el Sacro Convento de Santa María del Monte, erigido en 1447 en un paraje solitario entre Consuegra y Urda con una doble intención: contar con un lugar al que pudieran retirarse los freires profesos que dejaban sus encomiendas, y que fuera un centro para la formación de los clérigos de la Orden en el Priorato de Castilla, que luego podrían completar en la universidad de Salamanca, en el Colegio Mayor de los sanjuanistas. Era también un medio de captación de clérigos que desearan incorporarse a la Orden (Guerrero Ventas, 1999: 53-66). Por la concordia de 1698 entre esta y el arzobispo de Toledo, correspondía al prelado el nombramiento de los curas-priores, previa presentación por el prior del convento y examinada su idoneidad por el vicario arzobispal, para 12 de las 14 villas del Priorato de La Mancha[20], nombramientos que eran *ad nutum*, es decir, amovibles.

La mayor parte de los clérigos sin cura de almas gozaban de diversos beneficios, siendo lo más general una o varias capellanías[21], aunque no faltan los que se dedican a ocupaciones particulares como propietarios rurales. La proporción entre los clérigos con cura de almas y los que no la tienen es de 1 de cada 4, inferior a la que para Galicia ha calculado Pegerto Saavedra, donde los párrocos y tenientes suponían, a finales del siglo XVIII, el 36 % del total de los clérigos seculares. En el territorio de nuestro estudio, solo en los Montes de Toledo se da una proporción semejante (37,5 %) mientras que en las otras zonas hay notables diferencias: en los señoríos del Partido de Talavera la mitad de los clérigos tiene cura de almas (50 %), en la Tierra de Talavera los curas y tenientes son el 29,55 %, y en el Priorato de San Juan tan solo el 11,6 % de los clérigos tienen un encargo pastoral. Pensamos que estas disparidades tan acusadas están en relación más que con la jurisdicción, con el tamaño de los núcleos de población y la orografía: en las comarcas montañosas del territorio (los pueblos de la diócesis de Ávila, La Jara y los Montes de Toledo), como en la Galicia rural, los núcleos son dispersos, numerosos y con poca población, frente a los muy poblados y poco numerosos de la llanura manchega.

[19] Estos son intercambiables y dependen de la "demanda", tal como sigue diciendo el *Método*: "Suele suceder por esta misma razón, que un Curato, que regularmente ha sido de segundos, pase a ser de primeros, porque los Curas entonces opuestos no le apetecen, por haber otros mejores, o tenerlos ya ellos; y al contrario el de primeros pase a ser de segundos, porque supuesto que sea sano, suele haber muchos opuestos con Curatos enfermos, o de menos renta, o con alguna circunstancia que les inste a salir, y alguna vez por estar el Curato en su país, y dexan el de más renta", ff. 14-15.

[20] Los de Turleque y Argamasilla de Alba eran de libre presentación del gran prior, lo mismo que la encomienda de Yébenes de San Juan.

[21] En el Priorato de San Juan había 440 capellanías colativas y el número total de los clérigos, de todas las órdenes, 190; en los Montes de Toledo las capellanías eran 262 y los clérigos 49.

Tabla 4. Vecinos legos y clérigos en el espacio estudiado

Territorio	Vecinos	Clérigos	Relación
Montes de Toledo	2.705	49	55,2
Priorato de San Juan	10.045	190	52,8
Señoríos en Talavera	2.797	38	73,6
Tierra de Talavera	8.111	203	39,9
TOTAL	23.658	480	49,3

Fuente: Elaboración propia.

En cuanto a la relación entre clérigos y vecinos la media en el territorio de estudio es de 49,3 vecinos por cada clérigo (tabla 4). Javier Donézar (1984: 11) calculó esta relación para los distintos partidos de la provincia: en el de Toledo hay un clérigo por cada 113 habitantes, en el de Alcalá por cada 104, en el de Ocaña por cada 160, en el de Talavera por cada 174 y en la de Alcázar de San Juan por cada 220. Si convertimos los vecinos de nuestro estudio en habitantes (con un índice 4), la relación es la siguiente: en el Partido de Talavera un clérigo por cada 181 habitantes, en los Montes de Toledo uno por cada 220 y en el de Alcázar uno por cada 211. Ahora bien, si la relación se establece entre los feligreses y los párrocos, los datos de Donézar (1984: 12) son los siguientes: partido de Toledo 533 habitantes por párroco, de Alcalá 466, de Ocaña 965, de Talavera 509 y de San Juan 1.510, siendo la media general 796 feligreses por párroco. Esta media coincide con la obtenida en nuestro territorio: 795 feligreses por parroquia, aunque sí hay diferencias en los parciales territoriales, sobre todo en el Priorato sanjuanista: en el partido de Talavera son 552, en los Montes de Toledo 600 y en San Juan 1.824.

Los estudios de demografía histórica vienen considerando que los clérigos representaban, en la España del siglo XVIII, entre el 1,5 % y el 2 % de la población total, y que estas cifras no difieren mucho de los países católicos europeos de nuestro entorno, aunque hay disparidades regionales y notables diferencias entre el mundo rural y el urbano (Morgado, 2002: 30-31; Barrio, 2002: 48). En el conjunto de nuestro estudio, los clérigos representan el 2 % de la población (en vecinos), es mayor en la Tierra de Talavera por el peso de la ciudad (2,5 %), y menor en la zona norte del Partido, la que se corresponde con los señoríos nobiliarios y obispado de Ávila (1,35 %); en los Montes de Toledo y el Priorato de San Juan el porcentaje es semejante, 1,81 % y 1,89 %, respectivamente.

La distribución de los clérigos en el territorio no es uniforme. Casi todas las poblaciones cuentan con un presbítero encargado de la atención pastoral de la feligresía, pero en 12 de ellas no hay eclesiásticos seculares (todas son aldeas con población inferior a 40 vecinos) y religiosos de distintas órdenes[22] desempeñan la cura pastoral, siempre como tenientes o ecónomos, nunca como curas propios, salvo en San Pablo de los Montes,

[22] A saber: 4 trinitarios, 3 agustinos, 2 carmelitas calzados, 2 mercedarios y 1 dominico.

donde el curato está encomendado al prior del convento agustino de Nuestra Señora de Gracia. Sin embargo, el corto número de vecinos no es la causa de la falta de cura, pues lo hay en Santa Cruz de la Jara (5 vecinos), Brujel (10), Piedraescrita (10), El Molinillo (12), Hontanares (14) y Navas de Estena (14), que son las localidades con menos vecinos en las que residen un cura o un teniente.

Pero hay una presión creciente por conseguir declarar la parroquia como despoblado, siempre que no tuviera más de 5 vecinos, de acuerdo con lo dispuesto por el arzobispo Alfonso Carrillo y confirmado por Nicolás V. Por un lado, están los intereses de los curas que conseguían que el curato pasara a ser un beneficio simple, lo que les eximía de la obligación de residencia y encomendaban la cura pastoral a un clérigo mercenario o a un teniente; y por otro los intereses de los racioneros de la catedral de Toledo, cuya Hermandad pasaba a percibir las rentas de las iglesias de los despoblados y sus fábricas. De esta situación se hacen eco reiteradamente los arzobispos en los informes de *visita ad limina* (Fernández Collado, 2002).

Gráfico 1. Localidades del territorio estudiado con mayor número de clérigos

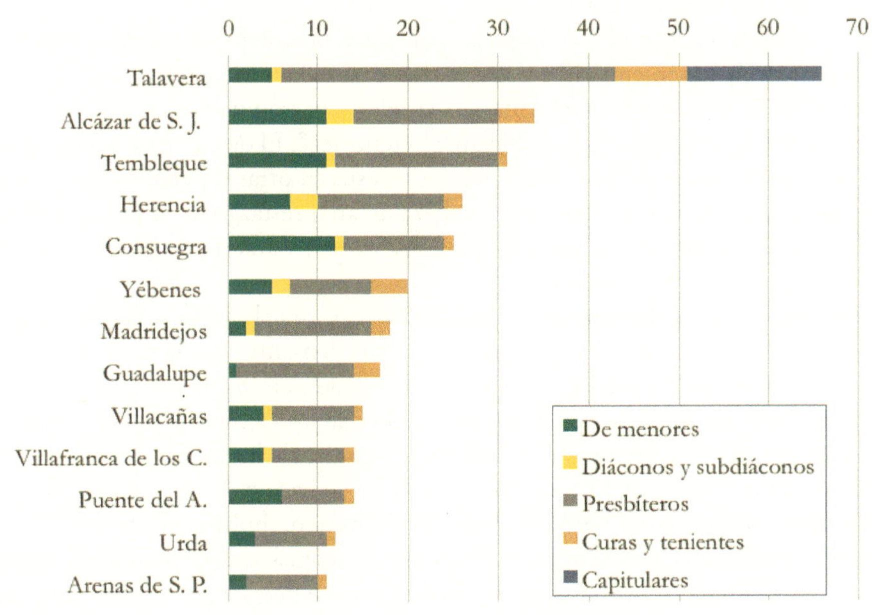

Fuente: Elaboración propia.

En 13 poblaciones se concentra el 63 % de los clérigos del territorio estudiado, como se recoge en el gráfico 1. En Talavera son 60 los eclesiásticos seculares y es el único lugar en el que hay capitulares: la clerecía de la iglesia colegial de Santa María (4 dignidades, 4 canónigos y 7 racioneros)[23]. A ellos hay que añadir los curas de las 7 parroquias de la villa más 1 teniente de cura, 37 presbíteros (uno de ellos el vicario visitador), 1 diácono y 5 clérigos de menores.

Le siguen en número seis de las villas del Priorato de San Juan: Alcázar, con 34 clérigos (uno de ellos el presbítero vicario visitador del arzobispo); Tembleque, 31; Herencia, 26; Consuegra, 25 (encabezados por el vicario de la Orden, freire y presbítero); Los Yébenes, el conjunto de las dos jurisdicciones, 20, y Madridejos, 18. En todos ellos la composición de la clerecía es semejante: uno o dos curas-priores, bastantes presbíteros y clérigos de menores, muchos más que en los otros territorios.

Guadalupe es un caso singular pues el curato pertenece al prior del monasterio jerónimo. Para la atención pastoral del pueblo y los peregrinos hay nombrados por él 3 tenientes; de los demás presbíteros (13), unos realizan distintas funciones para el monasterio (capellanes, preceptor y repetidor del colegio de gramática, músicos), otros desempeñan ocupaciones no eclesiásticas (dos hermanos presbíteros: uno es abogado y otro notario).

Villacañas, Villafranca de los Caballeros y Urda, las tres en el Priorato de San Juan, presentan la misma composición clerical que las otras villas sanjuanistas y hay en ellas 15, 14 y 12 clérigos, respectivamente.

La clerecía de El Puente del Arzobispo la conforman 14 individuos; residen allí el vicario, que es el párroco, y su teniente. El arzobispo don Pedro Tenorio, constructor del puente y fundador de la villa, dejó establecidas en la iglesia parroquial cinco capellanías, que son servidas por los capellanes a los que llaman "tenorios". El otro presbítero que aparece en el Catastro y algunos de los 6 clérigos menores sirven otras capellanías particulares.

Por último, en Arenas de San Pedro, cabeza de arciprestazgo de la diócesis abulense y del estado nobiliario de Arenas, los clérigos son 11: 1 cura, 8 presbíteros que sirven distintas capellanías, y 2 de menores.

Sin embargo, hay un dato que es imposible conocer para el conjunto de los clérigos: su formación académica mediante los títulos obtenidos. Pensamos que la razón se encuentra en las distintas formas de presentar los datos catastrales: en los pueblos del Priorato de San Juan se incluyen tanto la indicación de la edad de los clérigos como los títulos académicos; en los Montes de Toledo se indican las edades de los clérigos; en la ciudad de Talavera y en los señoríos del obispado de Ávila no se hace constar ninguno de los dos y es difícil de creer que entre los 60 clérigos de Talavera no hubiera ninguno con títulos académicos, más cuando entre ellos se encuentra el magistral de la colegiata, beneficio para el que es imprescindible poseer el grado de doctor o licenciado. Como quedó dicho más arriba, para acceder por medio del concurso a un curato en la archidiócesis de Toledo no eran necesarios los títulos académicos, aunque la mayoría de los aspirantes los poseían; en cambio, entre los freires sanjuanistas para optar a un beneficio curado eran precisos estos títulos, que muchos de ellos obtuvieron en la universidad de Salamanca. Una quinta

[23] La planta completa estaba formada por 4 dignidades, 10 canónigos, 8 racioneros.

parte de los curas y presbíteros del Priorato de San Juan (124) eran licenciados (22) o bachilleres (2); mientras que de los 55 clérigos de menores solo 3 eran licenciados: uno en Alcázar de San Juan, otro –notario– en Tembleque y otro –abogado– en Consuegra. Como estudiante aparece uno de menores en Herencia.

Un último dato referido a los clérigos es el de la edad. La fuente no la proporciona en todos los casos, pero conocemos las de los clérigos de los Montes de Toledo y el Priorato de San Juan, en total 219 individuos: 51 (23,3 %) tienen menos de 25 años; 48 (22 %) de 25 a 34 años; 35 (16 %) de 35 a 44 años; 30 (13,7 %) de 45 a 54 años; 33 (15 %) de 55 a 64 años; y 22 (10 %) más de 64 años.

En el gráfico 2 se reflejan los ordenados distribuidos por grupos de edad. La casi totalidad de los de órdenes menores tienen menos de 25 años, sin embargo, están presentes en todos los grupos de edad. El mayor número de curas (11) aparece en el tramo de los 25 a los 34 años, que se corresponde con los que ocupan parroquias de ingreso y los pueblos más pequeños en los Montes de Toledo. Los curas, a partir de los 55 años (otros 11), se encuentran en las parroquias más pobladas, tanto en los Montes como en San Juan.

Gráfico 2. Ordenados por tramos de edad

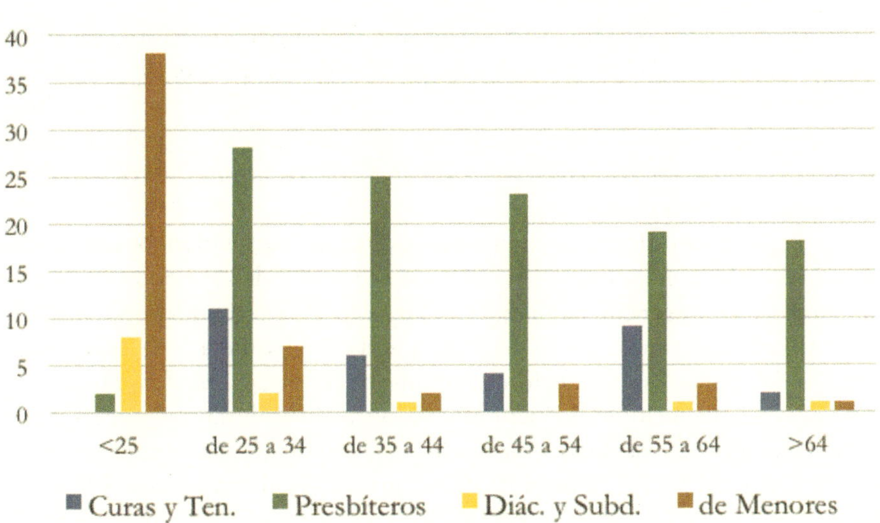

LA FAMILIA Y EL HOGAR DE LOS CLÉRIGOS

En los últimos cincuenta años la historia de la familia ha tenido un amplio desarrollo en el campo de la demografía histórica. Paralelamente se ha producido una evolución metodológica pasando de la reconstrucción de las familias –lo que permitió analizar las variables biológicas que se producían en su seno– a la familia entendida a través del hogar, estudios en los que se combinan la estructura, el tamaño y los agregados domésticos (García González, 2011: 159-254).

Para el establecimiento de la tipología de los hogares, sigue siendo útil la clasificación establecida por Peter Laslett y el Grupo de Cambridge: Tipo 1: hogares solitarios, constituidos por una sola persona, sin contar a los criados o sirvientes. Tipo 2: hogares sin estructura, aquellos formados por personas entre las que pueden existir vínculos de parentesco pero que no se agrupan alrededor de un núcleo familiar. Tipo 3: hogares nucleares, formados por un núcleo conyugal, en los que se incluyen las parejas sin hijos y con hijos, y los viudos con hijos. Tipo 4: hogares extensos, constituidos por la familia conyugal a la que se le unen otros miembros con los que están emparentados en distinto grado, ya sean ascendientes (padres, suegros, abuelos), colaterales (tíos, hermanos, cuñados) o descendientes colaterales (sobrinos, primos) y sus posibles combinaciones. Tipo 5: hogares múltiples, en los que conviven dos o más núcleos conyugales, igualmente ascendientes, colaterales y descendientes colaterales. Tipo 6: hogares indeterminados, formados por varios componentes de los que se desconoce su relación con el cabeza de casa (García González, 2011: 166).

Para realizar nuestro estudio sobre los hogares de los clérigos hemos recurrido a los *Libros de eclesiásticos* de Talavera y todos los pueblos de los señoríos de su Partido y los de los Montes de Toledo; y en el Priorato de San Juan a los de las diez localidades con mayor número de clérigos. En total, hemos recogido los datos de 309 individuos, lo que representa el 64 % de los eclesiásticos. La tipología de los hogares se recoge en la tabla 5, con las siguientes precisiones.

Hemos hecho una primera división entre los hogares de los clérigos que viven solos (tengan o no criados con los que conviven) y que corresponden al tipo 1 (170 hogares), y los que comparten el hogar con familiares (139 hogares). Este segundo grupo se subdivide a su vez en otros dos, los tipos 2 y 3. Es evidente que el clérigo cabeza de familia, sometido a la obligación del celibato, no puede formar un núcleo conyugal, base de la familia nuclear, así en el tipo 3 hemos incluido los clérigos que viven con ambos progenitores o con uno de ellos viudo, en muchos casos acompañados también de hermanos solteros. Son 51 los hogares, el 16,5 % del total[24]. La mayoría de los que conviven con el padre y la madre son clérigos de menores, todos con una edad inferior a los 24 años en el Priorato de San Juan[25]; fuera de este territorio solo hay un caso en el que el clérigo vive con sus padres ancianos,

[24] Contrasta este porcentaje tan bajo con el que se da en la ciudad de Burgos, donde los clérigos que vivían con sus padres, o con uno de ellos viudo, eran el 47,3 % (Sanz de la Higuera, 2007: 575).

[25] Siete de ellos en Tembleque: Antonio Valentín de Huerta, de 22; Manuel Díaz de Pallares, de 22; Francisco Díaz Gamero, de 19; Esteban Palacio de Lázaro, de 19; Manuel Silvestre de Arrieta, de 18; José Díaz Huerta, de 16; y Alfonso de Rojas Borja, de 15.

y lo hace acompañado de dos hermanas[26]. Con más frecuencia se da la circunstancia de que la madre sea viuda (29 casos, presente en los cuatro territorios estudiados) y que en el hogar vivan otros hijos solteros[27]. A la misma tipología del hogar nuclear corresponden los 4 casos en los que el clérigo, cabeza de familia, convive con sus hijos, pues se incorporó al estado clerical una vez enviudó, todos ellos en el Priorato de San Juan[28].

Tabla 5. Composición de las familias de los eclesiásticos

Hogar		Montes	Talavera	Señoríos	San Juan	
Con familiares						
Tipo 3	Padres		1		13	14
	Padre	4			14	18
	Madre	3	10	2	14	29
	Hijos				4	4
Tipo 2	Hermanos	9	6	7	20	42
	Cuñados				1	1
	Tíos				2	2
	Sobrinos	1	4	5	14	24
	Primos	2	3			5
		19	24	14	82	139
Sin familiares						
Tipo 1	Solitarios	12	16	12	38	78
	Con criados	13	21	6	52	92
		25	37	18	90	170

Fuente: Elaboración propia.

[26] Diego Sánchez González, presbítero, vecino de Talavera, vive con su padre de 70 años, su madre de 71, y dos hermanas solteras de 48 y 33 años.

[27] Francisco Alfonso López de Cervantes, presbítero de 29 años, vecino de Madridejos, vive con su madre viuda de 60 años, un hermano de 35 y una hermana de 28; Miguel Rodríguez Camuñas, presbítero de 30 años, vecino de Madridejos, vive con su madre viuda de 63 años y con dos hermanos de 24 y 22 años. Un caso extraordinario, por el número de miembros de la familia, es el de Bartolomé de Velasco Enríquez, un hidalgo presbítero de 38 años, vecino de Villacañas que vive con su madre viuda de 64 años, y tres hermanos y cuatro hermanas, todos solteros, de 44, 42, 36, 34, 30, 24 y 22 años, además de una tía, hermana de su madre, de 75.

[28] Manuel Jesús Rubio, clérigo de menores de 25 años, viudo, vecino de Alcázar de San Juan, con un hijo de 2 años; Vicente Ramón, presbítero de 41 años, viudo, vecino de Herencia, con una hija de 20 y dos hijos de 18 y 14 años; Manuel Nicasio Martín Viveros, presbítero de 47 años, vecino de Herencia, viudo, con dos hijas de 24 y 18 años; y Manuel Sánchez Grande, presbítero de 51 años, vecino de Tembleque, viudo, con dos hijos, uno de 27 y otro de 22, y dos hijas, una de 25 y otra de 19.

El tipo 2 es el más frecuente, hogares sin estructura por faltar el núcleo conyugal, pero manteniendo vínculos de parentesco entre los convivientes; se da en 74 casos (el 24 %), también en todos los territorios, y presenta una mayor variedad de relaciones, siendo dominante la convivencia del clérigo con hermanas y sobrinas solteras[29]. En ocasiones, el hermano clérigo se convierte en el sostén de una pariente viuda (hermana o sobrina) con hijos menores[30] o recoge en su hogar a unos sobrinos huérfanos[31], pues "el sacerdote era el protector natural de su familia, entendida entonces en un sentido más amplio que ahora", como señaló acertadamente Antonio Domínguez Ortiz (1989: 284). Este predominio de la parentela femenina ya fue constatado por Soledad Gómez Navarro en sus estudios sobre Lucena y Palma del Río.

En resumen, como muestra el gráfico 3, el 47 % de los hogares de los clérigos que conviven con familiares se encuadran en el tipo 3 (ascendientes y descendientes: padres e hijos), mientras que el 53 % corresponden al tipo 2 (colaterales y descendientes colaterales: hermanos, cuñados, tíos, sobrinos y primos).

Gráfico 3. Familiares en el hogar

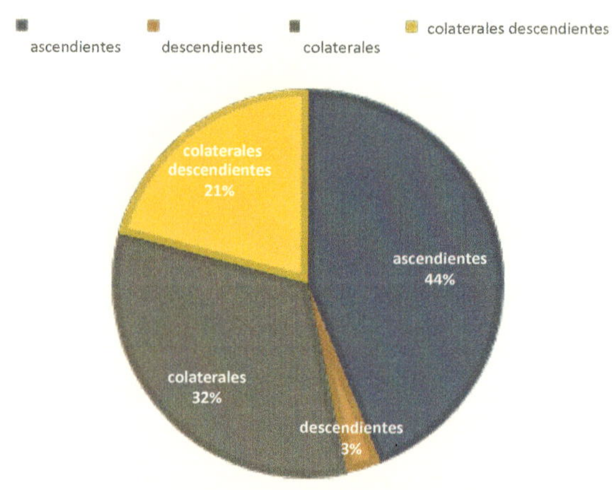

Fuente: Elaboración propia.

[29] Blas Sahagún Chacón, presbítero de 49 años, vecino de Villacañas, vive con tres hermanas solteras de 34, 27 y 21 años. Juan José Fernández, cura propio de Navahermosa, de 42 años, vive con dos hermanas solteras de 37 y 35 años.

[30] Juan Díaz Moreno, presbítero de 50 años, vecino de El Real de San Vicente, vive con su hermana de 30, viuda, en funciones de ama, que tiene una hija de 7 y un hijo de 5. José Sánchez Mascaraque, presbítero de 65 años, vecino de Tembleque, vive con su sobrina viuda de 57 años y con tres hijos de esta, de 20, 16 y 14 años. Hay dos casos en los que los viudos son un hermano y un cuñado que con sus hijos conviven con el clérigo: Blas García de Prado, cura propio de Navalmoral de Toledo, de 50 años, que vive con su madre viuda de 80 años, con su hermano de 40, viudo, y sus tres hijos, uno de 4 años y dos mellizos de 2; Juan de Santaolalla, presbítero de 32, vecino de Madridejos, vive con su cuñado, viudo de 50 años, y dos hijos de este, una de 16 y otro de 11.

[31] Juan Manuel Martín de Úbeda, presbítero de 45 años, vecino de Herencia, vive con su hermana de 42, soltera, y con un sobrino y dos sobrinas, hermanos, de 17, 16 y 13 años respectivamente, hijos de otra de sus hermanas.

Sin embargo, más de la mitad los hogares de los clérigos (el 55 %) responden al tipo 1, el hogar solitario, que son mayoría en todos los territorios, como se muestra en el gráfico 4.

Gráfico 4. Familiares en el hogar

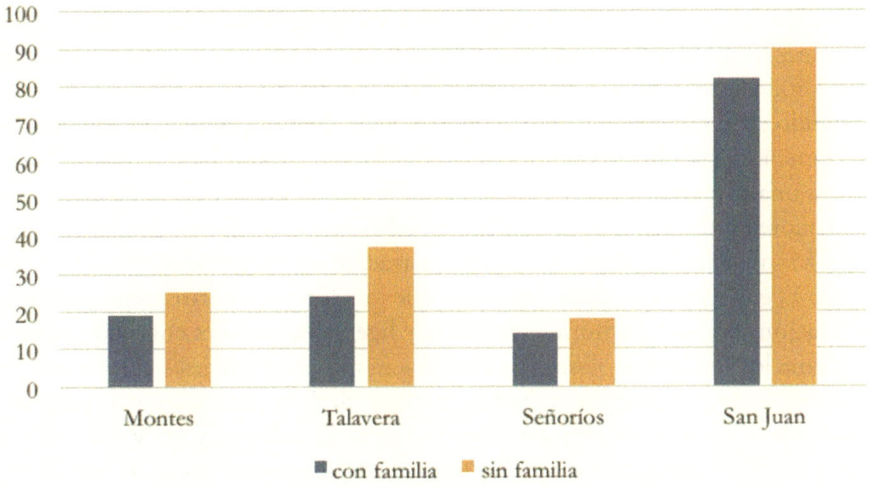

100
90
80
70
60
50
40
30
20
10
0
Montes
Talavera
Señoríos
San Juan
con familia
sin familia

Fuente: Elaboración propia.

En total, los hogares solitarios son 170 y en 78 de ellos los clérigos viven solos, en los otros 92 lo hacen en compañía de uno o más criados. También es predominante la presencia femenina, en muchos casos más de una en cada hogar. Hay entonces una jerarquización, que suele recoger el Catastro, en amas, criadas y sirvientas, siendo las primeras las de mayor edad, solteras o viudas[32]. Solamente en el caso de Talavera aparecen anotados los lugares de procedencia de estas criadas domésticas, algunas oriundas de la misma villa de Talavera y, la mayoría, de los pueblos de la comarca, tanto de La Jara como de la Sierra de San Vicente; otras proceden de pueblos de las cercanías de Toledo y una procedente de Vizcaya, criada en la casa de uno de los presbíteros talaveranos al que quizás acompañara desde aquellas tierras pues su apellido, Ugarte, revela su origen vascongado. Por último, en cuanto a la edad las encontramos desde los 9 a los 70 años.

[32] No es frecuente, pero hay algún caso en que con el ama viuda conviven en la casa del clérigo los hijos de esta: en Alcázar de San Juan, en casa del presbítero Tomás Antonio Merino y Zúñiga, de 45 años, viven el ama, María Coronado, de 50 años, y sus tres hijos de 8, 6 y 4. En Tembleque, en casa de Francisco Sánchez Grande, presbítero de 46 años, viven la criada Ana Martín Fraguas, de 41 años, viuda, con sus cuatro hijos de 15, 10, 7 y 6 años.

CONCLUSIONES

Las páginas que anteceden muestran el resultado de nuestra investigación sobre el clero rural en la antigua Tierra de Talavera, los Montes de Toledo y el Priorato de San Juan en La Mancha a mediados del siglo xviii. Pretendíamos con ella conocer no solo el número y la distribución de los clérigos en tan amplio territorio geográfico, así como la composición de sus hogares, sino también comprobar si la variedad jurisdiccional (señoríos eclesiástico, nobiliario, municipal y de órdenes) tenía alguna incidencia sobre ellos.

Tomando como fuente el Catastro de Ensenada, hemos podido conocer, en primer lugar, el tamaño de las distintas entidades de población comprobando que su diversidad responde a una disparidad geográfica en la que no tiene incidencia el régimen jurisdiccional: menores y dispersos en comarcas montañosas de la Sierra de San Vicente, La Jara y los Montes de Toledo frente la concentración en las grandes villas de la llanura manchega. Y, en segundo lugar, comprobar que los clérigos seculares representan el 2 % de la población total del territorio, aunque hay ligeras variaciones entre las comarcas, lo que confirma los resultados obtenidos en otros estudios regionales.

Como en todos los núcleos de población hay clérigos para atención pastoral de la población. El mayor número de pueblos en la Tierra de Talavera y los Montes de Toledo propicia que allí los clérigos con cura de almas sean una tercera parte, frente al 10% del Priorato de San Juan; sin embargo, en la Sierra de San Vicente, el menor número de clérigos origina que los que tienen encargos pastorales lleguen al 50 %.

Por la propia naturaleza de la fuente no hemos podido conocer ni la edad ni los estudios o grados académicos de todos los clérigos, pero con los datos disponibles se constata que hay una cierta homogeneidad entre ellos, propiciada quizás por el sistema de acceso a los curatos que funcionaba en el arzobispado de Toledo. En cuanto a la edad, nos encontramos ante un colectivo maduro y sólido: la mitad del clero rural tiene entre 25 y 54 años. En el territorio sanjuanista, donde el beneficio curado se obtenía por presentación, una quinta parte de los clérigos tenían grados universitarios. También se da allí una mayor presencia de ordenados de menores, con una edad inferior a 24 años.

Por último, el estudio de la composición de las familias y los hogares de los clérigos arroja una serie de conclusiones que consideramos importantes. En primer lugar, la constatación de que la mayor parte de ellos son hogares solitarios (con o sin sirvientes), en todos los territorios; en segundo lugar, que en los hogares en los que hay convivencia familiar se da un claro predominio de la presencia femenina, también en los solitarios con sirvientes. Estas dos conclusiones (la soledad y la feminización del hogar) confirman los estudios realizados en otros ámbitos geográficos.

BIBLIOGRAFÍA

Aguirre, Domingo de: *Descripción histórica del Gran Priorato de San Juan Bautista de Jerusalén en los reinos de Castilla y León en Consuegra, en 1769*, Toledo, IPIET, 1973.

Barquero Goñi, Pedro: "El proceso de formación del convento hospitalario de Santa María del Monte (1375-1500)", *Anales Toledanos*, 37 (1999), pp. 53-66.

Barreiro Mallón, Baudilio: "El clero de la diócesis de Santiago: estructura y comportamiento, siglos xvi-xix", *Compostellanum*, 33 (1988), pp. 469-507.

Barrio Gozalo, Maximiliano: "El clero bajo sospecha a principios del siglo xviii. El Informe de Macanaz y la respuesta de los obispos", *Investigaciones Históricas*, 22 (2002), pp. 47-62.

——: "El clero en la España del siglo xviii. Balance historiográfico y perspectivas", *Cuadernos de Estudios del Siglo xviii*, 27 (2017), pp. 51-79.

Benítez Barea, Avelina: *El bajo clero rural en el Antiguo Régimen: (Medina Sidonia siglo xviii)*, Cádiz, Universidad de Cádiz, 2002.

——: *Clero y mundo rural en el siglo xviii. La comarca gaditana de la Janda*, Cádiz, Universidad de Cádiz, 2013.

——: "Trayectoria vital y promoción familiar en el bajo clero rural (Medina Sidonia, siglos xviii-xix)", en Francisco García González (coord.): *Familias, trayectorias y desigualdades. Estudios de historia social en España y en Europa, siglos xvi-xix*, Madrid, Sílex, Madrid, 2021, pp. 327-351.

Benito Aguado, Teresa: *La sociedad vitoriana en el siglo xviii: el clero, espectador y protagonista*, Vitoria, UPV, 2001.

Candau Chacón, María Luisa: *La carrera eclesiástica en el siglo xviii: modelos, cauces y formas de promoción en la Sevilla rural*, Universidad de Sevilla, Sevilla, 1993.

——: *El clero rural de Sevilla en el siglo xviii*, Caja Rural de Sevilla, Sevilla, 1994.

——: "El clero secular y la historiografía. Tendencias, fuentes y estudios referidos a la modernidad", *Revista de Historiografía*, 2 (2005), pp. 75-89.

Domínguez Ortiz, Antonio: *Las clases privilegiadas en el Antiguo Régimen*, Madrid, Istmo, 1989.

Donézar Díez de Ulzurrun, Javier M.: *Riqueza y propiedad en la Castilla del Antiguo Régimen. La provincia de Toledo en el siglo xviii*, Madrid, Instituto de Estudios Agrarios, Pesqueros y Alimentarios, 1984.

Dubert, Isidro: "La vida doméstica del clero rural gallego a fines del Antiguo Régimen", en M. Romaní Martínez, M. y M.A. Novoa Gómez (coords.), *Homenaje a José García Oro*, Santiago de Compostela, Universidade de Santiago de Compostela, 2002, pp. 101-118.

Fernández Collado, Ángel: *Concilio Provincial Toledano de 1582*, Roma, Iglesia Nacional Española, 1995.

——: *Los informes de visita ad limina de los arzobispos de Toledo*, Cuenca, Universidad de Castilla-La Mancha, 2002.

García González, Francisco: "Las estructuras familiares y su relación con los recursos humanos y económicos", en Francisco Chacón y Joan Bestard (dirs.): *Familias. Historia de la sociedad española (del final de la Edad Media a nuestros días)*, Madrid, Cátedra, 2011, pp. 159-254.

Gómez Navarro, Soledad: "Familia, estamento e institución: el clero secular en el reino de Córdoba a mediados del siglo xviii. El caso de Lucena", *Studia Historica. Historia Moderna*, 35 (2013), pp. 343-369;

——: *Iglesia parroquial y medio rural en el Antiguo Régimen. Nuestra Señora de la Asunción de Palma del Río (Córdoba)*, Polifemo, Madrid, 2020.

Gómez-Menor Fuentes, José Carlos*: La antigua tierra de Talavera. Bosquejo histórico y aportación documental,* Talavera de la Reina, Ayuntamiento de Talavera de la Reina, 1965;

Guerrero Ventas, Pedro: *El Gran Priorato de San Juan en el campo de la Mancha*, Ciudad Real, Diputación provincial, 1969.

Irigoyen López, Antonio: "Aproximación al estudio del servicio doméstico del alto clero de Murcia durante el siglo xviii", *Obradoiro de Historia Moderna,* 19 (2010), pp. 307-327.

——: "Carrera eclesiástica, servicio doméstico y curso de vida (Murcia, siglo xviii)", *Revista de Historia Moderna,* 34 (2016), pp. 279-295.

Leblic García, Ventura: "Cronología del pleito sostenido por los arzobispos de Toledo y los priores de San Juan en Castilla (siglos xiv-xviii) sobre percepción de diezmos", en *Actas del primer simposio histórico de la Orden de San Juan en España,* Toledo, Diputación Provincial de Toledo y Soberana Orden Militar de Malta, 2003.

Morgado García, Arturo: *Ser clérigo en la España del Antiguo Régimen,* Cádiz, Universidad de Cádiz, 2000. {Disponible en red: file:///C:/Users/CC.5013203/Downloads/84-7786-680-5-completo.pdf}

——: "Vida de canónigo. Percepción, origen y estatus de la vida del alto clero durante el antiguo régimen", en F.J. Aranda Pérez: *Sociedad y élites eclesiásticas en la España moderna,* Cuenca, Universidad de Castilla-La Mancha, 2000, pp. 77-100.

——: "La Iglesia como factor de movilidad social. Las carreras eclesiásticas en la España del antiguo régimen", en F. Chacón Jiménez y N. Gonzalo Monteiro (coords.): *Poder y movilidad social: cortesanos, religiosos y oligarquías en la Península Ibérica (siglos xv-xix),* Madrid, CSIC, 2006, pp. 61-96.

——: "Curas y parroquias en la diócesis de Cádiz (1714-1834)", *Obradoiro de Historia Moderna,* 22 (2013), pp. 207-230;

Moxó, Salvador de: *Los antiguos señoríos de Toledo,* Toledo, IPIET, 1973.

Presedo Garazo, Antonio: "O clero secular galego de orixe fidalgo na Época Moderna: unha poderosa elite local", *Compostellanum,* 52 (2007), pp. 651-669.

——: "«Sacerdotes que por estar en casa de sus parientes no tienen yndividuos familiares»: Hogares de eclesiásticos y hogares con eclesiásticos en la Diócesis de Lugo a mediados del siglo xviii", en M. López Díaz (coord.), *Estudios en Homenaje al profesor José M. Pérez García, II: Historia y Modernidad,* Vigo, Universidade de Vigo, 2009, pp. 207-223.

Rueda Fernández, Concepción: *La villa de Espinoso del Rey y comarca de la Jara,* Toledo, Diputación Provincial de Toledo, 1995.

Saavedra, Pegerto: "Los campesinos y sus curas", en M.J. Pérez Álvarez y L. Rubio Pérez (coords.): *Campo y campesinos en la España Moderna,* Madrid, FEHM/CSIC, 2012, pp. 19-86.

——: "El clero rural en la España Moderna", en F. García González, G. Béaur y F. Boudjaaba (coords.), *La historia rural en España y Francia (siglos xvi-xix). Contribuciones para una historia comparada y renovada,* Zaragoza, Prensas Universitarias de Zaragoza, 2016, pp. 339-383.

——: "Entre la teología y la labranza: el clero rural galiciano en los siglos xvi-xix", *Cuadernos de Historia Moderna,* 46/2 (2021), pp. 441-486.

Sánchez González, Ramón: "El clero rural del arzobispado de Toledo en el seiscientos: distribución, formación y conducta", *Hispania Sacra,* 46 (1994), pp. 427-447.

Sanz de la Higuera, Francisco J.: "Un capellán que sirve la mesa y otros menesteres: Burgos a mediados del siglo xviii", *Studia Historica: Historia moderna,* 24 (2002), pp. 331-362.

——: "Clérigos a la sombra de un pariente en el xviii burgalés", *Hispania Sacra,* 120 (2007), p. 575.

Suárez Álvarez, María Jesús: *La villa de Talavera y su tierra en la Edad Media (1369-1504),* Toledo, Universidad de Oviedo y Diputación Provincial de Toledo, 1982.

21.

INFORMACIÓN Y FUENTES DOCUMENTALES. LA COMPLEMENTARIEDAD DE LOS CENSOS CONSIGNATIVOS PARA EL ACCESO A LA INFORMACIÓN PATRIMONIAL INMOBILIARIA EN ECONOMÍAS DE ANTIGUO RÉGIMEN

Martín L. E. Wasserman
CONICET-UBA (República Argentina)

CENSOS CONSIGNATIVOS E INFORMACIÓN PATRIMONIAL, O LA PATRIMONIALIZACIÓN DE LA INFORMACIÓN

El censo consignativo constituía una venta de réditos. Mediante esta operación, un sujeto (*censualista*) compraba el derecho a la percepción de una renta anual (*réditos*), pagando su compra con un capital (*principal*) al vendedor (*censuario* o *censuatario*), quien quedaba así obligado a pagar dicha renta (y dada la naturaleza contractual de este negocio, a pagar también las alcabalas correspondientes) (Wasserman, 2018; Wobeser 1994: 58-59; Martínez López-Cano 2001: 63. Desde 1608, el rédito anual comprado por el censualista se computaba como el 5 % sobre el principal que este entregaba al vendedor, tasa que los coetáneos identificaban como "veinte mil el millar" (Martínez López-Cano, 1993: 48; Ballester Martínez, 2005-6: 39 y ss). Entre tanto, el censo y la obligación del pago de réditos se extinguían cuando el vendedor restituía el principal al comprador de la renta, sin que pudiera predeterminarse plazo alguno para dicha cancelación (Martínez López-Cano, 2001: 63). Es que la percepción de la renta anual quedaba a su vez garantizada mediante la imposición del censo sobre un bien raíz propiedad del vendedor, de manera que los réditos estaban "consignados" sobre un bien real (habitualmente, bienes raíces), que quedaba entonces hipotecado por el censo (figura 1).

En algunos casos, el vendedor se comprometía a desembolsar anualmente los réditos sin recibir en los hechos el principal de parte del comprador: esto era habitual en los censos consignativos generados para sostener capellanías de misas con sus réditos, en donde lo único que existía era la obligación de parte del censuario de abonar anualmente los réditos y asegurar su compromiso mediante el gravamen hipotecario sobre sus bienes, en beneficio de la institución eclesiástica en la que las misas serían ofrecidas, institución que, sin embargo, no desembolsaba principal alguno (el cual estaba habitualmente constituido por el valor del mismo bien ofrecido en hipoteca).

Sin embargo, en otros casos, la entrega del principal sí se efectuaba en los hechos. Y entonces el censo consignativo operaba como un mecanismo hipotecario orientado a la movilización crediticia de capital, mediante una operación que no solo ofrecía al acreedor (censualista) una garantía hipotecaria que gravaba los bienes raíces del deudor (censuario), sino una tasa de interés del 5 % anual, que eludía las sanciones contra la usura al constituirse jurídicamente como venta y no como préstamo (de manera que el pago de intereses se configuraba como la justa retribución por una venta y no como el cobro de un porcentaje sobre la cantidad prestada) (Clavero, 1994: 64).

Tanto en un caso como en el otro, existiendo o no práctica crediticia, las instituciones eclesiásticas solían protagonizar la escrituración de censos consignativos: como beneficiarias de imposiciones para la fundación de capellanías u obras pías en el primer caso, o como acreedoras de los capitales acumulados por réditos cobrados, así como por otras rentas eclesiásticas, en el segundo caso.

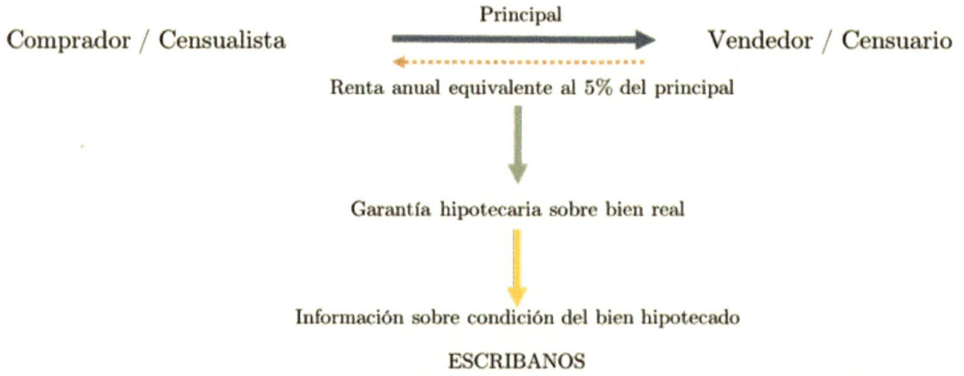

Figura 1. Mecanismo jurídico del censo consignativo (fuente: elaboración propia).

Como podrá advertirse, el censo consignativo ofrecía un instrumento jurídico para garantizar préstamos de largo plazo en economías prebancarias, como las que integraban la monarquía española durante el Antiguo Régimen. Y conocer la naturaleza de los bienes ofrecidos en garantía por el prestatario, así como los gravámenes que pudieran preexistir sobre los mismos, resultaba un criterio fundamental para la colocación del capital y para el resguardo del compromiso asumido por el deudor. Este conocimiento solía estar en manos del escribano, que contaba con acceso al archivo notarial, en el cual estaba disponible tanto el historial crediticio de los deudores como los gravámenes que pesaban sobre sus bienes raíces. El acceso diferencial a esta información colocaba a los escribanos en el rol fáctico de la intermediación financiera (Wasserman: 2015; Wasserman *et al.*, 2020).

Sin embargo, este acceso diferencial a la información intentó ser morigerada en Buenos Aires recién hacia 1797, cuando se procuró revertir la asimetría de información que ello implicaba en beneficio de una publicidad jurídica que diese accesibilidad general y no solo individual al conocimiento de estos actos jurídicos: ese año se establecía en

Buenos Aires el Registro de Hipotecas, en el cual comenzarían a asentarse de manera obligatoria y públicamente accesible las imposiciones de censos, sus redenciones y las características de los gravámenes e hipotecas que ello implicaba (Míguez, 1995). De esta manera, el conocimiento sobre los gravámenes a los que estaban afectados los distintos bienes raíces se volvió formalmente accesible al público. Este proceso, entre tanto, pudo revertir patrimonialización de la información que ejercían los escribanos de registro, impactando sobre su rol de intermediación y sobre la rentabilidad que ello les reportaba (y, tal vez, transfiriendo a la Real Hacienda por vías indirectas al menos una parte de dichos beneficios) (Wasserman, 2014; 2021).

Esta fiscalización de la información patrimonial referida a los gravámenes hipotecarios y a las rentas a ellos enlazadas, que en Buenos Aires comienza en 1796, nos remite a los resultados obtenidos en los territorios castellanos por el Catastro de Ensenada cuatro décadas más temprano: entre las averiguaciones que dicho relevamiento se proponía realizar para racionalizar la Real Hacienda y perfeccionar sus ingresos, la Instrucción del Catastro disponía la indagación sobre los bienes y derechos patrimoniales, asentándolos en un ramo "de lo real" (Camarero Bullón, 2004). Y entre dichos derechos y patrimonios, los censos constituían un lugar fundamental, puesto que las rentas que sus réditos arrojaban habrían de computarse como parte de la base imponible para determinar las obligaciones de los contribuyentes, pero también permitirían, al menos indirectamente, conocer los gravámenes que pesaban sobre los bienes raíces de seglares y eclesiásticos. De esta manera, los censos consignativos constituyen instrumentos presentes también en la documentación reunida por el Catastro de Ensenada. Si en este caso se perseguía una clarificación del patrimonio de los contribuyentes en beneficio de la Real Hacienda, condujo no obstante a favorecer la centralización de la información sobre los gravámenes hipotecarios originados en censos, algo que ocurrió igualmente años después en distintas latitudes hispanoamericanas, como Buenos Aires, con el establecimiento del Registro de Hipotecas.

Pero tanto en los Registros de Hipotecas, como en el Catastro de Ensenada o en los protocolos notariales de las escribanías, el acceso al conocimiento de los censos permite hoy a la historiografía conocer la estructura de los gravámenes que cargaban los incipientes mercados inmobiliarios en regiones que supieron ser fronteras de la Monarquía, como Córdoba en Andalucía y Buenos Aires en el Río de la Plata. Su abordaje comparado permitirá identificar las singularidades y continuidades entre ambos casos, así como el impacto que sobre la dinámica del mercado inmobiliario y del crédito hipotecario pudo tener la centralización o la publicidad de la información relativa a las cargas y gravámenes derivados del mercado hipotecario.

¿Qué ofrece un recorrido por la escrituración de censos en Buenos Aires durante el siglo XVII?

Para realizar un abordaje consistente, se ha procedido al análisis sobre una muestra de 98 censos otorgados en la escribanía pública y de Cabildo de Buenos Aires (único registro notarial existente en la comarca durante el siglo xvii) a lo largo de cuatro períodos clave de dicho siglo[1].

De las 98 imposiciones de censos que hemos hallado en los protocolos notariales de la escribanía a lo largo de esos cuatro períodos del siglo xvii, cinco de ellos (5,1 %) respondían a obligaciones no crediticias sino a fundaciones piadosas, mediante las cuales el censuario asumía la obligación del pago de réditos sin contrapartida alguna, comprometiéndose –con la garantía hipotecaria sobre sus bienes raíces– al mantenimiento de capellanías de misas[2], al sostenimiento económico de una cofradía[3], o al pago de su sepultura[4]. Con ello anticipamos que, en lo que concierne a la participación de los distintos sectores eclesiásticos en el censo consignativo, su rol fue mayormente *activo* –involucrando una inversión real de capitales a réditos antes que la mera percepción de anualidades sin acreditación de valores–, aunque ello no anuló el carácter gravoso del censo consignativo (Bauer, 1986).

Las restantes 93 instituciones de censos sí implicaron la transferencia crediticia de un capital contra el compromiso del pago de réditos anuales a la tasa legalmente dispuesta

---

[1] Estos cuatro decenios son 1619-1628, 1635-1644, 1656-1665 y 1676-1685 y remiten a inflexiones históricas de distinta naturaleza, que colocaron tanto a la oligarquía local como a los distintos sectores de su sociedad ante desafíos de diversa índole: la finalización de las "permisiones" concedidas por la Corona a los vecinos porteños para su comercio con Brasil y el establecimiento de la ruta Andalucía-Buenos Aires mediante Navíos de Registro como único cauce comercial legalmente permitido (1618-1622) en un contexto de creciente deterioro del comercio portuario; la ruptura de la unidad de las coronas de Castilla y Portugal (1640) que desata la crisis del comercio en el puerto bonaerense y el intento de expulsión de los portugueses de Buenos Aires (1643); la creación de la Real Audiencia de Buenos Aires y la renovación de las restricciones comerciales por parte de la Corona (1661-63); y la aparición de Colônia do Sacramento con el consecuente desarrollo inicial del *complejo portuario rioplatense* (1680-83). Enmarcando las declaraciones testamentarias en un análisis exhaustivo realizado sobre la totalidad de los registros notariales porteños de los cuatro decenios mencionados (análisis que excede al presente artículo), es posible observar las características, dinámica y significación de los instrumentos crediticios empleados por los actores del emergente puerto bonaerense (Wasserman, 2018).

[2] El escribano mayor de Hacienda Real en Buenos Aires, Juan Antonio Calvo de Arroyo, se obligaba a pagar réditos anuales de $50 al convento de Santo Domingo con la finalidad de sostener una capellanía de misas, "para que por los religiosos del se digan perpetuamente por las animas del dicho contador Luis de Salcedo y de doña Ana de Avendaño, su cara y amada muger, que siempre en su vida tubo yntento y deseo de que la fundase en el dicho combento, y por la de sus padres, deudos, parientes y bienhechores, y por las demas animas del purgatorio, las quales y la cantidad que han de ser y se han de dezir en los dias y por la forma que abaxo yra declarada". Archivo General de la Nación de la República Argentina (en adelante, AGN), sala IX (en adelante, IX), Fondo Escribanías Antiguas (en adelante, EA), tomo 26, ff. 103r a 107v, 04/08/1641.

[3] El 29 de agosto de 1679 el escribano público y de Cabildo de Buenos Aires, Juan Méndez de Carvajal, asumía la obligación de pagar réditos anuales de $8 para el sostenimiento de la cofradía del Santísimo Sacramento, instituida en la Iglesia Catedral de la ciudad (AGN, IX, EA, Tomo 43, ff. 277r-278v).

[4] En 1636 el alcalde ordinario Juan de Azocar se obligaba a pagar de manera perpetua y anualmente $2,4 al convento de San Telmo para que le reservasen a él y a su familia las sepulturas ubicadas en la capilla mayor de su iglesia (AGN, IX, EA, tomo 15, ff. 242r-244v, 26/09/1636).

de 5 % anual. Tales censos movilizaron crédito por un valor total de $97.930,9 a lo largo de los cuatro períodos (tabla 1).

Tabla 1. Censos. Operaciones y sumas por décadas (en pesos de plata de a ocho reales cada uno)						
Década	Cantidad de operaciones	% operaciones	Suma acreditada	% Suma acreditada	Cantidad de deudores	Cantidad de acreedores
1619 a 1628	3	3,2	3.031	3	3	3
1635 a 1644	20	21,5	15.159	15	19	13
1656 a 1665	44	47,3	62.398	64	36	12
1676 a 1685	26	28,0	17.342,9	18	24	13
Total	93	100,0	97.930,9	100	82	41

Fuente: Elaboración propia en base a AGN, IX, EA, tomos IX, X, XI, XII, XIII, XIV, XV, XXI, XXII, XXIII, XXIV, XXV, XXVI, XXVII, XXXI, XXXIII, XXXIV, XXXV, XXXVI, XXXVII, XLII, XLIII, XLIV, XLV, XLVI, XLVII.

Como puede observarse, la imposición de censos fue muy baja durante el primero de los períodos estudiados. En este sentido, y considerando que este instrumento era el más adecuado a los intereses de las distintas instituciones eclesiásticas, como veremos más adelante, es posible que la erección de la diócesis del Río de la Plata recién en 1620 y la llegada del primer obispo, Pedro de Carranza, en 1621, haya mantenido la dinámica crediticia de la Iglesia en niveles inferiores a los que siguen a dicha reconfiguración institucional. Pero puede constatarse que, a partir de la crisis del comercio portuario de 1641, el capital líquido acumulado localmente comienza a volcarse sobre la sociedad local dada la virtual obstrucción de su salida por el puerto, lo cual se observa con claridad en los valores canalizados a través de este instrumento. Posteriormente, la reanudación del comercio portuario y su regularidad creciente darán lugar a una oscilación cíclica en los valores acreditados mediante el censo consignativo.

Los censos consignativos tuvieron por deudores a sujetos procedentes de diferentes sectores ocupacionales, pero es notoria la participación de mujeres viudas (35,4 %), expresión de su activa participación en la dinámica económica local (tabla 2). Quienes participaban del gobierno local y de la Real Hacienda fueron receptores del siguiente escalón de valores acreditados por los censos (23,8 %), y si están secundados por la oligarquía local polivalente (que articulaba su participación en el comercio con sus cargos en la Real Hacienda, el Gobierno o el Cabildo, y obtuvo el 14,8 %) la distinción entre el segundo y tercer renglones resulta en algún punto ilusoria, en la medida en que los primeros permitían articular las actividades de los segundos, aun cuando no hubiese más que acusaciones y pleitos mediante los cuales eso pudiese evidenciarse. Esto indica que el sector comercialmente activo tuvo una participación protagónica en cuanto a los valores recibidos como principal de censos consignativos (43,1 %).

Tabla 2. Participación de los censuarios por sector ocupacional (en pesos de plata de a ocho reales cada uno)			
Sector	Cantidad de operaciones	Valor total recibido como principal	% del valor recibido
Viudas	8	34.683,3	35,4
Gobierno y Administración	34	23.279	23,8
Gob. y Admin + Comercio y Tte.	14	14.476	14,8
Comercio y Transporte	8	4.474,6	4,6
Actores eclesiásticos	3	1.522	1,6
Producción	2	1.405	1,4
Sin datos	24	18.091	18.5
Total general	93	97.930.9	100,0
Fuente: Elaboración propia en base a AGN, IX, EA, Tomos IX, X, XI, XII, XIII, XIV, XV, XXI, XXII, XXIII, XXIV, XXV, XXVI, XXVII, XXXI, XXXIII, XXXIV, XXXV, XXXVI, XXXVII, XLII, XLIII, XLIV, XLV, XLVI, XLVII.			

Observando la participación de los acreedores o censualistas, se confirma el protagonismo relativo de los distintos actores eclesiásticos (tabla 3). Los conventos, clérigos y cofradías lograron constituirse como los actores crediticios más frecuentes en el mecanismo del censo consignativo en Buenos Aires durante estos períodos del siglo xvii, aun cuando esa predominancia no llegó a representar una concentración absoluta o excluyente de los valores puestos a crédito por esta vía (en la medida en que el 52 % restante procedía de otros sectores sociales, particularmente de mujeres viudas y de tutores que administraban el patrimonio de huérfanos colocándolos a réditos pupilares).

Tabla 3. Participación de los censualistas por sector ocupacional (en pesos de plata de a ocho reales cada uno)			
Sector	Cantidad de operaciones	Valor total del principal acreditado	% del valor acreditado
Actores eclesiásticos	56	47.530,5	49
Tutores de menores y Viudas	27	44.945,4	46
Sin datos	6	4.455	5
Gobierno, Hacienda Real y Comercio	4	1.000	1
Total	93	9.7930,9	100
Fuente: Elaboración propia en base a AGN, IX, EA, Tomos IX, X, XI, XII, XIII, XIV, XV, XXI, XXII, XXIII, XXIV, XXV, XXVI, XXVII, XXXI, XXXIII, XXXIV, XXXV, XXXVI, XXXVII, XLII, XLIII, XLIV, XLV, XLVI, XLVII.			

Mientras que los distintos actores eclesiásticos, a nivel institucional o particular, participaron como acreedores solo en el 4,56 % de las escrituras de obligación de pago (43 operaciones de las 942 obligaciones de pago relevadas sobre esa misma muestra) y acreditaron mediante ellas el 4,60 % del total del capital transferido a crédito mediante obligaciones de pago ($56.926,6), en los censos consignativos los actores eclesiásticos participaron como acreedores en el 60,22 % de las operaciones (56 censos), concentrando la acreditación del 49 % de los valores transferidos. Entendiendo al crédito eclesiástico como la actividad crediticia de las instituciones, corporaciones y actores que "tenían su razón de ser en un fin religioso o piadoso, y en que las autoridades eclesiásticas debían intervenir" (aun cuando sus bienes no se considerasen jurídicamente como bienes de la Iglesia, como era el caso de las cofradías) (Valle Pavón y Martínez López-Cano, 1998: 13), se pone en evidencia que el censo fue el instrumento más frecuentemente empleado para movilizar el crédito eclesiástico de Buenos Aires en el siglo XVII.

Si la Iglesia, interpretada como un conjunto no monolítico de corporaciones, instituciones y actores, tuvo una participación crediticia sobresaliente en la instrumentación de censos consignativos frente a su intervención en las obligaciones de pago, es porque al igual que en otras regiones de América los censos permitían al clero secular y regular, así como a las cofradías con sede en distintas iglesias, dar un uso rentable a un capital originado con baja regularidad. Los diezmos percibidos por el alto clero secular sobre la producción agraria del distrito jurisdiccional alcanzado por el obispado (cuya aleatoriedad respondía a la naturaleza estocástica de la producción en la campaña) (Wobeser, 1994: 22),[5] los aranceles cobrados por curas párrocos y religiosos de las órdenes por sus prestaciones ceremoniales, así como las donaciones y legados testamentarios ofrecidos a iglesias parroquiales y a conventos, resultaban considerablemente más volátiles que las rentas fijas. Estas podían lograrse mediante arrendamientos, pero las instituciones eclesiásticas también las obtuvieron con la imposición de censos consignativos, cuyos réditos podían destinarse al sustento de una capellanía de misas (para la ordenación y sustento de clérigos libres o para el mantenimiento de las órdenes regulares) o como ingresos regulares del convento, iglesia o cofradía.

Las capellanías constituían una donación piadosa cuyo capital era aportado por su fundador, quien nombraba a un patrón para que designase al capellán y administrase el capital con el cual la capellanía era fundada[6]. Obligado el capellán a decir cierto número de misas por el alma del fundador o de quien este señalase, el capital de la fundación sería

[5] El cruce entre las instituciones eclesiásticas y la Real Hacienda sobre la participación en la masa decimal es recogido por Di Stéfano (2000).

[6] Véase al respecto Wobeser (1994: 39); Mijares Ramírez (1997: 119). Así, Francisca de Encinas, estipulaba por una de las cláusulas de su testamento que "despues de my fallecimiento se diga, en cada un año, una misa cantada en la Yglesia Mayor desta ciudad, en el altar de Nuestra Señora del Carmen, por mi anima y del dicho mi marido, para lo qual se tomen de mis bienes cien pesos corrientes de a ocho reales, y mis albaceas los den a senso a razon de veinte mil el millar, como Su Magestad lo manda, que rentan cinco pesos en cada un año, con los quales se pague la limosna de la dicha misa", con la condición de que los $100 se impusiesen sobre bienes raíces. El albacea, su yerno, reconoce la posibilidad de tomar dicho monto para sí (AGN, IX, EA, tomo 26, ff. 214r-219r).

empleado en el sustento del capellán y los gastos originados por las misas. Para ello, el capital era invertido, habitualmente, como principal de censos, a los efectos de que sus réditos anuales permitiesen el desenvolvimiento de la capellanía fundada[7].

Aquellos censos protocolizados durante los cuatro períodos analizados, cuyos réditos eran destinados a capellanías de misas, permiten comprender que sus rentas anuales ascendían a $1.677,97 y estaban distribuidas entre las iglesias de los conventos de San Francisco y de Santo Domingo, así como en la Iglesia Catedral de Buenos Aires, donde tendrían lugar capellanías administradas por el obispo, canónigos, diácono y presbíteros (tabla 4)[8].

Tabla 4. Réditos anuales para capellanías devengados de censos impuestos en cada período (en pesos de plata de a ocho reales cada uno)

Período	San Francisco	Santo Domingo	Iglesia Catedral	Ilegible
1635-1644	50	100	55	-
1656-1665	310	242,55	547,5	20
1676-1685	25	109	118,92	100
Total	385	451,55	721.42	120

Fuente: Elaboración propia en base a AGN, IX, EA, Tomos IX, X, XI, XII, XIII, XIV, XV, XXI, XXII, XXIII, XXIV, XXV, XXVI, XXVII, XXXI, XXXIII, XXXIV, XXXV, XXXVI, XXXVII, XLII, XLIII, XLIV, XLV, XLVI, XLVII.

La renta que anualmente proveía a las capellanías cada imposición de censo se multiplicaría por los años durante los cuales el mismo estuviese vigente, ingresos a los cuales se agregaban los réditos anualmente percibidos por capellanías fundadas en años previos.

En efecto, los réditos devengados por capellanías constituían el 70,6 % de las renta anuales destinadas hacia la Iglesia como producto de censos consignativos. El restante 29,4 % estaba conformado por réditos de censos que habían sido impuestos para obtener

[7] Wobser (1989; 1994: 178). La creación de un *vínculo* capellánico, en este sentido, podía encontrarse también orientado a reforzar el prestigio familiar mediante el sustento de parientes en la carrera eclesiástica. Véase al respecto Saguier (1995: 374); Di Stéfano y Zanatta (2009 [2000]: 89). En este sentido, el 22 de octubre de 1641 Francisco Muñoz de la Rosa, vecino en Buenos Aires, vende a Juan de Tapia de Vargas unas casas "viejas de vivienda" en la ciudad, "que las a tenido e poseido mediante la donacion que dellas me hizo Margarita de Escobar, mi aguela", cargadas con $500 de un *principal* que administra el Convento de Santo Domingo, en donde "sirbe el padre Francisco Muñoz, hijo legitimo de la dicha mi aguela e mi tio, que goza la dicha renta por dezir las dichas mysas y averse nombrado por capellan de la dicha capellanía" (AGN, IX, EA, tomo 26, ff. 258r-260v). Tapia de Vargas paga a Muñoz de la Rosa $250 (obligándose a desembolsar anualmente el rédito de $25), de manera que el censo aplicado sirve al primero para desembolsar una cuantía menor de metálico, distracción patrimonial que permite a Muñoz de la Rosa seguir perpetuando el vínculo que ha sido establecido mediante la capellanía (si bien es su tío quien logra capitalizar más efectivamente tal distracción patrimonial, manteniendo y consolidando un lugar en la carrera eclesiástica).

[8] Véase AGN, IX, EA, tomo 34, ff. 651r-656r y 119r-123r; tomo 36, ff. 366r-369v y 617r-619v; ztomo 37, ff. 611v-614v, 685v-687v y 724v-727v; tomo 45, ff. 707r-711v; y tomo 46, ff. 230v-231v.

ingresos regulares que facilitasen el sustento del convento[9], de cofradías o de ordenaciones sacerdotales.

De esta manera, y tal como puede comprenderse observando la tabla 5, el censo consignativo fue el instrumento crediticio preferentemente empleado por las distintas instituciones eclesiásticas que participaron de ese primer siglo de vida social de Buenos Aires durante el siglo XVII (con la excepción de la Compañía de Jesús, que tendía a operar mediante la escrituración de obligaciones de pago en la medida en que contaba con fuentes de recursos tales como sus haciendas rurales, que le permitían prescindir más holgadamente de los réditos procedentes del censo consignativo)[10].

Tabla 5. Valores acreditados y tipos de instrumento crediticio por institución eclesiástica (en pesos de plata de a ocho reales cada uno)

Década	Clero secular		Orden Dominica	
	Censos	Obligaciones	Censos	Obligaciones
1619-1628	-	2.800	500	-
1635-1644	1.340	35.188,2	4.505	-
1656-1665	10.950	1.765	4.851	-
1676-1685	3.684,5	4.448	6.580	-
Subtotales	*15.974,5*	*4.4201,2*	*16.436*	*0*
Total	60.175,7		16.436	
Década	Orden Franciscana		Compañía de Jesús	
	Censos	Obligaciones	Censos	Obligaciones
1619-1628	-	-	-	2.535
1635-1644	1.000	-	-	5.391,4
1656-1665	7.600	-	-	-
1676-1685	2.000	-	-	2.599
Subtotales	*10.600*	*0*	*0*	*10.525.4*
Total	10.600		10.525.4	
Década	Orden Mercedaria		Ilegible	
	Censos	Obligaciones	Censos	Obligaciones
1619-1628	-	-	-	-

[9] Véase AGN, IX, EA, tomo 12, ff. 373r-375v, 23/10/1623.

[10] La bibliografía sobre el desempeño económico de la Compañía de Jesús en Hispanoamérica es considerablemente amplia, pero pueden, sin embargo, mencionarse los destacados trabajos de Mörner (1986), Garavaglia (1987), Konrad (1989), Santamaría (1994). Y, más recientemente y desde renovadas perspectivas y enfoques problemáticos, Wilde (2009) y Quarleri (2009).

1635-1644	1.710	-	-	2.200
1656-1665	-	-	400	-
1676-1685	410	-	2000	-
Subtotales	*2.120*	*0*	*2.400*	*2..200*
Total	2.120		4.600	
Fuente: Elaboración propia en base a AGN, IX, EA, tomos IX, X, XI, XII, XIII, XIV, XV, XXI, XXII, XXIII, XXIV, XXV, XXVI, XXVII, XXXI, XXXIII, XXXIV, XXXV, XXXVI, XXXVII, XLII, XLIII, XLIV, XLV, XLVI, XLVII.				

Esto significa, por un lado, que aun cuando las instituciones eclesiásticas no fueron las principales acreedoras de crédito en Buenos Aires (donde el protagonismo crediticio lo tenían los comerciantes, a través de diferentes instrumentos prebancarios de crédito), sin embargo, el uso del censo consignativo les permitía acceder al gravamen hipotecario sobre una importante proporción de los inmuebles urbanos y rurales de la temprana Buenos Aires. Y ello constituye, asimismo, una valiosa herramienta para la historiografía, ofreciendo una cartografía posible sobre la distribución territorial de los gravámenes aplicados sobre inmuebles, algo que es accesible a través de la intermediación notarial que escrituraba estos documentos.

¿Qué se observa en el siglo xviii sobre los censos?

CENSOS CONSIGNATIVOS E INFORMACIÓN PATRIMONIAL EN BUENOS AIRES DURANTE EL SIGLO XVIII

Es posible ofrecer una aproximación primaria para el escenario borbónico del siglo xviii, que en Buenos Aires conllevó un crecimiento económico expresado en su evolución demográfica y, consecuentemente, en un incremento de registros notariales y de transacciones escrituradas.[11]

Considerando aquel arco cronológico que corre entre las décadas de 1760 y 1780, en el cual la estructura institucional de Buenos Aires experimenta una eclosión, la sección

[11] La población de Buenos Aires, que superaba los 26.000 habitantes en 1778 (o 37.000 contando su campaña), daba cuenta de una tasa de crecimiento de 2,11 % desde al menos 1744, concordante con aquella creciente gravitación comercial, administrativa y militar (Gelman, 2012; Santilli, 2013). Sus instituciones crecieron concomitantemente, tal como lo demuestra la proliferación de escribanías. Hasta comienzos del siglo xviii, Buenos Aires contó con un único registro notarial. El segundo registro notarial en Buenos Aires se abrió recién en 1707. Entre tanto, el Registro 3 ofrece sus primeros protocolos desde 1716. Los Registros 4 y 5 comenzaron a funcionar en 1748. En 1754 hace su aparición el Registro 6 y, recién en 1788, el Registro 7, año en el cual los escribanos de Buenos Aires comenzarían a agremiarse como cuerpo colegiado mediante la fundación de la Hermandad de San Ginés. Y si en 1794 la instauración del Consulado de Comerciantes de Buenos Aires daba lugar al establecimiento de una escribanía de Comercio, su especialización no pareciera haber sido privativa de los negocios que rubricada. En suma, sería esta la estructura notarial de Buenos Aires hasta 1822 (Wasserman *et al.* 2020).

"Protocolos de Escribanos" del fondo documental "Escribanías de Registro", ubicado en el AGN, preserva los cien protocolos notariales producidos por los seis registros existentes en Buenos Aires durante el período que corre entre los años 1766 y 1784. Tomando aquel universo de cien protocolos como marco muestral, el criterio de selección para el presente análisis está definido por el grado de participación de los escribanos en dicho universo. En este sentido, cuatro escribanos rubricaron más del 50 % de dichos protocolos: Francisco Javier Conget, José García de Echaburu, Eufrasio Boyso y su hijo, Tomás José Boyso. Y dichas rúbricas se distribuyeron entre tres escribanías, que conforman una fracción muestral del 53 %: el Registro 3 (Conget)[12], el Registro 5 (familia Boyso)[13] y el Registro 6 (García de Echaburu).[14] Como puede advertirse, esas tres escribanías son las que mayor actividad continua han sostenido, concentrando a su vez el 53 % de los protocolos rubricados durante dicho período en la jurisdicción urbana de Buenos Aires. Constituyen, en ese sentido, una muestra representativa de la producción notarial local.

Dicha muestra, en la que los poderes, obligaciones y ventas son las escrituras más representativas (acumulando respectivamente 27,6 %, 25,51 % y 20,87 % de la totalidad de los contratos de la muestra), arroja una totalidad de 86 censos consignativos (Wasserman *et al.*, 2020).

En aquellos censos consignativos se hallan involucrados 80 deudores y 46 acreedores: como es de esperar, la capacidad crediticia de un número limitado de actores económicos concentraba más al grupo de los segundos que al de los primeros.

Observando su frecuencia de participación, es visible que los acreedores tienden a otorgar censos con mayor recurrencia que los deudores a tomarlos: mientras que solo el 6,25 % de los deudores tomaron censos más de una vez en la muestra, el 26 % de los acreedores dieron censo consignativo en más de una ocasión (y el convento de Santa Catalina resultó el principal acreedor censualista, con 13 censos otorgados, seguido del convento de Nuestra Señora de la Merced, con 7 operaciones). No obstante, la envergadura de dichas transacciones hizo que la mayoría de deudores (93,75 %) y acreedores (74 %) solo concertasen un único censo en la muestra (tabla 6).

Tabla 6. Recurrencia de acreedores y deudores de censo consignativo. Buenos Aires, siglo XVIII (períodos seleccionados)

Rol	n	Frecuencia de contratación a lo largo del período					
		1	2	3	4	7	13
Deudores	80	75	4	1			
Acreedores	46	34	5	1	3	2	1

[12] AGN, Escribanías de Registro, Protocolos de Escribanos, Registro 3, 1766-1773, 1775, 1777-1781.

[13] Eufrasio Boyso y su hijo Tomás José Boyso se alternaron con la rúbrica de sus firmas en el Registro 5. AGN, Escribanías de Registro, Protocolos de Escribanos, Registro 5, 1766, 1769, 1771-1782, 1784.

[14] AGN, Escribanías de Registro, Protocolos de Escribanos, Registro 6, 1766-1784.

En términos relacionales, solo en dos ocasiones un deudor y un acreedor recurrieron mutuamente en más de una oportunidad a escriturar un censo consignativo: el convento de Nuestra Señora de La Merced como censualista de María Rodríguez, y la capellanía de Jesús Nazareno a Juan Espinosa Arguello.

¿Cómo se distribuía la carga hipotecaria sobre el territorio de Buenos Aires y alrededores?

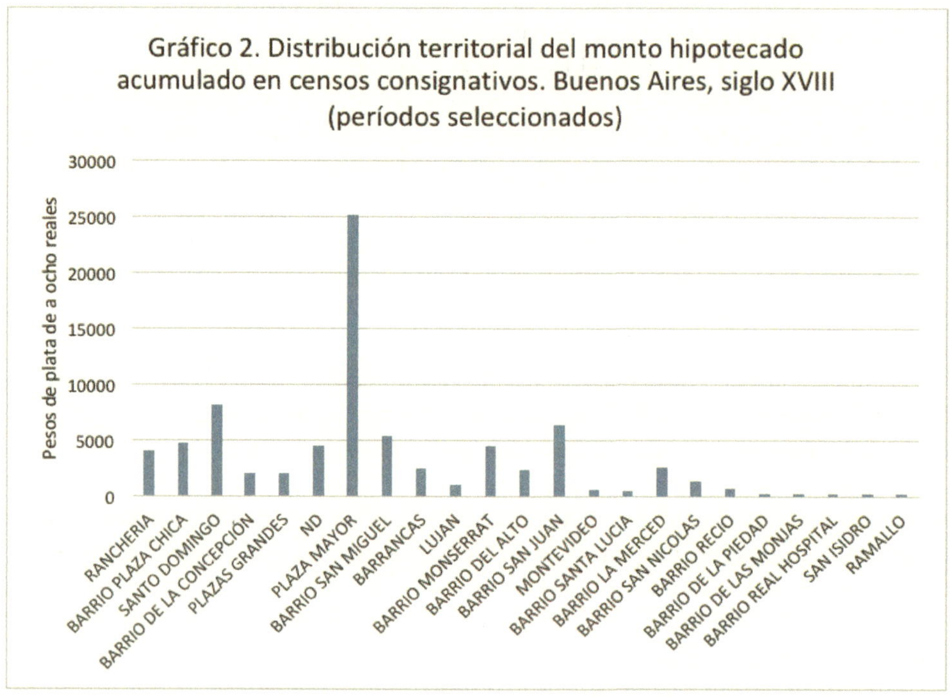

Gráfico 2. Distribución territorial del monto hipotecado acumulado en censos consignativos. Buenos Aires, siglo XVIII (períodos seleccionados)

Fuente: elaboración propia en base a AGN, Escribanías de Registro.

Una aproximación primaria a la distribución territorial de los bienes inmuebles gravados con hipoteca en los censos consignativos rubricados en Buenos Aires durante el período señalado del siglo XVIII (gráfico 1), permite comprender que los montos hipotecados tendían a acumularse en el centro de la ciudad, en torno a la Plaza Mayor (y sus inmediaciones: el fuerte, el cabildo, la catedral, y la sede de la Compañía de Jesús). La muestra permite comprender, de manera tentativa, que regiones distantes (como Luján, distante unos 75 kilómetros hacia el oeste de la ciudad, o Ramallo, a poco más de 200 kilómetros hacia el norte) no proveían un mejor acceso al crédito en la ciudad. Ello sugiere que la accesibilidad al crédito hipotecario todavía se encontraba mejor apalancado en las propiedades urbanas que en las rurales, dado el perfil comercial de los capitales de Buenos Aires: estos aún no habían experimentado la reorientación rural que se aceleraría una vez atravesada la Revolución de 1810, cuando la apertura legal del puerto al comercio con otras potencias y su demanda de bienes primarios para la industrialización europea incentivaron la reconversión agraria de muchas inversiones locales.

Sin embargo, y aun cuando los inmuebles urbanos acumularon mayores capitales hipotecados que los rurales, las zonas urbanas que mayores cargas hipotecarias acumularon no fueron las que necesariamente mejor estaban valuadas: los inmuebles ubicados en el barrio de Plaza Chica o Santo Domingo permitían acceder a montos medios más elevados que los más habitualmente accesibles con inmuebles ubicados en las inmediaciones de la Plaza Mayor.[15] Ello sugiere que la expansión económica de la ciudad, basada todavía preponderantemente en la dinámica comercial urbana enlazada al puerto y a su conexión con los mercados del interior, comenzaba a valorizar barrios circundantes (si bien no muy distantes del epicentro de la ciudad), en un mercado inmobiliario de creciente pujanza.[16]

CONCLUSIONES

Las hipotecas gravadas en los censos consignativos permiten acceder a información crediticia, pero, asimismo, al conocimiento indirecto de la capacidad que ciertas ubicaciones territoriales tenían para habilitar el acceso al crédito. Ello da cuenta, si bien indirecta y tentativamente, de la valuación mercantil adquirida por los inmuebles ubicados en determinadas coordenadas de la ciudad, evidenciando no solo el desarrollo temprano de un mercado inmobiliario sino, asimismo, de la presión que la demanda ejercía sobre una pujante ciudad portuaria del Antiguo Régimen.

Con ello, los censos consignativos proveen información complementaria a la que otros documentos, tales como los catastros, ofrecen para el conocimiento del patrimonio territorial durante el siglo XVIII hispanoamericano.

BIBLIOGRAFÍA

Ballester Martínez, Adolfo: "Los censos: concepto y naturaleza", *Espacio, Tiempo y Forma, Serie IV, Historia Moderna*, 18-19 (2005-6), pp. 35-50.

Bauer, Arnold J.: "The Church in the Economy of Spanish America: Censos and Depósitos in the Eighteenth and Nineteenth Centuries", *The Hispanic American Historical Review*, 63/4, (1983), pp. 707-733.

[15] Se descuentan de esta enumeración aquellos barrios que habilitaron elevados montos de principal, pero que tienen una baja representatividad en la muestra (Ranchería, Concepción, Plazas Grandes).

[16] Sobre la dinámica de dicho mercado para el espacio rural del siglo XVIII bonaerense, véase Saguier (1993). Desde luego, la expansión de la producción agraria ya tomaba forma y se aceleraba, tal como lo demuestra Mir (2016).

Camarero Bullón, Concepción: "El Catastro de Ensenada, la racionalización de la real hacienda y el conocimiento del territorio", en Francisco Morales Padrón (Coord.): *XV Coloquio de historia canario-americana*. Las Palmas de Gran Canaria: Cabildo Insular de Gran Canaria, 2004, pp. 240-271.

Clavero, Bartolomé: *Historia del Derecho: Derecho Común*, Salamanca, Ediciones Universidad de Salamanca, 1994.

Di Stéfano, Roberto: "Dinero, poder y religión: el problema de la distribución de los diezmos en la diócesis de Buenos Aires (1776-1820)", *Quinto Sol* (Argentina), 4, (2000), pp. 87-115.

—— y Zanatta, Loris: *Historia de la Iglesia argentina. Desde la Conquista hasta fines del siglo xix*, Buenos Aires, Mondadori-Grijalbo, 2009 [2000].

Garavaglia, Juan Carlos: (1987). "Las misiones jesuíticas: utopía y realidad", en Juan Carlos Garavaglia: *Economía, sociedad y regiones*, Buenos Aires, Ediciones de La Flor, 1987, pp. 119-192.

Gelman, Jorge: "La economía de Buenos Aires", en Fradkin, Raúl (Dir.), *Historia de la Provincia de Buenos Aires. De la conquista a la crisis de 1820*, Bs. As., UNIPE-Edhasa, 2012, pp. 85-121

Konrad, Herman W. (1989). *Una hacienda de los jesuitas en el México colonial: Santa Lucía, 1576-1767*, México, Fondo de Cultura Económica, 1989.

Martínez López-Cano, María del Pilar: "Mecanismos crediticios en la ciudad de México en el siglo XVI", en Ludlow, Leonor. y Silva Riquer, Jorge (Comps.), *Los negocios y las ganancias de la colonia al México moderno*, México, Instituto de Investigaciones Dr. José María Luis Mora e Instituto de Investigaciones Históricas-UNAM, 1993.

——: *La génesis del crédito colonial. Ciudad de México, siglo XVI*, México, UNAM, 2001.

Míguez, Alejandro Diego: "Notas para el estudio de la registración inmobiliaria en el Virreinato del Río de la Plata", en *Memoria del X Congreso del Instituto Internacional de Historia del Derecho Indiano*, México, Universidad Nacional Autónoma de México, 1995, pp. 1047-1070.

Mijares Ramírez, Ivone: *Escribanos y escrituras públicas en el siglo XVI. El caso de la Ciudad de México*, México, UNAM, 1997.

Mir, Lucio: *Los terratenientes porteños. Estado, economía salinera y expansión pecuaria en Buenos Aires (1650-1810)*, Buenos Aires, Imago Mundi, 2016.

Mörner, Magnus: *Actividades políticas y económicas de los jesuitas en el Río de la Plata*. Buenos Aires, Hyspamerica editiones, 1986.

Quarleri, Lía: *Rebelión y guerra en las fronteras del Plata. Guaraníes, jesuitas e imperios coloniales*, Buenos Aires, Fondo de Cultura Económica, 2009.

Saguier, Eduardo: *Mercado inmobiliario y estructura social. El Río de la Plata en el siglo xviii*, Buenos Aires, CEAL, 1993.

——: "Las pautas hereditarias del régimen capellánico rioplatense", *The Americas* (Cambridge), 51(3), (1995), pp. 369-392

Santamaría, Daniel: *Del tabaco al incienso. Reducción y conversión en las Misiones Jesuitas de las selvas sudamericanas, siglos XVII y xviii*, San Salvador de Jujuy, Centro de Estudios indígenas, 1994

Santilli, Daniel: "¿Perjudiciales o beneficiosas? La discusión sobre el impacto económico de las reformas borbónicas en Buenos Aires y su entorno", *Fronteras de la Historia*, 18 (2), (2013), pp. 247-283.

Valle Pavón, Guillermina del; Martínez López-Cano, Mª del Pilar: "Los estudios sobre el crédito colonial: problemas, avances y perspectivas", en Guillermina del Valle Pavón y Mª del Pilar Martínez López-Cano, (Coords.): *El crédito en Nueva España*, México, el Colegio de México, 1998.

Wasserman, Martín: "Diseño institucional, prácticas y crédito notarial en Buenos Aires durante la primera mitad del siglo xvii", *Investigaciones de Historia Económica- Economic History Research*, 10 (1), 2014.

——: "La mediación notarial en la interacción económica: confianza, información y conexiones en la temprana Buenos Aires", *Prohistoria*, 24 (2015)

——: *Las obligaciones fundamentales. Crédito y consolidación económica durante el surgimiento de Buenos Aires*, Buenos Aires: Prometeo, 2018.

——: "El escribano y la mano visible. Intermediación financiera y crédito en un contexto de información asimétrica (Buenos Aires, siglo xviii)", *Revista de Historia Americana y Argentina*, 56 (1), (2021), pp. 19-62.

——, Comicciolli, A., Domenech, E., García Pérez, M. B., Nin, C.: "La conexión en el registro", *Illes i imperis*, 22, (2020), pp. 199-230.

Wilde, Guillemo: "Territorio y etnogénesis misional en el Paraguay del siglo xviii", *Fronteiras* (Brasil), 11/19, (2009), pp. 83-106.

Wobeser, Gisela von: "Mecanismos crditicios en la Nueva España. El uso del censo consignativo". *Mexican Studies/ Estudios Mexicanos* (California), 5/1, (1989), pp. 1-23;

——: *El crédito eclesiástico en la Nueva España*, México, FCE, 1994.

AGUILAR CUESTA, Ángel Ignacio
Universidad de Córdoba
https://orcid.org/0000-0003-3240-810

Graduado en Historia por la Universidad de Málaga y doctor en Geografía Humana, por la Universidad Autónoma de Madrid. Actualmente forma parte del Depto. de Geografía de esta como Investigador Margarita Salas, estando desplazado en el Dpto. de Historia de la Universidad de Córdoba, en 2023, donde ha realizado esta investigación. Su línea de investigación se ha centrado mayoritariamente en el análisis y estudio de las fuentes geohistóricas de la Edad Moderna, muy especialmente el Catastro de Ensenada. Ello queda reflejado en un importante número de publicaciones científicas, realizadas muchas de ellas en el marco de diferentes proyectos de investigación competitivos, entre ellos el Proyecto de I+D+i *Avanzando en el conocimiento del Catastro de Ensenada y otras fuentes catastrales: nuevas perspectivas basadas en la complementariedad, la modelización y la innovación* (PID2019-106735GB-C21) del Ministerio de Ciencia e Innovación. Participa regularmente en seminarios y congresos nacionales e internacionales de su especialidad. Ha obtenido la distinción de la Delegación del Gobierno de España en Granada por comisionar el proyecto "El Catastro de Ensenada en el Barranco de Poqueira". Ha realizado diferentes estancias de investigación nacionales e internacionales.

BERNABÉ CRESPO, Miguel Borja
Universidad Autónoma de Madrid
https://orcid.org/0000-0001-7269-3270

Doctor en Geografía, con mención internacional, por la Universidad de Murcia. Actualmente es Profesor Ayudante Doctor en el Departamento de Geografía de la Universidad Autónoma de Madrid. Premio Extraordinario del Grado en Geografía y Ordenación del Territorio y ha sido investigador predoctoral FPU del Ministerio de Educación de España. Entre sus líneas de investigación destacan: gestión de recursos hídricos: abastecimiento y saneamiento, usos del agua en el territorio y conflictos territoriales y geopolítica. Ello queda reflejado en un importante número de publicaciones científicas, realizadas muchas de ellas en el marco de diferentes proyectos de investigación competitivos. Participa regularmente en seminarios y congresos nacionales e internacionales de su especialidad. Ha sido investigador visitante en la University of California Santa Barbara (UCSB),

Estados Unidos; en la Macquarie University, Sidney (Australia), y en la University of Graz – Centre for Southeast European Studies (Austria).

BIAGIOLI, Giuliana
Leonardo-IRTA. Università di Pisa

Catedrática jubilada de Historia Económica de la Universidad de Pisa, donde también ocupó la cátedra de Historia Ambiental y Territorial. Estudió y se doctoró en la Scuola Normale Superiore de Pisa y en la London School of Economics and Political Science. Fue directora del Departamento de Historia Moderna y Contemporánea y del Centro de investigación y documentación sobre agricultura y sociedad rural (CESTAG). Ha participado en grupos de investigación internacionales, entre ellos la Xarxa thematica d'Història rural con diversas universidades españolas entre ellas Girona y Córdoba y la Universidad de Pisa. Desde 2002 hasta la actualidad ha sido presidenta del Instituto "Leonardo" de investigaciones sobre el territorio y el medio ambiente. Autora de numerosos ensayos y monografías, ha sido responsable de numerosos proyectos de investigación nacionales e internacionales, entre ellos el proyecto RETORE, Repertorio Toponímico de la Región Toscana.

BRINGAS GUTIÉRREZ, Miguel Ángel
Universidad de Cantabria
https://orcid.org/0000-0002-6813-2857

Es doctor en Historia Contemporánea y Profesor Titular de Historia e Instituciones Económicas del Departamento de Economía de la Universidad de Cantabria. Ha participado en diversos proyectos de investigación competitivos financiados por distintas instituciones. Su línea de investigación más importante es la dedicada fuente catastrales y paracatastrales, centrada en los Apeos de Garay. Es autor de numerosos trabajos de investigación publicados en forma de artículos en revistas científicas y libros de reconocido prestigio académico y participa regularmente en seminarios y congresos nacionales e internacionales de su especialidad. Ha obtenido el VI Premio Docentia y el VI Premio Ramón Carande, concedidos por la Asociación Española de Historia Económica de la cual ha formado parte de su consejo de dirección.

CAMARERO BULLÓN, Concepción
Universidad Autónoma de Madrid
https://orcid.org/0000-0003-3451-6067

Licenciada en Historia de América por la Universidad Complutense de Madrid, licenciada y doctora en Geografía por la Universidad Autónoma de Madrid en la que actualmente es catedrática de Geografía Humana. Sus líneas de investigación se enmarcan fundamentalmente en Geografía Histórica. En los últimos años ha centrado su trabajo en el estudio de fuentes geohistóricas, muy especialmente catastros españoles de los siglos XVIII y XIX en el marco de los catastros europeos, cartografía histórica manuscrita y cartografía de los Sitios Reales. Es autora de más de un centenar de publicaciones científicas, elaboradas en el marco de un importante número contratos y proyectos de investigación, de buena parte de los cuales ha sido Investigadora Principal. Es miembro del comité científico y de redacción y evaluadora de diversas revistas científicas españolas y extranjeras. Asimismo, es y ha sido miembro de diversos comités de agencias de evaluación nacionales, extranjeras y autonómicas. Es Académica correspondiente de la Real Academia Burgense de Historia y Bellas Artes y de la de las Ciencias y las Artes Militares. Ha sido comisaria de la exposición *El Catastro de Ensenada. Magna averiguación fiscal para alivio de los vasallos y mejor conocimiento de los Reinos*, que, iniciada en 2002, ha itinerado, durante casi 20 años, por diversos lugares de la geografía española. Con motivo de la misma se publicó un libro con el mismo título, referente en estudios del Catastro de Ensenada, que recibió el premio del Ministerio de Cultura al libro científico mejor editado.

CORTÉS DUMONT, Sara
https://orcid.org/0000-0002-6542-378X
Universidad de Jaén

Doctora en Historia por la Universidad de Córdoba, actualmente es docente en la Universidad de Jaén, con anterioridad ejerció como investigadora en el Instituto de Estadística y Cartografía de Andalucía, donde desarrolló su interés por las cuestiones relativas a los Sistemas de Información Geográfica en su aplicación a materias como la Geografía, buscando posibles sinergias entre las aproximaciones cuantitativas y cualitativas. Su labor investigadora se desarrolla dentro del área de conocimiento de Geografía Humana mediante ponencias, conferencias, artículos y aportaciones a congresos nacionales e internacionales de su especialidad. Mantiene una activa participación en diversos proyectos I+D+i de excelencia relacionados con la ordenación del territorio, patrimonio y fuentes primaras, siendo sus principales ámbitos de interés investigadores.

FERNÁNDEZ PORTELA, JULIO
Universidad Nacional de Educación a Distancia
https://orcid.org/0000-0002-1677-8103

Doctor en Geografía y Ordenación del Territorio con mención internacional por la Universidad de Valladolid, habiendo obtenido el Premio Extraordinario de Doctorado. La gran mayoría de sus investigaciones se centran en la Geografía rural, los paisajes agrarios y urbanos, la Geografía Cultural y los estudios de Geografía y Cartografía Histórica. Es autor de numerosos trabajos de investigación publicados en forma de artículos en revistas científicas y libros de reconocido prestigio académico, realizados en el marco de diferentes proyectos y contratos de investigación. Ha sido investigador visitante en las universidades de Università Degli Studi di Torino (Italia), University of California (Estados Unidos), The University of British Columbia (Canadá) y Università di Bologna (Italia). Participa regularmente en seminarios y congresos nacionales e internacionales de .su especialidad

GIL MESEGUER, Encarnación
Universidad de Murcia
https://orcid.org/0000-0002-4372-4127

Es Profesora Titular de Análisis Geográfico Regional en la Universidad de Murcia. Su actividad investigadora se ha orientado en tres grandes líneas: 1) Repercusiones espaciales y socioeconómicas de la producción y distribución de productos agropecuarios. 2) Transformaciones paisajísticas por los usos del agua en el territorio. 3) El medio físico en la Región de Murcia, aprovechamientos y repercusiones en las actividades humanas. Ha participado en más de quince proyectos y contratos de investigación, competitivos y por concurso, y por convenio con empresas y administraciones. Ha publicado más de un centenar de trabajos en libros y revistas científicas y de divulgación, y ha intervenido en numerosos congresos nacionales e internacionales.

GÓMEZ ESPÍN, José María
Universidad de Murcia
https://orcid.org/0000-0001-7287-4952

Catedrático de Análisis Geográfico Regional en la Universidad de Murcia. Su actividad investigadora se ha orientado en dos grandes líneas: repercusiones espaciales y socioeconómicas de la producción y distribución de productos agropecuarios y transformaciones paisajísticas por los usos del agua en el territorio. Ha realizado más de ciento ochenta publicaciones científicas entre artículos de revistas especializadas, capítulos de libro y libros, y participa regularmente en congresos y seminarios nacionales e internacionales de su especialidad. Ha dirigido y participado en más de quince proyectos y contratos de investigación competitivos. Forma parte como experto geógrafo de la Junta Rectora del Parque Regional de El Valle–Carrasco, del Consejo Social de Política Territorial de la CARM y del Comité Asesor Regional del Agua (CARA).

GÓMEZ NAVARRO, Mª Soledad
Universidad de Córdoba
https://orcid.org/0000-0002-1962-0950

Catedrática de Historia Moderna en el Departamento de Historia de la Facultad de Filosofía y Letras de la Universidad de Córdoba y responsable de un Grupo de Investigación en el plan andaluz de investigación, e Investigadora Principal de dos Proyectos de Investigación nacionales, es autora de amplio número de publicaciones entre artículos, libros y capítulos de libros, en sus principales líneas de investigación sobre Historia de la Iglesia en la España Moderna, Historia de las mujeres en la Córdoba Moderna, Notariado e Historia Moderna e Historia Social y Cultural de la época Moderna. Entre otras, destacan las siguientes monografías: *Una elaboración cultural de la experiencia del morir. Córdoba y su provincia en el Antiguo Régimen*, Universidad de Córdoba (1998), *Mirando al cielo sin dejar el suelo. Los jerónimos cordobeses de Valparaíso en el Antiguo Régimen*, Visión Libros-Colegio Notarial de Andalucía (2014), *Reforma y Renovación católicas (ss. XVI-XVII)*, Editorial Síntesis (2016), *Iglesia parroquial y medio rural en el Antiguo Régimen. Nuestra Señora de la Asunción de Palma del Río (Córdoba). Según el Catastro de Ensenada y otras fuentes geohistóricas*, Ediciones Polifemo (2020). Es Académica Correspondiente por Montilla en la Real Academia de Córdoba de Ciencias, Bellas Letras y Nobles Artes, y Académica Numeraria de la Academia Andaluza de la Historia "Ortiz de Zúñiga". En 2015 fue Premio "Juan Bernier" de Historia otorgado por la Asociación Arte, Arqueología e Historia de Córdoba.

HERNÁNDEZ GARCÍA, Ricardo
Universidad de Valladolid
https://orcid.org/0000-0002-1640-6676

Profesor Titular de Historia e Instituciones Económicas en la Universidad de Valladolid, licenciado en Historia (1998) y doctor en Economía (2003). Dentro de su investigación destaca el estudio de las manufacturas laneras castellanas entre los siglos XVI y XIX, sobre todo las ubicadas en Castilla y León. Además de las manufacturas textiles, otras líneas de investigación tienen que ver con la fiscalidad en la manufactura castellana de la época Moderna, el estudio de los niveles de vida y la antropometría, la exposición y los salarios de las nodrizas, así como la evolución del viñedo y el paisaje rural en Valladolid entre los siglos xviii y xxi. Todo ello queda reflejado en un importante número de publicaciones científicas, realizadas muchas de ellas en el marco de diferentes proyectos de investigación competitivos. Asimismo, participa regularmente en congresos y seminarios nacionales e internacionales de su especialidad.

LEÓN VEGAS, Milagros
Universidad de Málaga
https://orcid.org/0000-0001-5899-9169

Profesora titular de Universidad en el Departamento de Historia Moderna y Contemporánea de la Universidad de Málaga. Premio Extraordinario correspondiente a la titulación de Licenciado en Historia 2001/2002. Doctora en Historia por la mencionada Universidad en 2005, obtuvo la distinción del Premio Extraordinario de Doctorado en el bienio 2005/2006 y, asimismo, en 2010, el "Primer premio de investigación María Zambrano de la Fundación General de la Universidad de Málaga". Es autora de numerosas contribuciones en publicaciones nacionales e internacionales. Sus principales líneas de investigación están inscritas en el periodo de la Edad Moderna y comprenden: historia de las mentalidades, catástrofes naturales e historia de la mujer.

LÓPEZ-GUZMÁN GUZMÁN, Tomás
Universidad de Córdoba
https://orcid.org/0000-0001-8800-8223

Catedrático del Área de Economía Aplicada de la Universidad de Córdoba, es autor de más de 150 artículos publicados en revistas científicas de diferentes países. Ha dirigido 15 tesis doctorales. Ha realizado estancias de investigación en diferentes países europeos, latinoamericanos y africanos, financiadas por organismos públicos españoles y extranjeros. Sus principales líneas de investigación son la historia económica, la fiscalidad y la evolución histórica del turismo en España.

LÓPEZ QUERO, Salvador
Universidad de Córdoba
https://orcid.org/0000-0003-4133-5512

Catedrático de Lengua Española en la Universidad de Córdoba, trabaja en Análisis del Discurso y el léxico del *Cancionero de Baena*. En cuanto a la primera de estas líneas de investigación, ha publicado sobre el *Cántico espiritual* en *Criticón* o *Bulletin of Hispanic Studies*. Por otra parte, a partir de *El lenguaje de los chats. Aspectos gramaticales* (2003), se dedica al estudio de los géneros electrónicos, publicando en *Español actual*, *Sintagma* y *Tonos digital*; y sobre marcadores discursivos en *Oralia*, *Onomázein*, *Círculo de Lingüística Aplicada a la Comunicación* y *Anuario de Estudios Filológicos*. En 1999, a partir del I Congreso Internacional sobre el *Cancionero de Baena*, comienza a trabajar el léxico de este *Cancionero*, publicando sus trabajos sobre todo en *Romance Philology* y *Zeitschrift für romanische Philologie*.

LUNA SAN EUGENIO, Ana
Universidad Autónoma de Madrid
https://orcid.org/0000-0002-1799-8407

Investigadora en el Departamento de Geografía de la Universidad Autónoma de Madrid, es graduada en Historia y tiene sendos másteres, uno en Tecnologías de la Información Geográfica y otro en Relaciones Internacionales Iberoamericanas. Sus líneas de investigación giran en torno a la cartografía antigua no técnica, a la cartografía del Catastro de Ensenada y a los estudios sobre patrimonio geohistórico. Ha realizado estancias de investigación en las universidades de Cantabria y *Università degli Studi di Napoli Federico II*. Acude con asiduidad a eventos académicos nacionales e internacionales. Participa como docente en las asignaturas de Geografía de la Población y Geografía General de varios grados de la Universidad Autónoma de Madrid. Ha trabajado además en bibliotecas y archivos.

MAESO BUENASMAÑANAS, Miguel Ángel
Investigador independiente
https://orcid.org/0000-0003-0093-2898

Ingeniero Técnico Informático con casi 30 años de experiencia en el sector de las tecnologías de la información. Se ha especializado en el desarrollo de sistemas informáticos para la operación en los mercados mayoristas de electricidad de grandes compañías energéticas. Desde 2010 es gerente en Indra. Su interés por el estudio de la historia le ha llevado a participar en diferentes congresos, publicar libros y numerosos artículos sobre la historia de su localidad natal, Manzanares (Ciudad Real), y sobre el estudio de catastros históricos. Es, también, autor del blog www.manzanareshistoria.es. Ha desarrollado herramientas informáticas para el tratamiento de datos catastrales históricos.

MARTÍNEZ ROMERA, Daniel David
Universidad de Málaga
https://orcid.org/0000-0003-4895-7955

Docente en la Universidad de Málaga, con anterioridad ejerció en las universidades de Granada y Cádiz, siempre vinculado a la didáctica de las ciencias sociales. También fue becario de formación e investigación en el Instituto de Estadística y Cartografía de Andalucía. Su interés por la didáctica de la Geografía y la Historia se inicia con su primera tesis doctoral (2005) y continúa desde entonces mediante la realización de ponencias y conferencias, publicación de libros, artículos y aportaciones a congresos de ámbito nacional e internacional. Sus principales ámbitos de interés van de la exploración de nuevos ámbitos de investigación y aplicación didáctica, tales como los campus virtuales, al rigor metodológico, analítico y discursivo en ciencias sociales y la importancia del trabajo con fuentes primarias.

MARTÍNEZ VICENCIO, Karen
Secretaría Regional Ministerial Metropolitana de Vivienda y Urbanismo (Santiago de Chile)
https://orcid.org/0000-0003-0932-8080

Geógrafa y Magíster en Urbanismo por la Universidad de Chile. Doctoranda en Geografía por la Universidad Autónoma de Madrid (España). Actualmente se desempeña como analista de planificación en la Secretaría Regional Ministerial Metropolitana de Vivienda y Urbanismo. Participa en labores de docencia en la Universidad de Chile y Pontificia Universidad Católica de Chile, impartiendo cursos vinculados al derecho urbano y medioambiental. Su interés y líneas de investigación están asociadas a la morfología urbana, configuración del espacio urbano desde los instrumentos de planificación territorial, aplicación normativa, gobernanza metropolitana, procesos de descentralización y estudios vinculados a la sostenibilidad urbana.

MORENO BUENO, Tomás
Ministerio de Hacienda del Reino de España
https://orcid.org/0000-0003-4931-971X

Arquitecto de la Hacienda Pública e Inspector de los Servicios de Economía y Hacienda, desarrolla su carrera profesional en la Administración General del Estado. Durante las últimas dos décadas ha desempeñado puestos directivos en los ministerios responsables de diferentes políticas públicas: Hacienda, Función Pública, Industria, Comercio, Turismo, Infraestructuras, Transportes y Vivienda. Inició su actividad en el Catastro desde diversos puestos, entre ellos el de Gerente provincial de Lérida, pasando desde ahí a la Dirección

General, en Madrid, como parte del equipo de Dirección, lo que le ha permitido conocer el catastro desde muy diversas perspectivas y vivir una etapa que fue fundamental para la modernización de nuestro sistema catastral con la creación del Catastro virtual, hoy Sede electrónica del Catastro. Asimismo, en la gestación de la Oficina europea de Catastro (Eurocadastre), de la que España fue el primer presidente. Experto en desarrollo estratégico, auditoría pública y catastro inmobiliario, es autor de más de treinta artículos y acumula una importante actividad docente y de consultoría dentro y fuera de España, que le ha llevado a una decena de países, sobre todo iberoamericanos.

OLMEDO SÁNCHEZ, Yolanda Victoria
Universidad de Córdoba
https://orcid.org/0000-0001-9787-4553

Profesora Titular de Historia del Arte en la Universidad de Córdoba. Varias son las líneas de investigación que han centrado su labor científica: las manifestaciones artísticas de la religiosidad popular, la arquitectura y el urbanismo en la España Moderna y, en concreto, la arquitectura conventual y sus posteriores consecuencias desamortizadoras, a través de libros, artículos y aportaciones a congresos nacionales e internacionales. Tras participar en un proyecto de investigación sobre el mecenazgo artístico femenino en la Edad Moderna, ha publicado artículos y capítulos de libros sobre dicho tema, realizando igualmente publicaciones sobre la imagen femenina en la pintura. De su participación en proyectos de investigación sobre el Catastro de Ensenada, destacan sus aportaciones relacionadas con la Historia del Arte.

RAMOS PALENCIA, Fernando
Universidad Pablo de Olavide (Sevilla)
https://orcid.org/0000-0002-4677-2730

Profesor Titular de Historia Económica en la Universidad Pablo de Olavide. Previamente ha sido Fulbright Visiting Scholar en Harvard University y profesor en las Universidades Carlos III, Valladolid y Burgos. Sus investigaciones giran en torno a la desigualdad, el capital humano, los patrones de consumo y los cambios sociales en las economías preindustriales (1500-1850), particularmente en España. Ha publicado artículos en *The Economic History Review* (2016), *Explorations in Economic History* (2018) y *European Review of Economic History* (2010 y 2021). También ha escrito dos libros, *Pautas de consumo y mercado en Castilla, 1750-1850* (2010) y *Economía Política desde Estambul a Potosí* (2012; coeditado), así como diversos capítulos de libros publicados en *Cambridge University Press* y *Routledge*, entre otras editoriales.

RUIZ ÁLVAREZ, Raúl
Universidad de Cádiz
https://orcid.org/0000-0003-0614-7428

Doctor en Historia y Artes por la Universidad de Granada, actualmente es profesor sustituto interino en el área de Historia e Instituciones Económicas de la Universidad de Cádiz. Sus líneas de investigación se centran en la historia social y económica del transporte terrestre en la Edad Moderna: instituciones, familias, redes, género, utilidades, organización del trabajo o pluriactividad. También ha centrado su investigación en otras cuestiones, tales como el estudio del Catastro de la Ensenada, género, mujeres y trabajo en la Edad Moderna; imagen e imaginarios en el Renacimiento; patrimonio y gestión cultural; e innovación educativa y didáctica de la Historia Moderna.

SÁNCHEZ DOMINGO, Rafael
Universidad de Burgos
https://orcid.org/0000-0003--3599-4749

Doctor en Derecho por la Universidad Complutense de Madrid, es Profesor titular de Historia del Derecho y de las Instituciones en la Universidad de Burgos, conde imparte docencia. Sus líneas de investigación se centran en las fuentes forales castellanas, en instituciones políticas y administrativas de la Época Moderna, incidiendo en la vertebración, consolidación y defensa de los señoríos monásticos vinculados con la Monarquía. Es autor de numerosos trabajos, realizados en el marco de diferentes proyectos de investigación, publicados en revistas científicas y en editoriales de reconocido prestigio académico. Participa regularmente en congresos y seminarios nacionales e internacionales de su especialidad.

SÁNCHEZ HERRADOR, Miguel Ángel
Archivo Histórico Provincial de Córdoba
https://orcid.org/0000-0001-5533-3492

Es doctor en Patrimonio por la Universidad de Córdoba, con la tesis *La Biblioteca del Colegio de La Encarnación de los jesuitas de Montilla* (2015), así como Diplomado en Biblioteconomía y Documentación (1993-1995), y Licenciado en Documentación (1995-1998) por la Universidad de Granada. Desde 1998 ha trabajado en diversas bibliotecas y centros de documentación. Entre 2001 y 2013 desempeñó diversos puestos en la Biblioteca Pública Provincial de Córdoba. Desde 2013 es Asesor de Conservación e Investigación del Archivo Histórico Provincial de Córdoba. Ha publicado trabajos de investigación relacionados con bibliotecas, archivos e historia, entre los que destacan: *El deterioro del libro antiguo como fuente de información histórica*, *Las bibliotecas en las Misiones Pedagógicas*, etc.

TINOCO DOMÍNGUEZ, Javier
Consejería de Desarrollo Educativo y Formación Profesional,
Junta de Andalucía.
https://orcid.org/0000-0001-8485-5687

Es licenciado en Derecho (1990), en Geografía e Historia (2006) y doctor en Historia (2021). Ha simultaneado la docencia como profesor titular del Centro Universitario de Estudios Sociales de Jerez de la Frontera y como asociado del Área de Derecho Financiero y Tributario de la Universidad de Cádiz, con el ejercicio libre de la abogacía. Ha sido Profesor visitante en la Universidad de Guadalajara (México) en dos ocasiones (Becas intercampus AECI 1999 y 2001). Desde 2006 es profesor de enseñanza secundaria de Geografía e Historia en centros de Sevilla y Cádiz. Su actividad investigadora está centrada en el estudio de los procesos internos del proyecto de la Única Contribución en sus diferentes fases, en el contexto de la provincia de Sevilla y del municipio de Jerez de la Frontera.

VALLINA RODRÍGUEZ, Alejandro
https://orcid.org/0000-0001-7855-4263
Universidad Autónoma de Madrid

Es licenciado y doctor en Geografía por la Universidad Autónoma de Madrid y Profesor Ayudante Doctor en el área de Geografía Humana de dicha universidad. Ha realizado diversas colaboraciones internacionales, desarrollando unas líneas de investigación que están relacionadas con la aplicación de sistemas de información geográfica para la geografía histórica, el desarrollo rural y las metodologías de evaluación del paisaje aplicadas a la puesta en valor del patrimonio natural y cultural. Es autor de más de 50 publicaciones, entre capítulos de libro y artículos científicos en publicaciones nacionales y extranjeras. En el plano de la difusión de la actividad investigadora, ha asistido, participado y organizado múltiples congresos nacionales e internacionales, y colabora en varios proyectos de investigación competitivos y no competitivos, de transferencia del conocimiento y de innovación docente.

VIZUETE MENDOZA, José Carlos
Universidad de Castilla-La Mancha
https://orcid.org/0000-0003-4619-7876

Licenciado en Historia Moderna por la Universidad Complutense de Madrid (1978) y doctor en Historia por la Universidad Autónoma de Madrid (1984), actualmente es Profesor Titular de Historia Moderna en la Facultad de Humanidades de Toledo de la Universidad de Castilla-La Mancha, donde imparte asignaturas en Grado y Máster. Especialista en Historia de la Iglesia, es autor de publicaciones -libros, capítulos y artículos- aparecidas en España, Italia y México. Cuenta con numerosas participaciones en congresos, seminarios y jornadas. Asimismo, ha sido comisario de diversas exposiciones, entre las que podemos destacar "Los arzobispos de Toledo y la universidad española" (2002), "Las huellas de Cisneros" (2017) y "Lepanto. Más allá de Cervantes" (2021). Académico de la Academia de Ciencias Sociales y Humanidades de Castilla-La Mancha.

VILACOBA RAMOS, Karen Mª
Universidad Nacional de Educación a Distancia
https://orcid.org/0000-0001-7545-2720

Doctora en Historia y eoctora en Derecho, ha obtenido el Premio Extraordinario de Doctorado por la UNED. Es Profesora del Departamento de Derecho Romano de dicha universidad, donde imparte asignaturas de Grado y Máster. Sus líneas de investigación se han centrado tanto en Historia Moderna como en Derecho Romano. Es autora de numerosos trabajos, realizados en el marco de diferentes proyectos de investigación, publicados en revistas científicas y en editoriales de reconocido prestigio académico. Participa regularmente en congresos y seminarios nacionales e internacionales de su especialidad. Pertenece a varios Consejos de Redacción de revistas Científicas y a Comités Internacionales. Es miembro del grupo de investigación Hisalem (Historia Social de la Administración Local en época Moderna) de la Universidad de Córdoba. Ha formado parte del comité científico u organizador en más de una docena de congresos nacionales e internacionales.

WASSERMAN, Martín
CONICET - Universidad de Buenos Aires
https://orcid.org/0000-0001-9414-7449

Es doctor en Historia por la Universidad de Buenos Aires e Investigador del Consejo Nacional de Investigaciones Científicas y Técnicas de la República Argentina. Su trabajo analiza la historia financiera, fiscal y monetaria del Río de la Plata en el largo plazo, atendiendo a la dimensión relacional, sociocultural e institucional. Entre otras obras, Wasserman es autor de *Las obligaciones fundamentales. Crédito y consolidación económica durante la emergencia de Buenos Aires* (2018) y coautor junto a Roberto Schmit de *El Gobierno de la incertidumbre. La política financiera en Buenos Aires desde el Virreinato a la Confederación* (Prometeo, 2022). Su trabajo fue reconocido por la Asociación Española de Historia Económica con el *Premio Ramón Carande* (2013) y por la Asociación Argentina de Historia Económica con el premio a la *Mejor Tesis Doctoral en Historia Económica Argentina* (2016).